数字信号处理原理及应用

陈友兴　桂志国　张　权　张鹏程　编著

電子工業出版社
Publishing House of Electronics Industry
北京 • BEIJING

内 容 简 介

本书系统地讨论了数字信号处理的基本理论、基本分析方法、基本算法和实现方法。全书共 10 章。第 1～4 章介绍了离散时间信号与系统的时域分析、Z 域分析和离散傅里叶变换及其快速算法；第 5～7 章介绍了数字滤波器的结构和设计方法；第 8～10 章介绍了数字信号处理的相关问题，包括常用的特殊滤波器、有限字长效应和多抽样率转换。

本书内容围绕信号分析方法和离散时间系统的分析与设计方法两条主线展开，在内容上充分体现了理论知识、工程应用实例和实现方法的结合。本书可作为普通高等院校相关专业的教材使用，还可作为工程技术人员的参考资料使用。

图书在版编目（CIP）数据

数字信号处理原理及应用/陈友兴等编著. —北京：电子工业出版社，2019.9

ISBN 978-7-121-36857-8

Ⅰ. ①数…　Ⅱ. ①陈…　Ⅲ. ①数字信号处理－高等学校－教材　Ⅳ. ①TN911.72

中国版本图书馆 CIP 数据核字（2019）第 118170 号

责任编辑：刘小琳　文字编辑：崔　峰
印　　刷：北京虎彩文化传播有限公司
装　　订：北京虎彩文化传播有限公司
出版发行：电子工业出版社
　　　　　北京市海淀区万寿路 173 信箱　　邮编：100036
开　　本：787×1092　1/16　印张：24.5　　字数：612 千字
版　　次：2019 年 9 月第 1 版
印　　次：2023 年 1 月第 7 次印刷
定　　价：79.00 元

凡所购买电子工业出版社图书有缺损问题，请向购买书店调换。若书店售缺，请与本社发行部联系，联系及邮购电话：（010）88254888，88258888。

质量投诉请发邮件至 zlts@phei.com.cn，盗版侵权举报请发邮件至 dbqq@phei.com.cn。

本书咨询联系方式：liuxl@phei.com.cn，（010）88254538。

前 言

数字信号处理是高等院校电子信息工程、电子信息科学与技术、通信工程、自动化、生物医学工程、测控技术与仪器、电子科学与技术、计算机科学与技术等专业的一门重要的专业基础课程。随着信息时代的发展，数字信号处理理论与技术日益完善，已成为一门重要的学科与技术领域，其应用领域日益扩大，几乎遍及各工程技术领域。

作者根据当前数字信号处理技术的发展动态，结合十几年教学实践中的经验和教学需求对本书内容进行了精心编排，以期能够更好地为高校“数字信号处理”教学服务。本书系统地讨论了数字信号处理的基本理论、基本分析方法、基本算法和实现方法。全书共 10 章，第 1～3 章是离散时间信号与系统的基本理论，即离散时间信号与系统、Z 变换及离散傅里叶变换；第 4 章讨论傅里叶变换的快速算法；第 5～7 章是数字滤波器的结构、理论和设计方法；第 8 章介绍了常用特殊滤波器的设计；第 9 章是数字信号处理的有限字长效应；第 10 章讨论了多抽样率转换。通过本书的学习，读者可以为进一步学习有关信号方面的课程打下良好的理论基础。

本书的编写分工如下：陈友兴编写第 7、8、10 章，桂志国编写第 4 章和第 9 章，张鹏程编写第 1、2、3 章，张权编写第 5、6 章。全书由陈友兴教授统稿，桂志国教授审核。

电子工业出版社有限公司刘小琳编辑的热情帮助与支持，为本书的顺利出版创造了有利条件，在此表示深深的谢意！

由于水平有限，本书难免有不妥或错误之处，恳请广大读者给予批评与指正。

作者

2019 年 3 月

目　录

第 1 章　离散时间信号与系统的时域分析

信号是承载信息的工具，如古代的烽火台，它传递的信息是，“火（烟）起便是有敌人进犯。”信号可以用时间函数的方式进行表述，根据函数自变量的取值是否连续，可以将信号分为连续时间信号和离散时间信号。连续时间信号是在连续时间范围内定义的信号；离散时间信号是在离散时间范围内定义的信号。随着数字电路和计算机技术的迅猛发展，离散时间信号与系统的研究日趋丰富，其应用日益广泛。

本章首先介绍了离散时间信号的表述方法、常用的离散序列和序列的基本运算；其次介绍了序列的卷积和及其求解方法、序列的线性相关；再次着重讨论了线性移不变系统的特性和差分方程的时域解法；最后介绍了连续时间信号数字化时的抽样及抽样定理。

1.1　离散时间信号——序列

时间为离散变量的信号称为离散时间信号，它只在离散时间上给出函数值，是时间上不连续的序列，用 $x(n)$ 表示第 n 个离散时间点的序列值，并用 $\{x(n)\}$ 表示序列，为方便起见，序列也直接用 $x(n)$ 来表示。

离散时间信号可用数的集合 $\{\cdot\}$ 的形式表示。例如，一个离散时间信号可表示为 $x(n)=\{\underset{\uparrow}{1},0,1,0,1,0,0,0\}$，箭头指向的元素表示当 $n=0$ 时的序列值，即 $x(0)=1$。

离散时间信号也可用数学表达式来表示，如 $x(n)=3^n$，这里 n 为整数。

另外，离散信号 $x(n)$ 也常用图形来描述，如图 1.1.1 所示。纵轴线段的长短代表各序列值的大小。注意，图中横轴虽为连续直线，但只在 n 为整数时才有意义，而对于非整数值没有定义，即此时不能认为 $x(n)$ 的取值为零。

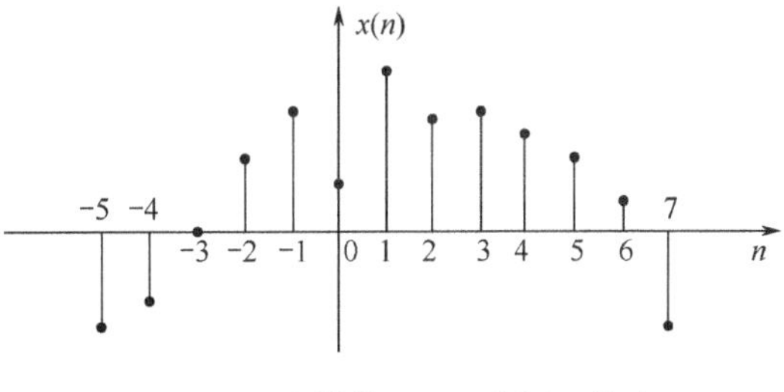

图 1.1.1　离散信号 $x(n)$的图形描述

一个离散信号 $x(n)$ 可能产生时就是离散的，例如，若 $x(n)$ 表示某市每天出生的新生儿数，则 $x(n)$ 本身就是离散的。离散信号 $x(n)$ 也可以由一个连续时间信号 $x(t)$ 的抽样得到。若 $x(t)$ 表示一个连续时间信号，以抽样间隔 T_s 对其进行周期抽样得到离散时间信号 $x(nT_s)$（$n=0,\pm1,\pm2,\cdots$）。nT_s 作为信号的变量，表明信号在离散时间 nT_s 点上出现。但在很多情况下，nT_s 并不代表具体的时刻而只表明离散时间信号在序列中前后位置的顺序，所以 $x(nT_s)$ 可直接记为 $x(n)$。

1.1.1　几种常用序列

在离散时域中，有一些基本的离散时间信号，它们在离散时间信号与系统中起着重要的作用。下面给出一些典型的离散时间信号表达式和波形。

1. 单位抽样序列 $\delta(n)$

单位抽样序列 $\delta(n)$ 定义为

$$\delta(n)=\begin{cases}1, & n=0\\0, & n\neq 0\end{cases} \tag{1.1.1}$$

其波形如图 1.1.2（a）所示。$\delta(n)$ 也称为单位脉冲序列或单位样值序列。这是常用重要的序列之一，它在离散时间信号与系统的分析、综合中有着重要的作用，其地位犹如连续时间信号与系统中的单位冲激信号 $\delta(t)$。虽然 $\delta(t)$ 与 $\delta(n)$ 符号上一样，形式上 $\delta(n)$ 就像 $\delta(t)$ 的抽样，但它们之间存在本质的区别：$\delta(t)$ 在 $t=0$ 时，脉宽趋于零、幅值趋于无限大、面积为 1，是极限概念的信号，是现实中不可实现的一种信号，表示在极短时间内所产生的巨大“冲激”；而 $\delta(n)$ 在 $n=0$ 时，值为 1，是一个现实数序列。图 1.1.2（b）所示为 $\delta(n)$ 右移三个单位的信号 $\delta(n-3)$ 的波形。

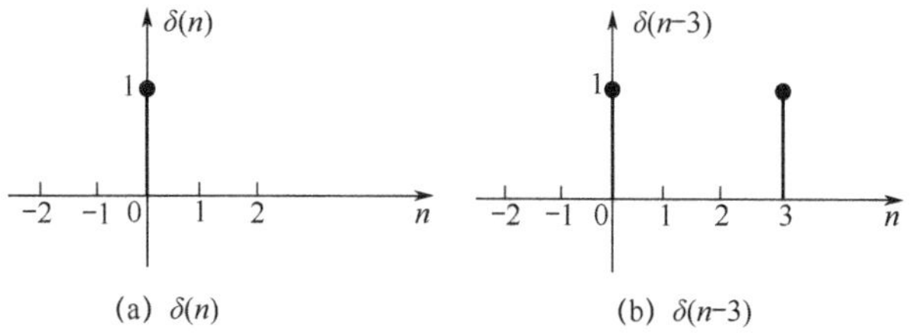

图 1.1.2 单位抽样序列及其移位

显然，任意序列可以表示成单位抽样序列的移位加权和，即

$$\begin{aligned}x(n)&=\sum_{m=-\infty}^{\infty}x(m)\delta(n-m)\\&=\cdots+x(-1)\delta(n+1)+x(0)\delta(n)+x(1)\delta(n-1)+\cdots\end{aligned}$$

例 1.1.1 已知 $x(n)=\begin{cases}1, & n=-1\\2, & n=0\\-3, & n=1\end{cases}$，该序列可用单位抽样序列信号表示为

$$x(n)=\delta(n+1)+2\delta(n)-3\delta(n-1)$$

2. 单位阶跃序列 $u(n)$

单位阶跃序列 $u(n)$ 定义为

$$u(n)=\begin{cases}1, & n\geqslant 0\\0, & n<0\end{cases} \tag{1.1.2}$$

其波形如图 1.1.3 所示。它类似于连续时间信号与系统中的单位阶跃信号 $u(t)$。但一般情况 $u(t)$ 在 $t=0$ 处没有定义，而 $u(n)$ 在 $n=0$ 时定义为 $u(0)=1$。

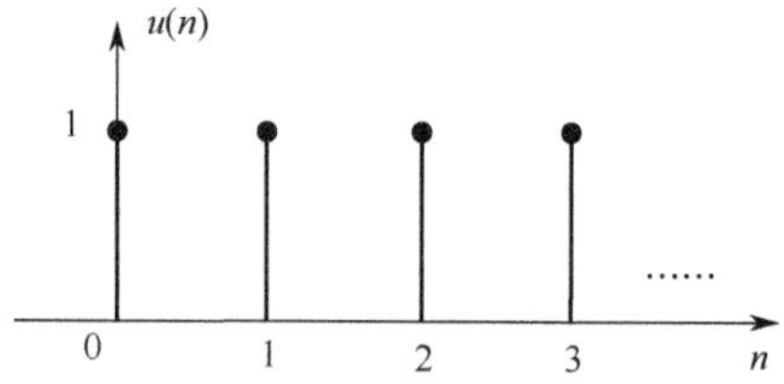

图 1.1.3 单位阶跃序列

用 $\delta(n)$ 及其移位来表示 $u(n)$，可得两者之间的关系为

$$u(n)=\delta(n)+\delta(n-1)+\delta(n-2)+\delta(n-3)+\cdots=\sum_{k=0}^{\infty}\delta(n-k) \tag{1.1.3}$$

反过来，$\delta(n)$ 可用 $u(n)$ 的后向差分来表示，即

$$\delta(n)=u(n)-u(n-1) \tag{1.1.4}$$

可见，相对于连续时间信号与系统中单位冲激信号 $\delta(t)$ 与单位阶跃信号 $u(t)$ 之间的微分与积分关系，在离散时间系统中，单位抽样序列 $\delta(n)$ 与单位阶跃序列 $u(n)$ 之间是差分和求和关系。

由 $u(n)$ 的定义可知，若将序列 $x(n)$ 乘以 $u(n)$，即 $x(n)u(n)$，则相当于保留 $x(n)$ 序列 $n \geqslant 0$ 的部分，所得到的序列即为因果序列。

3. 矩形序列 $R_N(n)$

矩形序列 $R_N(n)$ 定义为

$$R_N(n)=\begin{cases}1, & 0\leqslant n\leqslant N-1\\0, & \text{其他}\end{cases} \tag{1.1.5}$$

其波形如图 1.1.4 所示。显然，矩形序列与单位抽样序列、单位阶跃序列的关系为

$$R_N(n)=u(n)-u(n-N) \tag{1.1.6}$$

$$R_N(n)=\sum_{m=0}^{N-1}\delta(n-m) \tag{1.1.7}$$

4. 正弦序列

正弦序列表达式为

$$x(n)=A\sin(\omega_0 n+\varphi) \tag{1.1.8}$$

式中，A 为幅度，φ 为初始相位，ω_0 为正弦序列的数字域频率。其波形如图 1.1.5 所示。

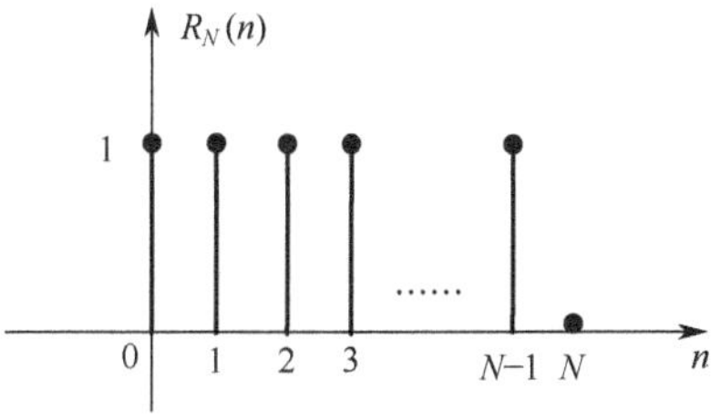

图 1.1.4　矩形序列

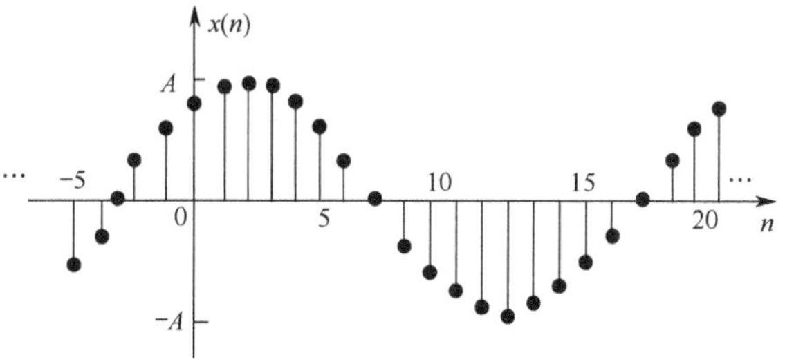

图 1.1.5　正弦序列

该信号可以看成对连续时间正弦信号进行抽样得到的。若连续正弦信号 $x(t)$ 为

$$x(t)=A\sin(\Omega_0 t+\varphi)=A\sin(2\pi f_0 t+\varphi)$$

式中，f_0 为信号（物理）频率，$\Omega_0=2\pi f_0$ 为模拟角频率，信号的周期 $T_0=\dfrac{1}{f_0}=\dfrac{2\pi}{\Omega_0}$。

对 $x(t)$ 以抽样间隔 T_s 进行等间隔周期抽样得到离散信号 $x(n)$，即

$$x(n)=x(t)|_{t=nT_s}=A\sin(\Omega nT_s+\varphi)=A\sin(\omega_0 n+\varphi)$$

由上述推导过程可知

$$\omega_0=\Omega_0 T_s=\frac{2\pi f_0}{f_s} \tag{1.1.9}$$

对于一般的信号有

$$\omega=\Omega T_s=\frac{2\pi f}{f_s} \tag{1.1.10}$$

式（1.1.10）便是数字信号处理中的数字角频率 ω、模拟角频率 Ω 及物理频率 f 三者之间的关系，以后章节会陆续用到。下面分析与正弦序列相关的一些规律。

1）周期序列

由图 1.1.5 可见，正弦序列的包络是周期正弦函数。但序列本身可能是周期的，也可能

是非周期的。对于任意整数n，若$x(n)=x(n+N)$（N为某一最小正整数），则序列$x(n)$是周期序列，N是该序列的周期。

对于正弦序列$A\sin(\omega_0 n+\varphi)$，如果要满足周期序列，则对于任意的整数$n$有$A\sin[\omega_0(n+N)+\varphi]=A\sin(\omega_0 n+\varphi)$，由此得$\omega_0 N=2\pi k$（$N$、$k$为整数），即周期为$N=2\pi k/\omega_0$。下面分几种情况对其周期性进行讨论。

（1）当$2\pi/\omega_0$是整数时，只要取$k=1$，则$N=2\pi/\omega_0$为最小正整数，也就是说序列的周期为$2\pi/\omega_0$。如$\cos(\pi n/5)$，$\omega_0=\pi/5$，所以周期为10，如图1.1.6（a）所示，此时正弦序列包络的一个周期与正弦序列的一个周期相对应。

（2）当$2\pi/\omega_0$不是整数，而是一个有理数时，正弦序列具有周期性，其周期为$N=2\pi/\omega_0\cdot k$。如$\cos(3\pi n/20)$，$\omega_0=3\pi/20$，取$k=3$，$N=40$，如图1.1.6（b）所示，此时正弦序列包络的3个周期与正弦序列的1个周期相对应。

（3）当$2\pi/\omega_0$是无理数时，则无论如何取k（整数）值，均不能使N成为整数。所以此时正弦序列不具有周期性。如$\cos(3n/10)$，$2\pi/\omega_0=20\pi/3$为无理数，所以该序列不是周期序列，如图1.1.6（c）所示。

小结：如果能够取得最小正整数k，使得$N=2\pi k/\omega_0$为正整数，那么该正弦序列是周期为N的周期序列，一个周期对应其包络的k个周期；否则，正弦序列为非周期序列。

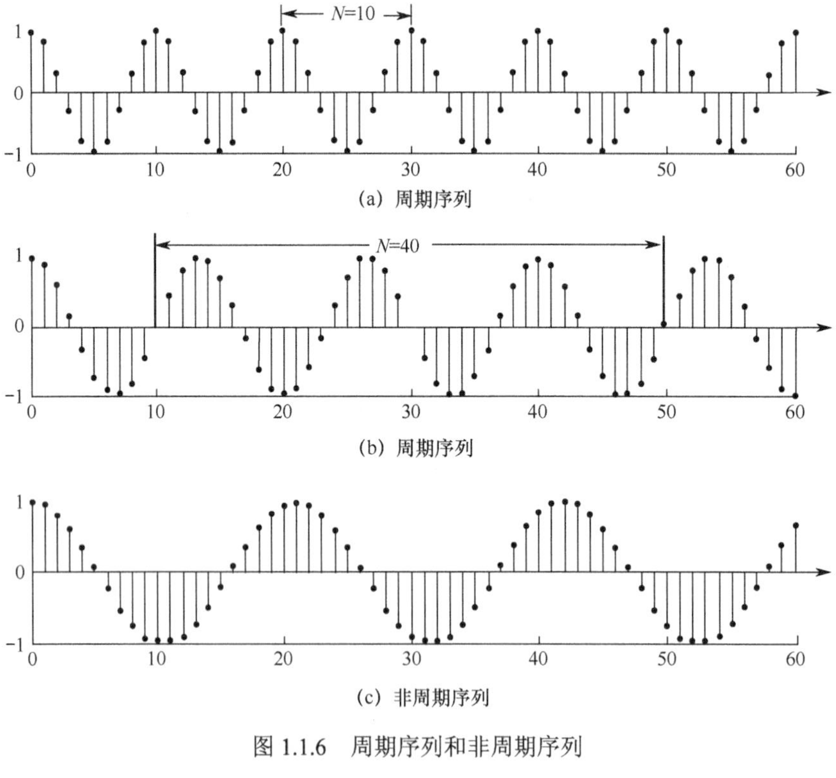

图1.1.6 周期序列和非周期序列

2）频率的周期性与对称性

（1）正弦序列的频率以$\omega=2\pi$为周期。定义两个正弦序列$x_1(n)=\cos(\omega_1 n+\varphi)$和$x_2(n)=\cos(\omega_2 n+\varphi)$，其中$0\leqslant\omega_1<2\pi$和$2\pi k\leqslant\omega_2<2\pi(k+1)$，$k$为任意正整数，若$\omega_2=2\pi k+\omega_1$，则这两个序列在波形上是完全一样的。换言之，对于任何指数或正弦序列，

设其数字角频率为 ω_2 且取值在 $[0,2\pi)$ 之外，它们都与数字角频率为 $\omega_2 \backslash 2\pi$ 的指数（“\”表示取余）或正弦序列相等。

（2）正弦序列的频率以 $\omega=\pi$ 对称。考虑两个正弦函数 $x_1(n)=\cos(\omega_1 n)$ 和 $x_2(n)=\cos(\omega_2 n)$，其中 $\omega_2=2\pi-\omega_1$。因此，可以推出 $x_2(n)=\cos(2\pi n-\omega_1 n)=\cos(\omega_1 n)=x_1(n)$。此时，$x_1(n)$ 和 $x_2(n)$ 这两个序列在波形上是完全一样的。因此，若一个正弦序列的数字角频率为 ω_2，且其满足 $\pi\leqslant\omega_2<2\pi$，则它在 $0\leqslant\omega_1<\pi$ 内与数字角频率为 $\omega_1=2\pi-\omega_2$ 的正弦序列相等。正弦序列的这种特性的含义如图 1.1.7 所示。随着 ω_0 从 0 增加到 π，离散时间正弦序列 $x(n)=\cos(\omega_0 n)$ 的振荡频率随着 ω_0 的增加而增加，振荡得越来越快；而当 ω_0 从 π 增加到 2π 时，振荡频率随着 ω_0 的增加而减小，振荡得越来越慢。如果 $x_1(n)=\sin(\omega_1 n)$、$x_2(n)=\sin(\omega_2 n)$，那么会有 $x_2(n)=\sin(2\pi n-\omega_1 n)=-\sin(\omega_1 n)=-x_1(n)$。因此，对于正弦序列 $\cos(\omega_0 n)$ 或 $\sin(\omega_0 n)$ 呈 $\omega=\pi$ 偶对称或奇对称，因此称频率 π 为折叠频率。

将频率的周期性和对称性总结可以得出：任意整数值 k，$\omega=2k\pi$ 的邻域内的数字角频率 ω_0 与 $\omega=0$ 的邻域内的数字角频率 $\omega_0-2k\pi$ 是不能区分的；而且 $\omega=(2k+1)\pi$ 的邻域内的数字角频率 ω_0 与 $\omega=\pi$ 的邻域内的数字角频率 $\omega_0-(2k+1)\pi$ 也是不能区分的。因此，通常称 $\omega=2k\pi$ 的邻域内的频率为低频，而称 $\omega=(2k+1)\pi$ 的邻域内的频率为高频。例如，图 1.1.7（b）所示的 $x_1(n)=\cos(\pi n/8)=\cos(15\pi n/8)$ 是低频信号，而图 1.1.7（d）和图 1.1.7（h）所示的 $x_2(n)=\cos(7\pi n/8)=\cos(9\pi n/8)$ 是高频信号。正弦信号的这两个性质也同样适用于后面介绍的信号频谱分析和数字系统，数字信号的频谱和数字系统的频率响应都以 $\omega=2\pi$ 为周期，幅度频谱和幅频特性都以 $\omega=k\pi$ 呈共轭对称，即幅度呈偶对称，相位呈奇对称。第 3 章、第 6 章、第 7 章会有相应的内容。

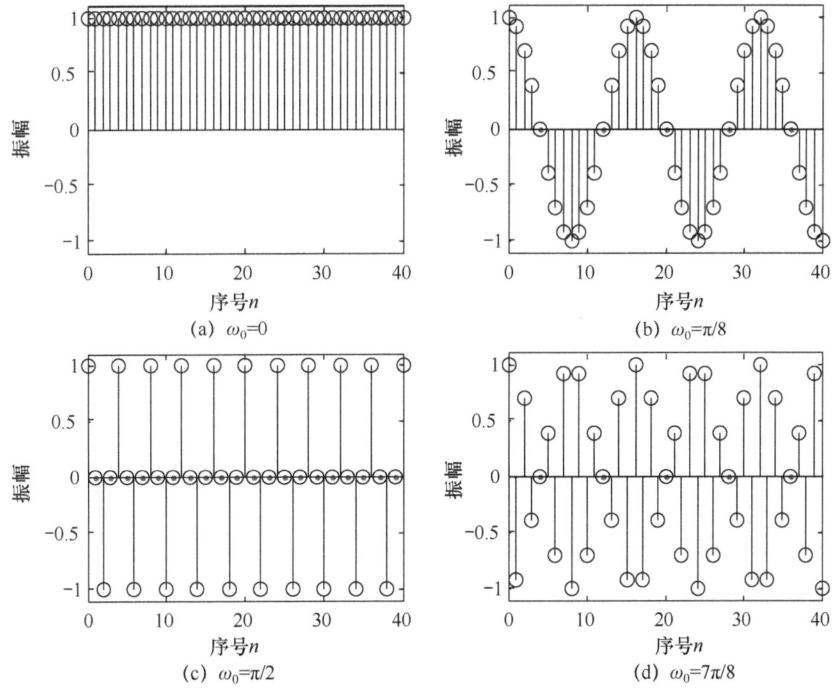

图 1.1.7　不同数字角频率的 $\cos(\omega_0 n)$ 序列

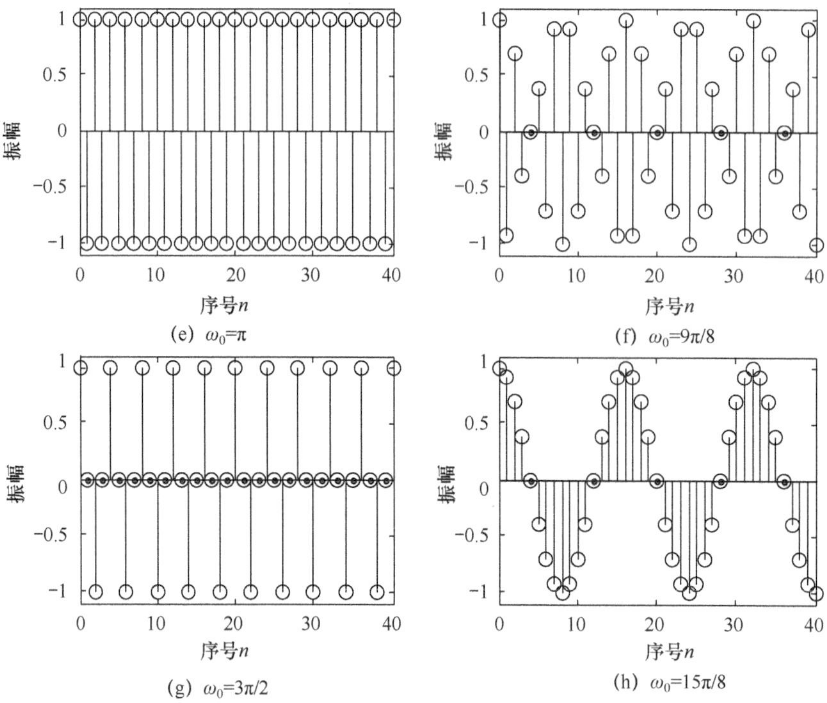

(e) $\omega_0=\pi$　(f) $\omega_0=9\pi/8$
(g) $\omega_0=3\pi/2$　(h) $\omega_0=15\pi/8$

图 1.1.7　不同数字角频率的 $\cos(\omega_0 n)$ 序列（续）

5. 实指数序列

实指数序列的表达式为

$$x(n)=a^n u(n)=\begin{cases}a^n, & n\geqslant 0\\ 0, & n<0\end{cases} \tag{1.1.11}$$

式中，a 为实数，由于 $u(n)$ 的作用，当 $n<0$ 时，$x(n)=0$。其波形特点是：当 $|a|<1$ 时，序列收敛，如图 1.1.8（a）和图 1.1.8（c）所示；当 $|a|>1$ 时，序列发散，如图 1.1.8（b）和图 1.1.8（d）所示；从图 1.1.8（c）和图 1.1.8（d）可以看出，当 a 为负数时，序列值在正负之间摆动。

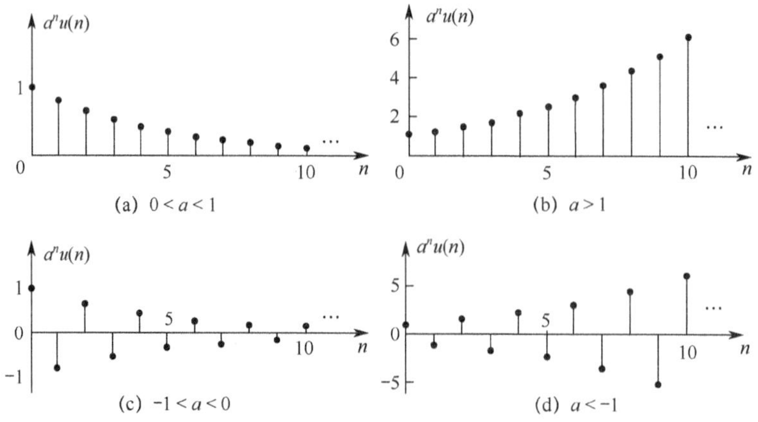

(a) $0<a<1$　(b) $a>1$
(c) $-1<a<0$　(d) $a<-1$

图 1.1.8　实指数序列

6. 复指数序列

复指数序列的表达式为

$$x(n) = e^{(\sigma + j\omega_0)n} \tag{1.1.12}$$

其指数是复数（或纯虚数），用欧拉公式展开后，得到

$$x(n) = e^{\sigma n}\cos\omega_0 n + je^{\sigma n}\sin\omega_0 n \tag{1.1.13}$$

式中，ω_0 为复正弦序列的数字域频率，σ 表征了该复正弦序列的幅度变化情况。其实部和虚部的波形如图 1.1.9 所示。

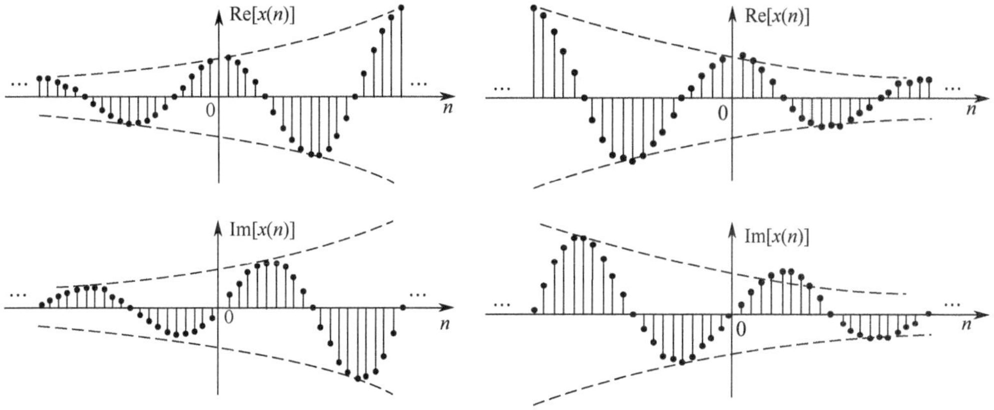

(a) $\sigma > 0$　(b) $\sigma > 0$

图 1.1.9　复指数序列

复指数序列表示成极坐标形式为

$$x(n) = |x(n)|e^{j\arg[x(n)]} = e^{\sigma n}e^{j\omega_0 n} \tag{1.1.14}$$

式中，$|x(n)| = e^{\sigma n}$，$\arg[x(n)] = \omega_0 n$。

MATLAB 中有许多可以用于产生信号的函数，一些比较重要的函数是

exp, sin, cos, square, sawtooth

用 MATLAB 产生单位抽样序列、单位阶跃序列、矩形序列、正弦序列和复指数序列的程序如下：

```
clc;close all;clear all;
n=[-30:30];
figure(1);
%单位抽样序列
x1=[n==0];
subplot(221),stem(n,x1);
xlabel('n');ylabel('\delta(n)');axis([-30,30,-1.5,1.5]);
%单位阶跃序列
x2=[n>=0];
subplot(222),stem(n,x2);
xlabel('n');ylabel('u(n)');axis([-30,30,-1.5,1.5]);
%矩形序列
N=10;
x3=[n>=-N& n<N];
subplot(223),stem(n,x3);
```

```
xlabel('n');ylabel('R_N(n)');axis([-30,30,-1.5,1.5]);
%正弦序列
x4=sin(0.1*pi*n+pi/3);
subplot(224),stem(n,x4);
xlabel('n');ylabel('sin(0.1\pin+\pi/3)');axis([-30,30,-1.5,1.5]);
%复指数序列
figure(2);
x5=exp((0.02+0.3j)*n);
subplot(221);stem(n,real(x5));
xlabel('n');ylabel('实部');axis([-30,30,-inf inf]);
subplot(222);stem(n,imag(x5));
xlabel('n');ylabel('虚部');axis([-30,30,-inf inf]);
subplot(223);stem(n,abs(x5));
xlabel('n');ylabel('模');axis([-30,30,-inf inf]);
subplot(224);stem(n,angle(x5));
xlabel('n');ylabel('相位');axis([-30,30,-inf inf]);
```

结果如图 1.1.10 和图 1.1.11 所示。

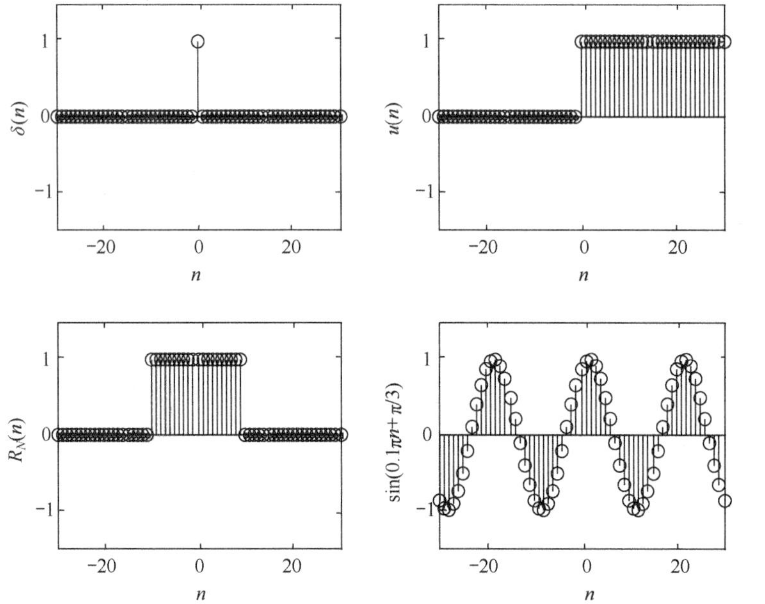

图 1.1.10 单位抽样序列、阶跃序列、矩形序列和正弦序列

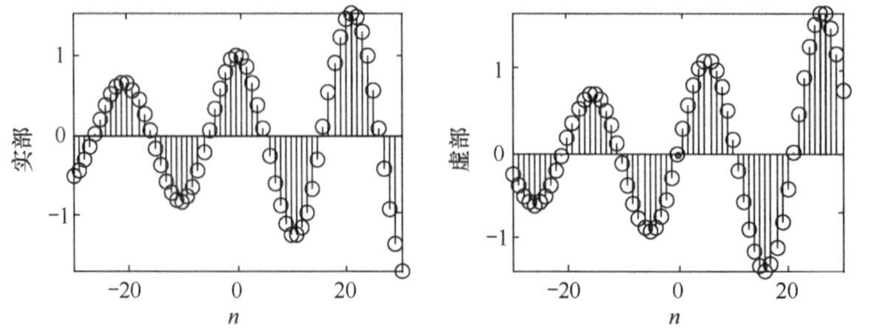

图 1.1.11 复指数序列 $x(n)=\mathrm{e}^{(0.02+\mathrm{j}0.5)n}$

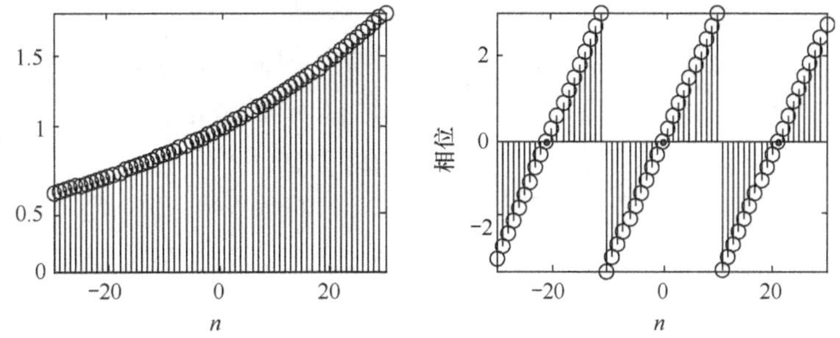

图 1.1.11　复指数序列 $x(n)=\mathrm{e}^{(0.02+\mathrm{j}0.5)n}$（续）

1.1.2　序列的基本运算

序列的运算包括相加、乘积、差分、累加、卷积和及变换自变量（移位、反褶和尺度变换等）。下面简单介绍几种常用的运算。

1. 移位

设某一序列 $x(n)$，当 m 为正时，$x(n-m)$ 指原序列 $x(n)$ 逐项依次延时（右移）m 位；而 $x(n+m)$ 则指 $x(n)$ 逐项依次超前（左移）m 位，这里 m 为整数。当 m 为负时，正好相反。

例 1.1.2　已知序列 $x(n)=\begin{cases}\dfrac{1}{3}\left(\dfrac{1}{3}\right)^n, & n\geqslant -1\\ 0, & n<-1\end{cases}$，则

$$x(n+1)=\begin{cases}\dfrac{1}{9}\left(\dfrac{1}{3}\right)^n, & n\geqslant -2\\ 0, & n<-2\end{cases}$$

$$x(n-1)=\begin{cases}\left(\dfrac{1}{3}\right)^n, & n\geqslant 0\\ 0, & n<0\end{cases}$$

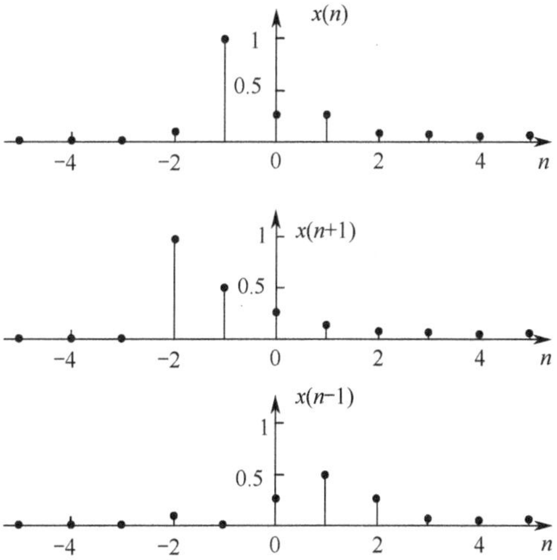

图 1.1.12　移位运算

移位运算如图 1.1.12 所示。从图中可以看出，一个非因果的右边序列可以通过移位变成因果信号，反之亦然。序列移位可以理解成序列幅值不变，序列号增加或减少的过程。例 1.1.2 的 MATLAB 程序为

```
m=[-1:5];
x=(1/3)*(1/3).^m;
n=m-1;
x1=x;                    %将序列左移一位
n1=m+1;
x2=x;                    %将序列右移一位
subplot(3,1,1);stem(m,x); ylabel('x(n)'); xlabel('n');
subplot(3,1,2);stem(n,x1); ylabel('x(n+1)'); xlabel('n');
subplot(3,1,3);stem(n1,x2); ylabel('x(n-1)'); xlabel('n');
```

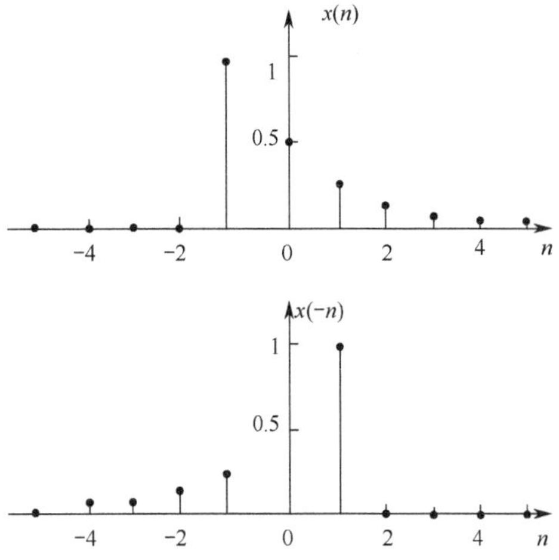

图 1.1.13 反褶运算

2. 反褶

若有序列 $x(n)$，定义 $x(-n)$ 为对 $x(n)$ 的反褶信号，此时 $x(-n)$ 的波形相当于将 $x(n)$ 的波形以 $n=0$ 为轴翻转得到。

例 1.1.3 已知序列 $x(n)=\begin{cases}\frac{1}{3}\left(\frac{1}{3}\right)^n, & n\geqslant -1\\ 0, & n<-1\end{cases}$，则 $x(-n)=\begin{cases}\frac{1}{3}\left(\frac{1}{3}\right)^{-n}, & n\leqslant 1\\ 0, & n>1\end{cases}$。$x(n)$ 及 $x(-n)$ 如图 1.1.13 所示。

与移位过程类似，序列反褶可以理解成序列幅值不变，序列号取相反数。例 1.1.3 的 MATLAB 程序为：

```
n=[-1:5];
x=(1/3)*(1/3).^n;
y=fliplr(x);                              %y 序列的值是 x 序列值的倒序排列
m=-fliplr(n);                             %对样本位置反褶，即 m=-n 后按倒序排列
subplot(2,1,1);stem(n,x);ylabel('x(n)'); xlabel('n');
subplot(2,1,2);stem(m,y);ylabel('x(-n)'); xlabel('n');
```

3. 序列的加、减

两序列的加、减指同序号 (n) 的序列值逐项对应相加、减而构成一个新的序列，表示为

$$z(n)=x(n)\pm y(n) \tag{1.1.15}$$

4. 乘积

两序列的乘积指同序号 (n) 的序列值逐项对应相乘而构成一个新的序列，表示为

$$z(n)=x(n)y(n) \tag{1.1.16}$$

例 1.1.4 已知序列 $x(n)=\begin{cases}\frac{1}{2}\left(\frac{1}{2}\right)^n, & n\geqslant -1\\ 0, & n<-1\end{cases}$ 和 $y(n)=\begin{cases}2^n, & n<0\\ n+1, & n\geqslant 0\end{cases}$，求序列 $z_1(n)=x(n)+y(n)$，$z_2(n)=x(n)y(n)$。

解

$$z_1(n)=x(n)+y(n)=\begin{cases}2^n, & n<-1\\ 1.5, & n=-1\\ (0.5)^{n+1}+n+1, & n\geqslant 0\end{cases}$$

$$z_2(n)=x(n)y(n)=\begin{cases}0, & n<-1\\ 0.5, & n=-1\\ (n+1)(0.5)^{n+1}, & n\geqslant 0\end{cases}$$

序列的加与乘运算如图 1.1.14 所示。

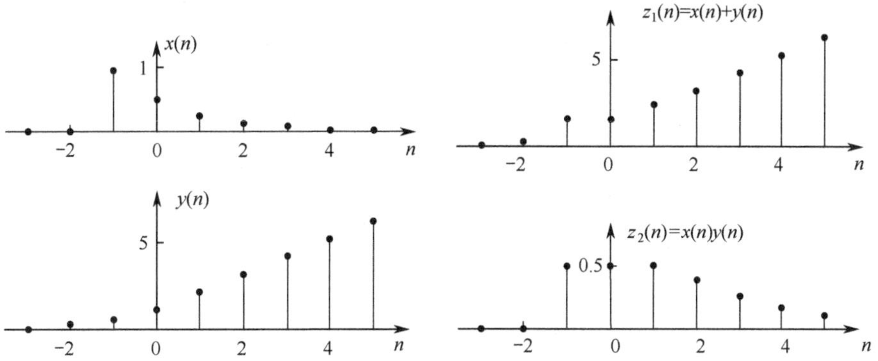

图 1.1.14　序列的加与乘

例 1.1.4 的 MATLAB 程序为

```
m1=[-2:-1];y1=2.^m1;
m2=[0:5];y2=m2+1;
m=min(min(m1),min(m2)):max(max(m1),max(m2));
z1=zeros(1,length(m));z2=z1;
z1(find((m>=min(m1))&(m<=max(m1))==1))=y1;
z2(find((m>=min(m2))&(m<=max(m2))==1))=y2;
y=z1+z2;                                    %以上以分段函数和的形式实现 y(n)序列
n=[-1:5];
x=(1/2)*(1/2).^n;                           %实现 x(n)序列
nn=min(min(m),min(m)):max(max(n),max(n));
z11=zeros(1,length(nn));z22=z11;
z11(find((nn>=min(m))&(nn<=max(m))==1))=y;
z22(find((nn>=min(n))&(nn<=max(n))==1))=x;  %将 y(n)和 x(n)的坐标对齐
z=z11+z22;                                  %实现 zz(n)=y(n)+x(n)
zz=z11.*z22;                                %实现 zz(n)=y(n)×x(n)
subplot(4,1,1);stem(n,x);title('x(n)');
subplot(4,1,2);stem(m,y);title('y(n)');
subplot(4,1,3);stem(nn,z);title('z1(n)=x(n)+y(n)');
subplot(4,1,4);stem(nn,zz);title('z2(n)=x(n)*y(n)'); xlabel('n');
```

其中，用 MATLAB 中的算术符“+”与“*”分别实现序列的加与乘，但要求相加或相减的两序列长度相同，本例中序列长度不同，因此需要将两序列延长，使它们具有相同的位置和长度。

5. 累加

序列 $x(n)$ 的累加运算定义为

$$y(n)=\sum_{k=-\infty}^{n}x(k) \tag{1.1.17}$$

该定义表示序列 $y(n)$ 在 n 时刻的值等于 n 时刻的 $x(n)$ 值及 n 时刻以前所有 $x(n)$ 值的累加和。序列的累加运算类似于连续信号的积分运算。

例 1.1.5　已知序列 $x(n)=\begin{cases}\dfrac{1}{3}\left(\dfrac{1}{3}\right)^n, & n\geqslant -1\\ 0, & n<-1\end{cases}$，则

$$y(n)=\sum_{k=-\infty}^{n}x(k)=\begin{cases}\sum_{k=-1}^{n}\frac{1}{3}\left(\frac{1}{3}\right)^k, & n\geqslant -1\\ 0, & n<-1\end{cases}$$

由上述运算结果得

当 $n=-1$ 时，$y(-1)=x(-1)=1$；

当 $n=0$ 时，$y(0)=x(-1)+x(0)=y(-1)+x(0)=1+\frac{1}{3}=\frac{4}{3}$；

当 $n=1$ 时，$y(1)=x(-1)+x(0)+x(1)=y(0)+x(1)=\frac{4}{3}+\frac{1}{9}=\frac{13}{9}$；

当 $n=2$ 时，$y(2)=x(-1)+x(0)+x(1)+x(2)=y(1)+x(2)=\frac{13}{9}+\frac{1}{27}=\frac{40}{27}$；

其他 $y(n)$ 值可依此类推得到。$x(n)$、$y(n)$ 波形如图 1.1.15 所示。

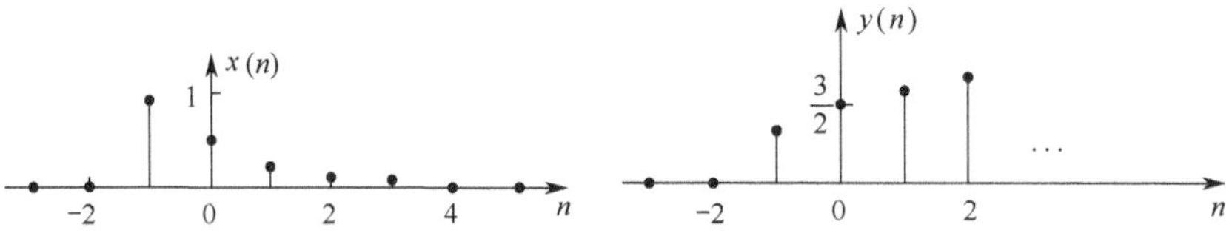

图 1.1.15 序列的累加运算

例 1.1.5 的 MATLAB 程序为

```
m=[-1:5];
x=(1/3)*(1/3).^m;
y(1)=x(1);                              %y 的第一项等于 x 的第一项
for n=[1:6]
  y(n+1)=y(n)+x(n+1);                   %依次对 x 进行累加
end
r=[-1:5];
subplot(2,1,1);stem(m,x);title('x(n)'); xlabel('n');
axis([-2 6 0 2]);
subplot(2,1,2);stem(r,y);title('y(n)'); xlabel('n');
axis([-2 6 0 2]);
```

6. 差分运算

序列 $x(n)$ 的一阶前向差分 $\Delta x(n)$ 定义为

$$\Delta x(n)=x(n+1)-x(n) \tag{1.1.18}$$

式中，Δ 表示前向差分算子。

一阶后向差分定义为

$$\nabla x(n)=x(n)-x(n-1) \tag{1.1.19}$$

式中，∇ 表示后向差分算子。

由式（1.1.18）和式（1.1.19）可以得出：前向差分和后向差分运算可相互转换，即 $\Delta x(n-1)=\nabla x(n)$。序列的差分可以用 MATLAB 中的 diff 命令实现。

例 1.1.6 已知序列 $x(n)=\{\underset{\uparrow}{0},0,1,1,1,0,0\}$，则 $x(n)$ 前向差分和后向差分如图 1.1.16 所示。

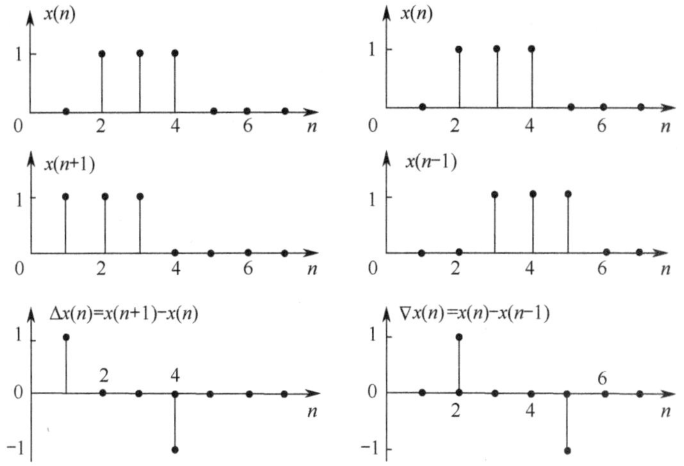

图 1.1.16 序列的差分

由以上分析可知，序列的差分仍然是一个序列。当序列本身不便进行研究时，可改为研究其差分。在工程上，经常用 $\max|\Delta x(n)|$ 或 $\max|\nabla x(n)|$ 来检测信号的突变点。如图 1.1.16 所示，求差分序列绝对值的最大值，很容易得出信号的突变点。

7. 时间尺度变换

序列的尺度变换包括抽取和插值两类。给定序列 $x(n)$，令 $y(n)=x(Dn)$，D 为正整数，称 $y(n)$ 是由 $x(n)$ 进行 D 倍的抽取所产生的，即从 $x(n)$ 中每隔 $D-1$ 点取 1 点。令 $y(n)=x(n/I)$，I 为正整数，称 $y(n)$ 是由 $x(n)$ 进行 I 倍的插值所产生的。序列的抽取和插值如图 1.1.17 所示。抽取和插值是信号处理中的常用算法，在第 9 章将详细介绍其原理及实现。

例 1.1.7 图 1.1.17 是一序列的抽取和插值的过程。

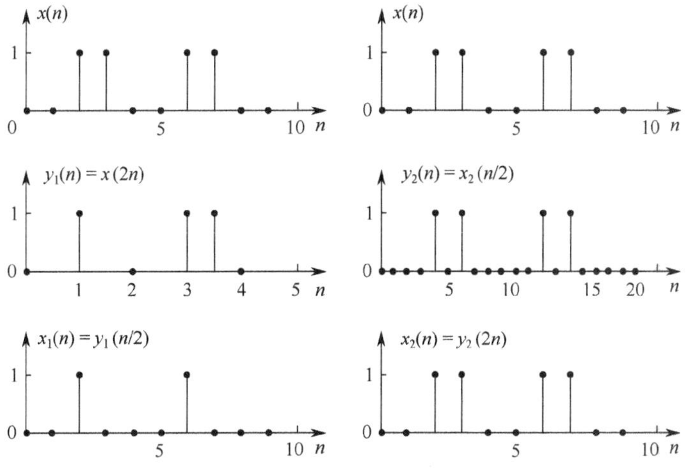

图 1.1.17 序列的尺度变换

在图 1.1.17 中，进行抽取运算时，每 2 点（每隔 1 点）取 1 点；进行插值运算时，每 2 点之间插入 1 点，插入值是 0。

例 1.1.7 的 MATLAB 程序为

```
x=[0 0 1 1 0 0 1 1 0 0];
y=zeros(1,5);
n=[0:9]
subplot(3,1,1);stem(n,x);title('x(n)'); xlabel('n');
for m=[1:5]
  y(m)=x(2*m);                                    %对 x 序列进行 2 倍抽取
end
n=[0:4]
subplot(3,1,2);stem(n,y);title('y1(n)=x(2n)'); xlabel('n');
z=zeros(1,10);
for m=[1:5]
  z(2*m)=y(m);                                    %对 y 序列进行 2 倍插值
end
n=[-1:8];
subplot(3,1,3);stem(n,z);title('x1(n)=y1(n/2)'); xlabel('n');
```

1.2 序列的卷积和与相关

1.2.1 序列的卷积和

两个序列的卷积和运算在求解差分方程、分析离散时间系统零状态响应等方面具有重要的作用。它是上述几种序列基本运算的组合。

设非周期序列 $x(n)$、$h(n)$，它们的（线性）卷积和 $y(n)$ 定义为

$$y(n)=\sum_{m=-\infty}^{\infty}x(m)h(n-m) \tag{1.2.1}$$

用简化符号记为

$$y(n)=x(n)*h(n) \tag{1.2.2}$$

从式（1.2.1）可以看出，卷积运算是前面讲过的序列反褶、移位、相乘和累加的组合。其计算步骤如下。

1）变量代换

由离散信号 $x(n)$和 $h(n)$进行变量代换，得到 $x(m)$和 $h(m)$。

2）反褶

将 $h(m)$ 以 $m=0$ 为对称轴反褶，得到 $h(-m)$。

3）移位

将 $h(-m)$ 移位，得到 $h(n-m)$。注意：其中变量 m 和 n 为移位量。即当 $n>0$ 时，将把 $h(-m)$ 向右移 n 位；当 $n<0$ 时，将把 $h(-m)$ 向左移 n 位。

4）相乘

将以上得到的 $h(n-m)$ 和 $x(m)$ 的相同 m 值的对应点值相乘。

5）累加

计算累加 $\sum_{m=-\infty}^{\infty}x(m)h(n-m)$。

因为 $h(-m)$ 移位后与 $x(m)$ 的相对位置可能有多种不同情况，所以在一般求解时，可能需要分成几个区间来分别加以考虑。

例 1.2.1　已知序列 $x(n)=\begin{cases} n/3, & 1\leqslant n\leqslant 3 \\ 0, & \text{其他} \end{cases}$ 和 $h(n)=\begin{cases} 1, & 0\leqslant n\leqslant 2 \\ 0, & \text{其他} \end{cases}$，求 $y(n)=x(n)*h(n)$。

解　（1）图解法。根据上面讨论的求解过程，对 $h(m)$ 进行反褶、移位，并和 $x(m)$ 对应点相乘，并进行累加，其过程如图 1.2.1 所示。

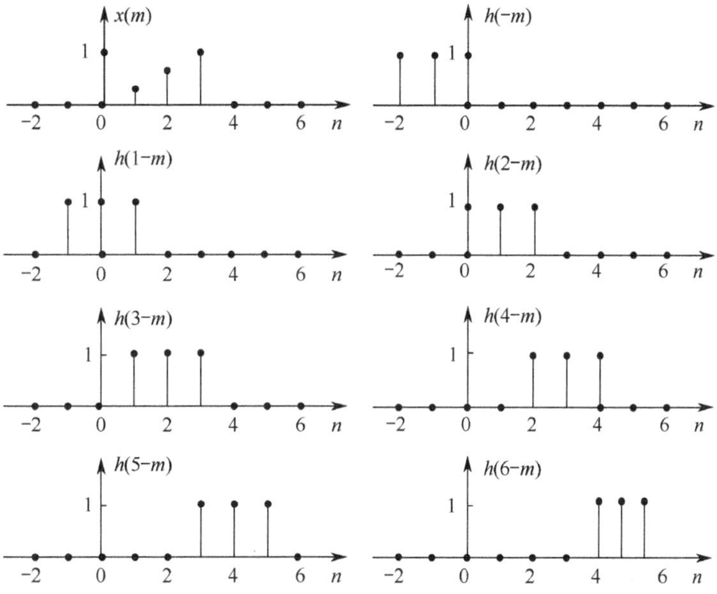

图 1.2.1　图解法求序列卷积

通过对应项相乘、求和得出最终结果如下（见图 1.2.2）。

$$y(0)=0$$

$$y(1)=\frac{1}{3}\times 1=\frac{1}{3}$$

$$y(2)=\frac{1}{3}\times 1+\frac{2}{3}\times 1=1$$

$$y(3)=\frac{1}{3}\times 1+\frac{2}{3}\times 1+1\times 1=2$$

$$y(4)=\frac{1}{3}\times 0+\frac{2}{3}\times 1+1\times 1+0\times 1=\frac{5}{3}$$

$$y(5)=1\times 1=1$$

$$y(6)=0$$

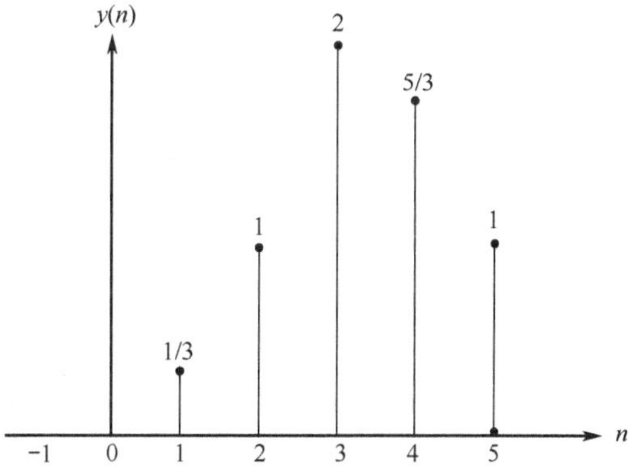

图 1.2.2　卷积和结果

注意：$y(0)$ 的值是由 $x(m)$ 与 $h(-m)$ 的图形相乘，并求和而得到的；$y(1)$ 的值是由 $x(m)$ 与 $h(1-m)$ 的图形相乘，并求和而得到的，依此类推。

例 1.2.1 中的 $x(n)$ 起始点和结束点分别为 1 和 3，序列的长度为 3；$h(n)$ 的起始点和结束点分别为 0 和 2，序列的长度为 3；卷积和 $y(n)$ 的起始点和结束点应为 1 和 5，长度为 5。一般地，如果两序列非零区间分别为 $[N_1,N_2]$ 和 $[M_1,M_2]$，长度分别为 N 和 M，此时有 $N=N_2-N_1$，$M=M_2-M_1$，那么它们的卷积和序列的非零区间为 $[N_1+M_1,N_2+M_2]$，长度为 $N+M-1$。

如果序列是无限长的，就不能用 MATLAB 来计算卷积和。而有限长序列的卷积和可用 MATLAB 内部函数 conv 来计算。但应当注意，conv 默认参加卷积运算的两个序列都是从 n=0 时开始的，运算结果序列也是从 n=0 时开始的。若参加卷积运算的两个序列不是从 n=0 时开始的，那么可以通过区间变换或序列移位完成。

例 1.2.1 的 MATLAB 程序如下：

```
n1=1:3;                    %序列 x 的区间
N=length(n1);              %序列 x 的长度
x=n1/3;                    %序列 x
n2=0:2;                    %序列 h 的区间
M=length(n2);              %序列 h 的长度
h=ones(M,1);               %序列 h
y=conv(x,h);               %两个序列的卷积
n3=[(n1(1)+n2(1)):(n1(N)+n2(M))];%卷积的区间
subplot(221),stem(n1,x);axis([0 6 0 3]);xlabel('n');ylabel('x(n)');
subplot(222), stem(n2,h);axis([0 6 0 3]);xlabel('n');ylabel('h(n)');
subplot(223), stem(n3,y); axis([0 6 0 3]);xlabel('n');ylabel('y(n)');
```

运行结果如图 1.2.3 所示。

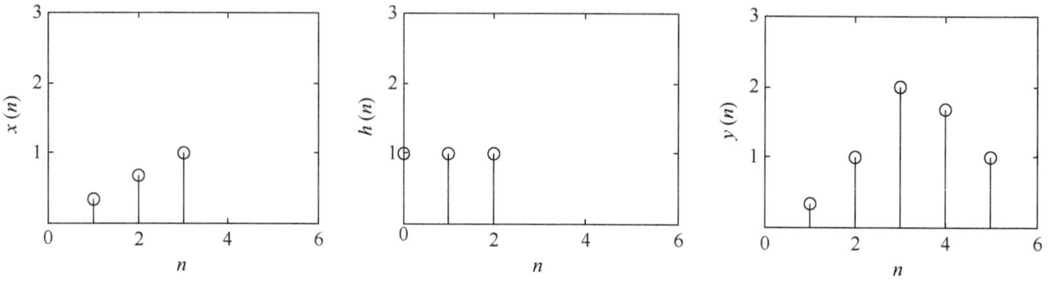

图 1.2.3 例 1.2.1 的程序运行结果

离散卷积和与连续的卷积积分一样，同样具有交换律、结合律、分配律等代数性质，这些性质在系统分析中具有重要的物理意义，关于这部分内容将在 1.3 节中介绍。

1.2.2 序列的线性相关

与卷积非常相似的一种数学运算是相关。正如卷积那样，相关运算也是对两个信号序列的操作。然而，与卷积不同的是，计算两个信号序列相关的目的是衡量两个信号序列的相似程度，并由此提取在很大程度上应用得到的某些信息。我们经常能在雷达、声呐、数字通信、地质学及其他科学和工程领域中遇到信号的相关。

为具体说明，假设 $x(n)$ 和 $y(n)$ 是两个要比较的信号序列。在雷达和主动声纳应用上，$x(n)$ 可以表示传输信号的样本序列，而 $y(n)$ 可以表示在 A/D 转换器输出端的接收信号样本序列。如果雷达或者声呐在空中搜索到了存在的目标，那么接收信号 $y(n)$ 中就包含有传输信号的延迟样本，它是从目标反射回来的，并混叠有加性噪声。我们可以将接收信号序列

表示为

$$y(n)=\alpha x(n-D)+w(n) \tag{1.2.3}$$

其中，α 是衰减系数，表示信号 $x(n)$ 在双程传输中的损失；D 是双程延迟，假设它为采样间隔的整数倍；$w(n)$ 表示加性噪声，它是由天线拾取的，以及接收器前端的电子设备和放大器产生的任何噪声。另外，如果雷达和声纳搜索的空间中没有目标，那么接收信号 $y(n)$ 就只包含噪声了。

有了这两个信号序列，即被称为参考信号或者传输信号 $x(n)$ 和接收信号 $y(n)$，雷达和声纳检测问题就是比较 $y(n)$ 和 $x(n)$ 来确定是否出现目标，如果存在，那么就要求解时间延迟 D 并计算目标距离。实际上，信号 $x(n-D)$ 会被加性噪声严重污染，以至于视觉上检测信号 $y(n)$ 并不能反映从目标反射的期望信号是否存在。相关给我们提供了从 $y(n)$ 中提取重要信号的方法。

相关是数字通信经常应用的另一个领域。在数字通信中，从一端传输到另一端的信息通常要转换成二进制形式，即 0,1 序列，然后被发送到目标接收器。为了传送 0，我们可以传送信号序列 $x_0(n)$，$0\leqslant n\leqslant L-1$；为了传送 1，我们可以传送信号序列 $x_1(n)$，$0\leqslant n\leqslant L-1$，其中 L 是代表两个序列中每个序列的样本长度的某些整数。通常，$x_1(n)$ 被选为 $x_0(n)$ 的负值。目标接收器接收到的信号可以表示成

$$y(n)=x_i(n)+w(n),\quad i=0,1;\quad 0\leqslant n\leqslant L-1 \tag{1.2.4}$$

其中，$x_0(n)$ 或者 $x_1(n)$ 是否为 $y(n)$ 的信号成分，目前是不确定的，$w(n)$ 表示加性噪声及任何通信系统都存在的其他固有干扰。再次说明，这个噪声源于接收器前端的电子设备。在任何情况下，接收器都知道可能的传输序列 $x_0(n)$ 和 $x_1(n)$，并且面临将接收信号 $y(n)$ 跟 $x_0(n)$ 和 $x_1(n)$ 比较的任务，以确定这两个信号中哪个能与 $y(n)$ 更好匹配，这个比较过程就是利用下面介绍的相关运算来完成的。

1. 线性相关

已知离散时间信号 $x(n)$ 和 $y(n)$ 都是能量有限序列，定义

$$r_{xy}(m)=\sum_{n=-\infty}^{\infty}x(n)y(n+m) \tag{1.2.5}$$

为信号 $x(n)$ 和 $y(n)$ 的互相关函数。该式表示 $r_{xy}(m)$ 在时刻 m 的值，等于将 $x(n)$ 的值保持不动，而 $y(n)$ 移位 m 点然后对应相乘再相加的结果。

同理可得 $y(n)$ 和 $x(n)$ 的互相关函数为

$$r_{yx}(m)=\sum_{n=-\infty}^{\infty}y(n)x(n+m) \tag{1.2.6}$$

有 $r_{xy}(m)=r_{yx}(-m)$。

当 $x(n)$ 和 $y(n)$ 是同一个信号时，即 $x(n)=y(n)$，则它们之间的相关函数（又称为自相关函数）定义为

$$r_{xx}(m)=\sum_{n=-\infty}^{\infty}x(n)x(n+m) \tag{1.2.7}$$

它描述了同一个信号 $x(n)$ 在 n 时刻和 $n+m$ 时刻的相似程度，也写成 $r_x(m)$。

式（1.2.7）只限于能量序列相关函数的计算，因为 $r_x(0)=\sum_{n=-\infty}^{\infty}x^2(n)=E$ ，所以 $r_x(0)$ 等于序列 $x(n)$ 的能量。如果 $x(n)$ 不是能量序列，那么 $r_x(0)$ 将趋于无穷大。因此，对于功率信号，其相关函数定义为

$$r_{xy}(m)=\lim_{N\to\infty}\frac{1}{2N+1}\sum_{n=-N}^{N}x(n)y(n+m) \tag{1.2.8}$$

$$r_x(m)=\lim_{N\to\infty}\frac{1}{2N+1}\sum_{n=-N}^{N}x(n)x(n+m) \tag{1.2.9}$$

如果 $x(n)$ 是周期序列，且周期为 N，由式（1.2.9）可得其自相关函数

$$\begin{aligned}r_x(m)&=\lim_{N\to\infty}\frac{1}{N}\sum_{n=0}^{N-1}x(n)x(n+m)\\&=\lim_{N\to\infty}\frac{1}{N}\sum_{n=0}^{N-1}x(n)x(n+N+m)\\&=r_x(m+N)\end{aligned} \tag{1.2.10}$$

式（1.2.10）说明，周期序列的自相关函数是和原序列同周期的周期序列，所以可以用一个周期的求和平均计算自相关函数

$$r_x(m)=\frac{1}{N}\sum_{n=0}^{N-1}x(n)x(n+m) \tag{1.2.11}$$

式（1.2.10）中 N 为周期信号 $x(n)$ 的周期。

上述对相关函数的定义都是针对实数信号的。若 $x(n)$ 和 $y(n)$ 为复数信号，则有

$$r_{xy}(m)=\sum_{n=-\infty}^{\infty}x^*(n)y(n+m) \tag{1.2.12}$$

$$r_x(m)=\sum_{n=-\infty}^{\infty}x^*(n)x(n+m) \tag{1.2.13}$$

2. 线性相关与线性卷积的关系

比较式（1.2.5）关于互相关函数的定义和式（1.2.1）关于线性卷积的定义，可以看出它们有某些相似之处。令 $g(n)$ 是 $x(n)$ 和 $y(n)$ 的线性卷积，即

$$g(n)=\sum_{m=-\infty}^{\infty}x(n-m)y(m)$$

为了与式（1.2.5）互相关函数相比较，现将上式中的 m 和 n 互换，得

$$g(m)=\sum_{n=-\infty}^{\infty}x(m-n)y(n)=x(m)*y(m)$$

$x(n)$ 和 $y(n)$ 的互相关函数为

$$r_{xy}(m)=\sum_{n=-\infty}^{\infty}x(n)y(n+m)=\sum_{n=-\infty}^{\infty}x(n-m)y(n)=\sum_{n=-\infty}^{\infty}x[-(m-n)]y(n)$$

比较上面两式，可得线性相关和线性卷积的时域关系为

$$r_{xy}(m)=x(-m)*y(m) \tag{1.2.14}$$

同理，对自相关函数，有

$$r_x(m) = x(-m) * x(m) \tag{1.2.15}$$

尽管相关和卷积在计算式上有相似之处，但二者所表示的物理意义是截然不同的。线性卷积表示了线性移不变系统输入、输出和单位抽样响应之间的一个基本关系，而线性相关只是反映了两个信号之间的相关性，与系统无关。

自相关和互相关序列可以直接调用 MATLAB 函数 xcorr 来计算。用 `r=xcorr(y,x)` 可计算得到两个序列 $x(n)$ 和 $y(n)$ 的互相关函数 $r_{xy}(n)$，而用 `r=xcorr(x)` 可计算得到序列 $x(n)$ 的自相关函数 $r_{xx}(n)$。注意在求解互相关时命令中参数的先后顺序，否则，用该函数产生的相关序列与实际计算结果式（1.2.3）呈时间反转形式，同时该命令要求两个序列长度一样，所以会对短的序列自动补零至长度相同。也可以利用相关计算与卷积和的关系式（1.2.14），采用命令 `r = conv(fliplr(x), y )`来实现。

例 1.2.2　用 MATLAB 计算两个序列的互相关。程序代码如下：

```
x=[1 0 2 3 5];nx=0:4;                       %序列 x 的区间
y=[2 0 3 4 5];ny=0:4;                       %序列 y 的区间
nxy=(min(ny)-max(nx)):(max(ny)-min(nx));    %相关序列 nxy 区间
Rxy1=xcorr(y,x);                            %直接利用 xcorr 函数求
Rxy2=conv(fliplr(x),y);                     %利用与卷积的关系求
nyx=(min(nx)-max(ny)):(max(nx)-min(ny));    %相关序列 Ryx 区间
Ryx1=xcorr(x,y);                            %直接利用 xcorr 函数求
Ryx2=conv(fliplr(y),x);                     %利用与卷积的关系求
subplot(321),stem(nx,x); axis([-6 6 -inf inf]);
xlabel('序号 n');ylabel('x(n)');title('原始序列');
subplot(322), stem(ny,y); axis([-6 6 -inf inf]);
xlabel('序号 n');ylabel('y(n)');title('原始序列');
subplot(323), stem(nxy,Rxy1); axis([-6 6 -inf inf]);
 xlabel('序号 n');ylabel('r_x_y(n)');title('直接求解 r_x_y(n)');
subplot(324), stem(nxy,Rxy2); axis([-6 6 -inf inf]);
xlabel('序号 n');ylabel('r_x_y(n)');title('卷积求解 r_x_y(n)');
subplot(325), stem(nyx,Ryx1); axis([-6 6 -inf inf]);
xlabel('序号 n');ylabel('r_y_x(n)');title('直接求解 r_y_x(n)');
subplot(326), stem(nyx,Ryx2); axis([-6 6 -inf inf]);
 xlabel('序号 n');ylabel('r_y_x(n)');title('卷积求解 r_y_x(n)');
```

运行结果如图 1.2.4 所示。

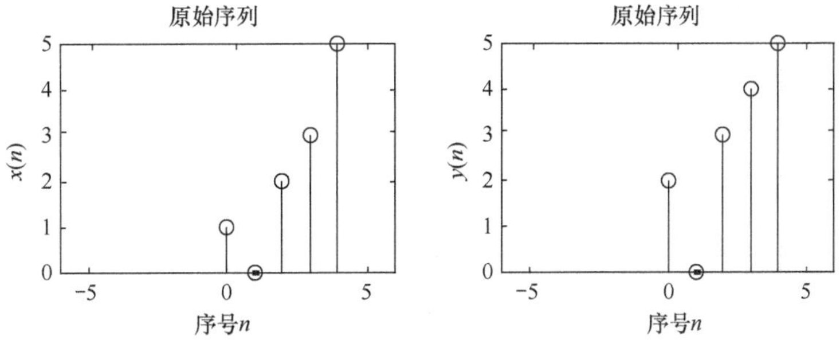

图 1.2.4　例 1.2.2 的运行结果

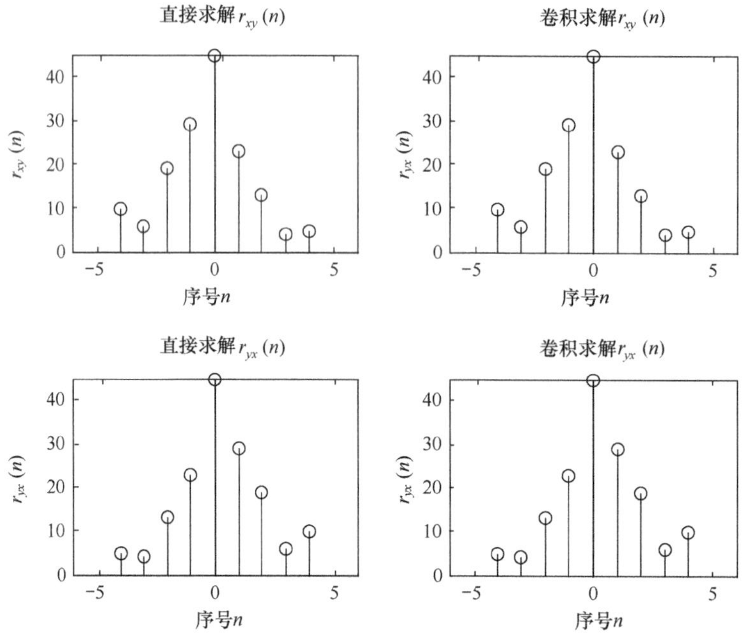

图 1.2.4 例 1.2.2 的运行结果（续）

例1.2.3 设有一正弦序列 $x(n)=\sin(0.25\pi n),\ 0\leqslant n\leqslant 95$，计算该正弦序列的自相关序列。

解 由式（1.2.7）得

$$r_x(m)=\sum_{n=0}^{95}\sin(0.25\pi n)\sin(0.25\pi n+0.25\pi m)$$

$$=\cos(0.25\pi m)\sum_{n=0}^{95}\sin^2(0.25\pi n)+\sin(0.25\pi m)\sum_{n=0}^{95}\sin(0.25\pi n)\cos(0.25\pi n)$$

根据正交性，上式中右边第二项等于零。第一项中

$$\sum_{n=0}^{95}\sin^2(0.25\pi n)=\frac{1}{2}\sum_{n=0}^{95}[1-\cos(0.5\pi n)]=48$$

所以

$$r_x(m)=48\cos(0.25\pi m)$$

1.3 线性移不变系统

数字信号处理就是将输入序列变换为所要求的输出序列的过程，我们就将输入序列变换为输出序列的算法或设备称为离散时间系统。一个离散时间系统，可以抽象为一种变换，或者一种映射，即把输入序列 $x(n)$ 变换为输出序列 $y(n)$

$$y(n)=T[x(n)] \tag{1.3.1}$$

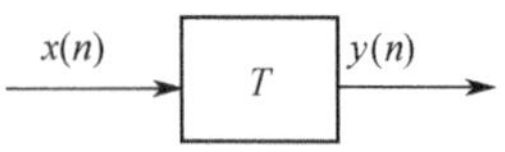

图 1.3.1 离散时间系统框架

式中，T 代表变换。一个离散时间系统的输入输出关系可用图 1.3.1 表示。本书所要研究的是具有线性移不变特点的离散时间系统。

1.3.1　线性系统

满足均匀性与叠加性的离散时间系统称为离散时间线性系统。若输入序列为 $x_1(n)$ 与 $x_2(n)$，它们对应的输出序列分别为 $y_1(n)$ 与 $y_2(n)$，即

$$y_1(n)=T[x_1(n)]，\quad y_2(n)=T[x_2(n)]$$

假设当输入 $x(n)=ax_1(n)+bx_2(n)$ 时，系统的输出 $y(n)$ 满足下式：

$$y(n)=T[x(n)]=T[ax_1(n)+bx_2(n)]=aT[x_1(n)]+bT[x_2(n)]=ay_1(n)+by_2(n) \tag{1.3.2}$$

则该系统就是线性系统。式（1.3.2）中 a、b 为任意常数，说明两个序列分别乘以一个系数相加后通过系统，等于这两个序列分别通过系统后再乘以相应系数的和。图 1.3.2 说明了线性系统的等价关系。

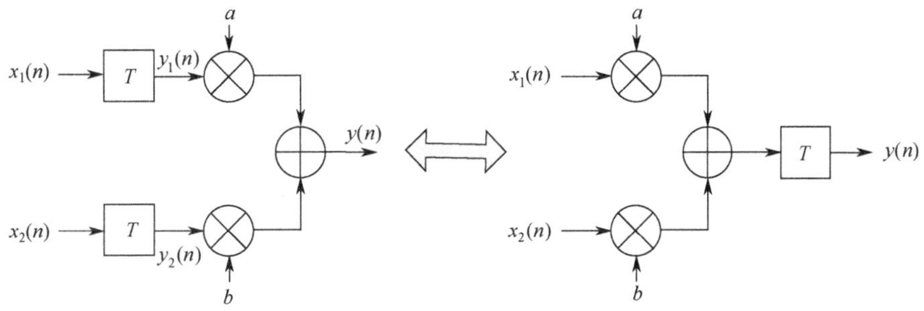

图 1.3.2　线性系统的等价关系

式（1.3.2）还可以推广到多个输入的叠加，即如果

$$x(n)=\sum_k a_k x_k(n) \tag{1.3.3}$$

那么一个线性系统的输出一定是

$$y(n)=\sum_k a_k y_k(n) \tag{1.3.4}$$

其中，$y_k(n)$ 是对应于 $x_k(n)$ 的系统输出。

在证明一个系统是线性系统时，必须证明该系统满足上述线性条件；反之，若有一个输入或一组输入使系统不满足线性条件，就可以确定该系统不是线性系统。

例 1.3.1　判断 $y(n)=2x(n)+5$ 所代表的系统是否为线性系统。

解　因为

$$y_1(n)=T[x_1(n)]=2x_1(n)+5$$

$$y_2(n)=T[x_2(n)]=2x_2(n)+5$$

所以

$$a_1y_1(n)+a_2y_2(n)=2a_1x_1(n)+2a_2x_2(n)+5(a_1+a_2)$$

但是

$$T[a_1x_1(n)+a_2x_2(n)]=2[a_1x_1(n)+a_2x_2(n)]+5$$

因而

$$T\left[a_1x_1(n)+a_2x_2(n)\right]\neq a_1y_1(n)+a_2y_2(n)$$

所以此系统不是线性系统。同理可证明 $y(n)=x(n)\sin\left(\frac{2\pi}{3}n+\frac{\pi}{5}\right)$ 是线性系统。

1.3.2 移不变系统

如果系统的参数都是常数，它们不随时间变化，则称该系统为移不变系统。在这种情况下，系统的输出与输入施加于系统的时刻无关。即对于移不变系统，假设输入 $x(n)$ 序列产生输出为 $y(n)$ 序列，则输入 $x(n-m)$ 时将产生输出 $y(n-m)$ 序列，这表明输入延迟一定时间 m，其输出也延迟相同的时间，而其幅值保持不变。上述移不变可用公式表述为

若

$$y(n)=T[x(n)]$$

则

$$y(n-m)=T[x(n-m)] \tag{1.3.5}$$

其中 m 为任意整数。移不变系统体现了系统延时与系统操作的可交换性，如图 1.3.3 所示。

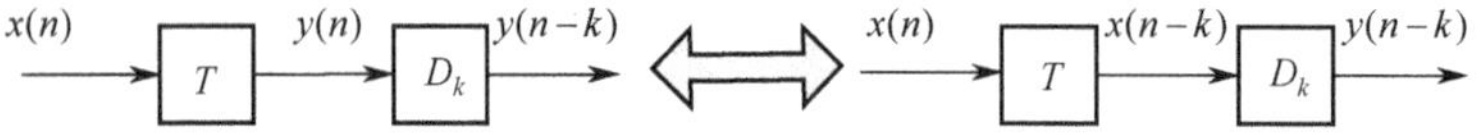

图 1.3.3 移不变系统中系统延时与系统操作的关系

在图 1.3.3 中，D_k 表示延时 k 个单元。

例 1.3.2 判断 $y(n)=2x(n)+5$ 所代表的系统是否是移不变系统。

解

$$T[x(n-m)]=2x(n-m)+5$$
$$y(n-m)=2x(n-m)+5$$

可得

$$y(n-m)=T\left[x(n-m)\right]$$

所以此系统是移不变系统。同理可证明 $y(n)=x(n)\sin\left(\frac{2\pi}{3}n+\frac{\pi}{5}\right)$ 不是移不变系统。

1.3.3 单位抽样响应与卷积和

单位抽样响应是指输入为单位抽样序列 $\delta(n)$ 时线性移不变系统的输出（假设系统输出的初始状态为零）。单位抽样响应一般用 $h(n)$ 表示即

$$h(n)=T[\delta(n)] \tag{1.3.6}$$

在知道 $h(n)$ 后，就可得到此线性移不变系统对任意输入的零状态响应。

设系统输入序列为 $x(n)$，输出序列为 $y(n)$。由式（1.1.2）可知，任一序列 $x(n)$ 可写成 $\delta(n)$ 的移位加权和，即

$$x(n)=\sum_{m=-\infty}^{\infty}x(m)\delta(n-m)$$

则系统输出为

$$y(n)=T[x(n)]=T\left[\sum_{m=-\infty}^{\infty}x(m)\delta(n-m)\right]$$

因为线性系统满足均匀性和叠加性，所以有

$$y(n)=\sum_{m=-\infty}^{\infty}x(m)T[\delta(n-m)]$$

又因为系统满足移不变性，所以有

$$y(n)=\sum_{m=-\infty}^{\infty}x(m)h(n-m) \tag{1.3.7}$$

由式（1.3.7）可知，任何离散时间线性移不变系统，完全可以通过其单位抽样响应 $h(n)$ 来表征。将式（1.3.7）与线性卷积的定义式（1.2.1）比较可以看出，系统在激励信号 $x(n)$ 作用下的零状态响应为 $x(n)$ 与系统的单位抽样响应的线性卷积，即

$$y(n)=x(n)*h(n) \tag{1.3.8}$$

一般地，线性移不变系统都是由式（1.3.8）的卷积和来描述的，所以这类系统的性质就能用离散时间卷积的性质来定义。因此，单位抽样响应就是某一特定线性移不变系统性质的完全表征。

1.3.4　因果系统

如果一个系统在任何时刻的输出只取决于现在的输入及过去的输入，该系统就称为因果系统，即 $n=n_0$ 时刻的输出 $y(n_0)$ 只取决于 $n\leqslant n_0$ 的输入 $x(n)$。若系统现在时刻的输出还取决于未来时刻的输入，则不符合因果关系，因而是非因果系统，是实际中不存在的系统。如系统 $y(n)=x(n)-x(n+1)$ 就是非因果系统。

线性移不变系统是因果系统的充分且必要条件是

$$h(n)=0,\quad n<0 \tag{1.3.9}$$

证明　充分性：当 $n<0$ 时，$h(n)=0$，则

$$y(n)=\sum_{m=-\infty}^{n}x(n-m)h(m)$$

因而

$$\begin{aligned}y(n_0)&=\sum_{m=-\infty}^{\infty}x(n_0-m)h(m)\\&=\sum_{m=0}^{\infty}h(m)x(n_0-m)+\sum_{m=-\infty}^{-1}h(m)x(n_0-m)\\&=[h(0)x(n_0)+h(1)x(n_0-1)+h(2)x(n_0-2)+\cdots]+\\&\quad[h(-1)x(n_0+1)+h(-2)x(n_0+2)+\cdots]\end{aligned}$$

我们看到，第一个求和项包括 $x(n_0),x(n_0-1),\cdots\cdots$ 也就是输入信号的当前和过去值。另外，第二个求和项包括输入信号量 $x(n_0+1),x(n_0+2),\cdots\cdots$ 即 $y(n_0)$ 只与 $m\leqslant n_0$ 时的 $x(m)$ 值有关，因而是因果系统。

必要性：利用反证法来证明。已知系统是因果系统，如果假设当 $n<0$ 时，$h(n)\neq 0$，则

$$y(n_0)=\sum_{m=0}^{\infty}h(m)x(n_0-m)+\sum_{m=-\infty}^{-1}h(m)x(n_0-m)$$

在所设条件下，第二个求和式至少有一项不为零，即 $y(n_0)$ 至少和 $m>n_0$ 时的一个 $x(m)$ 有关，这不符合因果性条件，所以假设不成立。因而当 $n<0$ 时 $h(n)=0$ 是必要条件。

仿照此定义，我们将$n<0$，$x(n)=0$的序列称为因果序列，表示这个序列可以作为一个因果系统的单位抽样响应。

1.3.5 稳定系统

对于所有的n，如果$x(n)$是有界的，那么存在一个常数M_x，使得

$$|x(n)| \leqslant M_x < \infty$$

类似地，如果输出是有界的，那么存在一个常数M_y，使得

$$|y(n)| \leqslant M_y < \infty$$

稳定系统是指有界输入产生有界输出（BIBO）的系统，即

$$|x(n)| \leqslant M_x \Rightarrow |y(n)| \leqslant M_y$$

一个线性移不变系统是稳定系统的充分且必要条件是

$$\sum_{n=-\infty}^{\infty} |h(n)| = p < \infty \tag{1.3.10}$$

即单位抽样响应绝对可和。

证明 充分条件：

$$y(n) = \sum_{k=-\infty}^{\infty} h(k)x(n-k)$$

如果对等式两边取绝对值，那么得出

$$|y(n)| = \left| \sum_{m=-\infty}^{\infty} h(m)x(n-m) \right|$$

因为各项和的绝对值常常小于等于各项绝对值的和，因此有

$$|y(n)| \leqslant \sum_{m=-\infty}^{\infty} |h(m)||x(n-m)|$$

如果输入是有界的，那么存在一个有限数M_x，使得$|x(n)| \leqslant M_x$。将上面等式中的$x(n)$用上界替换，得出

$$|y(n)| \leqslant M_x \sum_{m=-\infty}^{\infty} |h(m)|$$

如果系统的单位抽样响应满足$\sum_{n=-\infty}^{\infty} |h(n)| = p < \infty$，则有

$$|y(n)| \leqslant M_x p < \infty$$

即输出有界，此时$M_y = M_x p$。

必要条件：利用反证法来证明。已知系统稳定，假设

$$\sum_{n=-\infty}^{\infty} |h(n)| = \infty$$

可以找到一个如下式的有界输入

$$x(n) = \begin{cases} 1\ , & h(-n) \geqslant 0 \\ -1\ , & h(-n) < 0 \end{cases}$$

则

$$y(0)=\sum_{m=-\infty}^{\infty}x(m)h(n-m)\big|_{n=0}=\sum_{m=-\infty}^{\infty}\left|h(-m)\right|=\sum_{m=-\infty}^{\infty}\left|h(m)\right|=\infty$$

即有界的输入 $x(n)$ 的输出在 $n=0$ 处无界，不符合稳定条件，与假设矛盾，所以 $\sum_{m=-\infty}^{\infty}\left|h(n)\right|=p<\infty$ 是稳定系统的必要条件。

例 1.3.3　设两个线性移不变系统，单位抽样响应分别为 $h_1(n)=2^n u(n)$ 和 $h_2(n)=\left(\frac{1}{2}\right)^n u(n)$，试分析这两个系统的因果稳定性。

解　（1）因果性。当 $n<0$ 时，$h_1(n)=h_2(n)=0$，因此，两个系统都是因果系统。

（2）稳定性。

$$\sum_{n=-\infty}^{\infty}\left|h_1(n)\right|=\sum_{n=0}^{\infty}\left|2\right|^n=\infty$$

$$\sum_{n=-\infty}^{\infty}\left|h_2(n)\right|=\sum_{n=0}^{\infty}\left|\frac{1}{2}\right|^n=\frac{1}{1-1/2}=2$$

因此，第一个系统为不稳定系统，第二个系统为稳定系统。

把该结论进行推广，可得若线性移不变系统的单位抽样响应为

$$h_1(n)=a^n u(n)$$

有

$$\sum_{n=-\infty}^{\infty}\left|h(n)\right|=\sum_{n=0}^{\infty}\left|a\right|^n=\begin{cases}\dfrac{1}{1-\left|a\right|}, & \left|a\right|<1\\ \infty, & \left|a\right|>1\end{cases}$$

可见，当 $\left|a\right|<1$ 时，该系统稳定。

例 1.3.4　设系统的单位抽样响应 $h(n)=u(n)$，求任意激励 $x(n)$ 的零状态响应 $y(n)$，并分析该系统的因果稳定性。

解

$$h(n)=u(n)$$

将上式代入由式(1.3.8)表述的系统的单位抽样响应 $h(n)$、激励 $x(n)$ 和零状态响应 $y(n)$ 之间的关系式，得到

$$y(n)=x(n)*h(n)=\sum_{k=-\infty}^{\infty}x(k)u(n-k)$$

当 $n-k<0$ 时，$u(n-k)=0$；当 $n-k\geqslant 0$ 时，$u(n-k)=1$，因此，求和限为 $k\leqslant n$，所以对于任意输入序列 $x(n)$ 的输出为

$$y(n)=\sum_{k=-\infty}^{n}x(k)$$

上式表明该系统是一个累加器，其作用是将输入从加入系统开始，逐项累加，直到 n 时刻为止。

下面分析其因果稳定性：

由于满足 $n<0$ 时，$h(n)=0$，因此该系统是一个因果系统；由于 $\sum_{n=-\infty}^{\infty}|h(n)|=\sum_{n=0}^{\infty}|u(n)|=\infty$，因此该系统是一个不稳定系统。

1.3.6 卷积和的性质及 LTI 系统的互连

在本节中，我们来研究卷积的一些重要性质，并以 LTI 系统互连的方式来解释这些性质，需要强调的是，这些性质对所有输入信号都成立。

1. 交换律

$$x(n)*h(n)=h(n)*x(n) \tag{1.3.11}$$

这可以通过变量置换来证明。具体讲，以 $m=n-k$ 替换，可得

$$y(n)=\sum_{m=\infty}^{-\infty}x(n-m)h(m)=\sum_{m=-\infty}^{\infty}h(m)x(n-m)=h(n)*x(n)$$

所以在求和中，$x(n)$ 和 $h(n)$ 的作用是可以交换的。也就是说，在卷积中两个序列的先后次序是无关紧要的。因此如果输入和单位抽样响应的作用颠倒的话，系统的输出是一样的。一个线性移不变系统在输入为 $x(n)$ 和单位抽样响应为 $h(n)$ 时与输入为 $h(n)$ 和单位抽样响应为 $x(n)$ 时将有同样的输出，图 1.3.4 说明了两者的等价关系。

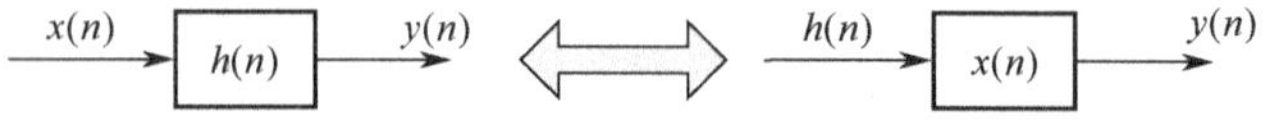

图 1.3.4 卷积交换律的应用图解

2. 结合律与系统的级联

$$x(n)*[h_1(n)*h_2(n)]=[x(n)*h_1(n)]*h_2(n) \tag{1.3.12}$$

从物理观点来看，$x(n)$ 可以解释为单位抽样响应为 $h_1(n)$ 的线性移不变系统的输入信号，设这个系统的输出表示为 $y_1(n)$，它成为单位抽样响应为 $h_2(n)$ 的第二个线性移不变系统的输入。于是，其输出为

$$y(n)=y_1(n)*h_2(n)=[x(n)*h_1(n)]*h_2(n) \tag{1.3.13}$$

结合式（1.3.12）和式（1.3.13）可以得出，两个系统级联可以等效成一个单位抽样响应为 $h(n)$ 的系统，且 $h(n)$ 等于两个子系统单位抽样响应的卷积，即

$$h(n)=h_1(n)*h_2(n)$$

此外，因为卷积操作满足交换性质，所以可以改变单位抽样响应为 $h_1(n)$ 和 $h_2(n)$ 的两个系统的次序，而不会改变整个输入–输出关系。图 1.3.5 以图形方式解释了结合律与系统级联的关系。

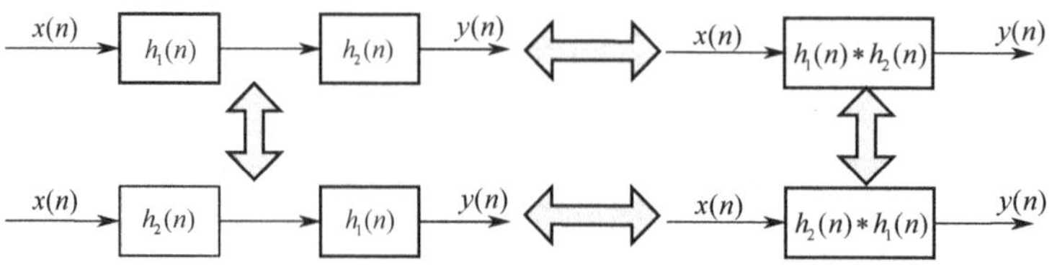

图 1.3.5 卷积的结合律与系统级联的关系

从上面的讨论，很容易归纳出多个系统级联时的结合律。因此，如果有L个单位抽样响应为$h_1(n), h_2(n), \cdots, h_L(n)$的线性移不变系统级联在一起，那么就有一个等价的线性移不变系统，它的单位抽样响应等于这些单位抽样响应的$L-1$重卷积，即

$$h(n) = h_1(n) * h_2(n) * \cdots * h_L(n) \tag{1.3.14}$$

交换律意味着卷积的运算次序是无关紧要的。反过来，任何 LTI 系统都可以分解为级联的子系统，实现分解的方法将在后面介绍。

3. 分配律与系统的并联

$$x(n) * [h_1(n) + h_2(n)] = x(n) * h_1(n) + x(n) * h_2(n) \tag{1.3.15}$$

从物理上解释，这个定律意味着，如果有两个单位抽样响应分别为$h_1(n)$和$h_2(n)$的线性移不变系统受到相同输入信号$x(n)$的激励，那么两个响应的和就等于总系统的响应，这个总系统的单位抽样响应为

$$h(n) = h_1(n) + h_2(n) \tag{1.3.16}$$

因此，该总系统可视为线性移不变系统的并联组合，如图 1.3.6 所示。

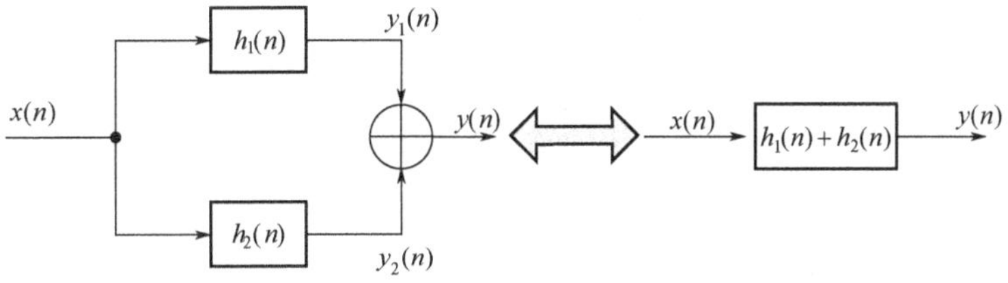

图 1.3.6　并联系统

通过数学归纳，很容易将式（1.3.16）推广到两个以上线性移不变系统的并联情形。因此，L个单位抽样响应为$h_1(n), h_2(n), \cdots, h_L(n)$且受相同输入$x(n)$激励的 LTI 系统的并联，等价于一个单位抽样响应为

$$h(n) = \sum_{j=1}^{L} h_j(n) \tag{1.3.17}$$

的总系统。反过来，任何 LTI 系统都可以分解为并联的子系统。

将式（1.3.15）变成

$$[x_1(n) + x_2(n)] * h(n) = x_1(n) * h(n) + x_2(n) * h(n) \tag{1.3.18}$$

式（1.3.18）体现了系统的线性特性。

4. 恒等性和位移性

单位采样序列$\delta(n)$对卷积来说是同元的，即

$$x(n) * \delta(n) = x(n) \tag{1.3.19}$$

$\delta(n)$是离散卷积的单位元，把$h(n) = \delta(n)$的系统称作恒等系统。如果将$\delta(n)$移位 1，即

$$x(n) * \delta(n-1) = x(n-1) \tag{1.3.20}$$

因此，把$h(n) = \delta(n-1)$的系统称作单位延迟器。

推广到一般情况，有

$$x(n) * \delta(n-k) = x(n-k) \tag{1.3.21}$$

式中，k 为任意整数。

5. 数字积分器

$$x(n)*u(n)=\sum_{k=-\infty}^{n}x(k) \tag{1.3.22}$$

$h(n)=u(n)$ 可以看作一个数字积分器。

以上是作理论分析时计算离散卷积和的方法。在工程实际中，离散卷积和是利用计算机计算的。如果序列的点数很多，可用快速傅里叶变换（FFT）将时域的信号变换到频域，再相乘，最后用快速傅里叶反变换（IFFT）方法变换到时域，这些内容将在第 4 章中讨论。

例 1.3.5 已知 $x_1(n)=\delta(n)+2\delta(n-1)$， $x_2(n)=u(n)-u(n-4)$，试求信号 $x(n)$，使它满足 $x(n)=x_1(n)*x_2(n)$。

解 可利用上面讲述的性质求解。

$$\begin{aligned}x(n)&=x_1(n)*x_2(n)=[\delta(n)+2\delta(n-1)]*[u(n)-u(n-4)]\\&=[\delta(n)+2\delta(n-1)]*R_4(n)\\&=R_4(n)+2R_4(n-1)\\&=\delta(n)+3\delta(n-1)+3\delta(n-2)+3\delta(n-3)+2\delta(n-4)\end{aligned}$$

例1.3.6 已知两个线性移不变系统的单位抽样响应分别为 $h_1(n)=\left(\frac{1}{2}\right)^n u(n)$ 和 $h_2(n)=\left(\frac{1}{4}\right)^n u(n)$，求这两个系统级联后的单位抽样响应。

解 为了计算这两个系统级联后的总单位抽样响应，我们只要将 $h_1(n)$ 和 $h_2(n)$ 进行卷积即可。因此，有

$$\begin{aligned}h(n)&=\sum_{m=-\infty}^{\infty}h_1(m)*h_2(n-m)\\&=\sum_{m=-\infty}^{\infty}\left(\frac{1}{2}\right)^m u(m)\left(\frac{1}{4}\right)^{n-m}u(n-m)\\&=\sum_{m=0}^{n}\left(\frac{1}{2}\right)^m\left(\frac{1}{4}\right)^{n-m}\\&=\left(\frac{1}{4}\right)^n\sum_{m=0}^{n}2^m\\&=\left(\frac{1}{2}\right)^n[2-(2)^n],\quad n\geqslant 0\end{aligned}$$

1.4 线性常系数差分方程

连续时间系统用微分方程描述，而离散时间系统则用差分方程描述。一个离散时间系统无论是由连续时间系统离散化得到的，还是本身就是离散的，其数学模型都可以用差分方程来描述。本节主要讨论线性移不变离散时间系统差分方程的描述形式和求解方法。

1.4.1　线性常系数差分方程的描述

一个 N 阶线性常系数差分方程一般形式为

$$\begin{aligned}&y(n)+a_1y(n-1)+a_2y(n-2)+\cdots+a_Ny(n-N)\\&=b_0x(n)+b_1x(n-1)+\cdots+b_Mx(n-M)\end{aligned}\tag{1.4.1}$$

或者

$$\sum_{i=0}^{N}a_iy(n-i)=\sum_{j=0}^{M}b_jx(n-j)\text{，}\quad a_0=1\tag{1.4.2}$$

式中，$x(n)$、$y(n)$ 分别指系统的输入和输出。所谓线性是指方程中只出现 $y(n-i)$、$x(n-j)$ 的一次幂项，而不存在它们的高次幂及乘积项；常系数是指方程中的系数 a_i、b_j 都为常数，即其中不包含变量 n；差分方程的阶数则是指未知序列 $y(n-i)$ 中的 i 最大值与最小值之差。式（1.4.1）或式（1.4.2）描述的为 N 阶常系数差分方程。

差分方程表示法的主要用途是比较容易得到系统的运算结构，进行数字系统的分析与处理。

连续系统对所有时间量进行抽样就变成离散系统，微分方程也就成了差分方程。下面通过一个例子来说明如何由微分方程得到差分方程。

例 1.4.1　图 1.4.1 所示电路为一阶 RC 低通模拟滤波器。$x(t)$ 为输入信号、$y(t)$ 为输出信号。试由描述该电路的微分方程求出相应的差分方程。

解　很容易得到描述该系统的微分方程为

$$RC\frac{\mathrm{d}y(t)}{\mathrm{d}t}+y(t)=x(t)\tag{1.4.3}$$

当输入

$$x(t)=\begin{cases}1, & t>0\\0, & t<0\end{cases}$$

则输出 $y(t)$ 如图 1.4.1（b）所示。

若对 t 进行抽样，且抽样间隔 T_s 足够小，则有

$$\frac{\mathrm{d}y(t)}{\mathrm{d}t}\approx\frac{y(nT_s)-y(nT_s-T_s)}{T_s}$$

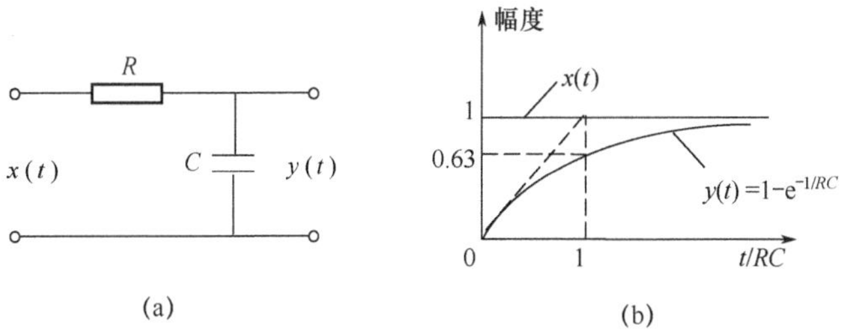

图 1.4.1　RC 低通滤波器及其输出响应

将上式代入式（1.4.3）中，且结合 $t=nT_s$ 得

$$RC\frac{y(nT_s)-y(nT_s-T_s)}{T_s}+y(nT_s)=x(nT_s)$$

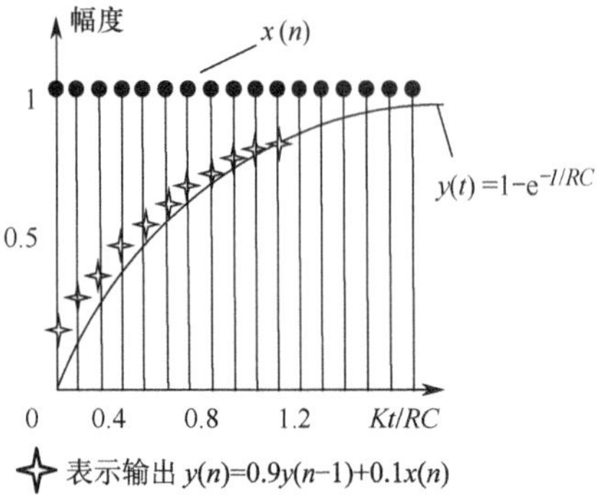

图 1.4.2　例 1.4.1 输出响应

取 T_s 为单位时间的情况下得到所求差分方程为

$$y(n)=\frac{RC}{1+RC}y(n-1)+\frac{1}{1+RC}x(n)$$

根据 RC 之间的关系，如果选定 $y(n)=0.9y(n-1)+0.1x(n)$，且 $y(-1)=0$，则 $y(n)$ 的计算结果如图 1.4.2 所示。图上实线是其对应的连续时间系统的输出响应，对应离散时间系统的输出响应，由此我们看到离散时间系统与 RC 模拟系统的特性相仿。

下面再通过例子说明离散时间系统的差分方程表示形式。

例 1.4.2　求累加器 $y(n)=\sum_{k=-\infty}^{n}x(k)$ 的差分方程表示式。

解　依据已知列出 $n-1$ 时刻的输出为

$$y(n-1)=\sum_{k=-\infty}^{n-1}x(k)$$

则得到所求差分方程为

$$y(n)=x(n)+\sum_{k=-\infty}^{n-1}x(k)=x(n)+y(n-1)$$

1.4.2　线性常系数差分方程的求解

所谓的差分方程求解是指给定输入序列 $x(n)$ 及输出序列 $y(n)$ 的初始条件，求出 $y(n)$。求解差分方程的方法有：序列域（离散时间域）法和变换域法（如 z 变换求解法）。

常用的序列域求解法一般有以下几种。

（1）时域经典解法，即先求方程的齐次解和特解，然后代入边界条件确定待定系数。这种方法便于从物理概念说明各响应分量之间的关系，但求解过程比较麻烦，所以该解法在数字信号处理中使用较少。

（2）迭代法，该解法简单，但只能得到数值解，对于阶次较高的差分方程不易直接得到闭合形式（公式解）。

（3）零输入响应与零状态响应法，系统的响应可看作零状态响应与零输入响应的和。其中，零输入响应指的是系统的激励为零，仅由系统的初始状态引起的响应；零状态响应指的是系统的初始状态为零，仅由激励产生的响应。其中，零状态响应可由 1.3 节中已讨论的卷积和求得，即已知系统单位抽样响应 $h(n)$，就可依据 $y(n)=x(n)*h(n)$ 求解任意输入序列的零状态响应。

变换域法与连续时间系统的拉普拉斯变换法相类似，即将时域的差分方程进行 z 变换，转化到 Z 域求解得到系统输出的 z 变换，最后求解 z 反变换就可以得到系统解的时域形式。本章仅举例说明迭代求解方法。当差分方程阶数较低的时候，用迭代法求解差分方程比较简单。

例 1.4.3　某系统可用差分方程 $y(n)=ay(n-1)+x(n)$ 来描述，分别求解系统在下列初始条件下的单位抽样响应：

（1）$y(-1)=0$；

（2）$y(1)=0$。

解　单位抽样响应 $h(n)$ 即当输入序列为 $x(n)=\delta(n)$ 时的输出序列 $y(n)$。

（1）当 $y(-1)=0$ 时，递推过程如下。

① 当 $n<0$ 时，由递推公式 $y(n-1)=\frac{1}{a}[y(n)-x(n)]$ 得

$$y(-2)=0; y(-3)=0; y(-4)=0;\cdots$$

即 $h(n)=y(n)=0$。

② 当 $n\geqslant 0$ 时，由递推公式 $y(n)=ay(n-1)+x(n)$ 得

$$\begin{aligned}y(0)&=ay(-1)+x(0)=1;\\ y(1)&=ay(0)+x(1)=a;\\ &\vdots\\ y(n)&=a^n。\end{aligned}$$

综合①、②得

$$h(n)=y(n)=a^n u(n)$$

由于当 $n<0$ 时，$h(n)=0$，因此这是一个因果系统。

（2）当 $y(1)=0$ 时，递推过程如下。

① 当 $n\leqslant 0$ 时，由递推公式 $y(n-1)=\frac{1}{a}[y(n)-x(n)]$ 得

$$\begin{aligned}y(0)&=\frac{1}{a}[y(1)-x(1)]=0;\\ y(-1)&=\frac{1}{a}[y(0)-x(0)]=-a^{-1};\\ y(-2)&=\frac{1}{a}[y(-1)-x(-1)]=-a^{-2};\\ &\vdots\\ y(n)&=\frac{1}{a}y(n+1)=-a^n。\end{aligned}$$

② 当 $n>0$ 时，由递推公式 $y(n)=ay(n-1)+x(n)$ 得

$$y(2)=0；\quad y(3)=0；\quad y(4)=0；\cdots$$

综合①、②得

$$h(n)=y(n)=-a^n u(-n-1)$$

显然，这是一个非因果系统。

由此可见，在初始条件不同时，同样的线性常系数差分方程和输入信号可以得到完全不同的解，就连系统的因果性也可以不同。

总之，对于一个系统，其输入和输出满足一个线性常系数差分方程的话，则：

（1）对于一个给定的输入，其输出不是唯一的，需要一些辅助信息或条件。

（2）如果辅助信息是以 N 个顺序输出值的形式给出，则后面的值可以将差分方程重新

安排成以 n 的前向运算的递推关系来求出；前面的值可以将差分方程安排成以 n 的后向运算的递推关系来求出。

（3）系统的线性、移不变性和因果性将依赖于辅助条件。

1.5 连续时间信号的抽样及抽样定理

在 1.1 节中，简要提及离散时间序列可以由连续时间信号等间隔抽样而得到。抽样定理论述了在一定条件下，一个连续时间信号可以完全由该信号在等时间间隔上的瞬时值（样本值）表示。这些样本值包含了连续信号的全部信息，利用这些样本值可以恢复原信号。抽样定理为连续时间信号与离散时间信号的相互转换提供了理论依据。

本节将详细讨论周期抽样的过程、抽样信号的频谱及如何由抽样信号不失真地恢复出原来信号的过程，并引出抽样定理。

抽样就是利用周期抽样脉冲序列 $p(t)$，从连续信号 $x(t)$ 中抽取一系列离散样本值，即离散时间信号 $\hat{x}(t)$（抽样信号）。因为离散信号 $\hat{x}(t)$ 的序列值再经量化编码后得到数字信号。抽样器可以等效成一个电子开关，如图 1.5.1 所示。

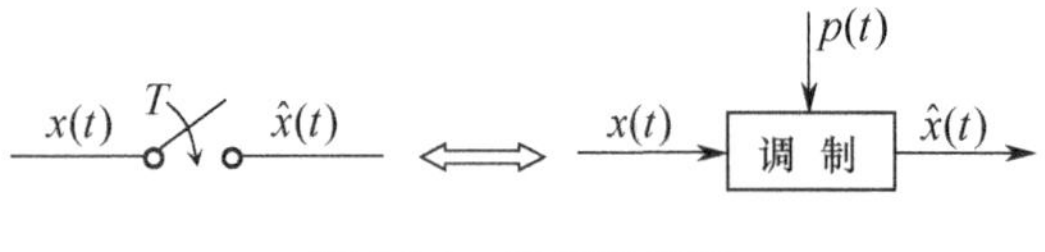

图 1.5.1 抽样器原理

开关每隔 T 秒闭合一次，从而实现对连续时间信号 $x(t)$ 的周期抽样，得到离散时间信号 $\hat{x}(t)$。其中，T_s 称为抽样周期，$f_{sa}=\dfrac{1}{T_s}$ 称为抽样频率或抽样率，$\Omega_s=2\pi f_{sa}=\dfrac{2\pi}{T_s}$ 称为抽样角频率。抽样过程可以看作用 $x(t)$ 对 $p(t)$ 进行调制的过程，如图 1.5.1 所示，即

$$\hat{x}(t)=x(t)p(t) \tag{1.5.1}$$

根据 $p(t)$ 函数的不同，抽样分为理想抽样和实际抽样，如图 1.5.2 所示。

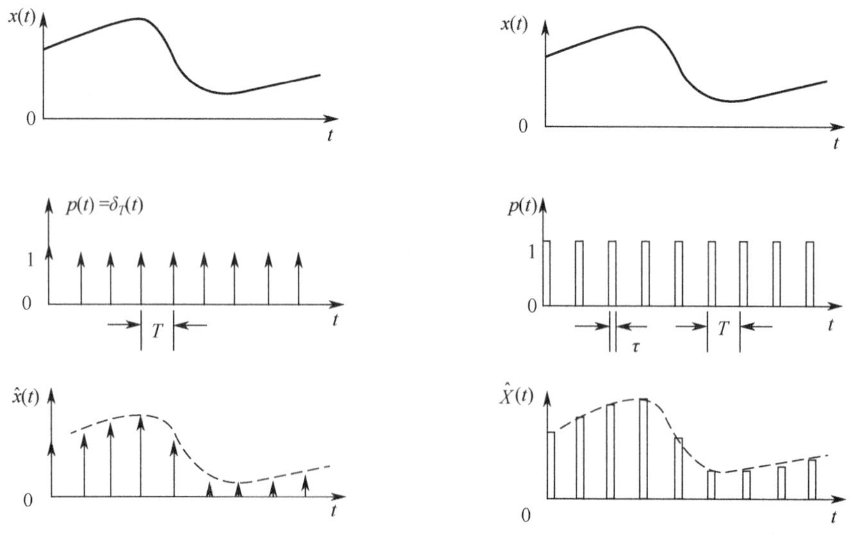

(a) 理想抽样　　(b) 实际抽样

图 1.5.2 抽样过程

1.5.1　理想抽样

1）抽样过程及抽样信号频谱

当抽样脉冲序列 $p(t)$ 为冲激函数序列 $\delta_T(t)$ 时，抽样过程即为理想抽样，如图 1.5.2（a）所示。此时，$\delta_T(t)$ 的各单位冲激函数准确地出现在抽样瞬间，而抽样后的理想抽样信号的面积等于连续时间信号 $x(t)$ 在抽样瞬间的幅度。理想抽样过程如图 1.5.2（a）所示。周期冲激序列为

$$\delta_T(t)=\sum_{n=-\infty}^{\infty}\delta(t-nT) \tag{1.5.2}$$

则理想抽样信号 $\hat{x}(t)$ 为

$$\hat{x}(t)=x(t)\delta_T(t)=x(t)\sum_{n=-\infty}^{\infty}\delta(t-nT) \tag{1.5.3}$$

依据冲激函数的筛选性质，$\hat{x}(t)$ 可表示为

$$\hat{x}(t)=\sum_{n=-\infty}^{\infty}x(t)\delta(t-nT)=\sum_{n=-\infty}^{\infty}x(nT)\delta(t-nT) \tag{1.5.4}$$

现在来讨论理想抽样后信号频谱发生的变化。由式（1.5.3）可知，$\hat{x}(t)$ 是 $x(t)$ 和 $\delta_T(t)$ 的乘积，则 $\hat{x}(t)$ 的傅里叶变换就是 $x(t)$ 的傅里叶变换和 $\delta_T(t)$ 的傅里叶变换的卷积。其中周期冲激序列 $\delta_T(t)$ 的傅里叶变换还是一个周期冲激序列，即其傅里叶变换 $\varDelta_T(\mathrm{j}\varOmega)$ 为

$$\varDelta_T(\mathrm{j}\varOmega)=\frac{2\pi}{T}\sum_{n=-\infty}^{\infty}\delta(\varOmega-n\varOmega_s) \tag{1.5.5}$$

若 $x(t)$ 与 $\hat{x}(t)$ 的傅里叶变换分别记为 $\hat{X}(\mathrm{j}\varOmega)$和$X(\mathrm{j}\varOmega)$，根据卷积定理有

$$\begin{aligned}\hat{X}(\mathrm{j}\varOmega)&=\frac{1}{2\pi}X(\mathrm{j}\varOmega)*\varDelta_T(\mathrm{j}\varOmega)=\frac{1}{2\pi}X(\mathrm{j}\varOmega)*\left[\frac{2\pi}{T}\sum_{n=-\infty}^{\infty}\delta(\varOmega-n\varOmega_s)\right]\\&=\frac{1}{T}\sum_{n=-\infty}^{\infty}X(\mathrm{j}\varOmega-\mathrm{j}n\varOmega_s)\end{aligned} \tag{1.5.6}$$

式中，$\varOmega_s=2\pi/T_s$ 是抽样角频率，单位为 rad/s。

式(1.5.6)给出了连续时间信号 $x(t)$ 的傅里叶变换 $X(\mathrm{j}\varOmega)$ 与抽样后的离散时间信号 $\hat{x}(t)$ 的傅里叶变换 $\hat{X}(\mathrm{j}\varOmega)$ 之间的关系。也就是，$\hat{X}(\mathrm{j}\varOmega)$ 是由 $X(\mathrm{j}\varOmega)$ 的无限个频移项组成的，其频移的角频率分别为 $n\varOmega_s$（$n=0,\pm1,\pm2,\cdots$），其幅值为原频谱的 $\dfrac{1}{T_s}$，如图 1.5.3 所示。图 1.5.3（a）是频带有限的连续时间信号 $x(t)$（简称带限信号）的频谱，其最高角频率为 $\varOmega_h$，最高频率为 f_h。由图 1.5.3（c）可以看出，当

$$\varOmega_s-\varOmega_h\geqslant\varOmega_h\text{，即 }\varOmega_s\geqslant2\varOmega_h \tag{1.5.7}$$

时，$\hat{X}(\mathrm{j}\varOmega)$ 中的各相邻频移后的频谱分量就不会彼此重叠。这样，就可以采用一个截止频率为 $\varOmega_c$（$\varOmega_h\leqslant\varOmega_c\leqslant\varOmega_s-\varOmega_h$）的理想低通滤波器得到不失真的原信号频谱 $X(\mathrm{j}\varOmega)$，即从抽样信号 $\hat{x}(t)$ 中恢复出原信号 $x(t)$。

而由图 1.5.3（d）看出，如果

$$\varOmega_s-\varOmega_h<\varOmega_h\text{，即 }\varOmega_s<2\varOmega_h \tag{1.5.8}$$

时，$\hat{X}(\mathrm{j}\varOmega)$ 中的各相邻频移分量彼此重叠，称为混叠现象。此时，就不能无失真地将原信

号 $x(t)$ 从抽样信号 $\hat{x}(t)$ 中恢复出来。这时，将抽样频率的一半（$\Omega_s/2$）称为折叠频率。它如同一面镜子，当信号频谱超过它时，就会被折叠回来，造成频谱混叠。

可见，为了避免产生混叠现象，抽样频率必须满足一定的条件：$\Omega_s \geqslant 2\Omega_h$，这样我们就得到了以下的时域抽样定理。

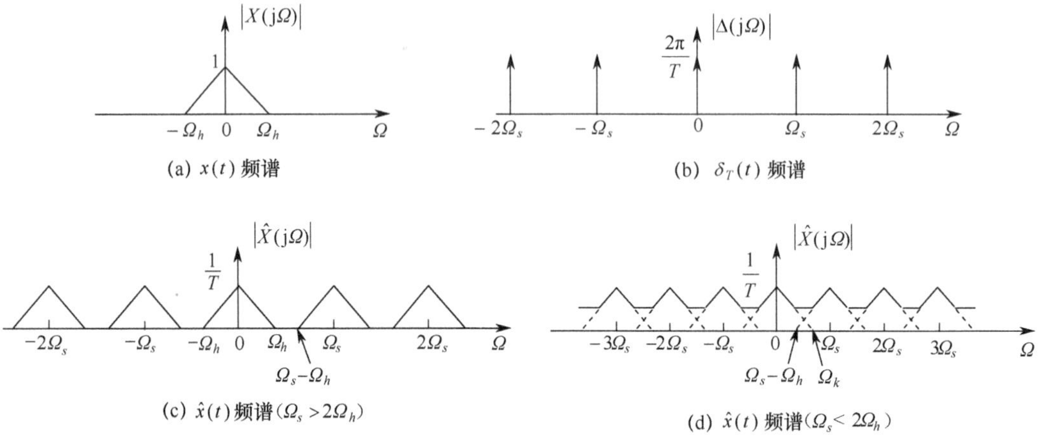

图 1.5.3 理想抽样信号频谱

2）时域抽样定理

时域抽样定理的内容：一个频谱在区间 $(-f_h, f_h)$ 以外为零的频带有限信号 $x(t)$，可唯一地由其在均匀间隔 $T_s\left(T_s \leqslant \dfrac{1}{2f_h}\right)$ 上的样点值 $x(nT_s)$ 确定。

也就是说，为了能从抽样信号 $\hat{x}(t)$ 中恢复原信号 $x(t)$，需要满足两个条件：$x(t)$ 必须为带限信号；抽样频率不能太低，必须满足 $f_{sa} \geqslant 2f_h$（$\Omega_s \geqslant 2\Omega_h$），或者说抽样间隔不能太大，必须满足 $T_s \leqslant \dfrac{1}{2f_h}$，否则将会发生混叠。通常把最低允许抽样频率 $f_{sa} = 2f_h$ 称为奈奎斯特频率，把最大允许抽样间隔 $T_s = \dfrac{1}{2f_h}$ 称为奈奎斯特间隔。

3）由抽样信号恢复连续信号

由以上讨论可知，在满足抽样定理的条件下，抽样信号经一个适当低通滤波器滤波后，就可以恢复出原信号，即滤波器输出 $y(t) = x(t)$，如图 1.5.4 所示。图 1.5.4（b）所示理想低通滤波器频率响应函数为

$$H(j\Omega)=\begin{cases} T, & |\Omega| < \Omega_{hc} \\ 0, & |\Omega| \geqslant \Omega_c \end{cases}$$

式中，Ω_c 为理想低通滤波器的截止角频率，经常选取 $\Omega_c = \Omega_s/2 = \pi/T$。

由图 1.5.4（a）可知，$\hat{x}(t)$ 经理想低通滤波后输出信号 $y(t)$ 的傅里叶变换 $Y(j\Omega)$ 为

$$Y(j\Omega)= H(j\Omega)\hat{X}(j\Omega)= X(j\Omega) \tag{1.5.9}$$

即如图 1.5.4（d）所示。所以滤波器的输出 $y(t)$ 为原连续时间信号 $x(t)$。

下面详细讨论如何由抽样信号各序列值恢复原连续时间信号。

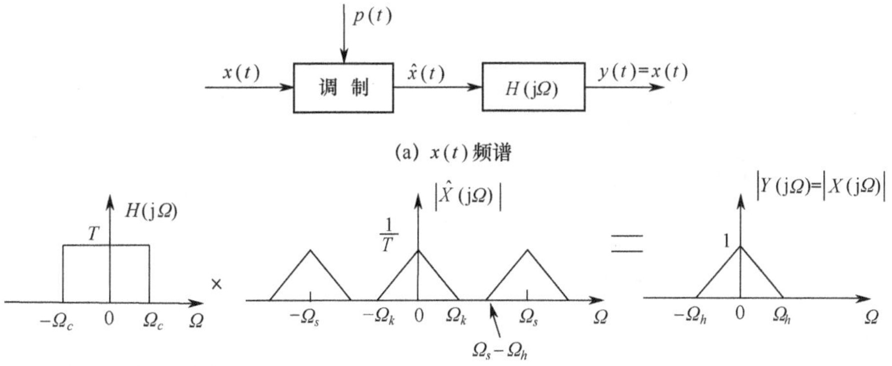

(a) $x(t)$ 频谱

(b) 理性低通滤波器频谱　(c) $\hat{x}(t)$ 频谱（$\Omega_s>2\Omega_h$）　(d) $y(t)$ 频谱（$\Omega_s>2\Omega_h$）

图 1.5.4　理想抽样信号频谱

当理想低通滤波器的截止频率 $\Omega_c=\pi/T$ 时，其冲激响应为

$$h(t)=\frac{1}{2\pi}\int_{-\infty}^{\infty}H(\mathrm{j}\Omega)\mathrm{e}^{\mathrm{j}\Omega t}\mathrm{d}\Omega=\frac{T}{2\pi}\int_{-\pi/T}^{\pi/T}\mathrm{e}^{\mathrm{j}\Omega t}\mathrm{d}\Omega=\frac{\sin(\pi t/T)}{\pi t/T}$$

由式（1.5.9）与时域卷积定理，可得滤波器的输出为 $\hat{x}(t)$ 与 $h(t)$ 的卷积，即

$$\begin{aligned}
y(t)=x(t)&=\hat{x}(t)*h(t)\\
&=\int_{-\infty}^{\infty}\hat{x}(\tau)h(t-\tau)\mathrm{d}\tau\\
&=\int_{-\infty}^{\infty}\left[\sum_{n=-\infty}^{\infty}x(\tau)\delta(\tau-nT)\right]h(t-\tau)\mathrm{d}\tau\\
&=\sum_{n=-\infty}^{\infty}\int_{-\infty}^{\infty}x(\tau)h(t-\tau)\delta(\tau-nT)\mathrm{d}\tau\\
&=\sum_{n=-\infty}^{\infty}x(nT)h(t-nT)\\
&=\sum_{n=-\infty}^{\infty}x(nT)h(t-nT)\\
&=\sum_{n=-\infty}^{\infty}x(nT)\frac{\sin[\pi(t-nT)/T]}{\pi(t-nT)/T}
\end{aligned}\tag{1.5.10}$$

这就是抽样内插公式，抽样信号各序列值 $x(nT)$ 经式（1.5.10）恢复出原连续时间信号 $x(t)$，其中 $\dfrac{\sin[\pi(t-nT)/T]}{\pi(t-nT)/T}$ 称为内插函数。如图 1.5.5 所示，内插函数的特点是在抽样点 nT 上值为 1，而在其余抽样点上值为 0。结合内插函数这一特点分析式（1.5.10）可知，只要满足抽样率高于两倍信号最高频率，连续时间信号 $x(t)$ 就可用它的抽样值 $x(nT)$ 来表达而不损失任何信息。这时只要把每个抽样瞬间的函数值乘上内插函数并求其总和，即可得出 $x(t)$，如图 1.5.6 所示。在每个抽样点上，由于只有该抽样值所对应的内插函数不为零，所以各抽样点上的信号值不变，而抽样点之间的信号则由各抽样值内插函数波形延伸叠加而成。由以上分析可见，这也正是理想低通滤波器 $H(\mathrm{j}\Omega)$ 的响应过程。但是，由上面的讨论过程可以看出内插公式只限于带限信号。这样，我们就从时域和频域两方面说明了抽样定理的正确性。

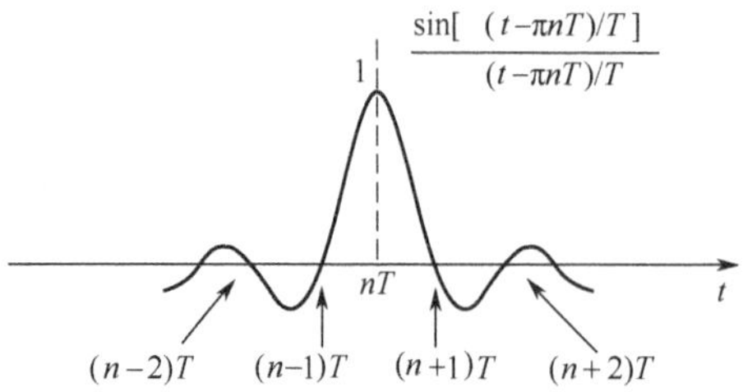

图 1.5.5 内插函数

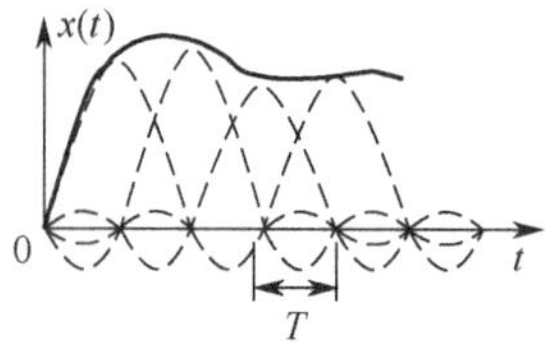

图 1.5.6 抽样信号的内插恢复

1.5.2 实际抽样

在实际情况中，抽样脉冲 $p(t)$ 不是冲激函数，而是一定宽度的矩形周期脉冲，见图 1.5.2（b）。图中矩形周期脉冲 $p(t)$ 的宽度为 τ、幅度为 1、抽样间隔为 T，其傅里叶级数的系数为

$$
\begin{aligned}
P_n &= \frac{1}{T}\int_0^T p(t)\mathrm{e}^{-\mathrm{j}n\Omega_s t}\mathrm{d}t \\
&= \frac{1}{T}\int_0^\tau \mathrm{e}^{-\mathrm{j}n\Omega_s t}\mathrm{d}t \\
&= \frac{\tau}{T}\frac{\sin(n\Omega_s\tau/2)}{(n\Omega_s\tau/2)}\mathrm{e}^{-\mathrm{j}(n\Omega_s\tau/2)}
\end{aligned} \tag{1.5.11}
$$

则矩形周期脉冲 $p(t)$ 的傅里叶变换 $P(\mathrm{j}\Omega)$ 为

$$P(\mathrm{j}\Omega)=2\pi\sum_{n=-\infty}^{\infty}P_n\delta(\Omega-n\Omega_s) \tag{1.5.12}$$

因此，抽样信号 $\hat{x}(t)$ 的傅里叶变换 $\hat{X}(\mathrm{j}\Omega)$ 为

$$\hat{X}(\mathrm{j}\Omega)=\frac{1}{2\pi}X(\mathrm{j}\Omega)*P(\mathrm{j}\Omega)=\sum_{n=-\infty}^{\infty}P_n X(\mathrm{j}\Omega-\mathrm{j}n\Omega_s) \tag{1.5.13}$$

依据式（1.5.13），分析抽样信号的幅度谱可以看出：抽样信号的频率是连续时间信号频谱的周期延拓。但与理想抽样不同的是，其频率分量幅度的包络线以 $\dfrac{\sin(n\Omega_s\tau/2)}{n\Omega_s\tau/2}$ 的规律变化，如图 1.5.7 所示。同样，抽样过程若满足奈奎斯特抽样定理，则不会产生频谱混叠现象。

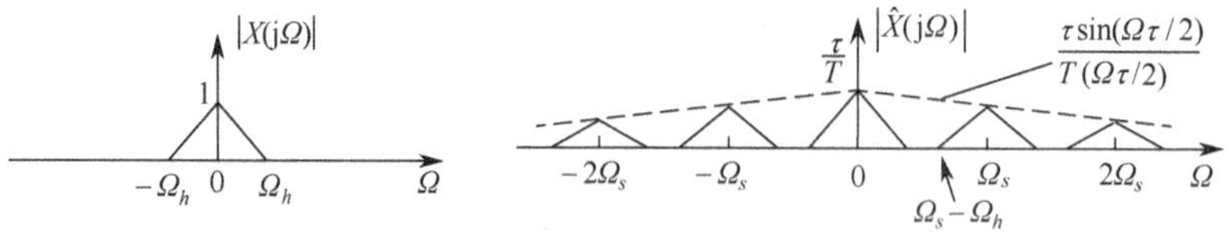

(a) $x(t)$ 频谱 (b) $\hat{x}(t)$ 频谱（$\Omega_s>2\Omega_h$）

图 1.5.7 实际抽样信号频谱

在图 1.5.7 中，包络线表达式中 $\Omega=n\Omega_s$，在其第一个零点处 $n=T/\tau$（由 $n\Omega_s\tau/2=\pi$ 得）。由于 $T\gg\tau$，所以 $\hat{X}(\mathrm{j}\Omega)$ 包络线的第一个零点出现在 n 很大的地方，也就是 Ω 很大的地方。因此，图 1.5.7（b）中所示包络线近似为直线。

$\hat{X}(\mathrm{j}\Omega)$ 包络线的变化并不影响信号的恢复。因为当恢复信号时，滤波器只截取式（1.5.13）中 P_0 对应的那一项，即在图 1.5.7 中以 $\Omega=0$ 为对称的那一个频谱分量。因此，在抽样时只要满足奈奎斯特抽样定理，就可以从抽样信号中无失真地恢复出原连续信号。

1.5.3　带通信号的抽样

以上讨论得到的奈奎斯特抽样定理是针对这样一类带限信号 $x(t)$ 的：信号的频谱分布在 $0\sim\Omega_h$，如图 1.5.3（a）所示，称这类带限信号为低通信号。在实际中，应用较多的还有一类带限信号：信号的频谱分布在某一最低频率 Ω_l 和最高频率 Ω_h 之间，即 $\Omega_l\sim\Omega_h$，称这类带限信号为带通信号，如图 1.5.8（a）所示。例如，通信领域的载波调制中会出现带通信号。带通信号的最高频率 Ω_h 一般都很高，但其带宽 $B=\Omega_h-\Omega_l$ 与 Ω_h 相比要小得多。此时，若仍然按前述介绍的奈奎斯特抽样定理对其离散化，即 $\Omega_s\geqslant 2\Omega_h$，则抽样频率、抽样数据量将会很大；运用下面介绍的带通信号抽样定理，则将会更实际、更有效。

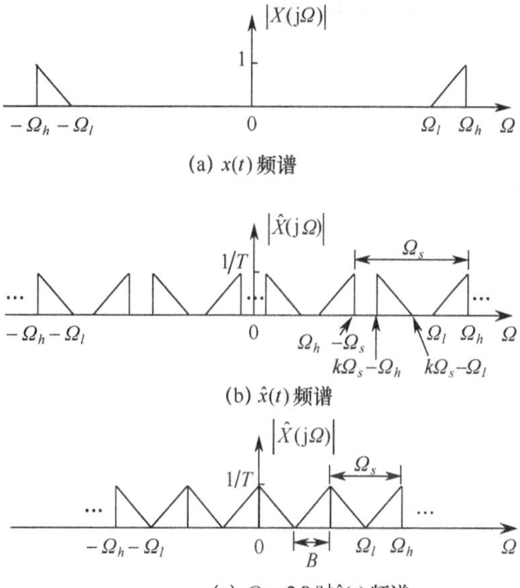

(a) $x(t)$ 频谱

(b) $\hat{x}(t)$ 频谱

(c) $\Omega_s=2B$ 时 $\hat{x}(t)$ 频谱

图 1.5.8　理想抽样信号频谱

当用周期冲激序列 $\delta_T(t)=\sum\limits_{n=-\infty}^{\infty}\delta(t-nT)$ 对频谱形如图 1.5.8（a）的 $x(t)$ 以等间隔 T_s 抽样时，进行与 1.5.1 节同样的推导，得到相同的结果。将式（1.5.6）重写为

$$\hat{X}(\mathrm{j}\Omega)=\frac{1}{T}\sum_{k=-\infty}^{\infty}X(\mathrm{j}\Omega-\mathrm{j}k\Omega_s)$$

同样，$\hat{X}(\mathrm{j}\Omega)$ 的周期是 $\Omega_s=2\pi/T_s$，如图 1.5.8（b）所示。取图中标识 Ω_s 的一个周期进行分析。$\hat{X}(\mathrm{j}\Omega)$ 在该周期内的频谱包括 $X(\mathrm{j}\Omega)$ 正频段的频谱和负频段频谱的第 k 次平移（$k\geqslant 0$）。由图 1.5.8 可见，若要频谱不发生混叠，须有

$$\begin{cases}k\Omega_s-\Omega_l\leqslant\Omega_l\\ k\Omega_s-\Omega_h\geqslant\Omega_h-\Omega_s\end{cases}$$

整理得

$$2\Omega_h/(k+1)\leqslant\Omega_s\leqslant 2\Omega_l/k \tag{1.5.14}$$

式（1.5.14）若要成立，则需要

$$2\Omega_h/(k+1)\leqslant 2\Omega_l/k$$

即 $k\leqslant\Omega_l/B$，定义 $K=\lfloor\Omega_l/B\rfloor$（$K$ 为不大于 Ω_l/B 的最大整数）。式（1.5.14）就是带通信号抽样定理。其中，$k=0,1,\cdots,K$。

上述定理表明，带通信号的抽样频率 Ω_s 的取值范围由 $K+1$ 个互不重叠的频率区间组成，即 $\Omega_s\in\bigcup\limits_{k=0}^{K}[2\Omega_h/(k+1),2\Omega_l/k]$。例如，当 $\Omega_l=3B$（$\Omega_h=4B$）时，$K=3$，Ω_s 的四个取

值范围分别为$[\Omega_h/2, 2\Omega_l/3]$、$[2\Omega_h/3, \Omega_l]$、$[\Omega_h, 2\Omega_l]$和$[2\Omega_h, \infty)$。当$\Omega_s$取最低值$\Omega_h/2=2B$时，抽样信号的频谱$\hat{X}(\mathrm{j}\Omega)$如图 1.5.8（c）所示。区间$[2\Omega_h, \infty)$对应于低通信号抽样定理（奈奎斯特抽样定理），低通信号抽样定理可以看作当$\Omega_l=0$时带通信号抽样定理的特例。

分析图 1.5.8（b）或图 1.5.8（c）可知，将$\hat{X}(\mathrm{j}\Omega)$通过一个频率特性为

$$H(\mathrm{j}\Omega)=\begin{cases}T, & \Omega_l \leqslant \Omega \leqslant \Omega_h \\ 0, & \text{其他}\end{cases} \tag{1.5.15}$$

的理想带通滤波器时，就可恢复出$X(\mathrm{j}\Omega)$，即恢复出连续时间信号$x(t)$。

由以上分析可见，当对带通信号进行离散化时，可以依据带通信号抽样定理选取抽样频率$\Omega_s=2B$。显然，该抽样频率要比奈奎斯特频率$2\Omega_h$小得多。

习　题

1.1　用单位抽样序列$\delta(n)$表示下列序列：

（1）题 1.1 图所示序列；

（2）$2^n[u(n+3)-u(n-2)]$。

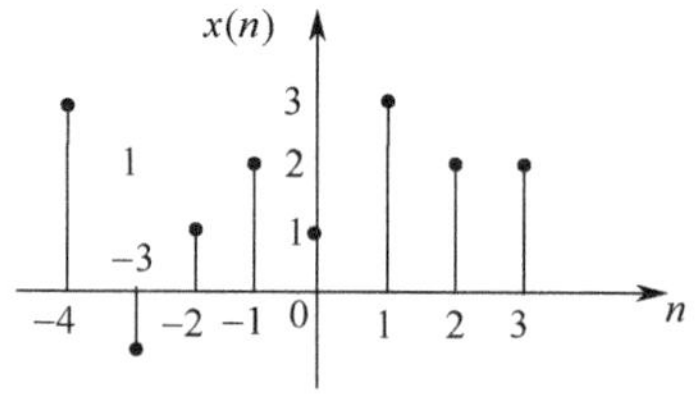

题 1.1 图

1.2　判断以下序列是否是周期性的，如果是，求其最小正周期。

（1）$x(n)=A\cos\left(\dfrac{3\pi}{7}n-\dfrac{\pi}{8}\right)$；　（2）$x(n)=\mathrm{e}^{\mathrm{j}\left(\frac{n}{8}-\pi\right)}$；

（3）$x(n)=A\sin\left(\dfrac{13}{3}\pi n\right)$；　（4）$x(n)=A\cos(7n)$。

1.3　设$x_1(n)$、$x_2(n)$和$x_3(n)$均为周期序列，其周期分别为N_1、N_2和N_3，请问这三个序列的线性组合是否还是周期序列？若是，周期是多少？

1.4　已知序列的图形如题 1.4 图所示，求下列线性卷积的数值序列表示式；

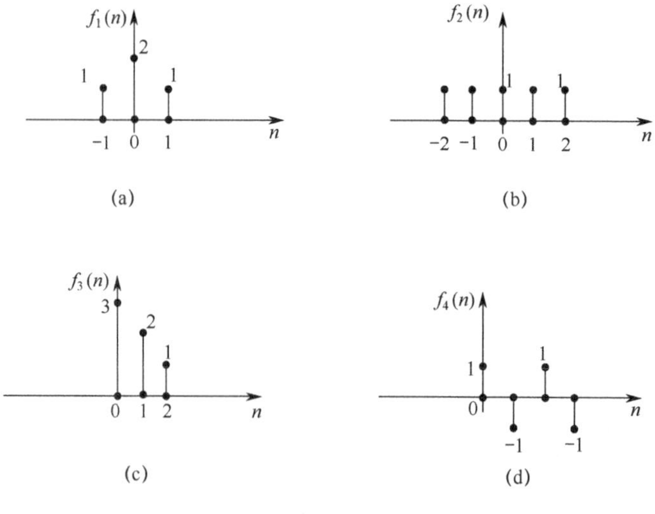

题 1.4 图

A. $f_1(n) * f_2(n)$　　B. $f_2(n) * f_3(n)$

C. $f_2(n) * f_4(n)$　　D. $[f_2(n) - f_1(n)] * f_3(n)$

1.5　卷积的一个重要的性质是结合律，即

$$x(n) * [g(n) * h(n)] = [x(n) * g(n)] * h(n) = [x(n) * h(n)] * g(n)$$

若 $x(n) = \left(\frac{1}{2}\right)^n$，$h(n) = \left(\frac{1}{2}\right)^n u(n)$，$g(n) = \delta(n) - \frac{1}{2}\delta(n-1)$。分别用三种结合方式计算卷积，根据结果能得出什么结论？

1.6　判断以下系统是否是线性的，是否是移不变的，是否是稳定或因果的？

（1）$y(n) = 4x(n) - 2$；　（2）$y(n) = x(n-3)$；

（3）$y(n) = x(n)\sin\left(\frac{3\pi}{7}n + \frac{\pi}{4}\right)$；　（4）$y(n) = [x(n)]^3$；

（5）$y(n) = \sum_{m=n_0}^{\infty} x(m)$；　（6）$y(n) = \mathrm{e}^{x(n)}$。

1.7　以下各序列是系统的单位抽样响应 $h(n)$，试判断各系统的因果性和稳定性。

（1）$\delta(n-2)$；　（2）$\delta(3-n)$；

（3）$u(4-n)$；　（4）$3^n u(-n)$；

（5）$2^n[u(n) - u(n-3)]$；　（6）$\frac{1}{n!}u(n)$。

1.8　题 1.8 图所示的复合系统有三个系统组成，它们的单位抽样响应分别为 $h_1(n) = u(n)$，$h_2(n) = u(n-5)$，求复合系统的单位样值响应。

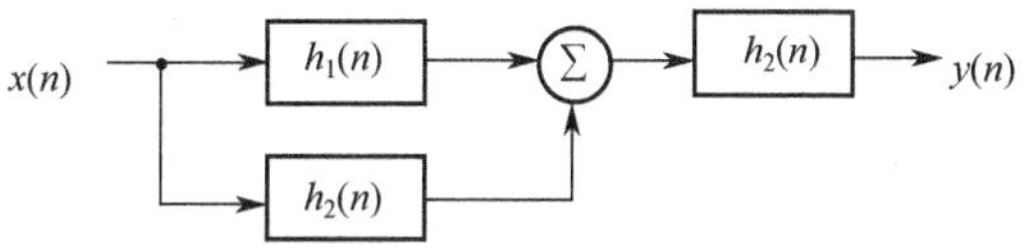

题 1.8 图

1.9　试证明：如果一个离散时间线性移不变系统的输入 $x(n)$ 是周期为 N 的周期信号，则输出 $y(n)$ 也是周期为 N 的周期信号。

1.10　以每月支付 D 美元的办法偿还一笔 100000 美元的贷款。利息（按月复利）是按每年未偿还金额的 12%计算的。例如，第一个月总的欠款为

$$100000 + \left(\frac{0.12}{12}\right) \times 10000 = 101000 \text{ 美元}$$

设 $y(n)$ 为第 n 个月支付的余下未付欠款，贷款是第 0 个月借的，第 1 个月开始每月偿还，试写出差分方程。

1.11　已知线性移不变系统的单位抽样响应 $h(n)$ 及输入 $x(n)$，求输出 $y(n)$，并绘图示出 $y(n)$。

（1）$h(n) = 2^n[u(n) - u(n-3)]$，$x(n) = \delta(n) - \delta(n-2)$；

（2）$h(n) = R_4(n)$，$x(n) = R_4(n)$；

（3）$h(n) = 0.5^n u(n)$，$x(n) = R_5(n)$。

1.12　对三个正弦信号 $x_1(t) = \cos(2\pi t)$，$x_2(t) = \cos(6\pi t)$，$x_3(t) = \cos(10\pi t)$ 进行理想抽样，抽样频率为 8π，求三个抽样输出序列，并比较这三个结果，画出三个正弦信号及抽样点位置并解释频谱混叠现象。

第 2 章　离散时间信号与系统的 Z 域分析

离散时间信号与系统的分析方法除时域分析法外，还有变换域分析法。在连续时间信号与系统中，其变换域分析法有傅里叶变换法和拉普拉斯变换法。拉普拉斯变换是傅里叶变换的推广，它把不绝对可积的信号展成了指数函数的积分形式。在离散时间信号与系统中，其变换域分析法有傅里叶变换法和 Z 变换法。同理，Z 变换也是傅里叶变换的推广。在接下来的章节里，我们一一阐述。

本章从介绍 Z 变换的定义、性质和相关定理入手，讨论了 Z 变换与傅里叶变换和拉普拉斯变换的关系，以及序列的傅里叶变换和周期序列的傅里叶级数的定义和性质，最后介绍了利用系统函数在 Z 平面零、极点分布特性来研究系统的时域特性、频域特性及系统稳定性等问题。

2.1　Z 变换的定义及收敛域

2.1.1　Z 变换的定义

Z 变换的概念可以从理想抽样信号的拉普拉斯变换引出，也可以在离散域直接给出。下面我们直接给出序列的 Z 变换的定义。

一个序列 $x(n)$ 的 Z 变换 $X(z)$ 定义为

$$X(z)=\sum_{n=-\infty}^{\infty}x(n)z^{-n} \tag{2.1.1}$$

其中，z 是一个连续复变量，$X(z)$ 是一个复变量 z 的幂级数。也就是说，Z 变换在复频域内对离散时间信号与系统进行分析。有时将 Z 变换看成一个算子，它把一个序列变换成为一个函数，称为 Z 变换算子，记为

$$X(z)=Z[x(n)]$$

序列 $x(n)$ 与它的 Z 变换 $X(z)$ 之间的相应关系用符号记为

$$x(n)\xleftrightarrow{Z}X(z)$$

由式（2.1.1）所定义的 Z 变换称为双边 Z 变换，与此相对应的单边 Z 变换则定义为

$$X(z)=\sum_{n=0}^{\infty}x(n)z^{-n} \tag{2.1.2}$$

显然，当 $x(n)$ 为因果序列（$x(n)=0, n<0$）时，其单边 Z 变换与双边 Z 变换是相等的。

2.1.2　Z 变换的收敛域

1. 收敛域的定义

因为 Z 变换是一个复变量的函数，所以利用复数 z 平面来描述和阐明 Z 变换是方便的。

将复变量 z 表示成极坐标形式

$$z = r\mathrm{e}^{\mathrm{j}\omega} \tag{2.1.3}$$

如图 2.1.1 所示。由定义式（2.1.1）可见，只有幂级数收敛时，Z 变换才有意义。对于任意给定的序列 $x(n)$，使其 Z 变换所定义的幂级数 $\sum\limits_{n=-\infty}^{\infty} x(n)z^{-n}$ 收敛的所有 z 值的集合称为 $X(z)$ 的收敛域（Region of Convergence，RoC）。

$X(z)$ 收敛的充分且必要条件是 $x(n)z^{-n}$ 绝对可和，即

$$\sum_{n=-\infty}^{\infty} \left|x(n)z^{-n}\right| = \sum_{n=-\infty}^{\infty} |x(n)||z|^{-n} < \infty \tag{2.1.4}$$

为使式(2.1.4)成立，就需要确定 $|z|$ 取值的范围，即收敛域。由于 $|z|$ 为复数的模，即式(2.1.3)中的 r，可知收敛域为一圆环状区域，即

$$R_- < |z| < R_+ \tag{2.1.5}$$

式中，R_-、R_+ 称为收敛半径，R_- 可以小到 0（此时收敛域为圆盘），而 R_+ 可以大到 ∞。式（2.1.5）的 z 平面表示如图 2.1.2 所示。

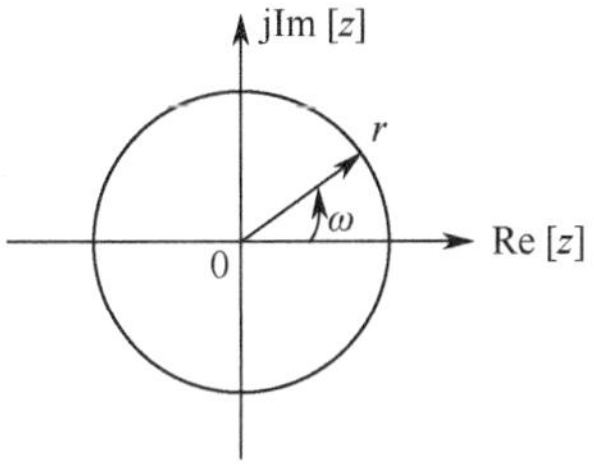

图 2.1.1　复数 z 平面

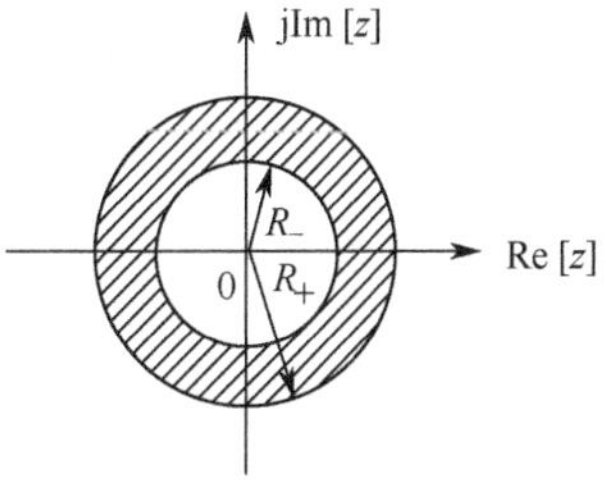

图 2.1.2　环状收敛域

常见的一类 Z 变换是有理函数，也即两个多项式之比

$$X(z) = \frac{B(z)}{A(z)}$$

分子多项式 $B(z)=0$ 的根是使 $X(z)=0$ 的那些 z 值，称为 $X(z)$ 的零点。z 取有限值的分母多项式 $A(z)=0$ 的根是使 $X(z)=\infty$ 的那些 z 值，称为 $X(z)$ 的极点。因此 $z=\infty$ 也可能是 $X(z)$ 的零、极点。

Z 变换的收敛域和极点分布密切相关。在极点处 Z 变换不收敛，因此在收敛域内不能包含任何极点，而且收敛域是由极点来限定边界的。

2. 序列 $x(n)$ 形式与其 Z 变换 $X(z)$ 收敛域的关系

序列 $x(n)$ 的形式决定了其变换 $X(z)$ 的收敛域。为说明二者之间的关系，下面分四种情况进行讨论。

1）$x(n)$ 为有限长序列

$$x(n) = \begin{cases} x(n), & n_1 \leqslant n \leqslant n_2 \\ 0, & 其他 \end{cases} \tag{2.1.6}$$

即序列 $x(n)$ 仅在有限区间 $n_1 \leqslant n \leqslant n_2$ 之内才具有非零的有限值，在此区间外，序列值都为零，如图 2.1.3（a）所示。

则 $x(n)$ 的 Z 变换为

$$X(z)=\sum_{n=-\infty}^{\infty}x(n)z^{-n}=\sum_{n=n_1}^{n_2}x(n)z^{-n}$$

显然，$X(z)$ 是有限项级数之和。只要有限项级数的每一项都有界，则级数和也就有界。考虑到 $x(n)<\infty(n_1\leqslant n\leqslant n_2)$ 总是满足的，于是有限长序列 Z 变换的收敛域就取决于

$$|z|^{-n}<\infty，\quad n_1\leqslant n\leqslant n_2 \tag{2.1.7}$$

随着 n_1、n_2 的取值不同，满足式（2.1.7）的 z 值，即收敛域也不同，下面分四种情况讨论。

（1）$n_1<0$，$n_2>0$，此时

$$X(z)=\sum_{n=-\infty}^{\infty}x(n)z^{-n}=\sum_{n=n_1}^{n_2}x(n)z^{-n}=\sum_{n=n_1}^{-1}x(n)z^{-n}+\sum_{n=0}^{n_2}x(n)z^{-n}$$

$$=\sum_{n=1}^{|n_1|}x(-n)z^{n}+\sum_{n=0}^{n_2}x(n)z^{-n}$$

显然，上式中除了第一项的 $|z|=\infty$ 及第二项的 $|z|=0$ 处都收敛，即总的收敛域为 $0<|z|<\infty$，如图 2.1.3（b）阴影区域所示。

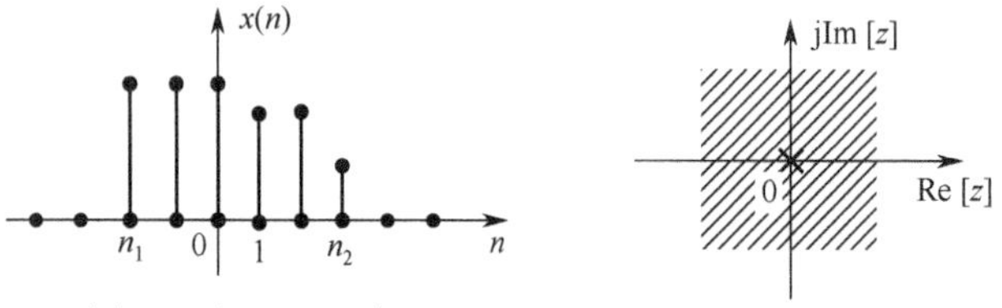

(a) $x(n)$ ($n_1<0$，$n_2>0$)　　(b) $X(z)$收敛域（$z=0$，$z=\infty$除外）

图 2.1.3　有限长序列及其 Z 变换收敛域

（2）$n_1\geqslant 0$，$n_2>0$，此时

$$X(z)=\sum_{n=n_1}^{n_2}x(n)z^{-n}$$

除去原点外的 z 值都满足条件，收敛域为除去原点的 z 平面，即 $0<|z|\leqslant\infty$。

（3）$n_2\leqslant 0$，$n_1<0$，此时

$$X(z)=\sum_{n=n_1}^{n_2}x(n)z^{-n}=\sum_{n=|n_1|}^{|n_2|}x(-n)z^{n}$$

除去无穷远点的 z 值都满足条件，收敛域为除去无穷点的 z 平面，即 $0\leqslant|z|<\infty$。

（4）特殊情况，$n_1=n_2=0$，此时序列 $x(n)=\delta(n)$，它的 Z 变换收敛域为整个 z 平面，即 $0\leqslant|z|\leqslant\infty$。

2）$x(n)$ 为右边序列

$$x(n)=\begin{cases}x(n), & n\geqslant n_1\\ 0, & n<n_1\end{cases} \tag{2.1.8}$$

即序列 $x(n)$ 仅在区间 $n\geqslant n_1$ 内才具有非零的有限值，在此区间之外，序列值都为零，如

图 2.1.4（a）所示。其 Z 变换为

$$X(z)=\sum_{n=n_1}^{\infty}x(n)z^{-n} \tag{2.1.9}$$

依据 n_1 的正负，分两种情况考虑其收敛域。

（1）$n_1 \geqslant 0$，此时的右边序列为因果序列。式（2.1.9）中的 $X(z)$ 为 z 的负幂级数，假设其在 $|z|=|z_0|$ 处绝对收敛，则

$$\sum_{n=n_1}^{\infty}\left|x(n)z_0^{-n}\right|<\infty \tag{2.1.10}$$

因为 $n_1 \geqslant 0$，则当 $|z|\geqslant|z_0|$ 时，级数 $\sum_{n=n_1}^{\infty}\left|x(n)z_0^{-n}\right|$ 中每一项皆小于式（2.1.10）级数中的对应项，故有

$$\sum_{n=n_1}^{\infty}\left|x(n)z^{-n}\right|<\sum_{n=n_1}^{\infty}\left|x(n)z_0^{-n}\right|<\infty$$

即该序列在 $|z_0|\leqslant|z|\leqslant\infty$ 上收敛，找到 $|z_0|$ 的最小边界，记为 R_-，则该序列 Z 变换的收敛域为 $R_-<|z|\leqslant\infty$。

（2）$n_1<0$，此时

$$X(z)=\sum_{n=n_1}^{\infty}x(n)z^{-n}=\sum_{n=n_1}^{-1}x(n)z^{-n}+\sum_{n=0}^{\infty}x(n)z^{-n}$$

上式右端第一项是讨论过的有限长序列的 Z 变换，其收敛域为 $0\leqslant|z|<\infty$；第二项为 $n\geqslant 0$ 的因果序列，其收敛域为 $R_-<|z|\leqslant\infty$。因此，$X(z)$ 的收敛域为二者的重叠区域，即 $R_-<|z|<\infty$，如图 2.1.4（b）阴影区域所示。

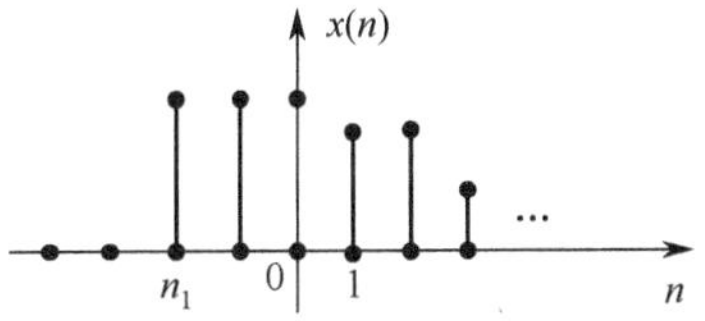

(a) $x(n)(n_1<0)$

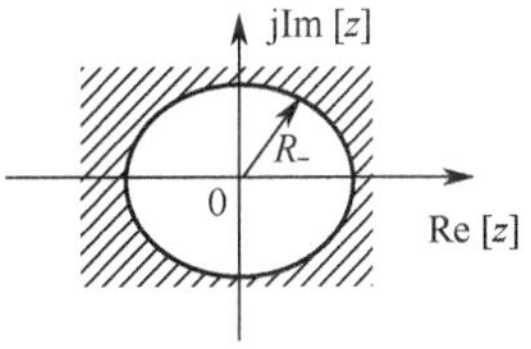

(b) $X(z)$收敛域(不包括$z=\infty$)

图 2.1.4　右边序列及其 Z 变换收敛域

3）$x(n)$ 为左边序列

$$x(n)=\begin{cases}x(n), & n\leqslant n_2\\ 0, & n>n_2\end{cases} \tag{2.1.11}$$

即序列 $x(n)$ 仅在区间 $n\leqslant n_2$ 内才具有非零的有限值，在此区间之外，序列值都为零，如图 2.1.5（a）所示，即

其 Z 变换为

$$X(z)=\sum_{n=-\infty}^{n_2}x(n)z^{-n}$$

依据 n_2 的正负，分两种情况考虑其收敛域。

（1）$n_2 \leqslant 0$，此时 $X(z)$ 为 z 的正幂级数，假设其在 $|z|=|z_0|$ 处绝对收敛，即

$$\sum_{n=-\infty}^{n_2} \left| x(n) z_0^{-n} \right| < \infty \tag{2.1.12}$$

因为 $n_2 \leqslant 0$，则在 $0<|z| \leqslant |z_0|$ 上也必然收敛。找到满足式(2.1.12)中 $|z_0|$ 的最大边界 R_+，则该序列 Z 变换的收敛域为 $0 \leqslant |z| < R_+$。

（2）$n_2 > 0$，此时 $X(z)$ 可写为

$$X(z)=\sum_{n=-\infty}^{n_2} x(n) z^{-n} = \sum_{n=-\infty}^{0} x(n) z^{-n} + \sum_{n=1}^{n_2} x(n) z^{-n}$$

上式右端第一项为 z 的正幂级数，其收敛域为 $0 \leqslant |z| < R_+$；第二项为有限长序列的 Z 变换，其收敛域为 $0<|z| \leqslant \infty$。因此，$X(z)$ 的收敛域为二者的重叠区域，即 $0<|z|<R_+$，如图 2.1.5（b）阴影区域所示。

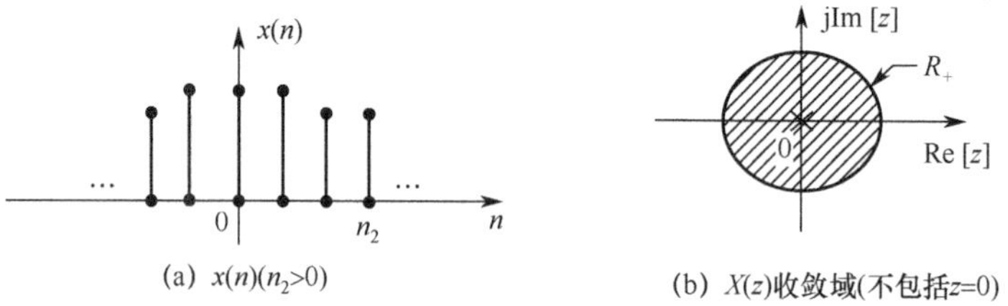

图 2.1.5 左边序列及其 Z 变换收敛域

4）$x(n)$ 为双边序列

序列 $x(n)$ 在 n 为任意值时都有值，可以看作一个左边序列和一个右边序列之和，如图 2.1.6（a）。其 Z 变换为

$$X(z)=\sum_{n=-\infty}^{\infty} x(n) z^{-n} = \sum_{n=0}^{\infty} x(n) z^{-n} + \sum_{n=-\infty}^{-1} x(n) z^{-n} \tag{2.1.13}$$

通过(2)、(3)中的讨论可知，式(2.1.13)第一项为右边序列(因果序列)，其收敛域为 $|z|>R_-$；第二项为左边序列，其收敛域为 $|z|<R_+$；若 $R_+ \geqslant R_-$，则有公共收敛域，即取交集得到双边序列的收敛域为 $R_-<|z|<R_+$，这是一个环形的收敛域，如图 2.1.6（b）阴影区域所示。

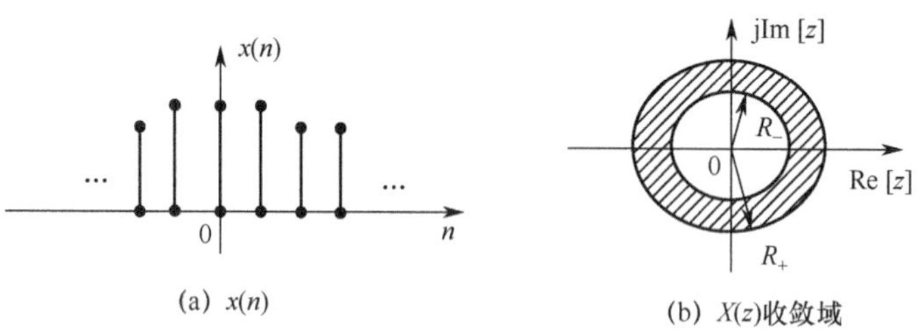

图 2.1.6 双边序列及其 Z 变换收敛域

以上讨论了各种序列双边 Z 变换的收敛域，显然收敛域取决于序列的形式。反过来，Z 变换的收敛域不仅决定了 Z 变换的存在性及唯一性，而且依据收敛域的形状，我们也能大致推断出 Z 变换所对应序列的形式，即序列是有限长序列、右边序列、左边序列或双边序列。以上所讨论的对应关系如表 2.1.1 所示。

表 2.1.1　序列的形式与 Z 变换收敛域的关系

$x(n)$	n_1	n_2	RoC
有限长序列	$n_1<0$	$n_2>0$	$0<\|z\|<\infty$
	$n_1\geqslant 0$	$n_2>0$	$0<\|z\|\leqslant\infty$
	$n_1<0$	$n_2\leqslant 0$	$0\leqslant\|z\|<\infty$
右边序列	$n_1\geqslant 0$	$n_2=\infty$	$R_-<\|z\|\leqslant\infty$
	$n_1<0$	$n_2=\infty$	$R_-<\|z\|<\infty$
左边序列	$n_1=-\infty$	$n_2>0$	$0<\|z\|<R_+$
	$n_1=-\infty$	$n_2\leqslant 0$	$0\leqslant\|z\|<R_+$
双边序列	$n_1=-\infty$	$n_2=\infty$	$R_-<\|z\|<R_+$

序列单边 Z 变换的收敛域和因果序列的收敛域类似，都是$|z|>R_-$。

2.1.3　常用序列的 Z 变换

1. 单位抽样序列

$$x(n)=\delta(n)$$

这是当$n_1=n_2=0$时的有限长序列，依据 Z 变换定义式（2.1.1）有

$$X(z)=Z[\delta(n)]=\sum_{n=-\infty}^{\infty}\delta(n)z^{-n}=z^0=1,\qquad \text{收敛域为整个 } z \text{ 平面}$$

2. 单位阶跃序列

$$x(n)=u(n)$$

这相当于一个$n_1=0$的右边序列，其 Z 变换为

$$X(z)=\sum_{n=-\infty}^{\infty}u(n)z^{-n}=\sum_{n=0}^{\infty}z^{-n}=1+z^{-1}+(z^{-1})^2+\cdots+(z^{-1})^n+\cdots$$

当$|z^{-1}|<1$，即$|z|>1$时，$X(z)$是一个无穷递减等比级数，则依据等比级数求和公式得

$$X(z)=\frac{1}{1-z^{-1}}=\frac{z}{z-1},\quad |z|>1$$

$X(z)$的零点为$z=0$，极点为$z=1$，收敛域为$|z|>1$。

3. 单位斜变序列

$$x(n)=nu(n)$$

由单位阶跃序列的讨论可知　$\displaystyle\sum_{n=0}^{\infty}z^{-n}=\frac{1}{1-z^{-1}}$，$|z|>1$

将上式两边对 z 求导，得　$\displaystyle\sum_{n=0}^{\infty}(-nz^{-(n+1)})=-\frac{z^{-2}}{(1-z^{-1})^2}$，$|z|>1$

上式两边同乘以（$-z$），得$x(n)$的 Z 变换为

$$X(z)=\sum_{n=0}^{\infty}nz^{-n}=\frac{z^{-1}}{(1-z^{-1})^2}=\frac{z}{(z-1)^2},\quad |z|>1$$

$X(z)$的零点为$z=0$，双重极点为$z_{1,2}=1$，收敛域为$|z|>1$。

4. *右边指数序列*

$$x(n)=a^n u(n)$$

这是一个右边序列，其Z变换为

$$X(z)=\sum_{n=-\infty}^{\infty} a^n u(n) z^{-n}=\sum_{n=0}^{\infty} a^n z^{-n}=\sum_{n=0}^{\infty}(az^{-1})^n=1+az^{-1}+(az^{-1})^2+\cdots+(az^{-1})^n+\cdots$$

当$|az^{-1}|<1$，即$|z|>|a|$时，$X(z)$是一个无穷递减等比级数，则依据等比级数求和公式得

$$X(z)=\frac{1}{1-az^{-1}}=\frac{z}{z-a}, \quad |z|>|a|$$

$X(z)$的零点为$z=0$，极点为$z=a$，收敛域为$|z|>|a|$。

5. *左边指数序列*

$$x(n)=-a^n u(-n-1)$$

这是一个左边序列，其Z变换为

$$X(z)=\sum_{n=-\infty}^{\infty} -a^n u(-n-1) z^{-n}=\sum_{n=-\infty}^{-1} -a^n z^{-n}=\sum_{n=1}^{\infty} -a^{-n} z^n$$
$$=-\left[a^{-1}z+(a^{-1}z)^2+\cdots+(a^{-1}z)^n+\cdots\right]$$

当$|a^{-1}z|<1$，即$|z|<|a|$时，$X(z)$是一个无穷递减等比级数，则依据等比级数求和公式得

$$X(z)=\frac{-a^{-1}z}{1-a^{-1}z}=\frac{z}{z-a}, \quad |z|<|a|$$

$X(z)$的零点为$z=0$，极点为$z=a$，收敛域为$|z|<|a|$。

6. *双边指数序列*

$$x(n)=a^n u(n)-b^n u(-n-1), \quad b>a>0$$

该序列的Z变换为

$$X(z)=\sum_{n=-\infty}^{\infty} x(n) z^{-n}=\sum_{n=-\infty}^{\infty}\left[a^n u(n)-b^n u(-n-1)\right] z^{-n}$$
$$=\sum_{n=0}^{\infty} a^n z^{-n}-\sum_{n=-\infty}^{-1} b^n z^{-n}=\sum_{n=0}^{\infty} a^n z^{-n}+1-\sum_{n=0}^{\infty} b^{-n} z^n$$

若$a<|z|<b$，则上面的级数收敛，得到

$$X(z)=\frac{z}{z-a}+1+\frac{b}{z-b}=\frac{z}{z-a}+\frac{z}{z-b}=\frac{2z(z-\frac{a+b}{2})}{(z-a)(z-b)}, \quad a<|z|<b$$

该序列的双边Z变换的零点位于$z=0$及$z=\frac{a+b}{2}$处，极点位于$z=a$与$z=b$处。右边序列$a^n u(n)$的收敛域为$|z|>a$，左边序列$-b^n u(-n-1)$的收敛域为$|z|<b$，所以双边序列的Z变换的收敛域应为两部分的公共区域，即为$a<|z|<b$。

现将常用序列的Z变换列于表2.1.2，以便查阅。将会看到，这些基本的变换对已知序

列求 Z 变换或已知 Z 变换求序列非常有用。

表 2.1.2　常用序列的 Z 变换及其收敛域

序　号	序　列	Z 变 换	收 敛 域
1	$\delta(n)$	1	全部 z 平面
2	$u(n)$	$\frac{z}{z-1}=\frac{1}{1-z^{-1}}$	$\|z\|>1$
3	$u(-n-1)$	$-\frac{z}{z-1}=\frac{-1}{1-z^{-1}}$	$\|z\|<1$
4	$a^n u(n)$	$\frac{z}{z-a}=\frac{1}{1-az^{-1}}$	$\|z\|>\|a\|$
5	$a^n u(-n-1)$	$-\frac{z}{z-a}=\frac{-1}{1-az^{-1}}$	$\|z\|<\|a\|$
6	$R_N(n)$	$\frac{z^N-1}{z^{N-1}(z-1)}=\frac{1-z^{-N}}{1-z^{-1}}$	$\|z\|>0$
7	$nu(n)$	$\frac{z}{(z-1)^2}=\frac{z^{-1}}{(1-z^{-1})^2}$	$\|z\|>1$
8	$na^n u(n)$	$\frac{az}{(z-a)^2}=\frac{az^{-1}}{(1-az^{-1})^2}$	$\|z\|>\|a\|$
9	$na^n u(-n-1)$	$\frac{-az}{(z-a)^2}=\frac{-az^{-1}}{(1-az^{-1})^2}$	$\|z\|<\|a\|$
10	$\mathrm{e}^{-\mathrm{j}n\omega_0}u(n)$	$\frac{z}{z-\mathrm{e}^{-\mathrm{j}\omega_0}}=\frac{1}{1-\mathrm{e}^{-\mathrm{j}\omega_0}z^{-1}}$	$\|z\|>1$
11	$\sin(n\omega_0)u(n)$	$\frac{z^{-1}\sin\omega_0}{1-2z^{-1}\cos\omega_0+z^{-2}}$	$\|z\|>1$
12	$\cos(n\omega_0)u(n)$	$\frac{1-z^{-1}\cos\omega_0}{1-2z^{-1}\cos\omega_0+z^{-2}}$	$\|z\|>1$
13	$\mathrm{e}^{-an}\sin(n\omega_0)u(n)$	$\frac{z^{-1}\mathrm{e}^{-a}\sin\omega_0}{1-2z^{-1}\cos\omega_0+z^{-2}\mathrm{e}^{-2a}}$	$\|z\|>\mathrm{e}^{-a}$
14	$\mathrm{e}^{-an}\cos(n\omega_0)u(n)$	$\frac{z^{-1}\mathrm{e}^{-a}\cos\omega_0}{1-2z^{-1}\cos\omega_0+z^{-2}\mathrm{e}^{-2a}}$	$\|z\|>\mathrm{e}^{-a}$
15	$\sin(\omega_0 n+\theta)u(n)$	$\frac{z^2\sin\theta+z\sin(\omega_0-\theta)}{z^2-2z\cos\omega_0+1}$	$\|z\|>1$
16	$(n+1)a^n u(n)$	$\frac{z^2}{(z-a)^2}=\frac{1}{(1-az^{-1})^2}$	$\|z\|>\|a\|$
17	$\frac{(n+1)(n+2)}{2!}a^n u(n)$	$\frac{z^3}{(z-a)^3}=\frac{1}{(1-az^{-1})^3}$	$\|z\|>\|a\|$
18	$\frac{(n+1)(n+2)\cdots(n+m)}{m!}a^n u(n)$	$\frac{z^{(m+1)}}{(z-a)^{(m+1)}}=\frac{1}{(1-az^{-1})^{(m+1)}}$	$\|z\|>\|a\|$

应用 MATLAB 可以求解 Z 变换。命令为 Ztrans(f)，其中 f 表示要变换的序列表达式。例如，求单位阶跃序列 $u(n)$、右边指数序列 $a^n u(n)$ 的 Z 变换程序为

```
>>syms  n;                    %定义 n 为符号变量
>>f=Ztrans(n-(n-1));          %用 n-(n-1)产生单位阶跃序列 u(n)
f =z/(z-1)
>>syms  n a;                  %定义 n，a 为符号变量
>>f=Ztrans(a^n);              %求 a^n u(n)的 Z 变换
```

```
f=z/a/(z/a-1)
```

结果均与文中相同。其中用函数 syms 来定义符号变量 n、a 等。

2.1.4 Z 变换收敛域的性质

由以上两小节的讨论可知收敛域的性质与信号的属性有关。现将这些性质归纳如下。假定 Z 变换的代数表示式是一个有理函数，而序列 $x(n)$ 除可能在 $n=\infty$ 和 $n=-\infty$ 外，都具有有限的幅度。

性质 1：收敛域在 z 平面是中心在原点的一个圆环或圆盘，即 $0 \leqslant R_- < |z| < R_+ \leqslant \infty$。

性质 2：当且仅当 $x(n)$ 的 Z 变换的 RoC 包括单位圆时，$x(n)$ 的傅里叶变换才绝对收敛。

性质 3：收敛域内不包含任何极点，这是因为 $X(z)$ 在收敛域内是一致收敛的。

性质 4：若 $x(n)$ 是一个有限长序列，那么其收敛域就是整个 z 平面，可能 $z=0$ 和 $z=\infty$ 除外。

性质 5：若 $x(n)$ 是一个右边序列，那么其收敛域一定在 $X(z)$ 最外面（模值最大）的有限极点向外延伸至（可能包括）$z=\infty$。

性质 6：若 $x(n)$ 是一个左边序列，那么其收敛域一定在 $X(z)$ 最里面（模值最小）的非零、极点向内延伸至（可能包括）$z=0$。

性质 7：若 $x(n)$ 是一个双边序列，那么其收敛域一定由 z 平面的一个圆环组成，其内外边界均由某一极点所界定，而且环内不包含任何极点。

性质 8：收敛域是一个连通的区域，也就是说，它不会分成几片。

2.2 Z 反变换

在离散时间系统中，应用 Z 变换可以把描述系统的差分方程转换为复变量 z 的代数方程，然后写出离散系统的系统函数（Z 域传递函数）、进行某种运算处理，再用 Z 反变换求出离散时间系统的时间响应。

所谓 Z 反变换，就是由已知的 $X(z)$ 及其收敛域求序列 $x(n)$ 的过程，常用 $x(n)=Z^{-1}[X(z)]$ 来表示。值得强调的是，在求 Z 反变换时，一定要注意收敛域的形式，相同的 $X(z)$ 表达式，若收敛域不同，则所对应的 $x(n)$ 也不同。

求 Z 反变换的方法通常有三种：部分分式展开法、幂级数展开法及围线积分法（留数法）。下面对三种方法分别进行详细介绍。

2.2.1 部分分式展开法

当 $X(z)$ 的表达式为有理分式时，Z 反变换也可以用部分分式展开法求取。首先将 $X(z)$ 用部分分解法写成多个部分分式之和，然后求分式的 Z 反变换，则所求序列 $x(n)$ 就是各部分分式的 Z 反变换之和。但需要注意使展开式中各项的形式能够比较容易地从已知的 Z 变换表 2.1.2 中查出，并且同样需要注意收敛域。

如果 $X(z)$ 可表示成有理分式形式

$$X(z)=\frac{P(z)}{Q(z)}=\frac{\sum_{m=0}^{M}b_m z^{-m}}{1+\sum_{k=1}^{N}a_k z^{-k}} \tag{2.2.1}$$

则 $X(z)$ 可以展成以下部分分式形式

$$X(z)=\sum_{n=0}^{M-N}B_n z^{-n}+\sum_{k=1}^{N-s}\frac{A_k}{1-z_k z^{-1}}+\sum_{k=1}^{s}\frac{C_k}{(1-z_i z^{-1})^k} \tag{2.2.2}$$

式中，z_k 为 $X(z)$ 的各一阶极点，z_i 为 $X(z)$ 的一个 s 阶极点。当 $M\geqslant N$ 时，才存在整式部分系数 B_n，可用长除法得到；而当 $M<N$ 时，$B_n=0$。依据留数定理，可求得系数 A_k、C_k 分别为

$$\begin{cases}A_k=\left[(z-z_k)\dfrac{X(z)}{z}\right]_{z=z_k}, & k=1,2,\cdots,N-s\\ C_k=\dfrac{1}{(s-k)!}\left\{\dfrac{\mathrm{d}^{s-k}}{\mathrm{d}z^{s-k}}\left[(z-z_i)^s\dfrac{X(z)}{z}\right]\right\}_{z=z_i}, & k=1,2,\cdots,s\end{cases} \tag{2.2.3}$$

在求解过程中，通常先将 $X(z)/z$ 分解为部分分式，然后两端乘以 z，这样对于一阶极点 z_i，可得到 $z/(z-z_i)$ 的形式，便于直接利用表 2.1.2 的公式。另外，一阶复数极点必伴随着它的共轭复数极点，而在部分分式展开式中，这对共轭极点的分子系数也是共轭的，利用这点，将会使计算简便。$X(z)$ 展开成部分分式之后，通过查表 2.1.2 求得各部分分式的 Z 反变换，原序列便是各序列之和。

例 2.2.1　已知

$$X(z)=\frac{z^2}{(z-1/4)(z-1/2)},\quad |z|>\frac{1}{2}$$

利用部分分式展开法求 Z 反变换 $x(n)$。

解

$$\frac{X(z)}{z}=\frac{z}{(z-1/4)(z-1/2)}=\frac{A_1}{z-1/4}+\frac{A_2}{z-1/2}$$

依据式（2.2.3）得

$$A_1=\left[(z-1/4)\frac{X(z)}{z}\right]_{z=1/4}=-1$$

$$A_2=\left[(z-1/2)\frac{X(z)}{z}\right]_{z=1/2}=2$$

所以

$$X(z)=\frac{-z}{z-1/4}+\frac{2z}{z-1/2}$$

考虑 $X(z)$ 收敛域知 $x(n)$ 应为右边序列。查表 2.1.2 中的 Z 变换对，得所求序列为

$$x(n)=[-(1/4)^n+2(1/2)^n]u(n)$$

在 MATLAB 中，可以通过函数 residuez 来实现有理分式的部分分式展开，再查表求得 Z 反变换，其格式为

$$[R,P,K]=\text{residuez}(b,a)$$

参数 b 、a 分别为有理 z 函数的分子多项式的系数向量与分母多项式的系数向量，参数 P 为极点， R 为对应极点的系数。如果分子多项式的阶数大于分母多项式的阶数，参数 K 返回直接项系数；反之， K 为空。

例 2.2.1 的 MATLAB 求解的程序为

```
>>a=[1,-3/4,1/8];              %系统函数分母多项式系数
>>b=[1,0,0];                   %系统函数分子多项式系数
>>[r,p,k]=residueZ(b,a)        %部分分式展开
```

运行结果为

```
r =     2    -1
p =    0.5000    0.2500
k =     0
```

因此得到 $X(z)=\dfrac{2}{1-1/2z^{-1}}+\dfrac{-1}{1-1/4z^{-1}}$ ，即 $X(z)=\dfrac{-z}{z-1/4}+\dfrac{2z}{z-1/2}$ ，然后查表 2.1.2，得到相同的结果。

例 2.2.2 已知

$$X(z)=\frac{10z}{(z^2+z-6)},\quad 2<|z|<3$$

利用部分分式展开法求 Z 反变换 $x(n)$ 。

解

$$\frac{X(z)}{z}=\frac{10}{(z-2)(z+3)}=\frac{A_1}{z-2}+\frac{A_2}{z+3}$$

依据式（2.2.3）得

$$A_1=\left[(z-2)\frac{X(z)}{z}\right]_{z=2}=2$$

$$A_2=\left[(z+3)\frac{X(z)}{z}\right]_{z=-3}=-2$$

则

$$X(z)=\frac{2z}{z-2}-\frac{2z}{z+3}$$

上式第一项只有极点 $z=2$ ，由收敛域中 $|z|>2$ 可知，该项的反变换应为右边因果序列，则

$$Z^{-1}\left[\frac{2z}{z-2}\right]=2\times 2^n=2^{n+1},\quad n\geqslant 0$$

第二项只有极点 $z=-3$ ，同样由收敛域中 $|z|<3$ 可知，该项的反变换应为左边序列，则

$$Z^{-1}\left[\frac{-2z}{z+3}\right]=2(-3)^n,\quad n\leqslant -1$$

所以，所求序列为

$$x(n)=\begin{cases}2^{n+1}, & n\geqslant 0\\ 2(-3)^n, & n\leqslant -1\end{cases}$$

或写成

$$x(n)=2^{n+1}u(n)+2(-3)^n u(-n-1)$$

由以上分析可见，在求 Z 反变换时，一定要考虑收敛域，注意区别哪些极点对应右边

序列，哪些极点对应左边序列。

2.2.2　幂级数展开法

由 Z 变换的定义式知，$X(z)$ 为 z^{-1} 的幂级数，即

$$
\begin{aligned}
X(z) &= \sum_{n=-\infty}^{\infty} x(n)z^{-n} \\
&= \cdots + x(-2)z^2 + x(-1)z + x(0)z^0 + x(1)z^{-1} + x(2)z^{-2} + \cdots
\end{aligned}
\tag{2.2.4}
$$

其中，在给定的收敛域内，序列 $x(n)$ 就是幂级数中 z^{-n} 项的系数。将 $X(z)$ 展开为幂级数常用的方法有两种。

1. 按幂级数公式展开

这种方法是运用已经熟知的幂级数展开公式完成对 $X(z)$ 的展开，往往多用于 $X(z)$ 是超越函数的情况，如 $X(z)$ 是对数、双曲正弦等，这些函数的幂级数展开公式大多已有表格可查。下面通过例子对其进行说明。

例 2.2.3　求 $X(z)=\ln(1+az^{-1})$，$|z|>|a|$ 的反变换 $x(n)$。

解　依据幂级数展开公式

$$\ln(1+x)=\sum_{n=1}^{\infty}\frac{(-1)^{n+1}x^n}{n}，\quad -1<x\leqslant 1$$

由 $X(z)$ 中的 $|az^{-1}|<1$（由收敛域得到），可得

$$X(z)=\ln(1+az^{-1})=\sum_{n=1}^{\infty}\frac{(-1)^{n+1}a^n z^{-n}}{n}$$

由上式看到，z^{-n} 项的系数是 $\dfrac{(-1)^{n+1}a^n}{n}$，又由收敛域的形式得知，$x(n)$ 是一个右边序列，则所求 $x(n)$ 为

$$x(n)=\begin{cases}(-1)^{n+1}\dfrac{a^n}{n}, & n\geqslant 1\\ 0, \quad n\leqslant 0\end{cases}$$

2. 长除法

在一般情况下，$X(z)$ 为有理分式，即分子分母都为 z 的多项式，用 $X(z)$ 的分母多项式去除分子多项式就可得到其幂级数形式。前面已分析得知，$X(z)$ 收敛域的情况决定 $x(n)$ 的性质，所以在做长除之前，应该根据 $X(z)$ 的收敛域判断 $x(n)$ 是右边序列，还是左边序列，然后决定要将 $X(z)$ 展开 z 的降幂级数还是升幂级数。观察 z 变换的定义式 $X(z)=\sum\limits_{n=-\infty}^{\infty}x(n)z^{-n}$，若 $x(n)$ 是右边序列，当 $n\to\infty$ 时，z 的幂逐渐减小，则此时应该将 $X(z)$ 展开 z 的降幂级数；若 $x(n)$ 是左边序列，当 $n\to-\infty$ 时，z 的幂逐渐增加，则此时应该将 $X(z)$ 展开 z 的升幂级数。下面举例说明。

例 2.2.4　试用长除法求 $X(z)=\dfrac{z}{z-a}$，$|z|>|a|$ 的 Z 反变换 $x(n)$。

解　由表达式知，$X(z)$只有一个极点$z=a$，且收敛域$|z|>|a|$在极点所在圆的外部，所以$x(n)$应为右边序列，则应将$X(z)$展开成z的降幂级数。运用长除法得

$$\begin{array}{r l}
 & 1+az^{-1}+a^2z^{-2}+\cdots+a^nz^{-n}+\cdots \\
z-a \,\big) & z \\
 & \underline{z-a} \\
 & a \\
 & \underline{a-a^2z^{-1}} \\
 & a^2z^{-1} \\
 & \underline{a^2z^{-1}-a^3z^{-2}} \\
 & a^3z^{-2} \\
 & \vdots
\end{array}$$

即

$$X(z)=\frac{z}{z-a}=1+az^{-1}+a^2z^{-2}+\cdots=\sum_{n=0}^{\infty}a^nz^{-n}$$

所以$x(n)=a^nu(n)$。

例 2.2.5　试用长除法求$X(z)=\dfrac{z^2}{(4-z)\left(z-\dfrac{1}{4}\right)}$，$\dfrac{1}{4}<|z|<4$的$Z$反变换$x(n)$。

解　因为收敛域为环状，所以所求序列为双边序列。双边序列可分解为右边序列和左边序列，所以先将$X(z)$展开成部分分式再分别长除。

$$\frac{X(z)}{z}=\frac{z}{(4-z)\left(z-\dfrac{1}{4}\right)}=\frac{A_1}{4-z}+\frac{A_2}{z-\dfrac{1}{4}}$$

根据式（2.2.3）求系数A_1、A_2为

$$A_1=\left[(4-z)\frac{X(z)}{z}\right]_{z=4}=\frac{16}{15}$$

$$A_2=\left[\left(z-\frac{1}{4}\right)\frac{X(z)}{z}\right]_{z=\frac{1}{4}}=\frac{1}{15}$$

即

$$\frac{X(z)}{z}=\frac{16/15}{4-z}+\frac{1/15}{z-\dfrac{1}{4}}$$

所以$X(z)$为

$$X(z)=\frac{16}{15}\frac{z}{4-z}+\frac{1}{15}\frac{z}{z-\dfrac{1}{4}}=\frac{1}{15}\left(\frac{16z}{4-z}+\frac{z}{z-\dfrac{1}{4}}\right)=\frac{1}{15}[X_1(z)+X_2(z)]$$

观察 $X(z)$ 的收敛域可知，上式中 $X_1(z)$ 的极点为 $z=4$，收敛域 $\frac{1}{4}<|z|<4$ 在 $|z|=4$ 内，对应左边序列；$X_2(z)$ 的极点为 $z=\frac{1}{4}$，收敛域 $\frac{1}{4}<|z|<4$ 在 $|z|=\frac{1}{4}$ 外，对应右边序列。故做长除法时 $X_1(z)$ 应该展开成 z 的升幂级数，而 $X_2(z)$ 应展开成 z 的降幂级数。

$$
\begin{array}{r|l}
 & 4z+z^2+\frac{1}{4}z^3+\frac{1}{16}z^4+\frac{1}{64}z^5+\cdots \\ \hline
4-z & 16z \\
 & \underline{16z-4z^2} \\
 & 4z^2 \\
 & \underline{4z^2-z^3} \\
 & z^3 \\
 & \underline{z^3-\frac{1}{4}z^4} \\
 & \frac{1}{4}z^4 \\
 & \underline{\frac{1}{4}z^4-\frac{1}{16}z^5} \\
 & \frac{1}{16}z^5 \\
 & \vdots
\end{array}
\qquad
\begin{array}{r|l}
 & 1+\frac{1}{4}z^{-1}+\frac{1}{16}z^{-2}+\frac{1}{64}z^{-3}+\cdots \\ \hline
z-\frac{1}{4} & z \\
 & \underline{z-\frac{1}{4}} \\
 & \frac{1}{4} \\
 & \underline{\frac{1}{4}-\frac{1}{16}z^{-1}} \\
 & \frac{1}{16}z^{-1} \\
 & \underline{\frac{1}{16}z^{-1}-\frac{1}{64}z^{-2}} \\
 & \frac{1}{64}z^{-2} \\
 & \vdots
\end{array}
$$

即

$$X_1(z)=\cdots+\frac{z^5}{64}+\frac{z^4}{16}+\frac{z^3}{4}+z^2+4z$$

$$X_2(z)=1+\frac{z^{-1}}{4}+\frac{z^{-2}}{16}+\frac{z^{-3}}{64}+\cdots$$

即 $X(z)$ 的幂级数形式为

$$X(z)=\frac{1}{15}\left(\cdots+\frac{z^5}{64}+\frac{z^4}{16}+\frac{z^3}{4}+z^2+4z\ \ +1+\frac{z^{-1}}{4}+\frac{z^{-2}}{16}+\frac{z^{-3}}{64}+\cdots\right)$$

所以其 Z 反变换为

$$x(n)=\begin{cases}\dfrac{1}{15}(4)^{n+2}\ , & n\leqslant -1\\[2ex] \dfrac{1}{15}\left(\dfrac{1}{4}\right)^n\ , & n\geqslant 0\end{cases}$$

2.2.3 围线积分法（留数法）

现在用复变函数理论来研究 $X(z)$ 的反变换。

对 Z 变换定义式（2.1.1）两端同乘以 z^{k-1}，得

$$X(z)z^{k-1}=\sum_{n=-\infty}^{\infty}x(n)z^{-n+k-1}$$

对上式两端按环绕原点并完全位于 $X(z)$ 收敛区域内的积分围线进行围线积分，则得

$$\frac{1}{2\pi \mathrm{j}}\oint_c X(z)z^{k-1}\mathrm{d}z=\frac{1}{2\pi \mathrm{j}}\oint_c \sum_{n=-\infty}^{\infty}x(n)z^{-n+k-1}\mathrm{d}z$$

其中，c 是一条位于 $X(z)$ 收敛域内环绕原点的逆时针围线。

若级数收敛，交换上式右端的积分与求和次序，可得

$$\frac{1}{2\pi \mathrm{j}}\oint_c X(z)z^{k-1}\mathrm{d}z=\sum_{n=-\infty}^{\infty}x(n)\frac{1}{2\pi \mathrm{j}}\oint_c z^{-n+k-1}\mathrm{d}z \tag{2.2.5}$$

依据复变函数理论中的柯西积分定理，有下式成立：

$$\frac{1}{2\pi \mathrm{j}}\oint_c z^{-n+k-1}\mathrm{d}z=\begin{cases}1, & n=k\\ 0, & n\neq k\end{cases} \tag{2.2.6}$$

则综合式（2.2.5）、式（2.2.6）得

$$\frac{1}{2\pi \mathrm{j}}\oint_c X(z)z^{k-1}\mathrm{d}z=x(k)$$

将上式的变量 k 用 n 代换，得

$$x(n)=\frac{1}{2\pi \mathrm{j}}\oint_c X(z)z^{n-1}\mathrm{d}z \tag{2.2.7}$$

这就是围线积分的 Z 反变换公式。

直接计算式（2.2.7）的围线积分比较复杂，当 $X(z)z^{n-1}$ 是有理分式时，通常都采用留数定理来求解。若 z_k 是被积函数 $X(z)z^{n-1}$ 位于 c 内的所有极点，则按照留数定理，有

$$x(n)=\frac{1}{2\pi \mathrm{j}}\oint_c X(z)z^{n-1}\mathrm{d}z=\sum_k \mathrm{Res}[X(z)z^{n-1}]_{z=z_k} \tag{2.2.8}$$

若 z_m 是被积函数 $X(z)z^{n-1}$ 位于 c 外的所有极点，且 $X(z)z^{n-1}$ 分母多项式 z 的阶次比分子多项式 z 的阶次高两阶或两阶以上，则按照留数辅助定理，有

$$x(n)=\frac{1}{2\pi \mathrm{j}}\oint_c X(z)z^{n-1}\mathrm{d}z=-\sum_m \mathrm{Res}[X(z)z^{n-1}]_{z=z_m} \tag{2.2.9}$$

实际使用中，具体选用式（2.2.8）和式（2.2.9）中的哪一个，取决于计算的简便性，一般选用计算一阶极点留数的那一个。例如，如果当 n 大于某一值时，函数 $X(z)z^{n-1}$ 在 $z=\infty$ 处，也就是在围线的外部可能有多重极点，这时选 c 的外部极点计算留数就比较麻烦，而选 c 的内部极点求留数则较简单；如果当 n 小于某一值时，函数 $X(z)z^{n-1}$ 在 $z=0$ 处，也就是在围线的内部可能有多重极点，这时选 c 的外部极点计算留数就比较简单。

现在来讨论如何求 $X(z)z^{n-1}$ 在任一极点处的留数。

若 z_k 是 $X(z)z^{n-1}$ 的多重（s 阶）极点，根据留数定理有

$$\mathrm{Res}\left[X(z)z^{n-1}\right]_{z=z_k}=\frac{1}{(s-1)!}\left\{\frac{\mathrm{d}^{s-1}}{\mathrm{d}z^{s-1}}\left[(z-z_k)^s X(z)z^{n-1}\right]_{z=z_k}\right\} \tag{2.2.10}$$

特别地，若 z_k 是 $X(z)z^{n-1}$ 的一阶极点，即式（2.2.10）中 $s=1$，则

$$\mathrm{Res}\left[X(z)z^{n-1}\right]_{z=z_k}=\left[(z-z_k)X(z)z^{n-1}\right]_{z=z_k} \tag{2.2.11}$$

需要注意的是，在使用式（2.2.10）和式（2.2.11）时，一定要计算出 $X(z)z^{n-1}$ 位于 c 内或 c 外的所有可能的极点处的留数，而且，当 n 取值不同时，$z=0$ 处极点的阶次可能会发生变化。

例 2.2.6　试用留数法求 $X(z)=\dfrac{z^2}{(4-z)\left(z-\dfrac{1}{4}\right)}$，$\dfrac{1}{4}<|z|<4$ 的 Z 反变换 $x(n)$。

解　$$x(n)=\frac{1}{2\pi\mathrm{j}}\oint_c \frac{z^{n+1}}{(4-z)\left(z-\dfrac{1}{4}\right)}\mathrm{d}z=\sum_k \mathrm{Res}\left[\frac{z^{n+1}}{(4-z)\left(z-\dfrac{1}{4}\right)}\right]_{z=z_k}$$

c 为 $X(z)$ 收敛域内的围线，如图 2.2.1 所示。

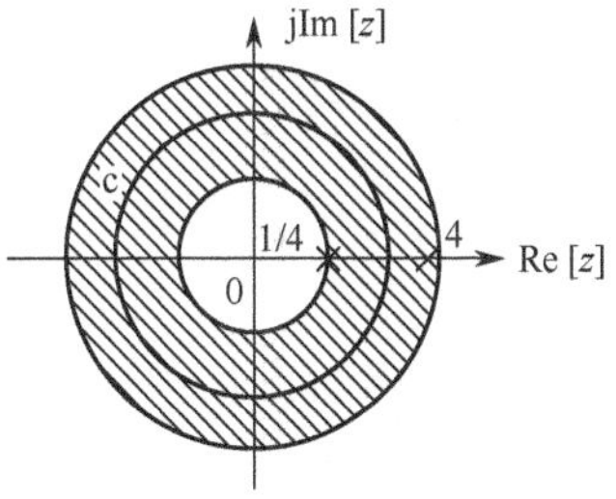

图 2.2.1　例 2.2.6 中 $X(z)$ 收敛域及围线 c

当 $n\geqslant -1$ 时，围线 c 内只有一个一阶极点 $z=\dfrac{1}{4}$，则依据式（2.2.8）和式（2.2.10）得

$$x(n)=\mathrm{Res}\left[\left(z-\frac{1}{4}\right)\frac{z^{n+1}}{(4-z)\left(z-\dfrac{1}{4}\right)}\right]_{z=\frac{1}{4}}$$

$$=\frac{1}{15}\left(\frac{1}{4}\right)^n,\quad n\geqslant -1$$

当 $n\leqslant -2$ 时，围线 c 外只有一个一阶极点 $z=4$，而 c 内有一个一阶极点 $z=\dfrac{1}{4}$ 及 $-(n+1)$ 阶极点 $z=0$，而且 $\dfrac{z^{n+1}}{(4-z)\left(z-\dfrac{1}{4}\right)}$ 符合使用式(2.2.9)的条件，则此时选用式(2.2.9)、式（2.2.10）较为方便，则

$$x(n)=-\mathrm{Res}\left[(z-4)\frac{z^{n+1}}{(4-z)\left(z-\dfrac{1}{4}\right)}\right]_{z=4}$$

$$=\frac{1}{15}(4)^{n+2},\quad n\leqslant -2$$

综合上述分析，得

$$x(n)=\begin{cases}\dfrac{1}{15}\left(\dfrac{1}{4}\right)^n, & n\geqslant -1\\ \dfrac{1}{15}(4)^{n+2}, & n\leqslant -2\end{cases}$$

可见，与例 2.2.3 结果相同。

例 2.2.7　求 $X(z)=\dfrac{z^2}{(z-2)(z-1)}$，$|z|>2$ 的 Z 反变换。

解 $X(z)$的反变换为

$$x(n)=\sum_k \text{Res}\left[\frac{z^{n+1}}{(z-2)(z-1)}\right]_{z=z_k}$$

由于收敛域为$|z|>2$，所以$x(n)$应为右边序列，当$n\geqslant 0$时，$z=0$不是$\frac{z^{n+1}}{(z-2)(z-1)}$的极点。所以，在收敛域内环绕原点的围线$c$内只有一阶极点$z=2$，$z=1$，则

$$\text{Res}\left[\frac{z^{n+1}}{(z-2)(z-1)}\right]_{z=2}=\left[(z-2)\frac{z^{n+1}}{(z-2)(z-1)}\right]_{z=2}=2^{n+1}$$

$$\text{Res}\left[\frac{z^{n+1}}{(z-2)(z-1)}\right]_{z=1}=\left[(z-1)\frac{z^{n+1}}{(z-2)(z-1)}\right]_{z=1}=-1$$

由此得所求序列为

$$x(n)=\left[2^{n+1}-1\right]u(n)$$

2.3 Z变换的性质与定理

理解并熟练地应用 Z 变换的一些常用性质与定理在研究离散时间信号与系统过程特别重要。这些性质往往与Z变换结合起来使用，使Z变换与Z反变换的求解过程得到简化。

1. 线性性质

Z变换是一种线性变换，满足均匀性与叠加性，即若

$$Z[x(n)]=X(z),\ R_{x-}<|z|<R_{x+}$$

$$Z[y(n)]=Y(z),\ R_{y-}<|z|<R_{y+}$$

则对于任意常数a、b有

$$Z[ax(n)+by(n)]=aX(z)+bY(z),\max(R_{x-},R_{y-})<|z|<\min(R_{x+},R_{y+}) \tag{2.3.1}$$

$aX(z)+bY(z)$收敛域一般是$X(z)$和$Y(z)$收敛域的重叠部分。

如果在$aX(z)+bY(z)$的线性组合过程中引入的某些零点抵消了极点，则收敛域有可能会扩大。

例 2.3.1 已知$x(n)=\cos(\omega_0 n)u(n)$，求其$Z$变换。

解 依据欧拉公式，得

$$\cos(\omega_0 n)u(n)=\frac{1}{2}[\mathrm{e}^{\mathrm{j}\omega_0 n}+\mathrm{e}^{-\mathrm{j}\omega_0 n}]u(n)$$

由题知，$x(n)$是一个右边因果序列。查表 2.1.2 可知

$$Z[a^n u(n)]=\frac{1}{1-az^{-1}},\quad |z|>|a|$$

由此得

$$Z[\mathrm{e}^{\mathrm{j}\omega_0 n}u(n)]=\frac{1}{1-\mathrm{e}^{\mathrm{j}\omega_0}z^{-1}},\quad |z|>\left|\mathrm{e}^{\mathrm{j}\omega_0}\right|=1$$

$$Z[\mathrm{e}^{-\mathrm{j}\omega_0 n}u(n)]=\frac{1}{1-\mathrm{e}^{-\mathrm{j}\omega_0}z^{-1}},\quad |z|>\left|\mathrm{e}^{-\mathrm{j}\omega_0}\right|=1$$

综合上述分析，得所求 Z 变换为

$$Z[\cos(\omega_0 n)u(n)]=\frac{1}{2}\left[\frac{1}{1-\mathrm{e}^{\mathrm{j}\omega_0}z^{-1}}+\frac{1}{1-\mathrm{e}^{-\mathrm{j}\omega_0}z^{-1}}\right]=\frac{1-z^{-1}\cos\omega_0}{1-2z^{-1}\cos\omega_0+z^{-2}},\quad |z|>1$$

2. 序列移位性质

序列移位性质描述了序列移位后的 Z 变换与原序列的 Z 变换之间的关系。依据变换形式不同，可能有单边 Z 变换与双边 Z 变换，下面分别进行讨论。

1）双边 Z 变换

若序列 $x(n)$ 的双边 Z 变换为

$$Z[x(n)]=X(z),\quad R_{x-}<|z|<R_{x+}$$

则移位 m 后的序列 $x(n-m)$ 的双边 Z 变换为

$$Z[x(n-m)]=z^{-m}X(z),\quad R_{x-}<|z|<R_{x+}$$

式中，m 为任意整数，若 m 为正，则为右移（延迟）；若 m 为负，则为左移（超前）。

证明　依据双边 Z 变换的定义，可得

$$Z[x(n-m)]=\sum_{n=-\infty}^{\infty}x(n-m)z^{-n}=z^{-m}\sum_{k=-\infty}^{\infty}x(k)z^{-k}=z^{-m}X(z) \tag{2.3.2}$$

由式（2.3.2）可以看出，移位后新序列的 Z 变换收敛域只会在 $z=0$ 或 $z=\infty$ 处发生变化。例如，$Z[\delta(n)]=1$ 的收敛域为整个 z 平面，而 $Z[\delta(n+1)]=z$ 在 $z=\infty$ 处不收敛，$Z[\delta(n-1)]=z^{-1}$ 在 $z=0$ 处不收敛。但如果 $x(n)$ 是双边序列，$X(z)$ 的收敛域为环形区域且不包含 $z=0$ 和 $z=\infty$，则序列位移并不会使 Z 变换收敛域发生变化。

2）单边 Z 变换

设序列 $x(n)$ 的单边 Z 变换为 $X_1(z)$，则 $x(n)$ 右移 k 与左移 k（k 为正整数）后新序列的单边 Z 变换分别为

$$\begin{aligned}Z[x(n-k)]&=\sum_{n=0}^{\infty}x(n-k)z^{-n}=\sum_{m=-k}^{\infty}x(m)z^{-(k+m)}\\&=z^{-k}[X_1(z)+\sum_{n=-k}^{-1}x(n)z^{-n}]\end{aligned} \tag{2.3.3}$$

$$\begin{aligned}Z[x(n+k)]&=\sum_{n=0}^{\infty}x(n+k)z^{-n}=\sum_{m=k}^{\infty}x(m)z^{k-m}\\&=z^{k}[X_1(z)-\sum_{n=0}^{k-1}x(n)z^{-n}]\end{aligned} \tag{2.3.4}$$

如果 $x(n)$ 是因果序列，则式（2.3.3）右边的 $\sum_{n=-k}^{-1}x(n)z^{-n}$ 项都等于零，而且由于因果序列的单边 Z 变换与双边 Z 变换是相同的，于是因果序列右移后的单边 Z 变换为

$$Z[x(n-k)]=z^{-k}X_1(z)=z^{-k}X(z) \tag{2.3.5}$$

而因果序列左移后的单边 Z 变换仍如式（2.3.4）所示，即

$$Z[x(n+k)]=z^k\left[X_1(z)-\sum_{n=0}^{k-1}x(n)z^{-n}\right] \tag{2.3.6}$$

由于在实际中，需要处理的信号大多是因果序列，所以式（2.3.5）、式（2.3.6）是最常用的。除移位性质以外，双边 Z 变换的性质大多都适用于单边 Z 变换。

另外，从以上分析可知，若序列 $x(n)$ 延迟一个单位，即 $x(n-1)$，新序列的 Z 变换多乘一个 z^{-1}，所以，在后续内容中，绘制信号流图时常用 z^{-1} 表示单位延迟。

例 2.3.2 求序列 $x(n)=u(n)-u(n-2)$ 的 Z 变换。

解 查表 2.1.2 可知

$$Z[u(n)]=\frac{z}{z-1},\quad |z|>1$$

依据移位性质得

$$Z[u(n-2)]=z^{-2}Z[u(n)]=\frac{z^{-1}}{z-1},\quad |z|>1$$

因此，依据线性性质得所求为

$$Z[x(n)]=\frac{z}{z-1}-\frac{z^{-1}}{z-1}=\frac{z+1}{z},\quad |z|>0$$

此时，在两项求和时，造成原有的极点 z=1被零点抵消，造成收敛域扩大，即由 $|z|>1$ 变成 $|z|>0$。其实也可以用表 2.1.1 来说明，原有两个序列都是右边序列，相加以后变成有限长序列，所以收敛域响应也变了。

3. *反褶序列*

若 $Z[x(n)]=X(z), R_{x-}<|z|<R_{x+}$，则有

$$Z[x(-n)]=X\left(\frac{1}{z}\right),\quad \frac{1}{R_{x+}}<|z|<\frac{1}{R_{x-}} \tag{2.3.7}$$

证明

$$Z[x(-n)]=\sum_{n=-\infty}^{\infty}x(-n)z^{-n}=\sum_{n=-\infty}^{\infty}x(n)z^{n}$$
$$=\sum_{n=-\infty}^{\infty}x(n)(z^{-1})^{-n}=X\left(\frac{1}{z}\right), R_{x-}<|z^{-1}|<R_{x+}$$

即收敛域为 $\frac{1}{R_{x+}}<|z|<\frac{1}{R_{x-}}$，即 $x(-n)$ 的收敛域是 $x(n)$ 收敛域的倒置。

例 2.3.3 求 $x(n)=a^{-n}u(-n)$ 的 Z 变换。

解 由题可知，$x(n)=a^{-n}u(-n)$ 是序列 $a^nu(n)$ 的反褶序列，查表 2.1.2 知

$$Z[a^nu(n)]=\frac{1}{1-az^{-1}}, |z|>|a|$$

则依据反褶性质得所求 Z 变换为

$$X(z)=Z[a^{-n}u(-n)]=\frac{1}{1-az}, |z|<|a^{-1}|$$

4. 序列指数加权性质（Z 域尺度变换）

此性质描述了序列 $x(n)$ 乘以指数 a^n 后，其 Z 变换如何变化。若

$$Z[x(n)] = X(z),\quad R_{x-} < |z| < R_{x+}$$

则

$$Z[a^n x(n)] = X(\frac{z}{a}),\quad |a|R_{x-} < |z| < |a|R_{x+} \tag{2.3.8}$$

式中，a 为常数，可以为复数。可见序列 $x(n)$乘以实指数序列等效于 z 平面尺度展缩。

证明　依据 z 定义得

$$Z[a^n x(n)] = \sum_{n=-\infty}^{\infty} a^n x(n) z^{-n} = \sum_{n=-\infty}^{\infty} x(n)\left(\frac{z}{a}\right)^{-n}$$

$$= X\left(\frac{z}{a}\right),\qquad R_{x-} < \left|\frac{z}{a}\right| < R_{x+}$$

即收敛域为 $|a|R_{x-} < |z| < |a|R_{x+}$。

依据这一性质可见，新序列 Z 变换的零、极点的位置均改变了。这是因为如果 $X(z)$ 有一个零点（或极点）在 $z = z_k$ 处，则 $X\left(\frac{z}{a}\right)$ 一定有一个零点（或极点）在 $\frac{z}{a} = z_k$，即 $z = az_k$ 处。也就是说在 Z 域发生了尺度变换。若 a 为正实数，则表示零、极点位置在 z 平面内沿径向收缩或扩展；若 $a = \mathrm{e}^{\mathrm{j}\omega_0 n}$，则表示零、极点在 z 平面内围绕原点旋转一个 ω_0。一般地，若 a 为任意复数，则在 z 平面内，零、极点既有幅度伸缩，又有角度旋转。

5. 序列的线性加权（Z 域微分）

若

$$Z[x(n)] = X(z),\quad R_{x-} < |z| < R_{x+}$$

则有

$$Z[nx(n)] = -z\frac{\mathrm{d}}{\mathrm{d}z}X(z),\quad R_{x-} < |z| < R_{x+} \tag{2.3.9}$$

证明　将 z 定义式 $X(z) = \sum_{n=-\infty}^{\infty} x(n)z^{-n}$ 两端对 z 求导得

$$\frac{\mathrm{d}X(z)}{\mathrm{d}z} = \frac{\mathrm{d}}{\mathrm{d}z}[\sum_{n=-\infty}^{\infty} x(n)z^{-n}] = \sum_{n=-\infty}^{\infty} x(n)\frac{\mathrm{d}}{\mathrm{d}z}(z^{-n})$$

$$= \sum_{n=-\infty}^{\infty} -nx(n)z^{-n-1} = -z^{-1}\sum_{n=-\infty}^{\infty} nx(n)z^{-n}$$

由上式可得

$$\sum_{n=-\infty}^{\infty} nx(n)z^{-n} = -z\ \frac{\mathrm{d}X(z)}{\mathrm{d}z}$$

即

$$Z[nx(n)] = -z\frac{\mathrm{d}X(z)}{\mathrm{d}z}$$

例 2.3.4　求序列 $x(n) = na^n u(n)$ 的 Z 变换。

解　$x(n) = na^n u(n) = n(a^n u(n))$

则查表 2.1.2 知

$$a^n u(n) \xleftrightarrow{Z} \frac{1}{1-az^{-1}},\quad |z| > |a|$$

依据 Z 域微分性质得 $n(a^n u(n)) \xleftrightarrow{Z} -z\dfrac{\mathrm{d}}{\mathrm{d}z}\left(\dfrac{1}{1-az^{-1}}\right)=\dfrac{az^{-1}}{(1-az^{-1})^2}, |z|>|a|$

即所求的 Z 变换为 $X(z)=\dfrac{az^{-1}}{(1-az^{-1})^2}, |z|>|a|$

6. 共轭序列

若 $Z[x(n)]=X(z), R_{x-}<|z|<R_{x+}$，则有

$$Z[x^*(n)]=X^*(z^*)，R_{x-}<|z|<R_{x+} \tag{2.3.10}$$

其中，$x^*(n)$ 为 $x(n)$ 的共轭序列。

证明

$$Z[x^*(n)]=\sum_{n=-\infty}^{\infty}x^*(n)z^{-n}=\sum_{n=-\infty}^{\infty}[x(n)(z^*)^{-n}]^*$$

$$=[\sum_{n=-\infty}^{\infty}x(n)(z^*)^{-n}]^*=X^*(z^*)，R_{x-}<|z|<R_{x+}$$

7. 初值定理

对于因果序列 $x(n)$，即当 $n<0$ 时 $x(n)=0$，则其初值为

$$x(0)=\lim_{z\to\infty}X(z) \tag{2.3.11}$$

证明 由于 $x(n)$ 是因果序列，则其 Z 变换为

$$X(z)=\sum_{n=-\infty}^{\infty}x(n)u(n)z^{-n}=\sum_{n=0}^{\infty}x(n)z^{-n}=x(0)+x(1)z^{-1}+x(2)z^{-2}+\cdots$$

显然

$$\lim_{z\to\infty}X(z)=x(0)$$

由初值定理可以看出，若 $x(n)$ 是因果序列，则根据 $X(z)$ 就可求得 $x(0)$；反过来，若因果序列 $x(n)$ 的初值为一个有限值，则其 Z 变换 $X(z)$ 在 z 趋于 ∞ 时为有限值，这就要求 $X(z)$ 的分子多项式 z 的阶次一定小于等于分母多项式 z 的阶次。

8. 终值定理

对于因果序列 $x(n)$，若 $X(z)=Z[x(n)]$ 的极点都在单位圆 $|z|=1$ 以内（单位圆上最多在 $z=1$ 处有一阶极点），则有

$$\lim_{n\to\infty}x(n)=\lim_{z\to1}[(z-1)X(z)]=\mathrm{Res}[X(z)]_{z=1} \tag{2.3.12}$$

证明 依据序列移位性质得

$$Z[x(n+1)-x(n)]=(z-1)X(z)=\sum_{n=-\infty}^{\infty}[x(n+1)-x(n)]z^{-n}$$

因为 $x(n)$ 是因果序列，所以

$$(z-1)X(z)=\sum_{n=-1}^{\infty}[x(n+1)-x(n)]z^{-n}=\lim_{n\to\infty}\sum_{m=-1}^{n}[x(m+1)-x(m)]z^{-m}$$

又由于 $X(z)$ 在 $z=1$ 处最多可能有一阶极点，在这种情况下，系数 $z-1$ 将抵消这一极点，则 $(z-1)X(z)$ 的所有极点都在单位圆内，因此 $(z-1)X(z)$ 在 $1\leqslant|z|\leqslant\infty$ 上收敛，所以可以取

$z \to 1$ 的极限

$$\lim_{z\to1}(z-1)X(z)=\lim_{n\to\infty}\sum_{m=-1}^{n}[x(m+1)-x(m)]z^{-m}=\lim_{n\to\infty}\sum_{m=-1}^{n}[x(m+1)-x(m)]$$
$$=\lim_{n\to\infty}\{[x(0)-0]+[x(1)-x(0)]+\cdots+[x(n+1)-x(n)]\}$$
$$=\lim_{n\to\infty}[x(n+1)]=\lim_{n\to\infty}x(n)$$

所以
$$\lim_{z\to1}(z-1)X(z)=\lim_{n\to\infty}x(n)$$

终值定理说明，通过 $X(z)$ 可求得序列的终值，这在研究系统稳定性时具有重要意义。需要强调的是，终值定理只有在 $(z-1)X(z)$ 的极点在单位圆内（此时，当 $n\to\infty$ 时，$x(n)$ 收敛）的情况下才可应用。

9. 序列的卷积和（时域卷积定理）

若 $X(z)=Z[x(n)],\ R_{x-}<|z|<R_{x+}$； $H(z)=Z[h(n)],\ R_{h-}<|z|<R_{h+}$，则

$y(n)=x(n)*h(n)$ 的 Z 变换为

$$Y(z)=Z[y(n)]=Z[x(n)*h(n)]=X(z)H(z),\ \max[R_{x-},R_{h-}]<|z|<\min[R_{x+},R_{h+}] \tag{2.3.13}$$

一般来说，$Y(z)$ 的收敛域是 $X(z)$ 和 $H(z)$ 收敛域的重叠部分。但如果位于某一 Z 变换收敛域边缘上的极点被另一 Z 变换的零点抵消，则收敛域将会扩大。

证明
$$Z[x(n)*h(n)]=\sum_{n=-\infty}^{\infty}[x(n)*h(n)]z^{-n}$$
$$=\sum_{n=-\infty}^{\infty}\left[\sum_{m=-\infty}^{\infty}x(m)h(n-m)\right]z^{-n}$$
$$=\sum_{m=-\infty}^{\infty}x(m)\left[\sum_{n=-\infty}^{\infty}h(n-m)z^{-n}\right]$$
$$=\sum_{m=-\infty}^{\infty}x(m)\left[\sum_{k=-\infty}^{\infty}h(k)z^{-k}\right]z^{-m}$$
$$=\left[\sum_{m=-\infty}^{\infty}x(m)z^{-m}\right]H(z)$$
$$=X(z)H(z),\ \max[R_{x-},R_{h-}]<|z|<\min[R_{x+},R_{h+}]$$

可见，两序列在时域中的卷积对应于在 Z 域中两序列 Z 变换的乘积。在分析离散线性移不变系统中，时域卷积定理特别重要。如果 $x(n)$与 $h(n)$分别为线性移不变离散系统的激励和单位抽样响应，那么在求系统的响应 $y(n)$时，可以避免卷积运算，而借助于式（2.3.13）通过 $X(z)H(z)$ 的反变换求出 $y(n)$，在很多情况下，这样会简化求解过程。

例 2.3.5　已知 $x(n)=a^n u(n), h(n)=b^n u(n)-ab^{n-1}u(n-1), |b|<|a|$，求 $y(n)=x(n)*h(n)$。

解　$x(n)$、$h(n)$ 的 Z 变换分别为

$$X(z)=Z[x(n)]=\frac{z}{z-a},\quad |z|>|a|$$

$$H(z)=Z[h(n)]=\frac{z}{z-b}-az^{-1}\frac{z}{z-b}=\frac{z}{z-b}-\frac{a}{z-b}=\frac{z-a}{z-b},\quad |z|>|b|$$

则依据时域卷积定理，得

$$Y(z)=X(z)H(z)=\frac{z}{z-a}\frac{z-a}{z-b}=\frac{z}{z-b},|z|>|b|$$

式中，$X(z)$的极点与$H(z)$的零点相抵消，$Y(z)$的收敛域扩大为$|z|>|b|$，所以

$$y(n)=x(n)*h(n)=Z^{-1}[Y(z)]=b^n u(n)$$

10. 序列相乘（Z域复卷积定理）

若$X(z)=Z[x(n)], R_{x-}<|z|<R_{x+}$；$H(z)=Z[h(n)]$，$R_{n-}<|z|<R_{n+}$，则$y(n)=x(n)h(n)$的$Z$变换为

$$\begin{aligned}Y(z)=Z[y(n)]&=\frac{1}{2\pi j}\oint_c X\left(\frac{z}{v}\right)H(v)v^{-1}dv\\&=\frac{1}{2\pi j}\oint_c X(v)H\left(\frac{z}{v}\right)v^{-1}dv,\ R_{x-}R_{n-}<|z|<R_{x+}R_{n+}\end{aligned}\tag{2.3.14}$$

式中，c是在哑元变量v平面上$X(z/v)$、$H(v)$公共收敛域内环绕原点的一条逆时针封闭围线（证明从略）。

例 2.3.6 已知$x(n)=a^n u(n), h(n)=b^{n-1}u(n-1)$，求$Y(z)=Z[x(n)h(n)]$。

解 Z域复卷积定理，有

$$Y(z)=Z[x(n)h(n)]=\frac{1}{2\pi j}\oint_c \frac{v}{v-a}\frac{1}{\frac{z}{v}-b}dv=\frac{1}{2\pi j}\oint_c \frac{v}{(v-a)(z-bv)}dv,|z|>|ab|$$

$X(v)$的收敛域为$|v|>|a|$，而$H\left(\frac{z}{v}\right)$的收敛域为$\left|\frac{z}{v}\right|>|b|$，即$|v|<\left|\frac{z}{b}\right|$，则重叠部分为$|a|<|v|<\left|\frac{z}{b}\right|$。因此，围线$c$内只有一个极点$v=a$，用留数计算可得

$$\begin{aligned}Y(z)&=\frac{1}{2\pi j}\oint_c \frac{v}{(v-a)(z-bv)}dv=\text{Res}\left[\frac{v}{(v-a)(z-bv)}\right]_{v=a}\\&=\left.\frac{v}{z-bv}\right|_{v=a}=\frac{a}{z-ab},\quad |z|>|ab|\end{aligned}$$

11. 有限项累加特性

对于因果序列$x(n)$，若$X(z)=Z[x(n)]$，$|z|>R_{x-}$，则有

$$Z\left[\sum_{m=0}^{n}x(m)\right]=\frac{z}{z-1}X(z),\quad |z|>\max[R_{x-},1]\tag{2.3.15}$$

证明 依据第1章序列卷积和的性质，有$x(n)*u(n)=\sum_{m=-\infty}^{n}x(m)$。

因为$x(n)$是因果序列，所以$\sum_{m=-\infty}^{n}x(m)=\sum_{m=0}^{n}x(m)$。

再由时域卷积定理，得$Z\left[\sum_{m=-\infty}^{n}x(m)\right]=Z[x(n)*u(n)]=X(z)Z[u(n)]$，其收敛域为$x(n)$和$u(n)$的$Z$变换收敛域的重叠部分。

查表 2.1.2 得 $Z[u(n)]=\dfrac{z}{z-1}$，$|z|>1$，所以 $Z\left[\sum\limits_{m=-\infty}^{n}x(m)\right]=\dfrac{z}{z-1}X(z)$，$|z|>\max[R_{x-},1]$

12. 帕塞瓦尔（Parseval）定理

若 $X(z)=Z[x(n)]$，$R_{x-}<|z|<R_{x+}$；$H(z)=Z[h(n)]$，$R_{h-}<|z|<R_{h+}$，且 $R_{x-}R_{n-}<1<R_{x+}R_{n+}$，则

$$\sum_{n=-\infty}^{\infty}x(n)h^*(n)=\frac{1}{2\pi\mathrm{j}}\oint_c X(v)H^*\left(\frac{1}{v^*}\right)v^{-1}\mathrm{d}v \tag{2.3.16}$$

式中，“*”表示复共轭，闭合积分围线 c 位于 $X(v)$ 与 $H^*\left(\dfrac{1}{v^*}\right)$ 收敛域的重叠部分内（证明从略）。

说明：

（1）当 $h(n)$ 为实序列时，$\sum\limits_{n=-\infty}^{\infty}x(n)h(n)=\dfrac{1}{2\pi\mathrm{j}}\oint_c x(v)H\left(\dfrac{1}{v}\right)v^{-1}\mathrm{d}v$。

（2）当围线取单位圆 $|v|=1$ 时，因为 $v=1/v^*=\mathrm{e}^{\mathrm{j}\omega}$，所以

$$\sum_{n=-\infty}^{\infty}x(n)h^*(n)=\frac{1}{2\pi}\int_{-\pi}^{\pi}X(\mathrm{e}^{\mathrm{j}\omega})H^*(\mathrm{e}^{\mathrm{j}\omega})\mathrm{d}\omega$$

（3）当 $h(n)=x(n)$ 时，有

$$\sum_{n=-\infty}^{\infty}|x(n)|^2=\frac{1}{2\pi}\int_{-\pi}^{\pi}|X(\mathrm{e}^{\mathrm{j}\omega})|^2\mathrm{d}\omega$$

这表明在时域中求序列的能量与在频域中用频谱密度 $X(\mathrm{e}^{\mathrm{j}\omega})$ 来计算能量是一致的。将 Z 变换的主要性质归纳于表 2.3.1，以便查阅。

表 2.3.1　Z 变换的主要性质

1	$x(n)$	$X(z)$	$R_{x-}<\|z\|<R_{x+}$
2	$h(n)$	$H(z)$	$R_{h-}<\|z\|<R_{h+}$
3	$ax(n)+bh(n)$	$aX(z)+bH(z)$	$\max[R_{x-},R_{h-}]<\|z\|<\min[R_{x+},R_{h+}]$
4	$x(n-m)$	$z^{-m}X(z)$	$R_{x-}<\|z\|<R_{x+}$
5	$a^n x(n)$	$X\left(\dfrac{z}{a}\right)$	$\|a\|R_{x-}<\|z\|<\|a\|R_{x+}$
6	$n^m x(n)$	$\left(-z\dfrac{\mathrm{d}}{\mathrm{d}z}\right)^m X(z)$	$R_{x-}<\|z\|<R_{x+}$
7	$x^*(n)$	$X^*(z^*)$	$R_{x-}<\|z\|<R_{x+}$
8	$x(-n)$	$X\left(\dfrac{1}{z}\right)$	$\dfrac{1}{R_{x+}}<\|z\|<\dfrac{1}{R_{x-}}$
9	$x^*(-n)$	$X^*\left(\dfrac{1}{z^*}\right)$	$\dfrac{1}{R_{x+}}<\|z\|<\dfrac{1}{R_{x-}}$
10	$\mathrm{Re}[x(n)]$	$\dfrac{1}{2}[X(z)+X^*(z^*)]$	$R_{x-}<\|z\|<R_{x+}$
11	$\mathrm{j}\,\mathrm{Im}[x(n)]$	$\dfrac{1}{2}[X(z)-X^*(z^*)]$	$R_{x-}<\|z\|<R_{x+}$
12	$x(n)*h(n)$	$X(z)H(z)$	$\max[R_{x-},R_{h-}]<\|z\|<\min[R_{x+},R_{h+}]$
13	$x(n)h(n)$	$\dfrac{1}{2\pi\mathrm{j}}\oint_c X(v)H\left(\dfrac{z}{v}\right)v^{-1}\mathrm{d}v$	$R_{x-}R_{h-}<\|z\|<R_{x+}R_{h+}$

（续表）

14	$x(n)$	$\frac{z}{z-1}X(z)$	$\lvert z\rvert > \max[R_{x-},1], x(n)$ 因果序列
15	$x(0)=\lim\limits_{z\to\infty}X(z)$		$x(n)$ 为因果序列，$\lvert z\rvert > R_{x-}$
16	$x(\infty)=\lim\limits_{z\to 1}(z-1)X(z)$		$x(n)$ 为因果序列，$X(z)$ 的极点落于单位圆内部，最多在 $z=1$ 处有一极点
17	$\sum\limits_{n=-\infty}^{\infty} x(n_0h^*(n)=\frac{1}{2\pi \mathrm{j}}\oint_c X(v)H^*(\frac{1}{v^*})v^{-1}\mathrm{d}v$		$R_{x-}R_{h-} < \lvert z\rvert < R_{x+}R_{h+}$

2.4 Z 变换与连续信号拉普拉斯变换、傅里叶变换的关系

在第 1 章中已经讨论了序列可以由连续信号进行抽样得到，而对连续信号可以进行拉普拉斯变换和傅里叶变换，接下来，我们讨论离散信号的 Z 变换与拉普拉斯变换、傅里叶变换之间的联系，以及它们之间相互转换的条件。

2.4.1 Z 变换与拉普拉斯变换的关系

1. *序列 Z 变换与理想抽样信号的拉普拉斯变换的关系*

设 $x(t)$ 为连续时间信号，$\hat{x}(t)$ 为其理想抽样信号，根据拉普拉斯变换定义可得 $\hat{x}(t)$ 的拉普拉斯变换为

$$\begin{aligned}\hat{X}(s)=L[\hat{x}(t)]&=\int_{-\infty}^{\infty}\hat{x}(t)\mathrm{e}^{-st}\mathrm{d}t=\int_{-\infty}^{\infty}[\sum_{n=-\infty}^{\infty}x(nT)\delta(t-nT)]\mathrm{e}^{-st}\mathrm{d}t\\&=\sum_{n=-\infty}^{\infty}\int_{-\infty}^{\infty}x(nT)\mathrm{e}^{-st}\delta(t-nT)\mathrm{d}t\\&=\sum_{n=-\infty}^{\infty}x(nT)\mathrm{e}^{-nTs}=\sum_{n=-\infty}^{\infty}x(nT)(\mathrm{e}^{sT})^{-n}\end{aligned} \tag{2.4.1}$$

而 $x(t)$ 的抽样序列 $x(n)=x(nT)$ 的 Z 变换为

$$X(z)=\sum_{n=-\infty}^{\infty}x(n)z^{-n} \tag{2.4.2}$$

比较式（2.4.1）和式（2.4.2），可知当 $z=\mathrm{e}^{sT}$ 时，序列 $x(n)$ 的 Z 变换就等于理想抽样信号的拉普拉斯变换，即

$$X(z)\big|_{z=\mathrm{e}^{sT}}=X(\mathrm{e}^{sT})=\hat{X}(s) \tag{2.4.3}$$

这两种变换的关系，实际上就是由复变量 s 平面到复变量 z 平面的映射，其映射关系为

$$z=\mathrm{e}^{sT}\text{，}\quad s=\frac{1}{T}\ln z \tag{2.4.4}$$

现在进一步讨论这一映射关系。将 s 用直角坐标形式表示为

$$s=\sigma+\mathrm{j}\varOmega$$

而 z 平面用极坐标形式表示为

$$z = re^{j\omega}$$

将以上两式代入式（2.4.4），得

$$re^{j\omega} = e^{\sigma T}e^{j\Omega T}$$

即

$$r = e^{\sigma T},\ \omega = \Omega T$$

由此可见，z 的模 r 仅对应于 s 的实部 σ，而 z 的相角 ω 仅对应于 s 虚部的 Ω。下面具体分析 s 平面与 z 平面的映射关系。

1）r 与 σ 的映射关系

$$r = e^{\sigma T}$$

由 r 与 σ 的映射关系可知，$\sigma = 0$（s 平面的虚轴）映射为 $r = 1$（z 平面单位圆）；$\sigma < 0$（s 平面的左半平面）映射为 $r < 1$（z 平面的单位圆内部）；$\sigma > 0$（s 平面的右半平面）映射为 $r > 1$（z 平面的单位圆外部）。其映射关系如图 2.4.1 所示。

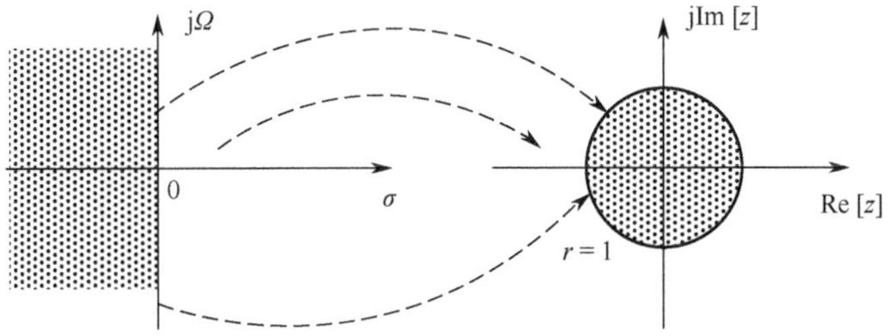

图 2.4.1　r 与 σ 的映射关系

2）ω 与 Ω 的映射关系

依据 $\omega = \Omega T$ 知，$\Omega = 0$（s 平面的实轴）映射为 $\omega = 0$（z 平面的正实轴）；$\Omega = \Omega_0$（常数，s 平面上平行于实轴的直线）映射为 $\omega = \Omega_0 T$（z 平面上始于原点，辐角为 $\Omega_0 T$ 的射线）；Ω 由 $-\dfrac{\pi}{T}$ 增加到 $\dfrac{\pi}{T}$，对应 ω 由 $-\pi$ 增加到 π，即 s 平面为 $\dfrac{2\pi}{T}$ 的一个水平条带对应 z 平面辐角由 $-\pi$ 到 π 转了一周，也就是覆盖了整个 z 平面。实际上，Ω 每增加 $\dfrac{2\pi}{T}$，ω 相应地增加 2π，也就是说，s 平面上宽度为 $\dfrac{2\pi}{T}$ 的各个水平条带都映射为同一个 z 平面，或者说它们是重叠的，如图 2.4.2 所示。

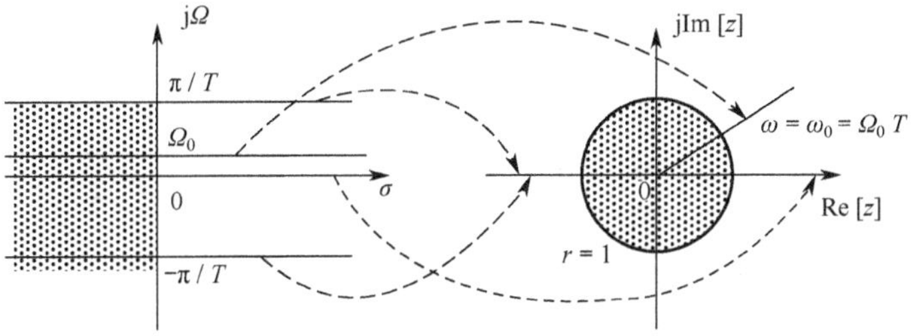

图 2.4.2　ω 与 Ω 的映射关系

所以 s 平面到 z 平面是多值映射关系，如图 2.4.3 所示。

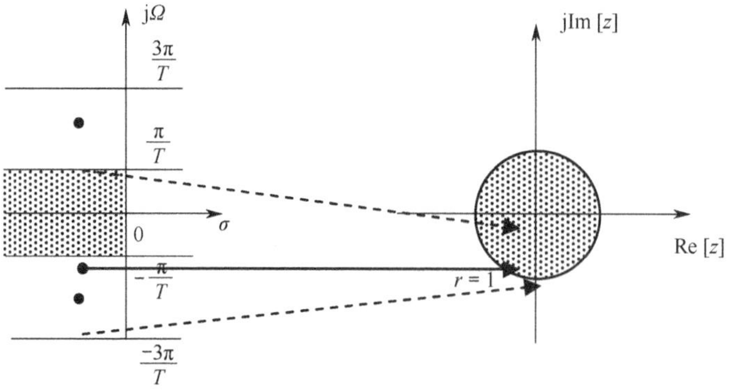

图 2.4.3　s 平面和 z 平面的多值映射关系

（以 s 平面左半平面为例，s 平面右半平面以相同的方式映射到 z 平面单位圆外）

2. 序列 Z 变换与连续时间信号的拉普拉斯变换的关系

熟悉了 s 平面和 z 平面的映射关系，就可以通过理想抽样所提供的桥梁，找到序列 $x(n)$ 的 Z 变换 $X(z)$ 与连续时间信号 $x(t)$ 的拉普拉斯变换 $X(s)$ 之间的关系。与式（1.5.6）类似，$\hat{X}(s)$ 是 $X(s)$ 的周期延拓，即

$$\hat{X}(s)=\frac{1}{T}\sum_{k=-\infty}^{\infty}X(s-\mathrm{j}k\Omega_s)=\frac{1}{T}\sum_{k=-\infty}^{\infty}X\left(s-\mathrm{j}k\frac{2\pi}{T}\right)$$

上式表明时域抽样后使信号的拉氏变换在 s 平面上延虚轴周期延拓。将上式带入式（2.4.3）得抽样序列的 Z 变换 $X(z)$ 与连续时间信号的拉普拉斯变换 $X(s)$ 的关系为

$$X(z)\big|_{z=\mathrm{e}^{sT}}=\hat{X}(s)=\frac{1}{T}\sum_{k=-\infty}^{\infty}X\left(s-\mathrm{j}k\frac{2\pi}{T}\right) \tag{2.4.5}$$

2.4.2 序列的 Z 变换和傅里叶变换的关系

我们知道，傅里叶变换可以看作是拉普拉斯变换在虚轴 $s=\mathrm{j}\Omega$ 的特例，因而映射到 z 平面上为单位圆 $z=\mathrm{e}^{\mathrm{j}\Omega T}$，将这两个关系代入式（2.4.3）中得

$$X(z)\big|_{z=\mathrm{e}^{\mathrm{j}\Omega T}}=X(\mathrm{e}^{\mathrm{j}\Omega T})=\hat{X}(\mathrm{j}\Omega) \tag{2.4.6}$$

这就是说，序列在单位圆上的 Z 变换等于理想抽样信号的傅里叶变换。

由第 1 章内容知道，连续时间信号经理想抽样后，其频谱产生周期延拓，即

$$\hat{X}(\mathrm{j}\Omega)=\frac{1}{T}\sum_{k=-\infty}^{\infty}X\left(\mathrm{j}\Omega-\mathrm{j}k\frac{2\pi}{T}\right) \tag{2.4.7}$$

将式（2.4.7）代入式（2.4.6）中得

$$X(z)\big|_{z=\mathrm{e}^{\mathrm{j}\Omega T}}=X(\mathrm{e}^{\mathrm{j}\Omega T})=\hat{X}(\mathrm{j}\Omega)=\frac{1}{T}\sum_{K=-\infty}^{\infty}X\left(\mathrm{j}\Omega-\mathrm{j}k\frac{2\pi}{T}\right) \tag{2.4.8}$$

这就是 $X(z)$ 与连续时间信号 $x(t)$ 的傅里叶变换之间的关系。

若用数字频率 ω 作为 z 平面的单位圆的参数，即 $z=\mathrm{e}^{\mathrm{j}\omega}$；$\omega$ 表示 z 平面的辐角，它和模拟角频率 Ω 的关系为 $\omega=\Omega T$，结合式（2.4.5）得

$$X(z)\big|_{z=\mathrm{e}^{\mathrm{j}\omega}}=X(\mathrm{e}^{\mathrm{j}\omega})=\hat{X}_a\left(\mathrm{j}\frac{\omega}{T}\right)=\frac{1}{T}\sum_{k=-\infty}^{\infty}X_a\left(\mathrm{j}\frac{\omega-2k\pi}{T}\right) \tag{2.4.9}$$

式中，$X(\mathrm{e}^{\mathrm{j}\omega})$ 表示序列的傅里叶变换，它等于序列在单位圆上的 Z 变换。在 2.5 节中将对其进行详细介绍。

2.5　序列傅里叶变换及性质

傅里叶级数和傅里叶变换的分析方法应用于离散时间信号，使得在频域对离散时间信号与系统的分析成为可能。它对于信号分析和处理技术的实现具有十分重要的意义。

2.5.1　非周期序列傅里叶变换

非周期序列 $x(n)$ 的傅里叶变换定义为

$$X(\mathrm{e}^{\mathrm{j}\omega})=\mathrm{DTFT}[x(n)]=\sum_{n=-\infty}^{\infty}x(n)\mathrm{e}^{-\mathrm{j}\omega n} \tag{2.5.1}$$

$X(\mathrm{e}^{\mathrm{j}\omega})$ 的傅里叶反变换定义为

$$x(n)=\mathrm{DTFT}^{-1}[X(\mathrm{e}^{\mathrm{j}\omega})]=\frac{1}{2\pi}\int_{-\pi}^{\pi}X(\mathrm{e}^{\mathrm{j}\omega})\mathrm{e}^{\mathrm{j}\omega n}\mathrm{d}\omega \tag{2.5.2}$$

通常把式（2.5.1）和式（2.5.2）合称为傅里叶变换对。在物理意义上，$X(\mathrm{e}^{\mathrm{j}\omega})$ 表示序列 $x(n)$ 的频谱，其中 ω 为数字角频率。这种离散时间序列的傅里叶变换也称为离散时间傅里叶变换，简称为 DTFT（Discrete Time Fourier Transform）。

$X(\mathrm{e}^{\mathrm{j}\omega})$ 是 ω 的连续函数，一般为复数，可表示为

$$X(\mathrm{e}^{\mathrm{j}\omega})=X_R(\mathrm{e}^{\mathrm{j}\omega})+\mathrm{j}X_I(\mathrm{e}^{\mathrm{j}\omega})=\left|X(\mathrm{e}^{\mathrm{j}\omega})\right|\mathrm{e}^{\mathrm{j}\arg[X(\mathrm{e}^{\mathrm{j}\omega})]}$$

式中，$X_R(\mathrm{e}^{\mathrm{j}\omega})$、$X_I(\mathrm{e}^{\mathrm{j}\omega})$ 分别为 $X(\mathrm{e}^{\mathrm{j}\omega})$ 的实部和虚部，$\left|X(\mathrm{e}^{\mathrm{j}\omega})\right|$ 称为幅频特性或幅度谱，而 $\varphi(\omega)=\arg[X(\mathrm{e}^{\mathrm{j}\omega})]$ 称为相频特性或相位谱，并且有

$$\left|X(\mathrm{e}^{\mathrm{j}\omega})\right|=\sqrt{X_R^{\ 2}(\mathrm{e}^{\mathrm{j}\omega})+X_I^{\ 2}(\mathrm{e}^{\mathrm{j}\omega})}$$

$$\varphi(\omega)=\arg[X(\mathrm{e}^{\mathrm{j}\omega})]=\arctan\frac{X_I(\mathrm{e}^{\mathrm{j}\omega})}{X_R(\mathrm{e}^{\mathrm{j}\omega})}$$

例 2.5.1　求矩形序列 $x(n)=R_N(n)$ 的傅里叶变换。

解　依据傅里叶变换定义式（2.5.1），有

$$\begin{aligned}X(\mathrm{e}^{\mathrm{j}\omega})&=\mathrm{DTFT}[x(n)]=\sum_{n=-\infty}^{\infty}R_N(n)\mathrm{e}^{-\mathrm{j}\omega n}=\sum_{n=0}^{N-1}\mathrm{e}^{-\mathrm{j}\omega n}\\&=\frac{1-\mathrm{e}^{-\mathrm{j}\omega N}}{1-\mathrm{e}^{-\mathrm{j}\omega}}=\frac{\mathrm{e}^{-\mathrm{j}\frac{\omega N}{2}}\left(\mathrm{e}^{\mathrm{j}\frac{\omega N}{2}}-\mathrm{e}^{-\mathrm{j}\frac{\omega N}{2}}\right)}{\mathrm{e}^{-\mathrm{j}\frac{\omega}{2}}\left(\mathrm{e}^{\mathrm{j}\frac{\omega}{2}}-\mathrm{e}^{-\mathrm{j}\frac{\omega}{2}}\right)}\\&=\mathrm{e}^{-\mathrm{j}\frac{(N-1)\omega}{2}}\frac{\sin\left(\frac{\omega N}{2}\right)}{\sin\left(\frac{\omega}{2}\right)}\\&=\left|X(\mathrm{e}^{\mathrm{j}\omega})\right|\mathrm{e}^{\mathrm{j}\arg[X(\mathrm{e}^{\mathrm{j}\omega})]}\end{aligned}$$

即 $R_N(n)$ 的幅度谱和相位谱分别为

$$\left|X(\mathrm{e}^{\mathrm{j}\omega})\right| = \left|\frac{\sin\left(\frac{\omega N}{2}\right)}{\sin\left(\frac{\omega}{2}\right)}\right|$$

$$\varphi(\omega) = \frac{(1-N)\omega}{2}$$

设 $N=5$，则 $R_5(n)$，其幅度谱 $\left|X(\mathrm{e}^{\mathrm{j}\omega})\right| = \frac{\sin\left(\frac{\omega 5}{2}\right)}{\sin\left(\frac{\omega}{2}\right)}$，其相位谱 $\varphi(\omega) = -2\omega$。

由于可以在 $X(\mathrm{e}^{\mathrm{j}\omega})$ 的相位谱 $\varphi(\omega) = \arg[X(\mathrm{e}^{\mathrm{j}\omega})]$ 上加任意整数倍的 2π，而不影响 $X(\mathrm{e}^{\mathrm{j}\omega})$ 的结果，因此，我们可以通过这种方法，将 $\varphi(\omega) = \arg[X(\mathrm{e}^{\mathrm{j}\omega})]$ 限制在 $-\pi \sim \pi$。

利用 MATLAB 可以实现离散时间信号的傅里叶变换，并绘出幅度谱和相位谱，其函数如下。

```
function[X,magX,angX]=FourierTran(x,n,dot)
%其中 x 为序列值，n 为序列取值点，dot 为抽样点数
if nargin<3
   dot=600;
end
k=-dot:dot;
w=(pi/dot)*k;                                %计算数字频率 w
X=x*(exp(-j).^(n'*w));                       %实现 X(e^{jω}) = Σ_{n=-∞}^{∞} x(n)e^{-jωn}
magX=abs(X);
argX=angle(X);
subplot(2,1,1);plot(w/pi,magX);xlabel('频率（单位/pi）');
ylabel('幅频');
subplot(2,1,2);plot(w/pi,argX/pi);xlabel('频率（单位/pi）');
ylabel('相频/pi');
```

用 MATLAB 实现例 2.5.1 的程序为

```
x=[1,1,1,1,1];n=0:4;
FourierTran(x,n)
```

幅度谱与相位谱曲线如图 2.5.1 所示。

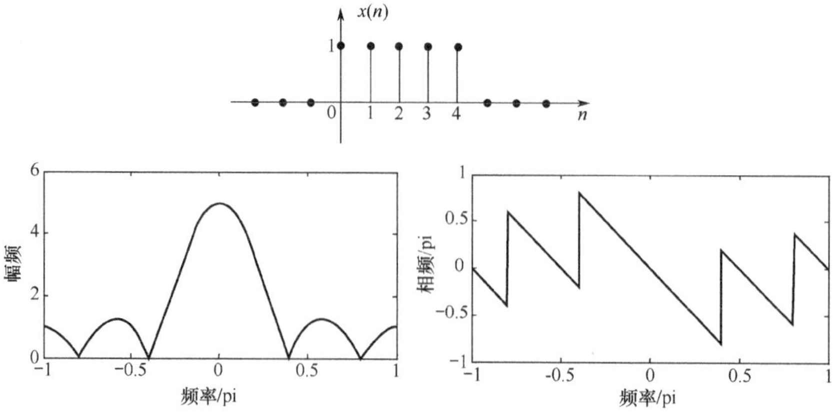

图 2.5.1　$R_5(n)$曲线及其幅度谱与相位谱曲线

离散时间信号的傅里叶变换具有以下两个特性：

（1）由于 $\mathrm{e}^{-\mathrm{j}\omega n}=\mathrm{e}^{-\mathrm{j}(\omega+2\pi M)n}$，$M$ 为整数，则有

$$X(\mathrm{e}^{\mathrm{j}(\omega+2\pi M)})=\sum_{n=-\infty}^{\infty}x(n)\mathrm{e}^{-\mathrm{j}(\omega+2\pi M)n}=X(\mathrm{e}^{\mathrm{j}\omega})$$

即 $X(\mathrm{e}^{\mathrm{j}\omega})$ 是 ω 的周期函数，周期为 2π。

（2）当 $x(n)$ 为实数序列时，$x(n)$ 的幅度谱 $\left|X(\mathrm{e}^{\mathrm{j}\omega})\right|$ 在 $-\pi\sim\pi$ 区间上是偶对称函数，相位谱 $\varphi(\omega)$ 为奇对称函数。

需要注意的是，式（2.5.1）中右边的级数并不总是收敛的，也就是说并不是所有序列都存在傅里叶变换，只有当序列满足下列收敛的条件

$$\sum_{n=-\infty}^{\infty}\left|x(n)\mathrm{e}^{-\mathrm{j}\omega n}\right|=\sum_{n=-\infty}^{\infty}\left|x(n)\right|<\infty \tag{2.5.3}$$

时，才存在傅里叶变换。即若序列 $x(n)$ 是绝对可和的，则它的傅里叶变换 $X(\mathrm{e}^{\mathrm{j}\omega})$ 一定存在且连续。但值得指出的是，式（2.5.3）是序列傅里叶变换存在的充分条件，而非必要条件。有些序列，并不是绝对可和的，如 $u(n)$、$\mathrm{e}^{\mathrm{j}\omega n}$ 及周期序列，若在频域中引入冲激函数，其傅里叶变换仍然存在。

2.5.2　序列傅里叶变换的性质与定理

由于序列的傅里叶变换是单位圆上的 Z 变换，因此，Z 变换的性质对傅里叶变换也适用。下面讨论的傅里叶变换的性质，大部分可以通过令 Z 变换性质中的 $z=\mathrm{e}^{\mathrm{j}\omega}$ 得到证明。

1. 周期性

前述内容已提到，$X(\mathrm{e}^{\mathrm{j}\omega})$ 的周期性是指

$$X\left(\mathrm{e}^{\mathrm{j}(\omega+2\pi M)}\right)=\sum_{n=-\infty}^{\infty}x(n)\mathrm{e}^{-\mathrm{j}(\omega+2\pi M)n}=X(\mathrm{e}^{\mathrm{j}\omega})\text{，}M\text{ 为整数}$$

其周期是 2π，且能展开成傅里叶级数。对离散时间信号（序列）的傅里叶变换，它同样表示了信号在频域的分布规律。但与连续时间信号的傅里叶变换不同的是，由于序列的傅里叶变换的周期性，所以在各频率点 $\omega=2\pi M$（M 取整数）附近的频谱分布应是相同的。在 $\omega=0,\pm2\pi,\pm4\pi,\cdots$ 点处表示 $x(n)$ 信号的直流分量，距离这些点越远，$x(n)$ 频率应越高，在 $\omega=\pm\pi,\pm3\pi,\pm5\pi,\cdots$ 点处 $x(n)$ 频率达到最高。需要说明的是，所谓 $x(n)$ 的直流分量，是指如图 2.5.2（a）所示的波形。例如，$x(n)=\cos(\omega n)$，当 $\omega=2\pi M$（M 取整数）时，$x(n)$ 的序列值如图 2.5.2（a）所示，它代表其直流分量；当 $\omega=(2M+1)\pi$ 时，$x(n)$ 波形如图 2.5.2（b）所示，它代表最高频率信号，是一种变化最快的信号。由于序列傅里叶变换的周期性，一般只分析 $-\pi\sim\pi$ 之间或 $0\sim2\pi$ 之间的 DTFT，本书中在[0，2π]区间进行分析。

2. 线性性质

$X(\mathrm{e}^{\mathrm{j}\omega})$ 满足均匀性与叠加性，即若

$$X_1(\mathrm{e}^{\mathrm{j}\omega})=\mathrm{DTFT}[x_1(n)]$$
$$X_2(\mathrm{e}^{\mathrm{j}\omega})=\mathrm{DTFT}[x_2(n)]$$

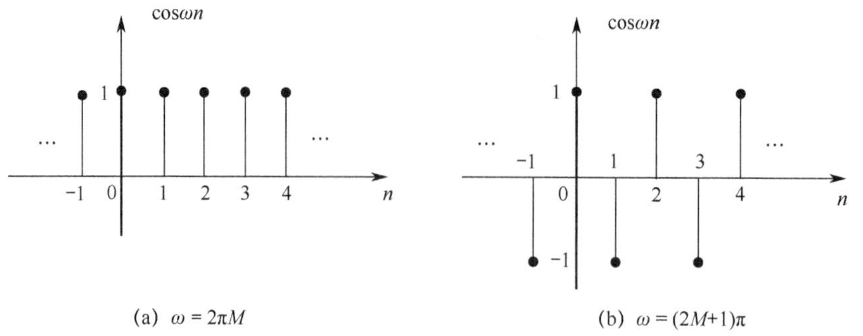

图 2.5.2 cos(ωn) 的波形

则有

$$\mathrm{DTFT}[ax_1(n)+bx_2(n)]=aX_1(\mathrm{e}^{\mathrm{j}\omega})+bX_2(\mathrm{e}^{\mathrm{j}\omega}) \tag{2.5.4}$$

式中，a，b 为常数。

3. 时移与频移性质

若 $X(\mathrm{e}^{\mathrm{j}\omega})=\mathrm{DTFT}[x(n)]$，则时移性质是指

$$\mathrm{DTFT}[x(n-n_0)]=\mathrm{e}^{-\mathrm{j}\omega n_0}X(\mathrm{e}^{\mathrm{j}\omega}) \tag{2.5.5}$$

频移性质是指

$$\mathrm{DTFT}[\mathrm{e}^{\mathrm{j}\omega_0 n}x(n)]=X(\mathrm{e}^{\mathrm{j}(\omega-\omega_0)}) \tag{2.5.6}$$

4. 时间反转性质

若 $$X(\mathrm{e}^{\mathrm{j}\omega})=\mathrm{DTFT}[x(n)]$$

则有 $$\mathrm{DTFT}[x(-n)]=X(\mathrm{e}^{-\mathrm{j}\omega}) \tag{2.5.7}$$

5. 频域微分性质

若 $$X(\mathrm{e}^{\mathrm{j}\omega})=\mathrm{DTFT}[x(n)]$$

则有 $$\mathrm{DTFT}[nx(n)]=\mathrm{j}\frac{\mathrm{d}X(\mathrm{e}^{\mathrm{j}\omega})}{\mathrm{d}\omega} \tag{2.5.8}$$

6. 对称性质

序列的傅里叶变换的对称性质在简化问题的求解上往往是很有作用的。在讨论序列傅里叶变换的对称性质之前，先介绍共轭对称与共轭反对称的概念及它们的性质。

一个共轭对称序列 $x_e(n)$ 定义为满足下式的序列：

$$x_e(n)=x_e^*(-n) \tag{2.5.9}$$

式中，“*”表示复数共轭。若 $x_e(n)$ 是实数序列，则式（2.5.9）变为 $x_e(n)=x_e(-n)$，即 $x_e(n)$ 为偶对称序列。

类似地，一个共轭反对称序列 $x_o(n)$ 定义为满足式（2.5.10）的序列：

$$x_o(n)=-x_o^*(-n) \tag{2.5.10}$$

若所给的序列是实数序列，则式（2.5.10）变为 $x_o(n)=-x_o(-n)$，即 $x_o(n)$ 为奇对称序列。

例 2.5.2 试分析 $x(n)=\mathrm{e}^{\mathrm{j}\omega n}$ 的对称性。

解 将 $x(n)$ 的 n 用 $R_N(n)$ 代替，再取共轭得到

$$x^*(-n) = e^{j\omega n}$$

则有

$$x_e(n) = x_e^*(-n)$$

所以 $x(n)$ 是共轭对称序列。

任一序列 $x(n)$ 都可以表示成一个共轭对称序列与一个共轭反对称序列之和，即

$$x(n) = x_e(n) + x_o(n) \tag{2.5.11}$$

式中

$$x_e(n) = \frac{1}{2}[x(n) + x^*(-n)] \tag{2.5.12}$$

$$x_o(n) = \frac{1}{2}[x(n) - x^*(-n)] \tag{2.5.13}$$

类似地，$x(n)$ 的傅里叶变换函数 $X(e^{j\omega})$ 也可以分解成一个共轭对称函数与一个共轭反对称函数之和，即

$$X(e^{j\omega}) = X_e(e^{j\omega}) + X_o(e^{j\omega}) \tag{2.5.14}$$

式中

$$X_e(e^{j\omega}) = \frac{1}{2}[X(e^{j\omega}) + X^*(e^{-j\omega})] \tag{2.5.15}$$

$$X_o(e^{j\omega}) = \frac{1}{2}[X(e^{j\omega}) - X^*(e^{-j\omega})] \tag{2.5.16}$$

$X_e(e^{j\omega})$ 与 $X_o(e^{j\omega})$ 分别称为共轭对称部分和共轭反对称部分，它们满足

$$X_e(e^{j\omega}) = X_e^*(e^{-j\omega}) \tag{2.5.17}$$

$$X_o(e^{j\omega}) = -X_o^*(e^{-j\omega}) \tag{2.5.18}$$

由上面的分析可以得到下面一些对称性质，这些性质可以直接由 Z 变换性质中代入 $z = e^{j\omega}$ 而得到证明，亦可由序列的傅里叶变换的定义及性质得到。

对称性质 1　序列实部的傅里叶变换等于序列傅里叶变换的共轭对称分量，即

$$\text{DTFT}\{\text{Re}[x(n)]\} = X_e(e^{j\omega}) = \frac{1}{2}[X(e^{j\omega}) + X^*(e^{-j\omega})] \tag{2.5.19}$$

对称性质 2　序列虚部乘以 j 后的傅里叶变换等于序列傅里叶变换的共轭反对称分量，即

$$\text{DTFT}\{j\text{Im}[x(n)]\} = X_o(e^{j\omega}) = \frac{1}{2}[X(e^{j\omega}) - X^*(e^{-j\omega})] \tag{2.5.20}$$

对称性质 3　序列的共轭对称分量的傅里叶变换等于序列傅里叶变换的实部，即

$$\text{DTFT}[x_e(n)] = \text{Re}[X(e^{j\omega})] \tag{2.5.21}$$

对称性质 4　序列的共轭反对称分量的傅里叶变换等于序列傅里叶变换的虚部与 j 的乘积，即

$$\text{DTFT}[x_o(n)] = j\text{Im}[X(e^{j\omega})] \tag{2.5.22}$$

对称性质 5　当 $x(n)$ 是实数序列时，其傅里叶变换 $X(e^{j\omega})$ 满足共轭对称性，即

$$X(e^{j\omega}) = X^*(e^{-j\omega}) \tag{2.5.23}$$

若将 $X(e^{j\omega})$ 表示成直角坐标形式，则由对称性质 5 得

$$X_R(e^{j\omega}) = X_R(e^{-j\omega}),\quad X_I(e^{j\omega}) = -X_I(e^{-j\omega}) \tag{2.5.24}$$

即 $X(e^{j\omega})$ 的实部为偶函数，虚部为奇函数。同样，若把 $X(e^{j\omega})$ 极坐标形式，则推出 $X(e^{j\omega})$

的幅度为偶函数，相位为奇函数。

7. 时域卷积定理

若
$$y(n)=x(n)*h(n)$$
则
$$Y(\mathrm{e}^{\mathrm{j}\omega})=X(\mathrm{e}^{\mathrm{j}\omega})H(\mathrm{e}^{\mathrm{j}\omega}) \tag{2.5.25}$$

证明 因为
$$y(n)=\sum_{m=-\infty}^{\infty}x(m)h(n-m)$$
所以
$$Y(\mathrm{e}^{\mathrm{j}\omega})=\mathrm{DTFT}[y(n)]=\sum_{n=-\infty}^{\infty}\sum_{m=-\infty}^{\infty}\left[x(m)h(n-m)\right]\mathrm{e}^{-\mathrm{j}\omega n}$$
令 $k=n-m$，则有
$$\begin{aligned}Y(\mathrm{e}^{\mathrm{j}\omega})&=\sum_{k=-\infty}^{\infty}\sum_{m=-\infty}^{\infty}\left[x(m)h(k)\right]\mathrm{e}^{-\mathrm{j}\omega k}\mathrm{e}^{-\mathrm{j}\omega m}\\&=\sum_{m=-\infty}^{\infty}x(m)\,\mathrm{e}^{-\mathrm{j}\omega m}\sum_{k=-\infty}^{\infty}h(k)\,\mathrm{e}^{-\mathrm{j}\omega k}\\&=X(\mathrm{e}^{\mathrm{j}\omega})H(\mathrm{e}^{\mathrm{j}\omega})\end{aligned}$$

该定理说明，两序列卷积的序列傅里叶变换服从乘积的关系。对于线性移不变系统，输出序列的傅里叶变换等于输入序列的傅里叶变换乘以单位抽样响应的傅里叶变换。因此，在求系统的输出信号时，可以在时域用卷积公式计算，也可以在频域按照式（2.5.23）求出输出的傅里叶变换，再做傅里叶反变换，从而求出输出信号。

8. 频域卷积定理

若
$$y(n)=x(n)h(n)$$
则
$$Y(\mathrm{e}^{\mathrm{j}\omega})=\frac{1}{2\pi}X(\mathrm{e}^{\mathrm{j}\omega})*H(\mathrm{e}^{\mathrm{j}\omega})=\frac{1}{2\pi}\int_{-\pi}^{\pi}X(\mathrm{e}^{\mathrm{j}(\omega-\theta)})H(\mathrm{e}^{\mathrm{j}\theta})\mathrm{d}\theta \tag{2.5.26}$$

证明
$$\begin{aligned}Y(\mathrm{e}^{\mathrm{j}\omega})&=\sum_{n=-\infty}^{\infty}x(n)h(n)\mathrm{e}^{-\mathrm{j}\omega n}\\&=\sum_{n=-\infty}^{\infty}x(n)\left[\frac{1}{2\pi}\int_{-\pi}^{\pi}H(\mathrm{e}^{\mathrm{j}\theta})\mathrm{e}^{\mathrm{j}\theta n}\mathrm{d}\theta\right]\mathrm{e}^{-\mathrm{j}\omega n}\end{aligned}$$
交换积分与求和的次序，得到
$$\begin{aligned}Y(\mathrm{e}^{\mathrm{j}\omega})&=\frac{1}{2\pi}\int_{-\pi}^{\pi}H(\mathrm{e}^{\mathrm{j}\theta})\left[\sum_{n=-\infty}^{\infty}x(n)\mathrm{e}^{-\mathrm{j}(\omega-\theta)n}\right]\mathrm{d}\theta\\&=\frac{1}{2\pi}\int_{-\pi}^{\pi}H(\mathrm{e}^{\mathrm{j}\theta})X(\mathrm{e}^{\mathrm{j}(\omega-\theta)})\mathrm{d}\theta\\&=\frac{1}{2\pi}X(\mathrm{e}^{\mathrm{j}\omega})*H(\mathrm{e}^{\mathrm{j}\omega})\end{aligned}$$
该定理表明，在时域相乘的两序列，对应到频域时周期卷积关系。

9. 帕塞瓦尔定理

若
$$X(\mathrm{e}^{\mathrm{j}\omega})=\mathrm{DTFT}[x(n)]$$
则有
$$\sum_{n=-\infty}^{\infty}\left|x(n)\right|^2=\frac{1}{2\pi}\int_{-\pi}^{\pi}\left|X(\mathrm{e}^{\mathrm{j}\omega})\right|^2\mathrm{d}\omega \tag{2.5.27}$$

证明 $$\sum_{n=-\infty}^{\infty}|x(n)|^2=\sum_{n=-\infty}^{\infty}x(n)x^*(n)$$
$$=\sum_{n=-\infty}^{\infty}x^*(n)\left[\frac{1}{2\pi}\int_{-\pi}^{\pi}X(\mathrm{e}^{\mathrm{j}\omega})\mathrm{e}^{\mathrm{j}\omega n}\mathrm{d}\omega\right]$$
$$=\frac{1}{2\pi}\int_{-\pi}^{\pi}X(\mathrm{e}^{\mathrm{j}\omega})\sum_{n=-\infty}^{\infty}x^*(n)\mathrm{e}^{\mathrm{j}\omega n}\mathrm{d}\omega$$
$$=\frac{1}{2\pi}\int_{-\pi}^{\pi}X(\mathrm{e}^{\mathrm{j}\omega})X^*(\mathrm{e}^{\mathrm{j}\omega})\mathrm{d}\omega=\frac{1}{2\pi}\int_{-\pi}^{\pi}\left|X(\mathrm{e}^{\mathrm{j}\omega})\right|^2\mathrm{d}\omega$$

帕塞瓦尔定理告诉我们，信号时域的总能量等于频域的总能量。要说明的是，这里频域总能量是指$|X(\mathrm{e}^{\mathrm{j}\omega})|^2$在一个周期内积分再乘以$1/(2\pi)$。

表 2.5.1 综合了序列傅里叶变换的性质，以方便查阅。

表 2.5.1　序列傅里叶变换的性质

序　号	序　列	傅里叶变换
1	$x(n)$	$X(\mathrm{e}^{\mathrm{j}\omega})$
2	$y(n)$	$Y(\mathrm{e}^{\mathrm{j}\omega})$
3	$ax(n)+by(n)$	$aX(\mathrm{e}^{\mathrm{j}\omega})+bY(\mathrm{e}^{\mathrm{j}\omega})$，$a$、$b$ 为常数
4	$x(n-n_0)$	$\mathrm{e}^{-\mathrm{j}\omega n_0}X(\mathrm{e}^{\mathrm{j}\omega})$
5	$x^*(n)$	$X^*(\mathrm{e}^{-\mathrm{j}\omega})$
6	$x(-n)$	$X(\mathrm{e}^{-\mathrm{j}\omega})$
7	$x(n)*y(n)$	$X(\mathrm{e}^{\mathrm{j}\omega})H(\mathrm{e}^{\mathrm{j}\omega})$
8	$x(n)\cdot y(n)$	$\frac{1}{2\pi}\int_{-\pi}^{\pi}X(\mathrm{e}^{\mathrm{j}\theta})Y(\mathrm{e}^{\mathrm{j}(\omega-\theta)})\mathrm{d}\theta$
9	$nx(n)$	$\mathrm{j}\left[\mathrm{d}X(\mathrm{e}^{\mathrm{j}\omega})/\mathrm{d}\omega\right]$
10	$\mathrm{Re}[x(n)]$	$X_e(\mathrm{e}^{\mathrm{j}\omega})$
11	$\mathrm{j\,Im}[x(n)]$	$X_o(\mathrm{e}^{\mathrm{j}\omega})$
12	$x_e(n)$	$\mathrm{Re}[X(\mathrm{e}^{\mathrm{j}\omega})]$
13	$x_o(n)$	$\mathrm{jIm}[X(\mathrm{e}^{\mathrm{j}\omega})]$
14	$\sum_{n=-\infty}^{\infty}\left|x(n)\right|^2$	$\frac{1}{2\pi}\int_{-\pi}^{\pi}\left|X(\mathrm{e}^{\mathrm{j}\omega})\right|^2\mathrm{d}\omega$

2.5.3　常用序列的傅里叶变换

1. 单位抽样序列

$$x(n)=\delta(n)$$
$$\mathrm{DTFT}[\delta(n)]=\sum_{n=-\infty}^{\infty}\delta(n)\mathrm{e}^{-\mathrm{j}\omega n}=1 \tag{2.5.28}$$

也可以利用序列傅里叶变换与 Z 变换的关系求得

$$X(\mathrm{e}^{\mathrm{j}\omega})=X(z)\Big|_{z=\mathrm{e}^{\mathrm{j}\omega}}=Z[\delta(n)]\Big|_{z=\mathrm{e}^{\mathrm{j}\omega}}=1$$

2. 指数序列

$$x(n)=a^n u(n),\ |a|<1$$

$$X(e^{j\omega})=\sum_{n=-\infty}^{\infty}a^n u(n)e^{-j\omega n}=\sum_{n=0}^{\infty}a^n e^{-j\omega n}=\sum_{n=0}^{\infty}(ae^{-j\omega})^n$$
$$=1+ae^{-j\omega}+(ae^{-j\omega})^2+\cdots+(ae^{-j\omega})^n+\cdots$$
$$=\frac{1}{1-ae^{-j\omega}}=\frac{e^{j\omega}}{e^{j\omega}-a}$$

所以有

$$X(e^{j\omega})=\frac{1}{1-ae^{-j\omega}}=\frac{e^{j\omega}}{e^{j\omega}-a} \tag{2.5.29}$$

也可以利用序列傅里叶变换与 Z 变换的关系求得

$$X(e^{j\omega})=X(z)\Big|_{z=e^{j\omega}}=\frac{a}{z-a}\Big|_{z=e^{j\omega}}=\frac{e^{j\omega}}{e^{j\omega}-a}$$

3. 矩形序列

$$x(n)=R_N(n)$$

$$X(e^{j\omega})=\mathrm{DTFT}[R_N(n)]=\sum_{n=-\infty}^{\infty}R_N(n)e^{-j\omega n}$$
$$=\sum_{n=0}^{N-1}e^{-j\omega n}=\frac{1-e^{-j\omega N}}{1-e^{-j\omega}}$$
$$=\frac{\left(e^{j\frac{\omega N}{2}}-e^{-j\frac{\omega N}{2}}\right)e^{-j\frac{\omega N}{2}}}{\left(e^{j\frac{\omega}{2}}-e^{-j\frac{\omega}{2}}\right)e^{-j\frac{\omega}{2}}}$$
$$=e^{-j\omega\left(\frac{N-1}{2}\right)}\frac{\sin\left(\frac{\omega N}{2}\right)}{\sin\left(\frac{\omega}{2}\right)}$$

所以有

$$X(e^{j\omega})=e^{-j\omega\left(\frac{N-1}{2}\right)}\frac{\sin\left(\frac{\omega N}{2}\right)}{\sin\left(\frac{\omega}{2}\right)} \tag{2.5.30}$$

4. 虚指数序列

$$x(n)=e^{j\omega_0 n}$$

严格意义上说，该序列不满足绝对可和，其傅里叶变换不存在。与连续时间信号类似，如果引入冲激函数，那么可以得到其广义傅里叶变换形式。

$$X(e^{j\omega})=\mathrm{DTFT}[e^{j\omega_0 n}]=\sum_{n=-\infty}^{\infty}e^{j\omega_0 n}e^{-j\omega n}=\sum_{n=-\infty}^{\infty}e^{j(\omega_0-\omega)n}$$

这是一个等比级数求和计算，等比系数为 $e^{j(\omega_0-\omega)}$。

（1）当 $\omega_0-\omega\neq 2r\pi$（$r$ 为整数）时：

$$X(\mathrm{e}^{\mathrm{j}\omega})=\sum_{n=-\infty}^{\infty}\mathrm{e}^{\mathrm{j}(\omega_0-\omega)n}$$
$$=\sum_{n=-\infty}^{0}\mathrm{e}^{\mathrm{j}(\omega_0-\omega)n}+\sum_{n=0}^{\infty}\mathrm{e}^{\mathrm{j}(\omega_0-\omega)n}-1$$
$$=\frac{1}{1-\mathrm{e}^{-\mathrm{j}(\omega_0-\omega)}}+\frac{1}{1-\mathrm{e}^{\mathrm{j}(\omega_0-\omega)}}-1$$
$$=\frac{-\mathrm{e}^{\mathrm{j}(\omega_0-\omega)}}{1-\mathrm{e}^{\mathrm{j}(\omega_0-\omega)}}+\frac{1}{1-\mathrm{e}^{\mathrm{j}(\omega_0-\omega)}}-1$$
$$=\frac{1-\mathrm{e}^{\mathrm{j}(\omega_0-\omega)}}{1-\mathrm{e}^{\mathrm{j}(\omega_0-\omega)}}-1$$
$$=0$$

（2）当 $\omega_0-\omega=2r\pi$（r 为整数）时：

$$X(\mathrm{e}^{\mathrm{j}\omega})=\sum_{n=-\infty}^{\infty}1=\infty$$

可见，$X(\mathrm{e}^{j\omega})$ 是一个间隔为 2π 的冲激序列，冲激出现在频率为 $\omega=\omega_0-2k\pi$ 上。另外，根据序列傅里叶变换的周期性，$X(\mathrm{e}^{\mathrm{j}\omega})$ 是以 2π 为周期的，因此每个冲激强度都是一样的，即

$$X(\mathrm{e}^{\mathrm{j}\omega})=\sum_{r=-\infty}^{\infty}A\delta(\omega-\omega_0-2\pi r)$$

将上式代入序列傅里叶反变换式中，有

$$x(n)=\frac{1}{2\pi}\int_{-\pi}^{\pi}X(\mathrm{e}^{\mathrm{j}\omega n})\mathrm{e}^{\mathrm{j}\omega n}\mathrm{d}\omega$$
$$=\frac{1}{2\pi}\int_{-\pi}^{\pi}\sum_{r=-\infty}^{\infty}A\delta(\omega-\omega_0-2\pi r)\,\mathrm{e}^{\mathrm{j}\omega n}\mathrm{d}\omega$$
$$=\frac{A}{2\pi}\mathrm{e}^{\mathrm{j}(\omega_0+2\pi r)n}=\frac{A}{2\pi}\mathrm{e}^{\mathrm{j}\omega_0 n}$$

所以 $A=2\pi$，即

$$X(\mathrm{e}^{\mathrm{j}\omega})=\sum_{r=-\infty}^{\infty}2\pi\delta(\omega-\omega_0-2\pi r)\tag{2.5.31}$$

虚指数的频谱特性如图 2.5.3 所示。

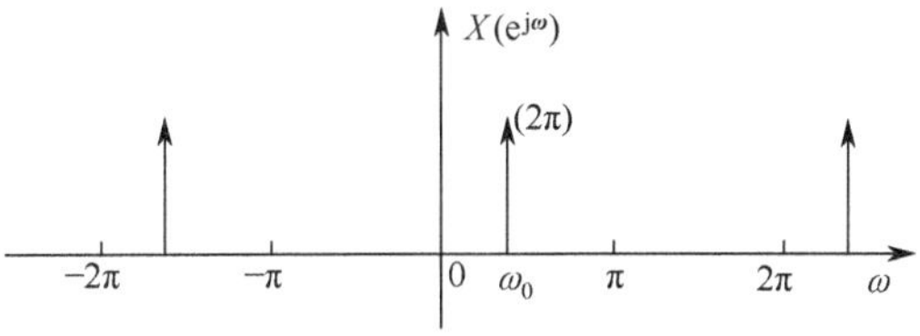

图 2.5.3　$\mathrm{e}^{\mathrm{j}\omega_0 n}$ 的傅里叶变换

5. 直流序列

$$x(n)=1$$

取式（2.5.31）中的 $\omega_0=0$，即可得到直流序列的傅里叶变换

$$X(\mathrm{e}^{\mathrm{j}\omega})=\sum_{r=-\infty}^{\infty}2\pi\delta(\omega-2\pi r) \tag{2.5.32}$$

6. 正弦序列

$$x(n)=\cos\omega_0 n=\frac{\mathrm{e}^{\mathrm{j}\omega_0 n}+\mathrm{e}^{-\mathrm{j}\omega_0 n}}{2}$$

根据序列傅里叶变换的线性性质，可得

$$X(\mathrm{e}^{\mathrm{j}\omega})=\mathrm{DTFT}(\cos\omega_0 n)=\pi\sum_{r=-\infty}^{\infty}[\delta(\omega-\omega_0-2\pi r)+\delta(\omega+\omega_0-2\pi r)] \tag{2.5.33}$$

式（2.5.33）表明，$\cos\omega_0 n$ 的傅里叶变换是在 $\omega=\pm\omega_0$ 处的单位冲激函数，强度为 π，且以 2π 为周期进行延拓，如图 2.5.4 所示。

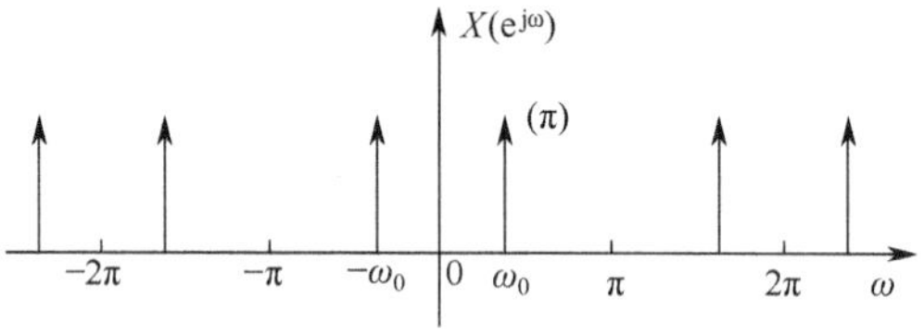

图 2.5.4 $\cos\omega_0 n$ 的傅里叶变换

同理，可得

$$\mathrm{DTFT}(\sin\omega_0 n)=-\mathrm{j}\pi\sum_{r=-\infty}^{\infty}[\delta(\omega-\omega_0-2\pi r)-\delta(\omega+\omega_0-2\pi r)] \tag{2.5.34}$$

表 2.5.2 常用序列的傅里叶变换

序 列	傅里叶变换
$\delta(n)$	1
$a^n u(n),\ \lvert a\rvert<1$	$\dfrac{\mathrm{e}^{\mathrm{j}\omega}}{\mathrm{e}^{\mathrm{j}\omega}-a}$
$-a^n u(-n-1),\ \lvert a\rvert>1$	$\dfrac{\mathrm{e}^{\mathrm{j}\omega}}{\mathrm{e}^{\mathrm{j}\omega}-a}$
$\lvert a\rvert^n,\ \lvert a\rvert<1$	$\dfrac{1-a^2}{1-2a\cos\omega+a^2}$
$R_N(n)$	$\mathrm{e}^{-\mathrm{j}\omega\frac{(N-1)}{2}}\dfrac{\sin\left(\frac{\omega N}{2}\right)}{\sin\left(\frac{\omega}{2}\right)}$
1	$2\pi\sum_{k=-\infty}^{\infty}\delta(\omega-2\pi r)$
$u(n)$	$\dfrac{\mathrm{e}^{\mathrm{j}\omega}}{\mathrm{e}^{\mathrm{j}\omega}-1}+\pi\sum_{k=-\infty}^{\infty}\delta(\omega-2\pi r)$
$\mathrm{e}^{\mathrm{j}\omega_0 n}$	$2\pi\sum_{l=-\infty}^{\infty}\delta(\omega-\omega_0-2\pi r)$
$\cos\omega_0 n$	$\pi\sum_{l=-\infty}^{\infty}[\delta(\omega-\omega_0-2\pi r)+\delta(\omega+\omega_0-2\pi r)]$

（续表）

序　列	傅里叶变换
$\sin\omega_0 n$	$-\mathrm{j}\pi\sum\limits_{l=-\infty}^{\infty}[\delta(\omega-\omega_0-2\pi r)-\delta(\omega+\omega_0-2\pi r)]$
$\cos(\omega_0 n)u(n)$	$\dfrac{\mathrm{e}^{\mathrm{j}2\omega}-\mathrm{e}^{\mathrm{j}\omega}\cos\omega_0}{\mathrm{e}^{\mathrm{j}2\omega}-2\mathrm{e}^{\mathrm{j}\omega}\cos\omega_0+1}+\dfrac{\pi}{2}\sum\limits_{r=-\infty}^{\infty}[\delta(\omega-\omega_0-2\pi r)+\delta(\omega+\omega_0-2\pi r)]$
$\sin(\omega_0 n)u(n)$	$\dfrac{\mathrm{e}^{\mathrm{j}\omega}\sin\omega_0}{\mathrm{e}^{\mathrm{j}2\omega}-2\mathrm{e}^{\mathrm{j}\omega}\cos\omega_0+1}+\dfrac{\pi}{2\mathrm{j}}\sum\limits_{r=-\infty}^{\infty}[\delta(\omega-\omega_0-2\pi r)-\delta(\omega+\omega_0-2\pi r)]$

2.6　离散时间系统的系统函数和频率响应

2.6.1　系统函数的定义

在 1.3.3 节中已经知道，若一个线性移不变离散时间系统的单位抽样响应为 $h(n)$，加在该系统上的输入序列为 $x(n)$，则其零状态响应 $y(n)$ 为

$$y(n)=x(n)*h(n)$$

对上式两边取 Z 变换，依据 Z 变换中的时域卷积定理，得

$$Y(z)=H(z)X(z)$$

则

$$H(z)=\frac{Y(z)}{X(z)} \tag{2.6.1}$$

我们把 $H(z)$ 称为离散线性移不变系统的系统函数，即系统函数 $H(z)$ 是系统输出序列 Z 变换 $Y(z)$ 与输入序列 Z 变换 $X(z)$ 之比。显然，$H(z)$ 是系统单位抽样响应 $h(n)$ 的 Z 变换，即

$$H(z)=Z[h(n)]=\sum_{n=-\infty}^{\infty}h(n)z^{-n} \tag{2.6.2}$$

若 $H(z)$ 在单位圆 $z=\mathrm{e}^{\mathrm{j}\omega}$ 上收敛，则在单位圆上的系统函数就是系统的频率响应，即

$$H(\mathrm{e}^{\mathrm{j}\omega})=H(z)\Big|_{z=\mathrm{e}^{\mathrm{j}\omega}} \tag{2.6.3}$$

2.6.2　系统函数与差分方程的关系

前已述及，描述线性移不变离散时间系统的差分方程的一般形式为

$$\sum_{k=0}^{N}a_k y(n-k)=\sum_{m=0}^{M}b_m x(n-m) \tag{2.6.4}$$

我们仅研究激励 $x(n)$ 为因果序列且系统处于零状态时的情况，对式（2.6.4）两边直接取单边 Z 变换，可得

$$Y(z)\sum_{k=0}^{N}a_k z^{-k}=X(z)\sum_{m=0}^{M}b_m z^{-m} \tag{2.6.5}$$

依据定义，我们知道系统函数 $H(z)$ 是系统输出序列 Z 变换 $Y(z)$ 与输入序列 Z 变换 $X(z)$ 之比，所以

$$H(z)=\frac{Y(z)}{X(z)}=\frac{\sum_{m=0}^{M}b_m z^{-m}}{\sum_{k=0}^{N}a_k z^{-k}} \tag{2.6.6}$$

由式（2.6.6）可以看出，系统函数分子、分母多项式的系数正是差分方程式（2.6.4）左右两边的系数，$H(z)$仅由系统参数决定。所以，系统函数与差分方程有直接的关系，知道其中一个，就可以直接求得另一个。另外，往往也将式（2.6.6）表示因式分解的形式，即

$$H(z)=K\frac{\prod_{m=1}^{M}(1-z_m z^{-1})}{\prod_{k=1}^{N}(1-p_k z^{-1})} \tag{2.6.7}$$

式中，$z=z_m$ 是 $H(z)$ 的零点，$z=p_k$ 是 $H(z)$ 的极点，它们分别由差分方程的系数 b_m 和 a_k 决定。因此，除比例常数 K 以外，整个系统函数完全由其全部零、极点来确定。

但是式（2.6.6）和式（2.6.7）并没有给定 $H(z)$ 的收敛域，因而可代表不同的系统。也就是说，同一系统函数，收敛域不同，所代表的系统就不同，所以必须同时给定系统的收敛域才行。

2.6.3 系统的频率响应

在连续时间系统中，系统的频率响应特性反映了系统在正弦函数激励下的稳态响应随频率变化的情况。同样，在离散时间系统中，也有必要研究系统在正弦序列或复指数序列激励下的稳态响应随频率变化的关系，即离散时间系统的频率响应特性及其意义。

若输入序列是频率为 ω 的复指数序列，即

$$x(n)=\mathrm{e}^{\mathrm{j}\omega n},-\infty<n<\infty \tag{2.6.8}$$

则依据卷积和可得单位抽样响应为 $h(n)$ 的系统的输出为

$$y(n)=x(n)*h(n)=\sum_{m=-\infty}^{\infty}h(m)\mathrm{e}^{\mathrm{j}\omega(n-m)}=\mathrm{e}^{\mathrm{j}\omega n}\sum_{m=-\infty}^{\infty}h(m)\mathrm{e}^{-\mathrm{j}\omega m} \tag{2.6.9}$$

若定义

$$H(\mathrm{e}^{\mathrm{j}\omega})=\sum_{m=-\infty}^{\infty}h(m)\mathrm{e}^{-\mathrm{j}\omega m} \tag{2.6.10}$$

则式（2.6.9）可表示成

$$y(n)=\mathrm{e}^{\mathrm{j}\omega n}H(\mathrm{e}^{\mathrm{j}\omega}) \tag{2.6.11}$$

由此可见，输出 $y(n)$ 也是与输入 $x(n)$ 同频率的复指数序列，但幅度和相位受到 $H(\mathrm{e}^{\mathrm{j}\omega})$ 的调制。因此，称 $\mathrm{e}^{\mathrm{j}\omega n}$ 为系统的特征函数，而 $H(\mathrm{e}^{\mathrm{j}\omega})$ 既称为系统的频率响应或传输函数，又称为系统的特征值。显然，$H(\mathrm{e}^{\mathrm{j}\omega})$ 是系统抽样响应 $h(n)$ 的傅里叶变换，它描述了复指数序列通过线性移不变系统后，复振幅的变化。

若 $H(z)$ 的收敛域包括单位圆，则在单位圆 $z=\mathrm{e}^{\mathrm{j}\omega}$ 上的 z 变换就是 $H(\mathrm{e}^{\mathrm{j}\omega})$，即

$$H(\mathrm{e}^{\mathrm{j}\omega})=H(z)\big|_{z=\mathrm{e}^{\mathrm{j}\omega}} \tag{2.6.12}$$

若将 $z=\mathrm{e}^{\mathrm{j}\omega}$ 代入式（2.6.6）中，得到 $H(\mathrm{e}^{\mathrm{j}\omega})$ 与差分方程的关系为

$$H(e^{j\omega})=\frac{\sum_{m=0}^{M}b_m e^{-j\omega m}}{\sum_{k=0}^{N}a_k e^{-j\omega k}}$$

与 $H(z)$ 一样，$H(e^{j\omega})$ 也是仅由系统参数决定的。

另外，对 $y(n)=x(n)*h(n)$ 两端取傅里叶变换，就可得到任意输入序列 $x(n)$ 的傅里叶 $X(e^{j\omega})$ 与输出序列 $y(n)$ 的傅里叶 $Y(e^{j\omega})$ 之间的关系，即

$$Y(e^{j\omega})=X(e^{j\omega})H(e^{j\omega})$$

其中

$$H(e^{j\omega})=\text{DTFT}[h(n)]$$

$H(e^{j\omega})$ 是频率 ω 的连续、周期复函数，周期为 2π 。一般将 $H(e^{j\omega})$ 表示成直角坐标的形式

$$H(e^{j\omega})=H_R(e^{j\omega})+jH_I(e^{j\omega})$$

或极坐标形式

$$H(e^{j\omega})=\left|H(e^{j\omega})\right|e^{j\arg[H(e^{j\omega})]}$$

式中

$$\left|H(e^{j\omega})\right|=\sqrt{H_R{}^2(e^{j\omega})+H_I{}^2(e^{j\omega})} \tag{2.6.13}$$

$$\varphi(\omega)=\arg H(e^{j\omega})=\arctan[H_I(e^{j\omega})/H_R(e^{j\omega})] \tag{2.6.14}$$

分别称为系统的幅频响应（幅度响应）和相频响应（相位响应）。$H_R(e^{j\omega})$ 、$H_I(e^{j\omega})$ 分别为 $H(e^{j\omega})$ 的实部和虚部。

有时也用群延迟 $\tau(\omega)$ 表示系统的相位，即

$$\tau(\omega)=-\frac{d}{d\omega}\{\arg[H(e^{j\omega})]\} \tag{2.6.15}$$

接下来，考虑对于频率响应为 $H(e^{j\omega})$ 的系统，输入为正弦序列 $x(n)=A\cos(\omega_0 n+\phi)$ 时，系统的输出序列为 $y(n)$ 。

依据欧拉公式可将 $x(n)$ 表示成两个复指数序列之和，即

$$x(n)=A\cos(\omega_0 n+\varphi)=\frac{A}{2}e^{j\varphi}e^{j\omega_0 n}+\frac{A}{2}e^{-j\varphi}e^{-j\omega_0 n}$$

由式（2.6.11）得 $\frac{A}{2}e^{j\varphi}e^{j\omega_0 n}$ 的响应为

$$y_1(n)=H(e^{j\omega_0})\frac{A}{2}e^{j\varphi}e^{j\omega_0 n}$$

而 $\frac{A}{2}e^{-j\varphi}e^{-j\omega_0 n}$ 的响应为

$$y_2(n)=H(e^{-j\omega_0})\frac{A}{2}e^{-j\varphi}e^{-j\omega_0 n}$$

则依据线性性质得

$$y(n)=y_1(n)+y_2(n)=\frac{A}{2}[H(e^{j\omega_0})e^{j\varphi}e^{j\omega_0 n}+H(e^{-j\omega_0})e^{-j\varphi}e^{-j\omega_0 n}]$$

若 $h(n)$ 为实数序列，则其傅里叶变换满足共轭对称 $H(e^{j\omega})=H^*(e^{-j\omega})$ ，即

$$\left|H(\mathrm{e}^{\mathrm{j}\omega})\right| = \left|H(\mathrm{e}^{-\mathrm{j}\omega})\right|$$
$$\arg[H(\mathrm{e}^{\mathrm{j}\omega})] = -\arg[H(\mathrm{e}^{-\mathrm{j}\omega})]$$

所以

$$\begin{aligned} y(n) &= \frac{A}{2}\left[\left|H(\mathrm{e}^{\mathrm{j}\omega_0})\right|\mathrm{e}^{\mathrm{j}\arg[H(\mathrm{e}^{\mathrm{j}\omega})]}\mathrm{e}^{\mathrm{j}\varphi}\mathrm{e}^{\mathrm{j}\omega_0 n} + \left|H(\mathrm{e}^{-\mathrm{j}\omega_0})\right|\mathrm{e}^{\mathrm{j}\arg[H(\mathrm{e}^{-\mathrm{j}\omega})]}\mathrm{e}^{-\mathrm{j}\varphi}\mathrm{e}^{-\mathrm{j}\omega_0 n}\right] \\ &= \frac{A}{2}\left[\left|H(\mathrm{e}^{\mathrm{j}\omega_0})\right|\mathrm{e}^{\mathrm{j}\{\arg[H(\mathrm{e}^{\mathrm{j}\omega})]+\varphi+\omega_0 n\}} + \left|H(\mathrm{e}^{-\mathrm{j}\omega_0})\right|\mathrm{e}^{-\mathrm{j}\{\arg[H(\mathrm{e}^{\mathrm{j}\omega})]+\varphi+\omega_0 n\}}\right] \\ &= A\left|H(\mathrm{e}^{\mathrm{j}\omega_0})\right|\cos\{\omega_0 n + \varphi + \arg[H(\mathrm{e}^{\mathrm{j}\omega})]\} \end{aligned}$$

可见，当输入为正弦序列时，输出也为同频率的正弦序列，但其幅度受频率响应幅度 $\left|H(\mathrm{e}^{\mathrm{j}\omega})\right|$ 的加权，而输出相位则为输入相位与系统频率响应相位之和。

例 2.6.1 设一阶系统的差分方程为 $y(n) = by(n-1) + x(n)$，$|b| < 1$，b 为实数，求系统函数及系统的频率响应。

解 对差分方程两边取 Z 变换，得

$$Y(z) = bz^{-1}Y(z) + X(z)$$
$$Y(z)(1-b) = X(z)$$

则系统函数为

$$H(z) = \frac{Y(z)}{X(z)} = \frac{1}{1-bz^{-1}}$$

这里假设系统函数 $H(z)$ 的收敛域包含单位圆，则频率响应为

$$H(\mathrm{e}^{\mathrm{j}\omega}) = H(z)\big|_{z=\mathrm{e}^{\mathrm{j}\omega}} = \frac{1}{1-b\mathrm{e}^{-\mathrm{j}\omega}} = \frac{1}{1-b\cos\omega + \mathrm{j}b\sin\omega}$$

幅频响应为

$$\left|H(\mathrm{e}^{\mathrm{j}\omega})\right| = (1 + b^2 - 2b\cos\omega)^{-\frac{1}{2}}$$

相频响应为

$$\arg[H(\mathrm{e}^{\mathrm{j}\omega})] = -\arctan\left(\frac{b\sin\omega}{1-b\cos\omega}\right)$$

依据系统函数 $H(z)$，可以通过 MATLAB 函数 zplane(B,A)绘制系统的零、极点，其中 B、A 分别为对应系统函数 $H(z)$ 分子多项式系数和分母多项式系数的行向量。而系统的频率响应可以通过函数 freqZ(B,A,N,'whole')来完成，计算出 N 个频率点上的频率响应，这 N 个频率点均匀的分布在[0,2π]上，默认时，N=512，B、A 含义同上。

用 MATLAB 来求解例 2.6.1 的程序如下：

```
B=[1,0];A=[1,-0.9];                          %系统函数分母、分子多项式系数
subplot(2,1,1);Zplane(B,A);                  %绘制系统零、极点
[H,w]=freqZ(B,A,'whole');                    %求系统的频率响应
subplot(2,2,3);plot(w/pi,abs(H));
xlabel('\omega/\pi');ylabel('|H(e^j^\omega)|');
subplot(2,2,4);plot(w/pi,angle(H));
xlabel('\omega/\pi');ylabel('\phi(\omega)');
```

结果如图 2.6.1 所示。

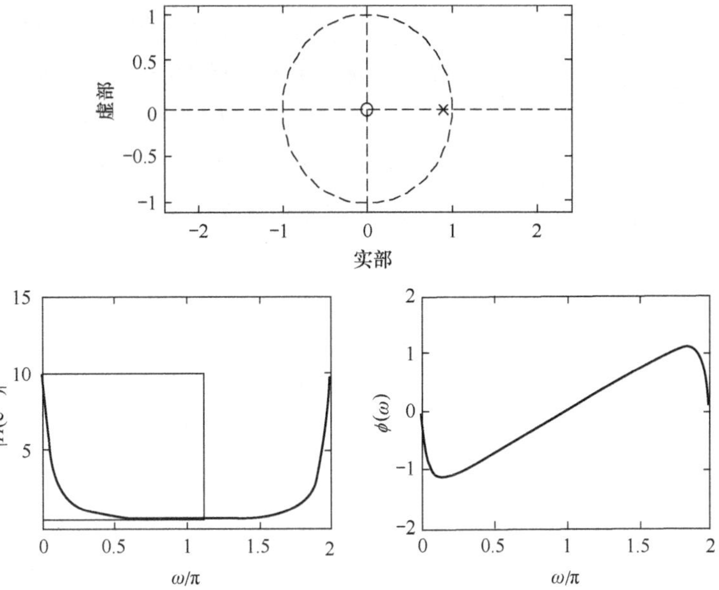

图 2.6.1　系统函数的零、极点图及频响特性曲线

2.6.4　利用 $H(z)$ 的零、极点分析系统

前文已提到，系统函数 $H(z)$ 完全由系统参数决定，所以我们可以依据 $H(z)$ 零、极点分布来分析离散时间系统。零、极点分析是系统分析中很重要的内容之一。因而，常在 z 平面上以零、极点图的形式描述系统函数，而且通常都画出单位圆判断系统的稳定性。下面据此来讨论分析系统的一些问题。

1. 系统的稳定性和因果性判定

首先讨论系统稳定性的判据。在时域分析中我们已经知道，线性移不变系统稳定的充要条件是单位抽样响应绝对可和，即

$$\sum_{n=-\infty}^{\infty}|h(n)|<\infty$$

而 $H(z)$ 的收敛域是由满足 $\sum_{n=-\infty}^{\infty}\left|h(n)z^{-n}\right|<\infty$ 的那些 z 值确定的。显然，若 $H(z)$ 的收敛域包含单位圆 $|z|=1$，则由 $\sum_{n=-\infty}^{\infty}\left|h(n)z^{-n}\right|<\infty$ 可推出 $\sum_{n=-\infty}^{\infty}|h(n)|<\infty$，即系统稳定，反之亦然。所以系统稳定的充要条件是 $H(z)$ 的收敛域包含单位圆，此时，$H(e^{j\omega})$ 存在。

接下来我们分析系统因果性的判据。若系统是因果的，则其单位抽样响应也为因果序列。前已述及，因果序列的收敛域为 $R_{-}<|z|\leqslant\infty$。

综合上述分析过程可以看出，一个系统是因果稳定系统的充要条件是系统函数 $H(z)$ 的收敛域包含

$$1<|z|\leqslant\infty$$

即系统函数的极点全部位于单位圆内。

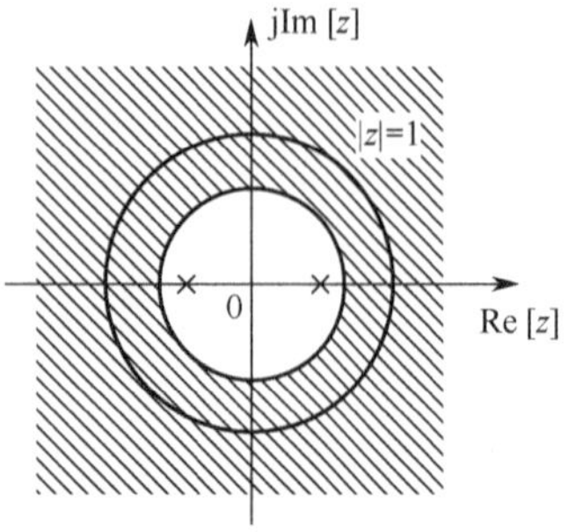

图 2.6.2 因果稳定系统函数收敛域

因此，往往在 z 平面上以零、极点图（表示零、极点分布的图形）描述系统函数 $H(z)$，而且常画出单位圆，以指示系统的极点是位于单位圆内，还是单位圆外。图 2.6.2 为一个因果稳定系统的系统函数的收敛域图示，阴影表示收敛域（包括单位圆），“×”表示极点位置。

例 2.6.2 已知 $H(z)=\dfrac{1-a^2}{(1-az^{-1})(1-az)}$，$0<|a|<1$，分析其因果性和稳定性。

解 $H(z)$ 的极点为 $z=a$，$z=a^{-1}$，其零、极点分布如图 2.6.3 所示。

（1）当收敛域为 $a^{-1}<|z|\leqslant\infty$ 时，对应的系统是因果系统，但由于收敛域不包含单位圆，因此，是不稳定系统，可求得单位抽样响应 $h(n)=(a^n-a^{-n})u(n)$，这是一个因果序列。

（2）当收敛域为 $0\leqslant|z|<a$ 时，对应的系统是非因果系统，同时由于收敛域不包含单位圆，因此，系统不稳定，可求得单位抽样响应为 $h(n)=(a^{-n}-a^n)u(-n-1)$，这是一个非因果序列。

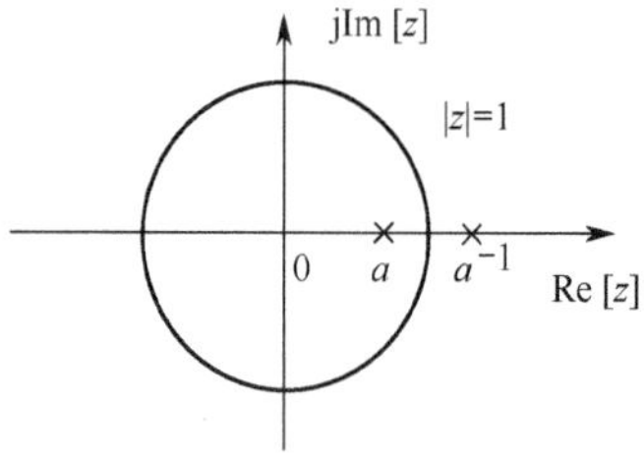

图 2.6.3 零、极点分布图

（3）当收敛域为 $a<|z|<a^{-1}$ 时，对应的系统是非因果系统，但由于收敛域包含单位圆，因此，是稳定系统，可求得单位抽样响应 $h(n)=a^{|n|}$，这是一个双边序列。

2. 由零、极点图分析系统的频率响应

由系统函数 $H(z)$ 的零、极点图可以直观的分析系统的频率响应，并大致画出幅频响应与相频响应曲线，而且通过零、极点分析可以得出滤波器设计的一般原则。

式（2.6.7）已经给出，$H(z)$ 可以写成零、极点的形式，即

$$H(z)=K\frac{\prod\limits_{m=1}^{M}(1-z_m z^{-1})}{\prod\limits_{k=1}^{N}(1-p_k z^{-1})}=Kz^{(N-M)}\frac{\prod\limits_{m=1}^{M}(z-z_m)}{\prod\limits_{k=1}^{N}(z-p_k)}$$

将 $z=\mathrm{e}^{\mathrm{j}\omega}$ 代入上式，得到系统的频率响应为

$$H(\mathrm{e}^{\mathrm{j}\omega})=K\mathrm{e}^{\mathrm{j}\omega(N-M)}\frac{\prod\limits_{m=1}^{M}(\mathrm{e}^{\mathrm{j}\omega}-z_m)}{\prod\limits_{k=1}^{N}(\mathrm{e}^{\mathrm{j}\omega}-p_k)} \tag{2.6.16}$$

对于因果系统，式（2.6.16）中一般有 $N\geqslant M$。某线性移不变系统的零、极点分布如图 2.6.4 所示。

图 2.6.4 中“O”表示零点，“×”表示极点。式（2.6.16）中 $\mathrm{e}^{\mathrm{j}\omega}$ 为图中单位圆上的一点 b，也可以表示成从原点到 $\mathrm{e}^{\mathrm{j}\omega}$ 的向量 $\overrightarrow{Ob}$。零点 z_m、极点 p_k 也可以分别表示成从原点到该零、

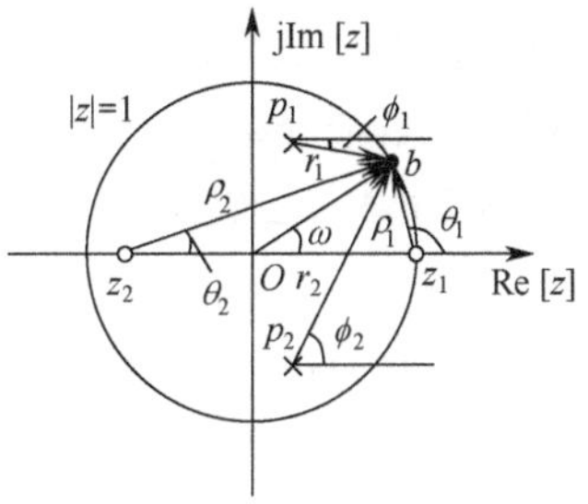

图 2.6.4　系统零、极点图

极点的向量，则式（2.6.16）中的 $\mathrm{e}^{\mathrm{j}\omega}-z_m$ 表示由零点 z_m 指向 $\mathrm{e}^{\mathrm{j}\omega}$ 的向量，$\mathrm{e}^{\mathrm{j}\omega}-p_k$ 表示由极点 p_k 指向 $\mathrm{e}^{\mathrm{j}\omega}$ 的向量。由图 2.6.4 可见：

$$\mathrm{e}^{\mathrm{j}\omega}-z_1=\overrightarrow{z_1b}=\rho_1\mathrm{e}^{\mathrm{j}\theta_1}，\quad \mathrm{e}^{\mathrm{j}\omega}-z_2=\overrightarrow{z_2b}=\rho_2\mathrm{e}^{\mathrm{j}\theta_2}$$

$$\mathrm{e}^{\mathrm{j}\omega}-p_1=\overrightarrow{p_1b}=r_1\mathrm{e}^{\mathrm{j}\varphi_1}，\quad \mathrm{e}^{\mathrm{j}\omega}-p_2=\overrightarrow{p_2b}=r_2\mathrm{e}^{\mathrm{j}\varphi_2}$$

式中，ρ_1、ρ_2、r_1、r_2 为向量的模，θ_1、θ_2、φ_1、φ_2 为向量的相角（向量与实轴正向夹角，逆时针为正，顺时针为负）。则系统的频率响应式（2.6.16）可表示为

$$H(\mathrm{e}^{\mathrm{j}\omega})=K\mathrm{e}^{\mathrm{j}\omega(N-M)}\frac{\prod_{m=1}^{M}\overrightarrow{z_mb}}{\prod_{k=1}^{N}\overrightarrow{p_kb}}$$

则 $H(\mathrm{e}^{\mathrm{j}\omega})$ 的幅频响应为

$$\left|H(\mathrm{e}^{\mathrm{j}\omega})\right|=|K|\frac{\prod_{m=1}^{M}\left|\overrightarrow{z_mb}\right|}{\prod_{k=1}^{N}\left|\overrightarrow{p_kb}\right|}=|K|\frac{\prod_{m=1}^{M}\rho_m}{\prod_{k=1}^{N}r_k} \tag{2.6.17}$$

即 $H(\mathrm{e}^{\mathrm{j}\omega})$ 的幅频响应为各零点到 $\mathrm{e}^{\mathrm{j}\omega}$ 的向量模的乘积除以各极点到 $\mathrm{e}^{\mathrm{j}\omega}$ 的向量模的乘积，再乘以系数 $|K|$。

而 $H(\mathrm{e}^{\mathrm{j}\omega})$ 的相频响应为

$$\varphi(\omega)=\arg H(\mathrm{e}^{\mathrm{j}\omega})=\sum_{m=1}^{M}\theta_m-\sum_{k=1}^{N}\phi_k+\omega(N-M) \tag{2.6.18}$$

即 $H(\mathrm{e}^{\mathrm{j}\omega})$ 的相频响应为各零点到 $\mathrm{e}^{\mathrm{j}\omega}$ 的向量的相角和与各极点到 $\mathrm{e}^{\mathrm{j}\omega}$ 的向量的相角和之差，再加上 $\omega(N-M)$。

以上就是对系统频率响应的解释，分析过程中的系数 $z^{N-M}=\mathrm{e}^{\mathrm{j}\omega(N-M)}$ 表面：当 $N>M$ 时，$H(z)$ 在 $z=0$ 处有 $N-M$ 阶零点；当 $N<M$ 时，$H(z)$ 在 $z=0$ 处有 $N-M$ 阶极点；当 $N=M$ 时，$H(z)$ 在 $z=0$ 处无零点和极点。由这种零点或极点指向 $\mathrm{e}^{\mathrm{j}\omega}$ 的向量的模为 1，对 $H(\mathrm{e}^{\mathrm{j}\omega})$ 的幅频响应无影响，而仅对相频响应产生 $\omega(N-M)$ 的线性相移。

因此，由式（2.6.17）、式（2.6.18）可以确定系统的频率响应。分析图 2.6.4 可知，当 ω 从 0 变化到 2π 时，$\overrightarrow{Ob}$ 从正实轴开始逆时针旋转一周，同时各零、极点向量的终点 b 沿单位圆旋转一周，依据这两式可大致绘制出 $\left|H(\mathrm{e}^{\mathrm{j}\omega})\right|$、$\varphi(\omega)$ 随 ω 变化的曲线，也就得到了系统的频率响应曲线。从式（2.6.17）看出，$\mathrm{e}^{\mathrm{j}\omega}$ 距离零点越近，$\left|H(\mathrm{e}^{\mathrm{j}\omega})\right|$ 值越小，而 $\mathrm{e}^{\mathrm{j}\omega}$ 距离极点越近，$\left|H(\mathrm{e}^{\mathrm{j}\omega})\right|$ 值越大，所以靠近单位圆的零点对 $\left|H(\mathrm{e}^{\mathrm{j}\omega})\right|$ 的波谷有明显影响，而靠近单位圆的极点则对 $\left|H(\mathrm{e}^{\mathrm{j}\omega})\right|$ 的波峰有明显影响。零点可以位于单位圆外，而不影响系统的稳定性；而极点位于单位圆外时，系统不稳定。这样可以通过控制零、极点的分布来改变系统

的频率特性，从而设计出符合要求的滤波器。关于滤波器设计的相关内容，我们将在第 6 章和第 7 章中介绍。

例 2.6.3 已知描述某线性移不变系统的一阶差分方程为

$$y(n)=x(n)-2x(n-1)$$

试定性绘制出该系统的频率响应特性曲线。

解 对已知差分方程两端取 Z 变换得到系统函数为

$$H(z)=1-2z^{-1}=\frac{z-2}{z}$$

可见，该系统有一个零点 $z=2$、一个极点 $z=0$，如图 2.6.5 所示。图中，ρ_1、r_1 为向量的模，θ_1、ϕ_1 为向量的相角。由图可知 $r_1=1$、$\phi_1=\omega$，所以

$$\mathrm{e}^{\mathrm{j}\omega}-2=\rho_1\mathrm{e}^{\mathrm{j}\theta_1}$$

$$\mathrm{e}^{\mathrm{j}\omega}-0=r_1\mathrm{e}^{\mathrm{j}\varphi_1}=\mathrm{e}^{\mathrm{j}\varphi_1}$$

则由式（2.6.17）、式（2.6.18）分别得

$$\left|H(\mathrm{e}^{\mathrm{j}\omega})\right|=\rho_1$$

$$\varphi(\omega)=\theta_1-\phi_1=\theta_1-\omega$$

这样，当 ω 从 0 变化到 2π 时，我们就可以大致画出 $H(\mathrm{e}^{\mathrm{j}\omega})$ 的幅频响应和相频响应曲线。

幅频响应曲线如图 2.6.6（a）所示，结合图 2.6.5 对其进行说明：

当 $\omega=0$ 时，$\left|H(\mathrm{e}^{\mathrm{j}\omega})\right|=\rho_1=1$；当 $\omega=0\to\pi$ 时，$\left|H(\mathrm{e}^{\mathrm{j}\omega})\right|$ 逐渐增大；当 $\omega=\pi$ 时，$\left|H(\mathrm{e}^{\mathrm{j}\omega})\right|=\rho_1=3$，此时 $\left|H(\mathrm{e}^{\mathrm{j}\omega})\right|$ 达到最大值；当 $\omega=\pi\to2\pi$ 时，$\left|H(\mathrm{e}^{\mathrm{j}\omega})\right|$ 逐渐减小到 1。

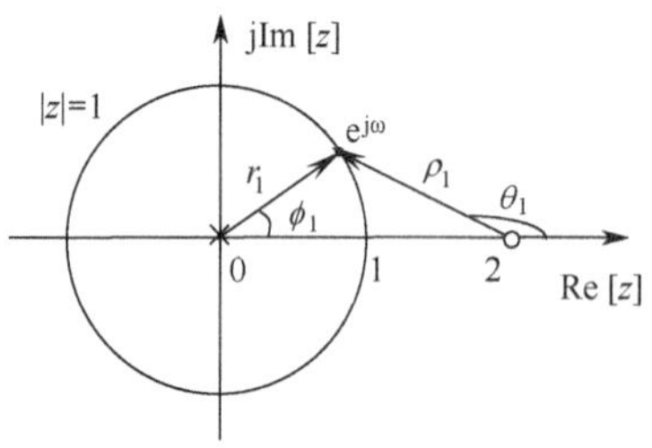

图 2.6.5 例 2.6.3 零、极点图

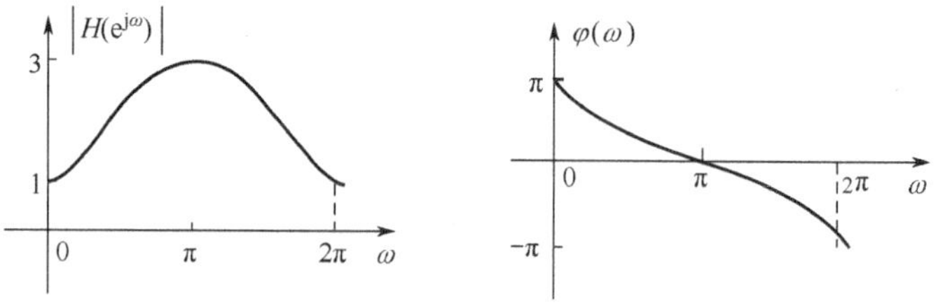

(a) 幅频响应曲线 (b) 相频响应曲线

图 2.6.6 例 2.6.3 系统频率响应曲线

相频响应曲线如图 2.6.6（b）所示，同样结合图 2.6.5 对其进行说明：

当 $\omega=0$ 时，$\varphi(\omega)=\theta_1-\omega=\pi$；当 $\omega=0\to\pi$ 时，$\varphi(\omega)$ 逐渐减小；当 $\omega=\pi$ 时，$\varphi(\omega)=\theta_1-\omega=0$；当 $\omega=\pi\to2\pi$ 时，$\varphi(\omega)$ 逐渐减小到 $-\pi$。

由此可见，运用系统函数零、极点图对系统的频率响应进行分析，可以使我们直观、清楚地看出，零、极点对系统性能的影响，这对系统的分析与设计是很重要的。

2.6.5 无限长单位抽样响应系统与有限长单位抽样响应系统

按系统单位抽样响应 $h(n)$（也称为单位脉冲响应）的特性来分，线性移不变系统可以分为无限长单位抽样响应系统（简称 IIR 系统）与有限长单位抽样响应系统（简称 FIR 系统）。

IIR 系统的单位抽样响应 $h(n)$ 延伸到无限长，而 FIR 系统的 $h(n)$ 是一个有限长序列。

按照 1.3.3 节的描述，线性移不变系统中输入和输出的关系为线性卷积和关系，即

$$y(n)=x(n)*h(n)=\sum_{m=-\infty}^{\infty}x(n-m)h(m)$$

如果研究的是一个因果 FIR 系统，那么有

$$h(n)=0 \qquad n<0 \text{ 和 } n>M$$

这样，系统的卷积公式就简化为

$$y(n)=\sum_{m=0}^{M}x(n-m)h(m)$$

我们看到，在任意时刻 n 的输出仅仅是输入信号样本 $x(n),x(n-1),\cdots,x(n-M)$ 的线性组合，这有助于我们理解这个表达式。换言之，系统仅仅通过抽样响应 $h(m)$ 对最近的 $M+1$ 个信号样本进行了加权，$m=0,1,\cdots,M$，并将 $M+1$ 个乘积相加。实际上，系统正如窗口一样，只能看到最近 $M+1$ 个输入信号样本，以产生输出。系统忽略或者“忘记”了所有先前的样本，即 $x(n-M-1)$,……因此，我们说 FIR 系统具有长为 $M+1$ 个样本的有限存储空间。

相反，IIR 线性移不变系统具有无限长抽样响应，基于卷积公式，它的输出为

$$y(n)=\sum_{m=0}^{\infty}h(m)x(n-m)$$

这里假设系统是因果的，但该假设不是必需的。现在，系统的输出是输入信号样本 $x(n),x(n-1),x(n-2)$……通过单位抽样响应 $h(m)$ 的加权线性组合。因为这个加权和包括当前和所有过去的输入样本，所以我们说系统具有无限存储。

对于无限存储的 IIR 系统，其差分方程又可以描述成递归结构，即

$$y(n)=\sum_{m=0}^{\infty}h(m)x(n-m)\Leftrightarrow$$

$$y(n)+a_1y(n-1)+a_2y(n-2)+\cdots+a_Ny(n-N)=b_0x(n)+b_1x(n-1)+\cdots+b_Mx(n-M)$$

类似地，有限存储的 FIR 系统，其差分方程可以描述成非递归结构，即

$$\begin{aligned}y(n)&=\sum_{m=0}^{M-1}x(n-m)h(m)\\&=h(0)x(n)+h(1)x(n-1)+\cdots+h(M-1)x(n-M+1)\end{aligned}$$

总的来说，一个因果的、实际可实现的递归系统的输出通常可以表示为

$$y(n)=F\left[y(n-1),y(n-2),\cdots,y(n-N),x(n),x(n-1),\cdots,x(n-M)\right] \tag{2.6.19}$$

式中，$F[\cdot]$ 为自变量的某些函数，这是一个递归方程，用来确定以先前输出值及当前和过去输入的形式计算系统输出的步骤。

相反，如果 $y(n)$ 仅仅依赖当前和过去的输入，那么

$$y(n)=F\left[x(n),x(n-1),\cdots,x(n-M)\right] \tag{2.6.20}$$

这样的系统称为非递归系统。

非递归系统和递归系统之间的基本差异如图 2.6.7 所示。简单观察该图就会发现，这两

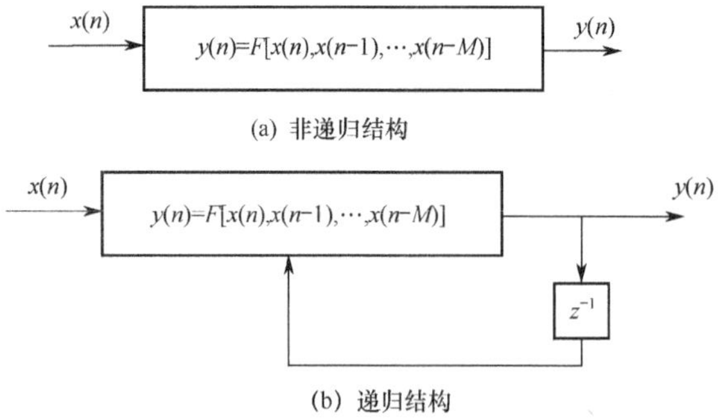

图 2.6.7 非递归和递归系统之间的基本差异

个系统之间的基本差异就在于递归系统中的反馈回路，它将系统的输出反馈到输入，这个反馈回路包含一个延迟元件。该延迟的存在对于系统的实现是至关重要的，这是因为缺少这个延迟将会使系统以 $y(n)$ 的形式计算 $y(n)$，对于离散时间系统，这是不可能的。

将系统的单位抽样响应做 Z 变换或者差分方程两边同时做 Z 变换，可以得到系统函数。此时，IIR 系统和 FIR 系统的系统函数 $H(z)$ 的形式有所不同，依据式（2.6.6），$H(z)$ 的一般表达式为

$$H(z)=\frac{\sum_{m=0}^{M}b_m z^{-m}}{1+\sum_{k=1}^{N}a_k z^{-k}}$$

式中，已设 $a_0=1$，若 $a_0\neq 1$，则可以用 a_0 去除分子、分母的各项来实现。对于 FIR 系统，由于 $h(n)$ 为有限长序列，则 $h(n)$ 的 Z 变换 $H(z)$ 的收敛域为整个有限 z 平面（见表 2.1.1），我们知道在整个收敛域内不能有极点存在，这就等效于上式 $H(z)$ 分母多项式的系数 a_k 全部为零，即

$$H(z)=\sum_{m=0}^{M}b_m z^{-m}=\sum_{m=0}^{M}h(m)z^{-m}$$

这就是 FIR 系统系统函数的一般形式，此时 $h(m)=b_m$，该系统是一个 M 阶系统，滤波器长度为 $M+1$。$H(z)$ 只要在有限 z 平面上有一个极点，也就是 a_k 不全为零，系统就是 IIR 系统。

IIR 系统和 FIR 系统的差异如表 2.6.1 所示，在结构和设计方法上也都不相同，构成了数字滤波器的两大类。关于滤波器设计的内容在第 6 章和第 7 章中介绍。

表 2.6.1 IIR 滤波器与 FIR 滤波器的区别

滤波器类型	IIR 滤波器	FIR 滤波器
单位抽样响应 $h(n)$	无限长	有限长
系统函数 $H(Z)$的极点	在有限 z 平面（$0<\|z\|<\infty$）上有极点存在	极点皆位于 $z=0$ 处
滤波器结构	存在输出到输入的反馈，也就是结构上是递归的	不存在输出到输入的反馈，即非递归的

习　题

2.1 求下列序列的 Z 变换，绘出零、极点分布图，并标明收敛域。

（1）$u(n)-u(n-2)$；　（2）$\delta(n-1)$；

（3）$\left(\frac{1}{2}\right)^n u(n-1)$；　（4）$\left(\frac{1}{2}\right)^{-n} u(-n-1)$；

（5）$\sum_{n=-\infty}^{0}\delta(n-k)$；　　（6）$3^n u(n)$；

（7）$3^{-n}u(-n)$；　　（8）$x(n)=\begin{cases} n，0\leqslant n\leqslant N \\ 2N-n，n+1\leqslant n\leqslant 2N \\ 0，其他 \end{cases}$。

2.2　若 $x(n)$ 的 Z 变换 $X(z)=\dfrac{1-\frac{1}{4}z^{-1}}{\left(1+\frac{1}{4}z^{-1}\right)\left(1+\frac{3}{2}z^{-1}+\frac{1}{2}z^{-2}\right)}$，则 $X(z)$ 可能有几种不同的收敛域，它们分别对应什么序列？

2.3　画出 $X(z)=\dfrac{-3z^{-1}}{2-5z^{-1}+2z^{-2}}$ 的零、极点图。在下列三种收敛域下，哪种情况对应左边序列、右边序列、双边序列？并求出各对应序列。

（1）$|z|>2$；

（2）$|z|<0.5$；

（3）$0.5<|z|<2$。

2.4　求下列 $X(z)$ 的反变换 $x(n)$。

（1）$X(z)=\dfrac{1}{1+0.5z^{-1}}$，$|z|>0.5$；　　（2）$X(z)=\dfrac{1-0.5z^{-1}}{1+\frac{3}{4}z^{-1}+\frac{1}{8}z^{-2}}$，$|z|>\dfrac{1}{2}$；

（3）$X(z)=\dfrac{1-2z^{-1}}{1-\frac{1}{4}z^{-1}}$，$|z|<\dfrac{1}{4}$；　　（4）$X(z)=\dfrac{1-az^{-1}}{z^{-1}-a}$，$|z|>\left|\dfrac{1}{a}\right|$；

（5）$X(z)=\dfrac{10z^2}{(z-1)(z+1)}$，$|z|>1$；　　（6）$X(z)=\dfrac{1+z^{-1}}{1-2(\cos\omega_0)z^{-1}+z^{-2}}$，$|z|>1$。

2.5　使用 MATLAB 中的 residue Z 函数求下面 $X(z)$ 的 Z 反变换。

（1）$X(z)=\dfrac{1-z^{-2}}{1-0.81z^{-2}}$，$|z|>0.9$；　　（2）$X(z)=\dfrac{z^{-1}}{3-4z^{-1}+z^{-2}}$，$|z|>1$。

2.6　已知因果序列的 Z 变换 $X(z)$，求序列的初值 $x(0)$ 与终值 $x(\infty)$。

（1）$X(z)=\dfrac{z^{-1}}{1-1.5z^{-1}+0.5z^{-2}}$；　　（2）$X(z)=\dfrac{1}{(1-0.5z^{-1})(1+0.5z^{-1})}$；

（3）$X(z)=\dfrac{1+z^{-1}+z^{-2}}{(1-z^{-1})(1-2z^{-1})}$。

2.7　利用时域卷积定理求 $x(n)*y(n)$，已知：

（1）$x(n)=\left(\dfrac{1}{2}\right)^n u(n)$，$y(n)=\delta(n-2)$；　　（2）$x(n)=\left(\dfrac{1}{2}\right)^n u(n)$，$y(n)=u(n-1)$。

2.8　分别求下列差分方程的系统函数 $H(z)$、系统频率响应函数 $H(e^{j\omega})$ 和单位抽样响应函数 $h(n)$，并画出系统函数的零、极点图。

（1）$3y(n)-6y(n-1)=x(n)$；

（2）$y(n)=x(n)-5x(n-1)+8x(n-3)$；

（3）$y(n)-3y(n-1)+3y(n-2)-y(n-3)=x(n)$；

（4）$y(n)-5y(n-1)+6y(n-2)=x(n)-3x(n-2)$。

2.9 已知系统函数 $H(z)=\dfrac{1}{\left(1-\frac{1}{2}z^{-1}\right)(1-z^{-1})}$，分别判断收敛域为 $|z|>2$、$\frac{1}{2}<|z|<2$ 和 $|z|<\frac{1}{2}$ 时系统的因果性和稳定性。

2.10 因果系统的系统函数 $H(z)$ 如下所示，判断这些系统的稳定性。

（1）$\dfrac{z+2}{8z^2-2z-3}$；（2）$\dfrac{8(1-z^{-1}-z^{-2})}{2+5z^{-1}+2z^{-2}}$；

（3）$\dfrac{2z-4}{2z^2+z-1}$；（4）$\dfrac{1+z^{-1}}{1-z^{-1}+z^{-2}}$。

2.11 某线性移不变因果系统可用以下差分方程表示：

$$y(n)=y(n-1)+y(n-2)+x(n-1)$$

（1）求这个系统的系统函数，画出零、极点图并指出其收敛区域；

（2）求系统的单位抽样响应；

（3）该系统是一个不稳定系统，请给出一个满足上述差分方程的稳定的（非因果）、系统的单位抽样响应。

2.12 研究一个输入为 $x(n)$ 和输出为 $y(n)$ 的线性移不变系统，已知它满足

$$y(n-1)-\frac{10}{3}y(n)+y(n+1)=x(n)$$

并已知系统是稳定的，试求其单位抽样响应。

2.13 研究一个满足下列差分方程的线性移不变系统，该系统不限定为因果、稳定系统。利用方程的零、极点图，试求系统单位抽样响应的三种可能选择方案。

$$y(n-1)-\frac{5}{2}y(n)+y(n+1)=x(n)$$

2.14 求下列序列 $x(n)$ 的频谱 $X(\mathrm{e}^{\mathrm{j}\omega})$。

（1）$u(n+3)-u(n-3)$；（2）$\delta(n-n_0)$；

（3）$\mathrm{e}^{-an}u(n)$；（4）$\mathrm{e}^{-(\sigma+\mathrm{j}\omega_0)n}u(n)$；

（5）$\mathrm{e}^{-an}u(n)\cos\omega_0 n$；（6）$a^n u(n)$；

（7）$\frac{1}{2}\delta(n+1)+\delta(n)+\frac{1}{2}\delta(n-1)$。

2.15 已知序列 $x(n)$ 和 $y(n)$ 的傅里叶变换分别为 $X(\mathrm{e}^{\mathrm{j}\omega})$ 和 $Y(\mathrm{e}^{\mathrm{j}\omega})$，利用序列傅里叶变换性质求下列序列的傅里叶变换。

（1）$x(n-m)$；（2）$x^*(n)$；

（3）$x(-n)$；（4）$x^*(-n)$；

（5）$x(n)\cdot y(n)$；（6）$nx(n)$；

（7）$x(n)*y(n)$；（8）$\mathrm{e}^{\mathrm{j}\omega_0 n}x(n)$。

第 3 章　离散傅里叶变换

第 2 章讨论了离散时间信号 $x(n)$ 的 Z 变换 $X(z)$ 和傅里叶变换 $X(e^{j\omega})$。这两种变换有两个共同点：第一，变换都是对无限长序列定义的；第二，它们都是连续变量（z 或 ω）的函数。从数值计算的观点来看，这些都不利于数字计算机进行处理。为了便于数值计算，我们期望一种信号不仅在时间域是离散的、有限长的变换，而且其频谱在频域也是离散的、有限长的变换，这就是本章将要介绍的离散傅里叶变换（Discrete Fourier Transform，DFT）。作为一种有限长序列的变换，离散傅里叶变换不仅在理论上非常重要，而且由于存在多种有效的快速算法，快速傅里叶变换（Fast Fourier Transform，FFT）使其在计算机上的实现变得更加实际。它把数字计算机的应用和信号分析理论结合在一起，使谱分析、卷积、相关等运算都可以通过 DFT 在计算机上实现。离散傅里叶变换在数字信号处理的理论和实际中都起着十分重要的作用。

本章首先回顾并讨论傅里叶变换的几种可能形式，并在此基础上讨论离散傅里叶级数（Discrete Fourier Series，DFS）的定义、性质和相关定理；然后，着重讨论离散傅里叶变换的定义、性质和相关定理；最后，讨论频域抽样理论及 DFT 的应用。

3.1　傅里叶变换的几种形式

傅里叶变换就是建立以时间为自变量的信号和以频率为自变量的频谱之间的一种变换关系，是指在分析如何综合一个信号时，各种不同频率的信号在合成信号时所占的比重。时间自变量和频率自变量连续或离散时，共有四种不同形式的傅里叶变换对，下面对其特点进行简要归纳。

3.1.1　非周期连续时间信号的傅里叶变换——时域连续、频域连续

这正是在“信号与系统”课程中学过的非周期连续时间信号 $x(t)$ 与其傅里叶变换 $X(j\Omega)$ 间的变换，表示如下：

$$X(j\Omega)=\int_{-\infty}^{\infty}x(t)e^{-j\Omega t}dt \tag{3.1.1}$$

$$x(t)=\frac{1}{2\pi}\int_{-\infty}^{\infty}X(j\Omega)\,e^{j\Omega t}d\Omega \tag{3.1.2}$$

如图 3.1.1 所示。由此可见，时域的非周期性对应频域的连续性，而时域的连续性对应频域的非周期性。

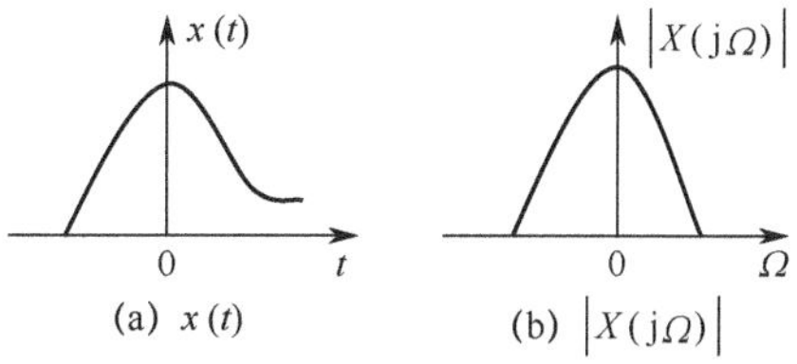

(a) $x(t)$　(b) $|X(j\Omega)|$

图 3.1.1　非周期连续时间信号及其傅里叶变换

3.1.2 周期连续时间信号的傅里叶级数——时域连续、频域离散

周期为 T_0 的连续时间信号 $\tilde{x}(t)$，可以展开成傅里叶级数，展开后的级数系数 $X(\mathrm{j}k\Omega_0)$ 就是 $\tilde{x}(t)$ 的傅里叶变换，二者的关系如下：

$$X(\mathrm{j}k\Omega_0)=\frac{1}{T}\int_{t_0}^{t_0+T}\tilde{x}(t)\mathrm{e}^{-\mathrm{j}k\Omega_0 t}\mathrm{d}t \tag{3.1.3}$$

$$\tilde{x}(t)=\sum_{k=-\infty}^{\infty}X(\mathrm{j}k\Omega_0)\mathrm{e}^{\mathrm{j}k\Omega_0 t} \tag{3.1.4}$$

式（3.1.3）表示在 $\tilde{x}(t)$ 的一个周期内进行积分，两相邻谱线之间的间隔 $\Omega_0=\dfrac{2\pi}{T_0}$，而 k 为谐波序号，如图 3.1.2 所示。由此可见，时域的周期性对应频域的离散性，而时域的连续性对应频域的非周期性。

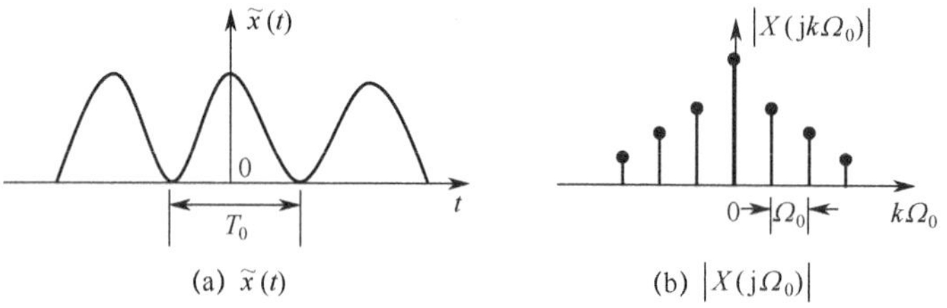

图 3.1.2 周期连续时间信号及其傅里叶变换

3.1.3 非周期离散时间信号（序列）的傅里叶变换——时域离散、频域连续

根据傅里叶变换的对偶性，将式（3.1.3）和式（3.1.4）中的时域变频域，频域变时域，可以得到如下表达式：

$$\tilde{X}(\mathrm{e}^{\mathrm{j}\Omega T})=\sum_{n=-\infty}^{\infty}x(nT)\mathrm{e}^{-\mathrm{j}n\Omega T} \tag{3.1.5}$$

$$x(nT)=\frac{1}{\Omega_s}\int_{-\Omega_s/2}^{\Omega_s/2}\tilde{X}(\mathrm{e}^{\mathrm{j}\Omega T})\mathrm{e}^{\mathrm{j}n\Omega T}\mathrm{d}\Omega \tag{3.1.6}$$

令 $\omega=\Omega T$，则有 $\mathrm{d}\Omega=\dfrac{1}{T}\mathrm{d}\omega$，$\Omega_s T=2\pi$，考虑 $x(n)=x(nT)$，式（3.1.5）和式（3.1.6）可以写成

$$X(\mathrm{e}^{\mathrm{j}\omega})=\sum_{n=-\infty}^{\infty}x(n)\mathrm{e}^{-\mathrm{j}\omega n}$$

$$x(n)=\frac{1}{2\pi}\int_{-\pi}^{\pi}X(\mathrm{e}^{\mathrm{j}\omega})\mathrm{e}^{\mathrm{j}\omega n}\mathrm{d}\omega$$

这正是第 2 章中讨论过的序列的傅里叶变换，式中，频域变量为数字频率 ω，如图 3.1.3 所示。由此可见，时域的离散性对应频域的周期性，而时域的非周期性对应频域的连续性。

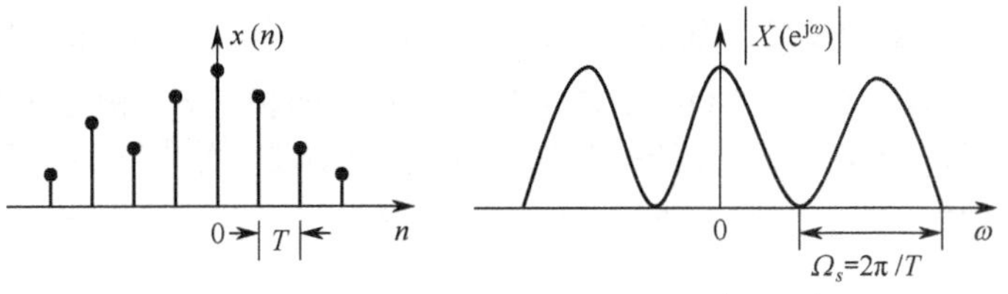

(a) $x(n)$　　(b) $|X(e^{j\omega})|$

图 3.1.3　非周期离散时间信号及其傅里叶变换

3.1.4　周期离散时间信号的傅里叶级数——时域离散、频域离散

上面讨论的傅里叶变换对的三种形式总有一个域（时域或频域）中的函数是连续的，都不适合在计算机上运算，我们希望时域和频域都是离散的。于是，提出了在频域内抽样，使频谱离散化的问题。也就是说，将离散信号的傅里叶变换再离散化。这样，时域和频域都离散化了，就便于用计算机来处理了。

由于频域的离散会造成时间序列呈周期性，故级数应限制在一个周期内。为了讨论方便，可以把序列 $x(n)$ 看成连续时间信号 $x(t)$ 的抽样，抽样间隔为 T，抽样频率为 $f_s=\dfrac{1}{T}$，$\Omega_s=\dfrac{2\pi}{T}$，同时代入 $x(n)=x(nT)$ 和 $\omega=\Omega T$，则式（3.1.5）和式（3.1.6）还可以写为

$$X(e^{-j\Omega T})=\sum_{n=-\infty}^{\infty}x(nT)e^{-jn\Omega T} \tag{3.1.7}$$

$$x(nT)=\frac{1}{\Omega_s}\int_{-\frac{\Omega_s}{2}}^{\frac{\Omega_s}{2}}X(e^{j\Omega T})\,e^{jn\Omega T}d\Omega \tag{3.1.8}$$

令 $\Omega=k\Omega_0$，则 $d\Omega=\Omega_0$，则由式（3.1.7）和式（3.1.8）可得出时域和频域都为离散情况的变换对

$$X(e^{jk\Omega_0 T})=\sum_{n=0}^{N-1}x(nT)e^{-jnk\Omega_0 T} \tag{3.1.9}$$

$$x(nT)=\frac{\Omega_0}{\Omega_s}\sum_{k=0}^{N-1}X(e^{jk\Omega_0 T})e^{jnk\Omega_0 T}=\frac{1}{N}\sum_{k=0}^{N-1}X(e^{jk\Omega_0 T})e^{jnk\Omega_0 T} \tag{3.1.10}$$

式中，$\dfrac{\Omega_s}{\Omega_0}=N$ 表示抽样点数，或周期序列一个周期的抽样点数。

时间函数是离散的，其抽样间隔为 T，故频域函数的周期为 $\Omega_s=\dfrac{2\pi}{T}$。又因为频域函数是离散的，其抽样间隔为 Ω_0，故时间域函数的周期 $T_0=\dfrac{2\pi}{\Omega_0}$，又有 $\Omega_0 T=\dfrac{2\pi\Omega_0}{\Omega_s}=\dfrac{2\pi}{N}$，将其带入式（3.1.9）和式（3.1.10），得到更常用的变换对

$$\tilde{X}(k)=\sum_{n=0}^{N-1}\tilde{x}(n)e^{-j\frac{2\pi}{N}kn} \tag{3.1.11}$$

$$\tilde{x}(n)=\frac{1}{N}\sum_{k=0}^{N-1}\tilde{X}(k)e^{j\frac{2\pi}{N}kn} \tag{3.1.12}$$

式中，k、n 为 $-\infty \sim \infty$ 的整数，如图 3.1.4 所示。图 3.1.4（a）中横坐标显示了两种方式：时间 t 和点数 n，$t=nT$；图 3.1.4（b）中横坐标也显示了两种方式：模拟角频率 Ω 和点数 k，$\Omega=k\Omega_0$。由图可以看出，时域的离散性对应频域的周期性，而频域的离散性对应时域的周期性。由于这种变换本质上都是周期的，所以先从周期序列的离散傅里叶级数开始讨论。

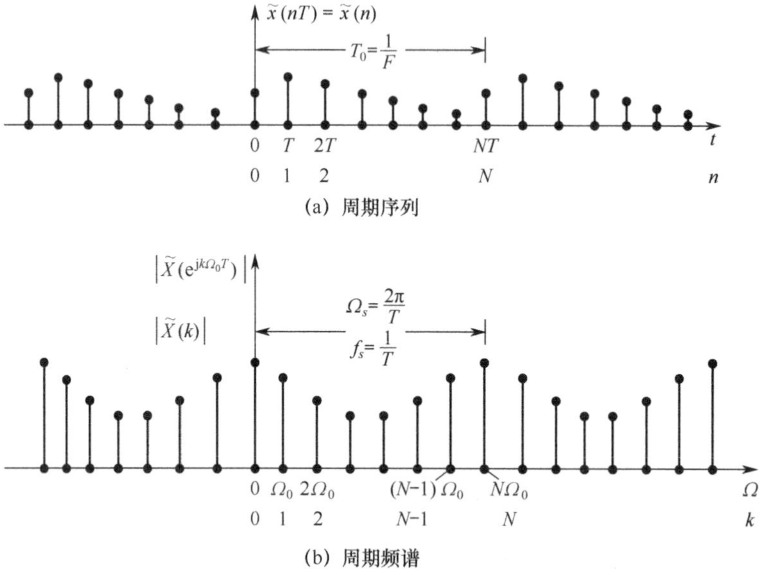

图 3.1.4 周期离散时间信号及其傅里叶变换

四种傅里叶变换形式对应的表达式如表 3.1.1 所示。

表 3.1.1 傅里叶变换的四种形式

傅里叶变换形式	时　域	频　域	关　系
傅里叶级数	连续、周期（周期为 T_0） $\tilde{x}(t)=\sum_{k=-\infty}^{\infty}X(\mathrm{j}k\Omega_0)\mathrm{e}^{\mathrm{j}k\Omega_0 t}$	离散（间隔为 Ω_0）、非周期 $X(\mathrm{j}k\Omega_0)=\frac{1}{T}\int_{t_0}^{t_0+T}\tilde{x}(t)\mathrm{e}^{-\mathrm{j}k\Omega_0 t}\mathrm{d}t$	$T_0\Omega_0=2\pi$ $T\,\Omega_s=2\pi$ $\frac{\Omega_s}{\Omega_0}=\frac{T_0}{T}=N$ N 为周期序列的周期
傅里叶变换	连续、非周期 $x(t)=\frac{1}{2\pi}\int_{-\infty}^{\infty}X(\mathrm{j}\Omega)\,\mathrm{e}^{\mathrm{j}\Omega t}\mathrm{d}\Omega$	连续、非周期 $X(\mathrm{j}\Omega)=\int_{-\infty}^{\infty}x(t)\mathrm{e}^{-\mathrm{j}\Omega t}\mathrm{d}t$	
序列的傅里叶变换（DTFT）	离散（间隔为 T）、非周期 $x(n)=\frac{1}{2\pi}\int_{-\pi}^{\pi}X(\mathrm{e}^{\mathrm{j}\omega})\,\mathrm{e}^{\mathrm{j}\omega n}\mathrm{d}\omega$ $x(nT)=\frac{1}{\Omega_s}\int_{-\Omega_s/2}^{\Omega_s/2}\tilde{X}(\mathrm{e}^{\mathrm{j}\Omega T})\mathrm{e}^{\mathrm{j}n\Omega T}\mathrm{d}\Omega$	连续、周期（周期为 Ω_s） $X(\mathrm{e}^{\mathrm{j}\omega})=\sum_{n=-\infty}^{\infty}x(n)\mathrm{e}^{-\mathrm{j}\omega n}$ $\tilde{X}(\mathrm{e}^{\mathrm{j}\Omega T})=\sum_{n=-\infty}^{\infty}x(nT)\mathrm{e}^{-\mathrm{j}n\Omega T}$	
离散傅里叶级数（DFS）	离散（间隔为 T）、周期（周期为 T_0） $\tilde{x}(n)=\frac{1}{N}\sum_{k=0}^{N-1}\tilde{X}(k)\,\mathrm{e}^{\mathrm{j}\frac{2\pi}{N}kn}$	离散（间隔为 Ω_0）、周期（周期为 Ω_s） $\tilde{X}(k)=\sum_{n=0}^{N-1}\tilde{x}(n)\mathrm{e}^{-\mathrm{j}\frac{2\pi}{N}kn}$	

3.2 周期序列的离散傅里叶级数及性质

若以 $\tilde{x}(n)$ 表示一个周期序列，它具有如下性质：

$$\tilde{x}(n)=\tilde{x}(n+rN) \tag{3.2.1}$$

式中，r 为任意整数; N 为正整数，表示该序列的一个周期的长度。由于周期序列随 N 在 $(-\infty,\infty)$ 区间周而复始地变化，因而在整个 z 平面找不到一个衰减系数 $|z|$ 使周期序列绝对可和，即满足

$$\sum_{n=-\infty}^{\infty}\left|\tilde{x}(n)\right|\left|z^{-n}\right|<\infty$$

因此，周期序列 $\tilde{x}(n)$ 不能进行 Z 变换。但是，类似于连续时间的周期信号可以展开成复指数函数的傅里叶级数，周期序列也可以展开成复指数序列的离散傅里叶级数，即用周期为 N 的复指数序列来表示周期序列。

3.2.1　周期序列的离散傅里叶级数

设 $\tilde{x}(n)$ 是以 N 为周期的周期序列，与连续时间周期信号一样，因为具有周期性，$\tilde{x}(n)$ 也可以展开成傅里叶级数，该级数相当于成谐波关系的复指数序列之和，也就是说，复指数序列的频率是与周期序列 $\tilde{x}(n)$ 有关的基频 $\dfrac{2\pi}{N}$ 的整数倍。这些周期性复指数的形式为

$$e_k(n)=\mathrm{e}^{\mathrm{j}\frac{2\pi}{N}kn} \tag{3.2.2}$$

一个连续时间周期信号的傅里叶级数通常需要无穷多个成谐波关系的复指数表示，但是由于 $e_k(n)$ 满足

$$e_{k+rN}(n)=\mathrm{e}^{\mathrm{j}\frac{2\pi}{N}(k+rN)n}=\mathrm{e}^{\mathrm{j}\frac{2\pi}{N}kn}=e_k(n) \tag{3.2.3}$$

所以，对于周期为 N 的离散时间信号的傅里叶级数，只需要 N 个呈谐波关系的复指数序列 $e_0(n),e_1(n),\cdots,e_{N-1}(n)$，也就是说，级数展开式中只有 N 个独立的谐波。这样，一个周期序列 $\tilde{x}(n)$ 的离散傅里叶级数具有如下形式：

$$\tilde{x}(n)=\frac{1}{N}\sum_{k=0}^{N-1}\tilde{X}(k)\mathrm{e}^{\mathrm{j}\frac{2\pi}{N}kn} \tag{3.2.4}$$

式中，$\tilde{X}(k)$ 为傅里叶级数的系数。为求系数 $\tilde{X}(k)$，将利用复指数序列集的正交性。式(3.2.4)两边同乘以 $\mathrm{e}^{-\mathrm{j}\frac{2\pi}{N}mn}$，并从 $n=0$ 到 $n=N-1$ 求和，可以得到

$$\sum_{n=0}^{N-1}\tilde{x}(n)\mathrm{e}^{-\mathrm{j}\frac{2\pi}{N}mn}=\sum_{n=0}^{N-1}\frac{1}{N}\left[\sum_{k=0}^{N-1}\tilde{X}(k)\mathrm{e}^{\mathrm{j}\frac{2\pi}{N}kn}\right]\mathrm{e}^{-\mathrm{j}\frac{2\pi}{N}mn} \tag{3.2.5}$$

交换等号右边的求和顺序，式（3.2.5）变为

$$\sum_{n=0}^{N-1}\tilde{x}(n)\mathrm{e}^{-\mathrm{j}\frac{2\pi}{N}mn}=\sum_{k=0}^{N-1}\tilde{X}(k)\left[\frac{1}{N}\sum_{n=0}^{N-1}\mathrm{e}^{\mathrm{j}\frac{2\pi}{N}(k-m)n}\right] \tag{3.2.6}$$

式中，若 k，m 都是整数，则

$$\frac{1}{N}\sum_{n=0}^{N-1}\mathrm{e}^{\mathrm{j}\frac{2\pi}{N}(k-m)n}=\begin{cases}N, k-m=rN, r\text{为整数}\\0, \text{其他}\end{cases} \tag{3.2.7}$$

对于 $k-m=rN$，无论 n 取何值，式（3.2.7）总是成立。对于 $k-m\neq rN$ 的情况有

$$\frac{1}{N}\sum_{n=0}^{N-1}\mathrm{e}^{\mathrm{j}\frac{2\pi}{N}(k-m)n}=\frac{1}{N}\frac{1-\mathrm{e}^{\mathrm{j}\frac{2\pi}{N}(k-m)N}}{1-\mathrm{e}^{\mathrm{j}\frac{2\pi}{N}(k-m)}}$$

因为 $\mathrm{e}^{\mathrm{j}\frac{2\pi}{N}(k-m)N}=1$，所以 $k-m\neq rN$ 时，有

$$\frac{1}{N}\sum_{n=0}^{N-1}\mathrm{e}^{\mathrm{j}\frac{2\pi}{N}(k-m)n}=0$$

将式（3.2.7）代入式（3.2.6）中括号内的求和运算，可以得出

$$\tilde{X}(k)=\sum_{n=0}^{N-1}\tilde{x}(n)\mathrm{e}^{-\mathrm{j}\frac{2\pi}{N}kn} \tag{3.2.8}$$

式（3.2.8）虽然是用来求从 $k=0$ 到 $k=N-1$ 的 N 次谐波系数，但该式本身也是一个用 N 个独立谐波分量组成的傅里叶级数，它们所表达的也应该是一个以 N 为周期的周期序列 $\tilde{X}(k)$，即

$$\tilde{X}(k+rN)=\sum_{n=0}^{N-1}\tilde{x}(n)\mathrm{e}^{-\mathrm{j}\frac{2\pi}{N}(k+rN)n}=\sum_{n=0}^{N-1}\tilde{x}(n)\mathrm{e}^{-\mathrm{j}\frac{2\pi}{N}kn}=\tilde{X}(k)$$

所以，时域上周期为 N 的周期序列，其离散傅里叶级数在频域上仍然是一个周期为 N 的周期序列。这样，对于周期序列的离散傅里叶级数表示式，在时域和频域之间存在对偶性。式（3.2.4）和式（3.2.8）一起考虑，可以把它们看作一个变换对，称为周期序列的离散傅里叶级数系数。习惯上使用下列符号表示复指数

$$W_N=\mathrm{e}^{-\mathrm{j}\frac{2\pi}{N}} \tag{3.2.9}$$

则将式（3.2.4）和式（3.2.8）重写如下：

$$\tilde{X}(k)=\mathrm{DFS}[\tilde{x}(n)]=\sum_{n=0}^{N-1}\tilde{x}(n)\mathrm{e}^{-\mathrm{j}\frac{2\pi}{N}kn}=\sum_{n=0}^{N-1}\tilde{x}(n)W_N^{kn} \tag{3.2.10}$$

$$\tilde{x}(n)=\mathrm{IDFS}[\tilde{X}(k)]=\frac{1}{N}\sum_{k=0}^{N-1}\tilde{X}(k)\mathrm{e}^{\mathrm{j}\frac{2\pi}{N}kn}=\frac{1}{N}\sum_{k=0}^{N-1}\tilde{X}(k)W_N^{-kn} \tag{3.2.11}$$

式（3.2.11）表明可以将周期序列分解成 N 个谐波分量的叠加，第 k 个谐波分量的频率为 $\omega_k=\frac{2\pi}{N}k$，$k=0,1,2\cdots,N-1$，幅度为 $\frac{1}{N}\tilde{X}(k)$。基波分量的频率是 $\frac{2\pi}{N}$，幅度为 $\frac{1}{N}\tilde{X}(1)$。周期序列 $\tilde{x}(n)$ 可以用其离散傅里叶级数的系数 $\tilde{X}(k)$ 表示其频谱分布规律。

例 3.2.1　如图 3.2.1 所示，$\tilde{x}(n)$ 是周期为 $N=8$ 的周期矩形序列，其一个周期可表示为

$$x(n)=\begin{cases}1, & 0\leqslant n\leqslant 3\\ 0, & 4\leqslant n\leqslant 7\end{cases}$$

求 $\tilde{x}(n)$ 的离散傅里叶级数的系数 $\tilde{X}(k)$。

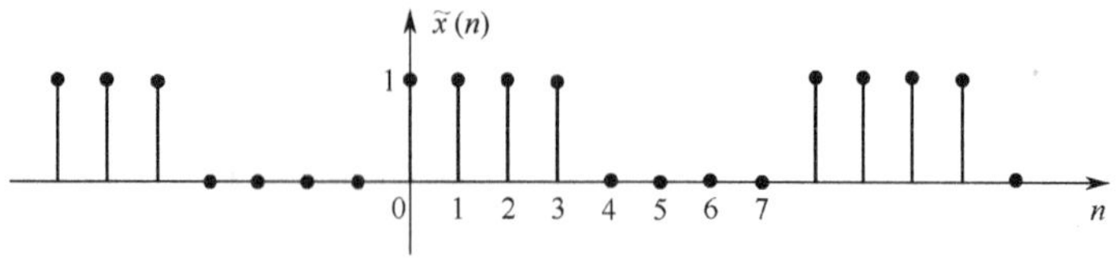

图 3.2.1　周期矩形序列

解　按照式（3.2.10）有

$$\tilde{X}(k)=\sum_{n=0}^{7}\tilde{x}(n)\mathrm{e}^{-\mathrm{j}\frac{2\pi}{8}kn}=\sum_{n=0}^{3}\mathrm{e}^{-\mathrm{j}\frac{\pi}{4}kn}=\frac{1-\mathrm{e}^{-\mathrm{j}\frac{\pi}{4}k\cdot 4}}{1-\mathrm{e}^{-\mathrm{j}\frac{\pi}{4}k}}=\frac{1-\mathrm{e}^{-\mathrm{j}\pi k}}{1-\mathrm{e}^{-\mathrm{j}\frac{\pi}{4}k}}$$

$$=\frac{\mathrm{e}^{-\mathrm{j}\frac{\pi}{2}k}\left(\mathrm{e}^{\mathrm{j}\frac{\pi}{2}k}-\mathrm{e}^{-\mathrm{j}\frac{\pi}{2}k}\right)}{\mathrm{e}^{-\mathrm{j}\frac{\pi}{8}k}\left(\mathrm{e}^{\mathrm{j}\frac{\pi}{8}k}-\mathrm{e}^{-\mathrm{j}\frac{\pi}{8}k}\right)}\mathrm{e}^{-\mathrm{j}\frac{3\pi}{8}k}\frac{\sin\frac{\pi}{2}k}{\sin\frac{\pi}{8}k}$$

MATLAB 程序如下：

```
N=8;
xn=[ones(1,N/2),zeros(1,N/2)];
xn=[xn,xn,xn];
n=0:3*N-1;
k=0:3*N-1;
Xk=xn*exp(-j*2*pi/N).^(n'*k);         %离散傅里叶级数变换
subplot(3,1,1),stem(n,xn);
title('x(n)');axis([-1,3*N,1.1*min(xn),1.1*max(xn)]);
subplot(3,1,2),stem(k,abs(Xk));       %显示序列的幅度谱
title('|X(k)|');
axis([-1,3*N,1.1*min(abs(Xk)),1.1*max(abs(Xk))]);
subplot(3,1,3),stem(k,angle(Xk));     %显示序列的相位谱
title('arg|X(k)|');
axis([-1,3*N,1.1*min(angle(Xk)),1.1*max(angle(Xk))]);
```

程序运行结果如图 3.2.2 所示。

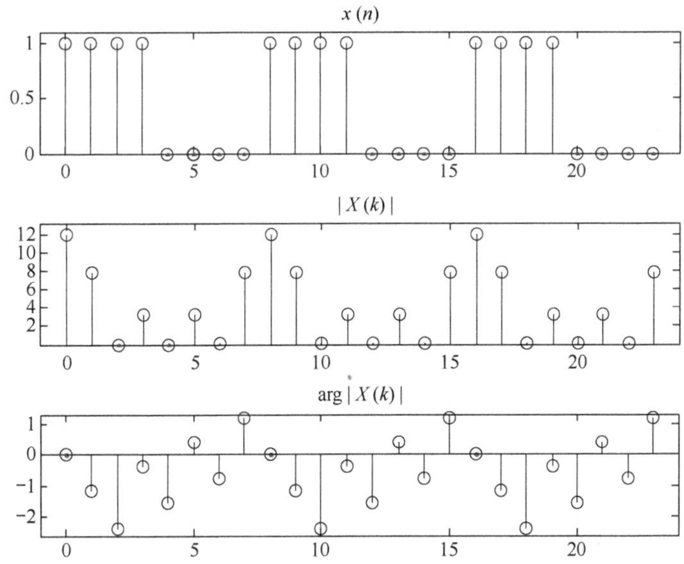

图 3.2.2　例 3.2.1 周期矩形序列与傅里叶级数的幅度谱和相位谱

由上述讨论可以看出，由于 $\tilde{x}(n)$ 是以 N 为周期的周期序列，用 $\tilde{x}(n)$ 一个周期的 N 个序列就可以代表 $\tilde{x}(n)$ 的形状，其他周期的序列值都是这 N 个序列的重复出现；同样 $\tilde{X}(k)$ 也是

以 N 为周期的周期序列，用 $\tilde{X}(k)$ 一个周期的序列也可以代表 $\tilde{X}(k)$ 的特性。因而周期序列和有限长序列有着本质的联系。

3.2.2 周期序列离散傅里叶级数的性质

正如连续时间信号的傅里叶级数、傅里叶变换和拉普拉斯变换，以及离散时间非周期序列的 Z 变换一样，离散时间傅里叶级数的某些性质对于它在信号处理问题中的成功使用至关重要。本节将介绍这些性质。许多基本性质与 Z 变换和傅里叶变换的性质相似，所以重点介绍由于 $\tilde{x}(n)$ 和 $\tilde{X}(k)$ 都具有的周期性引起的一些性质。

1. 线性性质

设 $\tilde{x}_1(n)$ 和 $\tilde{x}_2(n)$ 都是周期为 N 的两个周期序列，若

$$\tilde{X}_1(k)=\mathrm{DFS}\left[\tilde{x}_1(n)\right],\quad \tilde{X}_2(k)=\mathrm{DFS}\left[\tilde{x}_2(n)\right]$$

则

$$\mathrm{DFS}\left[a\tilde{x}_1(n)+b\tilde{x}_2(n)\right]=a\tilde{X}_1(k)+b\tilde{X}_2(k) \tag{3.2.12}$$

式中，a、b 为任意常数。

2. 时域移位性质

设 $\tilde{x}(n)$ 是周期为 N 的周期序列，若

$$\mathrm{DFS}\left[\tilde{x}(n)\right]=\tilde{X}(k)$$

则其移位序列 $\tilde{x}(n+m)$ 的离散傅里叶级数为

$$\mathrm{DFS}\left[\tilde{x}(n+m)\right]=W_N^{-km}\tilde{X}(k) \tag{3.2.13}$$

证明 由 DFS 的定义，得

$$\mathrm{DFS}\left[\tilde{x}(n+m)\right]=\sum_{n=0}^{N-1}\tilde{x}(n+m)W_N^{kn}$$

令 $r=m+n$ 做变量代换，则

$$\mathrm{DFS}\left[\tilde{x}(n+m)\right]=\sum_{r=m}^{N-1+m}\tilde{x}(r)W_N^{k(r-m)}=W_N^{-km}\sum_{r=m}^{N-1+m}\tilde{x}(r)W_N^{kr}$$

在上式右端，由于 $\tilde{x}(r)W_N^{kr}$ 是以 N 为周期的周期序列，所以对其在区间 $[0,N-1]$ 求和与在区间 $[m,N-1+m]$ 求和结果是一样的，则上式右端表达式为

$$W_N^{-km}\sum_{r=m}^{N-1+m}\tilde{x}(r)W_N^{kr}=W_N^{-km}\sum_{r=0}^{N-1}\tilde{x}(r)W_N^{kr}=W_N^{-km}\tilde{X}(k)$$

即

$$\mathrm{DFS}\left[\tilde{x}(n+m)\right]=W_N^{-km}\tilde{X}(k)$$

3. 频域移位（调制）性质

设 $\tilde{x}(n)$ 是周期为 N 的周期序列，若将其 DFS $\tilde{X}(k)$ 移位 m 后得 $\tilde{X}(k+m)$，则有

$$\tilde{X}(k+m)=\mathrm{DFS}\left[W_N^{nm}\tilde{x}(n)\right] \tag{3.2.14}$$

证明方法与时域移位类似。

该定理说明，对周期序列在时域乘以虚指数 $\mathrm{e}^{-\mathrm{j}\frac{2\pi}{N}n}$ 的 m 次幂，则相当于在频域搬移 m，所以又称为调制定理。

4. 对偶性质

连续时间信号的傅里叶变换在时域和频域存在对偶性。但是，非周期序列和它的离散时间傅里叶变换是两类不同的函数，时域是离散的序列，频域则是连续周期函数，因而不存在对偶性。由式（3.2.10）和式（3.2.11）可以看出，它们只差系数 $\frac{1}{N}$ 和指数 W_N 的符号。另外，周期序列和它的 DFS 系数为同类函数，均为周期序列。由（3.2.11）可得

$$N\tilde{x}(-n)=\sum_{k=0}^{N-1}\tilde{X}(k)W_N^{kn} \tag{3.2.15}$$

将式（3.2.15）中的 n 和 k 互换，可得

$$N\tilde{x}(-k)=\sum_{n=0}^{N-1}\tilde{X}(n)W_N^{kn} \tag{3.2.16}$$

式（3.2.16）与式（3.2.10）相似，即周期序列 $\tilde{X}(n)$ 的 DFS 系数是 $N\tilde{x}(-k)$。该对偶性概括如下：

若

$$\mathrm{DFS}[\tilde{x}(n)]=\tilde{X}(k)$$

则

$$\mathrm{DFS}\left[\tilde{X}(n)\right]=N\tilde{x}(-n) \tag{3.2.17}$$

5. 周期卷积定理

1）时域周期卷积定义

若 $\tilde{x}_1(n)$ 和 $\tilde{x}_2(n)$ 是两个周期为 N 的周期序列，则称

$$\tilde{y}(n)=\sum_{m=0}^{N-1}\tilde{x}_1(m)\tilde{x}_2(n-m)=\sum_{m=0}^{N-1}\tilde{x}_2(m)\tilde{x}_1(n-m) \tag{3.2.18}$$

为周期序列 $\tilde{x}_1(n)$ 和 $\tilde{x}_2(n)$ 的周期卷积。周期卷积与线性卷积具有类似的形式，但是求和区间和卷积结果与线性卷积不同。周期卷积中的 $\tilde{x}_1(m)$、$\tilde{x}_2(n-m)$ 都是变量 m 的周期序列，周期为 N，二者乘积也是周期为 N 的序列，求和运算只在一个周期内进行，所得结果序列 $\tilde{y}(n)$ 也是以 N 为周期的周期序列。而两个长度为 N 的序列的线性卷积结果的长度为 $2N-1$ 的序列。周期卷积满足交换率。

2）周期卷积过程

图 3.2.3 给出了两序列周期卷积的过程。具体如下：

（1）画出 $\tilde{x}_1(m)$ 和 $\tilde{x}_2(m)$ 的图形，如图 3.2.3

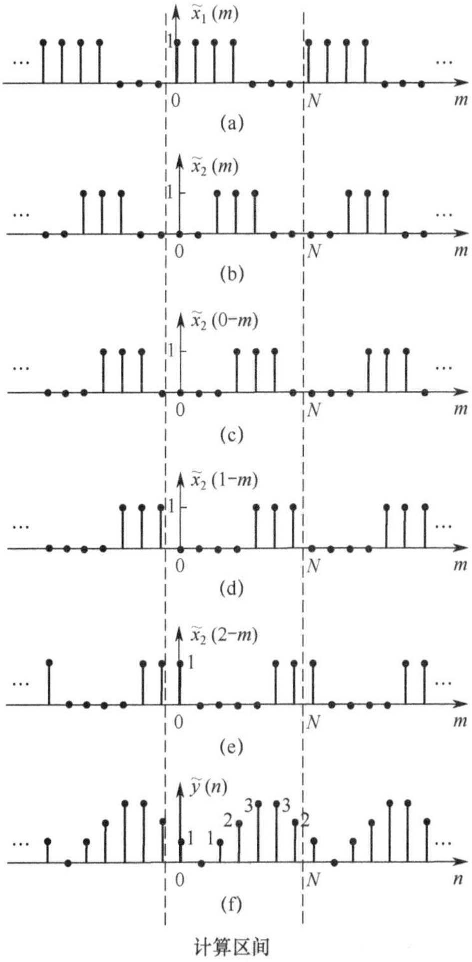

图 3.2.3　周期卷积过程

(a)、(b) 所示。

(2) 将 $\tilde{x}_2(m)$ 以 $m=0$ 为轴反褶，得到 $\tilde{x}_2(-m)=\tilde{x}_2(0-m)$，此时 $n=0$，如图 3.2.3 (c) 所示。

(3) 在一个周期内将 $\tilde{x}_2(-m)$ 与 $\tilde{x}_1(m)$ 对应点相乘、求和得到 $\tilde{y}(0)$。

(4) 将 $\tilde{x}_2(-m)$ 移位得到 $\tilde{x}_2(1-m)$，如图 3.2.3 (d) 所示。在一个周期内，将 $\tilde{x}_2(1-m)$ 与 $\tilde{x}_1(m)$ 对应点相乘、求和得到 $\tilde{y}(1)$。

(5) 继续移位、相乘、求和，直到得到一个周期的 $\tilde{y}(n)$。由于序列的周期性，当序列 $\tilde{x}_2(n-m)$ 移向左边或右边时，离开两条虚线之间的计算区间一端的值又会重新出现在另一端，所以没有必要继续计算在区间 $0\leqslant n\leqslant N-1$ 之外的值。周期卷积结果 $\tilde{y}(n)$ 如图 3.2.3 (f) 所示。

3) 时域周期卷积定理

设 $\tilde{x}_1(n)$ 和 $\tilde{x}_2(n)$ 都是周期为 N 的两个周期序列，若

$$\tilde{X}_1(k)=\mathrm{DFS}[\tilde{x}_1(n)],\quad \tilde{X}_2(k)=\mathrm{DFS}[\tilde{x}_2(n)]$$

则 $\tilde{x}_1(n)$ 和 $\tilde{x}_2(n)$ 的周期卷积序列 $\tilde{y}(n)$ 的 DFS 为

$$\tilde{Y}(k)=\mathrm{DFS}[\tilde{y}(n)]=\tilde{X}_1(k)\tilde{X}_2(k) \tag{3.2.19}$$

证明 由 DFS 定义，得

$$\tilde{Y}(k)=\mathrm{DFS}[\tilde{y}(n)]=\sum_{n=0}^{N-1}\left[\sum_{m=0}^{N-1}\tilde{x}_1(m)\tilde{x}_2(n-m)\right]W_N^{kn}$$

交换求和次序，上式变为

$$\tilde{Y}(k)=\sum_{m=0}^{N-1}\tilde{x}_1(m)\left[\sum_{n=0}^{N-1}\tilde{x}_2(n-m)W_N^{kn}\right]$$

利用时域移位性质

$$\begin{aligned}\tilde{Y}(k)&=\sum_{m=0}^{N-1}\tilde{x}_1(m)\tilde{X}_2(k)W_N^{km}\\&=\tilde{X}_1(k)\tilde{X}_2(k)\end{aligned}$$

该定理表明，两周期序列周期卷积的 DFS 为各自 DFS 的乘积。

4) 频域周期卷积定理

时域周期序列的乘积对应频域周期序列的周期卷积，即若

$$\tilde{y}(n)=\tilde{x}_1(n)\tilde{x}_2(n)$$

则

$$\tilde{Y}(k)=\mathrm{DFS}[\tilde{y}(n)]=\frac{1}{N}\sum_{m=0}^{N-1}\tilde{X}_1(m)\tilde{X}_2(k-m)=\frac{1}{N}\sum_{m=0}^{N-1}\tilde{X}_1(k-m)\tilde{X}_2(m) \tag{3.2.20}$$

证明方法与时域周期卷积定理类似。

3.2.3 周期序列的傅里叶变换

先讨论复指数序列 $\mathrm{e}^{\mathrm{j}\omega_0 n}$ 的傅里叶变换。

在连续时间系统中，$x(t)=\mathrm{e}^{\mathrm{j}\Omega_0 t}$ 的傅里叶变换是在 $\Omega=\Omega_0$ 处的单位冲激函数，强度是 2π，即

$$X(\mathrm{j}\Omega)=F[x(t)]=\int_{-\infty}^{\infty}\mathrm{e}^{\mathrm{j}\Omega_0 t}\mathrm{e}^{-\mathrm{j}\Omega t}\mathrm{d}t=2\pi\delta(\Omega-\Omega_0) \tag{3.2.21}$$

对于复指数序列 $\tilde{x}(n)=\mathrm{e}^{\mathrm{j}\omega_0 n}$（$2\pi/\omega_0$ 为有理数），暂时假设其傅里叶变换的形式与式（3.2.21）一样，也是在 $\omega=\omega_0$ 处的单位冲激函数，强度为 2π，考虑 $\mathrm{e}^{\mathrm{j}\omega_0 n}$ 的周期性，即

$$\mathrm{e}^{\mathrm{j}\omega_0 n}=\mathrm{e}^{\mathrm{j}(\omega_0+2\pi r)n},\ r\text{ 取整数} \tag{3.2.22}$$

则 $\mathrm{e}^{\mathrm{j}\omega_0 n}$ 的傅里叶变换为

$$\tilde{X}(\mathrm{e}^{\mathrm{j}\omega})=\mathrm{DTFT}[\mathrm{e}^{\mathrm{j}\omega_0 n}]=\sum_{r=-\infty}^{\infty}2\pi\delta(\omega-\omega_0-2\pi r) \tag{3.2.23}$$

式（3.2.23）表示复指数序列的傅里叶变换是在 $\omega_0+2\pi r$ 处的单位冲激函数，强度为 2π，如图 3.2.4 所示。这种假设如果成立，则要求其反变换序列（IDTFT）必须存在且唯一，等于 $\mathrm{e}^{\mathrm{j}\omega_0 n}$。根据序列傅里叶反变换定义，得

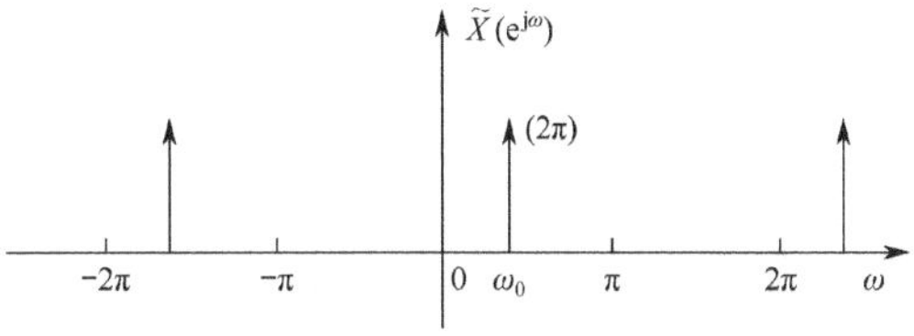

图 3.2.4　$\mathrm{e}^{\mathrm{j}\Omega_0 n}$ 的傅里叶变换

$$\mathrm{IDTFT}[\tilde{X}(\mathrm{e}^{\mathrm{j}\omega})]=\frac{1}{2\pi}\int_{-\pi}^{\pi}\tilde{X}(\mathrm{e}^{\mathrm{j}\omega})\mathrm{e}^{\mathrm{j}\omega n}\mathrm{d}\omega=\frac{1}{2\pi}\int_{-\pi}^{\pi}\sum_{-\infty}^{\infty}2\pi\delta(\omega-\omega_0-2\pi r)\,\mathrm{e}^{\mathrm{j}\omega n}\mathrm{d}\omega$$

观察图 3.2.4，在 $-\pi\sim\pi$ 区间内，仅包括一个单位冲激函数，则上述等式右边为 $\mathrm{e}^{\mathrm{j}\omega_0 n}$，因此得到

$$\mathrm{e}^{\mathrm{j}\omega_0 n}=\frac{1}{2\pi}\int_{-\pi}^{\pi}\tilde{X}(\mathrm{e}^{\mathrm{j}\omega})\mathrm{e}^{\mathrm{j}\omega n}\mathrm{d}\omega=\mathrm{DTFT}^{-1}[\tilde{X}(\mathrm{e}^{\mathrm{j}\omega})] \tag{3.2.24}$$

从而证明了式（3.2.23）确实是 $\mathrm{e}^{\mathrm{j}\omega_0 n}$ 的傅里叶变换，前面的假设是正确的。

对于一般周期序列 $\tilde{x}(n)$，可以按式（3.2.10）展开成 DFS，第 k 次谐波为 $\dfrac{\tilde{X}(k)}{N}\mathrm{e}^{\mathrm{j}\frac{2\pi}{N}kn}$，由式（3.2.23）可知，其傅里叶变换为 $\left[\dfrac{2\pi\tilde{X}(k)}{N}\right]\sum\limits_{r=-\infty}^{\infty}\delta\left(\omega-\dfrac{2\pi}{N}k-2\pi r\right)$，因此，$\tilde{x}(n)$ 的傅里叶变换表达式为

$$\tilde{X}(\mathrm{e}^{\mathrm{j}\omega})=\mathrm{DTFT}[\tilde{x}(n)]=\sum_{k=0}^{N-1}\frac{2\pi\tilde{X}(k)}{N}\sum_{r=-\infty}^{\infty}\delta\left(\omega-\frac{2\pi}{N}k-2\pi r\right)$$

式中，$k=0,1,2,\cdots,N-1$，r 为整数。如果让 k 在 $-\infty\sim\infty$ 之间变化，上式可简化为

$$\tilde{X}(\mathrm{e}^{\mathrm{j}\omega})=\frac{2\pi}{N}\sum_{k=-\infty}^{\infty}\tilde{X}(k)\delta\left(\omega-\frac{2\pi}{N}k\right) \tag{3.2.25}$$

式中，$\tilde{X}(k)=\sum\limits_{n=0}^{N-1}\tilde{x}(n)\mathrm{e}^{-\mathrm{j}\frac{2\pi}{N}kn}$。

式（3.2.25）就是一般周期序列的傅里叶变换表示式。需要说明的是，上面公式中的 $\delta(\omega)$ 表示单位冲激函数，而 $\delta(n)$ 表示单位抽样序列，括号中的自变量不同不会引起混淆。

例 3.2.2　求例 3.2.1 中周期序列的傅里叶变换。

解　将例 3.2.1 中得到的 $\tilde{X}(k)$ 代入式（3.2.25）中，得到

$$\tilde{X}(\mathrm{e}^{\mathrm{j}\omega})=\frac{\pi}{4}\sum_{k=-\infty}^{\infty}\mathrm{e}^{-\mathrm{j}\frac{3}{8}\pi k}\frac{\sin(\pi k/2)}{\sin(\pi k/8)}\delta\left(\omega-\frac{\pi}{4}k\right)$$

该周期矩形序列及其傅里叶变换如图 3.2.5 所示。与图 3.2.2 进行比较可见，对于同一个周期信号，其傅里叶级数幅频特性和傅里叶变换幅频特性的包络线形状是一样的，不同的是傅里叶变换用单位冲激函数表示（用带箭头的竖线表示）。因此，周期序列的频谱分布用其傅里叶级数或者傅里叶变换表示都可以，但画图时应注意单位冲激函数的画法。

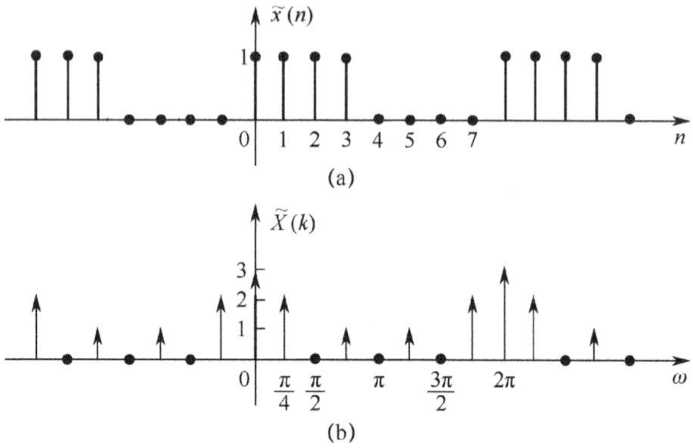

图 3.2.5　周期矩形序列及其傅里叶变换

例 3.2.3　令 $\tilde{x}(n)=\cos(\omega_0 n)$，$\dfrac{2\pi}{\omega_0}$ 为有理数，求其傅里叶变换。

解　将 $\tilde{x}(n)$ 用欧拉公式展开

$$\tilde{x}(n)=\frac{1}{2}[\mathrm{e}^{\mathrm{j}\omega_0 n}+\mathrm{e}^{-\mathrm{j}\omega_0 n}]$$

按照式（3.2.23），其傅里叶变换推导如下：

$$\tilde{X}(\mathrm{e}^{\mathrm{j}\omega})=\mathrm{DTFT}(\cos\omega_0 n)=\frac{1}{2}\cdot 2\pi\sum_{r=-\infty}^{\infty}[\delta(\omega-\omega_0-2\pi r)+\delta(\omega+\omega_0-2\pi r)]$$

$$=\pi\sum_{r=-\infty}^{\infty}[\delta(\omega-\omega_0-2\pi r)+\delta(\omega+\omega_0-2\pi r)]$$

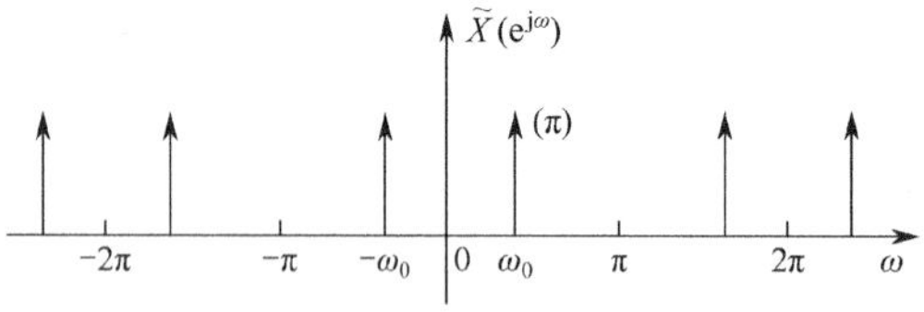

图 3.2.6　$\cos\omega_0 n$ 的傅里叶变换

上式表明，$\cos\omega_0 n$ 的傅里叶变换是在 $\omega=\pm\omega_0$ 处的单位冲激函数，强度为 π，且以 2π 为周期进行延拓，如图 3.2.6 所示。

至此，连同第 2 章的内容，我们讨论了非周期序列和周期序列的傅里叶变换。表 3.2.1 中综合了一些基本序列的傅里叶变换，以方便查阅。

表 3.2.1　基本序列的傅里叶变换

序列 $x(n)$	傅里叶变换 $X(\mathrm{e}^{\mathrm{j}\omega})$
$\delta(n)$	1
$a^n u(n),\ \lvert a\rvert<1$	$(1-a\mathrm{e}^{-\mathrm{j}\omega})^{-1}$
$R_N(n)$	$\mathrm{e}^{-\mathrm{j}\frac{(N-1)\omega}{2}}\dfrac{\sin\left(\frac{\omega N}{2}\right)}{\sin\left(\frac{\omega}{2}\right)}$

（续表）

序列 $x(n)$	傅里叶变换 $X(e^{j\omega})$
$u(n)$	$(1-ae^{-j\omega})^{-1}+\sum_{r=-\infty}^{\infty}\pi\delta(\omega-2\pi r)$
1	$2\pi\sum_{r=-\infty}^{\infty}\delta(\omega-2\pi r)$
$e^{j\omega_0 n}$, $\frac{2\pi}{\omega_0}$ 为有理数	$2\pi\sum_{r=-\infty}^{\infty}\delta(\omega-\omega_0-2\pi r)$
$\cos\omega_0 n$, $\frac{2\pi}{\omega_0}$ 为有理数	$\pi\sum_{r=-\infty}^{\infty}[\delta(\omega-\omega_0-2\pi r)+\delta(\omega+\omega_0-2\pi r)]$
$\sin\omega_0 n$, $\frac{2\pi}{\omega_0}$ 为有理数	$-j\pi\sum_{r=-\infty}^{\infty}[\delta(\omega-\omega_0-2\pi r)-\delta(\omega+\omega_0-2\pi r)]$

3.3 离散傅里叶变换

周期序列的傅里叶级数变换对，即式（3.2.10）和式（3.2.11），提供了一种计算离散频率点上序列频谱的公式，但它针对的是周期序列。在实际应用中，我们需要处理的信号常常是非周期序列，它们可能是有限长的，也可能是无限长的。对于无限长序列，可采用矩形窗将其截断，得到一个长度为 N 的有限长序列。

3.3.1 离散傅里叶变换的定义

为了引入周期序列的概念，可以把长度为 N 的有限长序列 $x(n)$ 看作周期为 N 的周期序列 $\tilde{x}(n)$ 的一个周期，即

$$x(n)=\begin{cases}\tilde{x}(n), & 0\leqslant n\leqslant N-1\\ 0, & 其他\end{cases} \tag{3.3.1}$$

而 $\tilde{x}(n)$ 则是 $x(n)$ 的周期延拓

$$\tilde{x}(n)=\sum_{r=-\infty}^{\infty}x(n+rN) \tag{3.3.2}$$

由于 $x(n)$ 的长度为 N，对于不同的 r，各项 $x(n+rN)$ 之间彼此不重叠。通常把 $\tilde{x}(n)$ 的第一个周期，即 $n=0$ 到 $n=N-1$，定义为 $\tilde{x}(n)$ 的主值区间，则 $x(n)$ 是 $\tilde{x}(n)$ 的主值序列（主值区间上的序列）。为了方便计算，常常把式（3.3.1）和式（3.3.2）表示为

$$\tilde{x}(n)=x[(n)]_N \tag{3.3.3}$$

$$x(n)=\tilde{x}(n)R_N(n) \tag{3.3.4}$$

式中，$R_N(n)$ 为矩形序列，即

$$R_N(n)=\begin{cases}1, & 0\leqslant n\leqslant N-1\\ 0, & 其他\end{cases}$$

$[(n)]_N$ 是余数运算表达式，表示 n 对 N 求余数，或称 n 对 N 取模值。令 $n=n_1+n_2N$，$0\leqslant n_1\leqslant N-1$，则 n_1 是 n 对 N 的余数，不管 n_1 加上多少倍的 N，余数均等于 n_1，也就是周期性重复出现的 $x[(n)]_N$ 的值是相等的。例如，$\tilde{x}(n)$ 是长度为 $N=7$ 的序列 $x(n)$，以 $N=7$ 为周期的周期延拓序列，求 $\tilde{x}(24)$ 和 $\tilde{x}(-2)$ 两数对 N 的余数。由于

$$n = 24 = 3\times 7 + 3\text{，得到}[(24)]_7 = 3$$

$$n = -2 = (-1)\times 7 + 5\text{，得到}[(-2)]_7 = 5$$

因此，$\tilde{x}(24) = x(3)$，$\tilde{x}(-2) = x(5)$。

3.2 节讨论了周期为 N 的周期序列 $\tilde{x}(n)$ 的离散傅里叶级数系数 $\tilde{X}(k)$ 也是周期为 N 的周期序列。有限长序列 $X(k)$ 是 $\tilde{X}(k)$ 在主值区间 $0 \leqslant k \leqslant N-1$ 的主值序列，而 $\tilde{X}(k)$ 是 $X(k)$ 以 N 为周期的周期延拓，即

$$X(k) = \tilde{X}(k)R_N(k) \tag{3.3.5}$$

$$\tilde{X}(k) = X[(k)]_N \tag{3.3.6}$$

在式（3.2.10）和式（3.2.11）的 DFS 公式中，求和只限于主值区间，因而这种变换关系也适合主值序列 $x(n)$ 和 $X(k)$，于是得到长度为 N 的有限长序列的离散傅里叶变换（Discrete Fourier Transform，DFT）的定义式为

$$X(k) = \text{DFT}[x(n)] = \begin{cases} \sum_{n=0}^{N-1} x(n)W_N^{kn}, & 0 \leqslant k \leqslant N-1 \\ 0, & \text{其他} \end{cases} \tag{3.3.7}$$

$$x(n) = \text{IDFT}[X(k)] = \begin{cases} \dfrac{1}{N}\sum_{k=0}^{N-1} X(k)W_N^{-kn}, & 0 \leqslant n \leqslant N-1 \\ 0, & \text{其他} \end{cases} \tag{3.3.8}$$

或者简写为

$$X(k) = \text{DFT}[x(n)] = \sum_{n=0}^{N-1} x(n)W_N^{kn}R_N(k) \tag{3.3.9}$$

$$x(n) = \text{IDFT}[X(k)] = \frac{1}{N}\sum_{k=0}^{N-1} X(k)W_N^{-kn}R_N(n) \tag{3.3.10}$$

式（3.3.9）称为离散傅里叶变换，式（3.3.10）称为离散傅里叶反变换。$x(n)$ 和 $X(k)$ 构成离散傅里叶变换对。已知 $x(n)$ 能唯一确定 $X(k)$，同样已知 $X(k)$ 能唯一确定 $x(n)$。长度为 N 的有限长序列 $x(n)$，可以通过在序列后补零增加其长度，因此对 $x(n)$ 可以做 N 点 DFT，也可以做大于 N 点的 DFT，即变换区间长度大于或等于序列长度。

例 3.3.1 设序列 $x(n) = R_{16}(n)$，求其 32 点 DFT。

解 $X(k) = \sum_{n=0}^{15} x(n)W_{32}^{kn} = \sum_{n=0}^{15} \mathrm{e}^{-\mathrm{j}\frac{2\pi}{32}nk} = \mathrm{e}^{-\mathrm{j}\frac{31\pi}{32}k} \dfrac{\sin \pi k}{\sin \dfrac{\pi}{32}k}$

MATLAB 程序如下：

```
N=32;
xn=[ones(1,N/2),zeros(1,N/2)];
n=0: N-1;
k=0: N-1;
Xk=xn*exp(-j*2*pi/N).^(n'*k);        %离散傅里叶变换
subplot(3,1,1),stem(n,xn);
title('x(n)');axis([-1,N,1.1*min(xn),1.1*max(xn)]);
subplot(3,1,2),stem(k,abs(Xk));      %显示序列的幅度谱
title('|X(k)|');
axis([-1,N,1.1*min(abs(Xk)),1.1*max(abs(Xk))]);
subplot(3,1,3),stem(k,angle(Xk));   %显示序列的相位谱
```

```
title('arg|X(k)|');
axis([-1,N,1.1*min(angle(Xk)),1.1*max(angle(Xk))]);
```

程序运行结果如图 3.3.1 所示。

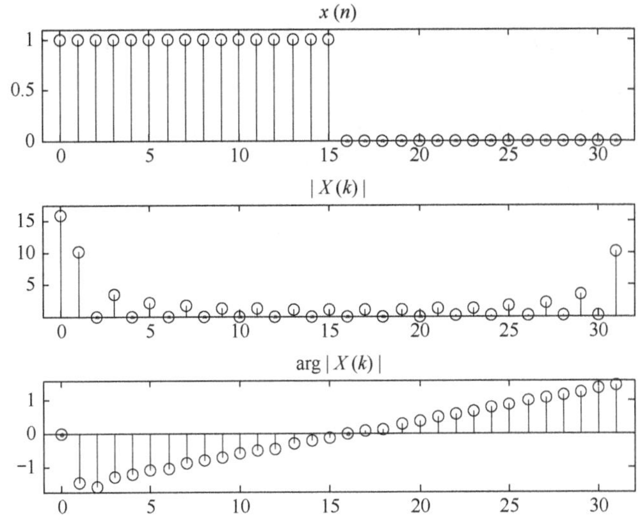

图 3.3.1　序列及其 DFT

3.3.2　DFT 与 Z 变换及 DTFT 之间的关系

由第 2 章内容可知，若 $x(n)$ 是长度为 N 的有限长序列，则其 Z 变换 $X(z)$ 的收敛域为整个 z 平面（可能不包含 $z=0$ 与 $z=\infty$），自然也包括单位圆。若对单位圆进行 N 等分，即在单位圆上等间隔取 N 个点，如图 3.3.2（a）所示。等分后的第 k 个点 $z_k=\mathrm{e}^{\mathrm{j}\frac{2\pi}{N}k}=W_N^{-k}$ 的 Z 变换值为

$$X(z_k)=\sum_{n=0}^{N-1}x(n)z^{-n}\Big|_{z=z_k=\mathrm{e}^{\mathrm{j}\frac{2\pi}{N}k}}=\sum_{n=0}^{N-1}x(n)\mathrm{e}^{-\mathrm{j}\frac{2\pi}{N}nk}=\sum_{n=0}^{N-1}x(n)W_N^{nk}=X(k) \tag{3.3.11}$$

可见，$x(n)$ 的 DFT $X(k)$ 是其 Z 变换 $X(z)$ 在单位圆上的 N 个等间隔抽样值。

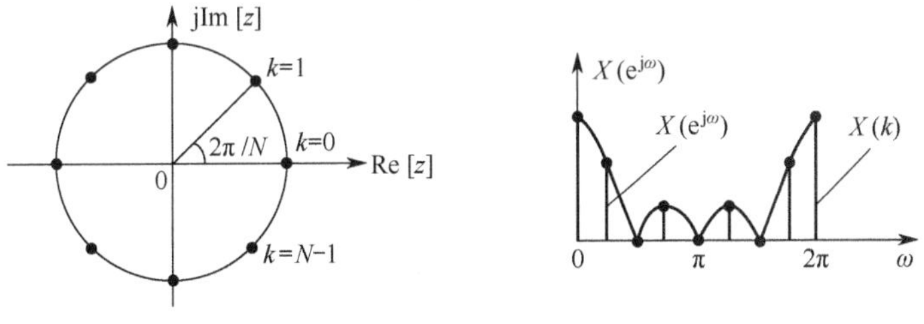

(a) z 平面单位圆上N等分点　　(b) $X(k)$是 $X(\mathrm{e}^{\mathrm{j}\omega})$的取样值

图 3.3.2　DFT 与 $X(z)$及 DTFT 关系

单位圆上的 Z 变换就是序列的 DTFT，所以 $X(k)$ 是 $x(n)$ 的傅里叶变换 $X(\mathrm{e}^{\mathrm{j}\omega})$ 在各频率点 $\omega_k=\dfrac{2\pi}{N}k$（$k=0,1,\cdots,N-1$）上的抽样值，其抽样间隔为 $\dfrac{2\pi}{N}$，如图 3.3.2（b）所示。所以序列的 DFT 和 DTFT 之间的关系为

$$X(k)=X(\mathrm{e}^{\mathrm{j}\omega})\Big|_{\omega=\frac{2\pi}{N}k} \tag{3.3.12}$$

总之，对 Z 变换 $X(z)$ 在单位圆上等间隔抽样或对 $X(\mathrm{e}^{\mathrm{j}\omega})$ 等间隔抽样就可得到 DFT。

3.3.3 几种频率的关系

到目前为止，已经学习了三种频率，分别是物理频率、模拟角频率和数字角频率，下面讨论这几种频率之间的关系。

首先，在连续时间信号与系统分析中学习的物理频率 f 和模拟角频率 Ω 的单位分别是赫兹（Hz）和弧度/秒（rad/s），而且在分析中对其取值没有限制，可以包括负频率。它们之间的关系为 $\Omega=2\pi f$，都是连续变量。

在 2.5 节学习了序列的傅里叶变换，讨论了离散时间信号的频域分析，并引入了离散信号的数字角频率 ω，单位为弧度（rad）。通过时域抽样定理，建立了模拟角频率和数字角频率之间的关系

$$\omega=\Omega T=\frac{2\pi f}{f_s} \tag{3.3.13}$$

式中，T 为抽样间隔，f_s 为抽样频率。按照抽样定理，$\frac{f_s}{2}$ 是抽样信号能取的最高频率，所以 $\omega=\pi$ 就是数字频率能取的最高频率。由于离散时间信号的频谱具有周期性，因此数字频率的有效取值范围为 $-\pi\leqslant\omega\leqslant\pi$ 或 $0\leqslant\omega\leqslant 2\pi$。虽然信号在时域是离散的，但 ω 仍然是连续变量。

本节为了引出有限长序列的离散傅里叶变换，对数字频率 ω 在 $0\leqslant\omega\leqslant 2\pi$ 范围内进行了 N 点的等间隔抽样，每个抽样点的间隔为 $\frac{2\pi}{N}$，并引入了离散数字频率的概念，用 k 表示，其取值范围为 $0\leqslant k\leqslant N-1$ 的整数。离散频率、数字频率和模拟频率的关系为

$$k\Leftrightarrow\omega=\frac{2\pi}{N}k\Leftrightarrow f=\frac{f_s}{N}k \tag{3.3.14}$$

当离散频率 $k=\frac{N}{2}$ 时，数字频率 $\omega=\pi$。如果是对连续时间信号进行抽样，$k=\frac{N}{2}$ 就对应连续时间信号的 $\frac{f_s}{2}$，也即信号的最高频率，而 $\frac{N}{2}+1\leqslant k\leqslant N-1$ 与模拟频率的 $-\frac{f_s}{2}\leqslant f\leqslant 0$ 范围对应。

以上几种频率之间的关系在对模拟信号进行数字化和利用模拟滤波器设计数字滤波器的过程中起着十分重要的作用。

3.4 离散傅里叶变换的性质

本节我们来讨论有限长序列离散傅里叶变换（DFT）的一些性质。由于 DFT 与 DFS 之间联系紧密，这些性质本质上与 DFS 的概念有关，其中多数性质起因于 DFT 表示式中隐含的周期性。

3.4.1 离散傅里叶变换隐含的周期性

在式（3.3.9）和式（3.3.10）的 DFT 变换对中，$x(n)$ 和 $X(k)$ 均是长度为 N 的有限长序

列，但由于 W_N^{nk} 的周期性，使变换对中的 $X(k)$ 隐含周期性，且周期为 N，其满足

$$X(k+lN)=\sum_{n=0}^{N-1}x(n)W_N^{(k+lN)n}R_N(k)=\sum_{n=0}^{N-1}x(n)W_N^{kn}R_N(k)=X(k) \tag{3.4.1}$$

类似地，$x(n)$ 满足

$$x(n+lN)=\frac{1}{N}\sum_{k=0}^{N-1}X(k)W_N^{-k(n+lN)}R_N(n)=\frac{1}{N}\sum_{k=0}^{N-1}X(k)W_N^{-kn}R_N(n)=x(n) \tag{3.4.2}$$

在涉及 DFT 关系的场合，有限长序列总是表示成周期序列的主值序列，都隐含着周期性意义。

3.4.2　离散傅里叶变换的性质

掌握 DFT 的性质，一方面将对 DFT 有进一步了解，另一方面也可以简化 DFT 的运算。在下面的讨论中，认为 $x_1(n)$、$x_2(n)$ 都是长度为 N 的有限长序列，若 $x_1(n)$、$x_2(n)$ 的长度不同，则将长度小的序列补零以使二者的长度相同，且它们的 DFT 分别为

$$X_1(k)=\text{DFT}[x_1(n)],\quad X_2(k)=\text{DFT}[x_2(n)]$$

1. 线性性质

若有限长序列 $x(n)$ 是 $x_1(n)$、$x_2(n)$ 的线性组合，即

$$x(n)=ax_1(n)+bx_2(n)$$

式中，a、b 为任意常数，则 $x(n)$ 的离散傅里叶变换为

$$X(k)=\text{DFT}[x(n)]=\text{DFT}[ax_1(n)+bx_2(n)]=aX_1(k)+bX_2(k) \tag{3.4.3}$$

2. 循环移位性质

长度为 N 的有限长序列 $x(n)$ 的循环移位过程是：首先将 $x(n)$ 以 N 为周期进行周期延拓，得到周期序列

$$\tilde{x}(n)=x[(n)]_N$$

然后将 $\tilde{x}(n)$ 移位 m 点（m 为正时左移，为负时右移），得到移位后的周期序列

$$\tilde{x}(n+m)=x[(n+m)]_N$$

最后取 $\tilde{x}(n+m)$ 的主值序列，得到

$$x_1(n)=x[(n+m)]_N R_N(n) \tag{3.4.4}$$

则 $x_1(n)$ 就是 $x(n)$ 循环移位 m 点后的结果序列。显然，循环移位序列 $x_1(n)$ 仍然是长度为 N 的有限长序列。$x(n)$ 的循环移位过程如图 3.4.1 所示。由图 3.4.1 可见，当 $x(n)$ 循环移位时，序列值从主值区间（$0\sim N-1$）一端移出，而相同的序列值又从另一端移入主值区间。这可以想象为将 $x(n)$ 缠绕在 N 等分的圆周上，移位时，将

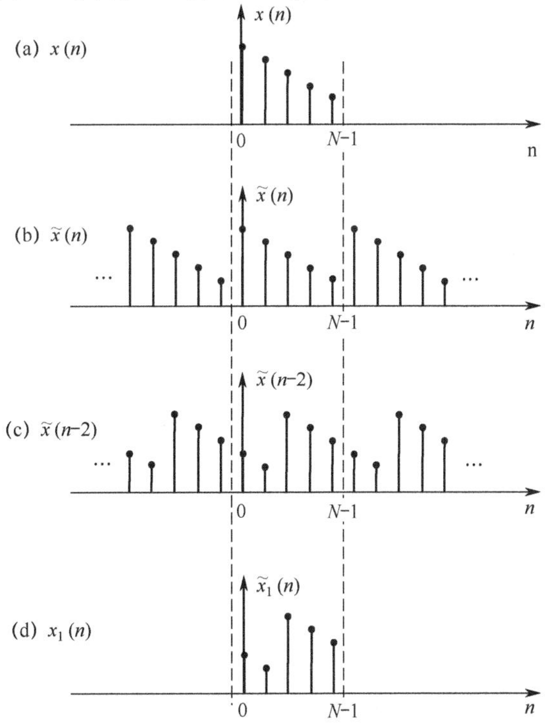

图 3.4.1　$x(n)$的循环移位过程

$x(n)$旋转，然后从$n=0$点开始读取序列值，即得循环移位结果，故又称为圆周移位。

循环移位包括三层意思：①将$x(n)$进行周期延拓得$\tilde{x}(n)=x[(n)]_N$；②对周期序列$\tilde{x}(n)$进行移位；③取主值序列，得到移位结果$x_1(n)=x[(n+m)]_N R_N(n)$。

例 3.4.1 已知有限长序列$x(n)=(n+1)R_6(n)$，求$x(n)$循环左移两位序列$y(n)$，并画出循环移位的中间过程。

解 MATLAB 程序如下：

```
xn=[1,2,3,4,5,6];                        %建立序列 xn
Nx=length(xn);nx=0:Nx-1;
nx1=-Nx:2*Nx-1;                          %设立周期延拓的范围
x1=xn(mod(nx1,Nx)+1);                    %建立周期延拓序列 x1
ny1=nx1-2;y1=x1;                         %将 x1 左移 2 位，得到 y1
RN=(nx1>=0)&(nx1<Nx);                    %设置 xn 的主值区间
RN1=(ny1>=0)&(ny1<Nx);                   %设置 y1 的主值区间
subplot(4,1,1),stem(nx1,RN.*x1);         %画出 x1 的主值序列
title('主值序列');
subplot(4,1,2),stem(nx1,x1);             %画出 x1
title('周期序列');
subplot(4,1,3),stem(ny1,y1);             %画出 y1
title('移位周期序列');
subplot(4,1,4),stem(ny1,RN1.*y1);        %画出 y1 的主值序列
title('移位主值序列');
```

运行结果如图 3.4.2 所示。

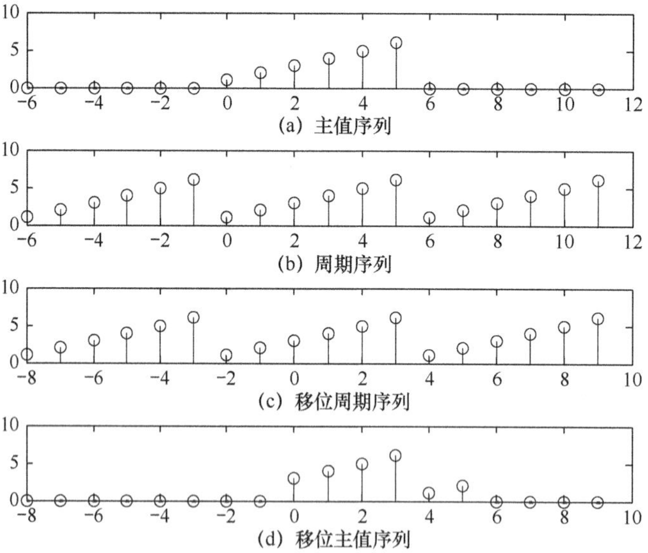

图 3.4.2 有限长序列的循环移位

1）时域循环移位性质

若有限长序列$x(n)$的 DFT 为$X(k)$，$y(n)$的 DFT 为$Y(k)$，且$y(n)$为$x(n)$循环移位m点后得到的序列，即

$$y(n)=x[(n+m)]_N R_N(n)$$

则有

$$Y(k)=\mathrm{DFT}[y(n)]=\mathrm{e}^{\mathrm{j}\frac{2\pi}{N}mk}X(k)=W_N^{-mk}X(k) \tag{3.4.5}$$

证明　依 DFT 定义有

$$Y(k)=\sum_{n=0}^{N-1}x[(n+m)]_N R_N(n)W_N^{kn}=\sum_{n=0}^{N-1}x[(n+m)]_N W_N^{kn}$$

令 $n+m=r$ 进行变量代换，得

$$Y(k)=\sum_{r=m}^{m+N-1}x[(r)]_N W_N^{k(r-m)}=W_N^{-km}\sum_{r=m}^{m+N-1}x[(r)]_N W_N^{kr}$$

上式右端求和式中的 $x[(r)]_N W_N^{kr}$ 是以 N 为周期的，所以在其任一周期内求和的结果都相同。因此可将上式的求和区间改为主值区间，从而得到

$$Y(k)=W_N^{-km}\sum_{r=0}^{N-1}x[(r)]_N W_N^{kr}=W_N^{-km}\sum_{r=0}^{N-1}x(r)_N W_N^{kr}=W_N^{-km}X(k)$$

2）频域循环移位性质（调制性质）

与时域中的 $x(n)$ 类似，对于频域，有限长序列 $X(k)$ 也可以进行循环移位。若频域序列 $X(k)$ 的 IDFT 为 $x(n)$，$Y(k)$ 为序列 $X(k)$ 循环移位 l 个单位后得到的序列，则有

$$\mathrm{IDFT}[Y(k)]=\mathrm{IDFT}\{X[(k+l)]_N R_N(k)\}=\mathrm{e}^{-\mathrm{j}\frac{2\pi}{N}nl}x(n)=W_N^{nl}x(n) \tag{3.4.6}$$

证明与时域移位性质类似。

例 3.4.2　已知 $X(k)=\mathrm{DFT}[x(n)]$，求序列 $x(n)\cos\left(\dfrac{2\pi}{N}nl\right)$ 的 DFT。

解　依据频域移位性质，得

$$\mathrm{DFT}\left[x(n)\mathrm{e}^{\mathrm{j}\frac{2\pi}{N}nl}\right]=X\left[(k-l)\right]_N R_N(k)$$

$$\mathrm{DFT}\left[x(n)\mathrm{e}^{-\mathrm{j}\frac{2\pi}{N}nl}\right]=X\left[(k+l)\right]_N R_N(k)$$

则所求 DFT 为

$$\mathrm{DFT}\left[x(n)\cos\left(\frac{2\pi}{N}nl\right)\right]=\mathrm{DFT}\left[\frac{1}{2}x(n)\mathrm{e}^{\mathrm{j}\frac{2\pi}{N}nl}+\frac{1}{2}x(n)\mathrm{e}^{-\mathrm{j}\frac{2\pi}{N}nl}\right]$$
$$=\frac{X\left[(k-l)\right]_N R_N(k)+X\left[(k-l)\right]_N R_N(k)}{2}$$

3. 循环反褶性质

如果将一个 N 点的序列反褶，那么其结果 $x(-n)$ 将不会是一个 N 点序列，不可能计算它的 DFT。因此应用模 N 运算，定义

$$x\left[(-n)\right]_N R_N(n)=\begin{cases}x(0), & n=0\\ x(N-n), & 1\leqslant n\leqslant N-1\end{cases} \tag{3.4.7}$$

称为循环反褶，其 DFT 为

$$\mathrm{DFT}\{x[(-n)]_N R_N(k)\} = X[(-k)]_N R_N(k) \tag{3.4.8}$$

证明 由定义得

$$\mathrm{DFT}\{x[(-n)]_N R_N(k)\} = \sum_{n=0}^{N-1} x[(-n)]_N R_N(k) W_N^{kn}$$

$$= x(0)W_N^{k\cdot 0} + \sum_{n=1}^{N-1} x(N-n)W_N^{kn}$$

令 $n_1 = N-n$，则上式变为

$$\mathrm{DFT}\{x[(-n)]_N R_N(k)\} = x(0)W_N^{k\cdot 0} + \sum_{n_1=1}^{N-1} x(n_1)W_N^{k(N-n_1)}$$

由于 $W_N^{n_1N} = W_N^{kN} = 1$，所以将上式右边第二项中的 W_N^{kN} 用 $W_N^{n_1N}$ 替换，再用 n 替换 n_1，并将右边第一项的 $W_N^{k\cdot 0}$ 用 $W_N^{(N-k)\cdot 0}$ 替换，则上式可写为

$$\mathrm{DFT}\{x[(-n)]_N R_N(k)\} = x(0)W_N^{(N-k)\cdot 0} + \sum_{n=1}^{N-1} x(n)W_N^{(N-k)n}$$

$$= \sum_{n=0}^{N-1} x(n)W_N^{(N-k)n}$$

$k=0$ 时，有

$$\mathrm{DFT}\{x[(-n)]_N R_N(k)\} = \sum_{n=0}^{N-1} x(n)W_N^{Nn} = \sum_{n=0}^{N-1} x(n)W_N^{0n} = X(0)$$

$k=1,2,\cdots,N-1$ 时，有

$$\mathrm{DFT}\{x[(-n)]_N R_N(k)\} = \sum_{n=0}^{N-1} x(n)W_N^{(N-k)n} = \sum_{n=0}^{N-1} x(n)W_N^{0n} = X(N-k)$$

根据式（3.4.7），将上面两式合并，得到

$$\mathrm{DFT}\{x[(-n)]_N R_N(k)\} = X[(-k)]_N R_N(k)$$

4. 序列的累加

长度为 N 的序列 $x(n)$ 各抽样值的总和等于其离散傅里叶变换 $X(k)$ 在 $k=0$ 处的值，即

$$X(k)|_{k=0} = \sum_{n=0}^{N-1} x(n)W_N^{kn}|_{k=0} = \sum_{n=0}^{N-1} x(n) \tag{3.4.9}$$

5. 序列的初始值

长度为 N 的序列 $x(n)$ 的初始值 $x(0)$ 等于其离散傅里叶变换 $X(k)$ 各抽样值的总和再除以 N，即

$$x(0) = x(n)|_{n=0} = \frac{1}{N}\sum_{k=0}^{N-1} X(k)W_N^{-kn}|_{n=0} = \frac{1}{N}\sum_{k=0}^{N-1} X(k) \tag{3.4.10}$$

6. 共轭对称性质

第 2 章曾经指出任何序列都可以分解为共轭对称分量和共轭反对称分量之和，所设计的序列时宽是不受限制的。离散傅里叶变换也有类似的对称性，但在离散傅里叶变换中涉

及的序列 $x(n)$ 及其离散傅里叶变换 $X(k)$ 均为有限长序列，其定义区间为 $[0,N-1]$，所以这里的对称性是指关于 $\frac{N}{2}$ 点对称。

1）周期序列的共轭对称分量与共轭反对称分量

对于周期为 N 的周期序列 $\tilde{x}(n)$，定义其共轭对称分量与共轭反对称分量分别为

$$\tilde{x}_e(n)=\frac{1}{2}[\tilde{x}(n)+\tilde{x}^*(-n)]=\frac{1}{2}\{x[(n)]_N+x^*[(N-n)]_N\} \tag{3.4.11}$$

$$\tilde{x}_o(n)=\frac{1}{2}[\tilde{x}(n)-\tilde{x}^*(-n)]=\frac{1}{2}\{x[(n)]_N-x^*[(N-n)]_N\} \tag{3.4.12}$$

则 $\tilde{x}(n)$ 可以表示为共轭对称分量与共轭反对称分量之和，即

$$\tilde{x}(n)=\tilde{x}_e(n)+\tilde{x}_o(n) \tag{3.4.13}$$

可证明下式成立：

$$\tilde{x}_e(n)=\tilde{x}_e^*(-n)$$

$$\tilde{x}_o(n)=-\tilde{x}_o^*(-n)$$

2）有限长序列的圆周共轭对称分量与圆周共轭反对称分量

在周期序列 $\tilde{x}(n)$ 的共轭对称分量与共轭反对称分量的基础上，令长度为 N 的有限长序列 $x(n)$ 是周期序列 $\tilde{x}(n)$ 的主值序列，定义有限长序列 $x(n)$ 的圆周共轭对称分量与圆周共轭反对称分量分别为

$$x_{ep}(n)=\tilde{x}_e(n)R_N(n)=\frac{1}{2}\{x[(n)]_N+x^*[(N-n)]_N\}R_N(n) \tag{3.4.14}$$

$$x_{op}(n)=\tilde{x}_o(n)R_N(n)=\frac{1}{2}\left\{x[(n)]_N-x^*[(N-n)]_N\right\}R_N(n) \tag{3.4.15}$$

因为

$$x(n)=\tilde{x}(n)R_N(n)=[\tilde{x}_e(n)+\tilde{x}_o(n)]R_N(n)=\tilde{x}_e(n)R_N(n)+\tilde{x}_o(n)R_N(n)$$

所以

$$x(n)=x_{ep}(n)+x_{op}(n) \tag{3.4.16}$$

即有限长序列 $x(n)$ 可以表示为圆周共轭对称分量与圆周共轭反对称分量之和。注意，$x_{ep}(n)$、$x_{op}(n)$ 并不是周期序列，它们是有限长序列，分别等于周期序列 $\tilde{x}_e(n)$、$\tilde{x}_o(n)$ 的一个周期。对于 $X(k)$ 也有类似的结论。

基于以上讨论，并考虑 DFS 与 DFT 的关系，可以推导出 DFT 以下一些对称性质。

对称性质 1　若 $X(k)=\text{DFT}[x(n)]$，则复数共轭序列 $x^*(n)$ 的 DFT 为

$$\text{DFT}[x^*(n)]=X^*[(-k)]_N R_N(k)=X^*[(N-k)]_N R_N(k) \tag{3.4.17}$$

证明

$$\text{DFT}[x^*(n)]=\sum_{n=0}^{N-1}x^*(n)W_N^{nk}R_N(k)$$

$$=\left[\sum_{n=0}^{N-1}x(n)W_N^{-nk}\right]^*R_N(k)$$

由于

$$W_N^{Nn}=\mathrm{e}^{-\mathrm{j}\frac{2\pi}{N}nN}=\mathrm{e}^{-\mathrm{j}2\pi n}=1$$

因此

$$\begin{aligned}\mathrm{DFT}[x^*(n)]&=\left[\sum_{n=0}^{N-1}x(n)W_N^{Nn}W_N^{-nk}\right]^*R_N(k)\\&=\left[\sum_{n=0}^{N-1}x(n)W_N^{(N-k)n}\right]R_N(k)\\&=X^*\left[(N-k)\right]_N R_N(k)\end{aligned}$$

对称性质 2 若 $X(k)=\mathrm{DFT}[x(n)]$，则

$$\mathrm{DFT}\left\{x^*\left[(-n)\right]_N R_N(n)\right\}=X^*(k) \tag{3.4.18}$$

证明

$$\begin{aligned}\mathrm{DFT}\left\{x^*\left[(-n)\right]_N R_N(n)\right\}&=\sum_{n=0}^{N-1}x^*\left[(-n)\right]_N R_N(n)W_N^{nk}\\&=\left\{\sum_{n=0}^{N-1}x\left[(-n)\right]_N W_N^{-nk}\right\}^*=\left\{\sum_{n=0}^{-(N-1)}x\left[(-n)\right]_N W_N^{nk}\right\}^*\\&=\left[\sum_{n=0}^{N-1}x(n)W_N^{nk}\right]^*=X^*(k)\end{aligned}$$

对称性质 3 若 $X(k)=\mathrm{DFT}[x(n)]$，则

$$\mathrm{DFT}\{\mathrm{Re}[x(n)]\}=\frac{1}{2}\left\{X\left[(k)\right]_N+X^*\left[(N-k)\right]_N\right\}R_N(k)=X_{ep}(k) \tag{3.4.19}$$

证明 因为 $\mathrm{Re}[x(n)]=\frac{1}{2}[x(n)+x^*(n)]$，所以

$$\begin{aligned}\mathrm{DFT}\{\mathrm{Re}[x(n)]\}&=\frac{1}{2}\{\mathrm{DFT}[x(n)]+\mathrm{DFT}[x^*(n)]\}\\&=\frac{1}{2}\left\{X(k)+X^*\left[(N-k)\right]_N R_N(k)\right\}\\&=\frac{1}{2}\left\{X[0(k)]_N+X^*\left[(N-k)\right]_N\right\}R_N(k)\\&=X_{ep}(k)\end{aligned}$$

可见，复数序列实部的 DFT 等于该序列 DFT $X(k)$ 的圆周共轭对称分量。

对称性质 4 若 $X(k)=\mathrm{DFT}[x(n)]$，则

$$\mathrm{DFT}\{\mathrm{jIm}[x(n)]\}=\frac{1}{2}\left\{X[(k)]_N-X^*\left[(N-k)\right]_N\right\}R_N(k)=X_{op}(k) \tag{3.4.20}$$

证明 因为 $\mathrm{jIm}[x(n)]=\frac{1}{2}[x(n)-x^*(n)]$，所以

$$\begin{aligned}\mathrm{DFT}\{\mathrm{jIm}[x(n)]\}&=\frac{1}{2}\{\mathrm{DFT}[x(n)]-\mathrm{DFT}[x^*(n)]\}\\&=\frac{1}{2}\left\{X(k)-X^*\left[(N-k)\right]_N R_N(k)\right\}\\&=\frac{1}{2}\left\{X\left[(k)\right]_N-X^*\left[(N-k)\right]_N\right\}R_N(k)\\&=X_{op}(k)\end{aligned}$$

可见，复数序列虚部的 DFT 等于该序列的 DFT $X(k)$ 的圆周共轭反对称分量。

对称性质 5 和对称性质 6　与对称性质 3、对称性质 4 的方法类似，可证明

$$\mathrm{Re}[X(k)] = \mathrm{DFT}[x_{ep}(n)] \tag{3.4.21}$$

$$\mathrm{j\,Im}[X(k)] = \mathrm{DFT}[x_{op}(n)] \tag{3.4.22}$$

对称性质 7　$X(k)$ 的圆周共轭对称分量 $X_{ep}(k)$ 与圆周共轭反对称分量 $X_{op}(k)$ 的对称性。

（1）$X(k) = X_{ep}(k) + X_{op}(k)$　（3.4.23）

（2）$X_{ep}(k) = X_{ep}^{*}\left[(-k)\right]_N R_N(k) = X_{ep}^{*}\left[(N-k)\right]_N R_N(k)$　（3.4.24）

这说明 $X_{ep}(k)$ 的实部是偶对称的，而其虚部是奇对称的。

（3）$X_{op}(k) = -X_{op}^{*}\left[(-k)\right]_N R_N(k) = -X_{op}^{*}\left[(N-k)\right]_N R_N(k)$　（3.4.25）

同样，式(3.3.19）表明 $X_{op}(k)$ 实部是奇对称的，而其虚部是偶对称的。

对称性质 8　虚、实数序列的对称特性。当 $x(n)$ 为纯虚序列时，由对称性质 4 可知，其 DFT 只有圆周共轭反对称分量，即

$$X(k) = -X^{*}\left[(N-k)\right]_N R_N(k) \tag{3.4.26}$$

当 $x(n)$ 为实数序列时，由对称性质 3 可知，其 DFT 只有周期共轭对称分量，即

$$X(k) = X^{*}\left[(N-k)\right]_N R_N(k) \tag{3.4.27}$$

实际中经常需要对实数序列进行 DFT，利用上述性质，可减少 DFT 运算量，提高运算效率。例如，计算实数序列的 N 点 DFT 时，当 N 为偶数时，只须计算前面 $\dfrac{N}{2}+1$ 点，而 N 为奇数时，只须计算前面 $\dfrac{N+1}{2}$ 点，其他点可按照式（3.4.27）求得。这样可以减少近一半的运算量。

7. 帕塞瓦尔（Parseval）定理

设 $x(n)$、$y(n)$ 均为 N 点有限长序列，若

$$X(k) = \mathrm{DFT}[x(n)],\quad Y(k) = \mathrm{DFT}[y(n)]$$

则

$$\sum_{n=0}^{N-1} x(n)y^{*}(n) = \frac{1}{N}\sum_{n=0}^{N-1} X(k)Y^{*}(k) \tag{3.4.28}$$

证明

$$\begin{aligned}\sum_{n=0}^{N-1} x(n)y^{*}(n) &= \sum_{n=0}^{N-1} x(n)\left[\frac{1}{N}\sum_{k=0}^{N-1} Y(k)W_N^{-kn}\right]^{*} \\ &= \frac{1}{N}\sum_{k=0}^{N-1} Y^{*}(k)\sum_{n=0}^{N-1} x(n)W_N^{kn} = \frac{1}{N}\sum_{k=0}^{N-1} X(k)Y^{*}(k)\end{aligned}$$

这是 DFT 形式下的帕塞瓦尔定理。只须令 $y(n) = x(n)$，便可得到有明确物理意义的能量计算公式，即

$$\sum_{n=0}^{N-1} |x(n)|^2 = \frac{1}{N}\sum_{n=0}^{N-1} |X(k)|^2 \tag{3.4.29}$$

该定理说明，一个序列在时域中计算的能量与在频域中计算的能量是相等的。

3.5 有限长序列的循环卷积定理和循环相关定理

3.5.1 有限长序列的循环卷积

对于两个长度分别为 N_1 和 N_2 的有限长序列 $x_1(n)$、$x_2(n)$，若

$$y(n)=\left[\sum_{m=0}^{N-1}\tilde{x}(m)\tilde{h}(n-m)\right]R_N(n) \tag{3.5.1}$$

或者等效为

$$y(n)=\left\{\sum_{m=0}^{N-1}x[(m)]_N\,h[(n-m)]_N\right\}R_N(n) \tag{3.5.2}$$

式中，$N\geqslant\max[N_1,N_2]$，则称 $y(n)$ 为 $x(n)$ 和 $h(n)$ 的循环卷积，又称循环卷积。式（3.5.2）的循环卷积是先以 N 为周期，将 $x(n)$ 和 $h(n)$ 延拓为周期为 N 的周期序列 $\tilde{x}(n)$ 和 $\tilde{h}(n)$，再计算 $\tilde{x}(n)$ 和 $\tilde{h}(n)$ 的周期卷积得到 $\tilde{y}(n)$，最后取周期卷积 $\tilde{y}(n)$ 的主值区间形成的序列。因为，当 $0\leqslant m\leqslant N-1$ 时，$[(m)]_N=m$，所以式（3.5.2）又可写为

$$\begin{aligned}y(n)&=\sum_{m=0}^{N-1}\left\{x[(m)]_N\,h[(n-m)]_N\right\}R_N(m)\\&=\sum_{m=0}^{N-1}x(m)\left\{h[(n-m)]_N\,R_N(m)\right\},\ 0\leqslant n\leqslant N-1\end{aligned} \tag{3.5.3}$$

式（3.5.3）也称为 N 点循环卷积，其中 $\left\{h[(n-m)]_N\,R_N(m)\right\}$ 是一个循环反褶和循环移位。因此，循环卷积的计算过程和线性卷积的计算过程基本相似，只要将线性卷积中的反褶和移位变成循环反褶和循环移位就可以了。其计算步骤如下：

1）变量代换

由离散信号 $x(n)$ 和 $h(n)$ 进行变量代换，得到 $x(m)$和$h(m)$。

2）循环反褶

将 $h(m)$ 以 $m=0$ 为对称轴循环反褶，得到 $h[(-m)]_N\,R_N(m)$。

3）循环移位

将 $h[(-m)]_N\,R_N(m)$ 循环移位，得到 $h[(n-m)]_N\,R_N(m)$。

4）相乘

将以上得到的 $x(m)$ 和 $h[(n-m)]_N\,R_N(m)$ 的相同 m 值的对应点值相乘。

5）累加

计算累加 $\sum_{m=0}^{N-1}x(m)\left\{x[(n-m)]_N\,R_N(m)\right\}$。

具体过程如下：在计算循环卷积时，需将第二个序列循环地做时间反褶，再进行循环移位，卷积结果序列长度也为 N，所以式（3.5.3）也称为 N 点循环卷积。与线性卷积一样，循环卷积也满足交换律。循环卷积运算记为

$$y(n)=x(n)\circledN h(n)=h(n)\circledN x(n) \tag{3.5.4}$$

循环卷积过程如图 3.5.1 所示。由此可见，与线性卷积不同，循环卷积的所有操作都是在 N 点区间上进行的。

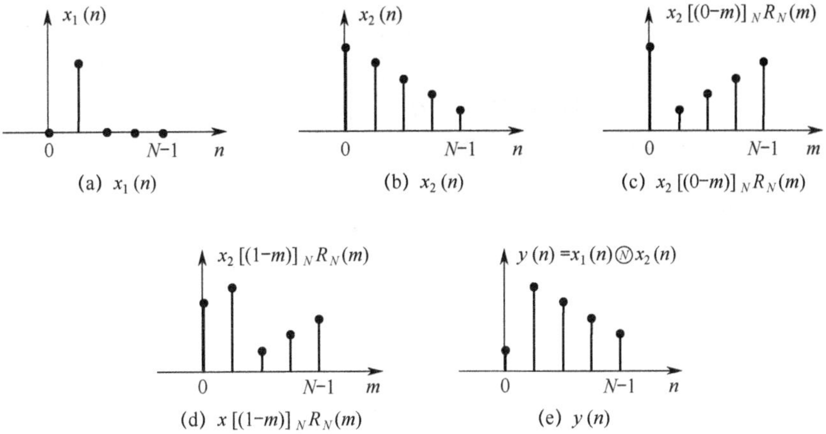

(a) $x_1(n)$　(b) $x_2(n)$　(c) $x_2[(0-m)]_N R_N(m)$

(d) $x[(1-m)]_N R_N(m)$　(e) $y(n)$

图 3.5.1　循环卷积过程

下面给出了计算两序列 N 点循环卷积的 MATLAB 程序。

```
function y=circonvt(x1,x2,N)
% 计算序列 x1 和 x2 的 N 点循环卷积
% y: N 点循环卷积输出序列
% x1:N1 点有限长序列
% x2: N2 点有限长序列
%算法: y(n)=sum(x1(m)*x2((n-m))modN)
%检查序列 x1 的长度
If(length(x1)>N
    error('N 必须大于等于 x1 的长度')
end
%检查序列 x2 的长度
If(length(x2)>N
    error('N 必须大于等于 x2 的长度')
end
x1=[x1 zeros(1,N-length(x1))];
x2=[x2 zeros(1,N-length(x2))];
m=[0:1:N-1];
x2=x2(mod(-m,N)+1);
H=zeros(N,N);
for n=1:1:N
    H(n, :)=cirshftt(x2,n-1,N);
End
y=x1*conj(H');
```

3.5.2　循环卷积定理

1. 时域循环卷积定理

设有限长序列 $x_1(n)$ 和 $x_2(n)$，长度分别为 N_1 和 N_2，$N \geqslant \max[N_1,N_2]$。$x_1(n)$ 和 $x_2(n)$ 的 N 点 DFT 分别为

$$\mathrm{DFT}[x_1(n)]=X_1(k),\quad \mathrm{DFT}[x_2(n)]=X_2(k)$$

如果

$$y(n)=x_1(n)Ⓝx_2(n) \tag{3.5.5}$$

则

$$Y(k)=\mathrm{DFT}[y(n)]=X_1(k)X_2(k) \tag{3.5.6}$$

证明 直接对式（3.5.5）两边进行DFT，得

$$\begin{aligned}Y(k)=\mathrm{DFT}[y(n)]&=\sum_{n=0}^{N-1}\left\{\sum_{m=0}^{N-1}x_1(m)x_2\left[(n-m)\right]_N R_N(n)\right\}W_N^{kn}\\&=\sum_{m=0}^{N-1}x_1(m)\sum_{n=0}^{N-1}x_2\left[(n-m)\right]_N W_N^{kn}\end{aligned}$$

令$n-m=r$，则有

$$\begin{aligned}Y(k)&=\sum_{m=0}^{N-1}x_1(m)\sum_{r=-m}^{N-1-m}x_2\left[(r)\right]_N W_N^{k(r+m)}\\&=\sum_{m=0}^{N-1}x_1(m)W_N^{km}\sum_{r=-m}^{N-1-m}x_2\left[(r)\right]_N W_N^{kr}\end{aligned}$$

因为上式中$x_2\left[(r)\right]_N W_N^{kr}$的周期为$N$，对其在区间$[-m,N-1-m]$和$[0,N-1]$上的求和结果相同。同时当$0\leqslant r\leqslant N-1$时，$x_2\left[(r)\right]_N=x_2(r)$。因此

$$\begin{aligned}Y(k)&=\sum_{m=0}^{N-1}x_1(m)W_N^{km}\sum_{r=0}^{N-1}x_2\left[(r)\right]_N W_N^{kr}\\&=\sum_{m=0}^{N-1}x_1(m)W_N^{km}\sum_{r=0}^{N-1}x_2(r)W_N^{kr}\\&=X_1(k)X_2(k),\quad 0\leqslant k\leqslant N-1\end{aligned}$$

该定理表明，两个等长序列循环卷积的离散傅里叶变换等于这两个序列的离散傅里叶变换的乘积。

时域循环卷积定理是DFT中很重要的定理，具有很强的实用性。已知系统输入和单位抽样响应，计算系统的输出及FIR滤波器用FFT实现等，都是该定理的重要应用。

2. 频域循环卷积定理

设有限长序列$x_1(n)$和$x_2(n)$，长度分别为N_1和N_2，$N\geqslant\max[N_1,N_2]$。$x_1(n)$和$x_2(n)$的N点DFT分别为

$$\mathrm{DFT}\left[x_1(n)\right]=X_1(k),\quad \mathrm{DFT}\left[x_2(n)\right]=X_2(k)$$

若

$$y(n)=x_1(n)x_2(n)$$

则

$$Y(k)=\frac{1}{N}X_1(k)Ⓝ X_2(k) \tag{3.5.7}$$

该定理表明，两个等长序列乘积的离散傅里叶变换等于这两个序列离散傅里叶变换的循环卷积。两个序列相乘也可理解为用一个序列去调制另一个序列的幅度，因此两个序列相乘也称为幅度调制，所以频域卷积定理也称为调制定理。该定理在无线电电子学中非常有用，是研究脉冲调制、解调和抽样系统的基础。

3.5.3　有限长序列的线性卷积和循环卷积

线性卷积是离散时间信号处理中非常重要的运算，如序列 $x(n)$ 通过单位抽样相应为 $h(n)$ 的线性移不变系统时，其输出序列 $y(n)$ 是输入序列 $x(n)$ 与 $h(n)$ 的线性卷积，即 $y(n)=x(n)*h(n)$。但是在时域中计算线性卷积的效率是非常低的，为了提高效率，希望采用具有快速算法的 DFT 来实现。然而，DFT 只能计算循环卷积。那么能否用循环卷积来代替线性卷积？下面通过分析二者的关系来讨论用循环卷积计算线性卷积的过程。

若 $x(n)$ 为 M 点有限长序列，$h(n)$ 为 L 点有限长序列，则二者的线性卷积为

$$y(n)=x(n)*h(n)=\sum_{m=-\infty}^{\infty}x(m)h(n-m)=\sum_{m=0}^{M-1}x(m)h(n-m)$$

从上式可以看出，$x(m)$ 的非零区间为 $0\leqslant m\leqslant M-1$，$h(n-m)$ 的非零区间为 $0\leqslant n-m\leqslant L-1$。将上述两不等式相加得卷积结果序列 $y(n)$ 的非零区间为 $0\leqslant n\leqslant M+L-2$，即 $y(n)$ 的长度为 $M+L-1$。例如，如图 3.5.2 所示，$x(n)$ 为 $M=4$ 的矩形序列［见图 3.5.2（a)］，$h(n)$ 为 $L=5$ 的矩形序列［见图 3.5.2（b)］，则它们的线性卷积 $y(n)$ 为 $M+L-1=8$ 点的有限长序列［见图 3.5.2（c)］。

接下来考虑 $x(n)$ 和 $h(n)$ 的 N（$N\geqslant\max[M,L]$）点循环卷积，这里用 $y_N(n)$ 来表示。因为循环卷积的结果是周期卷积的主值序列，所以先对 $x(n)$ 和 $h(n)$ 做长度为 $N\geqslant\max[M,L]$ 的周期卷积 $\tilde{y}_N(n)$，然后取 $\tilde{y}_N(n)$ 的主值序列得到 $y_N(n)$。为此，需要在 $x(n)$ 非零值后面补 $N-M$ 个零值点，在 $h(n)$ 非零值后面补 $N-L$ 个零值点，使 $x(n)$ 和 $h(n)$ 都为长度为 N 的序列，则

$$y_N(n)=\left\{\sum_{m=0}^{N-1}x(m)h\left[(n-m)\right]_N\right\}R_N(n)$$

而

$$h\left[(n-m)\right]_N=\sum_{r=-\infty}^{\infty}h(n-m+rN)$$

将上式代入 $y_N(n)$ 中，得

$$\begin{aligned}y_N(n)&=\left[\sum_{m=0}^{N-1}x(m)\sum_{r=-\infty}^{\infty}h(n-m+rN)\right]R_N(n)\\&=\left[\sum_{r=-\infty}^{\infty}\sum_{m=0}^{N-1}x(m)h(n-m+rN)\right]R_N(n)\\&=\left[\sum_{r=-\infty}^{\infty}y(n+rN)\right]R_N(n)\end{aligned}\tag{3.5.8}$$

由此可见，循环卷积 $y_N(n)$ 是线性卷积 $y(n)$ 以 N 为周期的周期延拓序列的主值序列。由于线性卷积 $y(n)$ 的长度是 $M+L-1$，所以只有当 $N\geqslant M+L-1$ 时，$y(n)$ 以 N 为周期进行周期延拓时才不会发生混叠，周期序列的主值序列 $y_N(n)$ 才等于 $y(n)$，即 N 点循环卷积代替线性卷积的条件是

$$N\geqslant M+L-1\tag{3.5.9}$$

图 3.5.2 反映了式（3.5.8）中线性卷积和循环卷积的关系。在图 3.5.2 中，序列 $x(n)$ 的

长度为$M=4$，序列$h(n)$的长度为$L=5$，于是线性卷积$y(n)$的长度为$M+L-1=8$。当循环卷积的点数$N\geqslant 8$时，循环卷积和线性卷积相同，见图 3.5.2（d）～（f）中$N=8$、9、10 的情况；当循环卷积的点数$N<8$时，此时循环卷积就是线性卷积的N点周期延拓再取N点主值序列，会产生混叠现象，不能代表线性卷积，见图 3.5.2（g）、（h）中$N=6$、7 的情况。对于产生混叠现象的情况，根据周期延拓的特点可以发现，当$N=6$时，线性卷积比循环卷积多两个点，多出来的两个点做如下处理：$y_6(0)=y(0)+y(6)$，$y_6(1)=y(1)+y(7)$；其余点不变，$y_6(2)=y(2)$，$y_6(3)=y(3)$，$y_6(4)=y(4)$，$y_6(5)=y(5)$。当$N=7$时也存在该规律，因此一般有$y_N(0)=y(0)+y(N)$，$y_N(1)=y(1)+y(N+1)$，……

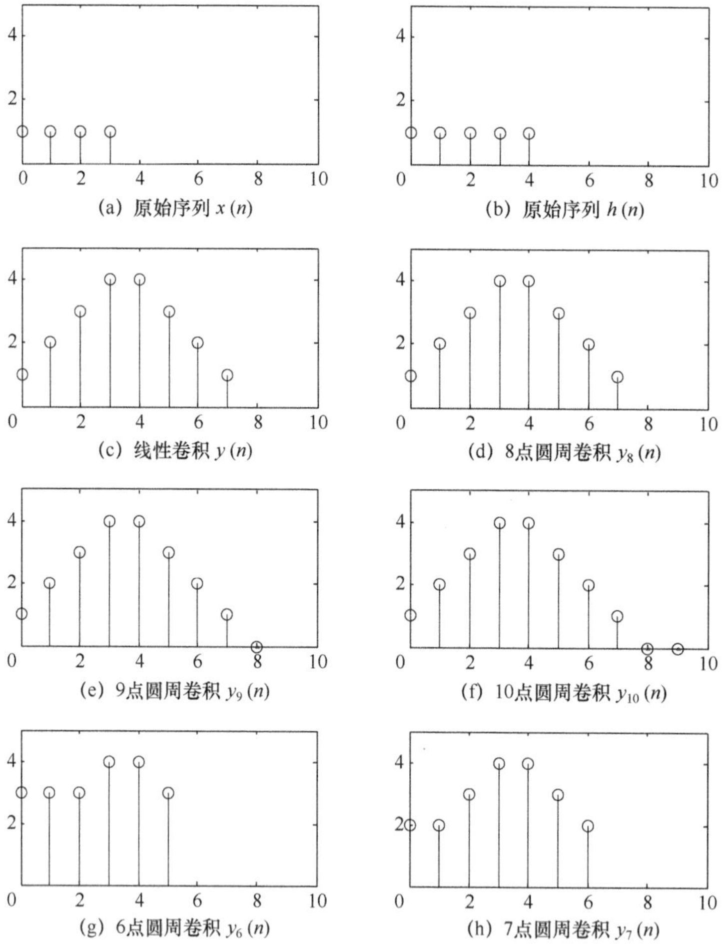

(a) 原始序列 $x(n)$　(b) 原始序列 $h(n)$

(c) 线性卷积 $y(n)$　(d) 8点圆周卷积 $y_8(n)$

(e) 9点圆周卷积 $y_9(n)$　(f) 10点圆周卷积 $y_{10}(n)$

(g) 6点圆周卷积 $y_6(n)$　(h) 7点圆周卷积 $y_7(n)$

图 3.5.2　有限长序列的线性卷积和循环卷积

实现图 3.5.2 的程序代码如下：

```
clc; close all; clear all;
x=[1 1 1 1];                %序列 x
h=[1 1 1 1 1];              %序列 y
y=conv(x,h);                %线性卷积
X8=fft(x,8);H8=fft(h,8);y8=ifft(X8.*H8);           %8 点循环卷积
X9=fft(x,9);H9=fft(h,9);y9=ifft(X9.*H9);           %9 点循环卷积
X10=fft(x,10);H10=fft(h,10);y10=ifft(X10.*H10);    %10 点循环卷积
```

```
X6=fft(x,6);H6=fft(h,6);y6=ifft(X6.*H6);         %6 点循环卷积
X7=fft(x,7);H7=fft(h,7);y7=ifft(X7.*H7);         %7 点循环卷积
 figure(1),
subplot(221),stem((0:length(x)-1),x);title('(1) 原始序列x(n)');axis([0 10 0 5]);
subplot(222), stem((0:length(h)-1),h);title('(2) 原始序列h(n)');axis([0 10 0 5]);
subplot(223),stem((0:length(y)-1),y);;title('(3) 线性卷积y(n)');axis([0 10 0 5]);
subplot(224), stem((0:length(y8)-1),y8); ;title('(4) 8 点循环卷积 y_8(n)');
axis([0 10 0 5]);
figure(2),
subplot(221), stem((0:length(y9)-1),y9); ;title('(5) 9 点循环卷积 y_9(n)');
axis([0 10 0 5]);
subplot(222), stem((0:length(y10)-1),y10); ;title('(6) 10 点循环卷积 y_1_0(n)');
axis([0 10 0 5]);
subplot(223), stem((0:length(y6)-1),y6); ;title('(7) 6 点循环卷积 y_6(n)');
axis([0 10 0 5]);
subplot(224), stem((0:length(y7)-1),y7); ;title('(8) 7 点循环卷积 y_7(n)');
axis([0 10 0 5]);
```

用循环卷积计算线性卷积的过程如图 3.5.3 所示。首先对 $x(n)$ 和 $h(n)$ 补零，然后对二者分别进行 DFT，在频域相乘，最后对相乘结果进行 IDFT，从而得到 $x(n)$ 和 $h(n)$ 的线性卷积。注意，一定要满足式（3.5.9）描述的条件。

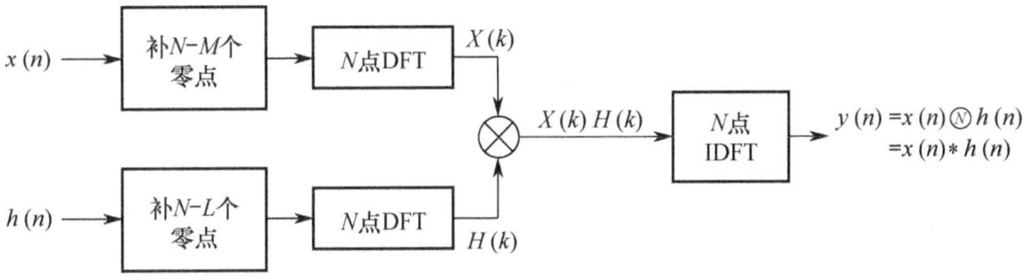

图 3.5.3　循环卷积计算线性卷积方框图

3.5.4　有限长序列的循环相关与循环相关定理

1. 循环相关

设有限长序列 $x(n)$ 和 $y(n)$，长度分别为 N_1 和 N_2，$N \geqslant \max[N_1, N_2]$。定义 $x(n)$ 和 $y(n)$ 的循环互相关为

$$r_{xy}(m) = \sum_{n=0}^{N-1} x^*(n) y\left[(m+n)\right]_N R_N(m) \tag{3.5.10}$$

若 $x(n)$ 为实数序列，则

$$r_{xy}(m) = \sum_{n=0}^{N-1} x(n) y\left[(m+n)\right]_N R_N(m) \tag{3.5.11}$$

式中，$y\left[(m+n)\right]_N$ 只在 $n=0$ 到 $n=N-1$ 范围内取值正好是 $y(n)$ 的循环移位，参变量是 n，且不需要反褶。式中求和也是在主值区间内进行的。

2. 循环相关定理

设有限长序列 $x(n)$ 和 $y(n)$，长度分别为 N_1 和 N_2，$N \geqslant \max[N_1, N_2]$。$x(n)$ 和 $y(n)$ 的 N

点 DFT 分别为

$$\mathrm{DFT}\left[x(n)\right]=X(k),\ \ \mathrm{DFT}\left[y(n)\right]=Y(k)$$

若

$$r_{xy}(m)=\sum_{n=0}^{N-1}x^*(n)y\left[(m+n)\right]_N R_N(m)$$

则

$$R_{xy}(k)=\mathrm{DFT}[r_{xy}(m)]=X^*(k)Y(k),\ \ 0\leqslant k\leqslant N-1 \tag{3.5.12}$$

证明 对式（3.5.21）两端取 DFT，得

$$\begin{aligned}R_{xy}(k)=\mathrm{DFT}[r_{xy}(m)]&=\sum_{m=0}^{N-1}\left\{\sum_{n=0}^{N-1}x^*(n)y\left[(m+n)\right]_N R_N(m)\right\}W_N^{km}\\&=\sum_{n=0}^{N-1}x^*(n)\left\{\sum_{m=0}^{N-1}y\left[(m+n)\right]_N W_N^{km}\right\}\end{aligned}$$

依据循环移位定理，得

$$\mathrm{DFT}\left\{y\left[(m+n)\right]_N R_N(m)\right\}=\sum_{m=0}^{N-1}y\left[(m+n)\right]_N W_N^{km}=W_N^{-kn}Y(k)$$

则

$$R_{xy}(k)=\sum_{n=0}^{N-1}x^*(n)W_N^{-kn}Y(k)=X^*(k)Y(k),\ \ 0\leqslant k\leqslant N-1$$

循环相关不满足交换率，当 $x(n)=y(n)$ 时，为循环自相关。

同样可用循环相关代替线性相关，循环相关同样是按照循环移位的规则定义相关函数的，与循环卷积不同的是它没有反褶过程。如果两个序列的长度分别为 M 和 L，用两个序列的循环相关代替线性相关，同样需要将这两个序列补零，使两个序列的长度大于或等于 $M+L-1$。

3.6 频域抽样理论

在 3.3 节中提到，离散傅里叶变换 $X(k)$ 实际上是对 $X(z)$ 在单位圆上，即对 $X(\mathrm{e}^{\mathrm{j}\omega})$ 在 0～2π 内的等间隔抽样得到的。时域抽样定理说明，对于带限信号，当抽样频率大于或等于奈奎斯特抽样频率时，可以由时域离散信号恢复原来的连续信号，而不丢失任何信息。同样，对于频域抽样所关注的是频域抽样后序列的变化。本节讨论频域抽样的相关知识。

3.6.1 由 $X(k)$ 不失真地恢复 $x(n)$ 的条件

任何一个绝对可和的序列 $x(n)$ 的 Z 变换为

$$X(z)=\sum_{n=-\infty}^{\infty}x(n)z^{-n}$$

序列 $x(n)$ 在单位圆上的 Z 变换等于序列 $x(n)$ 的傅里叶变换 $X(\mathrm{e}^{\mathrm{j}\omega})$，对 $X(\mathrm{e}^{\mathrm{j}\omega})$ 以 $\omega=\dfrac{2\pi}{N}$ 等间

隔抽样即得 DFT，即

$$X(k)=X(e^{j\omega})\Big|_{\omega=\frac{2\pi}{N}}=X(z)\big|_{z=W_N^{-k}}=\sum_{n=-\infty}^{\infty}x(n)W_N^{kn} \tag{3.6.1}$$

设由频域抽样后所得的 $X(k)$ 恢复出的有限长序列为 $x'(n)$，即

$$x'(n)=\text{IDFT}[X(k)],\ 0\leqslant n\leqslant N-1$$

现在的问题是：$X(z)$ 经抽样后，信息有无丢失？能否由 $X(k)$ 恢复 $X(z)$，或者说从频率抽样 $X(k)$ 经反变换得到的有限长序列 $x'(n)$ 是否和 $x(n)$ 相等？

首先，考虑 $x'(n)$ 以 N 为周期延拓得到的周期序列 $\tilde{x}'(n)$。由 DFT 与 DFS 的关系可知，$X(k)$ 是 $\tilde{x}'(n)$ 的傅里叶级数 $\tilde{X}(k)$ 的主值区间，即

$$X(k)=\tilde{X}(k)R_N(k)$$

则

$$\tilde{x}'(n)=\text{IDFS}[\tilde{X}(k)]=\frac{1}{N}\sum_{k=0}^{N-1}\tilde{X}(k)W_N^{-kn}=\frac{1}{N}\sum_{k=0}^{N-1}X(k)W_N^{-kn}$$

将式（3.6.1）代入上式，得

$$\tilde{x}'(n)=\frac{1}{N}\sum_{k=0}^{N-1}\left[\sum_{m=-\infty}^{\infty}x(m)W_N^{km}\right]W_N^{-kn}=\frac{1}{N}\sum_{m=-\infty}^{\infty}x(m)\left[\sum_{k=0}^{N-1}W_N^{k(m-n)}\right]$$

因为

$$\sum_{k=0}^{N-1}W_N^{k(m-n)}=\begin{cases}N, & m=n+rN,\ r\text{为任意整数}\\ 0, & \text{其他}\end{cases}$$

所以

$$\tilde{x}'(n)=\sum_{r=-\infty}^{\infty}x(n+rN) \tag{3.6.2}$$

式（3.6.2）说明，$\tilde{x}'(n)$ 是原 $x(n)$ 以 N 为周期的周期延拓序列，即频域抽样使时域序列周期延拓。而 $x'(n)$ 是 $\tilde{x}'(n)$ 的主值序列，即

$$x'(n)=\tilde{x}'(n)R_N(n)$$

如果 $x(n)$ 是长度为 M 的有限长序列，则当 $N<M$ 时，$x(n)$ 的周期延拓就会出现某些序列混叠，就不能从 $\tilde{x}'(n)$ 中无失真地恢复出原序列，这就是频域抽样中的混叠现象。因此，对于有限长序列，频域抽样不失真的条件是 $N\geqslant M$。这时，周期序列 $\tilde{x}'(n)$ 才不会产生时域混叠，才能由频域抽样 $X(k)$ 不失真地恢复出原序列 $x(n)$，如图 3.6.1 所示。此时有

$$x'(n)=\tilde{x}'(n)R_N(n)=\sum_{r=-\infty}^{\infty}x(n+rN)R_N(n)=x(n) \tag{3.6.3}$$

这就是频域抽样定理。显然，当 $x(n)$ 为无限长序列时，无论抽样点数 N 多大，$\tilde{x}'(n)$ 都会发生时域混叠，$x'(n)$ 只能随着 N 的增大逐渐接近 $x(n)$。

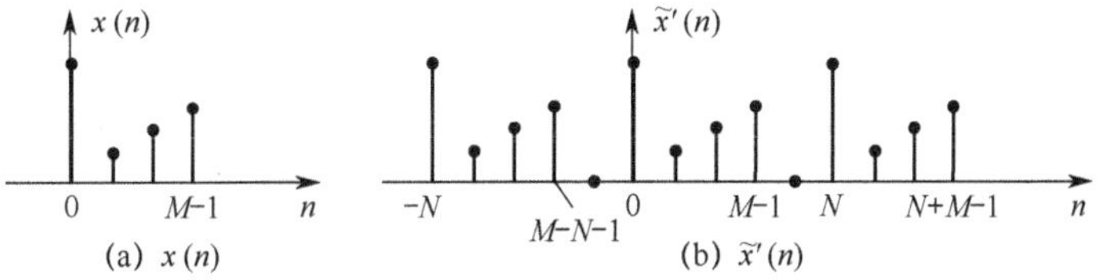

图 3.6.1　时域恢复

在时域抽样理论中，时域抽样对应频域的周期延拓，这里又证明了频域抽样对应时域的周期延拓，即时域、频域具有对称关系。

3.6.2 频率抽样的内插公式

由频域抽样定理可知，长度为 N 的有限长序列 $x(n)$ 可由其 DFT 的 N 个离散值 $X(k)$ 不失真地恢复出来，即这 N 个抽样值 $X(k)$ 可以完整地表达 $X(z)$ 及频率响应函数 $X(\mathrm{e}^{\mathrm{j}\omega})$。下面推导 $X(k)$ 表示 $X(z)$ 和 $X(\mathrm{e}^{\mathrm{j}\omega})$ 的内插公式。

1. 由 $X(k)$ 表示 $X(z)$ 的内插公式

设 $x(n)$ 是长度为 N 有限长序列，其 Z 变换为

$$X(z)=Z[x(n)]=\sum_{n=0}^{N-1}x(n)z^{-n}$$

根据离散傅里叶反变换，有

$$x(n)=\frac{1}{N}\sum_{k=0}^{N-1}X(k)W_N^{-kn}$$

将上式代入 $x(n)$ 的 Z 变换公式中，得

$$\begin{aligned}X(z)&=\sum_{n=0}^{N-1}\left[\frac{1}{N}\sum_{k=0}^{N-1}X(k)W_N^{-kn}\right]z^{-n}\\&=\frac{1}{N}\sum_{k=0}^{N-1}X(k)\sum_{n=0}^{N-1}W_N^{-kn}z^{-n}\\&=\frac{1}{N}\sum_{k=0}^{N-1}X(k)\frac{1-W_N^{-kN}z^{-N}}{1-W_N^{-k}z^{-1}}\end{aligned}$$

由于 $$W_N^{-kN}=\mathrm{e}^{\mathrm{j}\frac{2\pi}{N}kN}=\mathrm{e}^{\mathrm{j}2k\pi}=1$$

所以

$$X(z)=\frac{1}{N}\sum_{k=0}^{N-1}X(k)\frac{1-z^{-N}}{1-W_N^{-k}z^{-1}} \tag{3.6.4}$$

令 $\phi_k(z)=\dfrac{1}{N}\dfrac{1-z^{-N}}{1-W_N^{-k}z^{-1}}$，则式（3.6.4）可表示为

$$X(z)=\sum_{k=0}^{N-1}X(k)\phi_k(z) \tag{3.6.5}$$

式（3.6.4）和式（3.6.5）称为由 $X(k)$ 恢复 $X(z)$ 的 Z 域内插公式。在已知 $X(k)$ 时，可由该内插公式求得 $X(z)$，即 $X(z)$ 的 N 个抽样点值 $X(k)$ 包含了 Z 变换的全部信息。$\phi_k(z)$ 称为内插函数。

下面分析内插函数的特性，将内插函数写成如下形式：

$$\varphi_k(z)=\frac{1}{N}\frac{z^N-1}{z^{N-1}(z-W_N^{-k})}$$

令其分子为零，得

$$z = \mathrm{e}^{\mathrm{j}\frac{2\pi}{N}r}, \quad r = 0,1,\cdots,k,\cdots,N-1$$

即内插函数在单位圆的 N 等分点（抽样点）上有 N 个零点。令分母为零，得

$$z = W_N^{-k} = \mathrm{e}^{\mathrm{j}\frac{2\pi}{N}k}$$

为一阶极点，该极点将与第 k 个零点 $z = \mathrm{e}^{\mathrm{j}\frac{2\pi}{N}k}$ 相抵消。因此，$\varphi_k(z)$ 只有 $N-1$ 阶个零点即抽样点，而 $\mathrm{e}^{\mathrm{j}\frac{2\pi}{N}k}$ 称为本抽样点。内插函数 $\varphi_k(z)$ 仅在本抽样点处不为零，在其他 $N-1$ 个抽样点处均为零。$\varphi_k(z)$ 在 $z=0$ 处有 $N-1$ 阶个极点。$\varphi_k(z)$ 零、极点分布如图 3.6.2 所示。

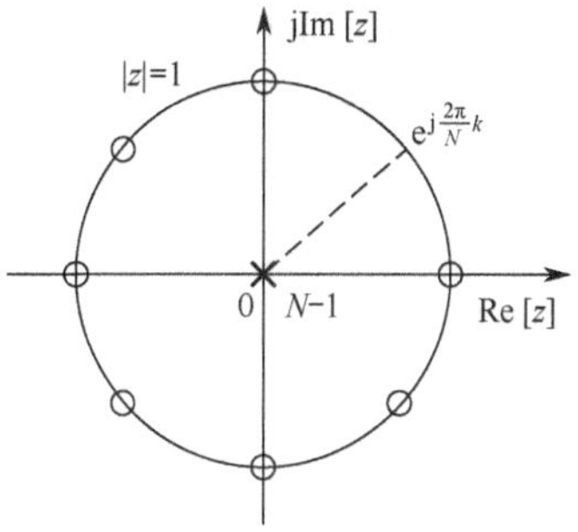

图 3.6.2　内插函数 $\varphi_k(z)$ 的零点和极点

2. 由 $X(k)$ 表示 $X(\mathrm{e}^{\mathrm{j}\omega})$ 的内插公式

因为频响函数 $X(\mathrm{e}^{\mathrm{j}\omega})$ 是单位圆上的 Z 变换，在式（3.6.4）中令 $z=\mathrm{e}^{\mathrm{j}\omega}$，得到由 $X(k)$ 恢复 $X(\mathrm{e}^{\mathrm{j}\omega})$ 的内插公式为

$$\begin{aligned}
X(\mathrm{e}^{\mathrm{j}\omega}) = X(z)\big|_{z=\mathrm{e}^{\mathrm{j}\omega}} &= \frac{1}{N}\sum_{k=0}^{N-1} X(k)\frac{1-\mathrm{e}^{-\mathrm{j}\omega N}}{1-\mathrm{e}^{-\mathrm{j}\left(\omega-\frac{2\pi k}{N}\right)}} \\
&= \sum_{k=0}^{N-1} X(k)\frac{1}{N}\cdot\frac{\sin\frac{\omega N}{2}}{\sin\left(\frac{\omega-\frac{2\pi k}{N}}{2}\right)}\mathrm{e}^{-\mathrm{j}\left(\frac{\omega N}{2}-\frac{\omega}{2}+\frac{\pi k}{N}\right)} \\
&= \sum_{k=0}^{N-1} X(k)\frac{1}{N}\cdot\frac{\sin\frac{\omega N}{2}}{\sin\left(\frac{\omega-\frac{2\pi k}{N}}{2}\right)}\mathrm{e}^{\mathrm{j}\frac{\pi k}{N}(N-1)}\mathrm{e}^{-\mathrm{j}\frac{N-1}{2}\omega} \\
&= \sum_{k=0}^{N-1} X(k)\phi\left(\omega-\frac{2\pi}{N}k\right)
\end{aligned} \tag{3.6.6}$$

其中

$$\varphi(\omega) = \frac{1}{N}\frac{\sin\left(\frac{\omega N}{2}\right)}{\sin\left(\frac{\omega}{2}\right)}\mathrm{e}^{-\mathrm{j}\omega\left(\frac{N-1}{2}\right)} \tag{3.6.7}$$

称为内插函数，图 3.6.3 表示出了 $N=5$ 时 $\varphi(\omega)$ 的频率特性。当 $\omega=0$ 时，$\varphi(\omega)=1$，而在其他抽样点 $\omega=\frac{2\pi}{N}r$（$r=1,2,\cdots,N-1$）处，$\varphi(\omega)=0$，所以 $\phi\left(\omega-\frac{2\pi}{N}k\right)$ 满足以下关系：

$$\varphi\left(\omega-\frac{2\pi}{N}k\right) = \begin{cases} 1, & \omega = k\frac{2\pi}{N} \\ 0, & \omega = r\frac{2\pi}{N}(r\neq k) \end{cases} \tag{3.6.8}$$

即在本抽样点 $\omega=k\dfrac{2\pi}{N}$ 处，函数 $\varphi\left(\omega-\dfrac{2\pi}{N}k\right)$ 的值为 1；而在其他抽样点处，$\varphi\left(\omega-\dfrac{2\pi}{N}k\right)$ 的值为零。由内插公式（3.6.6）可见，$X(\mathrm{e}^{\mathrm{j}\omega})$ 是 $\varphi\left(\omega-\dfrac{2\pi}{N}k\right)$ 乘以 $X(k)$ 的加权之和。在各抽样点处，$X(\mathrm{e}^{\mathrm{j}\omega})$ 的值等于本抽样点处的 $X(k)$ 值，而抽样点之间的 $X(\mathrm{e}^{\mathrm{j}\omega})$ 值则由各抽样值 $X(k)$ 乘以相应的内插函数延伸叠加而成。

至此，可以分别在时域和频域表达 $X(z)$ 和 $X(\mathrm{e}^{\mathrm{j}\omega})$。由式（3.6.4）可知，在时域，$X(z)$ 是按照 z 的负幂级数展开的，$x(n)$ 是级数的系数；而在频域，$X(z)$ 是按照 $\varphi_k(z)$ 展开的，$X(k)$ 是展开式的系数。由式（3.6.6）可知，在时域，频响函数 $X(\mathrm{e}^{\mathrm{j}\omega})$ 是按照三角级数（傅里叶级数）展开的，$x(n)$ 是傅里叶级数的谐波系数；而在频域，$X(\mathrm{e}^{\mathrm{j}\omega})$ 则被展开为内插函数 $\varphi\left(\omega-\dfrac{2\pi}{N}k\right)$ 的级数，$X(k)$ 是展开式的系数。这说明，一个函数可以按照不同的正交函数集展开，从而获得不同的意义和结果。

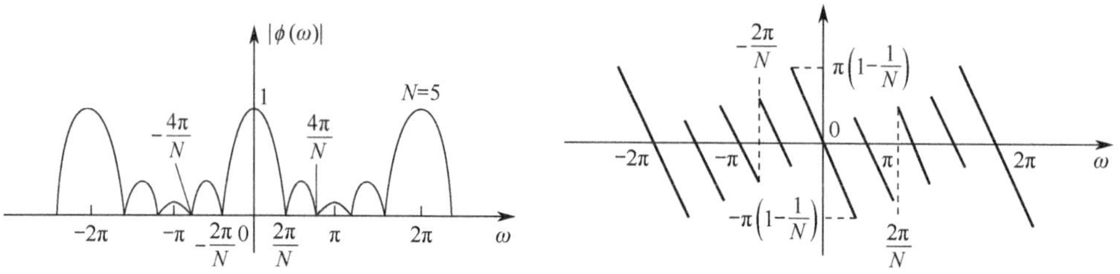

图 3.6.3 内插函数 $\varphi(\omega)$ 的频率响应曲线

本节所介绍的理论和公式是采用频域抽样法设计 FIR 滤波器的理论基础，具体内容在后续章节中讨论。

3.7 基于 DFT 技术的频谱分析技术

在理论和实践中，经常面临怎样用数字化的方法分析连续信号频谱的问题。利用 DFT 可以对抽样所得的序列进行频谱分析。本节主要讨论 DFT 对连续信号进行谱分析，以及与 DFT 的应用相关的几个问题。

3.7.1 利用 DFT 对连续非周期信号进行频谱分析

所谓信号的频谱分析，就是计算信号的傅里叶变换，获得信号的频谱函数，研究信号的频域特性。连续非周期信号的傅里叶变换为模拟频率 Ω 的连续函数；序列的傅里叶变换是数字频率 ω 的连续函数。序列的离散傅里叶变换（DFT）是一种时域和频域均离散化的变换，适合用于数字化运算，是分析离散时间信号与系统的工具。下面详细介绍用 DFT 进行信号频谱分析的基本原理和方法。

设连续信号为 $x(t)$，其频谱函数为 $X(\mathrm{j}\Omega)$。为了利用 DFT 对 $x(t)$ 进行频谱分析，先对 $x(t)$ 进行时域抽样，得到离散时间信号 $x(n)=x(nT)$，其中抽样频率为 $f_s=\dfrac{1}{T}$。再对 $x(n)$ 进行 DFT，得到的 $X(k)$ 则是 $x(n)$ 的傅里叶变换 $X(\mathrm{e}^{\mathrm{j}\omega})$ 在频域 0～2π 区间上的 N 点等间隔抽样，其中数字频域抽样间隔为 $\dfrac{2\pi}{N}$ 。下面详细讨论这一过程。

非周期连续时间信号 $x(t)$ 的傅里叶变换对为

$$X(\mathrm{j}\Omega)=\int_{-\infty}^{\infty}x(t)\mathrm{e}^{-\mathrm{j}\Omega t}\mathrm{d}t \tag{3.7.1}$$

$$x(t)=\frac{1}{2\pi}\int_{-\infty}^{\infty}X(\mathrm{j}\Omega)\mathrm{e}^{\mathrm{j}\Omega t}\mathrm{d}\Omega \tag{3.7.2}$$

首先，将连续信号 $x(t)$ 在时域进行等间隔抽样，抽样频率为 $f_s=\dfrac{1}{T}$，则得 $x(t)|_{t=nT}=x(nT)=x(n)$ 。这样，式（3.7.1）右端的积分结果，可以用被积函数曲线下，宽为 T 、高为 $x(nT)\mathrm{e}^{-\mathrm{j}\Omega nT}$ 的一系列窄矩形面积之和来近似，即对 $X(\mathrm{j}\Omega)$ 做零阶近似（ $t=nT$ ， $\mathrm{d}t=T$ ），得到式（3.7.1）的近似值

$$X(\mathrm{j}\Omega)=\int_{-\infty}^{\infty}x(t)\mathrm{e}^{-\mathrm{j}\Omega t}\mathrm{d}t\approx\sum_{n=-\infty}^{\infty}x(nT)\mathrm{e}^{-\mathrm{j}\Omega nT}T \tag{3.7.3}$$

接着，将序列 $x(n)$ 截取成长度为 N （ $n=0,1,\cdots,N-1$ ）的有限长序列，则相应的持续时间为 $T_p=NT$ ，则式（3.7.3）变为

$$X(\mathrm{j}\Omega)\approx T\sum_{n=-0}^{N-1}x(n)\mathrm{e}^{-\mathrm{j}2\pi fnT} \tag{3.7.4}$$

由于时域抽样频率为 $f_s=\dfrac{1}{T}$，则频谱函数将以 f_s 为周期进行周期延拓，成为 f 的连续周期函数。为了进行数字化计算，在频域上也要进行离散化，即对式（3.7.4）在一个周期内等间隔抽样 N 点，抽样间隔为 F ，从而实现频域离散化。此时，各参数关系如下：

$$F=\frac{f_s}{N}=\frac{1}{NT}=\frac{1}{T_p}$$

$$\Omega=2\pi f=2\pi kF=k\Omega_0,\quad k=0,1,\cdots,N-1$$

$$\mathrm{d}\Omega=2\pi F=\Omega_0$$

$$\Omega_0T=\Omega_0\frac{1}{f_s}=2\pi\frac{\Omega_0}{\Omega_s}=2\pi\frac{F}{f_s}=2\pi\frac{T}{T_p}=\frac{2\pi}{N}$$

把上述关系代入式（3.7.4），得

$$X(\mathrm{j}k\Omega_0)\approx T\sum_{n=-0}^{N-1}x(n)\mathrm{e}^{-\mathrm{j}2\pi kFnT}=T\sum_{n=-0}^{N-1}x(n)\mathrm{e}^{-\mathrm{j}\frac{2\pi}{N}kn}=T\mathrm{DFT}[x(n)] \tag{3.7.5}$$

频域抽样后，式（3.7.2）中的积分表达式可以近似为求和运算，则

$$x(nT)\approx\frac{\Omega_0}{2\pi}\sum_{k=0}^{N-1}X(\mathrm{j}k\Omega_0)\mathrm{e}^{\mathrm{j}k\Omega_0 nT}=\frac{1}{T}\mathrm{IDFT}[X(\mathrm{j}k\Omega_0)] \tag{3.7.6}$$

式（3.7.5）说明，连续时间信号 $x(t)$ 的傅里叶变换抽样可以通过对 $x(t)$ 进行抽样并进行 DFT 运算，再乘以抽样间隔 T 来近似得到；而时域抽样信号 $x(nT)$ 则可通过式（3.7.6）计算得出。由离散的 $X(\mathrm{j}k\Omega_0)$ 、$x(nT)$ 求连续的 $X(\mathrm{j}\Omega)$ 、$x(t)$ 可以通过频域插值公式和时域插值公式来实现。

从上面的讨论可知，对连续信号进行数字化处理时，$x(n)$ 和 $X(k)$ 均为有限长序列。由傅里叶变换性质可知，若 $\mathrm{FT}[x(t)]=X(\mathrm{j}\Omega)$，则 $\mathrm{FT}[x(at)]=\frac{1}{|a|}X\left(\mathrm{j}\frac{\Omega}{a}\right)$。这个性质表明，若信号持续时间为有限长，则其频谱为无限宽；若信号的频谱为有限宽，则其持续时间为无限长，即在理论上，没有有限时宽的带限信号。信号处理技术具有可实现性，但实际上只能处理有限时宽信号。这一理论可以帮助我们理解下述 DFT 对 FT 近似的分析。

（1）时域抽样会使信号的频谱产生周期延拓。若 $x(t)$ 在频域是有限带宽的，只要抽样频率 f_s 大于信号最高频率的两倍，就不会产生频谱函数的混叠现象，也就是 $X(\mathrm{e}^{\mathrm{j}\omega})$ 的一个周期完全等于 $X(\mathrm{j}\Omega)$。

（2）由于频域带限，此时 $x(t)$ 是无限长的，因而抽样序列 $x(n)$ 也是无限长的。对 $x(n)$ 进行时域截断，将其变成有限长序列。时域截断是相乘运算，则在频域是循环卷积，结果会造成频谱变宽，使形成的信号的频谱与原来的 $X(\mathrm{e}^{\mathrm{j}\omega})$ 不同，产生误差。

（3）由于此时频域仍然是连续的，因而需要频域抽样，使频域也产生离散化。频率抽样会造成时域的周期延拓，只要频域抽样频率 $F\geqslant\frac{f_s}{N}$，则这个周期延拓不会产生时域的混叠失真。

（4）若 $x(t)$ 在时域上是有限长的，则 $X(\mathrm{j}\Omega)$ 必是带宽无限长的，对 $x(t)$ 抽样会造成频域混叠失真。

综上所述，频域若是带限信号，则只有时域截断时形成的频域变宽而造成频域的误差；如果频域不是带限信号，则时域抽样和时域截断都会造成频域的误差。因此，利用 DFT 来逼近傅里叶变换是有一定逼近误差的。

3.7.2 利用 DFT 对连续信号进行频谱分析中的问题及其解决方法

1. 混叠现象

前面已经指出，由于抽样所得序列的频谱函数是原连续信号频谱函数以抽样频率为周期的周期延拓，对时域有限长信号，抽样频率不满足抽样定理，所以会出现频谱混叠现象，使抽样后序列的频谱不能真实反映原连续信号的频谱，产生频谱分析误差。

减小频谱混叠现象有两种途径：一是提高抽样频率，即减小抽样间隔；二是对被抽样的信号预先进行抗混叠滤波处理，将非带限信号变成带限信号。第一种途径由于一般信号的高频分量是以大于频率一次方的倒数衰减的，提高抽样频率对减小混叠现象是有效的；第二种途径虽然丢失了部分高频分量，但可以有效保护低频分量不因抽样而受到干扰，同时可以有效减少抽样点数。

例 3.7.1 用 DFT 计算信号 $x_a(t)=\cos(3\pi t)+2\sin(12\pi t)(t\geqslant 0)$ 的频谱。

解 下面采用四种抽样频率分析信号的频谱。

MATLAB 程序如下：

```
clear
T0=[0.5 0.1 0.05 0.02];                    %四种抽样间隔
LT=10;                                      %信号记录长度（秒）
for i=1:4
   T=T0(i);
```

```
    N=LT/T+1;                                        %信号记录点数
    n=0:N-1;
    F=1/LT;                                          %频率分辨率
    f=(floor(-(N-1)/2):floor((N-1)/2))*F;
    x=cos(3*pi*n*T)+2*sin(12*pi*n*T);                %对模拟信号进行抽样
    X=T*fftshift(fft(x));                            %求傅里叶变换
    subplot(2,2,i),plot(f,abs(X));xlabel('频率（Hz）');
    axis([min(f) max(f) 0 inf]);                     %坐标限制
    str=['T=' num2str(T) '; fs=' num2str(1/T)];title(str);  %标题显示抽样间隔
和抽样频率
  end
```

程序运行结果如图 3.7.1 所示。

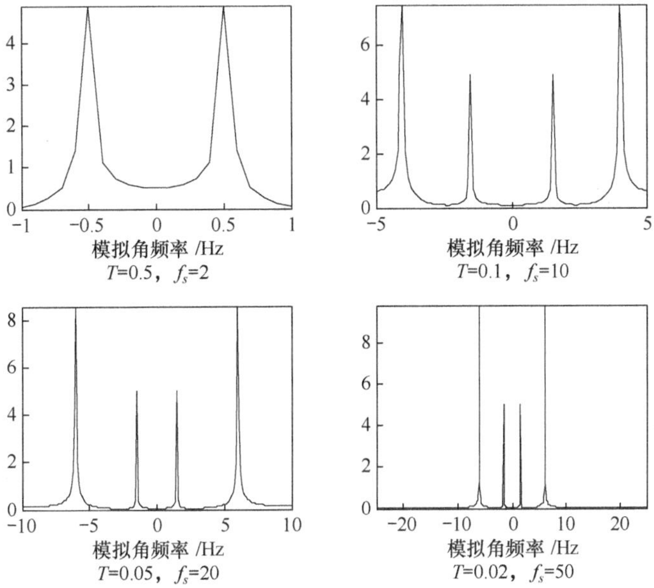

图 3.7.1　例 3.7.1 的运行结果

分析　从信号的时域分析，$x_a(t)=\cos 3\pi t+2\sin 12\pi t(t\geqslant 0)$ 有两个频率分量，即 1.5Hz 和 6Hz，如果要对信号进行抽样，那么信号的抽样频率要大于 12Hz。图 3.7.1 中，当抽样频率为2Hz时，这时两个频率分量都不满足抽样定理，因此不能正确地分析信号频谱、信号失真、频率分量错误；当抽样频率为10Hz 时，$\cos 3\pi t$ 满足抽样定理，但 $2\sin 12\pi t$ 不满足抽样定理，因此，可以正确得出频率分量为 1.5Hz 的信息，但是不能正确得出频率分量为 6Hz 的信息，此时在频谱图中会有 4Hz 的频率分量出现；当抽样频率为 20Hz 或 50Hz 时，这时整个信号满足抽样定理，能正确地分析信号频谱，从图 3.7.1 中可以看出，这两种情况显示，频谱分量的幅度和位置一致，与实际计算的结果一致，频谱图中显示区域的最高频率即为在该抽样频率下的最高可分析频率，等于信号抽样频率的一半。

对于上述的第二种情况，设信号的某一频率分量为 F，信号的抽样频率为 f_s，当 $\dfrac{f_s}{2}<F<f_s$ 时，不满足抽样定理，此时在频谱图中会出现频率为 f_s-F 的分量，但幅度比满足抽样定理情况下的 F 分量要小。

2. 截断效应

DFT 处理的有限时宽序列，若连续信号 $x(t)$ 在时域无限长，则抽样后的序列 $x(n)$ 也是无限长的。在实际应用中，必须将 $x(n)$ 做截断处理，使之成为有限长序列。截断相当于在时域乘以一个矩形窗函数——数据突然截断，窗内数据并不改变。设矩形窗函数为 $w(n)=R_N(n)$，则

$$x_N(n)=x(n)w(n)=x(n)R_N(n) \tag{3.7.7}$$

窗函数的傅里叶变换为

$$W_N(\mathrm{e}^{\mathrm{j}\omega})=\sum_{n=0}^{N-1}\mathrm{e}^{-\mathrm{j}\omega}=\frac{\sin\left(\dfrac{\omega N}{2}\right)}{\sin\left(\dfrac{\omega}{2}\right)}\mathrm{e}^{-\mathrm{j}\omega\frac{N-1}{2}} \tag{3.7.8}$$

其幅度频谱为

$$\left|W_N(\mathrm{e}^{\mathrm{j}\omega})\right|=\left|\frac{\sin\left(\dfrac{\omega N}{2}\right)}{\sin\left(\dfrac{\omega}{2}\right)}\right| \tag{3.7.9}$$

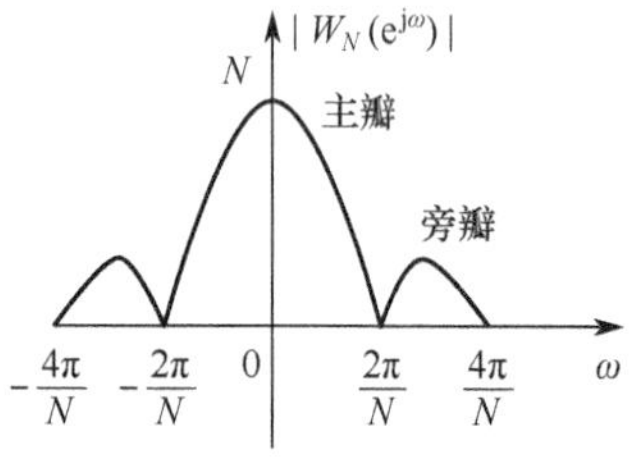

图 3.7.2 矩形窗函数的幅度频谱

如图 3.7.2 所示，主瓣在 $\omega=0$ 处，峰值为 N，宽度为 $\frac{4\pi}{N}$；主瓣两边有若干个幅度较小的旁瓣，零点的位置由 $\sin\left(\frac{\omega N}{2}\right)$ 确定，分别位于 $\omega=\frac{2\pi}{N}r$，$r=\pm1,\pm2,\cdots$ 处；第一个旁瓣的峰值出现在 $\omega=\frac{3\pi}{N}$ 处。

根据 DTFT 的性质，时域上两个序列相乘，在频域上是两个序列频谱函数的卷积，加窗后序列 $x_N(n)$ 的傅里叶变换为

$$X_N(\mathrm{e}^{\mathrm{j}\omega})=\frac{1}{2\pi}\int_{-\pi}^{\pi}X(\mathrm{e}^{\mathrm{j}\theta})W_N(\mathrm{e}^{\mathrm{j}(\omega-\theta)})\mathrm{d}\theta \tag{3.7.10}$$

卷积的结果使得到的频谱与原序列的频谱不相同，这种失真主要造成频谱的扩散（拖尾）。下面通过例 3.7.2 来具体说明。

例 3.7.2 若序列 $x(n)$ 的频谱函数为

$$X(\mathrm{e}^{\mathrm{j}\omega})=\begin{cases}30, & |\omega|\leqslant 0.5\pi\\ 0, & 0.5\pi<|\omega|<\pi\end{cases}$$

如图 3.7.3（a）所示。对其采用矩形窗函数 $w(n)=\begin{cases}1, & n=0,1,\cdots,29\\ 0, & 其他\end{cases}$ 进行截断，试分析处理前后 $x(n)$ 频谱的变化。

解 窗函数 $w(n)$ 的傅里叶变换为

$$W(\mathrm{e}^{\mathrm{j}\omega})=\sum_{n=0}^{29}\mathrm{e}^{-\mathrm{j}\omega}=\mathrm{e}^{-\mathrm{j}\frac{29}{2}\omega}\frac{\sin(15\omega)}{\sin\left(\dfrac{\omega}{2}\right)}$$

其幅频响应如图 3.7.3（b）所示。

设 $x_N(n)$ 为对 $x(n)$ 加窗处理后的序列，即

$$x_N(n)=x(n)w(n)$$

则依据傅里叶变换性质，得

$$X_N(\mathrm{e}^{\mathrm{j}\omega})=\frac{1}{2\pi}X(\mathrm{e}^{\mathrm{j}\omega})*W(\mathrm{e}^{\mathrm{j}\omega})$$

其幅频响应如图 3.7.3（c）所示。

由图 3.7.3 可以看出，无限长序列加窗截断后，在矩形窗频谱函数 $W(\mathrm{e}^{\mathrm{j}\omega})$ 的作用下，使 $X_N(\mathrm{e}^{\mathrm{j}\omega})$ 出现了较大的频谱扩展和向两边的波动。这样在 $X(\mathrm{e}^{\mathrm{j}\omega})$ 原先为零的位置（$|\omega|>0.5\pi$）已不再为零，通常称这种现象为频谱泄露。频谱泄露现象是由 $W(\mathrm{e}^{\mathrm{j}\omega})$ 的旁瓣造成的，旁瓣越大，且衰减得越缓慢，泄露就越严重。

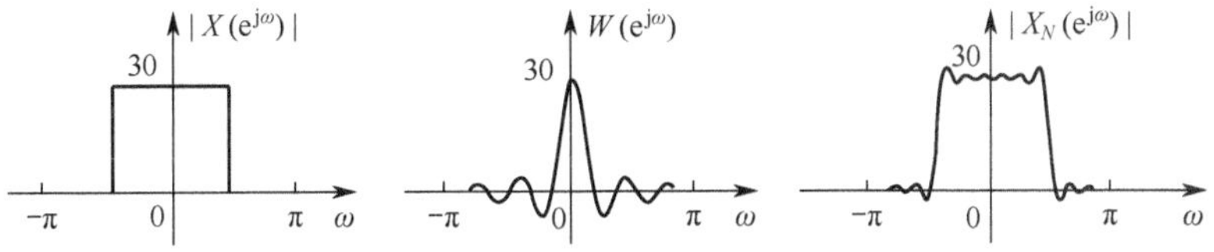

(a) $|X(\mathrm{e}^{\mathrm{j}\omega})|$　(b) $X(\mathrm{e}^{\mathrm{j}\omega})$　(c) $|X_N(\mathrm{e}^{\mathrm{j}\omega})|$

图 3.7.3　例 3.7.2 加窗对频谱的影响

时域截断引起的频谱展宽和波动，还会造成频谱混叠，即高频分量有可能超过 $\omega=\pi$（折叠频率 $\frac{f_s}{2}$），使不同频率分量的频谱产生混叠失真，这种现象称为谱间干扰。

上述两种现象都是由于对无限长序列的截断处理引起的，均称为截断效应。在实际的信号处理中，对信号的截断是不可避免的，因此总要使用窗函数。为了减少截断效应，一种方法是增加截断的长度，也就是使窗的宽度增加；另一种方法是，不要使数据突然截断，即不要使用矩形窗函数，而是要缓慢截断，使用其他缓变的窗函数，如汉明窗、汉宁窗、三角窗等。窗函数的主瓣越窄、边瓣越小且衰减得越快，泄露就越小。关于窗函数及其频谱将在 FIR 滤波器设计中介绍。

例 3.7.3　指数信号 $x_a(t)=\mathrm{e}^{-t}u(t)$，以 $f_s=20$ 个样本/s 的速率被采样，用其 100 个样本的数据块来估计其频谱。通过计算有限长序列的 DFT 来求解信号 $x_a(t)$ 的频谱特性，并将截断后的离散时间信号频谱与模拟信号频谱进行比较。

解　模拟信号的频谱为

$$X_a(\mathrm{j}\Omega)=\frac{1}{1+\mathrm{j}\Omega}$$

该指数模拟信号以 20 个样本/s 的速率被采样后，得到的序列为

$$\begin{aligned}x(n)&=\mathrm{e}^{-nT}=\mathrm{e}^{-n/20},\quad n\geqslant 0\\&=(\mathrm{e}^{-1/20})^n=(0.95)^n,\quad n\geqslant 0\end{aligned}$$

现在令

$$x(n)=\begin{cases}(0.95)^n, & 0\leqslant n\leqslant 99\\0, & \text{其他}\end{cases}$$

这个 L=100 点的序列的 N 点 DFT 为

$$X(k)=\sum_{n=0}^{99}x(n)\mathrm{e}^{-\mathrm{j}2\pi k/N},\quad k=0,1,\cdots,N-1$$

为了获得足够的频谱细节，我们选择 N=200，这等于在序列 $x(n)$ 后面补 100 个零。

模拟信号 $x_a(t)$ 及其幅度谱 $|X_a(\mathrm{j}\Omega)|$ 分别如图 3.7.4 所示，截断序列 $x(n)$ 及其 N=200 点的 DFT（幅度）分别如图 3.7.5 所示。在这种情况下，DFT 变换 $\{X(k)\}$ 和模拟信号频谱非常相似，窗函数的作用相对较小。

另外，假设窗函数的长度选择为 L=20，那么截断序列 $x(n)$ 为

$$\hat{x}(n)=\begin{cases}(0.95)^n, & 0\leqslant n\leqslant 19\\ 0, & 其他\end{cases}$$

此时的序列和 N=200 点的 DFT 如图 3.7.6 所示，可以看出，宽频谱窗函数的效果是很明显的。首先，由于宽频谱窗函数的作用，它的主峰非常宽。其次，在频域上远离主峰的正弦包络变化是由窗函数频谱的较大旁瓣引起的，主峰上的幅度明显小于理论值。因此，该 DFT 就不再是对模拟信号频谱一种很好的近似了。图 3.7.7 是采用汉宁窗进行 20 点信号截取时所得到的信号和 DFT，此时频谱泄露得到了一些改善，但由于信号已经发生了很大变化，所以频谱也发生了一些变化。

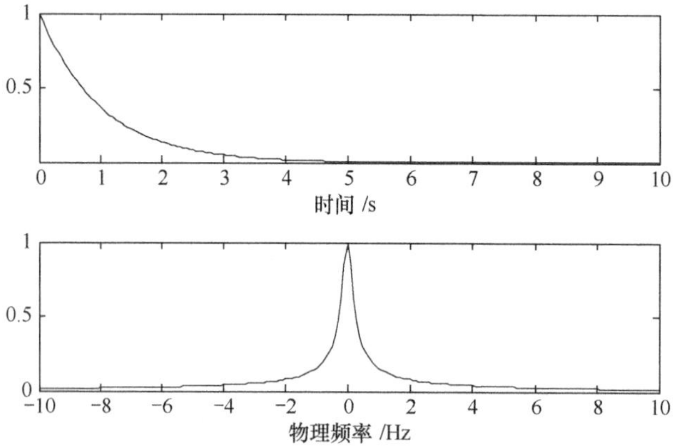

图 3.7.4 例 3.7.3 中的模拟信号及其幅度谱

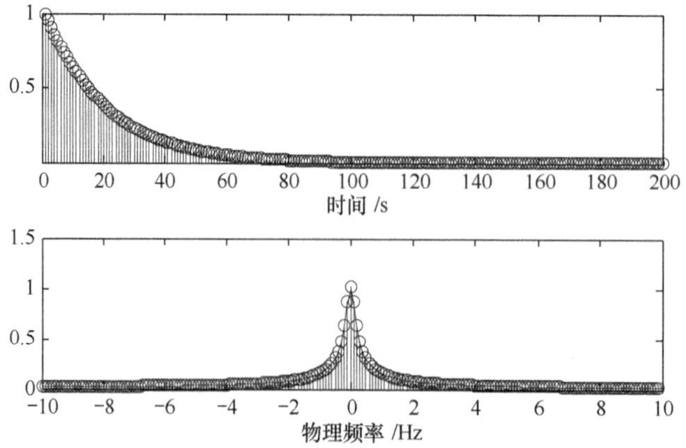

图 3.7.5 例 3.7.3 中 200 点的截断序列及其 DFT（幅度）

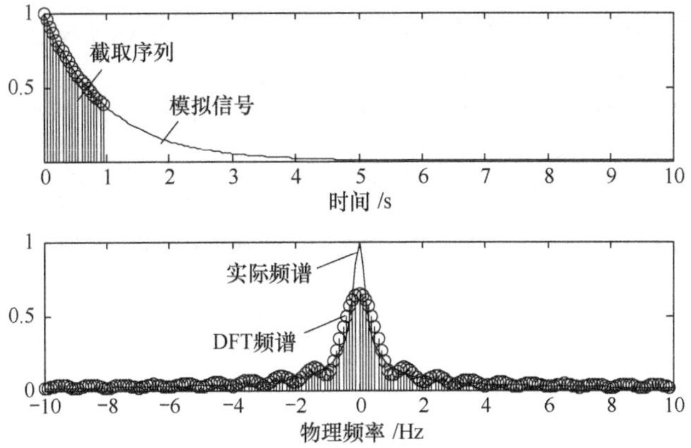

图 3.7.6　例 3.7.3 中矩形窗截取 200 点的序列与 DFT

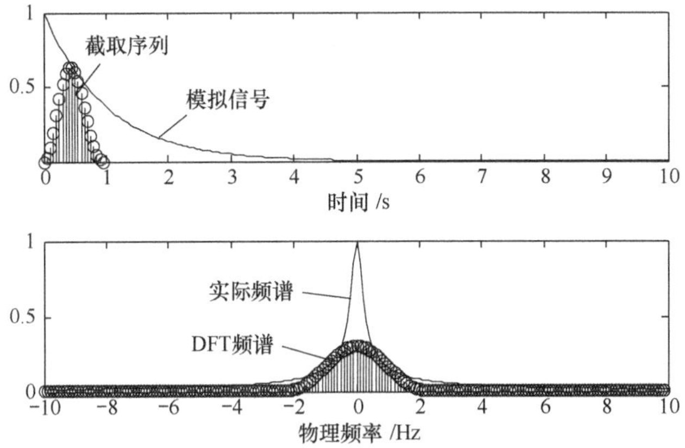

图 3.7.7　例 3.7.3 中汉宁窗截取 20 点的信号与 DFT

3. 栅栏效应

序列 $x(n)$ 的 N 点 DFT 是序列的频谱函数 $X(\mathrm{e}^{\mathrm{j}\omega})$ 在单位圆上的 N 点等间隔抽样，也就是只限制在基频 F 的整数倍处的频谱，而不是连续的频谱函数。这样一来，抽样点之间的频谱函数值是未知的。所以用 DFT 观察信号的频谱就如同通过一个栅栏观看景像一样，只能在离散点的地方看到真实的景像，这样一些频谱的峰值和谷点就可能因被栅栏遮挡而观察不到，这种现象称为栅栏效应。

减小栅栏效应的一种方法是在所取时域数据的末端补一些零值点，使一个周期内点数 N 增加，但是不改变原有的记录数据。而频域的抽样间隔 $\frac{2\pi}{N}$ 因 N 的增大而减小，即在保持原有频谱连续形式不变的情况下，增加对真实频谱的抽样点数，并改变抽样点的位置，使谱线更密，这样将会显示出 $X(\mathrm{e}^{\mathrm{j}\omega})$ 的更多细节。

3.7.3　频率分辨率

1. 频率分辨率的概念

频率分辨率是信号处理中的基本概念，是指能将信号中两个靠得很近的谱峰分开的能力。最通用的方法是用两个不同频率的正弦信号来研究分辨率的大小，若能分辨的两个正弦信号的频率越靠近，则表明其分辨率越高。

对于连续时间信号 $x(t)$，为了用 DFT 对其进行分析，首先需要对 $x(t)$ 进行抽样，使其变成 $x(n)$。抽样频率为 $f_s=\dfrac{1}{T}$，这样持续时间为 T_p 的 $x(t)$ 可以得到 $N=\dfrac{T_p}{T}$ 点。$x_N(n)$ 可以看作是无限长的序列 $x(n)$ 和一个长度为 N 的矩形窗函数相乘的结果，该矩形窗函数的主瓣宽度为 $\dfrac{4\pi}{N}$。设 $x(n)$ 是由两个频率分别为 ω_1 和 ω_2 的正弦序列组成的，若数据的长度 N 不能满足

$$\frac{4\pi}{N}<|\omega_1-\omega_2| \tag{3.7.11}$$

那么用 DTFT 对截断后的序列抽样 $x_N(n)$ 做频谱分析时就分辨不出这两个谱峰。式（3.7.11）中矩形窗函数的主瓣宽度是取 $X_N(\mathrm{e}^{\mathrm{j}\omega})$ 在 $\omega=\pm\dfrac{2\pi}{N}$ 这两个零点之间的宽度。主瓣宽度的另一种定义是 $X_N(\mathrm{e}^{\mathrm{j}\omega})$ 的幅度下降到最大幅值的 $\dfrac{1}{\sqrt{2}}$（3dB）时频谱的宽度，对于矩形窗函数，这个宽度约为 $\dfrac{2\pi}{N}$，这样，式(3.7.11)的左边可改为 $\dfrac{2\pi}{N}$。设 $\omega_2>\omega_1$，且 $\Delta\omega=\omega_2-\omega_1=2\pi\dfrac{\Delta f}{f_s}$，则对信号做 DFT 时，频率分辨率限制为

$$\Delta f=\frac{f_s}{N} \tag{3.7.12}$$

这是使用矩形窗函数时 DFT 能分辨的最小频率间隔，称为物理频率分辨率。Δf 越小，频率分辨率越好。

由于

$$\Delta f=\frac{f_s}{N}=\frac{1}{NT}=\frac{1}{T_p} \tag{3.7.13}$$

式中，$T_p=NT$ 是原连续信号的持续时间，用 DTFT 做频谱分析时的分辨率 Δf 反比于信号的实际长度 T_p。显然，如果 Δf 不够小，使其变小的有效方法是增加信号的长度。

例 3.7.4 已知连续信号 $x(t)=\cos 2\pi f_1 t+\cos 2\pi f_2 t$，其中 $f_1=1000\text{Hz}$，$f_2=1020\text{Hz}$。若以抽样频率 $f_s=4000\text{Hz}$ 对该信号进行抽样，求用 DFT 对 $x(t)$ 进行近似谱分析时，用矩形窗函数截断的长度最少应为多少？

解 由于抽样频率 f_s 大于信号最高频率 f_2 的两倍，所以抽样过程中没有造成频谱混叠，抽样后的序列为

$$x(n)=x(t)\big|_{t=nT}\cos(2\pi f_1 nT)+\cos(2\pi f_2 nT)$$

由于 $x(n)$ 是无限长序列，若用矩形窗函数对其进行截断，为了能够分辨两个频率间隔为 $\Delta f=f_2-f_1=20\text{Hz}$ 的相邻谱峰，矩形窗函数的有效宽度 $\dfrac{2\pi}{N}$ 应小于 $2\pi\Delta fT$，由此可得截断长度 N 应该满足

$$\frac{2\pi}{N}\leqslant 2\pi\frac{\Delta f}{f_s}$$

即

$$N \geqslant \frac{f_s}{\Delta f} = \frac{4000}{20} = 200$$

从图 3.7.8 可以看出，当 N=150 时，不能得到 1000Hz 和 1020Hz 的频谱值，只能得到介于两者之间的一个频谱值；当 N=200 时，能够得到 1000Hz 和 1020Hz 的频谱值，满足题目中的分析，但还不能区分出这两个频率成分；当 N=400 和 600 时，就能够很好地区分出 1000Hz 和 1020Hz 这两个频率成分。

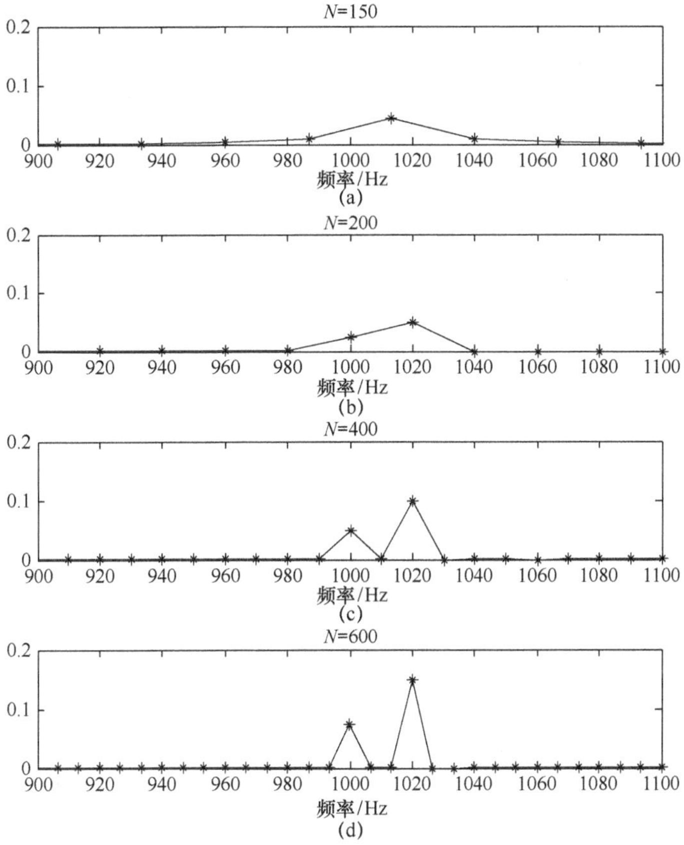

图 3.7.8　例 3.7.4 的频谱分析结果

图 3.7.8 的 MATLAB 程序如下：

```
clear all;close all;clc;
f1=1000;f2=1020;fs=4000;
t=0:1/fs:1;
 x=cos(f1*2*pi*t)+2*sin(f2*2*pi*t);                %模拟信号
N1=150;x1=x(1:N1);                                  %序列长度取 150 点
X1=abs(fftshift(fft(x1)))/fs;
f1=-fs/2:fs/N1:fs/2-fs/N1;
subplot(411),plot(f1,X1);axis([900 1100 0 0.2]);
xlabel('频率(Hz)');title('N=150');
N2=200;x2=x(1:N2);                                  %序列长度取 200 点
X2=abs(fftshift(fft(x2)))/fs;
f2=-fs/2:fs/N2:fs/2-fs/N2;
subplot(412),plot(f2,X2);axis([900 1100 0 0.2]);
```

```
xlabel('频率(Hz)');title('N=150');
N3=400;x3=x(1:N3);                                    %序列长度取 400 点
X3=abs(fftshift(fft(x3)))/fs;
f3=-fs/2:fs/N3:fs/2-fs/N3;
subplot(413),plot(f3,X3);axis([900 1100 0 0.2]);
xlabel('频率(Hz)');title('N=150');
N4=600;x4=x(1:N4);                                    %序列长度取 600 点
X4=abs(fftshift(fft(x4)))/fs;
f4=-fs/2:fs/N4:fs/2-fs/N4;
subplot(414),plot(f4,X4);axis([900 1100 0 0.2]);
xlabel('频率(Hz)');title('N=150');
```

在实际做信号频谱分析时，频率分辨率也体现了频谱谱线间隔，即栅栏效应中的栅栏间距。由 DFT 的定义可知，将一个有限长序列 $x_N(n)$ 做 DFT 计算得到 $X_N(k)$，每两根谱线间的距离为 $\Delta f=\dfrac{f_s}{N}$，有时为了改善栅栏效应，可以通过在 $x_N(n)$ 的后面补零来增加信号的计算长度，从而降低 Δf，但这种方法并不能从根本上提高频谱的物理分辨率。这是因为有效的数据长度 T_p 并没有增加，因而不可能增加关于原数据的新信息。也就是说，如果数据的长度 T_p 太短，以致不能将 $x(t)$ 或 $x(n)$ 中两个靠得很近的谱峰分开，那么靠补零的方法减小 Δf 后，仍然不能把这两个谱峰分开。

假设一信号实际长度为 N，补零后的长度为 M，那么定义

$$\Delta f=\frac{f_s}{N}$$

和

$$\Delta f=\frac{f_s}{M} \tag{3.7.14}$$

为信号的物理频率分辨率和计算频率分辨率。

图 3.7.9 是例 3.7.4 通过补零以后进行 DFT 运算的频谱。

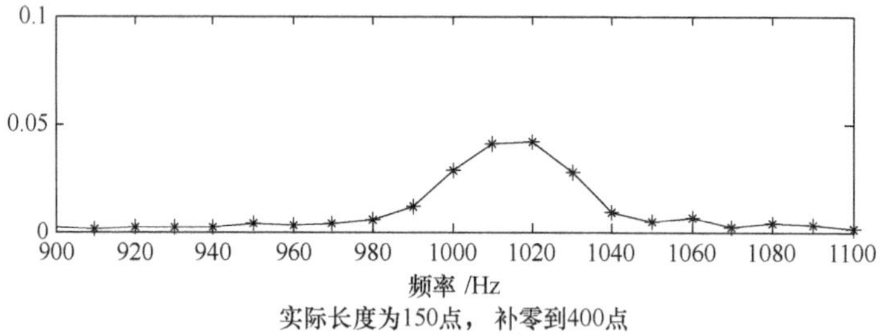

图 3.7.9　例 3.7.4 中采用窗函数截取再补零的频谱分析结果

对比图 3.7.8 和图 3.7.9 可以看出，通过补零的方式确实能够得到 1000Hz 和 1020Hz 的频率分量，但是同时也有周围的其他分量，并不能区分出这两个分量，而图 3.7.8 的 N=400 点就可以区分。结果说明补零的方法可以改善栅栏效应，提高计算频率分辨率，但不能提高物理频率分辨率。

2. 补零改变不了物理频率分辨率的理论依据

在做 DFT 时，有时需要对有限长序列后面补一些零值，以达到对频谱做某些改善的目

的。但有人却误解为补零可以提高频率分辨率。理由是，原序列长度为 N_1，补零后的数据长度为 N_2，由于 $\Delta f_1=\dfrac{f_s}{N_1}$、$\Delta f_2=\dfrac{f_s}{N_2}$，$N_2>N_1$，所以 $\Delta f_2>\Delta f_1$。实际上这是错把计算分辨率当成了物理分辨率。前文中已经指出，补零没有对原序列增加新的信息，因此不可能提高其物理分辨率。

设有一个长度为 M 的有限长序列 $x_M(n)$，其傅里叶变换为 $X_M(\mathrm{e}^{\mathrm{j}\omega})$，DFT 为 $X_M(k)$。现在在序列 $x(n)$ 后面补零得到长度为 N 的序列 $x_N(n)$，补零后序列 $x_N(n)$ 的傅里叶变换为

$$\begin{aligned}X_N(\mathrm{e}^{\mathrm{j}\omega})&=\sum_{n=0}^{N-1}x_N(n)\mathrm{e}^{-\mathrm{j}\omega n}\\&=\sum_{n=0}^{M-1}x_N(n)\mathrm{e}^{-\mathrm{j}\omega n}+\sum_{n=M}^{N-1}x_N(n)\mathrm{e}^{-\mathrm{j}\omega n}\\&=\sum_{n=0}^{M-1}x_M(n)\mathrm{e}^{-\mathrm{j}\omega n}=X_M(\mathrm{e}^{\mathrm{j}\omega})\end{aligned}\tag{3.7.15}$$

补零后序列的 DFT 为

$$\begin{aligned}X_N(k)&=\sum_{n=0}^{N-1}x_N(n)\mathrm{e}^{-\mathrm{j}\frac{2\pi}{N}nk}R_N(k)\\&=\left[\sum_{n=0}^{M-1}x_N(n)\mathrm{e}^{-\mathrm{j}\frac{2\pi}{N}nk}+\sum_{n=M}^{N-1}x_N(n)\mathrm{e}^{-\mathrm{j}\frac{2\pi}{N}nk}\right]R_N(k)\\&=\sum_{n=0}^{M-1}x_M(n)\mathrm{e}^{-\mathrm{e}^{-\mathrm{j}\frac{2\pi}{N}nk}}R_N(k)\neq X_M(k)\end{aligned}\tag{3.7.16}$$

由式（3.7.20）和式（3.7.21）可以看出，序列补零前后的连续谱是一样的，即补零对原序列的傅里叶变换 $X_M(\mathrm{e}^{\mathrm{j}\omega})$ 没有影响。但补零改变了序列的 DFT，其主要原因是补零导致在 z 平面单位圆的抽样位置发生改变，因此 DFT 离散点的频谱值发生改变。序列补零的主要作用是平滑了补零前后序列的连续谱，即补零可以对原序列的 $X_M(k)$ 做了差值，可以在一定程度上克服由于时域加窗截断导致的频谱泄露，图 3.7.9 也说明了这一点。

3. 利用 DFT 对连续信号进行频谱分析时的参数选择

由上述分析可知，在利用 DFT 对连续信号进行频谱分析时，涉及频谱混叠、截断效应和栅栏效应。频谱混叠与连续信号的时域抽样频率 f_s 有关，截断效应与时域加窗截断有关。在大多数情况下，我们已知待分析连续信号的最高频率 f_h，然后对信号的频率分辨率 Δf 提出要求。下面根据傅里叶变换理论，讨论利用 DFT 对连续信号进行频谱分析的参数选择问题。

若已知信号的最高频率 f_h，为防止频谱混叠，选定抽样频率 f_s 满足

$$f_s\geqslant 2f_h\tag{3.7.17}$$

相应的抽样时间间隔 T 应该满足

$$T=\frac{1}{f_s}\leqslant\frac{1}{2f_h}\tag{3.7.18}$$

再根据给定的频谱分辨率 Δf，可确定 DFT 所需的点数 N，即

$$N=\frac{f_s}{\Delta f}\tag{3.7.19}$$

希望Δf越小越好，但Δf越小，N越大，计算量和存储量也随之增大。

f_s和Δf确定后，就可确定所需连续信号$x(t)$的长度，即

$$T_p=\frac{N}{f_s}=NT \tag{3.7.20}$$

根据式（3.7.13），频率分辨率Δf正比于T_p，而不是N，所以在给定T_p的情况下，靠减小T来增加N是不能提高频率分辨率的。因为$T_p=NT$为常数，若把T减小到原来的$\frac{1}{m}$，则N相应增加到原来的m倍，这时

$$\Delta f=\frac{mf_s}{mN}=\frac{f_s}{N}=\frac{1}{NT}=\frac{1}{T_p} \tag{3.7.21}$$

即Δf保持不变。

例 3.7.5　某一处理器在近似计算实数信号频谱时，假设未对数据做任何修正处理，要求满足的指标是：①抽样点数必须是 2 的整数次方；②频率分辨率$\Delta f\leqslant 0.1\,\text{Hz}$；③信号的最高频率$f_h\leqslant 100\,\text{Hz}$。请选择下列参数：（1）抽样点之间的最大间隔$T$；（2）最少的记录点数$N$；（3）最短的记录长度$T_p$。

解　（1）依据式（3.7.16）确定抽样点之间的最大间隔为

$$T=\frac{1}{f_s}\leqslant\frac{1}{2f_h}=\frac{1}{2\times 100\text{Hz}}=5\times 10^{-3}\text{s}$$

（2）根据式（3.7.17）确定最少的记录点数为

$$N=\frac{f_s}{\Delta f}\geqslant\frac{2f_h}{\Delta f}=\frac{2\times 100\text{Hz}}{0.1\text{Hz}}=2000$$

所以选择点数为$N=2048=2^{11}$。

（3）根据式（3.7.18）确定最短的记录长度为

$$T_p\leqslant NT=2048\times 5\times 10^{-3}\text{s}=10.24\text{s}$$

在实际的 DFT 频谱分析中，还可以利用 DFT 算法实现，也可以通过 FFT 算法实现。前面几个例子都是利用 MATLAB 中 FFT 算法的命令 fft 来实现的，下面通过例 3.7.6 结合补零点问题说明 DFT 算法的应用。

例 3.7.6　设有限长序列为$x(n)=\{\underset{\uparrow}{1},1,1,1\}$，计算其 4 点、补零后的 16 点和补零后的 64 点的 DFT。

解　MATLAB 程序如下：

```
xn=[1,1,1,1];
N=4;
n=[0:1:N-1];
k=[0:1:N-1];
WN=exp(-j*2*pi/N);
nk=n'*k;
WNnk=WN.^nk;
Xk=xn*WNnk
subplot(321)
stem(n,xn);
axis([0 3 0 1.2])
```

```
xlabel('n');ylabel('x(n)');
subplot(322)
stem(n,abs(Xk))
axis([0 3 0 5])
xlabel('k');ylabel('|X(k)|');

xn=[1,1,1,1,zeros(1,12)];
N=16;
n=[0:1:N-1];
k=[0:1:N-1];
WN=exp(-j*2*pi/N);
nk=n'*k;
WNnk=WN.^nk;
Xk=xn*WNnk
subplot(323)
stem(n,xn);
axis([0 15 0 1.2])
xlabel('n');ylabel('x(n)');
subplot(324)
stem(n,abs(Xk))
axis([0 15 0 5])
xlabel('k');ylabel('|X(k)|');

xn=[1,1,1,1,zeros(1,60)];
N=64;
n=[0:1:N-1];
k=[0:1:N-1];
WN=exp(-j*2*pi/N);
nk=n'*k;
WNnk=WN.^nk;
Xk=xn*WNnk
subplot(325)
stem(n,xn);
axis([0 63 0 1.2])
xlabel('n');ylabel('x(n)');
subplot(326)
stem(n,abs(Xk))
axis([0 63 0 5])
xlabel('k');ylabel('|X(k)|');
```

程序运行结果如图 3.7.10 所示，由图可以看出，在序列 $x(n)$ 后补零，其谱线变得更密。但注意，频谱的分辨率并没有提高。

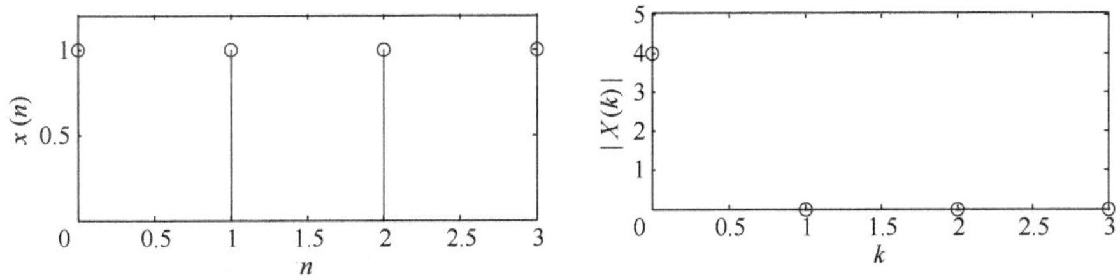

（a）$N=4$ 时，$x(n)$ 及其 DFT

图 3.7.10　例 3.7.6 的运行结果

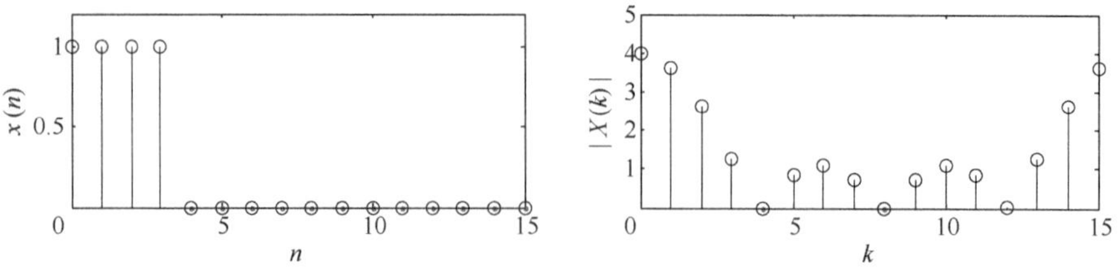

（b）$N=16$ 时，$x(n)$ 及其 DFT

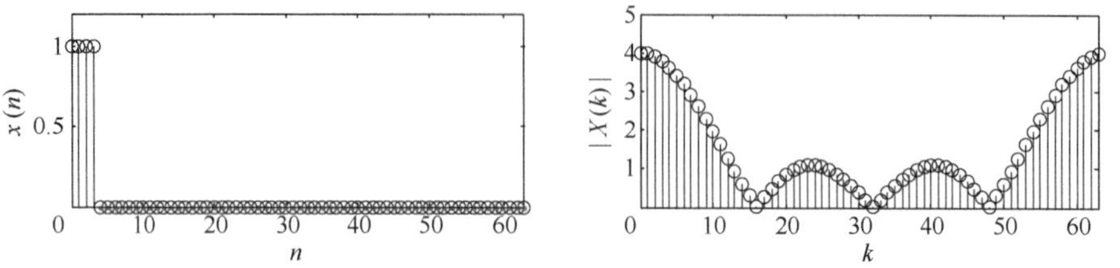

（c）$N=64$ 时，$x(n)$ 及其 DFT

图 3.7.10 例 3.7.6 的运行结果（续）

习 题

3.1 已知周期为 4 的周期序列 $\tilde{x}(n)$，在一个周期内 $\tilde{x}(n)=\{1,2,01;n=0,1,2,3\}$，求该序列的离散傅里叶级数的系数 $\tilde{X}(k)$。

3.2 试确定周期序列 $\tilde{x}(n)=2\sin\left(\dfrac{n\pi}{4}\right)+\cos\left(\dfrac{n\pi}{3}\right)$ 的离散傅里叶级数的系数 $\tilde{X}(k)$。

3.3 设 $x(n)=R_4(n)$，$\tilde{x}(n)=\sum\limits_{m=-\infty}^{\infty}x(n+8m)$，求 $\tilde{x}(n)$ 的离散傅里叶级数的系数 $\tilde{X}(k)$，并分别画图表示 $\tilde{x}(n)$ 和 $\tilde{X}(k)$。

3.4 如果 $\tilde{x}(n)$ 是周期为 N 的周期序列，则 $\tilde{x}(n)$ 也是周期为 $2N$ 的周期序列。用 $\tilde{X}(k)$ 表示 $\tilde{x}(n)$ 周期为 N 时的 DFS 系数，$\tilde{X}_2(k)$ 表示 $\tilde{x}(n)$ 周期为 $2N$ 时的 DFS 系数，用 $\tilde{X}(k)$ 表示 DFS 系数 $\tilde{X}_2(k)$。

3.5 序列 $\tilde{x}(n)$ 的周期为 N，$\tilde{y}(n)$ 的周期为 M，设序列 $\tilde{w}(n)=\tilde{x}(n)+\tilde{y}(n)$。

（1）证明 $\tilde{w}(n)$ 是周期序列，且周期为 NM；

（2）由于 $\tilde{x}(n)$ 的周期为 N，其 DFS 为 $\tilde{X}(k)$ 的周期也是 N。同样，周期 M 为 $\tilde{y}(n)$ 的 DFS $\tilde{Y}(k)$ 的周期也为 M。$\tilde{w}(n)$ 的 DFS $\tilde{W}(k)$ 的周期是 NM。利用 $\tilde{X}(k)$ 和 $\tilde{Y}(k)$ 确定 $\tilde{W}(k)$。

3.6 在变换区间 $0\leqslant n\leqslant N-1$ 内，计算以下序列的 N 点离散傅里叶变换。

（1）$x(n)=1$； （2）$x(n)=\delta(n)$；

（3）$x(n)=\delta(n-n_0)$，$0<n_0<N$； （4）$x(n)=R_m(n)$，$0<m<N$；

（5）$x(n)=\mathrm{e}^{\mathrm{j}\frac{2\pi}{N}mn}$，$0<m<N$； （6）$x(n)=\cos\left(\dfrac{2\pi}{N}mn\right)$，$0<m<N$；

（7）$x(n)=\mathrm{e}^{\mathrm{j}\omega_0 n}R_N(n)$； （8）$x(n)=\sin(\omega_0 n)R_N(n)$；

（9）$x(n)=\cos(\omega_0 n)R_N(n)$； （10）$x(n)=nR_N(n)$。

3.7　设序列 $x(n)$ 的 N 点离散傅里叶变换为 $X(k)$ 。现已知下列各 $X(k)$ ，分别求其 N 点 IDFT。

（1）$X(k)=\begin{cases}\frac{N}{2}\mathrm{e}^{\mathrm{j}\theta}, & k=m\\ \frac{N}{2}\mathrm{e}^{-\mathrm{j}\theta}, & k=N-m\\ 0, & 其他\end{cases}$；　（2）$X(k)=\begin{cases}-\mathrm{j}\frac{N}{2}\mathrm{e}^{\mathrm{j}\theta}, & k=m\\ \mathrm{j}\frac{N}{2}\mathrm{e}^{-\mathrm{j}\theta}, & k=N-m\\ 0, & 其他\end{cases}$；

（3）$X(k)=W_N^{mk}$，$0<m<N$ 。

3.8　长度为 $N=4$ 的序列 $x(n)$ 如题 3.8 图所示，请画出 $x[((n))_6]$，$x[((-n))_5]$，$x[((-n))_6]R_6(n)$，$x[((-n))_3]R_3(n)$，$x[((n-2))_5]R_5(n)$，$x[((n))_5]R_5(n)$ 各序列的图形。

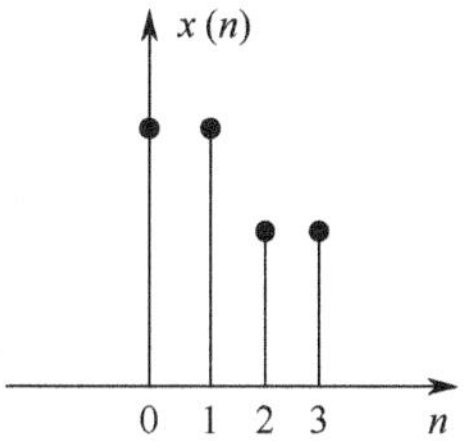

题 3.8 图

3.9　已知序列 $x(n)=\delta(n)+2\delta(n-2)+\delta(n-3)$ 。

（1）求 $x(n)$ 的 4 点离散傅里叶变换；

（2）若 $y(n)$ 是 $x(n)$ 及其本身的 4 点循环卷积，求 $y(n)$ 及其 4 点离散傅里叶变换 $Y(k)$；

（3） $h(n)=\delta(n)+\delta(n-1)+2\delta(n-3)$，求 $x(n)$ 与 $h(n)$ 的 4 点循环卷积。

3.10　题 3.10 图表示一个 4 点序列 $x(n)$ 。

（1）试画出 $x(n)*x(n)$；（2）试画出 $x(n)④x(n)$；（3）试画出 $x(n)⑧x(n)$ 。

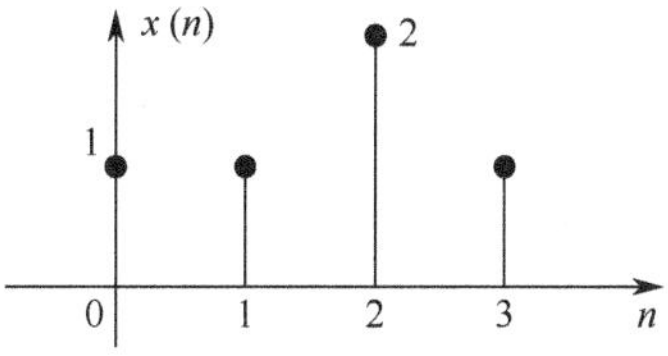

题 3.10 图

3.11　已知序列 $x_1(n)$ 是长度为 10 的有限长序列，在区间 $0\leqslant n\leqslant 9$ 外为 0。$x_2(n)$ 是长度为 20 的有限长序列，在区间 $0\leqslant n\leqslant 19$ 外为 0。对序列 $x_1(n)$ 和 $x_2(n)$ 做 15 点循环卷积得到序列 $y(n)$ 。请问 $y(n)$ 中有哪些点与 $x_1(n)$ 和 $x_2(n)$ 的线性卷积结果相同？

3.12　已知 $x(n)$ 是长度为 N 的有限长序列，其 N 点离散傅里叶变换为 $X(k)$ 。现将 $x(n)$ 后补零，得到长度为 mN 的有限长序列 $y(n)$ ，m 为整数。试用 $X(k)$ 确定 $y(n)$ 的 mN 点离散傅里叶变换 $Y(k)$ 。

3.13　设 $X(k)$ 表示 N 点序列 $x(n)$ 的 N 点离散傅里叶变换，证明：

（1）如果 $x(n)$ 满足 $x(n)=-x(N-1-n)$，则 $X(0)=0$；

（2）如果 $x(n)$ 满足 $x(n)=x(N-1-n)$，则 $X\left(\frac{N}{2}\right)=0$ 。

3.14　已知一个 9 点实数序列的 9 点离散傅里叶变换 $X(k)$ 在五个点上的值为 $X(0)=23$，$X(1)=2.242-\mathrm{j}$，$X(4)=-6.374+\mathrm{j}4$，$X(6)=6.5+\mathrm{j}2.598$，$X(7)=-4.152+\mathrm{j}0.264$，确定 $X(k)$ 其他四个点上的值。

3.15　已知一个 9 点实数序列的 9 点离散傅里叶变换 $X(k)$ 在偶数点上的值为 $X(0)=3.5$，$X(2)=2.2-\mathrm{j}6$，$X(4)=-6.3+\mathrm{j}4.5$，$X(6)=6.5+\mathrm{j}2.9$，$X(8)=-4.1+\mathrm{j}0.2$，确定 $X(k)$ 在奇数点上的值。

3.16　已知有限长序列

$$x(n)=\{2,1,1,0,3,2,0,3,4,6;n=0,1,2,3,4,5,6,7,8,9\}$$

不计算 $x(n)$ 的离散傅里叶变换 $X(k)$，确定下列各式的值。

（1）$X(0)$；（2）$X(5)$；（3）$\sum_{k=0}^{9}X(k)$；（4）$\sum_{k=0}^{9}\mathrm{e}^{-\mathrm{j}\frac{4\pi}{5}k}X(k)$；（5）$\sum_{k=0}^{9}|X(k)|^2$。

3.17 设 $X(k)$ 是12点实数序列 $x(n)$ 的12点离散傅里叶变换。$X(k)$ 的前七个点的值为：$X(0)=8$，$X(1)=2-\mathrm{j}$，$X(2)=-6+\mathrm{j}4$，$X(3)=6+\mathrm{j}2$，$X(4)=-4+\mathrm{j}5$，$X(5)=-2+\mathrm{j}3$，$X(6)=5$。

不计算 $X(k)$ 的离散傅里叶反变换 $x(n)$，确定以下各式的值：

（1）$x(0)$；（2）$x(6)$；（3）$\sum_{n=0}^{11}x(n)$；（4）$\sum_{n=0}^{11}\mathrm{e}^{\mathrm{j}\frac{2\pi}{3}n}x(n)$；（5）$\sum_{n=0}^{11}|x(n)|^2$。

3.18 已知序列 $x(n)=R_5(n)$。

（1）求序列 $x(n)$ 的傅里叶变换 $X(\mathrm{e}^{\mathrm{j}\omega})$，并画出幅频特性曲线和相频特性曲线（标出主要坐标值）；

（2）计算序列 $x(n)$ 的6点离散傅里叶变换 $X(k)$，并画出幅频特性曲线和相频特性曲线；

（3）将 $X(k)$ 和 $X(\mathrm{e}^{\mathrm{j}\omega})$ 的幅频特性曲线和相频特性曲线分别画在同一幅图中，验证 $X(k)$ 是 $X(\mathrm{e}^{\mathrm{j}\omega})$ 在单位圆上的等间隔抽样，抽样间隔为 $\frac{2\pi}{N}$；

（4）计算 $X(k)$ 的 N 点离散傅里叶反变换，验证DFT和IDFT的唯一性。

3.19 已知序列 $x(n)=a^n$，$0<a<1$。对 $x(n)$ 的 Z 变换 $X(z)$ 在单位圆上 N 点进行等间隔抽样，抽样值为 $X(k)=X(z)\Big|_{z=\mathrm{e}^{\mathrm{j}\frac{2\pi}{N}k}}$，求有限长序列 $\mathrm{IDFT}[X(k)]$。

3.20 若对连续信号 $x(t)$ 进行频谱分析，其最高频率为4Hz，抽样频率为10Hz，而且计算1024个抽样点的离散傅里叶变换。确定频率抽样点之间的频率间隔，以及第129根谱线 $X(128)$ 对应的是连续信号频谱哪个频率的值。

3.21 已知连续信号

$$x(t)=\cos(2\pi f_1 t)+\cos(2\pi f_2 t)+\cos(2\pi f_3 t)$$

其中，$f_1=2\text{Hz}$、$f_2=2.5\text{Hz}$、$f_3=3\text{Hz}$。利用抽样频率 $f_s=10\text{Hz}$ 对该信号进行抽样，请问需要抽样多少点才能分离上述信号的三个频率成分？

3.22 用微处理器对实数序列做谱分析，要求谱分辨率 $F\leqslant 50\text{Hz}$，信号最高频率为1kHz，试确定以下各参数：

（1）最大取样间隔 $T_{\max}$；

（2）最少抽样点数 $N_{\min}$，要求为2的整数次幂；

（3）最小记录时间 $T_{p\min}$；

（4）在频带宽度不变的情况下，将频率分辨率提高一倍的 N 值。

3.23 如果抽样频率 $f_s=32\text{Hz}$，序列 $x(n)$ 有三个频率分量，即

$$x(n)=2\sin\left(\frac{\pi}{8}n\right)+3\sin\left(\frac{\pi}{4}n\right)+5\cos\left(\frac{\pi}{5}n\right)$$

对 $x(n)$ 做32点离散傅里叶变换，是否有频谱泄露？试画出信号的频谱图。

3.24 如何用一个 N 点DFT变换计算两个实数序列 $x_1(n)$ 和 $x_2(n)$ 的 N 点DFT变换？

3.25 若 $\mathrm{DFT}[x(n)]=X(k)$，试求 $\mathrm{DFT}[X(n)]$。

第4章　快速傅里叶变换

第3章中介绍的离散傅里叶变换（DFT）实现了频率离散化，便于计算机在频域内对信号进行处理。DFT 可以直接用来分析信号的频谱、计算滤波器的频率响应，以及实现信号通过线性系统的卷积运算，因而在信号的谱分析等方面有很大作用。但是，具体计算 DFT 时存在一大弊病：直接计算 DFT 的运算量与变换区间长度 N 的平方成正比，当 N 很大时，运算量很大，从而限制了 DFT 在信号频谱分析和实时信号处理中的应用。为此，寻求计算机实现 DFT 的快速算法则显得特别重要。

1965年，库利（J. W. Cooley）和图基（J. W. Tukey）发表了一篇名为《机器计算傅里叶级数的一种算法》的著名论著，其中提出快速傅里叶变换（FFT）算法，开创了数字信号处理技术的新纪元。FFT 算法大大提高了 DFT 的运算效率，为数字信号处理技术应用于各种实时处理创造了条件，推动了数字信号处理技术的发展。需要强调的是，FFT 并不是一种新的变换，而是一种快速计算 DFT 的算法。

本章在介绍 DFT 运算量的基础上，首先介绍库利-图基提出的按时间抽取的基-2 FFT 算法，其次介绍桑德-图基按频率抽取的基-2 FFT 算法，最后介绍快速傅里叶反变换算法、实数序列的 FFT 算法、哈特莱变换及 FFT 算法在卷积和相关运算中的应用。

4.1　DFT 运算量分析及改善途径

本节在分析 DFT 运算量的基础上，介绍提高 DFT 运算效率的基本途径，从而为后续介绍 FFT 算法的相关内容奠定基础。

4.1.1　直接计算 DFT 的运算量

本书利用复数的乘法和加法次数来度量算法的运算量。首先分析对比序列的离散傅里叶变换（DFT）的运算量与离散傅里叶反变换（IDFT）的运算量。设 $x(n)$为 N 点有限长序列，其 DFT 为

$$X(k)=\sum_{n=0}^{N-1}x(n)W_N^{nk},\quad k=0,1,\cdots,N-1 \tag{4.1.1}$$

式中，$W_N=\mathrm{e}^{-\mathrm{j}\frac{2\pi}{N}}$，其 IDFT 为

$$x(n)=\frac{1}{N}\sum_{k=0}^{N-1}X(k)W_N^{-nk},\quad n=0,1,\cdots,N-1 \tag{4.1.2}$$

对比式（4.1.1）和式（4.1.2），其差别仅在于 W_N 的指数符号不同及相差一个常数乘系数 $\frac{1}{N}$。若将式（4.1.2）改写为

$$x(n)=\frac{1}{N}\left[\sum_{k=0}^{N-1}X^*(k)W_N^{nk}\right]^*=\frac{1}{N}\{\mathrm{DFT}[X^*(k)]\}^* \tag{4.1.3}$$

式中，“*”号表示共轭。与式（4.1.1）对比，只要将 $X(k)$取共轭，然后直接利用 DFT 公式（4.1.1），最后再将运算结果取一次共轭，并乘以$\frac{1}{N}$，便可得到$x(n)$的值。这是利用 DFT 正变换公式计算 DFT 反变换的方法。由此可见，DFT 与 IDFT 的运算量是完全相同的，因此下面只讨论 DFT 正变换的运算量。

考虑 $x(n)$为复数序列的一般情况，由于 $X(k)$和 W_N^{nk} 也是复数，对于每个 k 值，利用式（4.1.1）计算 $X(k)$值，必须进行 N 次复数乘法和 $N-1$ 次复数加法。而 $X(k)$共有 N 个值（$0\leqslant k\leqslant N-1$），所以要完成全部 DFT 的运算需要进行 N^2 次复数乘法和 N（$N-1$）次复数加法。可见，直接运算 DFT，乘法次数与加法次数都与 N^2 成正比。随着 N 的增大，运算次数迅速增加。例如，当 N=8 时，需要 64 次复数乘法；而当 N=1024 时，则需要 1048576 次。如果信号处理要求实时进行，则必将对硬件或软件的计算速度提出极高的要求。鉴于直接运算 DFT 的运算量太大，限制了 DFT 的应用，因此，迫切需要减少总的运算次数，以降低其运算量。由于复数乘法运算比复数加法运算复杂得多，所以考察一个算法的运算量一般以复数乘法次数为依据。

4.1.2 改善 DFT 运算效率的基本途径

通过分析并利用 W_N^{nk} 的特性，可以避免 DFT 运算中包含的大量重复运算。观察式(4.1.1)中的系数 W_N^{nk}，虽然要进行 N^2 次 $x(n)$与 W_N^{nk} 的乘法，但由于 W_N^{nk} 的周期性，其中只有 N 个独立的值，即 $W_N^0,W_N^1,\cdots,W_N^{N-1}$，且在这 N 个独立的值中有一部分非常简单。综合起来，W_N^{nk} 具有如下性质：

（1）W_N^{nk} 的共轭对称性

$$W_N^{k(N-n)}=W_N^{-nk}=(W_N^{nk})^* \tag{4.1.4}$$

（2）W_N^{nk} 的周期性

$$W_N^{k(N+n)}=W_N^{nk}=W_N^{(N+k)n} \tag{4.1.5}$$

（3）W_N^{nk} 的可约性

$$W_N^{nk}=W_{mN}^{mnk}=W_{N/m}^{nk/m} \tag{4.1.6}$$

还可以进一步得出

$$W_N^{n(N-k)}=W_N^{(N-n)k}=W_N^{-nk} \tag{4.1.7}$$

$$W_N^{N/2}=-1 \tag{4.1.8}$$

$$W_N^{(k+N/2)}=-W_N^k \tag{4.1.9}$$

下面通过一个简单的例子，来具体说明如何巧妙利用 W_N^{nk} 的性质减少计算量。

例如，对 4 点 DFT，按照式（4.1.1）直接计算需要 $4^2=16$ 次复数乘法，根据上述 W_N^{nk} 的性质，可写成如下的矩阵形式

$$\begin{bmatrix} X(0) \\ X(1) \\ X(2) \\ X(3) \end{bmatrix} = \begin{bmatrix} W_4^0 & W_4^0 & W_4^0 & W_4^0 \\ W_4^0 & W_4^1 & W_4^2 & W_4^3 \\ W_4^0 & W_4^2 & W_4^4 & W_4^6 \\ W_4^0 & W_4^3 & W_4^6 & W_4^9 \end{bmatrix} \begin{bmatrix} x(0) \\ x(1) \\ x(2) \\ x(3) \end{bmatrix} \tag{4.1.10}$$

令

$$\boldsymbol{W} = \begin{bmatrix} W_4^0 & W_4^0 & W_4^0 & W_4^0 \\ W_4^0 & W_4^1 & W_4^2 & W_4^3 \\ W_4^0 & W_4^2 & W_4^4 & W_4^6 \\ W_4^0 & W_4^3 & W_4^6 & W_4^9 \end{bmatrix} \tag{4.1.11}$$

利用 W_N^{nk} 的周期性，矩阵 $\boldsymbol{W}$ 可变为

$$\boldsymbol{W} = \begin{bmatrix} W_4^0 & W_4^0 & W_4^0 & W_4^0 \\ W_4^0 & W_4^1 & W_4^2 & W_4^3 \\ W_4^0 & W_4^2 & W_4^0 & W_4^2 \\ W_4^0 & W_4^3 & W_4^2 & W_4^1 \end{bmatrix} \tag{4.1.12}$$

再利用 W_N^{nk} 的共轭对称性，可将矩阵 $\boldsymbol{W}$ 简化为

$$\boldsymbol{W} = \begin{bmatrix} W_4^0 & W_4^0 & W_4^0 & W_4^0 \\ W_4^0 & W_4^1 & -W_4^0 & -W_4^1 \\ W_4^0 & -W_4^0 & W_4^0 & -W_4^0 \\ W_4^0 & -W_4^1 & -W_4^0 & W_4^1 \end{bmatrix} \tag{4.1.13}$$

比较式（4.1.11）和式（4.1.13）可以看到，利用 W_N^{nk} 的周期性使原有的 $W_4^0,W_4^1,W_4^2,W_4^3,W_4^4,W_4^6,W_4^9$ 七个系数，变成 W_4^0,W_4^1,W_4^2,W_4^3 四个系数，再利用共轭对称性，只剩下 W_4^0,W_4^1 两个系数。不难想象，4 点的 DFT 可以利用 2 点 DFT 实现。可见，在矩阵 $\boldsymbol{W}$ 中有许多元素相同，$\boldsymbol{W}$ 和 $x(n)$ 相乘过程中存在许多重复运算。如果能减少这种重复，就可以减少运算量，运算量的减小就意味着运算效率的提高。

由于 $W_4^0=1$，则式（4.1.10）可写为

$$\begin{bmatrix} X(0) \\ X(1) \\ X(2) \\ X(3) \end{bmatrix} = \begin{bmatrix} 1 & 1 & 1 & 1 \\ 1 & W_4^1 & -1 & -W_4^1 \\ 1 & -1 & 1 & -1 \\ 1 & -W_4^1 & -1 & W_4^1 \end{bmatrix} \begin{bmatrix} x(0) \\ x(1) \\ x(2) \\ x(3) \end{bmatrix} \tag{4.1.14}$$

将该矩阵的第二列和第三列交换，得到

$$\begin{bmatrix} X(0) \\ X(1) \\ X(2) \\ X(3) \end{bmatrix} = \begin{bmatrix} 1 & 1 & 1 & 1 \\ 1 & -1 & W_4^1 & -W_4^1 \\ 1 & 1 & -1 & -1 \\ 1 & -1 & -W_4^1 & W_4^1 \end{bmatrix} \begin{bmatrix} x(0) \\ x(2) \\ x(1) \\ x(3) \end{bmatrix} \tag{4.1.15}$$

由此得出

$$\left.\begin{aligned} X(0)&=[x(0)+x(2)]+[x(1)+x(3)] \\ X(1)&=[x(0)-x(2)]+[x(1)-x(3)]W_4^1 \\ X(2)&=[x(0)+x(2)]-[x(1)+x(3)] \\ X(3)&=[x(0)-x(2)]-[x(1)-x(3)]W_4^1 \end{aligned}\right\} \tag{4.1.16}$$

分析式（4.1.16），可见：

（1）计算 4 点 DFT 实际上只需要一个复数乘法。问题的关键是如何巧妙地应用系数 W_N^{nk} 的性质。

（2）4 点长序列的 DFT 可以通过两个 2 点短序列的 DFT 来实现。

由以上分析可知，利用 W_N^{nk} 的性质，把长度为 N 的 DFT 逐次分解为短序列的 DFT，可以提高运算效率。快速傅里叶变换算法正是基于这一基本思想发展起来的。

快速傅里叶变换算法的形式很多，但基本上可以分成两大类，即按时间抽取（Decimation In Time，DIT）法和按频率抽取（Decimation In Frequency，DIF）法。本章主要介绍这两种形式的基-2 FFT 算法。

4.2 按时间抽取的基-2 FFT 算法

如果算法是通过将长时间序列 $x(n)$逐次分解为多个短时间序列得到的，这种算法称为按时间抽取的 FFT 算法，又称为库利-图基算法。而之所以称之为基-2 FFT 算法是因为要求序列的点数 N 为 2 的整数次幂。本节在 4.1 节的基础上，详细推导、介绍 FFT 算法的基本原理、运算量等相关内容。

4.2.1 算法原理

设序列 $x(n)$ 的点数为 $N=2^M$，M 为整数。如果不满足这个条件，可以在 $x(n)$ 后面补上若干个零，使之达到这个要求。

序列 $x(n)$ 的 N 点 DFT 为

$$X(k)=\sum_{n=0}^{N-1}x(n)W_N^{nk},\quad k=0,1,\cdots,N-1$$

依据 n 为偶数和奇数可将上式分解为

$$\begin{aligned} X(k)&=\sum_{n=0}^{N-1}x(n)W_N^{nk}=\sum_{\substack{n=0\\ n\text{为偶数}}}^{N-1}x(n)W_N^{nk}+\sum_{\substack{n=0\\ n\text{为奇数}}}^{N-1}x(n)W_N^{nk} \\ &=\sum_{r=0}^{N/2-1}x(2r)W_N^{2rk}+\sum_{r=0}^{N/2-1}x(2r+1)W_N^{(2r+1)k} \end{aligned} \tag{4.2.1}$$

令

$$\begin{cases} x_1(r)=x(2r) \\ x_2(r)=x(2r+1) \end{cases},\quad r=0,1,\cdots,\frac{N}{2}-1 \tag{4.2.2}$$

并根据式（4.1.7）有 $W_N^2=W_{N/2}$，所以式（4.2.1）可以写成

$$X(k)=\sum_{r=0}^{N/2-1}x_1(r)W_{N/2}^{rk}+W_N^k\sum_{r=0}^{N/2-1}x_2(r)W_{N/2}^{rk},\quad k=0,1,\cdots,N-1 \tag{4.2.3}$$

观察式（4.2.3）右端表达式，两项求和运算分别是两个长度均为 $\frac{N}{2}$ 的序列 $x_1(r)$、$x_2(r)$ 的 $\frac{N}{2}$ 点 DFT，而 $x_1(r)$、$x_2(r)$ 则是按照 n 为偶数和奇数由序列 $x(n)$ 分解得到的序列。由此可见，N 点 DFT 可分解为两个 $\frac{N}{2}$ 点 DFT 来计算。若用 $X_1(k)$ 和 $X_2(k)$ 分别表示序列 $x_1(r)$ 和 $x_2(r)$ 的 $\frac{N}{2}$ 点 DFT，则

$$\begin{cases}X_1(k)=\sum_{r=0}^{N/2-1}x(2r)W_{N/2}^{rk}=\sum_{r=0}^{N/2-1}x_1(r)W_{N/2}^{rk}\\ X_2(k)=\sum_{r=0}^{N/2-1}x(2r+1)W_{N/2}^{rk}=\sum_{r=0}^{N/2-1}x_2(r)W_{N/2}^{rk}\end{cases} \tag{4.2.4}$$

因此，N 点序列 $x(n)$ 的 DFT 可以表示为

$$X(k)=X_1(k)+W_N^kX_2(k),\quad k=0,1,\cdots,\frac{N}{2}-1 \tag{4.2.5}$$

需要特别指出的是：式（4.2.4）表明，$x_1(r)$ 和 $x_2(r)$ 的点数为 $\frac{N}{2}$，它们的 DFT $X_1(k)$ 和 DFT $X_2(k)$ 的点数也是 $\frac{N}{2}$，而 $x(n)$ 却有 N 个点，其对应的 $X(k)$ 也应该有 N 个点，所以按式（4.2.5）计算得到的只是 $X(k)$ 的前半项数值的结果，即 $0\leqslant k\leqslant\frac{N}{2}-1$。而求解 $X(k)$ 后半项数值时，需要用到 $X_1(k)$ 和 $X_2(k)$ 的周期性和式（4.2.5）中 W_N^k 的对称性。考虑 $W_{N/2}^{r(k+N/2)}=W_{N/2}^{rk}$，于是

$$X_1\left(k+\frac{N}{2}\right)=\sum_{r=0}^{N/2-1}x_1(r)W_{N/2}^{rk+N/2}=\sum_{r=0}^{N/2-1}x_1(r)W_{N/2}^{rk}=X_1(k) \tag{4.2.6}$$

同样有

$$X_2\left(k+\frac{N}{2}\right)=X_2(k),\quad k=0,1,\cdots,\frac{N}{2}-1 \tag{4.2.7}$$

再利用 W_N^k 的对称性，有

$$W_N^{(k+N/2)}=\mathrm{e}^{-\mathrm{j}\pi}W_N^k=-W_N^k \tag{4.2.8}$$

结合式（4.2.6）～式（4.2.8），令式（4.2.5）中两端 $k=k+\frac{N}{2}$，得到 $X(k)$ 后 $\frac{N}{2}$ 点的值为

$$\begin{aligned}X\left(k+\frac{N}{2}\right)&=X_1\left(k+\frac{N}{2}\right)+W_N^{(k+N/2)}X_2\left(k+\frac{N}{2}\right)\\&=X_1(k)-W_N^kX_2(k),\quad 0\leqslant k\leqslant\frac{N}{2}-1\end{aligned} \tag{4.2.9}$$

综上所述，序列 $x(n)$ 的 N 点 DFT $X(k)$ 可用式（4.2.10）和式（4.2.11）计算：

$$X(k)=X_1(k)+W_N^kX_2(k),\quad 0\leqslant k\leqslant\frac{N}{2}-1 \tag{4.2.10}$$

$$X\left(k+\frac{N}{2}\right)=X_1(k)-W_N^k X_2(k),\quad 0\leqslant k\leqslant\frac{N}{2}-1 \tag{4.2.11}$$

其中，式（4.2.10）计算 $X(k)$ 的前半部分，式（4.2.11）计算 $X(k)$ 的后半部分。只要求出 0～$\frac{N}{2}-1$ 区间内的所有 $X_1(k)$ 和 $X_2(k)$，即可求出 0～$N-1$ 区间内全部的 $X(k)$ 值。由于式中系数 W_N^k 在复数乘法中起到旋转的作用，故称其为旋转系数。

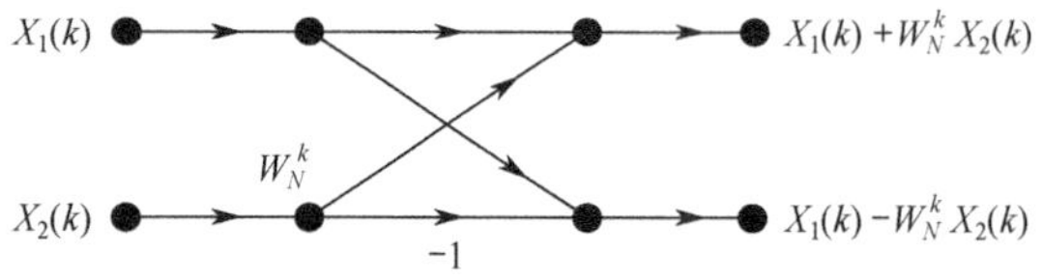

图 4.2.1 时间抽取的蝶形运算流图

为了便于理解，将式(4.2.10)和式(4.2.11)所描述的运算用一个信号流图来表示，称为蝶形运算，如图 4.2.1 所示。

基于上述分析，以 $N=8$ 为例，可将上面讨论的分解过程表示于图 4.2.2 中。$X(0)\sim X(3)$ 由式（4.2.10）计算，$X(4)\sim X(7)$ 则由式（4.2.11）计算。

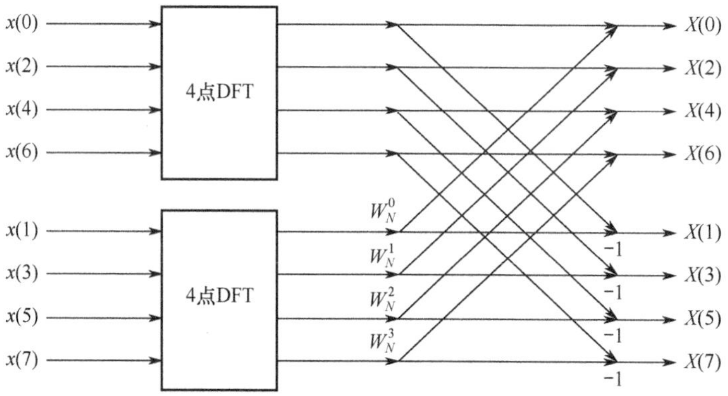

图 4.2.2 按时间抽取，一个 N 点 DFT 分解为两个 $\frac{N}{2}$ 点 DFT

现在分析上述方法经一次分解的运算量：每个蝶形运算需要一次复数乘法和两次复数加法运算。若用 DFT 方法直接计算 $X_1(k)$ 和 $X_2(k)$，则共需要 $2\left(\frac{N}{2}\right)^2=\frac{N^2}{2}$ 次复数乘法运算，再做 $\frac{N}{2}$ 次蝶形运算，又需要 $\frac{N}{2}$ 次复数乘法和 N 次复数加法。这样，计算 N 点 DFT 共需要 $\frac{N^2+N}{2}$ 次复数乘法和 $\frac{N^2}{2}+N$ 次复数加法。由此可见，通过一次这样的分解后，运算量减少了近一半。

进一步分析发现，由于 $N=2^M$，所以 $\frac{N}{2}$ 仍然是偶数，可以进一步将 $\frac{N}{2}$ 点的 DFT 分解成两个 $\frac{N}{4}$ 点的 DFT。为此，再次将序列 $x_1(r)$ 按照 r 为偶数和奇数分解为 $x_3(l)$ 和 $x_4(l)$，即

$$\begin{cases} x_3(l)=x_1(2l) \\ x_4(l)=x_1(2l+1) \end{cases},\quad l=0,1,\cdots,\frac{N}{4}-1 \tag{4.2.12}$$

那么 $X_1(k)$ 可以表示为

$$X_1(k)=\sum_{l=0}^{N/4-1}x_1(2l)W_{N/2}^{2kl}+\sum_{l=0}^{N/4-1}x_1(2l+1)W_{N/2}^{k(2l+1)}$$
$$=\sum_{l=0}^{N/4-1}x_3(l)W_{N/4}^{kl}+W_{N/2}^{k}\sum_{l=0}^{N/4-1}x_4(l)W_{N/4}^{kl}$$

因而有

$$X_1(k)=X_3(k)+W_{N/2}^{k}X_4(k),\quad k=0,1,\cdots,\frac{N}{4}-1 \tag{4.2.13}$$

且

$$X_1\left(k+\frac{N}{4}\right)=X_3(k)-W_{N/2}^{k}X_4(k),\quad k=0,1,\cdots,\frac{N}{4}-1 \tag{4.2.14}$$

其中

$$X_3(k)=\sum_{l=0}^{N/4-1}x_3(l)W_{N/4}^{kl} \tag{4.2.15}$$

$$X_4(k)=\sum_{l=0}^{N/4-1}x_4(l)W_{N/4}^{kl} \tag{4.2.16}$$

对 $x_2(r)$ 进行同样的分解得

$$X_2(k)=X_5(k)+W_{N/2}^{k}X_5(k),\quad k=0,1,\cdots,\frac{N}{4}-1 \tag{4.2.17}$$

$$X_2\left(k+\frac{N}{4}\right)=X_5(k)-W_{N/2}^{k}X_6(k),\quad k=0,1,\cdots,\frac{N}{4}-1 \tag{4.2.18}$$

其中

$$X_5(k)=\sum_{l=0}^{N/4-1}x_5(l)W_{N/4}^{kl} \tag{4.2.19}$$

$$X_6(k)=\sum_{l=0}^{N/4-1}x_6(l)W_{N/4}^{kl} \tag{4.2.20}$$

$$\begin{cases}x_5(l)=x_2(2l)\\ x_6(l)=x_2(2l+1)\end{cases},\quad l=0,1,\cdots,\frac{N}{4}-1 \tag{4.2.21}$$

将系数统一为 $W_{N/2}^{k}=W_N^{2k}$，则 $N=8$ 时，一个 N 点 DFT 分解为四个 $\frac{N}{4}$ 点 DFT 的流图，如图 4.2.3 所示。

做与前述相同的运算量分析，利用四个 $\frac{N}{4}$ 点 DFT 及两级蝶形组合运算来计算 N 点 DFT，比只用一次分解蝶形组合运算的运算量又减小了大约一半。

继续分解，直到经过 $M-1$ 次分解后，最后将 N 点 DFT 分解成 $\frac{N}{2}$ 个两点 DFT，而两点的 DFT 则可由原序列经简单计算得到。例如，若 $N=8$ 时，可分解为四个两点 DFT：$X_3(k),X_4(k),X_5(k),X_6(k)\ (k=0,1)$，分别由式（4.2.15）、式（4.2.16）、式（4.2.19）和式（4.2.20）计算。例如，由式（4.2.20）可得

$$X_6(k)=\sum_{l=0}^{N/4-1}x_6(l)W_{N/4}^{kl}=\sum_{l=0}^{1}x_6(l)W_{N/4}^{kl},\ k=0,1$$

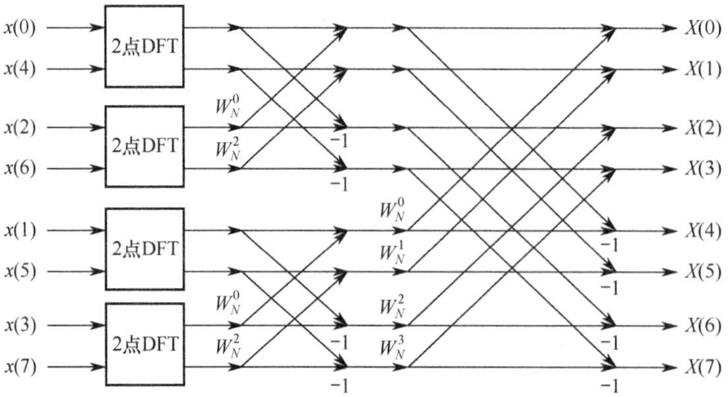

图 4.2.3 按时间抽取，一个 N 点 DFT 分解为 4 个 $\frac{N}{4}$ 点 DFT

即

$$X_6(0)=x_6(0)+W_2^0x_6(1)=x(3)+W_2^0x(7)=x(3)+W_N^0x(7)$$
$$X_6(1)=x_6(0)+W_2^1x_6(1)=x(3)+W_2^1x(7)=x(3)-W_N^0x(7)$$

上式应用了 $W_2^1=\mathrm{e}^{-\mathrm{j}\frac{2\pi}{2}}=\mathrm{e}^{-\mathrm{j}\pi}=-1=-W_N^0$。类似可求出 $X_3(k),X_4(k),X_5(k)$，这些两点 DFT 都可用一个蝶形运算表示，与原序列之间有简单的运算关系。由此可得出一个按时间抽取的完整的 8 点 DFT 运算流图，如图 4.2.4 所示。

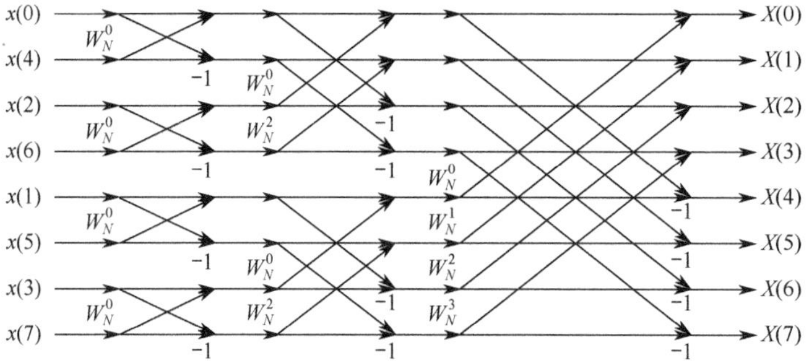

图 4.2.4 8 点序列按时间抽取 FFT 运算流图

以上所述就是 FFT 算法的核心思想。每一步分解都是依据输入序列在时间上的次序是偶数还是奇数来将其分解为两个更短的子序列的，所以这种算法称为按时间抽取法。

4.2.2 算法运算量分析

由以上的分解过程可以看出，对于任何一个 $N=2^M$ 点的 DFT，都可以经过 $M-1$ 级分解，最终归结为两点的 DFT 运算。从图 4.2.4 的 FFT 运算流图可以看出，在从 $x(n)$ 到 $X(k)$ 的运算过程中，共有 M 级蝶形，每级有 $\frac{N}{2}$ 个蝶形运算组成。每个蝶形运算有一次复数乘法和两次复数加法。因此，每一级运算都需要 $\frac{N}{2}$ 次复数乘法和 N 次复数加法。这样，M 级运算共需要的复数乘法运算次数为

$$m_p = \frac{N}{2}M = \frac{N}{2}\log_2 N \tag{4.2.22}$$

而复数加法次数为

$$a_p = NM = N\log_2 N \tag{4.2.23}$$

实际上有些乘法可以省掉，如 $W_N^0 = 1$，$W_N^{N/4} = -\mathrm{j}$ 的情况，根本不必做乘法。由于当 N 很大时，这些特例相对来说很少，所以这里暂时不考虑这种进一步压缩运算量的潜力。

显然，时间抽取法所需要的运算量（无论是复数乘法还是复数加法）与 N 成正比，而直接运算时是与 N^2 成正比的。例如，N=1024，时间抽取的 FFT 算法所需复数乘法为 $\frac{1024}{2}\log_2 1024 = 5120$，复数加法次数为 $1024\log_2 1024 = 10240$，而直接计算 DFT 则需要 $1024^2 = 1048576$ 次复数乘法，$1024\times(1024-1) = 1047552$ 次复数加法，分别使复数乘法的运算效率提高了 200 多倍、复数加法的运算效率提高了 100 多倍。由于乘法运算时间比加法运算时间多得多，故以乘法为例，将不同 N 值 DFT 和 FFT 的复数乘法运算量比较列于表 4.2.1 中。由表可见，当 $N \gg 1$ 时，FFT 算法将比直接计算 DFT 的运算量大大减小。

直接计算 DFT 与 FFT 算法的计算量之比为

$$\frac{N^2}{\frac{N}{2}\log_2 N} = \frac{2N}{\log_2 N} \tag{4.2.24}$$

并将此比值也列于表 4.2.1 中。从表中可以看出，当 N 较大时，时间抽取法要比直接计算快一两个数量级。例如，当 N=4096 时，基于某计算机平台，如果直接计算 DFT 耗时近 6h，而利用 FFT 算法则只用 1min 就可以完成。可见 FFT 的意义重大。

表 4.2.1　FFT 算法与直接计算 DFT 算法的比较

N	N^2	$\frac{N}{2}\log_2 N$	$\frac{N^2}{\frac{N}{2}\log_2 N}$
2	4	1	4.0
4	16	4	4.0
8	64	12	5.4
16	256	32	8.0
32	1024	80	12.8
64	4096	192	21.4
128	16384	448	36.6
256	65536	1024	64.0
512	262144	2304	113.8
1024	1048576	5120	204.8
2048	4194304	11264	372.4

4.2.3　算法特点分析

依据前面讨论的 DIT 基–2 FFT 算法原理，可以画出任何 $N=2^M$ 点的 FFT 信号流图。这里对 DIT 基–2 FFT 算法的特点、规律进行总结，以期对后续的编程实现奠定基础。

1. 同址运算（原位运算）

实际编程实现时，图 4.2.4 所示信号流图中各节点处的计算值需要存储单元来存放（如存放在计算机的内存单元中）。若各计算值用存储单元来表示，则得图 4.2.5，图中 $A_m(j)$（$m=0,1,2,3$；$j=0,1,\cdots,7$）表示各级存储单元所存放的计算值。

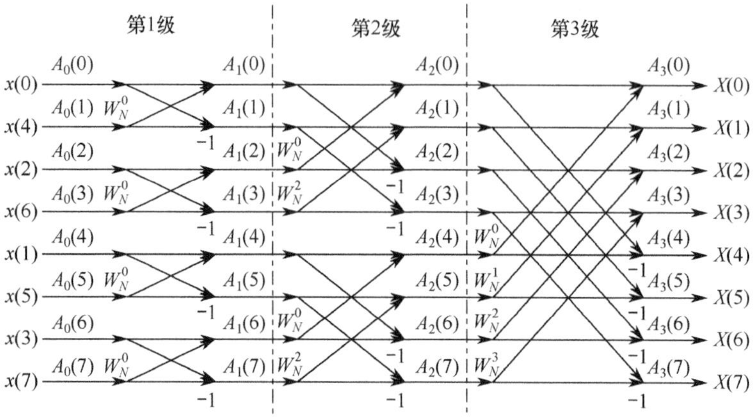

图 4.2.5 时间抽取基−2 FFT 算法性质分析示意图

图 4.2.5 中，每级运算都由 $\dfrac{N}{2}$ 个蝶形运算构成，分析其中任一蝶形运算，如图 4.2.6 所示。

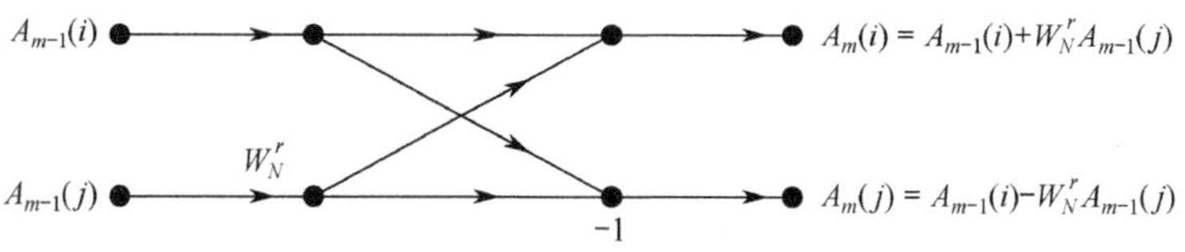

图 4.2.6 时间抽取蝶形运算结构

图 4.2.6 所示的每个蝶形运算结构完成以下基本迭代运算

$$\begin{cases} A_m(i)=A_{m-1}(i)+A_{m-1}(j)W_N^r \\ A_m(j)=A_{m-1}(i)-A_{m-1}(j)W_N^r \end{cases} \tag{4.2.25}$$

式中，m 表示第 m 列迭代，i、j 为数据所在的行数，包括一次复数乘法和两次复数加减法运算。

由图 4.2.6 的流图可以看出，在同一级中，每个蝶形结构的两个输入数据 $A_{m-1}(i)$ 和 $A_{m-1}(j)$ 仅用于本蝶形的运算，这意味着每个蝶形运算计算出输出数据 $A_m(i)$ 和 $A_m(j)$ 后，其输入数据 $A_{m-1}(i)$ 和 $A_{m-1}(j)$ 不再有用，因而输出数据 $A_m(i)$ 和 $A_m(j)$ 可存放在原输入数据 $A_{m-1}(i)$ 和 $A_{m-1}(j)$ 所占用的存储单元。每级的 $\dfrac{N}{2}$ 个蝶形运算全部完成之后再开始下一级的蝶形运算。这样，经过 M 级运算后，原来存放输入序列 $x(n)$ 数据的 N 个存储单元便依次存放 $X(k)$ 的 N 个数据。因此，如果所有的 W_N^k 值已预先置存在特定的存储单元中，那么除运算的工作单元之外，只须用 N 个存储单元。这种当输入数据存储在一组存储单元后，每一级蝶形运算后的结果仍然存储在同一组存储单元中（所用存储单元的地址未发生改变），直到最后输出，无须其他中间存储单元的运算，称为同址运算，或者原位运算。从图 4.2.6 的蝶形流图可以看出，当节点排列成使每个蝶形运算的输入、输出节点水平相邻时，该流图对应的就是原位运算。

由此可见，每列运算均可在原位进行，这种原位运算的结构可以节省存储单元，降低硬件成本。

2. 输入序列的序号及整序规律

1）输入序列序号

由图 4.2.5 可见，当按原位进行计算时，FFT 输出端 $X(k)$的次序正好是顺序排列的，即 $X(0), X(1), \cdots, X(7)$。但这时输入 $x(n)$却不能按自然顺序存入存储单元，而是按 $x(0), x(4), x(2), x(6), x(1), x(5), x(3), x(7)$的顺序存入存储单元，因而是乱序的。这是由于按时间抽取时，不断按照输入序列在时序上是偶数或奇数将长序列的 DFT 分解为短序列的 DFT 引起的。

这种从十进制看很乱的输入顺序，实际上还是有规律可寻的：按照二进制的倒位序排列。仍以 $N=8$ 的 FFT 流图为例说明倒位序。$N=8=2^3$，需要用三位二进制码（$n_2\,n_1\,n_0$）表示序列的序号 n，即 $N=8=2^3$ 的序列值可以表示为 $x(n)=x(n_2n_1n_0)$。第一次分组，由图 4.2.4 看出，n 为偶数在上半部分，n 为奇数在下半部分，这可以观察 n 的二进制的最低位 n_0：n_0=0 时序列值对应偶数抽样，n_0=1 时序列值对应奇数抽样。第二次分组则根据次低位 n1 的 0，1 来分奇偶（而不管原来的子序列是偶序列还是奇序列）。这种不断分成偶数子序列和奇数子序列的过程可用图 4.2.7 所示的二进制倒位序树状图来描述。这就是 DIT 的 FFT 算法输入序列的序数成为倒位序的原因。

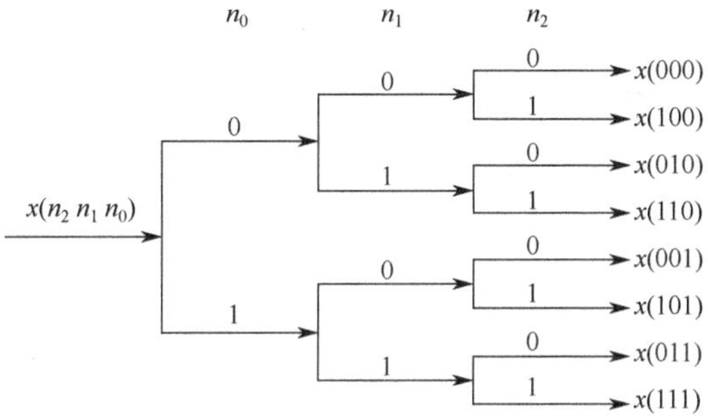

图 4.2.7 二进制倒位序树状图

表 4.2.2 列出了 $N=8$ 时的自然序和倒位序。由表可见，将自然序 n 二进制码 $(n_2n_1n_0)$ 按位倒置，即将每组二进制数高低位换位，就可得到二进制的倒位序 $\hat{n}=(n_0n_1n_2)$。

表 4.2.2 自然序和倒位序二进制数次序

自然序（n）	二进制数	倒位序二进制数	倒位序顺序（$\hat{n}$）
0	000	000	0
1	001	100	4
2	010	010	2
3	011	110	6
4	100	001	1
5	101	101	5
6	110	011	3
7	111	111	7

2）整序规律

在实际应用中，直接将输入数据按倒位序排列好后再输入是很不实际的，所以一般先按照自然序将输入序列存入存储单元中，再经过变址运算，将自然序存储转换成倒位序存储，然后再进行运算。变址的过程可以用程序安排加以实现，称为整序或重排。图 4.2.8 表示了 N=8 时，按自然顺序存储的数据调换成 FFT 原位运算所要求的倒位序存储的变址情况。

设 $A(I)$ 是自然序存放 $x(0),x(1),\cdots,x(N-1)$， $A(J)$ 是经过变址运算的排序。这里需要特别指出的是：存放自然序序列的 N 个存储单元 $A(I)$ 与存放倒位序序列的 N 个存储单元 $A(J)$ 是同一组存储单元。由图 4.2.8 可以看出，$x(0)$ 和 $x(N-1)$ 不用变址，所以参加变址的序号 I 为 $1\sim N-2$，倒位序 J 的起始值为 $\dfrac{N}{2}$。为了防止前面已经交换过的数据被再次交换，只有 $I<J$ 时 $A(I)$ 和 $A(J)$ 的数据才被交换。

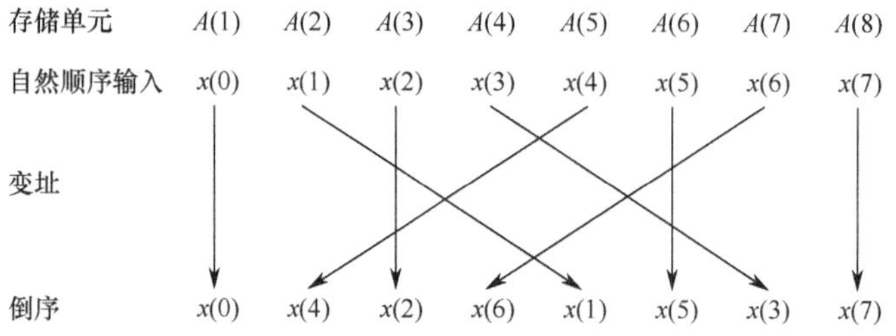

图 4.2.8　输入数据的变址处理

3. 蝶形运算两节点的距离及 W_N^r 的变化规律

1）两节点距离

以 8 点 FFT 为例。第一级蝶形运算只有一种类型：系数为 $W_8^0=1$，参加运算的两个数据点的间距为 1。第二级蝶形运算有两种类型：系数分别为 W_8^0 和 W_8^2，参加蝶形运算的两个数据节点间的间距等于 2。第三级蝶形运算有四种类型：系数分别为 W_8^0、W_8^1、W_8^2、W_8^3，参加蝶形运算的两个数据节点间的间距等于 4。可见，每级的蝶形运算类型比前一级增加一倍，参加蝶形运算的两个数据节点间的间距也增大一倍。最后一级系数用得最多，为四个，即 W_8^0,W_8^1,W_8^2,W_8^3；而前一级只用到它偶序号的那一半，即 W_8^0,W_8^2；第一级只有一个系数即 W_8^0。依此类推，对于 $N=2^M$ 点 FFT，当输入为倒位序，输出为自然顺序时，其第 m 级运算参与每个蝶形运算的数据节点间距为 2^{m-1}（m 级的定义如图 4.2.5 所示）。

现在，针对具体的第 m 级蝶形运算，一个 DIT 蝶形运算的两节点距离为 2^{m-1}，因而式（4.2.25）可写成

$$\begin{cases} A_m(i)=A_{m-1}(i)+A_{m-1}(i+2^{m-1})W_N^r \\ A_m(i+2^{m-1})=A_{m-1}(i)-A_{m-1}(i+2^{m-1})W_N^r \end{cases} \tag{4.2.26}$$

2）W_N^r 的变化规律

下面用逆推法和直接计算法讨论 W_N^r 中 r 的确定方法。

（1）逆推法。由于蝶形运算的最后一级使用了 $\dfrac{N}{2}$ 种系数，分别为 W_N^0，$W_N^1,\cdots,W_N^{N/2-1}$，而前一级使用了它后面一级所用系数对应的偶数序号的那一半 W_N^0，$W_N^2,\cdots,W_N^{N/4-1}$，依此类推，可以求出所有需要使用的系数。

（2）直接计算法。首先把式（4.2.26）中两节点中的第一个节点标号值，即 i 值，表示成 M 位（$N=2^M$）二进制数。然后把此二进制数乘以 2^{M-m}，即将此 M 位二进制数左移 $M-m$ 位（注意，m 是第 m 级的运算），把右边空出的位置补零，此数就是所求 r 的二进制数。

例如，设 $N=8=2^3$，当 $i=2$、$m=3$ 时，$i=2=(010)_2$，左移 $M-m=3-3=0$ 位，所以 $r=(010)_2=2$；当 $i=3=(011)_2$ 时，左移 $M-m=3-3=0$ 位，所以 $r=(011)_2=3$；当 $i=5$、$m=2$ 时，$i=5=(101)_2$，左移 $M-m=1$ 位，$r=(010)_2=2$。

4.2.4　按时间抽取的其他形式流图

对于图 4.2.4 所示的 FFT 流图，不管其节点怎样排列，只要各支路传输比不变，最后都可以得到 $x(n)$的 DFT 正确结果，只是数据提取和存放的次序要随之变化。例如，把图 4.2.4 中与 $x(4)$水平相邻的所有节点和与 $x(1)$水平相邻的所有节点交换，再把图中与 $x(6)$水平相邻的所有节点和与 $x(3)$水平相邻的所有节点交换，而其余各节点不变，则可得到输入序列是自然序，而输出序列则是倒位序的同址计算流图，如图 4.2.9 所示。

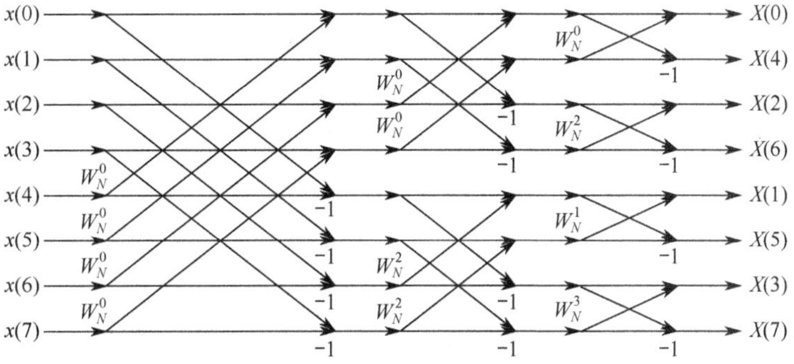

图 4.2.9　输入自然顺序、输出倒位序的时间抽取 FFT 流图

比较图 4.2.4 与图 4.2.9 可以看出，两个图的唯一区别是节点排列不同，而各支路传输比（W_N 的各次幂）保持不变。

图 4.2.10 是输入和输出都是自然顺序的 FFT 流图，但其计算不再是同址的。图 4.2.11 是各级的几何形状完全一致，只是级与级之间支路传输比不同的 FFT 流图。读者可以根据蝶形的特点和需求排列出更多的流图，排列的准则是在实际实现时，软件容易编程、硬件容易模块化和需要更少的存储单元。

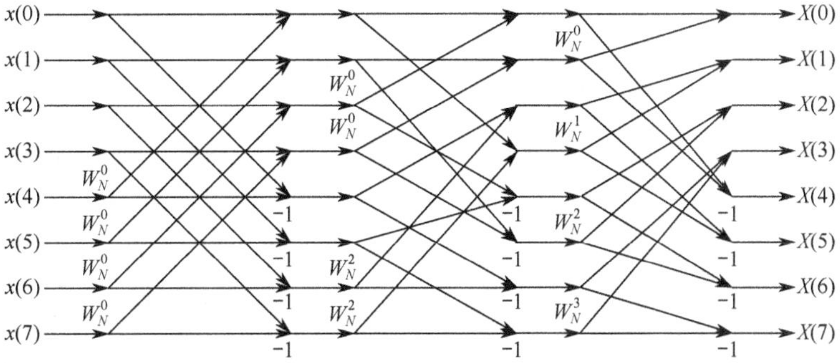

图 4.2.10　输入、输出都是自然顺序的时间抽取 FFT 流图

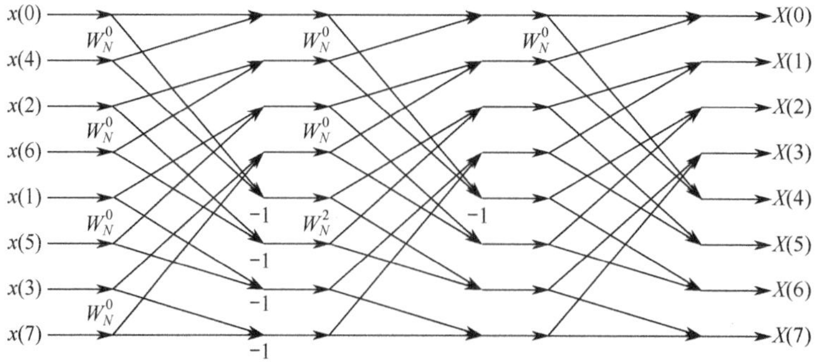

图 4.2.11 各级具有相同几何形状的时间抽取 FFT 流图

4.2.5 DIT 基−2 FFT 的软件编程思想

由 DIT 基−2 FFT 算法原理及特点不难看出，FFT 计算程序主要包括变址（倒序）运算和 M 级递推计算两大部分，下面分别描述这两部分算法的基本思想。

1. 变址（倒序）运算

在实际运算中，一般总是按自然顺序将输入序列存入存储单元，故而实现 DIT 基−2 FFT 必须首先将输入序列 $x(n)$按二进制倒位序重排，倒位序重排一般采用反向进位加法来实现。由表 4.2.2 可知，自然序数加 1，是在自然序的二进制码最低位加 1，逢 2 向左进位。而反向进位加法则是 M 位二进制码最高位加 1，逢 2 向右进位。用这种算法，可以从当前任一倒位序值求得下一个倒位序值。

为了叙述方便，用 J 表示当前倒位序的十进制值，T 为变量寄存器。对于 $N=2^M$，M 位二进制数最高位的权值为 $\dfrac{N}{2}$，且从左到右二进制位的权值依次为 $\dfrac{N}{4},\dfrac{N}{8},\cdots,2,1$。因此，最高位加 1 相当于十进制运算 $J+\dfrac{N}{2}$。如果最高位是 $0\left(J<\dfrac{N}{2}\right)$，则直接由 $J+\dfrac{N}{2}$ 得到下一个倒位序值；如果最高位是 $1\left(J\geqslant\dfrac{N}{2}\right)$，则要将最高位变成 $0\left(J=J-\dfrac{N}{2}\right)$，次高位加 $1\left(J+\dfrac{N}{4}\right)$。但次高位加 1 时，同样要判断是 0 还是 1，如果为 $0\left(J<\dfrac{N}{4}\right)$，则直接加 $1\left(J=J+\dfrac{N}{4}\right)$，否则次高位变成 $0\left(J=J-\dfrac{N}{4}\right)$，再判断下一位；依此类推，直到完成最低位加 1，逢 2 向右进位的运算。图 4.2.12 给出了反向进位加法实现变址运算的计算流程。

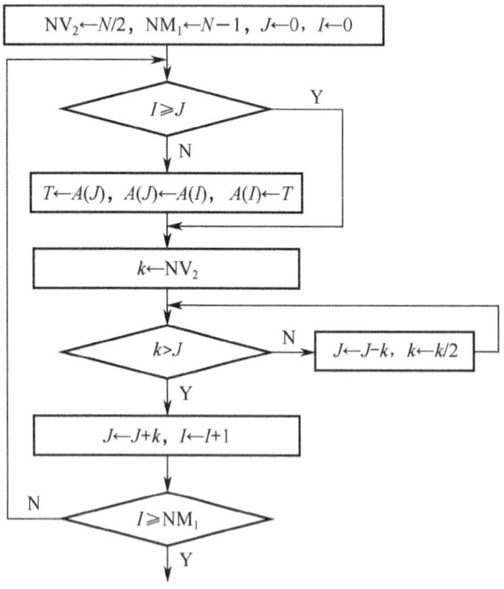

图 4.2.12 反向进位加法实现变址运算的计算流程

2. M 级递推计算

根据 DIT 基−2 FFT 的特点，可以得出图 4.2.13 的 M 级递推计算的流程图。整个 M 级递推过程由三个嵌套循环构成。外层循环控制 M 级的顺序运算，内层的两个循环控制同一轮的各个蝶形运算，其中最内一层循环控制同类（指有相同的旋转系数）的蝶形运算，而中间一层循环则针对不同类的蝶形运算。图中，I 和 IP 代表的是同一个蝶形运算的两个节点。

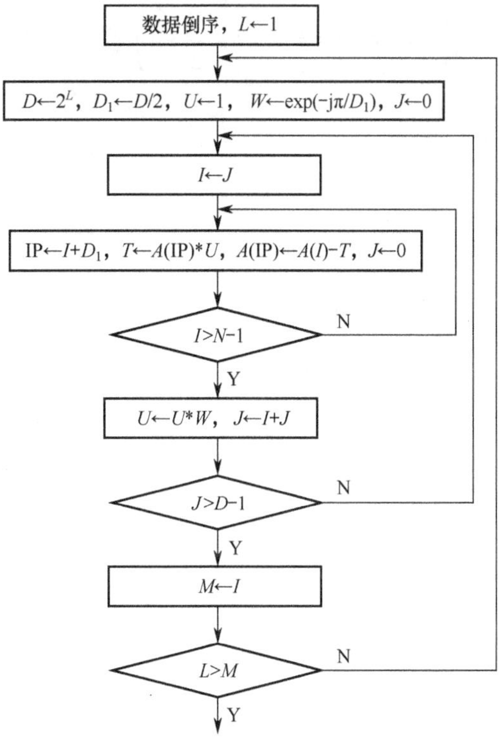

图 4.2.13　DIT 基−2 FFT 算法 M 级递推计算流程图

4.3　按频率抽取的基−2 FFT 算法

按时间抽取的 FFT 算法是把输入序列 $x(n)$ 按其 n 值为偶数还是奇数分解成越来越短的序列。对于 $N=2^M$ 的情况，另一种 FFT 算法是把输出序列 $X(k)$ 按其 k 值是偶数还是奇数来分解成越来越短的序列，故称为按频率抽取的基−2 FFT 算法，又称桑德−图基算法。

4.3.1　算法的基本原理

仍然设序列 $x(n)$ 的长度为 $N=2^M$，M 为整数。首先将输入序列 $x(n)$ 按 n 的顺序分成前后两半，即

$$
\begin{aligned}
X(k) &= \sum_{n=0}^{N-1} x(n)W_N^{nk} = \sum_{n=0}^{N/2-1} x(n)W_N^{nk} + \sum_{n=N/2}^{N-1} x(n)W_N^{nk} \\
&= \sum_{n=0}^{N/2-1} x(n)W_N^{nk} + \sum_{n=0}^{N/2-1} x\left(n+\frac{N}{2}\right)W_N^{\left(n+\frac{N}{2}\right)k} \\
&= \sum_{n=0}^{N/2-1}\left[x(n)+x\left(n+\frac{N}{2}\right)W_N^{Nk/2}\right]W_N^{nk},\quad k=0,1,\cdots,N-1
\end{aligned}
\tag{4.3.1}
$$

式中用的是 W_N^{nk}，而不是 $W_{N/2}^{nk}$，因而这并不是 $\frac{N}{2}$ 点 DFT。

由于

$$
W_N^{nk/2} = (-1)^k = \begin{cases} 1, & k\text{为偶数} \\ -1, & k\text{为奇数} \end{cases}
$$

因此，按 k 的奇偶性可将 $X(k)$ 分为两部分，当 $k\left(k=2r;r=0,1,\cdots,\frac{N}{2}-1\right)$ 取偶数时

$$
\begin{aligned}
X(2r) &= \sum_{n=0}^{N/2-1}\left[x(n)+x\left(n+\frac{N}{2}\right)\right]W_N^{2nr} \\
&= \sum_{n=0}^{N/2-1}\left[x(n)+x\left(n+\frac{N}{2}\right)\right]W_{N/2}^{nr}
\end{aligned}
\tag{4.3.2}
$$

当 $k\left(k=2r+1; r=0,1,\cdots,\dfrac{N}{2}-1\right)$ 取奇数时

$$
\begin{aligned}
X(2r+1) &= \sum_{n=0}^{N/2-1}\left[x(n)-x\left(n+\frac{N}{2}\right)\right]W_N^{n(2r+1)} \\
&= \sum_{n=0}^{N/2-1}\left\{\left[x(n)-x\left(n+\frac{N}{2}\right)\right]W_N^n\right\}W_{N/2}^{nr}
\end{aligned}
\tag{4.3.3}
$$

式（4.3.2）为前一半输入与后一半输入之和的 $\dfrac{N}{2}$ 点 DFT，式（4.3.3）为前一半输入与后一半输入之差再与 W_N^n 之积的 $\dfrac{N}{2}$ 点 DFT。如果设

$$
\begin{cases}
x_1(n)=x(n)+x\left(n+\dfrac{N}{2}\right) \\
x_2(n)=\left[x(n)-x\left(n+\dfrac{N}{2}\right)\right]W_N^n
\end{cases},\quad n=0,1,\cdots,\frac{N}{2}-1
\tag{4.3.4}
$$

则式（4.3.2）及式（4.3.3）可以表示为

$$
\begin{cases}
X(2r)=\displaystyle\sum_{n=0}^{N/2-1}x_1(n)W_{N/2}^{nr} \\
X(2r+1)=\displaystyle\sum_{n=0}^{N/2-1}x_2(n)W_{N/2}^{nr}
\end{cases},\quad r=0,1,\cdots,\frac{N}{2}-1
\tag{4.3.5}
$$

显然，以式（4.3.4）和式（4.3.5）是两个 $\dfrac{N}{2}$ 点长序列 $x_1(n)$ 和 $x_2(n)$ 的 $\dfrac{N}{2}$ 点 DFT，因此，可将 N 点 DFT 按频率 k 为偶数或奇数分解成两个 $\dfrac{N}{2}$ 点 DFT。$x_1(n)$、$x_2(n)$ 和 $x(n)$ 的运算关系也可用图 4.3.1 所示的蝶形流图表示。图 4.3.2 表示 N=8 时第一次分解所得的运算流图。

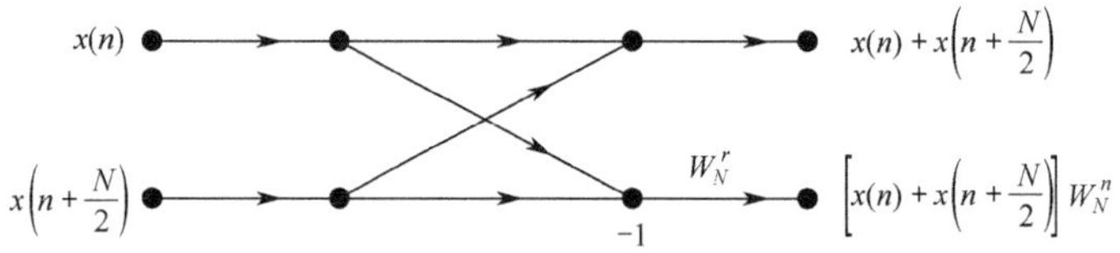

图 4.3.1 按频率抽取的蝶形流图

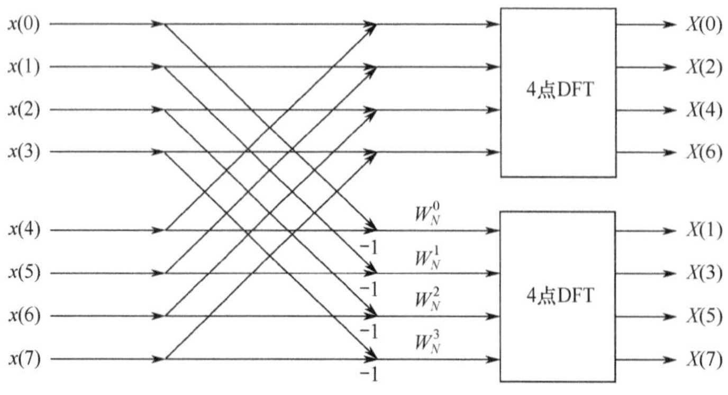

图 4.3.2 8 点序列 DIF 基-2 FFT 算法的第一次分解

由于 $N=2^M$，$\frac{N}{2}$ 仍然是偶数，故可以继续将每个 $\frac{N}{2}$ 点 DFT 分成偶数组和奇数组，这样每个 $\frac{N}{2}$ 点 DFT 又可以由两个 $\frac{N}{4}$ 点 DFT 形成，其输入序列分别是 $x_1(n)$ 和 $x_2(n)$ 按前后对半分开形成的四个子序列。图 4.3.3 表示 N=8 时第二次分解所得的运算流图。

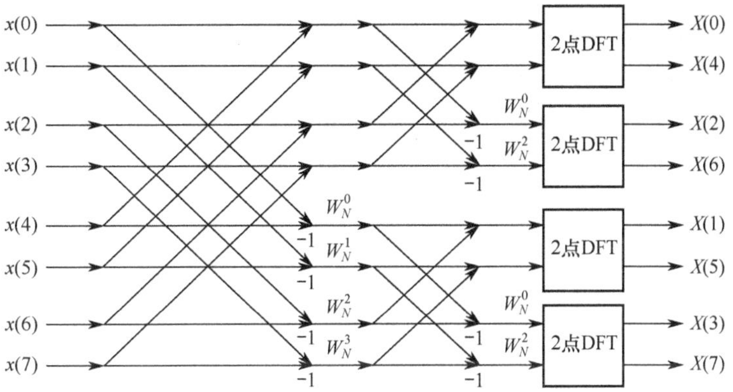

图 4.3.3　8 点序列 DIF 基-2 FFT 算法的第二次分解

根据图 4.3.1 所示的运算流图，可以将序列继续这样分解，经过 $M-1$ 次分解，最后分解为 $2^{M-1}=\frac{N}{2}$ 个两点 DFT，每个两点 DFT 都是一个基本的蝶形运算流图。当 $N=8$ 时，经过两次分解，便得到四个两点 DFT，其完整的 FFT 运算流图如图 4.3.4 所示。

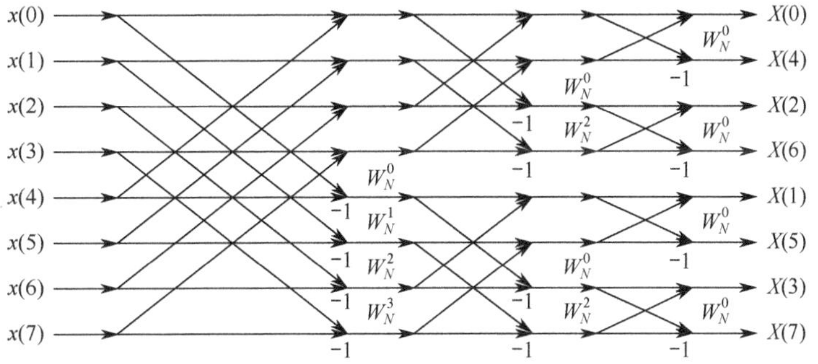

图 4.3.4　8 点序列 DIF 基-2 FFT 算法流图

4.3.2　按频率抽取的 FFT 算法特点分析

从图 4.3.4 可以看出，按频率抽取法的运算特点与时间抽取法基本相同，现做简要介绍。

1. 同址运算（原位运算）

按频率抽取的 FFT 的 m 级蝶形运算单元如图 4.3.5 所示，每级蝶形结构的运算关系如下：

$$\begin{cases} A_m(i)=A_{m-1}(i)+A_{m-1}(j) \\ A_m(j)=[A_{m-1}(i)-A_{m-1}(j)]W_N^r \end{cases} \tag{4.3.6}$$

式中，m 表示第 m 列迭代，i、j 为数据所在的行数。从图 4.3.5 中看出，上述运算也是采用同址运算或原位运算进行的。

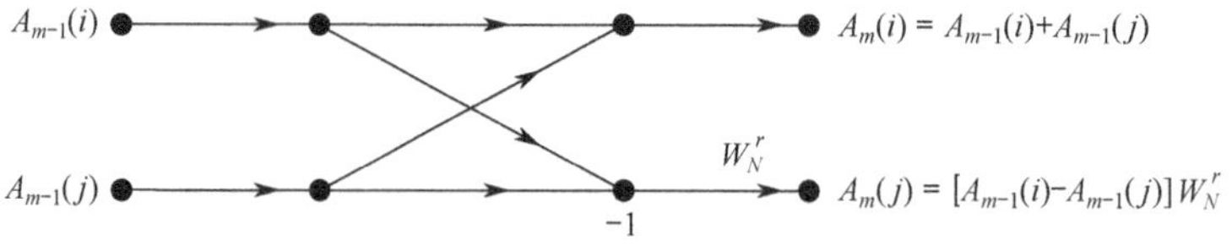

图 4.3.5 频域抽取法蝶形运算单元

2. 输出序列的倒位序

频率抽取基-2 FFT 算法的输入序列是按照自然序排列的，而输出序列是按倒位序排列的。因此，运算完毕后，要通过变址计算将倒位序转换成自然序，然后再输出，转换方法与时间抽取法一样。

3. 蝶形运算节点距离和旋转系数 W_N^r 的变化规律

从图 4.3.4 可以看出，计算第一级蝶形时（$m=1$），一个蝶形的两节点距离为 4；计算第二级时（m=2），蝶形的两节点距离为 2；计算第三级时（$m=3$），蝶形的两节点距离为 1。由于 $N=2^M=2^3$，故可推出蝶形的两节点距离为 $2^{M-m}=\dfrac{N}{2^m}$。

由于 m 级蝶形运算中两节点距离为 2^{M-m}，则式（4.3.6）可以表示为

$$\begin{cases} A_m(i)=A_{m-1}(i)+A_{m-1}(i+2^{N-m}) \\ A_m(i+2^{N-m})=[A_{m-1}(i)-A_{m-1}(i+2^{N-m})]W_N^r \end{cases} \tag{4.3.7}$$

r 的求解方法：先把式（4.3.7）中蝶形运算中的第一个节点标号 i 表示为二进制数，然后将此二进制数乘以 2^{m-1}，即将其左移 $m-1$ 位，把右边空出的位置补零，即可得到所求 r 的二进制数。

从图 4.3.4 可以看出，旋转系数 W_N^r 在第一级蝶形运算中有 $\dfrac{N}{2}$ 种，分别为 W_N^0，W_N^1，…，$W_N^{N/2-1}$，第一级有两组，每组 $\dfrac{N}{4}$ 种，分别为 W_N^0，W_N^2，…，$W_N^{N/2-1}$，其余级可以依此类推。

4. 运算量

从图 4.3.4 可以看出，频率抽取法共有 M 级（2^M）蝶形运算，每级运算需要 $\dfrac{N}{2}$ 个蝶形运算来完成，因此，运算量与时间抽取法相等。需要复数乘法的次数为 $m_p=\dfrac{N}{2}M=\left(\dfrac{N}{2}\log_2 N\right)$，复数加法的次数为 $a_p=N\log_2 N$。

4.3.3 时间抽取法与频率抽取法的比较

表 4.3.1 和表 4.3.2 分别列出了时间抽取法与频率抽取法的相同点和不同点。

表 4.3.1 时间抽取法与频率抽取法的相同点

分解的级数	每级蝶形数目	每个蝶形		总运算量		运算特点
		加法次数	乘法次数	加法次数	乘法次数	
$\log_2 N$	$N/2$	2	1	$N\log_2 N$	$\dfrac{N}{2}\log_2 N$	同址运算

表 4.3.2　时间抽取法与频率抽取法的不同点

		DIT 基-2 FFT 算法	DIF 基-2 FFT 算法
分解思路		时域奇、偶抽取	频域奇、偶抽取
输入序列		倒位序	自然序
输出序列		自然序	倒位序
蝶形运算	计算顺序	先乘后加减	先加减后乘
	蝶形运算公式	$\begin{cases}X(k)=X_1(k)+W_N^kX_2(k)\\X\left(k+\frac{N}{2}\right)=X_1(k)-W_N^kX_2(k)\end{cases}$ $k=0,1,\cdots,N/2-1$	$\begin{cases}x_1(n)=x(n)+x\left(n+\frac{N}{2}\right)\\x_2(n)=\left[x(n)-x\left(n+\frac{N}{2}\right)\right]W_N^n\end{cases}$ $n=0,1,\cdots,N/2-1$

4.4　快速傅里叶反变换

实际应用中，在频域分析完 $X(k)$ 之后，往往需要计算 IDFT，进而得到序列 $x(n)$。这同样提出了快速计算 IDFT 的需求，即快速傅里叶反变换算法。基于前述的 DFT 快速算法 FFT，本节讨论两种快速计算傅里叶反变换的算法。

4.4.1　稍微变动 FFT 程序和参数实现 IFFT

以上所讨论的 FFT 算法同样可以用于计算离散傅里叶反变换（IDFT）。这种算法称为快速傅里叶反变换（IFFT）。下面重新写出 IDFT 和 DFT 的运算公式

$$x(n)=\frac{1}{N}\sum_{k=0}^{N-1}X(k)W_N^{-kn},\quad 0\leqslant n\leqslant N-1 \tag{4.4.1}$$

$$X(k)=\sum_{n=0}^{N-1}x(n)W_N^{kn},\quad 0\leqslant k\leqslant N-1 \tag{4.4.2}$$

式中，复数 W_N 为旋转系数，其具体形式为

$$W_N=\mathrm{e}^{-\mathrm{j}\frac{2\pi}{N}}=\cos\left(\frac{2\pi}{N}\right)+\mathrm{j}\sin\left(\frac{2\pi}{N}\right) \tag{4.4.3}$$

而且在式（4.4.2）中，$X(k)$ 也是复数。在式（4.4.1）中，虽然实际中 $x(n)$ 往往是实数，但在 FFT 的迭代过程中，原位运算使它也成为复数，也就是说，$x(n)$ 和 $X(k)$ 都必须被定义为复数。于是由式（4.4.1）和式（4.4.2）的相似性，只要将 DFT 运算式中的旋转系数 W_N^{kn} 改变为 W_N^{-kn}，最后将结果乘以 $\frac{1}{N}$，在形式上就与 IDFT 完全一致了。因此，只须将上述 FFT 算法中的输入、输出互易，即把 $X(k)$作为输入，把 $x(n)$作为输出，且旋转系数指数符号取反，即将 W_N^{kn} 变为 W_N^{-kn}，最后输出时再乘以 $\frac{1}{N}$，就可以用来计算 IDFT 了，为防止在运算过程中发生溢出，将 $\frac{1}{N}=\frac{1}{2^M}$ 分配到每一轮蝶形运算中，每一个蝶形输出支路都有一个乘法系数 $\frac{1}{2}$，就可得到图 4.4.1 所示的 IFFT 流图。

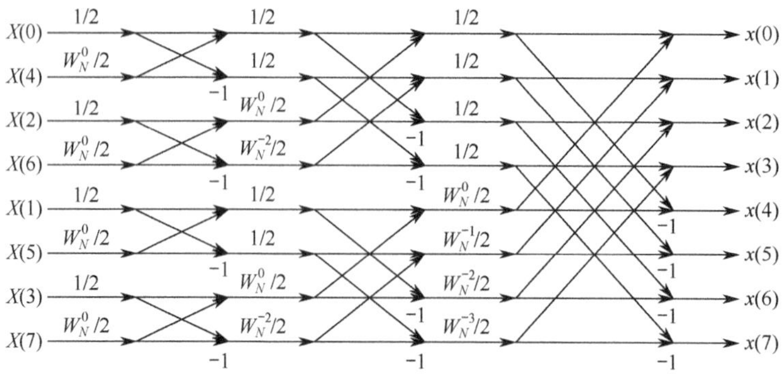

图 4.4.1 DIT 基-2 IFFT 算法流图

4.4.2 不改变 FFT 的程序直接实现 IFFT

利用$[W_N^{-nk}]^* = W_N^{nk}$，$[A\cdot B]^* = A^*\cdot B^*$，将式（4.4.1）两边取共轭，可得

$$x^*(n) = \frac{1}{N}\sum_{k=0}^{N-1} X^*(k)W_N^{kn} \tag{4.4.4}$$

所以

$$x(n) = \frac{1}{N}\left[\sum_{k=0}^{N-1} X^*(k)W_N^{kn}\right]^* = \frac{1}{N}\{\text{FFT}[X^*(k)]\}^* \tag{4.4.5}$$

根据式（4.4.4）和式（4.4.5）可以直接调用 FFT 子程序，由$X(k)$计算$x(n)$，具体步骤如下：

（1）求$X(k)$的共轭$X^*(k)$。

（2）以$X^*(k)$作为输入序列，直接调用 FFT 子程序，计算得到$Nx^*(n)$。

（3）对运算结果取其共轭并除以N即可得到$x(n)$。

4.5 FFT 算法的 MATLAB 实现

对于科研人员和初学者，使用 MATLAB 提供的函数可以实现 FFT。MATLAB 提供内联函数 fft 来快速计算序列的离散傅里叶变换，其调用格式为

```
X=fft(x)  或  X=fft(x, N)
```

式中，x 是时域序列，N 是点数，X 是变换所得到的频谱序列。如果 x 的长度小于 N，则在其后面补零，使之成为长度为 N 的序列。也可以省略 N，这时采用的就是 x 的长度。

MATLAB 提供的内联函数 ifft 用来计算离散傅里叶反变换，其调用格式为

```
x=ifft(X )  或  x =ifft(X, N )
```

式中，X 是频域序列，x 是反变换得到的时域序列。函数 fft 和 ifft 都有两种调用格式。对于第一种格式，如果输入序列的长度是 2 的整数次幂，则按该长度实现快速变换，否则运算速度很慢。对于第二种格式，长度参数 N 必须是 2 的整数次幂，若序列的实际长度小于 N，则补零；若超过 N，则舍弃 N 点以外的数据。

函数 fft 计算出的频域序列是以坐标原点为始点的。有时希望以坐标原点作为频域序列的中点，为此可用函数 fftshift 来计算离散傅里叶变换。

例 4.5.1　考虑长度为 9 的有限长序列 $x(n)=[1,3,5,7,9,8,6,4,2;n=-4,-3,\cdots,3,4]$，设抽样周期为 0.5s。要求用 FFT 来计算其频谱。

解　因为给出了抽样频率，显然要求的是模拟频率域中的频谱。

MATLAB 程序如下：

```
clear
x=[1,3,5,7,9,8,6,4,2];          %序列
N=length(x);                     %序列长度
w=linspace(-pi,pi,N)             %频率横坐标
X0=fft(x);                       %直接求 FFT
X=fftshift(X0);                  % 变成以 n=0 为中心对称的形式
subplot(221),plot(abs(X0));xlabel('点数');title('DFT 幅度');axis([1 N -inf inf]);
subplot(222),plot(angle(X0));xlabel('点数');title('DFT 相位');axis([1 N -inf inf]);
subplot(223),plot(w/pi,abs(X));xlabel('数字角频率（×π）');title('DTFT 幅度');
subplot(224),plot(w/pi,angle(X));xlabel('数字角频率（×π）');title('DTFT 相位');
```

程序运行结果如图 4.5.1 所示。从图中可以看出，由于序列点数较少，频谱计算分辨率低，一些变化细节会被忽略，而且曲线也不平滑。

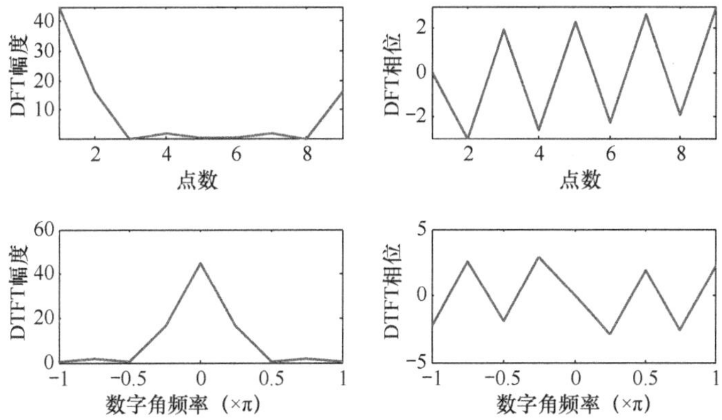

图 4.5.1　例 4.5.1 的运行结果

例 4.5.2　对长度为 11 的矩形窗函数序列进行谱分析，要求频谱点数为 $N=2^M$。

解　由于序列是实的偶函数。假如选 N=16 作为重复周期，则要在序列后面补个零，在使用 DFT 时，可以把这些零全补在序列的后面，从而计算 n=−5 到 11 的频谱。然而，使用 FFT 时，必须使用按 N=16 的周期延拓所得序列中从 M=0 到 15 的主值部分，因此，输入为 x=[1,1,1,1,1,1,0,0,0,0,0, 1,1,1,1,1]。

MATLAB 程序如下：

```
clear
C=[16 32 64 256];                              %可选择点数变换点数
for r=1:4
    N=C(r);w=2*pi/N;
    x=[ones(1,6),zeros(1,N-11),ones(1,5)];     %补零后的窗函数
    w=linspace(-pi,pi,N)                       %频率横坐标
    X=fftshift(fft(x));                        %求 FFT
    subplot(2,2,r),plot(w/pi,abs(X));xlabel('数字角频率（×π）');
```

```
    str=['N=' num2str(N)];title(str);         %标题显示点数
end
```

程序运行结果如图 4.5.2 所示。

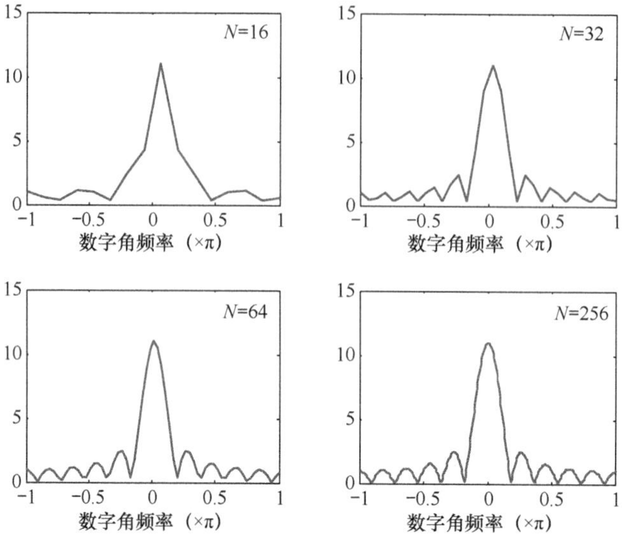

图 4.5.2　例 4.5.2 的运行结果

例 4.5.3　用 FFT 计算信号 $x_a(t)=\cos(3\pi t)+2\sin(12\pi t)\ (t\geqslant 0)$ 的频谱。

解　下面采用四种抽样频率分析信号的频谱。

MATLAB 程序如下：

```
clear
T0=[0.5 0.1 0.05 0.02];                          %四种抽样间隔
LT=10;                                           %信号记录长度（秒）
for i=1:4
    T=T0(i);
    N=LT/T+1;                                    %信号记录点数
    n=0:N-1;
    F=1/LT;                                      %频率分辨率
    f=(floor(-(N-1)/2):floor((N-1)/2))*F;
    x=cos(3*pi*n*T)+2*sin(12*pi*n*T);            %对模拟信号进行抽样
    X=T*fftshift(fft(x));                        %求傅里叶变换
    subplot(2,2,i),plot(f,abs(X));xlabel('频率（Hz）');
    axis([min(f) max(f) 0 inf]);                 %坐标限制
    str=['T=' num2str(T) '; fs=' num2str(1/T)];title(str);  %标题显示抽样间隔
和抽样频率
end
```

程序运行结果如图 4.5.3 所示。

分析　从信号的时域分析，$x_a(t)=\cos 3\pi t+2\sin 12\pi t\ (t\geqslant 0)$ 有两个频率分量 1.5Hz 和 6Hz，如果要对信号进行抽样，那么信号的抽样频率要大于 12Hz。图 4.5.3 中，当抽样频率为 2Hz 时，这时两个频率分量都不满足抽样定理，因此不能正确分析信号频谱，还会使信号失真，导致频率分量错误；当抽样频率为 10Hz 时，这时 $\cos 3\pi t$ 满足抽样定理，但 $2\sin 12\pi t$ 不满足抽样定理，因此，可以正确得出频率分量为 1.5Hz 的信息，但是不能正确得出频率分量为 6Hz 的信息，此时在频谱图中会有 4Hz 的频率分量出现；当抽样频率为 20Hz 或 50Hz 时，这时整个信号满足抽样定理，能正确分析信号频谱，从图中可以看出，这两种情况显示频谱分量的幅度和位置一致，与实际计算的结果一致，频谱图中显示区域的最高频率即为在该抽样频率下的最高可分析频率，等于信号抽样频率的一半。

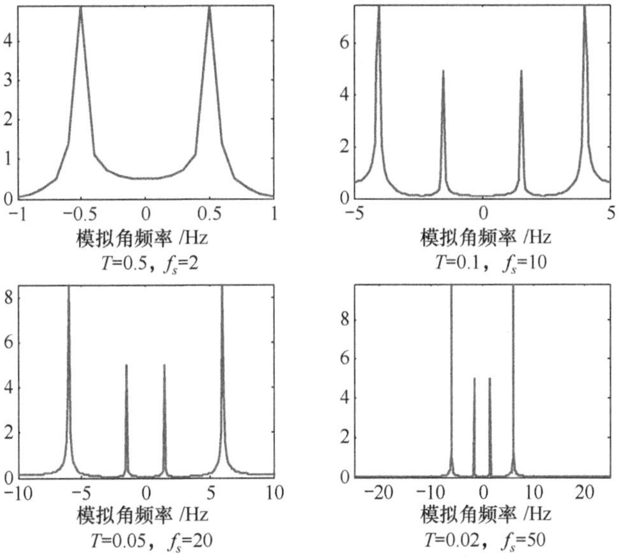

图 4.5.3　例 4.5.3 的运行结果

对于上述的第二种情况，设信号的某一频率分量为 F，信号的抽样频率为 f_s，当 $\frac{f_s}{2} < F < f_s$ 时，不满足抽样定理，此时在频谱图中会出现频率为 $f_s - F$ 的分量，但幅度比满足抽样定理情况下的 F 分量要小。

4.6 实数序列的 FFT 算法

在前面的讨论中，认为有限长序列 $x(n)$ 是复数序列。而在实际应用中，通常处理的是实数序列。当然，实数序列可以看成是虚部是零的复数序列，进而利用 FFT 算法计算出实数序列的频谱。但是用这种方法来处理实数序列，显然浪费了一半的存储空间和约一半的运算量。

为了实现对实数信号的分析，本节介绍两种方法：利用实数信号的频谱对称性，采用 FFT 来实现对实数信号的分析；直接对实数序列进行变换的方法——离散哈特莱变换（DHT）。

4.6.1 利用频谱对称性推导实数序列的 FFT

根据序列 DFT 的共轭对称性知道，任意复数序列实部的 DFT 对应其 DFT 共轭对称分量，而其虚部的 DFT 对应其 DFT 共轭反对称分量。利用该性质，可实现通过计算一次 N 点 DFT 而得到两个 N 点实数序列的 DFT。下面介绍两种计算实数序列 FFT 的方法。

1. 用 N 点复数序列计算两个 N 点实数序列的 DFT

设 $x_1(n)$ 和 $x_2(n)$ 为两个长度为 N 的实数序列。为了使用基-2 FFT 算法，要求 $N = 2^M$，

其中 M 是整数。

将这两个序列按如下方式构造成 N 点复数序列

$$y(n)=x_1(n)+\mathrm{j}x_2(n) \tag{4.6.1}$$

则 $y(n)$ 的 N 点 DFT 为

$$Y(k)=\mathrm{DFT}[y(n)]=Y_{ep}(k)+Y_{op}(k) \tag{4.6.2}$$

根据共轭对称性，则

$$\begin{cases} Y_{ep}(k)=\mathrm{DFT}[x_1(n)]=\dfrac{1}{2}\left\{Y(k)+Y^*\left[(N-k)\right]_N R_N(n)\right\} \\ Y_{op}(k)=\mathrm{DFT}[\mathrm{j}x_2(n)]=\dfrac{1}{2}\left\{Y(k)-Y^*\left[(N-k)\right]_N R_N(n)\right\} \end{cases} \tag{4.6.3}$$

所以

$$\begin{cases} X_1(k)=\mathrm{DFT}[x_1(n)]=Y_{ep}(k)=\dfrac{1}{2}\left\{Y(k)+Y^*\left[(N-k)\right]_N R_N(n)\right\} \\ X_2(k)=\mathrm{DFT}[x_2(n)]=-\mathrm{j}Y_{op}(k)=-\dfrac{\mathrm{j}}{2}\left\{Y(k)-Y^*\left[(N-k)\right]_N R_N(n)\right\} \end{cases} \tag{4.6.4}$$

因此，做一次 N 点复数序列的 FFT 运算，利用式（4.6.4）就可以同时得到两个 N 点实数序列的 DFT。显然，这将使运算效率提高近一倍。

2. 用 N 点复数序列计算 $2N$ 点实数序列的 DFT

设一个 $2N$ 点的序列 $x(n)$，现按偶、奇进行分解得

$$\begin{cases} x_1(n)=x(2n) \\ x_2(n)=x(2n+1) \end{cases}, \quad 0\leqslant n\leqslant N-1 \tag{4.6.5}$$

再按式（4.6.1）构造新序列 $y(n)$，根据式（4.6.4）可得到 $x_1(n)$ 和 $x_2(n)$ 的 N 点 DFT $X_1(k)$ 和 $X_2(k)$；因为 $x_1(n)$ 和 $x_2(n)$ 分别是原序列 $x(n)$ 的偶、奇序列，这与按时间抽取的 FFT 算法的分解思路完全相同，故根据 DIT−FFT 蝶形运算式，可得

$$\begin{cases} X(k)=X_1(k)+W_{2N}^k X_2(k) \\ X(k+N)=X_1(k)-W_{2N}^k X_2(k) \end{cases}, \quad 0\leqslant k\leqslant N-1 \tag{4.6.6}$$

这相当于一个 N 点 DFT 运算加上 DIT−FFT 蝶形运算，当 N 较大时，可节省近一半的计算量。

4.6.2 离散哈特莱变换

对实数序列 $x(n)$，如果希望对其进行实数域的变换，就是离散哈特莱变换（Discrete Hartley Transform，DHT）。DHT 是将实数序列 $x(n)$ 看成实数数据，而不像 DFT 那样将实数序列 $x(n)$ 看成虚部为零的复数数据进行运算。本节仅介绍 DHT 的定义、DHT 和 DFT 的关系、DHT 的快速算法及 DHT 的运算量等内容。

1. 离散哈特莱变换的定义

设 $x(n)$ 为一 N 点的实数序列，则其离散哈特莱变换（DHT）为

$$X_{\mathrm{H}}(k)=\mathrm{DHT}[x(n)]=\sum_{n=0}^{N-1}x(n)\mathrm{cas}\left(\frac{2\pi nk}{N}\right), \quad 0\leqslant k\leqslant N-1 \tag{4.6.7}$$

反变换为

$$x(n)=\mathrm{IDHT}[X_{\mathrm{H}}(k)]=\frac{1}{N}\sum_{k=0}^{N-1}X_{\mathrm{H}}(k)\mathrm{cas}\left(\frac{2\pi nk}{N}\right),\quad 0\leqslant n\leqslant N-1 \tag{4.6.8}$$

式（4.6.7）和式（4.6.8）中，$\mathrm{cas}\left(\frac{2\pi nk}{N}\right)=\cos\left(\frac{2\pi nk}{N}\right)+\sin\left(\frac{2\pi nk}{N}\right)$，称为核函数。

2. DHT 与 DFT 的关系

DFT 和 IDFT 用欧拉公式展开可表示为

$$\begin{aligned}X(k)=\mathrm{DFT}[x(n)]&=\sum_{n=0}^{N-1}x(n)\mathrm{e}^{-\mathrm{j}2\pi nk/N}\\&=\sum_{n=0}^{N-1}x(n)\left[\cos\left(\frac{2\pi nk}{N}\right)-\mathrm{j}\sin\left(\frac{2\pi nk}{N}\right)\right],\quad 0\leqslant k\leqslant N-1\end{aligned} \tag{4.6.9}$$

$$\begin{aligned}x(n)=\mathrm{IDFT}[X(k)]&=\sum_{k=0}^{N-1}X(k)\mathrm{e}^{\mathrm{j}2\pi nk/N}\\&=\sum_{k=0}^{N-1}X(k)\left[\cos\left(\frac{2\pi nk}{N}\right)+\mathrm{j}\sin\left(\frac{2\pi nk}{N}\right)\right],\quad 0\leqslant n\leqslant N-1\end{aligned} \tag{4.6.10}$$

对比式(4.6.8)和式(4.6.10)可以看出，DHT 的核函数$\mathrm{cas}\left(\frac{2\pi nk}{N}\right)=\cos\left(\frac{2\pi nk}{N}\right)+\sin\left(\frac{2\pi nk}{N}\right)$是 DFT 核函数$\mathrm{e}^{\mathrm{j}2\pi nk/N}=\cos\left(\frac{2\pi nk}{N}\right)+\mathrm{j}\sin\left(\frac{2\pi nk}{N}\right)$的实部和虚部之和。

将$X_{\mathrm{H}}(k)$分解为奇对称分量和偶对称分量之和，即

$$X_{\mathrm{H}}(k)=X_{\mathrm{H}e}(k)+X_{\mathrm{H}o}(k) \tag{4.6.11}$$

式中

$$\begin{cases}X_{\mathrm{H}e}(k)=\dfrac{1}{2}[X_{\mathrm{H}}(k)+X_{\mathrm{H}}((N-k))_N]R_N(k)\\X_{\mathrm{H}o}(k)=\dfrac{1}{2}[X_{\mathrm{H}}(k)-X_{\mathrm{H}}((N-k))_N]R_N(k)\end{cases} \tag{4.6.12}$$

由 DHT 的定义可得

$$\begin{cases}X_{\mathrm{H}e}(k)=\displaystyle\sum_{n=0}^{N-1}x(n)\cos\left(\frac{2\pi nk}{N}\right)\\X_{\mathrm{H}o}(k)=\displaystyle\sum_{n=0}^{N-1}x(n)\sin\left(\frac{2\pi nk}{N}\right)\end{cases} \tag{4.6.13}$$

所以

$$\begin{cases}X(k)=X_{\mathrm{H}e}(k)-\mathrm{j}X_{\mathrm{H}o}(k)\\X_{\mathrm{H}}(k)=\mathrm{Re}[X(k)]-\mathrm{Im}[X(k)]\end{cases} \tag{4.6.14}$$

因此，已知$x(n)$的 DHT 可以求得 DFT 为

$$X(k)=\frac{1}{2}\Big[X_{\mathrm{H}}(k)+X_{\mathrm{H}}\big[(N-k)\big]_N\Big]R_N(k)-\frac{\mathrm{j}}{2}\Big[X_{\mathrm{H}}(k)-X_{\mathrm{H}}\big[(N-k)\big]_N\Big]R_N(k) \tag{4.6.15}$$

如果不考虑系数$\frac{1}{2}$，只要增加 $2N$ 次实数加法运算就能由 DHT 求出 DFT。

3. DHT 的快速算法（FHT）

仿照快速 DFT 的分解方法，可通过时域抽取或频域抽取的方式实现快速 DHT。将 $N=2^M$ 点的实数序列 $x(n)$ 进行奇偶抽取

$$\begin{cases} x_1(r)=x(2r) \\ x_2(r)=x(2r+1) \end{cases},\ r=0,1,\cdots,N/2-1 \tag{4.6.16}$$

则

$$\begin{aligned} X_{\mathrm{H}}(k) &= \mathrm{DHT}[x(n)] \\ &= \sum_{r=0}^{N/2-1} x(2r)\mathrm{cas}\left(\frac{2\pi}{N}2rk\right)+\sum_{r=0}^{N/2-1} x(2r+1)\mathrm{cas}\left(\frac{2\pi}{N}(2r+1)k\right) \end{aligned} \tag{4.6.17}$$

根据三角函数公式有

$$\mathrm{cas}(\alpha+\beta)=\mathrm{cas}\alpha\cos\beta+\mathrm{cas}(-\alpha)\sin\beta \tag{4.6.18}$$

所以

$$\begin{aligned} X_{\mathrm{H}}(k)=&\sum_{r=0}^{N/2-1} x_1(r)\mathrm{cas}\left(\frac{2\pi}{N/2}rk\right)+\cos\left(\frac{2\pi}{N}k\right)\sum_{r=0}^{N/2-1} x_2(r)\mathrm{cas}\left(\frac{2\pi}{N/2}rk\right)+ \\ &\sin\left(\frac{2\pi}{N}k\right)\sum_{r=0}^{N/2-1} x_2(r)\mathrm{cas}\left(-\frac{2\pi}{N/2}rk\right) \end{aligned} \tag{4.6.19}$$

令 $X_{1\mathrm{H}}(k)=\mathrm{DHT}[x_1(n)]$，$X_{2\mathrm{H}}(k)=\mathrm{DHT}[x_2(n)]$，根据 DHT 的周期性，在 $k\neq 0$ 时，式（4.6.19）可以写成

$$X_{\mathrm{H}}(k)=X_{1\mathrm{H}}(k)+\cos\left(\frac{2\pi}{N}k\right)X_{2\mathrm{H}}(k)+\sin\left(\frac{2\pi}{N}k\right)X_{2\mathrm{H}}\left(\frac{N}{2}-k\right) \tag{4.6.20}$$

类似于 DIT 基−2 FFT 分解的同址运算思想，可用 $X_{1\mathrm{H}}(k)$、$X_{2\mathrm{H}}(k)$、$X_{1\mathrm{H}}\left(\frac{N}{2}-k\right)$ 和 $X_{2\mathrm{H}}\left(\frac{N}{2}-k\right)$ 四个点同址运算得出 $X_{\mathrm{H}}(k)$、$X_{\mathrm{H}}\left(\frac{N}{2}-k\right)$、$X_{\mathrm{H}}\left(\frac{N}{2}+k\right)$ 和 $X_{\mathrm{H}}(N-k)$。这种运算构成一个运算蝶形，称为哈特莱蝶形。

为了使以下推导中公式简明，这里记 $c_k=\cos\left(\frac{2\pi}{N}k\right)$，$s_k=\sin\left(\frac{2\pi}{N}k\right)$。将式（4.6.20）中的 k 值分别取 k、$\frac{N}{2}+k$、$\frac{N}{2}-k$ 和 $N-k$ 四个值，并考虑 $X_{1\mathrm{H}}(k)$ 和 $X_{2\mathrm{H}}(k)$ 以 $\frac{N}{2}$ 为周期，当 $N\geqslant 8$ 时，得到

$$\begin{cases} X_{\mathrm{H}}(k)=X_{1\mathrm{H}}(k)+\left[c_k X_{2\mathrm{H}}(k)+s_k X_{2\mathrm{H}}\left(\frac{N}{2}-k\right)\right] \\ X_{\mathrm{H}}\left(\frac{N}{2}+k\right)=X_{1\mathrm{H}}(k)-\left[c_k X_{2\mathrm{H}}(k)+s_k X_{2\mathrm{H}}\left(\frac{N}{2}-k\right)\right] \\ X_{\mathrm{H}}\left(\frac{N}{2}-k\right)=X_{1\mathrm{H}}\left(\frac{N}{2}-k\right)+\left[s_k X_{2\mathrm{H}}(k)-c_k X_{2\mathrm{H}}\left(\frac{N}{2}-k\right)\right] \\ X_{\mathrm{H}}(N-k)=X_{1\mathrm{H}}\left(\frac{N}{2}-k\right)-\left[s_k X_{2\mathrm{H}}(k)-c_k X_{2\mathrm{H}}\left(\frac{N}{2}-k\right)\right] \end{cases},\quad 0<k<\frac{N}{4} \tag{4.6.21}$$

$$\begin{cases} X_H(0) = X_{1H}(0) + X_{2H}(0) \\ X_H(N/2) = X_{1H}(0) - X_{2H}(0) \end{cases}, \quad k = 0 \tag{4.6.22}$$

$$\begin{cases} X_H\left(\dfrac{N}{4}\right) = X_{1H}\left(\dfrac{N}{4}\right) + X_{2H}\left(\dfrac{N}{4}\right) \\ X_H\left(\dfrac{3N}{4}\right) = X_{1H}\left(\dfrac{N}{4}\right) - X_{2H}\left(\dfrac{N}{4}\right) \end{cases}, \quad k = \frac{N}{4} \tag{4.6.23}$$

上述的运算可用哈特莱蝶形表示，如图 4.6.1 所示。

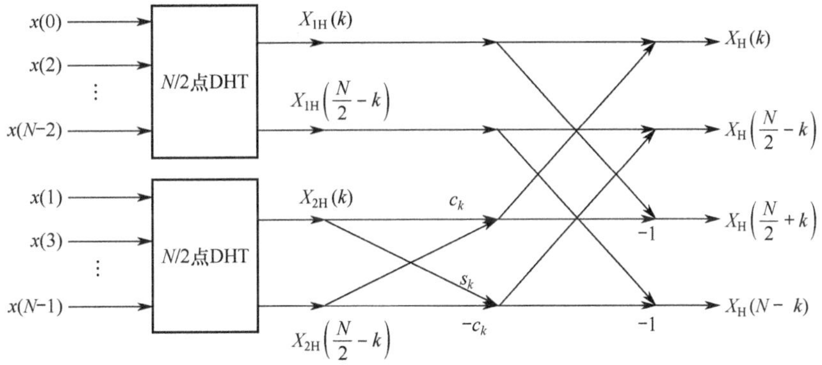

图 4.6.1　哈特莱蝶形图

同理可进行第二次抽取……直到分解为四点的 DHT，这里可以直接用式（4.6.7）画出四点的 FHT 的蝶形图如图 4.6.2 所示。图 4.6.3 显示了 8 点的 DIT 基−2 FHT 流图。

由图 4.6.3 可知，运算流图中都是实数运算，$N = 2^M$ 点的 FHT 流图共 M 级，用 L 表示流图自右向左的蝶形级数，第 L 级乘法次数为 $2^L\left(\dfrac{N}{2^L} - 2\right) = N - 2^{L+1}$，但最后二级无乘法运算，所以总的乘法次数为 $m_H = \sum\limits_{L=1}^{M-2}(N - 2^{L+1}) = NM - 3N + 4$，总的加法次数为 $a_H = \dfrac{3}{2}NM - \dfrac{3}{2}N + 2$。

总的来说运算量约为 DIT 基−2 FFT 的一半。

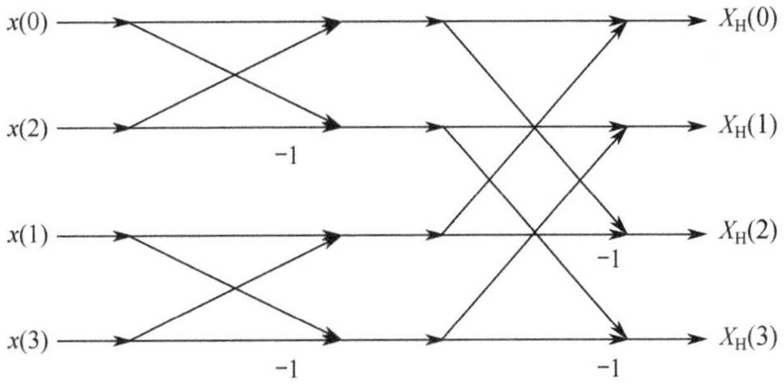

图 4.6.2　4 点 FHT 蝶形图

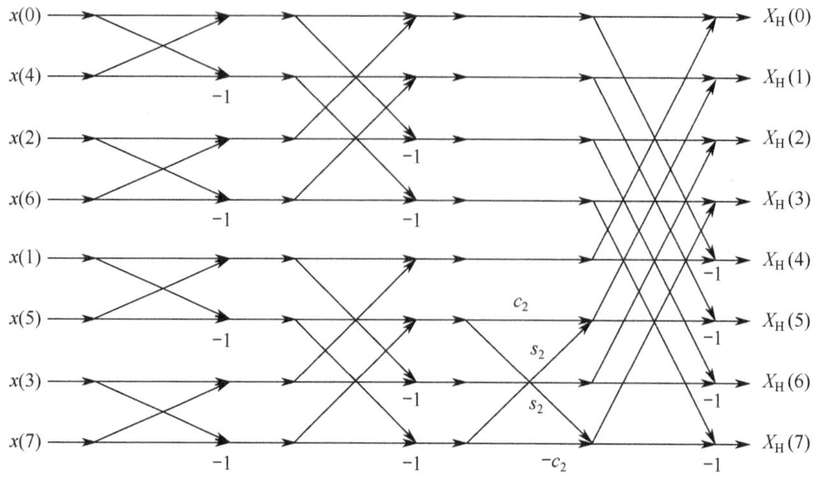

图 4.6.3 8 点 FHT 蝶形图

4.7 基于 FFT 的线性卷积与线性相关快速算法

4.7.1 基于 FFT 的有限长序列线性卷积算法

1. 基本思路及实现步骤

线性卷积是信号处理中的重要运算之一，当序列 $x(n)$ 通过单位抽样响应为 $h(n)$ 的线性移不变系统时，输出序列 $y(n)$ 、$x(n)$ 和 $h(n)$ 之间满足线性卷积关系，即 $y(n)=x(n)*h(n)$ 。当 $x(n)$ 或 $h(n)$ 序列较长时，直接计算线性卷积运算量会很大，满足不了实时处理的要求，为此希望使用 FFT 计算线性卷积。3.5 节介绍了时域循环卷积定理。线性卷积和循环卷积不同，但是在一定条件下，可以用循环卷积代替线性卷积，而循环卷积则可利用 FFT、IFFT 来计算。

设 $x(n)$为 L 点，$h(n)$为 M 点，设输出 $y(n)$为 $x(n)$与 $h(n)$的卷积，则

$$y(n)=\sum_{m=0}^{M-1}h(m)x(n-m)$$

$y(n)$也是有限长序列，其点数为 $L+M-1$ 点。

用 FFT 算法也就是用循环卷积来代替线性卷积时，图 3.5.3 所示的就是用循环卷积代替线性卷积的方框图，图中的 DFT 和 IDFT 均使用 FFT，就可用 FFT 算法实现线性卷积。为了不产生混叠，其必要条件是使 $x(n)$、$h(n)$都补零值，补到至少 $N=M+L-1$，即

$$x(n)=\begin{cases}x(n)\ , & 0\leqslant n\leqslant L-1\\ 0\ , & L\leqslant n\leqslant N-1\end{cases}$$

$$h(n)=\begin{cases}h(n)\ , & 0\leqslant n\leqslant M-1\\ 0\ , & M\leqslant n\leqslant N-1\end{cases}$$

然后计算循环卷积

$$y(n)=x(n)\text{Ⓝ}h(n)$$

这时，$y(n)$就能代表线性卷积的结果。

用 FFT 计算 $y(n)$值的步骤如下：

（1）用 FFT 算法求 $H(k)=\mathrm{DFT}[h(n)]$，N 点。

（2）用 FFT 算法求 $X(k)=\mathrm{DFT}[x(n)]$，N 点。

（3）计算 $Y(k)=X(k)H(k)$。

（4）用 IFFT 算法求 $y(n)=\mathrm{IDFT}[Y(k)]$，N 点。

2. 运算量分析

下面讨论直接计算线性卷积与基于 FFT 计算线性卷积的运算量。

直接计算线性卷积时，由于每一个 $x(n)$的输入值都必须和全部的 $h(n)$相乘一次，因而总共需要 LM 次乘法，这就是直接计算的乘法次数，以 m_d 表示，得

$$m_d = LM \tag{4.7.1}$$

若采用 FFT 计算线性卷积时，分析前述步骤可知，在整个计算过程中，涉及三次 FFT 运算（其中一次是 IFFT），共需 $\frac{3}{2}N\log_2 N$ 次相乘，还有步骤（3）的 N 次相乘，因此共需要的相乘次数为

$$m_F = \frac{3}{2}N\log_2 N + N = N\left(1+\frac{3}{2}\log_2 N\right) \tag{4.7.2}$$

设式（4.7.1）m_d 和式（4.7.2）m_F 的比值为 K_m，则

$$K_m = \frac{m_d}{m_F} = \frac{ML}{2N\left(1+\frac{3}{2}\log_2 N\right)} = \frac{ML}{2(M+L-1)\left[1+\frac{3}{2}\log_2(M+L-1)\right]} \tag{4.7.3}$$

当 $x(n)$与 $h(n)$点数差不多时，若 $M=L$，则 $N=2M-1\approx 2M$，式（4.7.3）可简化为

$$K_m = \frac{M}{4\left(\frac{5}{2}+\frac{3}{2}\log_2 M\right)} = \frac{M}{10+6\log_2 M} \tag{4.7.4}$$

表 4.7.1 列出了两相同长度序列的不同点时的 K_m 值。

表 4.7.1 两序列进行卷积计算的 K_m 值

$M=L$	8	32	64	128	256	512	1024	2048	4096
K_m	0.286	0.80	1.39	2.46	4.41	8	14.62	26.95	49.95

当 M=8, 16, 32 时，循环卷积的运算量大于线性卷积；当 M=64 时，二者相当（循环卷积稍好）；当 M=512 时，循环卷积运算速度可快 8 倍；当 M=4096 时，循环卷积约可快 50 倍。可以看出，当 $M=L$ 且 M 超过 64 以后，M 越长循环卷积的优势越明显。因而将循环卷积称为快速卷积。

例 4.7.1 计算序列 x =[3 0 2 1 3 4 6] 和 y =[3 0 −2 1 −3]的线性卷积。

解 MATLAB 程序如下：

```
clear
x=[3 0 2 1 3 4 6];                  %原始序列
y=[3 0 -2 1 -3];
N=length(x)+length(y);              %两序列的长度和
z=conv(x,y);                        %直接计算循环卷积或线性卷积
%利用 FFT 计算
```

```
x1=[x zeros(1,N-length(x))];     %利用对序列 x 补零点
y1=[y zeros(1,N-length(y))];     %利用对序列 x 补零点
X1=fft(x1);Y1=fft(y1);          %对两序列分别求 FFT
Z1=X1.*Y1;z1=ifft(Z1);          %对两序列的 FFT 相乘并求 IFFT
subplot(221),stem(x);axis([1 N -inf inf]);title('序列 x');
subplot(222),stem(y);axis([1 N -inf inf]);title('序列 y');
subplot(223),stem(z);axis([1 N -inf inf]);title('直接卷积');
subplot(224),stem(z1);axis([1 N -inf inf]);title('N=12 点的循环卷积');
```

程序运行结果如图 4.7.1 所示。

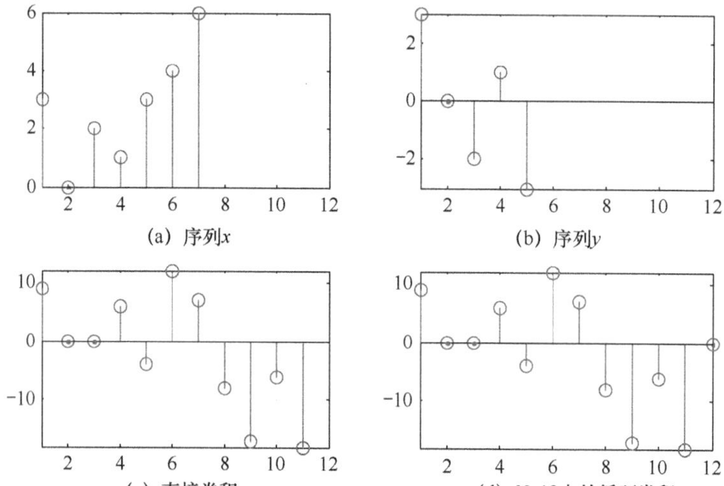

(a) 序列x (b) 序列y (c) 直接卷积 (d) N=12点的循环卷积

图 4.7.1 例 4.7.1 的运行结果

4.7.2 基于 FFT 的有限长序列和无限长序列卷积算法

1. 问题的引出

上节讨论的是用 FFT 计算两个有限长序列的线性卷积，而在实际中经常遇到的情况是：系统的单位抽样响应是有限长的，但输入序列可能很长或者无限长。例如，地震监测信号和数字电话系统中的语音信号都可以看成是很长或无限长序列。本节讨论在这种情况下如何用 FFT 计算线性卷积。

当$x(n)$的点数很多时，即当$L \gg M$，则$N = L + M - 1 \approx L$，此时式（4.7.3）可以写成

$$K_m = M/(2 + 3\log_2 L) \tag{4.7.5}$$

于是，当L太大时，会使K_m下降，就难以体现循环卷积的优点。一种有效的解决思路是将序列$x(n)$分段，每一段分别与$h(n)$进行卷积，即所谓的分段卷积。分段卷积一般有两种方法：重叠相加法和重叠保留法。本节只介绍重叠相加法。

2. 算法原理及步骤

设M点的序列$h(n)$与L_0点的序列$x(n)$，且$L_0 \gg M$，现在将$x(n)$分解成很多段，每段长度为L，共分成P段，选择L与M相当，用$x_i(n)$表示$x(n)$的第i段，即

$$x_i(n) = \begin{cases} x(n), & iL \leqslant n \leqslant (i+1)L - 1 \\ 0, & 其他 \end{cases}, \quad i=0,1,\cdots,P-1 \tag{4.7.6}$$

则输入序列可表示成

$$x(n)=\sum_{i=0}^{P-1}x_i(n) \tag{4.7.7}$$

这样，$x(n)$ 与 $h(n)$ 的卷积等于 $x_i(n)$ 与 $h(n)$ 的线性卷积之和，即

$$\begin{aligned}y(n)=x(n)*h(n)&=\sum_{i=0}^{P-1}x_i(n)*h(n)\\&=\sum_{i=0}^{P-1}\left[x_i(n)*h(n)\right]=\sum_{i=0}^{P-1}y_i(n)\end{aligned} \tag{4.7.8}$$

式中，$y_i(n)=x_i(n)*h(n)$ 表示第 i 段线性卷积的结果。

由于 $x_i(n)$ 的长度为 L，$h(n)$ 的长度为 M，所以 $y_i(n)$ 的长度为

$$N=M+L-1$$

即 $y_i(n)$ 的范围为

$$iL\leqslant n\leqslant iL+L+M-2=(i+1)L+M-2 \tag{4.7.9}$$

将式（4.7.9）与式（4.7.6）$x_i(n)$ 的范围进行比较，显然 $y_i(n)$ 的范围比 $x_i(n)$ 的范围大，超出的点数为

$$\left[(i+1)L+M-2\right]-\left[(i+1)L-1\right]=M-1 \tag{4.7.10}$$

而 $y_{i+1}(n)$ 的范围为

$$(i+1)L\leqslant n\leqslant(i+1)L+L+M-2=(i+2)L+M-2 \tag{4.7.11}$$

将式（4.7.11）和式（4.7.10）比较，可知由 $(i+1)L$ 到 $(i+1)L+M-2$ 这 $M-2$ 个点上，$y_i(n)$ 的后部分与 $y_{i+1}(n)$ 的前部分发生了重叠。这样对于在此范围内的每一个 n 值，原序列 $x(n)$ 和 $h(n)$ 的卷积 $y(n)$ 的值应该是

$$y(n)=y_i(n)+y_{i+1}(n)$$

也就是说，式（4.7.8）中的求和并不是将各段线性卷积的结果简单地拼接在一起，在某些点上需要前后两端的结果重叠相加。

事实上，当计算 $y_i(n)=x_i(n)*h(n)=\sum\limits_{m}x_i(m)h(n-m)$ 时，随着 n 的增大，$h(n-m)$ 要逐步右移。当 n 变化到 $(i+1)L\leqslant n\leqslant(i+1)L+M-2$ 这个区间时，$h(n-m)$ 已有一部分移出了 $x_i(m)$ 所在区间，即 $x_i(m)=0$。但实际上，$x_i(m)$ 是被分段截出来的，这些点上的 $x_i(m)$ 并不等于0，因此当 n 在这一区间时，$y_i(n)$ 就少了一些相加项，即第 i 段线性卷积的结果序列 $y_i(n)$ 的后面部分有 $M-1$ 个值与这一区间实际的 $y(n)$ 值不相同。同理，对于 $y_{i+1}(n)$ 的前面部分，当 n 处于上述区间时，$h(n-m)$ 的一部分还未移入 $x_{i+1}(m)$ 所在区间，所以 $y_{i+1}(n)$ 的前面 $M-1$ 个值也与这一区间实际的 $y(n)$ 值不相同。因此，将相同 n 的 $y_i(n)$ 和 $y_{i+1}(n)$ 相加就正好是这个区间内的 n 对应的 $y(n)$。

为了得到两个序列 $x(n)$和 $h(n)$最终的线性卷积结果，需要将 $y_i(n)$ 相邻两段的 $M-1$ 个重叠点的值相加，故称为重叠相加法。在求出各 $y_i(n)$ 后，$x(n)$和 $h(n)$的线性卷积 $y(n)$ 可分段表示为

$$
\begin{aligned}
&y(n)=y_0(n),\quad 0\leqslant n\leqslant L-1\\
&y(n)=y_0(n)+y_1(n),\quad L\leqslant n\leqslant M+L-2\\
&y(n)=y_1(n),\quad M+L-1\leqslant n\leqslant 2L-1\\
&y(n)=y_1(n)+y_2(n),\quad 2L\leqslant n\leqslant 2L+M-2\\
&y(n)=y_2(n),\quad 2L+M-1\leqslant n\leqslant 3L-1\\
&\quad\vdots
\end{aligned}
\tag{4.7.12}
$$

图 4.7.2 说明重叠相加法和相加过程。图中 $h(n)$为 $M=7$ 点序列，$x(n)$为 36 点序列。将 $x(n)$分成 $P=4$ 段，每段长度为 $L=9$。由图可见，$y_0(n)$ 最后 6 个样值与 $y_1(n)$ 最前面 6 个样值重叠。同样 $y_1(n)$ 与 $y_2(n)$之间也有 6 个样值重叠。$y(n)$ 最终可分段表示为

$$
\begin{aligned}
&y(n)=y_0(n),\quad 0\leqslant n\leqslant 8\\
&y(n)=y_0(n)+y_1(n),\quad 9\leqslant n\leqslant 14\\
&y(n)=y_1(n),\quad 15\leqslant n\leqslant 17\\
&y(n)=y_1(n)+y_2(n),\quad 18\leqslant n\leqslant 23\\
&y(n)=y_2(n),\quad 24\leqslant n\leqslant 26\\
&y(n)=y_2(n)+y_3(n),\quad 27\leqslant n\leqslant 32\\
&y(n)=y_3(n),\quad 33\leqslant n\leqslant 41
\end{aligned}
$$

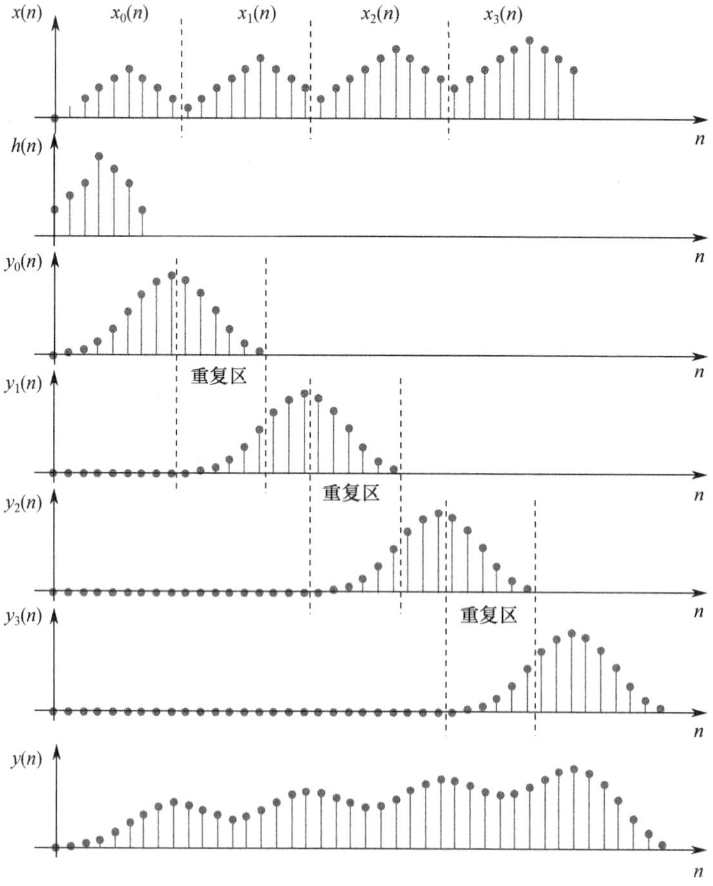

图 4.7.2　分段卷积的计算过程

最后将重叠相加法的计算步骤总结如下：

（1）将 $x(n)$分解成 L 点的短序列。

（2）用 FFT 算法求 $H(k)=\mathrm{DFT}[h(n)]$， $N=L+M-1$点。

（3）用 FFT 算法求 $X_i(k)=\mathrm{DFT}[x_i(n)]$， $N=L+M-1$点。

（4）计算 $Y_i(k)=X_i(k)H(k)$。

（5）用 IFFT 算法求 $y_i(n)=\mathrm{IDFT}[Y_i(k)]$， $N=L+M-1$点。

（6）将各段 $y_i(n)$ 相加，得出 $y(n)$。

下面是用 MATLAB 编写的重叠相加法算法：

```
function y = overlap_add(x,h,N)
% y is the output
% x is the long sequence
% h is the short sequence
% N is the block length
M = length(h);                                   %获得 h(n)的长度
if N <M                                          %为 N 选择合适的值保证运算正确
   N = M+1;
end
L = M+N-1; %循环卷积与线性卷积结果相同时需要进行运算的最少点数
Lx = length(x);                                  %获得 x(n)的长度
P = ceil(Lx/N);                                  %确定分段数 P
t = zeros(1,M-1);                                %初始化序列 t(n)
x = [x,zeros(1, (P+1)*N-Lx)];                    %不足的分段补零
y = zeros(1, (P+1)*N);                           %生成输出序列 y(n),长度足够长
for i=0:1:P
   xi=i*N+1;
   x_seg = x(xi:xi+N-1);                         %选择低点数计算时的分段 x(n)
%循环卷积采用频域计算方法，以 FFT 代替 DFT，降低运算量
   X=fft(x_seg,L);
   H=fft(h,L);
   Y=X.*H;
   y_seg=ifft(Y,L);
   y_seg(1:M-1) = y_seg(1:M-1)+t(1:M-1);         %完成重叠相加
   t(1:M-1) = y_seg(N+1:L);                      %对 t(n)赋值为保留的后 M-1 点
   y(xi:xi+N-1) = y_seg(1:N);                    %直接输出前 N 个点
end
y=y(1:Lx+M-1); %取出最终的输出序列
```

例 4.7.2 已知序列 $h(n)=\{1\quad 2\quad 3\quad 4\}$， $x(n)=2n+1(0\leqslant n\leqslant 18)$，按照 $L=6$ 对序列 $x(n)$ 进行分段，并利用重叠相加法计算线性卷积 $y(n)=x(n)*h(n)$。

解 序列 $x(n)$ 的长度为 $L_0=19$，按 $L=6$ 对序列进行分段，可分解为如下四段：

$$x_0(n)=\{1\quad 3\quad 5\quad 7\quad 9\quad 11\}$$

$$x_1(n)=\{13\quad 15\quad 17\quad 19\quad 21\quad 23\}$$

$$x_2(n)=\{25\quad 27\quad 29\quad 31\quad 33\quad 35\}$$

$$x_4(n)=\{37\}$$

将序列 $h(n)$ 与 $x(n)$ 的各段分别计算线性卷积，各段线性卷积结果为

$$y_0(n)=\{1\quad 5\quad 14\quad 30\quad 50\quad 70\quad 77\quad 69\quad 44\}$$
$$y_1(n)=\{13\quad 41\quad 86\quad 150\quad 170\quad 190\quad 185\quad 153\quad 92\}$$
$$y_2(n)=\{25\quad 77\quad 158\quad 270\quad 290\quad 310\quad 293\quad 237\quad 140\}$$
$$y_3(n)=\{37\quad 74\quad 111\quad 148\}$$

由于序列 $h(n)$ 的长度为 $M=4$，通过相邻段 $M-1=3$ 点重叠相加，得到线性卷积序列

$$\begin{aligned}y(n)&=x(n)*h(n)\\&=\{1\quad 5\quad 14\quad 30\quad 50\quad 70\quad 90\quad 110\quad 130\quad 150\quad 170\\&\quad 190\quad 210\quad 230\quad 250\quad 270\quad 290\quad 310\quad 330\quad 311\quad 251\quad 148\}\end{aligned}$$

MATLAB 程序如下：

```
clear
n=[0:18];
x=2*n+1;
h=[1 2 3 4];
N=6;
y1=overlap_add(x,h,N)
y2=conv(x,h)
```

运行结果如下，其中 y1 是利用重叠相加法计算的结果，y2 是利用直接卷积计算的结果。可见两种计算结果完全相同。

```
y1 =  Columns 1 through 9
     1.0000    5.0000   14.0000   30.0000   50.0000   70.0000   90.0000
110.0000 130.0000
    Columns 10 through 18
    150.0000  170.0000  190.0000  210.0000  230.0000  250.0000  270.0000
290.0000  310.0000
    Columns 19 through 22
    330.0000  311.0000  251.0000  148.0000
y2 =  Columns 1 through 16
      1     5    14    30    50    70    90   110   130   150   170   190   210
230   250   270
    Columns 17 through 22
     290   310   330   311   251   148
```

4.7.3 基于 FFT 的线性相关算法

利用 FFT 计算相关函数的思路也就是利用循环相关来代替线性相关，称为快速相关。这与基于 FFT 的快速卷积类似（利用循环卷积代替线性卷积），也要利用补零值点的办法来避免混叠失真。

设 $x(n)$为 L 点，$y(n)$为 M 点，求线性相关

$$r_{xy}(n)=\sum_{m=0}^{M-1}x(n+m)y^*(m) \tag{4.7.13}$$

利用 FFT 法求线性相关是用循环相关代替线性相关，选择 $N\geqslant L+M-1$，且 $N=2^r$（r 为整数），令

$$x(n)=\begin{cases}x(n), & 0\leqslant n\leqslant L-1\\0, & L\leqslant n\leqslant N-1\end{cases}$$

$$y(n)=\begin{cases}y(n), & 0\leqslant n\leqslant M-1\\0, & M\leqslant n\leqslant N-1\end{cases}$$

其计算步骤如下：

（1）用 FFT 算法求 $Y(k)=\text{DFT}[y(n)]$，N 点。

（2）用 FFT 算法求 $X(k)=\text{DFT}[x(n)]$，N 点。

（3）求乘积 $R_{xy}(k)=X(k)Y^*(k)$。

（4）用 IFFT 算法求 $r_{xy}(n)=\text{IDFT}[R_{xy}(k)]$。

同样，可以利用已有的 FFT 程序计算 IFFT，求

$$r_{xy}(n)=\frac{1}{N}\sum_{k=0}^{N-1}R_{xy}(k)W_N^{-nk}=\frac{1}{N}\left[\sum_{k=0}^{N-1}R_{xy}^*(k)W_N^{nk}\right]^*$$

即 $r_{xy}(n)$ 可以利用求 $R_{xy}^*(k)$ 的 FFT 后取共扼再乘 $1/N$ 得到。

利用 FFT 法计算线性相关这一算法的计算量与利用 FFT 计算线性卷积时是一样的。

例 4.7.3　计算序列 x =[3 0 2 1 3 4 6]的自相关。

```
clear
x=[3 0 2 1 3 4 6];                     %原始序列
N=2*length(x)-1;                       %两序列的长度和减 1
n=-length(x)+1:length(x)-1;
z=xcorr(x,x);                          %直接计算自相关
X=fft(x,N);                            %计算 N 点 FFT
Z1=(abs(X)).^2;z1=ifft(Z1); %采用循环相关定理计算自相关
subplot(221),stem(x);axis([1 N -inf inf]);title('序列 x');
subplot(222),stem(n,z);axis([min(n) max(n) -inf inf]);title('直接线性相关');
subplot(223),stem(z1);axis([1 N -inf inf]);title('循环相关');
subplot(224),stem(n,fftshift(z1));axis([min(n) max(n) -inf inf]);title('
循环相关转变为线性相关');
```

程序运行结果如图 4.7.3 所示。从图中可以看出，利用循环卷积计算的相关函数和直接计算的结果一样。

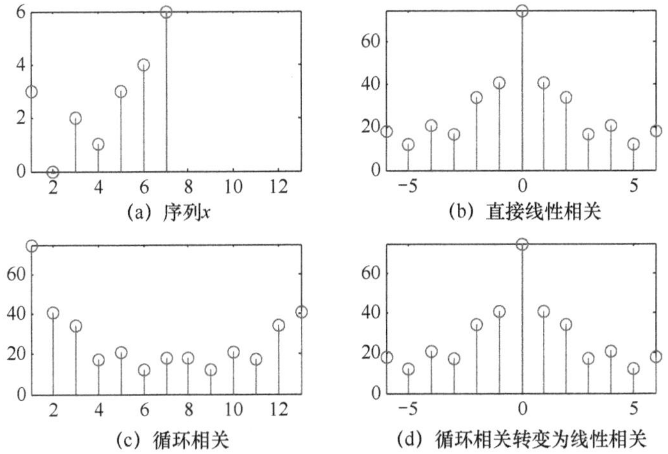

图 4.7.3　例 4.7.3 的运行结果

例 4.7.4　计算序列 x =[3 0 2 1 3 4 6]和 y =[3 2 1 2]的互相关。

```
clear
x=[3 0 2 1 3 4 ];                    %原始序列
y=[3 2 1 2];                         %原始序列
N=length(x)+length(y)-1;             %两序列的长度和减 1
n=-length(y)+1:length(x)-1;
z=xcorr(x,y);                        %直接计算互相关
z=z(length(z)-N+1:length(z));
X=fft(x,N); Y=fft(y,N);              %分别计算 N 点 FFT
Z1=X.*conj(Y);z1=ifft(Z1);           %采用循环相关定理计算相关
subplot(231),stem(x);axis([1 N -inf inf]);title('序列 x');
subplot(232),stem(y);axis([1 N -inf inf]);title('序列 y');
subplot(233),stem(n,z);axis([min(n) max(n) -inf inf]);title('直接线性相关');
subplot(234),stem(z1);axis([1 N -inf inf]);title('循环相关');
subplot(235), stem(n,[z1(length(x)+1:N) z1(1:length(x))]);
axis([min(n) max(n) -inf inf]);title('循环相关转变为线性相关');
```

程序运行结果如图 4.7.4 所示。从图中可以看出，利用循环卷积计算的相关函数和直接计算的结果一样。

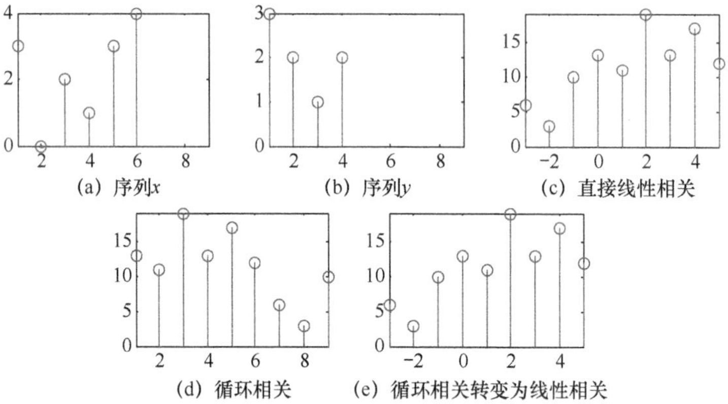

图 4.7.4 例 4.7.4 的运行结果

习 题

4.1 试列出 N=16 基−2 DIT−FFT 和 DIF−FFT 的数学运算表达式，画出相应的流图，统计所需的复乘次数。

4.2 如果一台通用计算机的速度为平均每次复乘需要 100μs，每次复加需要 20μs，若用来计算 N=1024 点的 DFT，问用直接运算需要多少时间，用 FFT 运算需要多少时间？

4.3 以 N=16 为例，试画出 4 点按时间抽取的 FFT 算法流图，并就运算量与基−2 FFT 相比较。

4.4 已知 $X(k)$, $Y(k)$是两个 N 点实数序列 $x(n)$, $y(n)$的 DFT 值，今需要从 $X(k)$, $Y(k)$求 $x(n)$, $y(n)$值，为了提高运算效率，试用一个 N 点 IFFT 运算一次完成。

4.5 由一个 FIR 滤波器处理机，用 FFT 算法分段过滤信号，每段运算 N=1024 点，运算一遍需要 2ms。处理机具有两组 1024 个单元的复数存储器可供交替使用，一组运算时，另一组可用来存储实时输入的信号序列。用该处理机并配以 A/D 变换器作为连续信号的实

时过滤。

（1）若处理一路复数信号，最高抽样频率是多少？

（2）若两路实数信号同时过滤，抽样频率最高是多少？

（3）若处理一路实数信号，最高抽样频率可达多少？

设（2）（3）两种情况的后处理时间可忽略。

4.8　已知一信号 $x(n)$的最高频率成分不大于 1.25kHz，现希望用经典的库利−图基基−2 FFT 算法对 $x(n)$做频谱分析，因此点数 N 应是 2 的整次幂，且频率分辨率设为 $\Delta f \leqslant 5\text{Hz}$，试确定：

（1）信号的抽样频率 f_s；

（2）信号的记录长度 T；

（3）信号的长度 N。

4.7　设 N=256 的基 2DIF−FFT 算法，输入倒位序，问：

（1）$n=34$ 的倒位序是多少？

（2）其倒位序不变的 n 共有多少？（$n=0$ 不计）

（3）若 N=128，则倒位序不变的 n 共有多少？（n=0 不计）

4.8　研究两个因果、有限长序列 $x(n)$ 和 $y(n)$，且当 $n \geqslant 8$ 时，$x(n)=0$；当 $n \geqslant 20$ 时，$y(n)=0$。假定两序列的 20 点 DFT 分别用 $X(k)$ 和 $Y(k)$ 表示，并记 $r(n)=\text{IDFT}[X(k)Y(k)]$，试问 $r(n)$ 中的哪些点的值与 $x(n)*y(n)$ 的值相等？

4.9　设 $x(n)=n+1,\ 0 \leqslant n \leqslant 9$，$h(n)=\{1\quad 0\quad -1\}$，利用 $N=4$ 重叠相加法求线性卷积 $y(n)=x(n)*h(n)$。

第 5 章　数字滤波器的基本结构

在前面的各章内容中,详细讨论了离散时间系统的时域和频域分析理论，而将这些理论应用于实际的数字信号处理中则是我们的一大目标。实际应用中，为了有效处理信号，需要设计和实现称为滤波器的各种系统。滤波器的作用是利用离散时间系统的特性对输入序列进行加工处理，将输入序列经过一定的运算后转变为输出序列，从而达到改变信号频谱的效果。

滤波器的设计会受到诸如滤波器的类型、实现方式或结构等因素的影响。所以在讨论设计问题之前，首先应该讨论滤波器的类型和各种类型的实现方式。本章将数字滤波器按单位抽样响应的时间特性分为无限长单位抽样响应（IIR）数字滤波器和有限长单位抽样响应（FIR）数字滤波器两种类型，采用框图法和信号流图法，分别介绍以上两种类型滤波器的不同运算结构。最后介绍了较常用的格型滤波器结构。

5.1　数字滤波器结构的表示方法

2.6.2 节中介绍了系统差分方程的一般形式。数字滤波器也是一个离散时间系统，也可以用差分方程来表示，为了后面计算方便，我们将 n 时刻的输出单独放在方程的一边，并将 $y(n-i)$ 的系数仍记为 a_i（与 2.6.2 节中的系数相差一个负号），数字滤波器的差分方程变为

$$y(n)=\sum_{k=1}^{N}a_k y(n-k)+\sum_{m=0}^{M}b_m x(n-m) \tag{5.1.1}$$

对应的系统函数为

$$H(z)=\frac{\sum\limits_{m=0}^{M}b_m z^{-m}}{1-\sum\limits_{k=1}^{N}a_k z^{-k}}=\frac{Y(z)}{X(z)} \tag{5.1.2}$$

数字滤波器一般可用两种方法实现：一是根据描述数字滤波器的数学模型或信号流图，用数字硬件装配成一台专门的设备，构成专用的信号处理机；另一种方法就是直接利用通用计算机，将所需要的运算编成程序让计算机来执行，也就是用软件来实现数字滤波器。

对应同一个系统函数 $H(z)$，实现对输入信号处理的算法有很多种，每一种算法对应一种不同的运算结构（网络结构）。式（5.1.1）中包含三种基本运算单元：单位延时、标量乘法器和加法器。这些基本运算单元可以有两种表示法：框图法和信号流图法，因而一个数字滤波器的运算结构也有这两种表示法，如表 5.1.1 所示。

例如，已知系统差分方程 $y(n)=a_0 y(n-1)+a_2 y(n-2)+b_0 x(n)$，其系统结构框图和信号流图如图 5.1.1 和图 5.1.2 所示。

表 5.1.1　三种基本运算的表示

	方框图法	信号流图法
单位延时	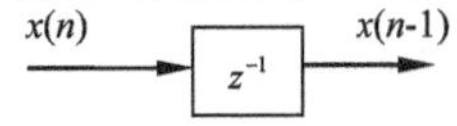	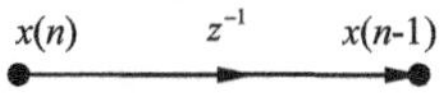
标量乘法器	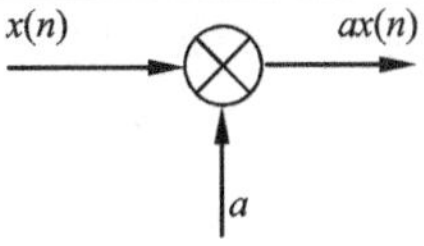	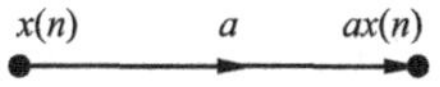
加法器	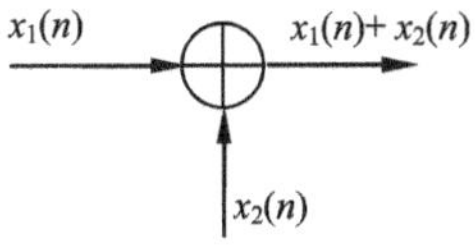	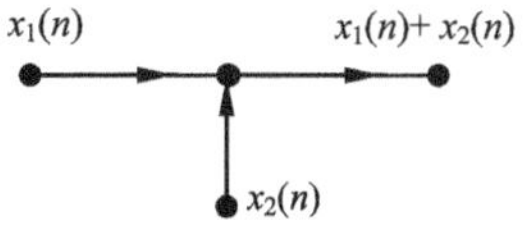

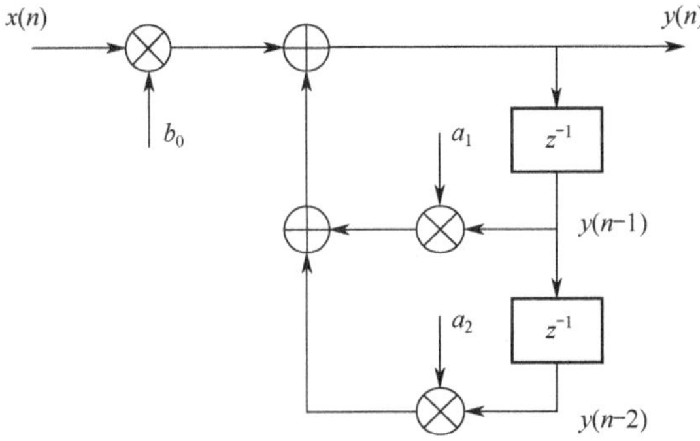

图 5.1.1　系统的结构框图

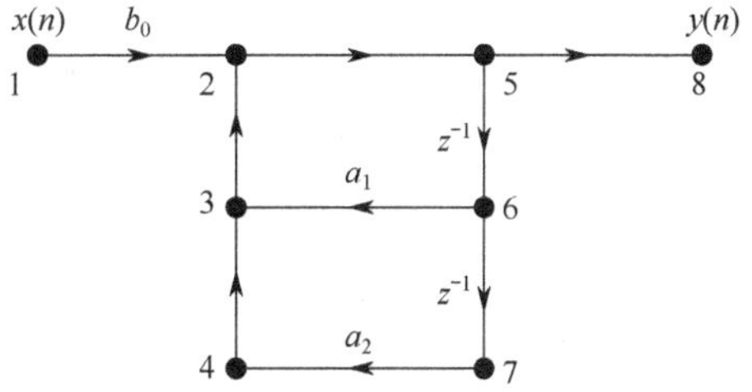

图 5.1.2　系统的信号流图

信号流图 5.1.2 中的标识为 1 、2、3、4、5、6 的实心圆点称为网络节点，将不同类型的节点定义为：

（1）输入节点：或称源节点，即 $x(n)$所处的节点，如图 5.1.2 中的 1 节点，其值为 $x(n)$。

（2）输出节点：或称阱节点，即 $y(n)$所处的节点，如图 5.1.2 中的 8 节点，其值为 $y(n)$。

（3）分支节点：即一个输入，一个或一个以上输出的节点，如图 5.1.2 中的 4、5、6、7 节点，它们的值分别为 $a_2y(n-2)$ 、 $y(n)$ 、 $y(n-1)$ 和 $y(n-2)$ 。

（4）和节点：或称相加器（节点），即有两个或两个以上输入的节点，如图 5.1.2 中的 2、3 节点，它们的值分别为 $b_0x(n)+a_1y(n-1)+a_2y(n-2)$ 和 $a_1y(n-1)+a_2y(n-2)$ 。

在系统的信号流图中，支路不标传输系数时，就认为其传输系数为 1；任何输出支路等于所有输入支路的信号之和。

网络结构的不同将会影响系统的精度、误差、稳定性、经济性及运算速度等许多重要的性能。从结构上看，数字滤波器分为无限长单位抽样响应（IIR）数字滤波器和有限长单位抽样响应（FIR）数字滤波器两种，它们主要有以下三点区别之处。

（1）IIR 滤波器的单位抽样响应 $h(n)$延伸到无限长，而 FIR 滤波器的 $h(n)$是一个有限长序列，这一点是由 IIR 和 FIR 的定义来给出的。

（2）IIR 滤波器的系统函数 $H(z)$在有限 z 平面（$0<|z|<\infty$）上有极点存在；FIR 滤波器的系统函数 $H(z)$极点皆位于 $z=0$ 处。

根据式（5.1.2）可知 IIR 滤波器的系统函数 $H(z)$ 为

$$H(z)=\frac{\sum_{m=0}^{M}b_m z^{-m}}{1-\sum_{k=1}^{N}a_k z^{-k}} \tag{5.1.3}$$

而对于 FIR 系统，由于 $h(n)$ 为有限长序列，则 $h(n)$ 的 Z 变换 $H(z)$ 的收敛域为整个有限 z 平面，我们知道在整个收敛域内不能有极点存在，这就等效于式（5.1.3）中 $H(z)$ 分母多项式的系数 a_k 全部为零，即

$$H(z)=\sum_{m=0}^{M}b_m z^{-m} \tag{5.1.4}$$

（3）IIR 滤波器在结构上存在输出到输入的反馈，也就是结构上是递归型的；FIR 滤波器在结构上不存在输出到输入的反馈，即非递归型。

从式（5.1.1）中系数 a_k 全部为零时，所对应的差分方程的形式来看，在描述 FIR 滤波器的差分方程中，输出 $y(n)$ 只和各 $x(n-m)$ 有关，即结构上不存在输出到输入的反馈；而在描述 IIR 滤波器的差分方程中，输出 $y(n)$ 不仅和各 $x(n-m)$ 有关，还与以前时刻的输出 $y(n-k)$ 有关，即在结构上存在输出到输入的反馈。

5.2 无限长单位抽样响应（IIR）滤波器的结构

依据系统函数 $H(z)$的不同分解形式，无限长单位抽样响应滤波器的基本网络结构有直接型、级联型和并联型三种，其中直接型又可分为直接Ⅰ型和直接Ⅱ型。

5.2.1 直接Ⅰ型

一个 N 阶 IIR 滤波器的系统函数可以表示为

$$H(z)=\frac{\sum_{m=0}^{M}b_m z^{-m}}{1-\sum_{k=1}^{N}a_k z^{-k}}=H_1(z)H_2(z)$$

$$H_1(z)=\sum_{m=0}^{M}b_m z^{-m}$$

$$H_2(z)=\frac{1}{1-\sum_{k=1}^{N}a_k z^{-k}}$$

输入输出关系可以用式（5.1.1）所示的 N 阶差分方程来描述。把式（5.1.1）重写如下：

$$y(n)=\sum_{m=0}^{M}b_m x(n-m)+\sum_{k=1}^{N}a_k y(n-k)$$

从这个差分方程表达式可以看出，系统的输出由两部分组成：第一部分 $\sum_{m=0}^{M}b_m x(n-m)$ 是一个对输入 $x(n)$的 M 节延时结构，每节延时抽头后加权相加，构成一个横向结构网络，它

是对系统函数 $H_1(z)$ 的实现，如图 5.2.1 左半部分；第二部分 $\sum_{k=1}^{N} a_k y(n-k)$ 是一个对输出 $y(n)$ 的 N 节延时的横向网络结构，是由输出到输入的反馈网络，它是对系统函数 $H_2(z)$ 的实现，如图 5.2.1 右半部分。以上两部分相加构成输出，这种结构称为直接 I 型结构。

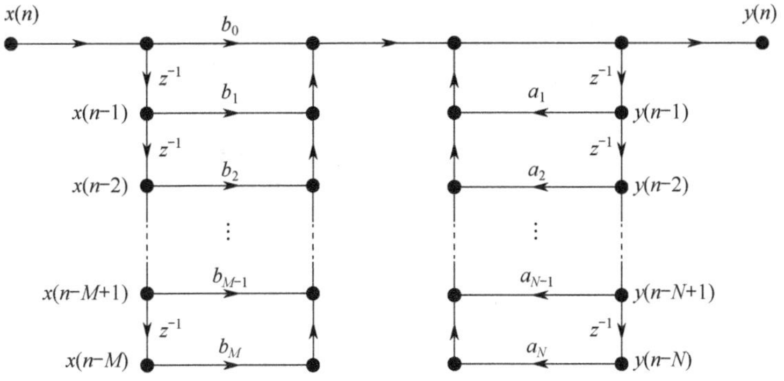

图 5.2.1　直接 I 型结构

由图 5.2.1 可看出，总的网络是由上面讨论的两部分网络级联组成的，第一个网络实现零点，第二个网络实现极点，从图中又可以看出，直接 I 型结构需要 $N+M$ 节延时单元。

5.2.2　直接 II 型（典范型、正准型）

由图 5.2.1 可以看出，直接 I 型结构的系统函数 $H(z)$也可以看成是两个独立的系统函数的乘积。对于一个线性移不变系统，若交换其级联子系统的次序，系统函数是不变的，也就是总的输入输出关系不改变。这样我们就得到另外一种结构，如图 5.2.2 所示，它的两个级联子网络，第一个实现系统函数的极点，第二个实现系统函数的零点。可以看到，两列传输比为 z^{-1} 的支路有同样的输入，因而可以将它们合并，这样可以节省延时单元，则得到图 5.2.3 的结构，称为直接 II 型结构（这里假设 $N>M$，其他情况结构相似）。

比较图 5.2.1 和图 5.2.3 可知：直接 II 型比直接 I 型结构延时单元少，用硬件实现可以节省寄存器，比直接 I 型经济；若用软件实现则可节省存储单元。但对于高阶系统，两种直接型结构都存在调整零、极点困难，对系数量化效应敏感度高等缺点。

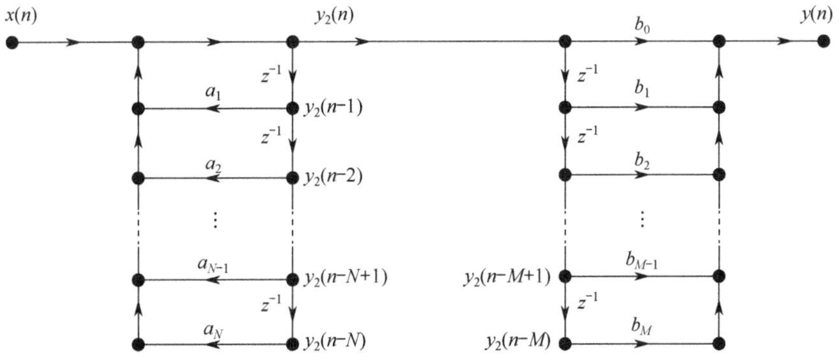

图 5.2.2　直接 I 型的变形结构

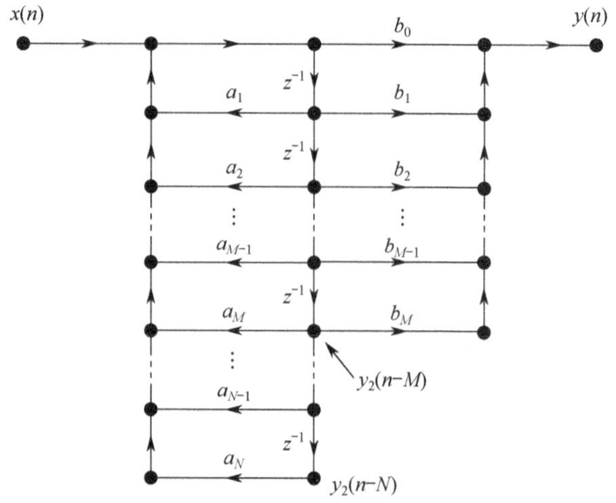

图 5.2.3 直接II型结构

5.2.3 级联型

把式（5.1.2）的系统函数分别按零、极点进行因式分解，则可将它表示成

$$H(z)=\frac{\sum_{m=0}^{M}b_m z^{-m}}{1-\sum_{k=1}^{N}a_k z^{-k}}=K\frac{\prod_{m=1}^{M}(1-z_m z^{-1})}{\prod_{k=1}^{N}(1-p_k z^{-1})} \tag{5.2.1}$$

式中，K 为常数，z_m 和 p_k 分别表示 $H(z)$的零点和极点。由于 $H(z)$的分子和分母都是实系数多项式，而实系数多项式的根只有实根和共轭复根两种情况。将每对共轭零点（极点）合并起来构成一个实系数的二阶系数；将实根系数按两个一对，合并构成实系数的二阶系数；如果还剩单个的实根系数，可以将其看成是二次项系数等于零的二阶系数。这样就可以把 $H(z)$表示成多个实系数的二阶数字网络 $H_k(z)$的连乘积形式，即

$$H(z)=K\prod_{k}\frac{1+\beta_{1k}z^{-1}+\beta_{2k}z^{-2}}{1-\alpha_{1k}z^{-1}-\alpha_{2k}z^{-2}}=K\prod_{k}H_k(z) \tag{5.2.2}$$

级联的节数视具体情况而定，当 M=N 时，共有$\left[\frac{N+1}{2}\right]$节，$\left[\frac{N+1}{2}\right]$表示$\frac{N+1}{2}$的整数，如果有奇数个实零点，则有一个 $\beta_{2k}=0$；同样，如果有奇数个实极点，则有一个系数 $\alpha_{2k}=0$。每个二阶子系统 $H_k(z)$ 被称为二阶基本节，若每个 $H_k(z)$ 是用典范型结构来实现的，则可以得到系统函数 $H(z)$的级联结构，如图 5.2.4 所示。

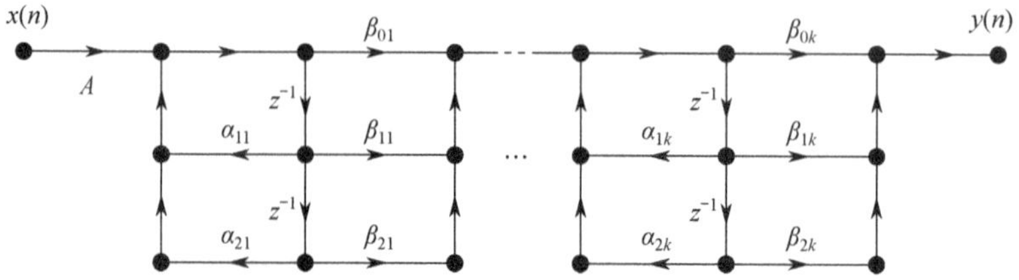

图 5.2.4 级联型结构

级联结构的特点是调整系数 β_{1k}、β_{2k} 就能单独调整滤波器第 k 对零点，而不影响其他零、极点；同样，调整系数 α_{1k}、α_{2k} 就能单独调整滤波器第 k 对极点，而不影响其他零、极点。所以，这种结构便于准确实现滤波器零、极点，因而便于调整滤波器频率响应性能。此外，因为在级联结构中，后面网络的输出不会流到前面，所以其运算误差也比直接型小，但总体的级联结构会使系统产生误差累计。将级联型结构的优点总结如下：

（1）硬件实现时，可以用一个二阶基本节进行时分复用；

（2）每一个基本节系数变化只影响该子系统的零、极点；

（3）对系数变化的敏感度小，受有限字长的影响比直接型低。

例 5.2.1　一个滤波器由下面的差分方程描述，求出它的级联结构形式，并画出零、极点图。

$$16y(n)+12y(n-1)+2y(n-2)-4y(n-3)-y(n-4)=x(n)-3x(n-1)+11x(n-2)-27x(n-3)+18x(n-4)$$

解　该系统是一个四阶 IIR 滤波器，采用两级二阶结构实现。

由差分方程求得系统函数为

$$H(z)=\frac{1-3z^{-1}+11z^{-2}-27z^{-3}+18z^{-4}}{16+12z^{-1}+2z^{-2}-4z^{-3}-z^{-4}}$$

$$=0.0625\times\frac{1-3z^{-1}+2z^{-2}}{1-0.25z^{-1}-0.125z^{-2}}\times\frac{1+9z^{-2}}{1+z^{-1}+0.5z^{-2}}$$

$H(z)$ 的零、极点如图 5.2.5 所示，所得结构如图 5.2.6 所示。

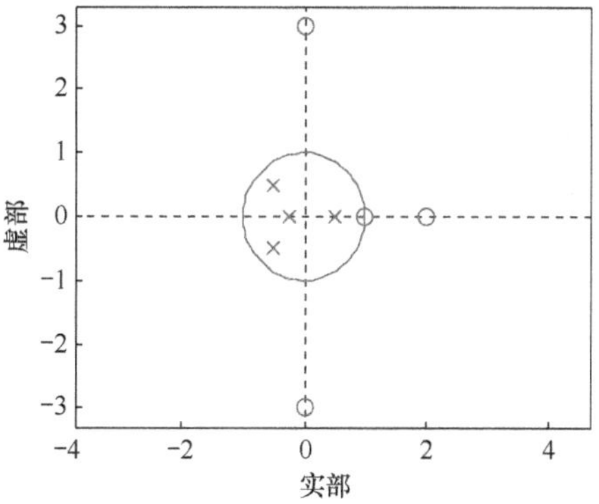

图 5.2.5　例 5.2.1 系统的零、极点图

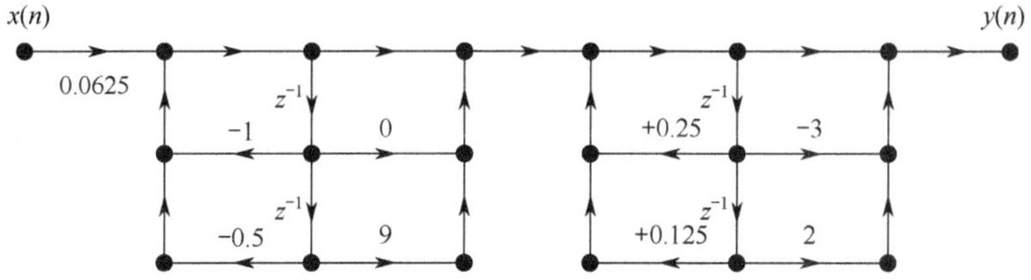

图 5.2.6　例 5.2.1 系统的级联结构

MATLAB 中自带各种结构相互转换的函数，如 tf2sos 实现直接型到级联型的转换，sostf2 实现级联型到直接型的转换，zp2sos 实现零、极点格式到级联型的转换等。

若用 MATLAB 实现例 5.2.1，可以通过调用 tf2sos 实现级联结构系数的计算；函数格式为[sos,G] = tf2sos(b,a)，b 和 a 分别为系统函数的分子和分母多项式系数矩阵，sos 的每一行为一个二阶基本节的系数，具体为[β_{0k}　β_{1k}　β_{2k}　1　$-\alpha_{1k}$　$-\alpha_{2k}$]，再通过调用 tf2zp 得出系统的零、极点，并将两个零点和两个极点合并成一个二阶基本节，便可得到级联结构。MATLAB 程序如下：

```
b=[1,-3,11,-27,18];              %系统函数分子多项式系数
a=[16,12,2,-4,-1];               %系统函数分母多项式系数
[sos,G]=tf2sos(b,a)              %级联结构的系数
[zer,pol]=tf2zp(b,a)             %求零、极点
zplane(zer,pol);                 %画零、极点图
```

程序运行结果为：

```
sos =
   1.0000   -3.0000    2.0000    1.0000   -0.2500   -0.1250
   1.0000    0.0000    9.0000    1.0000    1.0000    0.5000
G =
   0.0625
zer =
   -0.0000 + 3.0000i
   -0.0000 - 3.0000i
   2.0000
   1.0000
pol =
   0.5000
   -0.5000 + 0.5000i
   -0.5000 - 0.5000i
   -0.2500
```

其中，−0.0000+3.0000i 和−0.0000−3.0000i 两个零点与−0.5000+0.5000i 和−0.5000−0.5000i 两个极点合并成的二阶基本节为 $H_1(z)=\dfrac{(1-3\mathrm{j}z^{-1})(1+3\mathrm{j}z^{-1})}{\left[1-(-0.5+0.5\mathrm{j})z^{-1}\right]\left[1-(-0.5-0.5\mathrm{j})z^{-1}\right]}=\dfrac{1+9z^{-2}}{1+z^{-1}+0.5z^{-2}}$，剩余的两个零点和两个极点合并成二阶基本节 $H_2(z)=\dfrac{1-3z^{-1}+2z^{-2}}{1-0.25z^{-1}-0.125z^{-2}}$。

5.2.4 并联型

将系统函数 $H(z)$展开成部分分式，得到

$$H(z)=\frac{\sum\limits_{m=0}^{M}b_m z^{-m}}{1-\sum\limits_{k=1}^{N}a_k z^{-k}}=\sum_{k=1}^{N_1}\frac{A_k}{1-c_k z^{-1}}+\sum_{k=1}^{N_2}\frac{B_k(1-g_k z^{-1})}{(1-d_k z^{-1})(1-d_k^* z^{-1})}+\sum_{k=0}^{M-N}G_k z^{-k} \tag{5.2.3}$$

如果式（5.2.3）中的系数 a_k 和 b_m 都是实数，则量 A_k、B_k、g_k、c_k、d_k 都是实数；如果 $M<N$，则式（5.2.3）中不包含 $\sum\limits_{k=0}^{M-N}G_k z^{-k}$ 项；如果 $M=N$，则 $\sum\limits_{k=0}^{M-N}G_k z^{-k}$ 项变成 G_0 一项。一般 IIR 滤波器均满足 $M\leqslant N$ 的条件。式（5.2.3）所示的系统可以解释为一阶系统和二阶系统的并联组合，或者类似于级联形式的分解将实数极点按每两个成对组合，将 $H(z)$写为

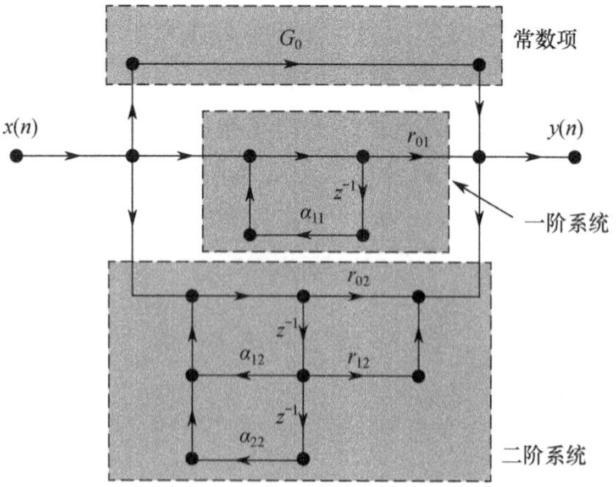

图 5.2.7 三阶 IIR 滤波器的并联型结构

$$H(z)=\sum_{k=0}^{M-N}G_k z^{-k}+\sum_{k=1}^{[(N+1)/2]}\frac{r_{0k}+r_{1k}z^{-1}}{1-\alpha_{1k}z^{-1}-\alpha_{2k}z^{-2}} \tag{5.2.4}$$

图 5.2.7 画出了 $M=N=3$ 时的并联实现。

例 5.2.2 求出例 5.2.1 中差分方程的并联结构。

解 将例 5.2.1 中系统函数进行部分

分式展开，得到

$$H(z)=\frac{1-3z^{-1}+11z^{-2}-27z^{-3}+18z^{-4}}{16+12z^{-1}+2z^{-2}-4z^{-3}-z^{-4}}$$

$$=-18+\frac{-10.05-3.95z^{-1}}{1+z^{-1}+0.5z^{-2}}+\frac{28.1125-13.3625z^{-1}}{1-0.25z^{-1}-0.125z^{-2}}$$

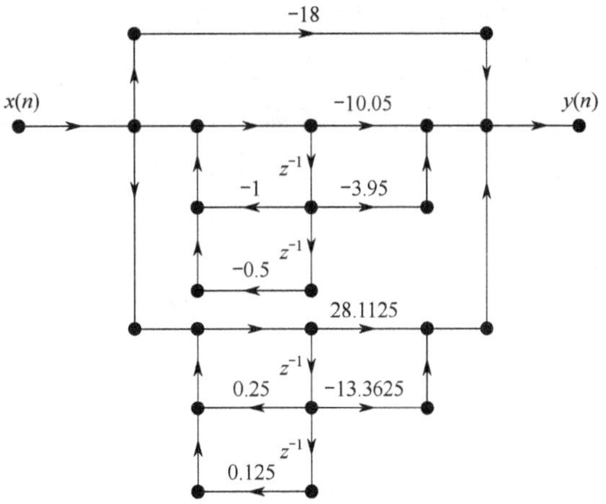

图 5.2.8　例 5.2.2 系统的并联结构

所得结构如图 5.2.8 所示。用MATLAB实现例 5.2.2 时，可用函数 [r,p,k]=residuez(b,a)，b 和 a 仍为多项式系数，r 为展开成部分分式的分子、p 为极点、k 为增益，MATLAB 程序如下：

```
b=[1,-3,11,-27,18];
a=[16,12,2,-4,-1];
[r,p,k]=residuez(b,a);
```

运行结果为：

```
r =
  -5.0250 - 1.0750i
  -5.0250 + 1.0750i
   0.9250
  27.1875
p =
  -0.5000 + 0.5000i
  -0.5000 - 0.5000i
   0.5000
  -0.2500
k =
   -18
```

residuez 函数将 $H(z)$展开成部分分式

$$H(z)=-18+\frac{-5.025-1.075\mathrm{j}}{1-(-0.5+0.5\mathrm{j})z^{-1}}+\frac{-5.025+1.075\mathrm{j}}{1-(-0.5-0.5\mathrm{j})z^{-1}}+\frac{0.925}{1-0.5z^{-1}}+\frac{27.1875}{1+0.25z^{-1}}$$

将式中右端二、三项合并，四、五项合并可得

$$H(z)=-18+\frac{-10.05-3.95z^{-1}}{1+z^{-1}+0.5z^{-2}}+\frac{28.1125-13.3625z^{-1}}{1-0.25z^{-1}-0.125z^{-2}}$$

并联结构可以单独调整极点位置，但对于零点的调整却不如级联型方便，而且当滤波器的阶数较高时，部分分式展开比较麻烦。在运算误差方面，由于各基本网络间的误差互不影响，没有误差积累，因此，比直接型和级联型误差小。

除上述三种基本结构外，还有一些其他的结构，这取决于线性信号流图理论中的多种运算处理方法。当然各种流图都保持输入到输出的传输关系不变，即 $H(z)$不变。

IIR 滤波器几种结构形式的特点总结如下。

（1）直接 I 型：需要 $2N$ 级延时单元。

（2）直接II型：只需要 N 级延时单元，节省资源。

两种直接型在实现原理上是类似的，都是直接一次构成。它们共同的缺点是，系数 a_k、

b_k 对滤波器性能的控制关系不直接，不方便调整。更严重的是，当阶数较高时，直接型结构的极点位置灵敏度太大，容易出现不稳定现象且产生较大误差。

（3）级联型：每个基本节只与滤波器的某一对极点和一对零点有关，便于准确实现滤波器的零、极点，也便于性能调整。

级联型结构可以有许多不同的零、极点搭配方式，不同的搭配所得到的误差和性能也不一样。

（4）并联型：可以单独调整极点位置，但不能直接控制零点。在运算误差方面，各基本节的误差互不影响，其误差要比级联型小一些。

5.2.5 转置定理

信号流图理论中有许多运算处理方法，可在保持系统函数不变的情况下，将信号流图变换成各种不同的形式。转置就是其中一种，其理论依据是转置定理。

转置定理的内容：如果将原网络中所有支路方向改为反向，并将输入 $x(n)$与输出 $y(n)$交换，则其系统函数 $h(n)$不变（证明从略）。利用转置定理，可以将以上讨论的各种结构进行转置处理，从而得到各种新的网络结构。如图 5.2.3 所示的直接Ⅱ型结构转置后得到图 5.2.9 所示的新结构，将它按照习惯画成左输入、右输出的形式，得到图 5.2.10 所示的结构。

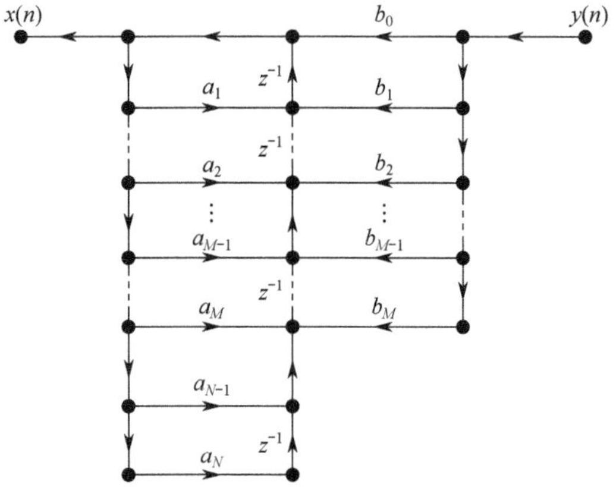

图 5.2.9 直接Ⅱ型结构的转置

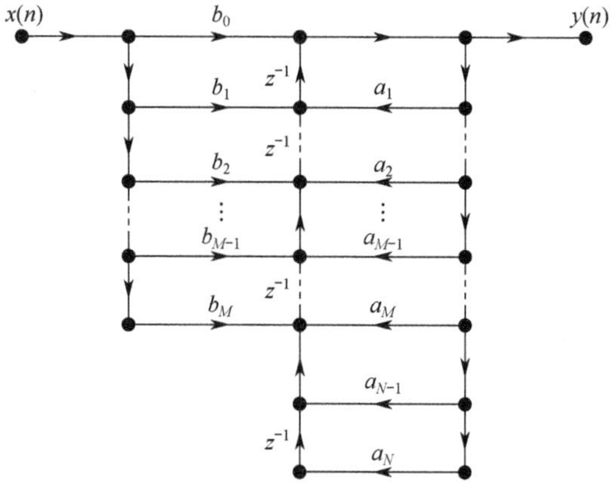

图 5.2.10 图 5.2.9 画成左输入右输出的形式

5.3 有限长单位抽样响应（FIR）滤波器的基本结构

有限长单位抽样响应因果系统的系统函数可表示为

$$H(z)=\sum_{n=0}^{N-1}h(n)z^{-n} \tag{5.3.1}$$

有限长单位抽样响应系统也有很多种实现方式，基本网络结构有直接型、级联型、快速卷积型和频率抽样型四种。

5.3.1 直接型（横截型、卷积型）

式（5.3.1）的系统的差分方程为

$$y(n)=\sum_{m=0}^{N-1}h(m)x(n-m) \tag{5.3.2}$$

根据式（5.3.1）或式（5.3.2）可直接画出图 5.3.1 所示的 FIR 滤波器的直接型结构。由于该结构利用输入信号 $x(n)$和滤波器单位冲激响应 $h(n)$的线性卷积来描述输出信号 $y(n)$，所以 FIR 滤波器的直接型结构又称为卷积型结构，有时也称为横截型结构或横向滤波器结构。

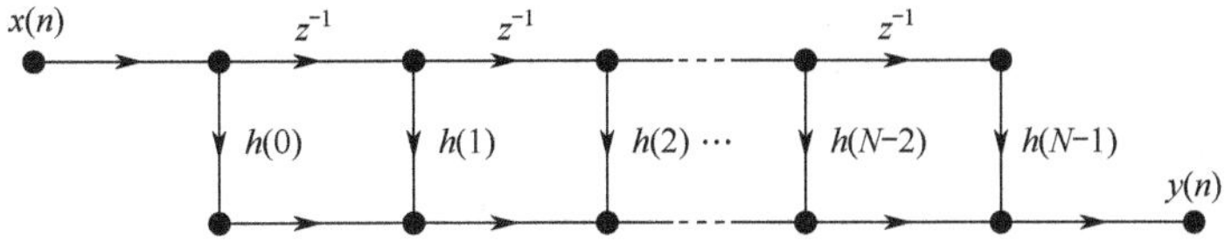

图 5.3.1　FIR 滤波器的直接型结构

将转置定理应用于图 5.3.1，得到如图 5.3.2 所示的转置直接型结构。

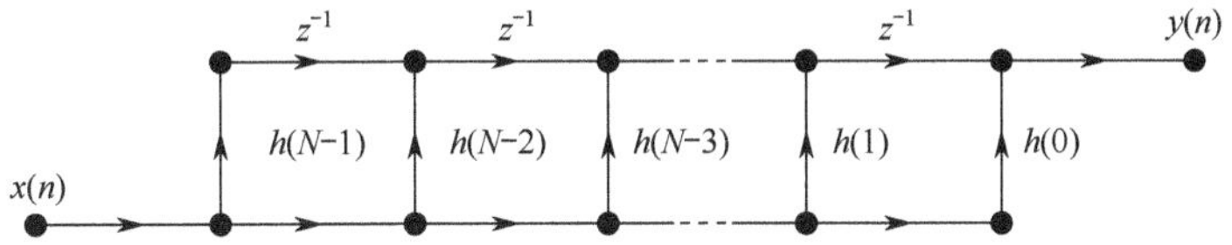

图 5.3.2　图 5.3.1 的转置直接型结构

5.3.2　级联型

将系统函数 $H(z)$分解成二阶实数系数的乘积形式，即

$$H(z)=\sum_{n=0}^{N-1}h(n)z^{-n}=\prod_{k=1}^{[N/2]}(\beta_{0k}+\beta_{1k}z^{-1}+\beta_{2k}z^{-2}) \tag{5.3.3}$$

式中，$[N/2]$表示 $N/2$ 的整数部分。若 N 为偶数，则 N-1 为奇数，故系数 β_{2k} 中有一个为零，这是因为，这时有奇数个根，其中复数根成共轭对，必为偶数，必然有奇数个实根。图 5.3.3 画出了 N 为奇数时 FIR 的级联结构。级联结构中的每一个基本节控制一对零点，所用的系数乘法次数比直接型多，运算时间较直接型长。

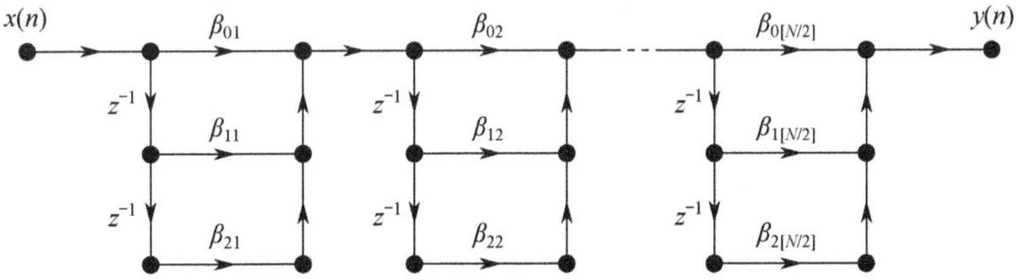

图 5.3.3　FIR 滤波器的级联型结构

例 5.3.1　已知某系统的系统函数 $H(z)=0.96+2z^{-1}+2.8z^{-2}+1.5z^{-3}$，求系统函数的直接型结构和级联型结构。

解　将 $H(z)$ 进行因式分解得

$$H(z)=(0.6+0.5z^{-1})(1.6+2z^{-1}+3z^{-2})$$

其直接型结构和级联型结构如图 5.3.4 所示。

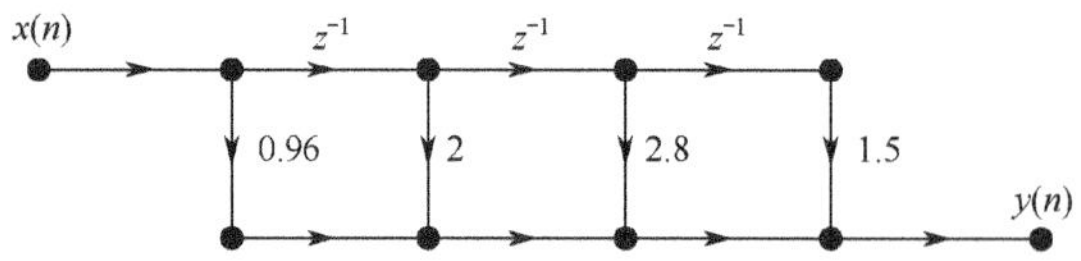

(a) 直接型结构

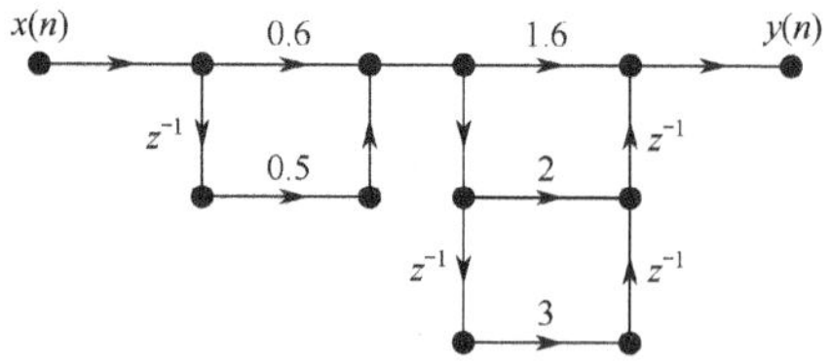

(b) 级联型结构

图 5.3.4 例 5.3.1 滤波器的直接型结构和级联型结构

采用 tf2sos 函数实现级联结构的计算，函数格式见例 5.2.1，不同之处在于，这里是 FIR 滤波器，没有反馈，即 tsos 中的 α_{ik} 都为 0。MATLAB 程序如下：

```
b=[0.96 2 2.8 1.5];        %系统函数系数
[tsos,g]=tf2sos(b,1);      %级联结构的系数
```

运行结果为

```
tsos =
    1.0000    0.8333         0    1.0000         0         0
    1.0000    1.2500    1.8750    1.0000         0         0
g =
    0.9600
```

根据以上系数，得级联型结构的系统函数为

$$H(z) = 0.96(1+0.8333z^{-1})(1+1.25z^{-1}+0.875z^{-2})$$

将系数 0.96 乘入后边两项，得到

$$H(z) = (0.6+0.4998z^{-1})(1.6+2z^{-1}+3z^{-2})$$

另外，可用 sos2tf 实现级联型到直接型的转换。对于上例，若执行程序为

```
sos=[0.6,0.5,0,1,0,0;1.6,2,3,1,0,0]
[B,A]=sos2tf(sos)
```

则下运行结果为

```
B =
    0.9600    2.0000    2.8000    1.5000
A =
    1     0     0     0
```

5.3.3 快速卷积型

根据循环卷积和线性卷积的关系可知，只要将两个有限长序列补上一定的零值点，就可以用循环卷积来代替两个序列的线性卷积。由于时域的循环卷积等效到频域则为离散傅里叶变换的乘积，如果

$$x(n) = \begin{cases} x(n), & 0 \leqslant n \leqslant N_1 - 1 \\ 0, & N_1 \leqslant n \leqslant L-1 \end{cases}$$

$$h(n) = \begin{cases} h(n), & 0 \leqslant n \leqslant N_2 - 1 \\ 0, & N_2 \leqslant n \leqslant L-1 \end{cases}$$

将输入 $x(n)$补上 $L-N_1$ 个零值点，将有限长单位冲激响应 $h(n)$补上 $L-N_2$ 个零值点，只要满足 $L \geqslant N_1+N_2-1$，则 L 点的循环卷积就能代表线性卷积。利用循环定理，采用 FFT 实现有限长序列 $x(n)$和 $h(n)$的线性卷积，则可得到 FIR 滤波器的快速卷积结构，如图 5.3.5 所示，当 N_1、N_2 很长时，它比直接计算线性卷积要快得多。

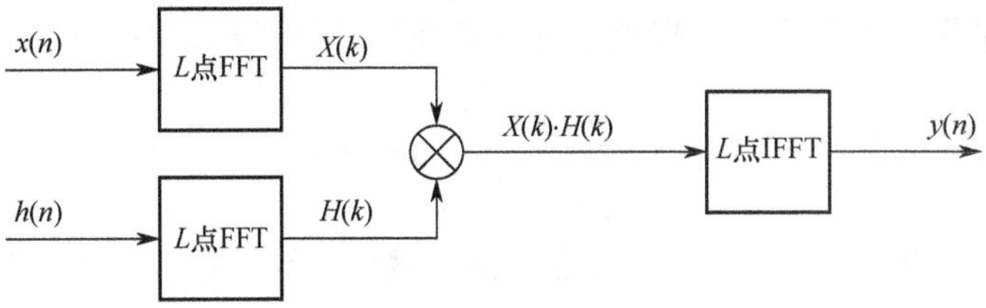

图 5.3.5　FIR 滤波器的快速卷积结构

5.3.4　频率抽样型

1. 理论依据

由频域抽样定理可知，对有限长序列 $h(n)$ 的 Z 变换 $H(z)$ 在单位圆上做 N 点等间隔抽样，N 个频率抽样值的离散傅里叶反变换所对应的时域信号 $h_N(n)$ 是原序列 $h(n)$ 以抽样点数 N 为周期进行周期延拓的结果，当 N 大于原序列 $h(n)$ 的长度 M 时，$h_N(n)=h(n)$，不会发生信号失真，此时 $H(z)$ 可以用频域抽样序列 $H(k)$ 内插得到，内插公式如下：

$$H(z)=(1-z^{-N})\frac{1}{N}\sum_{k=0}^{N-1}\frac{H(k)}{1-W_N^{-k}z^{-1}} \tag{5.3.4}$$

式中

$$H(k)=H(z)\Big|_{z=e^{j\frac{2\pi}{N}k}},\quad k=0,1,\cdots,N-1 \tag{5.3.5}$$

式（5.3.4）的 $H(z)$ 可以写为

$$H(z)=\frac{1}{N}H_c(z)\sum_{k=0}^{N-1}H_k'(z) \tag{5.3.6}$$

式中

$$H_c(z)=1-z^{-N} \tag{5.3.7}$$

$$H_k'(z)=\frac{H(k)}{1-W_N^{-k}z^{-1}} \tag{5.3.8}$$

2. 结构形式及特点

式（5.3.6）所描述的 $H(z)$ 的第一部分 $H_c(z)$ 是一个由 N 阶延时单元组成的梳状滤波器（有关梳状滤波器的概念见 5.3.5 节）。其结构和幅度响应函数如图 5.3.6 所示，它在单位圆上有 N 个等间隔的零点

$$z_i=e^{j\frac{2\pi}{N}i}=W_N^{-i},\quad i=0,1,2,\cdots,N-1 \tag{5.3.9}$$

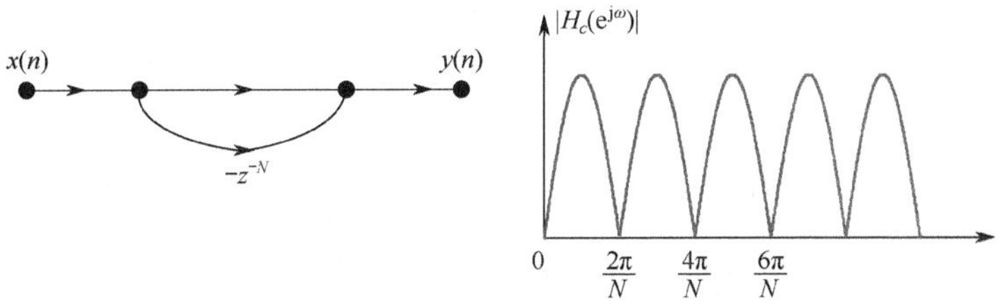

图 5.3.6　梳状滤波器

$H(z)$的第二部分是由 N 个一阶网络 $H_k'(z)$ 组成的并联结构，每个一阶网络在单位圆上有一个极点

$$z_k = W_N^{-k} = \mathrm{e}^{\mathrm{j}\frac{2\pi}{N}k}$$

因此，$H(z)$的第二部分是一个有 N 个极点的谐振网络。这些极点正好与第一部分梳状滤波器的 N 个零点相抵消，从而使 $H(z)$在这些频率上的响应等于 $H(k)$。把这两部分级联起来就可以构成 FIR 滤波器的频率抽样型结构，如图 5.3.7 所示。

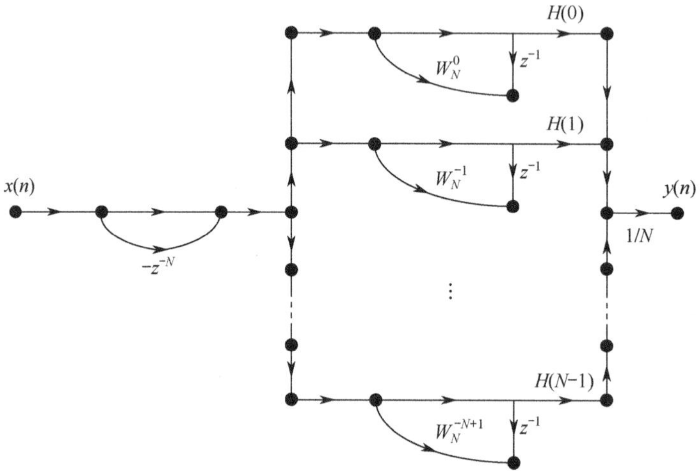

图 5.3.7　FIR 滤波器的频率抽样型结构

FIR 滤波器的频率抽样型结构的主要优点：

（1）它的系数 $H(k)$直接就是滤波器在 $\omega = 2\pi k / N$ 时的响应值，因此可以直接控制滤波器的响应；

（2）只要滤波器的阶数 N 相同，对于任何频率响应形状，其梳状滤波器部分的结构完全相同，N 个一阶网络部分的结构也完全相同，只是各支路的增益 $H(k)$不同，因此，频率抽样型结构便于标准化、模块化。

但是该结构也存在一些缺点：

（1）该滤波器所有的系数 $H(k)$和 W_N^{-k} 一般为复数，复数相乘运算实现起来比较麻烦；

（2）系统稳定是靠位于单位圆上的 N 个零、极点对保证的，如果滤波器的系数稍有误差，极点就可能移到单位圆外，影响系统的稳定性。

3. 频率抽样修正结构

为了克服频率抽样型结构的前述缺点，对其做以下修正。

单位圆上的所有零、极点向内收缩到半径为 r 的圆上，这里的 r 稍小于 1，这时的系统 $H(z)$可表示为

$$H(z) = (1 - r^N z^{-N}) \frac{1}{N} \sum_{k=0}^{N-1} \frac{H_r(k)}{1 - rW_N^{-k} z^{-1}} \tag{5.3.10}$$

式中，$H_r(k)$ 是在半径为 r 的圆上对 $H(z)$的 N 点进行等间隔抽样之值。由于 $r \approx 1$，所以可近似取 $H_r(k) = H(k)$。因此

$$H(z) \approx (1-r^N z^{-N})\frac{1}{N}\sum_{k=0}^{N-1}\frac{H(k)}{1-rW_N^{-k}z^{-1}} \tag{5.3.11}$$

根据 DFT 的共轭对称性，如果 $h(n)$是实数序列，则其离散傅里叶变换 $H(k)$关于 $N/2$ 点共轭对称，即

$$H(k) = H^*(N-k),\quad \begin{cases} k=1,2,\cdots,\dfrac{N-1}{2}, & N\text{为奇数} \\ k=1,2,\cdots,\dfrac{N}{2}-1, & N\text{为偶数} \end{cases} \tag{5.3.12}$$

又因为$(W_N^{-k})^* = W_N^{-(N-k)}$，为了得到实数系数，将$H_k(z)$和$H_{N-k}(z)$合并为一个二阶网络，记为

$$\begin{aligned} H_k(z) &\approx \frac{H(k)}{1-rW_N^{-k}z^{-1}} + \frac{H(N-k)}{1-rW_N^{-(N-k)}z^{-1}} = \frac{H(k)}{1-rW_N^{-k}z^{-1}} + \frac{H^*(k)}{1-r(W_N^{-k})^*z^{-1}} \\ &= \frac{a_{0k}+a_{1k}z^{-1}}{1-2r\cos\left(\dfrac{2\pi}{N}k\right)z^{-1}+r^2z^{-2}},\quad \begin{cases} k=1,2,\cdots,\dfrac{N-1}{2}, & N\text{为奇数} \\ k=1,2,\cdots,\dfrac{N}{2}-1, & N\text{为偶数} \end{cases} \end{aligned} \tag{5.3.13}$$

式中，$a_{0k} = 2\mathrm{Re}[H(k)]$，$a_{1k} = -2\mathrm{Re}[rH(k)W_N^k]$。

该网络是一个谐振频率为 $\omega_k = 2\pi k/N$ 有限 Q 值（品质因素）的谐振器，其结构如图 5.3.8 所示。

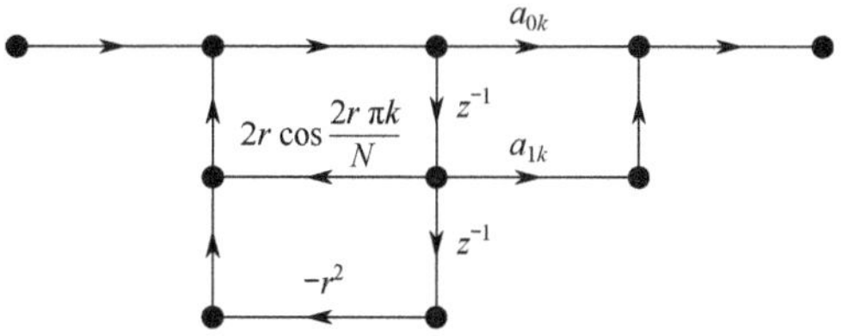

图 5.3.8　二阶谐振器 $H_k(z)$

除共轭复根外，$H(z)$还有实根。当 N 为偶数时，有一对实根 $z=\pm r$，除二阶网络外，尚有两个对应的一阶网络，即

$$H_0(z) = \frac{H(0)}{1-rz^{-1}},\quad H_{N/2}(z) = \frac{H(N/2)}{1+rz^{-1}}$$

这时的 $H(z)$可表示为

$$H(z) = (1-r^N z^{-N})\frac{1}{N}\left[H_0(z) + H_{N/2}(z) + \sum_{k=1}^{N/2-1} H_k(z)\right] \tag{5.3.14}$$

其结构如图 5.3.9 所示。图中$H_k(z)$, z=1, 2, 3,⋯, $N/2-1$ 的结构如图 5.3.8 所示。

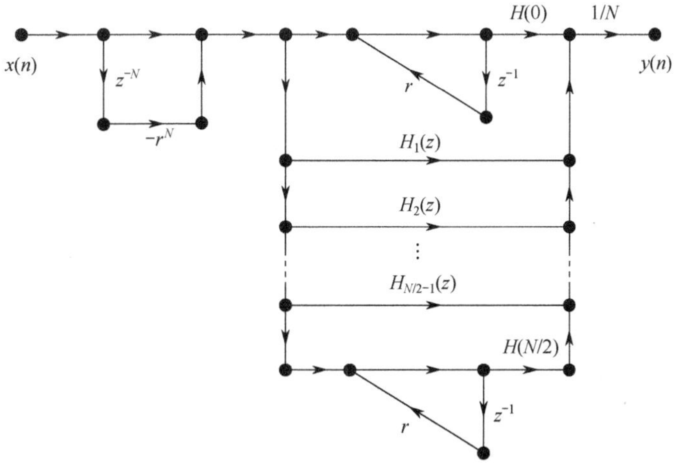

图 5.3.9　频率抽样修正结构

当 N 为奇数时，只有一个实根 $z=r$，对应一个一阶网络 $H_0(z)$，这时的 $H(z)$ 为

$$H(z)=(1-r^N z^{-N})\frac{1}{N}\left[H_0(z)+\sum_{k=1}^{(N-1)/2}H_k(z)\right] \tag{5.3.15}$$

显然，N 等于奇数时的频率抽样修正结构由一个一阶网络结构和 $(N-1)/2$ 个二阶网络结构组成。

例 5.3.2 已知 FIR 滤波器的单位抽样响应函数 $h(n)=\{\underset{\uparrow}{1},1/9,2/9,3/9,2/9,1/9\}$，求系统函数 $H(z)$ 的频率抽样型结构。

解 该滤波器为五阶系统，通过调用自编函数 tf2fs 完成结构各系数的计算。

```
h=[1,2,3,2,1]/9;              %系统函数分子多项式系数
[C,B,A]=tf2fs(h)              %调用直接型 FIR 系统的系数直接转换为频率抽样型结构的系数

%直接型 FIR 系统的系数直接转换为频率抽样型结构的系数
function [C,B,A]=tf2fs(h)
%C=各并联部分增益的行向量
%B=按行排列的分子系数矩阵
%A=按行排列的分母系数矩阵
%h(n)=直接型 FIR 系统的系数，不包括 h(0)
N=length(h);H=fft(h);                       %计算 h(n)的频率响应
magH=abs(H);phaH=angle(H)';                 %求频率响应的幅度和相位
if(N==-2*floor(N/2))                        %N 为偶数时
   L=N/2-1;A1=[1,-1,0;1,1,0];               %设置两极点-1 和 1
   C1=[real(H(1)),real(H(L+2))];            %对应的结构系数
Else                                        %N 为奇数时
   L=(N-1)/2;A1=[1,-1,0];                   %设置单实极点 1
   C1=[real(H(1))];                         %对应的结构系数
end
k=[1:L]';
B=zeros(L,2);A=ones(L,3);
A(1:L,2)=-2*cos(2*pi*k/N);A=[A;A1];         %计算分母系数
B(1:L,1)=cos(phaH(2:L+1));                  %计算分子系数
B(1:L,2)=-cos(phaH(2:L+1)-(2*pi*k/N));
C=[2*magH(2:L+1),C1]';                      %计算增益
```

MATLAB 运行结果如下：

```
C =
   0.5818
   0.0849
   1.0000
B =
  -0.8090    0.8090
   0.3090   -0.3090
A =
   1.0000   -0.6180    1.0000
   1.0000    1.6180    1.0000
   1.0000   -1.0000         0
```

因为 N=5，所以只有一个一阶环节，系统的频率抽样型结构为

$$H(z)=\frac{1-z^{-5}}{5}\left(0.5818\frac{-0.809+0.809z^{-1}}{1-1.618z^{-1}+z^{-2}}+0.0848\frac{0.309-0.309z^{-1}}{1+1.618z^{-1}+z^{-2}}+\frac{1}{1-z^{-1}}\right)$$

系统结构图如图 5.3.10 所示。

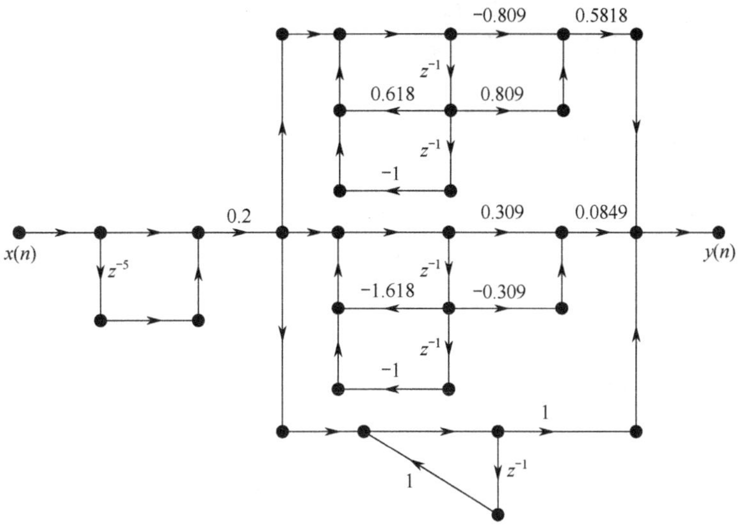

图 5.3.10　例 5.3.2 系统的频率抽样型结构

一般来说，当抽样点数 N 较大时，频率抽样结构比较复杂，所需的乘法器和延时器比较多。但在以下两种情况下，使用频率抽样结构比较经济。

（1）对于窄带滤波器，其多数抽样值 $H(k)$为零，谐振器柜中只剩下几个所需要的谐振器。这时采用频率抽样结构比直接型结构所用的乘法器少，当然存储器还是要比直接型用得多一些；

（2）在需要同时使用很多并列滤波器的情况下，这些并列的滤波器可以采用频率抽样结构，并且可以大家共用梳状滤波器的谐振柜，只要将各谐振器的输出适当加权组合就能组成各个并列的滤波器。

总之，在抽样点数 N 较大时，采用图 5.3.10 所示的频率抽样型结构比较经济。

5.3.5　梳状滤波器

在 5.3.4 节中用到了梳状滤波器，现将其表达式重新表示如下：

$$H(z)=1-z^{-N} \tag{5.3.16}$$

式（5.3.16）表示的系统在单位圆上有 N 个均匀分布的零点 $e^{j\frac{2\pi k}{N}}$（$k=0,1,\cdots,N-1$），在原点处有 N 阶极点，系统的幅度频率响应函数已在图 5.3.6 中显示。

梳状滤波器还有其特殊的用途，就是去除周期性噪声，或是增强周期性的信号分量。根据图 5.3.6 可知，式（5.3.16）表示系统的幅度频率响应函数在每个峰值和过零点之间都是过渡带，因此，如果用该系统函数进行陷波，即去除周期性的噪声，那么在去除工频干扰的同时也会使信号失真；如果采用该系统函数进行增强周期分量，那么在周期分量周围的信号也得到较大的增强。这里将针对梳状滤波器的不同用途，引入两种系统转移函数：

$$H_1(z)=b\frac{1-z^{-N}}{1-Rz^{-N}},\quad b=\frac{1+R}{2},\quad 0\leqslant R<1 \tag{5.3.17}$$

$$H_2(z)=b\frac{1+z^{-N}}{1-Rz^{-N}},\quad b=\frac{1-R}{2},0\leqslant R<1 \tag{5.3.18}$$

下面分别对式（5.3.17）和式（5.3.18）表示的系统函数进行分析。

1. 陷波应用

式（5.3.17）表示的系统函数 $H_1(z)$，其零点的位置与式（5.3.16）表示的系统一样，都是均匀地分布在单位圆上，极点均匀地分布在以 $R^{\frac{1}{N}}$ 为半径的圆上，为 $R^{\frac{1}{N}}\mathrm{e}^{\mathrm{j}\frac{2\pi k}{N}}$（$k=0,1,\cdots,N-1$），图 5.3.11 示出了其零、极点分布和幅频特性。

由图 5.3.11 可以看出，由于 $H_1(z)$ 引入了和零点同一方向的极点，因此，幅度响应函数在每两个零点之间都比较平坦，用这样的系统陷波可以有效地防止信号的失真。因此，$H_1(z)$ 表示的系统其实就是一种陷波器，陷波的效果与 R 有关，当 R 越接近 1 时，幅度响应函数的每两个零点之间越平坦，信号的失真越小；当 $R=0$ 时，信号失真最大，此时的系统函数就变成式（5.3.16）表示的系统。

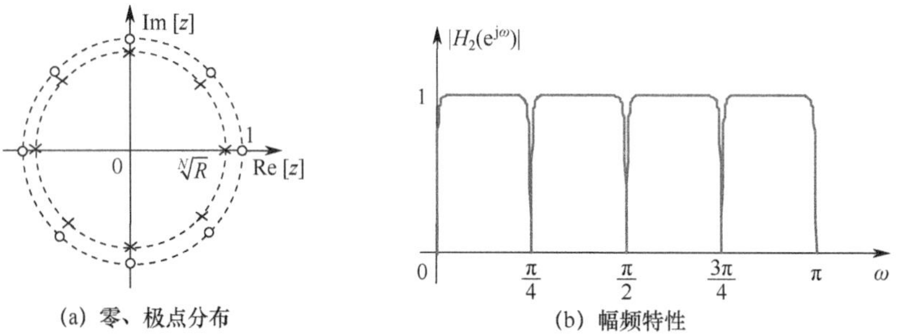

图 5.3.11　陷波作用梳状滤波器的零、极点分布和幅频特性（N=8，R=0.9）

2. 周期分量增强应用

式（5.3.18）表示的系统函数 $H_2(z)$，其零点也是均匀的分布在单位圆上，但与 $H_1(z)$ 的零点在相位上相差 π/N，$H_2(z)$ 的极点与 $H_1(z)$ 的极点分布相同，图 5.3.12 所示为其零、极点分布和幅频特性。

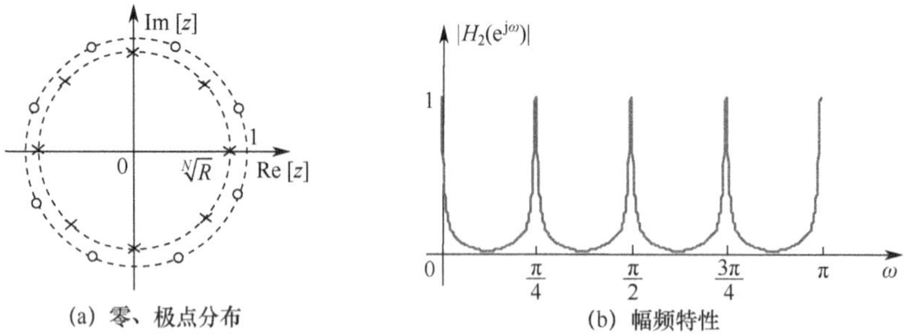

图 5.3.12　增强周期分量作用的梳状滤波器的零、极点分布和幅频特性（N=8，R=0.9）

由图 5.3.12 可以看出，$H_2(z)$ 的幅频特性在频率为 $\frac{2\pi k}{N}$ 处呈现很尖的峰值，而在其他频率范围内基本为零，因此，能很好地增强信号中的周期分量。当 R 越接近 1 时，$H_2(z)$ 的增强作用越明显。

式（5.3.17）和式（5.3.18）表示的系统函数还满足互补关系，即

$$H_1(z)+H_2(z)=1 \tag{5.3.19}$$

$$\left|H_1(\mathrm{e}^{\mathrm{j}\omega})\right|^2+\left|H_2(\mathrm{e}^{\mathrm{j}\omega})\right|^2=1 \tag{5.3.20}$$

3. 一般形式梳状滤波器

将 $H_1(z)$ 或 $H_2(z)$ 稍作修改，还可得到不同形式的梳状滤波器。例如，

$$H_3(z)=\frac{1-rz^{-N}}{1-Rz^{-N}},\quad 0\leqslant r<1;\ 0\leqslant R<1 \tag{5.3.21}$$

图 5.3.13 显示了其幅频特性，当 $R>r$ 时，极点胜过零点，系统的幅频特性在极点频率处形成尖锐的峰，能起到很好的增强作用；当 $R<r$ 时，零点胜过极点，系统的幅频特性在极点频率处形成尖锐的楔，能起到很好的陷波作用。

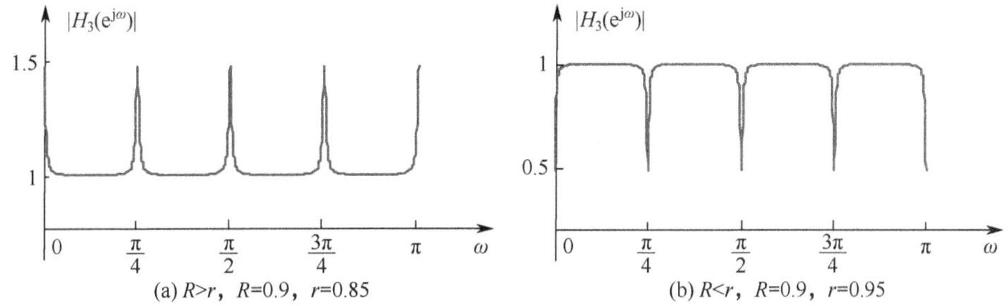

图 5.3.13　一般形式梳状滤波器的幅频特性

梳状滤波器由于其转移函数简单、灵活而得到广泛的应用，典型的是用来去除工频及其各次谐波的干扰。在彩色电视及高清数字电视中，梳状滤波器可用来从复合的视频信号中分离出黑白信号和彩色信号。

5.4　格型滤波器的基本结构

以上基于离散系统的单位抽样响应不同，将其分为 IIR 系统和 FIR 系统，并分别讨论了 IIR 系统和 FIR 系统的各种结构。下面讨论一种新的结构形式——格型（Lattice）结构。

格型结构滤波器可以用于 IIR 滤波器，也可以用于 FIR 滤波器。它的模块化结构便于实现高速并行处理，一个 M 阶格型滤波器可以产生从 1 阶到 M 阶的 M 个横向滤波器的输出特性，它对有限长的舍入误差不敏感，且适合递推运算。由于这些优点，这种结构在现代谱估计、语音信号处理、线性预测及自适应滤波等方面得到了广泛的应用。

格型滤波器根据零、极点的特点可分为全零点（FIR）格型滤波器，全极点（IIR）格型滤波器和零、极点（IIR）格型滤波器，下面分别对这三种滤波器结构进行介绍。

5.4.1　全零点（FIR）格型滤波器

一个 M 阶 FIR 滤波器的系统函数 $H(z)$ 可写成如下形式：

$$H(z)=B(z)=\sum_{m=0}^{M}h(m)z^{-m}=1+\sum_{m=1}^{M}b_M^{(m)}z^{-m} \tag{5.4.1}$$

式中，$b_M^{(m)}$表示M阶 FIR 滤波器的第m个系数，并假设$H(z)$的首项系数$h(0)=1$。

图 5.4.1 所示的是一个一般的M阶全零点格型滤波器结构，它可以看成是由M个如图 5.4.2 所示的格型网络单元级联而成的。每个网络单元有两个输入端和两个输出端，第一个网络单元的两个输入端为整个系统的输入信号$x(n)$，而最后一个格型单元上面的输出为整个格型网络的输出。

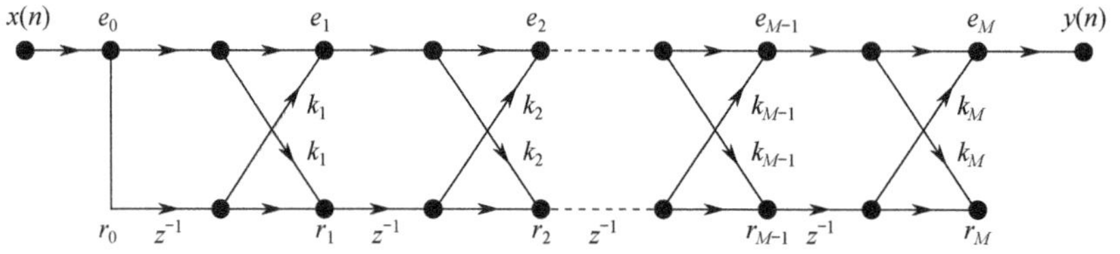

图 5.4.1　全零点格型滤波器网络结构

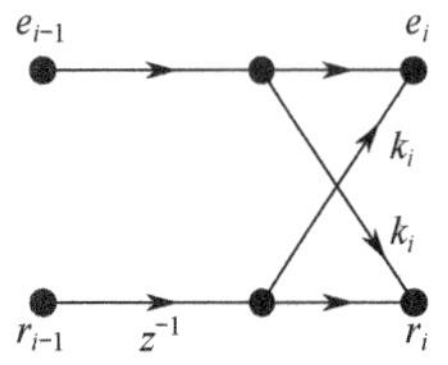

图 5.4.2　全零点格型结构基本单元

下面推导由$H(z)=B(z)$的系数$\{b_m\}$求出格型结构网络系数$\{k_m\}$的逆推公式。图 5.4.2 基本格型单元的输入、输出关系如下：

$$\begin{cases}e_i(n)=e_{i-1}(n)+k_ir_{i-1}(n-1)\\ r_i(n)=k_ie_{i-1}(n)+r_{i-1}(n-1)\end{cases} \tag{5.4.2}$$

且

$$\begin{cases}e_0(n)=r_0(n)=x(n)\\ y(n)=e_M(n)\end{cases} \tag{5.4.3}$$

式中，$e_i(n)$、$r_i(n)$分别为第i个基本单元上、下端的输出序列，$e_{i-1}(n)$、$r_{i-1}(n)$分别为该单元上、下端输入序列。

设$B_i(z)$、$J_i(z)$分别表示由输入端$x(n)$至第i个基本单元上、下输出端$e_i(n)$、$r_i(n)$对应的系统函数，即

$$\begin{cases}B_i(z)=E_i(z)/E_0(z)=1+\sum_{m=1}^{i}b_i^{(m)}z^{-m}, \quad i=1,2,\cdots,M\\ J_i(z)=R_i(z)/R_0(z)\end{cases} \tag{5.4.4}$$

当$i=M$时，$B_M(z)=B(z)$。对式（5.4.2）两边进行Z变换得

$$\begin{cases}E_i(z)=E_{i-1}(z)+k_iz^{-1}R_{i-1}(z)\\ R_i(z)=k_iE_{i-1}(z)+z^{-1}R_{i-1}(z)\end{cases} \tag{5.4.5}$$

对式（5.4.5）分别除以$E_0(z)$和$R_0(z)$，再由式（5.4.4）有

$$\begin{aligned}B_i(z)&=B_{i-1}(z)+k_iz^{-1}J_{i-1}(z)\\ J_i(z)&=k_iB_{i-1}(z)+z^{-1}J_{i-1}(z)\end{aligned} \tag{5.4.6}$$

式（5.4.6）可用矩阵表示为

$$\begin{bmatrix}B_i(z)\\ J_i(z)\end{bmatrix}=\begin{bmatrix}1 & k_iz^{-1}\\ k_i & z^{-1}\end{bmatrix}\begin{bmatrix}B_{i-1}(z)\\ J_{i-1}(z)\end{bmatrix} \tag{5.4.7}$$

$$\begin{bmatrix} B_{i-1}(z) \\ J_{i-1}(z) \end{bmatrix} = \frac{\begin{bmatrix} 1 & -k_i \\ -k_i z & z \end{bmatrix}\begin{bmatrix} B_i(z) \\ J_i(z) \end{bmatrix}}{1-k_i^2} \tag{5.4.8}$$

式（5.4.7）和式（5.4.8）分别给出了格型结构中由低阶到高阶和由高阶到低阶系统函数的递推关系，但这种关系中同时包含 $B_i(z)$、$J_i(z)$。实际中只给出了 $B_i(z)$，所以应找出 $B_i(z)$ 与 $J_i(z)$ 间的递推关系。

由式（5.4.4）有 $B_0(z)=J_0(z)=1$，所以

$$\begin{cases} B_1(z)=B_0(z)+k_1 z^{-1}J_0(z)=1+k_1 z^{-1} \\ J_1(z)=k_1 B_0(z)+z^{-1}J_0(z)=k_1+z^{-1} \end{cases} \tag{5.4.9}$$

即

$$J_1(z)=z^{-1}B_1(z^{-1}) \tag{5.4.10}$$

通过递推关系可推出

$$J_i(z)=z^{-i}B_i(z^{-1}) \tag{5.4.11}$$

将式（5.4.11）代入式（5.4.7）和式（5.4.8）得

$$\begin{cases} B_i(z)=B_{i-1}(z)+k_i z^{-i}B_{i-1}(z^{-1}) \\ B_{i-1}(z)=\dfrac{B_i(z)-k_i z^{-i}B_i(z^{-1})}{1-k_i^2} \end{cases} \tag{5.4.12}$$

下面导出 k_i 与滤波器系统 $b_i^{(i)}$ 之间的递推关系。将式（5.4.4）代入式（5.4.12），利用待定系数法可得如下的两种递推关系：

$$\begin{cases} b_i^{(i)}=k_i \\ b_i^{(m)}=b_{i-1}^{(m)}+k_i b_{i-1}^{(i-m)} \end{cases} \tag{5.4.13}$$

$$\begin{cases} k_i=b_i^{(i)} \\ b_{i-1}^{(m)}=\dfrac{b_i^{(m)}-k_i b_i^{(i-m)}}{1-k_i^2} \end{cases} \tag{5.4.14}$$

在式（5.4.13）和式（5.4.14）中，$m=0,1,2,\cdots,(i-1)$；$i=1,2,\cdots,M$。

实际工作中，一般先给出 $H(z)=B(z)=B_M(z)$，利用式（5.4.12）和式（5.4.14），由 $b_i^{(i)}$ 递推出 k_i，$i=M,M-1,\cdots,2,1$，从而可画出 $H(z)$ 格型结构。

例 5.4.1　FIR 滤波器由如下差分方程给定：

$$y(n)=x(n)+\frac{13}{24}x(n-1)+\frac{5}{8}x(n-2)+\frac{1}{3}x(n-3)$$

求其格型结构系数，并画出格型结构图。

解　对差分方程两边进行 Z 变换并求系统函数得

$$H(z)=B_3(z)=1+\sum_{i=1}^{3}b_3^{(i)}=1+\frac{13}{24}z^{-1}+\frac{5}{8}z^{-2}+\frac{1}{3}z^{-3}$$

即 $b_3^{(1)}=\dfrac{13}{24}$，$b_3^{(2)}=\dfrac{5}{8}$，$b_3^{(3)}=\dfrac{1}{3}$

$k_3=b_3^{(3)}=\dfrac{1}{3}$

$$b_2^{(1)}=\frac{b_3^{(1)}-k_3b_3^{(2)}}{1-k_3^2}=\frac{\frac{13}{24}-\frac{5}{24}}{\frac{8}{9}}=\frac{3}{8}$$

$$b_2^{(2)}=\frac{b_3^{(2)}-k_3b_3^{(1)}}{1-k_3^2}=\frac{1}{2},\quad k_2=b_2^{(2)}=\frac{1}{2}$$

$$b_1^{(1)}=\frac{b_2^{(1)}-k_2b_2^{(1)}}{1-k_2^2}=\frac{1}{4},\quad k_1=b_1^{(1)}=\frac{1}{4}$$

系统的格型结构流图如图 5.4.3 所示。

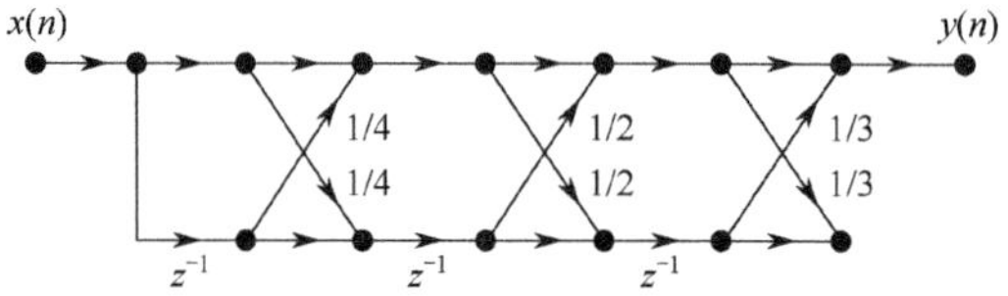

图 5.4.3　例 5.4.1 系统的格型结构流图

用 MATLAB 提供的函数 tf2latc 来实现格型滤波器的设计。函数格式为 K=tf2latc(b)，其中 b 为 FIR 滤波器的系数，K 为格型滤波器的系数。

```
b=[1,13/24,5/8,1/3];          %FIR 滤波器系统函数系数
K=tf2latc(b)                  %格型结构系数
```

运行结果如下：

```
K =
    0.2500
    0.5000
    0.3333
```

所获得的系数 K 就是 5.4.3 中从左到右的系数。

5.4.2　全极点（IIR）格型滤波器

IIR 滤波器的格型结构受限于全极点系统函数，可以根据 FIR 格型结构开发。设一个全极点系统函数写成如下形式：

$$H(z)=\frac{1}{1+\sum_{k=1}^{N}a_N^{(k)}z^{-k}}=\frac{1}{A(z)}\tag{5.4.15}$$

与式（5.4.1）比较可知，$H(z)=\dfrac{1}{A_N(z)}$是 FIR 系统$H(z)=B_M(z)$的逆系统。所以这里按照系统求逆准则得到$H(z)=\dfrac{1}{A_N(z)}$的格型结构如图 5.4.4 所示，具体步骤如下：

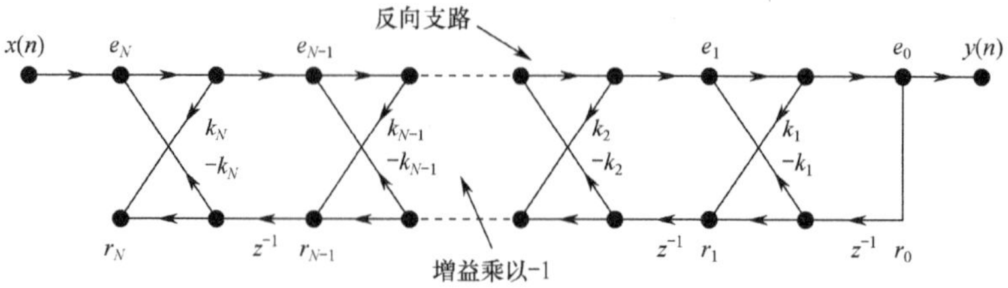

图 5.4.4　全极点格型滤波器网络结构

（1）将输入至输出的无延时通路反向；

（2）将指向这条新通路各节点的其他支路增益乘以−1；

（3）将输入和输出交换位置；

（4）依据输入在左、输出在右的原则，将整个流图左右反褶。

例 5.4.2　FIR 滤波器由如下差分方程给定：

$$H(z)=\frac{1}{1+\frac{13}{24}z^{-1}+\frac{5}{8}z^{-2}+\frac{1}{3}z^{-3}}$$

求其格型结构系数，并画出格型结构图。

解　$A_N(z)=B_M(z)=1+\frac{13}{24}z^{-1}+\frac{5}{8}z^{-2}+\frac{1}{3}z^{-3}=1+\sum_{i=1}^{M}b_3^{(i)}z^{-i}$

所以　$b_3^{(1)}=\frac{13}{24},\ b_3^{(2)}=\frac{5}{8},\ b_3^{(3)}=\frac{1}{3}$。同例 5.4.1 的求解过程，求得 FIR 格型结构网络系数为

$$k_1=\frac{1}{4},\ k_2=\frac{1}{2},\ k_3=\frac{1}{3}$$

所以系统的格型结构流图如图 5.4.5 所示。

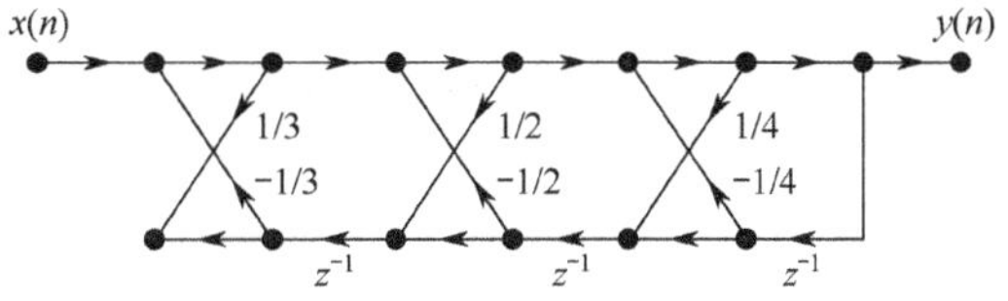

图 5.4.5　例 5.4.2 系统的格型结构流图

采用 MATLAB 自带函数 tf2latc 实现。

```
a=[1,13/24,5/8,1/3];          %IIR 滤波器系统函数的分母系数
b=[1,0,0,0];                  %IIR 滤波器系统函数的分子系数
K=tf2latc(b,a)                %格型结构系数
```

运行结果如下：

```
K =
    0.2500
    0.5000
    0.3333
```

5.4.3　零、极点（IIR）格型滤波器

一般地，IIR 滤波器既包含零点，又包含极点，因此可用全极点格型作为基本构造模块，用所谓的格型梯形结构实现。设 IIR 系统的系统函数可以写成如下形式：

$$H(z)=\frac{B(z)}{A(z)}=\frac{1+\sum_{m=1}^{M}b_M^{(m)}z^{-m}}{1+\sum_{k=1}^{N}a_N^{(k)}z^{-k}},\quad N\geqslant M \tag{5.4.16}$$

为构造函数式（5.4.16）的格型结构，先根据其分母构造系统为 k_m 实现全极点格型网络如图 5.4.4 所示。然后再增加一个梯形部分，将 r_n 的线性组合作为输出 $y(n)$，图 5.4.6 为 N=M 时的零、极点格型滤波器结构。

图 5.4.6 所示的是具有零、极点的 IIR 系统，其输出为

$$y(n)=\sum_{i=0}^{M}c_i r_i(n) \tag{5.4.17}$$

式中，c_i 确定系统函数的分子，也称梯形系数。

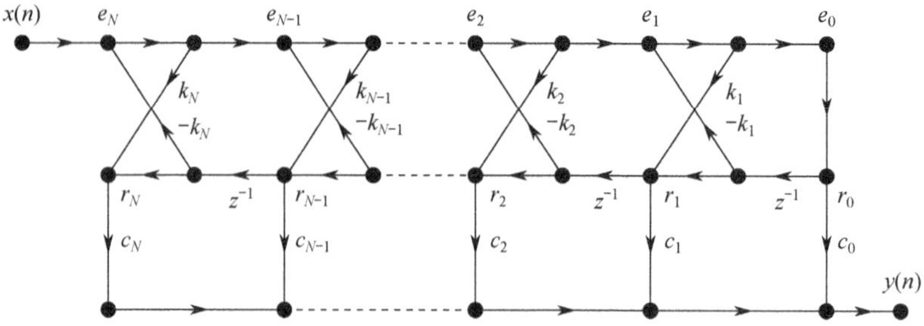

图 5.4.6　$N=M$ 时零、极点格型滤波器结构

$$B_M(z)=\sum_{i=0}^{M}c_iJ_M(z) \tag{5.4.18}$$

式中，$J_M(z)$ 是式（5.4.6）中的多项式。由式（5.4.17）可以递推得到

$$B_M(z)=B_{M-1}(z)+c_iJ_M(z),\ i=1,2,\cdots,M \tag{5.4.19}$$

或相应的由 $A_M(z)$ 和 $B_M(z)$ 的定义可以得到

$$c_i=b_M^{(i)}-\sum_{m=i+1}^{M}c_m a_m^{(m-i)},\quad i=M,M-1,\cdots,1,0 \tag{5.4.20}$$

例 5.4.3　求 IIR 滤波器的系统函数为 $H(z)=\dfrac{1+2z^{-1}+2z^{-2}+z^{-3}}{1+\frac{13}{24}z^{-1}+\frac{5}{8}z^{-2}+\frac{1}{3}z^{-3}}$ 的格型结构。

解　这个例子中的极点部分与全极点型的例 5.4.2 一样，按上面的计算，这里的 $k_1,k_2,\cdots,k_M$ 可按全极点型的办法求出，实际上就是按例 5.4.1 的求全零点型的方法求解，把那里的 $b_M^{(m)}$ 换成 $a_M^{(m)}$ 即可。例 5.4.1 求出的 k_1,k_2,k_3 及 $a_2^{(1)},a_2^{(2)},a_1^{(1)}$（在那里是 $b_2^{(1)},b_2^{(2)},b_1^{(1)}$）为 $k_1=\frac{1}{4},\ k_2=\frac{1}{2},\ k_3=\frac{1}{3}$；$a_2^{(1)}=\frac{3}{8},\ a_2^{(2)}=\frac{1}{2},\ a_1^{(1)}=\frac{1}{4}$。由题中 $H(z)$ 可得：$a_3^{(1)}=\frac{13}{24},\ a_3^{(2)}=\frac{5}{8},\ a_3^{(3)}=\frac{1}{3}$；$b_3^{(0)}=1,\ b_3^{(1)}=2,\ b_3^{(2)}=2,\ b_3^{(3)}=1$。

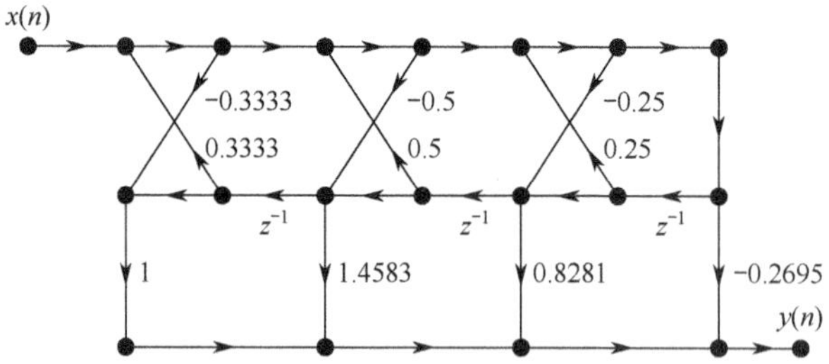

图 5.4.7　例 5.4.3 系统的格型结构

由式（5.4.20）可求得各 c_i 为

$$c_3=b_3^{(3)}=1$$

$$c_2=b_3^{(2)}-c_3a_3^{(1)}=2-\frac{13}{24}=1.4583$$

$$c_1 = b_3^{(1)} - c_2 a_2^{(1)} - c_3 a_3^{(2)} = 2 - 1.4583 \times \frac{3}{8} - 1 \times \frac{5}{8} = 0.8281$$

$$c_0 = b_3^{(0)} - c_1 a_1^{(1)} - c_2 a_2^{(2)} - c_3 a_3^{(3)} = 1 - 0.8281 \times \frac{1}{4} - 1.4583 \times \frac{1}{2} - 1 \times \frac{1}{3} = -0.2695$$

采用 MATLAB 自带函数 tf2latc 实现，与前面不同之处为所求的系统既有零点又有极点，所得的系数除了 K，还有梯形部分的系数 C，函数格式为[K,C]=tf2latc(b,a)。

```
a=[1,13/24,5/8,1/3];          %IIR 滤波器系统函数的分母系数
b=[1,2,2,1];                  %IIR 滤波器系统函数的分子系数
[K,C]=tf2latc(b,a)            %格型结构系数
```

运行结果如下：

```
K =
   0.2500
   0.5000
   0.3333
C =
   -0.2695
   0.8281
   1.4583
   1.0000
```

习　题

5.1　设系统用下面差分方程描述：

$$y(n) = 1.7y(n-1) - 1.36y(n-2) + 0.576y(n-3) + x(n)$$

试分别画出系统直接 I 型、直接 II 型结构。

5.2　设数字滤波器的差分方程为：

$$y(n) = x(n) + x(n-1) + \frac{1}{3}y(n-1) + \frac{1}{4}y(n-2)$$

试分别画出系统直接 I 型、直接 II 型结构。

5.3　设系统的系统函数为：

$$H(z) = \frac{4(1+z^{-1})(1-1.4z^{-1}+z^{-2})}{(1-0.5z^{-1})(1+0.9z^{-1}+0.8z^{-2})}$$

试画出可能的级联型结构。

5.4　试分别用级联和并联型结构实现系统函数

$$H(z) = \frac{3-3.5z^{-1}+2.5z^{-2}}{(1-z^{-1}+z^{-2})(1-0.5z^{-1})}$$

5.5　求题 5.5 图中各结构的差分方程和系统函数。

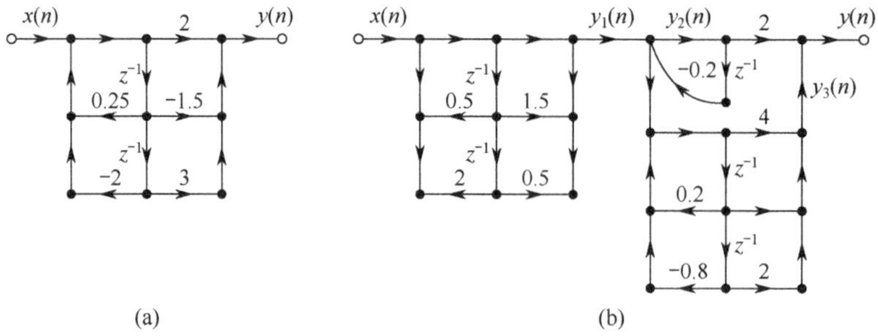

题 5.5 图

5.6　已知 FIR 滤波器的单位冲激响应为

$$h(n)=\delta(n)+0.3\delta(n-1)+0.72\delta(n-2)+0.11\delta(n-3)+0.12\delta(n-4)$$

试画出其级联型结构实现。

5.7　令

$$H_1(z)=1-0.6z^{-1}-1.414z^{-2}+0.864z^{-3}$$

$$H_2(z)=1-0.98z^{-1}-0.9z^{-2}+0.898z^{-3}$$

$$H_3(z)=H_1(z)/H_2(z)$$

试分别画出其直接型结构。

5.8　频率抽样结构实现以下系统函数：

$$H(z)=\frac{5-2z^{-3}-3z^{-6}}{1-z^{-1}}$$

抽样点数 N=6，修正半径 r=0.9。

5.9　已知 FIR 滤波器的单位冲激响应为

$$h(n)=\delta(n)-\delta(n-1)+\delta(n-4)$$

设抽点数 N=5。

（1）画出其频率抽样型结构；

（2）设修正半径 r=0.9，画出其修正后的频率抽样型结构。

5.10　设滤波器的差分方程为：

$$y(n)=x(n)+x(n-1)+\frac{1}{3}y(n-1)+\frac{1}{4}y(n-2)$$

（1）试用直接 I 型、典范型及一阶节的级联型、一阶节的并联型实现此差分方程；

（2）求系统的频率响应（幅度及相位）；

（3）设抽样频率为 10kHz，输入正弦幅度为 5，频率为 1kHz，试求稳态输出。

5.11　试设计一个梳状滤波器，用于滤除心电图采集信号中的 50Hz 电源及其谐波干扰。心电图信号抽样频率为 200Hz。

5.12　已知 $H(z)=1-0.4z^{-1}-0.8z^{-2}+0.86z^{-3}$，求该滤波器格型结构各系数，并画出信号流图。

5.13　已知 $H(z)=\dfrac{1+0.85z^{-1}-0.42z^{-2}+0.34z^{-3}}{1-0.6z^{-1}-0.78z^{-2}+0.48z^{-3}}$，求该滤波器格型结构各系数，并画出信号流图。

第 6 章 无限长单位抽样响应数字滤波器的设计

信号的滤波处理是数字信号处理技术的一大重要应用。在前面章节所述的离散时间系统的普遍关系、离散傅里叶变换及其快速算法、数字滤波器结构等基础上，从本章开始讨论数字滤波器的设计方法。

本章主要讨论无限长单位抽样响应（IIR）数字滤波器的设计方法。首先，简单介绍滤波器的基本概念，为后续内容奠定基础；其次，鉴于 IIR 数字滤波器的设计主要借助模拟滤波器的设计方法，详细讨论模拟滤波器的逼近方法和模拟滤波器的数字仿真；再次，以低通滤波器为例，重点讨论设计 IIR 数字滤波器的两种方法：抽样响应不变法和双线性变换法；最后，介绍其他类型滤波器的设计方法。

6.1 滤波器的基本概念

6.1.1 滤波器的分类

数字滤波器是对数字信号实现滤波的线性移不变系统。它将输入的数字序列通过特定运算转变为输出的数字序列。滤波器的种类很多，分类方法也不同，如可以从功能上分，也可以从实现方法上分，或从设计方法上来分，等等。但总的来说，滤波器可分为两大类，即经典滤波器和现代滤波器，本书主要介绍经典滤波器。经典滤波器是假定输入信号 $x(n)$ 中的有用成分和希望去除的成分各自占有不同的频带，这样，当 $x(n)$ 通过一个线性系统（滤波器）后可将欲去除的成分有效地去除。由第 1 章的讨论知道，一个输入序列 $x(n)$，通过一个单位抽样响应为 $h(n)$ 的线性移不变系统后，其输出响应 $y(n)$ 为

$$y(n) = x(n) * h(n) = \sum_{m=-\infty}^{\infty} h(m)x(n-m)$$

将上式两边经过傅里叶变换，可得

$$Y(e^{j\omega}) = X(e^{j\omega})H(e^{j\omega})$$

式中，$Y(e^{j\omega})$、$X(e^{j\omega})$ 分别为输出序列和输入序列的频谱函数，$H(e^{j\omega})$ 是系统的频率响应函数。

可以看出，输入序列的频谱 $X(e^{j\omega})$ 经过滤波后，变为 $X(e^{j\omega})H(e^{j\omega})$。如果 $|H(e^{j\omega})|$ 的值在某些频率上是比较小的，则输入信号中的这些频率分量在输出信号中将被抑制。按照输入信号频谱的特点和处理信号的目的，选择适当的 $H(e^{j\omega})$，使得滤波后的 $Y(e^{j\omega})$ 满足实际的要求，这就是经典数字滤波器的滤波原理。和模拟滤波器一样，经典数字滤波器从功能上可以分为低通（LP）、高通（HP）、带通（BP）和带阻（BS）四种形式，如图 6.1.1 所示。图 6.1.1 中所示的滤波器的幅频特性都是理想情况，在实际中都是不可能实现的。例如，对于低通滤波器，其单位抽样响应 $h(n)$ 是 Sa 函数，n 从 $-\infty$ 到 ∞ 都有值，因此是非因果关系

的。在实际中设计出的滤波器都是在某种准则下对理想滤波器的逼近，但保证了滤波器是物理可实现的，也是稳定的。

对于图 6.1.1 中所示的数字角频率 ω 的低频区域、高频区域有必要做一特别说明。在第 1 章正弦序列的相关内容中，已有类似说明。此处，从滤波器特性角度进一步说明。依据第 1 章的奈奎斯特抽样定理及模拟角频率、数字角频率的关系，可知数字角频率 ω 对应的折叠频率为 π，因而为了避免混叠，将数字滤波器的截止频率最高设置为 π，即折叠频率处。因此，图中 $\omega=\pi$ 及附近频率处为高频区域，而 $\omega=0,2\pi$ 及附近频率处则为低频区域。

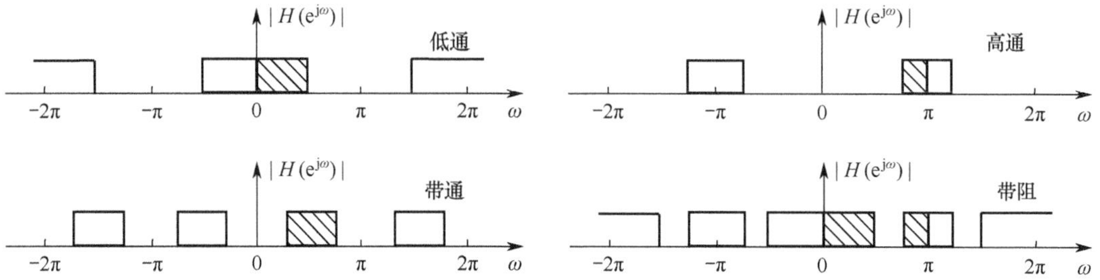

图 6.1.1 数字滤波器的理想幅频特性

6.1.2 滤波器的技术指标

图 6.1.1 所示的理想滤波器物理上是不可实现的，其根本原因是从一个频率带到另一个频率带有突变，即在通带内 $\left|H(e^{j\omega})\right|=1$，阻带内 $\left|H(e^{j\omega})\right|=0$。实际的滤波器在通带内的幅频响应不一定是完全平坦的，在阻带内也不完全衰减为零，通带内和阻带内都允许有一定的误差容限，而且滤波器也不是锐截止的，通带和阻带之间总存在过渡带。一般来说，滤波器的性能要求往往以幅度频率响应特性的容许误差来表征。以低通滤波器为例，如图 6.1.2 所示。

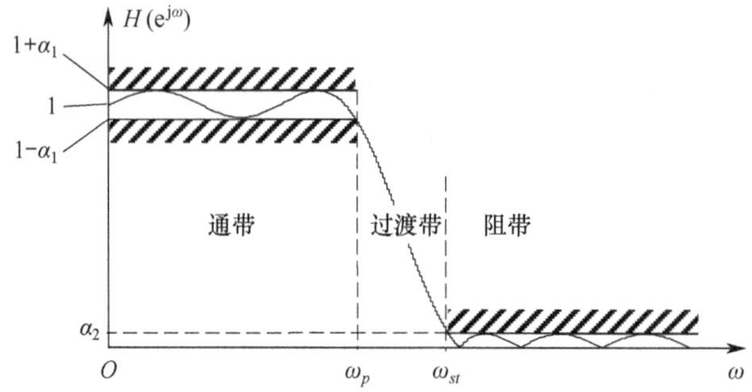

图 6.1.2 低通滤波器频率响应幅度特性的容限图

当 $h(n)$ 为实数序列时，其傅里叶变换的幅频响应 $\left|H(e^{j\omega})\right|$ 是 ω 的偶函数，所以一般只描述 $0\leqslant\omega\leqslant\pi$ 区间的幅频响应，就确定了滤波器的幅频响应。相关的技术指标主要有：

（1）ω_p 为数字滤波器的通带截止频率，通带的频率范围为 $0\leqslant\omega\leqslant\omega_p$；

（2）ω_{st} 为数字滤波器的阻带截止频率，阻带的频率范围为 $\omega_{st}\leqslant\omega\leqslant\pi$；

（3）α_1 为通带容限。在通带内，幅度响应以最大误差 $\pm\alpha_1$ 逼近 1，即

$$1-\alpha_1 \leqslant \left|H(\mathrm{e}^{\mathrm{j}\omega})\right| \leqslant 1+\alpha_1,\ |\omega| \leqslant \omega_p \tag{6.1.1}$$

（4）α_2 为阻带容限。在阻带内，幅度响应以最大误差 α_2 逼近 0，即

$$\left|H(\mathrm{e}^{\mathrm{j}\omega})\right| \leqslant \alpha_2,\ \omega_{st} \leqslant |\omega| \leqslant \pi \tag{6.1.2}$$

（5）过渡带。从 ω_p 到 ω_{st} 的频率区间称为过渡带，过渡带的幅频响应平滑地从通带下降到阻带。一般要求过渡带在满足其他技术指标要求的条件下尽可能窄；

（6）δ_p 为通带内最大衰减。虽然给出了通带的容限 α_1，但具体指标往往以滤波器通带内衰减的分贝（dB）形式给出。设通带内允许的最大衰减用 δ_p 表示，其定义为

$$\delta_p = 20\lg\frac{\left|H(\mathrm{e}^{\mathrm{j}\omega})\right|_{\max}}{\left|H(\mathrm{e}^{\mathrm{j}\omega_p})\right|}\mathrm{dB} \tag{6.1.3}$$

（7）δ_{st} 为阻带内最小衰减。同样，虽然给出了阻带的容限 α_2，但具体指标往往也以阻带内衰减的分贝（dB）形式给出。设阻带内允许的最小衰减用 δ_{st} 表示，其定义为

$$\delta_{st} = 20\lg\frac{\left|H(\mathrm{e}^{\mathrm{j}\omega})\right|_{\max}}{\left|H(\mathrm{e}^{\mathrm{j}\omega_{st}})\right|}\mathrm{dB} \tag{6.1.4}$$

如果将 $\left|H(\mathrm{e}^{\mathrm{j}\omega})\right|_{\max}$ 归一化为 1，则式（6.1.3）和式（6.1.4）可以表示为

$$\delta_p = -20\lg\left|H(\mathrm{e}^{\mathrm{j}\omega_p})\right|\mathrm{dB} \tag{6.1.5}$$

和

$$\delta_{st} = -20\lg\left|H(\mathrm{e}^{\mathrm{j}\omega_{st}})\right|\mathrm{dB} \tag{6.1.6}$$

例如，当 $\left|H(\mathrm{e}^{\mathrm{j}\omega})\right|$ 在 ω_p 处下降为 0.707rad 时，$\delta_p = 3\mathrm{dB}$；在 ω_{st} 处下降 0.01rad 时，$\delta_{st} = 40\mathrm{dB}$。

此外，由于希望通带内的衰减尽可能小，所以通带内指标定义为最大衰减；而阻带内衰减则希望尽可能大，所以阻带内指标称为最小衰减。

（8）f_{sa} 为抽样频率。由于在数字滤波器中 ω 是用弧度表示的，而实际上给出的频率要求往往是实际频率 f（单位为 Hz），因此，在数字滤波器的设计中还应给出抽样频率 f_{sa}。

6.1.3　滤波器的设计步骤

不论是 IIR 滤波器还是 FIR 滤波器，其设计都包括以下三个步骤：

（1）给出所需要的滤波器的技术指标；

（2）设计一个 $H(z)$，使其逼近所需要的技术指标；

（3）实现所设计的 $H(z)$。

其中步骤（2）是本章和第 7 章讨论的主要内容。

目前，IIR 数字滤波器设计最通用的方法是借助模拟滤波器的设计方法。模拟滤波器设计已经有了一套相当成熟的方法，它不但有完整的设计公式，而且还有较为完整的图表供查询。因此，充分利用这些已有的资源将会给数字滤波器的设计带来很大方便。IIR 数字滤波器的设计步骤如下：

（1）按一定规则将给出的数字滤波器技术指标转换为模拟低通滤波器的技术指标；

（2）根据转换后的技术指标设计模拟低通滤波器 $H_a(s)$；

（3）再按一定规则将 $H_a(s)$ 转换为 $H(z)$。

若所设计的数字滤波器是低通的，那么上述设计工作可以结束；若所设计的是高通滤波器、带通滤波器或带阻滤波器，那么需要对步骤（1）进行改动。将高通滤波器、带通滤波器或带阻数字滤波器的技术指标先转化为低通滤波器的技术指标，然后按照步骤（2）设计出低通 $H_a(s)$，再将 $H_a(s)$ 转换成所需的 $H(z)$。

下面先讨论模拟滤波器的设计，然后再讨论模拟滤波器的数字化。

6.2 模拟低通滤波器的设计

为了从模拟滤波器设计 IIR 数字滤波器，即需要把数字滤波器的指标转变成模拟原型滤波器的指标，再设计一个满足技术指标的模拟原型滤波器。

常用的模拟低通原型滤波器有巴特沃思（Butterworth）滤波器、切比雪夫（Chebyshev）滤波器、椭圆（Ellipse）滤波器、贝塞尔（Bessel）滤波器等。这些滤波器都有严格的设计公式、现成的设计图表供设计人员使用，而高通、带通、带阻等滤波器则可以利用变量变换的方法得到。所以，设计滤波器时，总是先设计低通滤波器，再通过频率变换将低通滤波器转换成希望类型的滤波器。在学习模拟低通滤波器之前先介绍幅度平方函数。

6.2.1 由幅度平方函数来确定系统函数

模拟滤波器的系统函数 $H_a(s)$ 可由系统的单位冲激响应表示为

$$H_a(s)=\int_{-\infty}^{\infty}h(t)\mathrm{e}^{-st}\mathrm{d}t$$

其频率响应为

$$H_a(\mathrm{j}\Omega)=\int_{-\infty}^{\infty}h(t)\mathrm{e}^{-\mathrm{j}\Omega t}\mathrm{d}t$$

若 $h_a(t)$ 为实函数，上式可以写为

$$\begin{aligned}H_a(\mathrm{j}\Omega)&=\int_{-\infty}^{\infty}h(t)\left(\cos\Omega t-\mathrm{j}\sin\Omega t\right)\mathrm{d}t\\&=\int_{-\infty}^{\infty}h(t)\cos\Omega t\,\mathrm{d}t-\mathrm{j}\int_{-\infty}^{\infty}\sin\Omega t\mathrm{d}t=R(\mathrm{j}\Omega)-\mathrm{j}I(\mathrm{j}\Omega)\end{aligned}\tag{6.2.1}$$

并且

$$\begin{aligned}H_a(-\mathrm{j}\Omega)&=\int_{-\infty}^{\infty}h(t)\left(\cos\Omega t+\mathrm{j}\sin\Omega t\right)\mathrm{d}t\\&=\int_{-\infty}^{\infty}h(t)\cos\Omega t\mathrm{d}t+\mathrm{j}\int_{-\infty}^{\infty}\sin\Omega t\mathrm{d}t=R(\mathrm{j}\Omega)+\mathrm{j}I(\mathrm{j}\Omega)\\&=H_a^*(\mathrm{j}\Omega)\end{aligned}\tag{6.2.2}$$

由式（6.2.1）和式（6.2.2）可知，当 $h_a(t)$ 为实函数时，$H_a(\mathrm{j}\Omega)$ 具有共轭对称性，即

$$H_a^*(\mathrm{j}\Omega)=H_a(-\mathrm{j}\Omega)\tag{6.2.3}$$

当 $h_a(t)$ 为实函数时，定义滤波器的幅度平方函数为

$$\left|H_a(\mathrm{j}\Omega)\right|^2=H_a(\mathrm{j}\Omega)H_a^*(\mathrm{j}\Omega)\tag{6.2.4}$$

物理可实现的模拟滤波器一定是因果关系的，根据傅里叶变换和拉普拉斯变换的关系，

令 $j\Omega=s$，得到幅度平方函数的拉普拉斯变换为

$$H_a(j\Omega)H_a(-j\Omega)\big|_{j\Omega=s}=H_a(s)H_a(-s) \tag{6.2.5}$$

$|H_a(j\Omega)|^2$ 一般是根据给定的指标算出的，怎样从 $|H_a(j\Omega)|^2$ 得到系统函数 $H_a(s)$ 是问题的关键。这就要将式（6.2.5）与 s 平面的解释联系起来。设 $H_a(s)$ 有一个极点（或零点）位于 $s=s_0$ 处，若单位冲激响应 $h_a(t)$ 是实函数，则极点（或零点）必以共轭对形式出现，因而 $s=s_0^*$ 处也一定有一极点（或零点），与之对应的 $H_a(-s)$ 在 $s=-s_0$ 和 $s=-s_0^*$ 处必有极点（或零点）。$H_a(s)$ $H_a(-s)$ 在虚轴上的零点（或极点）（对于稳定系统来说，虚轴上是没有极点的；对于临界稳定情况，才会出现虚轴的极点）一定是偶数阶的，这是因为单位冲激响应 $h_a(t)$ 是实函数，因而 $H_a(s)$ 的极点（或零点）必以共轭对形式出现。因此，$H_a(s)$ $H_a(-s)$ 的零、极点分布是呈象限对称的，如图 6.2.1 所示。

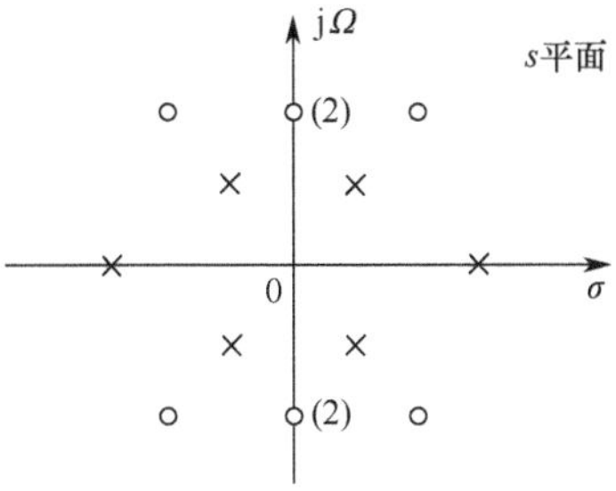

图 6.2.1　$H_a(s)H_a(-s)$ 的极点、零点分布

根据上面的讨论，由 $|H_a(j\Omega)|^2$ 确定 $H_a(s)$ 的步骤如下：

（1）将 $\Omega^2=-s^2$ 代入 $|H_a(j\Omega)|^2$，得到象限对称的函数 $H_a(s)H_a(-s)$；

（2）对 $H_a(s)H_a(-s)$ 的分子和分母多项式进行因式分解，得到零点和极点；

（3）按照以下规则从所得的零点和极点选出系统函数 $H_a(s)$ 的零点和极点：

① 对于实际的工程问题，任何物理可实现的滤波器都是稳定的。因此，其系统函数 $H_a(s)$ 的极点必落在 s 平面的左半平面，所以左半平面的极点一定属于 $H_a(s)$，则右半平面的极点必属于 $H_a(-s)$；

② 零点的分布没有特殊的限制，只与滤波器的相位特征有关。如果要求具有最小相位延时特性，则 $H_a(s)$ 取 s 平面左半平面零点。如果没有特殊要求，可将对称零点的其中一半作为 $H_a(s)$ 的零点；

③ $j\Omega$ 轴上的零点和极点是偶数次的，其中一半属于 $H_a(s)$。

（4）按照 $H_a(j\Omega)$ 与 $H_a(s)$ 的低频特性或高频特性的对比确定出增益常数。

由 $|H_a(j\Omega)|^2$ 求出的 $H_a(s)$ 的零、极点及增益常数，则可完全确定系统函数 $H_a(s)$。

例 6.2.1　根据以下的幅度平方函数确定系统函数。

$$|H_a(j\Omega)|^2=\frac{4(36-\Omega^2)^2}{(16+\Omega^2)(25+\Omega^2)}$$

解　例题中所给的 $|H_a(j\Omega)|^2$ 是 Ω^2 的非负有理函数，在 $j\Omega$ 轴上的零点是偶数次的，所以满足幅度平方函数的条件。先用 $-s^2$ 代替 Ω^2，得到

$$H_a(s)H_a(-s)=\frac{4(36+s^2)^2}{(16-s^2)(25-s^2)}$$

由此得到二阶零点 $s=\pm j6$，极点 $s=\pm 4$ 和 $s=\pm 5$。选出左半平面的极点和一对 $j\Omega$ 轴上的零点，并设增益常数为 k，则得

$$H_a(s)=\frac{k(36+s^2)}{(s+4)(s+5)}$$

由 $H_a(s)\big|_{s=0}=H_a(\mathrm{j}\Omega)\big|_{\mathrm{j}\Omega=0}$ 的条件可以得到增益常数

$$k=\sqrt{4}=2$$

最后得到系统函数

$$H_a(s)=\frac{2(36+s^2)}{(s+4)(s+5)}=\frac{2s^2+72}{s^2+9s+20}$$

6.2.2 巴特沃思模拟低通滤波器的设计

巴特沃思模拟低通滤波器的特点是具有通带内最大平坦的幅频响应，而且在正频率范围内随频率增加而单调下降，其幅度平方函数为

$$\left|H_a(\mathrm{j}\Omega)\right|^2=\frac{1}{1+\left(\dfrac{\Omega}{\Omega_c}\right)^{2N}} \tag{6.2.6}$$

式中，N 为整数，代表滤波器的阶次；Ω_c 为截止频率。根据式（6.2.6）可以得出巴特沃思滤波器的幅频响应特点：

（1）当 $\Omega=0$ 时，$\left|H_a(\mathrm{j}0)\right|=1$，即在 $\Omega=0$ 处无衰减；

（2）当 $\Omega=\Omega_c$ 时，$\left|H_a(\mathrm{j}\Omega_c)\right|^2=0.5$，$\left|H_a(\mathrm{j}\Omega_c)\right|=0.707$，$-20\lg\left|H_a(\mathrm{j}\Omega_c)\right|=3\mathrm{dB}$，所以，又称 Ω_c 为 3dB 截止频率。对于任意 N，幅度平方函数都通过 $\left(\Omega_c,\dfrac{1}{2}\right)$ 点（−3dB 点），这就是 3dB 不变性；

（3）由于

$$\frac{\mathrm{d}\left|H_a(\mathrm{j})\right|^2}{\mathrm{d}\Omega}=-\frac{2N\left(\dfrac{\Omega}{\Omega_c}\right)^{2N-1}}{\left[1+\left(\dfrac{\Omega}{\Omega_c}\right)^{2N}\right]^2}<0 \tag{6.2.7}$$

所以，巴特沃思模拟低通滤波器的幅度平方函数 $\left|H_a(\mathrm{j}\Omega)\right|^2$ 是随 Ω 单调下降的。当 $\Omega<\Omega_c$ 时，由于 $\left[\dfrac{\mathrm{d}^k}{\mathrm{d}\Omega^k}\left|H_a(\mathrm{j})\right|^2\right]\Bigg|_{\Omega=0}=0, k=1,2,\cdots,2N-1$，所以 $\left|H_a(\mathrm{j}\Omega)\right|^2$ 具有最大平坦的幅频特性。随着 Ω 从 0 增加到 Ω_c，由于 $\dfrac{\Omega}{\Omega_c}<1$，$\left|H_a(\mathrm{j}\Omega)\right|^2$ 单调减小，N 越大，$\left|H_a(\mathrm{j}\Omega)\right|^2$ 减小得越慢，即在通带内 $\left|H_a(\mathrm{j}\Omega)\right|^2$ 越平坦。当 $\Omega>\Omega_c$ 时，因 $\dfrac{\Omega}{\Omega_c}>1$，随着 Ω 的增加，$\left|H_a(\mathrm{j}\Omega)\right|^2$ 迅速下降，衰减的速度与阶数 N 有关，N 越大，衰减速度越快，过渡带越窄。图 6.2.2 显示出了巴特沃思模拟滤波器幅度平方函数 $\left|H_a(\mathrm{j}\Omega)\right|^2$ 曲线与 N 的关系图。

为了求得系统函数 $H_a(s)$，将 $\Omega=s/\mathrm{j}$ 代入式（6.2.6）中，可得

$$H_a(s)H_a(-s)=\frac{1}{1+\left(\dfrac{s}{\mathrm{j}\Omega_c}\right)^{2N}} \qquad (6.2.8)$$

从式（6.2.8）可以看出，巴特沃思滤波器的零点全部在 $s=\infty$处，在有限 s 平面只有极点，因而属于全极点型滤波器。将式（6.2.8）进行零、极点分解，得

$$H_a(s)H_a(-s)=\frac{(\mathrm{j}\Omega_c)^{2N}}{s^{2N}+(\mathrm{j}\Omega_c)^{2N}} \qquad (6.2.9)$$

式（6.2.9）分母多项式的特征方程为 $s^{2N}+(\mathrm{j}\Omega_c)^{2N}=0$，它的根就是滤波器的极点。注意到 $(-1)^{\frac{1}{2N}}$ 是幅度为 1，相角为把 2π 等分为 $2N$ 份得到的 $2N$ 个单位向量，于是得到 $H_a(s)\ H_a(-s)$ 的 $2N$ 个极点为

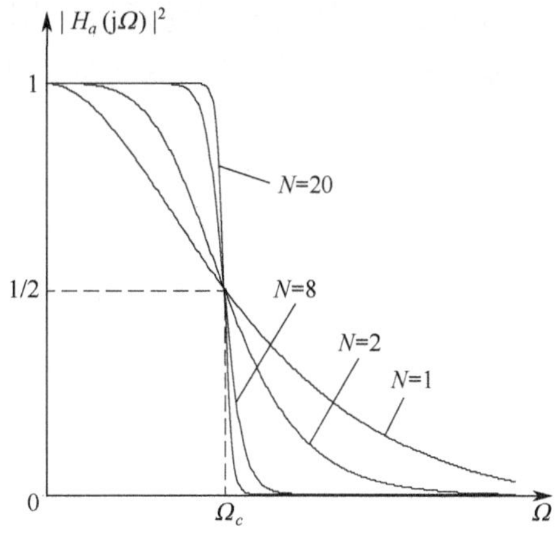

图 6.2.2　巴特沃思滤波器幅度平方函数曲线与 N 的关系图

$$s_k=(-1)^{\frac{1}{2N}}(\mathrm{j}\Omega_c)=\Omega_c\exp\left[\mathrm{j}\left(\frac{1}{2}+\frac{2k-1}{2N}\right)\pi\right],k=1,2,\cdots,2N \qquad (6.2.10)$$

由式（6.2.10）可以看出 $H_a(s)\ H_a(-s)$ 的极点分布特点：

（1）$H_a(s)\ H_a(-s)$ 单位极点在 s 平面上呈象限对称，分布在半径为 Ω_c 的圆（巴特沃思圆）上，共有 $2N$ 个极点，极点间的角度间隔为 $\dfrac{\pi}{N}$；

（2）当 N 为奇数时，极点为 $s_k=\Omega_c \mathrm{e}^{\mathrm{j}\pi\frac{k-1}{N}}$，$k=1,2,\cdots,2N$，这时实轴上有极点；

（3）当 N 为偶数时，极点为 $s_k=\Omega_c \mathrm{e}^{\mathrm{j}\pi\frac{k-\frac{1}{2}}{N}}$，$k=1,2,\cdots,2N$，这时实轴上没有极点；

（4）极点关于 $\mathrm{j}\Omega$ 轴对称；

（5）极点不会落在 $\mathrm{j}\Omega$ 轴上，以保证滤波器是稳定的。

例如，当 N=4 和 N=5 时，$H_a(s)\ H_a(-s)$ 的极点分布如图 6.2.3 所示。

为了确保滤波器的稳定，必须选择 s 平面左半平面的 N 个极点 $H_a(s)$ 的极点取左半平面的极点，所以 $H_a(s)$ 的表达式为

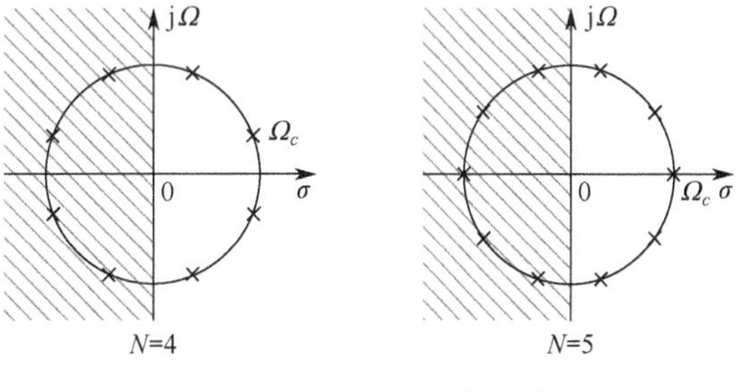

图 6.2.3　N=4 和 N=5 时的极点分布

$$H_a(s)=\frac{\Omega_c^N}{\prod\limits_{k=1}^{N}(s-s_k)} \qquad (6.2.11)$$

式中，分子系数 Ω_c^N 是由 $H_a(s)$ 的低频特性决定的，即是代入 $H_a(0)=1$ 求出的。s_k 为

$$s_k=\Omega_c\exp\left[\mathrm{j}\left(\frac{1}{2}+\frac{2k-1}{2N}\right)\pi\right],\quad k=1,2,\cdots,N \qquad (6.2.12)$$

它是 s 平面巴特沃思圆左半圆上的极点。

例 6.2.2 导出 3 阶巴特沃思低通滤波器的系统函数，设 Ω_c=1rad/s。

解 3 阶巴特沃思低通滤波器的幅度平方函数为

$$|H_a(\mathrm{j}\Omega)|^2=\frac{1}{1+\Omega^6}$$

令 $\Omega^2=-s^2$，则有

$$H_a(s)H_a(-s)=\frac{1}{1-s^6}$$

由式（6.2.10）可以得到 $H_a(s)H_a(-s)$ 的极点为

$$s_k=\exp\left[\mathrm{j}\left(\frac{1}{2}+\frac{2k-1}{2N}\right)\pi\right],\ k=1,2,\cdots,6$$

所以

$$s_1=\mathrm{e}^{\mathrm{j}\frac{2}{3}\pi}=-\frac{1}{2}+\mathrm{j}\frac{\sqrt{3}}{2},\ s_2=\mathrm{e}^{\mathrm{j}\pi}=-1,\ s_3=\mathrm{e}^{\mathrm{j}\frac{4}{3}\pi}=-\frac{1}{2}-\mathrm{j}\frac{\sqrt{3}}{2}$$

$$s_4=\mathrm{e}^{\mathrm{j}\frac{5}{3}\pi}=\frac{1}{2}-\mathrm{j}\frac{\sqrt{3}}{2},\ s_5=\mathrm{e}^{\mathrm{j}0}=1,\ s_6=\mathrm{e}^{\mathrm{j}\frac{1}{3}\pi}=\frac{1}{2}+\mathrm{j}\frac{\sqrt{3}}{2}$$

由 s_1,s_2,s_3 三个极点构成系统函数

$$H_a(s)=\frac{k_0}{(s-s_1)(s-s_2)(s-s_3)}=\frac{k_0}{s^3+2s^2+2s+1}$$

代入 s=0，$H_a(s)$=1，可得 $k_0=1$，故

$$H_a(s)=\frac{1}{s^3+2s^2+2s+1}$$

式（6.2.11）就是所求的滤波器的系统函数，可以看出 $H_a(s)$ 与 Ω_c 有关，即使滤波器的幅频衰减特性相同，只要 Ω_c 不同，则 $H_a(s)$ 就不相同。为使设计统一，需要将所有的频率归一化。通常采用 3dB 截止频率 Ω_c 进行归一化。归一化的 $H_a(s)$ 可表示为

$$H_a(s)=\frac{1}{\prod_{k=1}^{N}\left(\frac{s}{\Omega_c}-\frac{s_k}{\Omega_c}\right)} \tag{6.2.13}$$

令 $\frac{s}{\Omega_c}$=p，p 称为归一化复变量，这样归一化巴特沃思滤波器的系统函数可以写为

$$H_a(p)=\frac{1}{\prod_{k=1}^{N}(p-p_k)} \tag{6.2.14}$$

式中，p_k 为归一化极点，表示为

$$p_k=\exp\left[\mathrm{j}\left(\frac{1}{2}+\frac{2k-1}{2N}\right)\pi\right],k=1,2,\cdots,N \tag{6.2.15}$$

注意，$H_a(p)$ 并不是实际的滤波器系统函数，在确定 Ω_c 后，将 $p=\frac{s}{\Omega_c}$ 代入 $H_a(p)$ 中，就可以得到所需滤波器的系统函数。

设计巴特沃思模拟低通滤波器，需要由给定的滤波器技术指标参数 Ω_p、δ_p、Ω_{st}、δ_{st}，确定滤波器的阶次 N 和 3dB 截止频率 Ω_c，为此要求将巴特沃思模拟低通滤波器的技术指标

参数变换成设计方程。下面推导这些设计方程。

如果要求滤波器在通带和阻带边界频率上的幅频特性满足指标δ_p和δ_{st}，即满足以下方程：

$$\Omega=\Omega_p \text{ 时，} \delta_p=-10\lg|H_a(\mathrm{j}\Omega_p)|^2$$

$$\Omega=\Omega_{st} \text{ 时，} \delta_{st}=-10\lg|H_a(\mathrm{j}\Omega_{st})|^2$$

这样就得到两个方程

$$\delta_p=-10\lg\left[\frac{1}{1+(\Omega_p/\Omega_c)^{2N}}\right] \tag{6.2.16}$$

$$\delta_{st}=-10\lg\left[\frac{1}{1+(\Omega_{st}/\Omega_c)^{2N}}\right] \tag{6.2.17}$$

由式（6.2.16）和式（6.2.17）可以得到

$$(\Omega_p/\Omega_c)^{2N}=10^{0.1\delta_p}-1 \tag{6.2.18}$$

$$(\Omega_{st}/\Omega_c)^{2N}=10^{0.1\delta_{st}}-1 \tag{6.2.19}$$

将式（6.2.18）和式（6.2.19）相比，可以得到

$$\left(\frac{\Omega_p}{\Omega_{st}}\right)^{2N}=\frac{10^{0.1\delta_p}-1}{10^{0.1\delta_{st}}-1} \tag{6.2.20}$$

所以

$$N=\frac{\lg\sqrt{(10^{0.1\delta_p}-1)/(10^{0.1\delta_{st}}-1)}}{\lg(\Omega_p/\Omega_{st})} \tag{6.2.21}$$

由式（6.2.21）计算出的滤波器阶数N一般不是整数，设计滤波器时应取大于N计算值的整数作为滤波器的阶数，即

$$N=\left\lceil\frac{\lg\sqrt{(10^{0.1\delta_p}-1)/(10^{0.1\delta_{st}}-1)}}{\lg(\Omega_p/\Omega_{st})}\right\rceil \tag{6.2.22}$$

式中，运算符$\lceil x\rceil$表示大于或等于x的最小整数。

由于选择的N比要求的阶数略大，如果在Ω_p处满足指标要求，则Ω_{st}处指标将有富余，反之亦然。如果要求在Ω_p处精确地满足指标要求，则由式（6.2.18）可得

$$\Omega_{cp}=\frac{\Omega_p}{\sqrt[2N]{10^{0.1\delta_p}-1}} \tag{6.2.23}$$

如果要求在Ω_{st}处精确地满足指标要求，则由式（6.2.19）可得

$$\Omega_{cst}=\frac{\Omega_{st}}{\sqrt[2N]{10^{0.1\delta_{st}}-1}} \tag{6.2.24}$$

实际设计时，Ω_c可在$\Omega_{cp}\leqslant\Omega_c\leqslant\Omega_{cst}$范围内选择。式（6.2.22）、式（6.2.23）及式（6.2.24）就是巴特沃思模拟低通滤波器的设计公式。

综上所述，巴特沃思模拟低通滤波器的设计步骤为：

（1）根据模拟低通滤波器的技术指标参数Ω_p、δ_p、Ω_{st}、δ_{st}，由式（6.2.21）或式（6.2.22）确定滤波器的阶数N；

（2）由式（6.2.23）或式（6.2.24）确定滤波器的3dB截止频率Ω_c；

（3）按照式（6.2.12）求出N个极点$s_k(k=1,2,\cdots,N)$，并将极点s_k代入式（6.2.11）得到滤波器的系统函数$H_a(s)$。

例 6.2.3 设计一个巴特沃思模拟低通滤波器。已知通带截止频率$f_p=5\text{kHz}$，通带最大衰减$\delta_p=2\text{dB}$，阻带截止频率$f_{st}=12\text{kHz}$，阻带最小衰减$\delta_{st}=30\text{dB}$。

解 （1）求滤波器的阶数N，由式（6.2.21）得

$$N=\frac{\lg\sqrt{(10^{0.1\delta_p}-1)/(10^{0.1\delta_{st}}-1)}}{\lg(\Omega_p/\Omega_{st})}=\frac{\lg(10^{0.2}-1)/(10^3-1)}{2\lg(2\pi\times5000/2\pi\times12000)}=4.2509$$

取大于此数的整数$N=5$；

（2）求3dB截止频率Ω_c，由式（6.2.23）得

$$\Omega_{cst}=\frac{\Omega_{st}}{\sqrt[2N]{10^{0.1\delta_{st}}-1}}=\frac{2\pi\times12000}{\sqrt[10]{10^3-1}}=3.7792\times10^4\text{rad/s}$$

取$\Omega_c=\Omega_{cst}$；

（3）求极点，由式（6.2.12）可得系统函数的五个极点为

$$s_1=s_5^*=\Omega_c\text{e}^{\text{j}\frac{3}{5}\pi},\quad s_2=s_4^*=\Omega_c\text{e}^{\text{j}\frac{3}{5}\pi},\quad s_3=-\Omega_c$$

将共轭极点组合起来，可得

$$H_a(s)=\frac{\Omega_c^5}{(s^2+0.6180\Omega_cs+\Omega_c^2)(s^2+1.6180\Omega_cs+)(s+\Omega_c)}$$

$$=\frac{7.709\times10^{22}}{(s^2+2.3355\times10^4s+1.428\times10^9)(s^2+6.1147\times10^4s+1.428\times10^9)(s+3.7792\times10^4)}$$

最后得到滤波器系统函数

$$H_a(s)=\frac{7.709\times10^{22}}{s^5+1.2230\times10^5s^4+7.4783\times10^9s^3+2.9262\times10^{14}s^2+6.6011\times10^{18}s+7.709\times10^{22}}$$

在 MATLAB 中可以用[N,Wc]=buttord（Wp,Ws,Ap,As,'s'）求出在给定通带截止频率 Wp、阻带截止频率 Ws、通带最大衰减 Ap 和阻带最小衰减 As 条件下，所需要的最小巴特沃思模拟低通滤波器的阶数N和3dB 截止频率 Wc。当 Ws≤Wp 时，设计高通滤波器；当 Ws 和 Wp 为二元矢量时，设计带通或带阻滤波器，这是 Wc 也是二元矢量。

[B,A]=butter（N,Wc,'s'）函数用于计算N阶巴特沃思模拟滤波器系统函数分子多项式系数和分母多项式的系数向量 B 和 A。调用参数 N 和 Wc 分别为巴特沃思模拟滤波器的阶数和3dB 截止频率。

例 6.2.3 的 MATLAB 程序如下：

```
clear;
Wp=2*pi*5000;Ws=2*pi*12000;          %模拟截止频率
Ap=2;As=30;                          %衰减设置
[N,Wc]=buttord(Wp,Ws,Ap,As,'s')      %获取滤波器阶数和 3dB 截止频率
[B,A]=butter(N,Wc,'s')               %计算系统函数分子多项式系数和分母多项式系数
```

```
[H,W]=freqs(B,A,Wc);                     %获取滤波器的频率特性
subplot(211)
plot(W(1:25000)/(2*pi)/1000,20*log10(abs(H(1:25000))/max(H)));
xlabel('频率（kHz）');ylabel('幅度谱(dB)');
subplot(212)
plot(W(1:25000)/(2*pi)/1000,20*log10(angle(H(1:25000))/max(H)));
xlabel('频率（kHz）');ylabel(''相位谱(dB)');
```

程序运行结果如下：

```
N =    5
Wc =   3.7792e+004
B =    1.0e+022 *          0         0         0         0         0      7.7094
A =    1.0e+022 *0.0000    0.0000    0.0000    0.0000    0.0007    7.7094
```

上述程序中，A 大部分为零，主要是因为截止频率 $\Omega_c = 3.7792\times 10^4$ 的数值太大，超出了数据的表示范围。所以在 MATLAB 程序中取 $\Omega_c' = 3.7792$，将上述程序的第四行改为[B, A]= butter(N, 3.7792, 's')，运行结果为：

```
B =    0         0          0         0         0          770.9024
A =    1.0000    12.2297    74.7834   282.6213  660.1113   770.9024
```

因为 $\Omega_c = \Omega_c'\times 10^4$，$\Omega_c^2 = \Omega_c'^2\times 10^8$，$\Omega_c^3 = \Omega_c'^3\times 10^{12}$，$\Omega_c^4 = \Omega_c'^4\times 10^{16}$，$\Omega_c^5 = \Omega_c'^5\times 10^{20}$，所以运行结果中分母多项式系数 B 要乘以 10^{20}，分母多项式系数 A 从第二项开始依次乘以 10^4、10^8、10^{12}、10^{16}、10^{20}，最后得到系统函数和例题中计算的结果是一样的。程序运行得到的频率响应如图 6.2.4 所示。

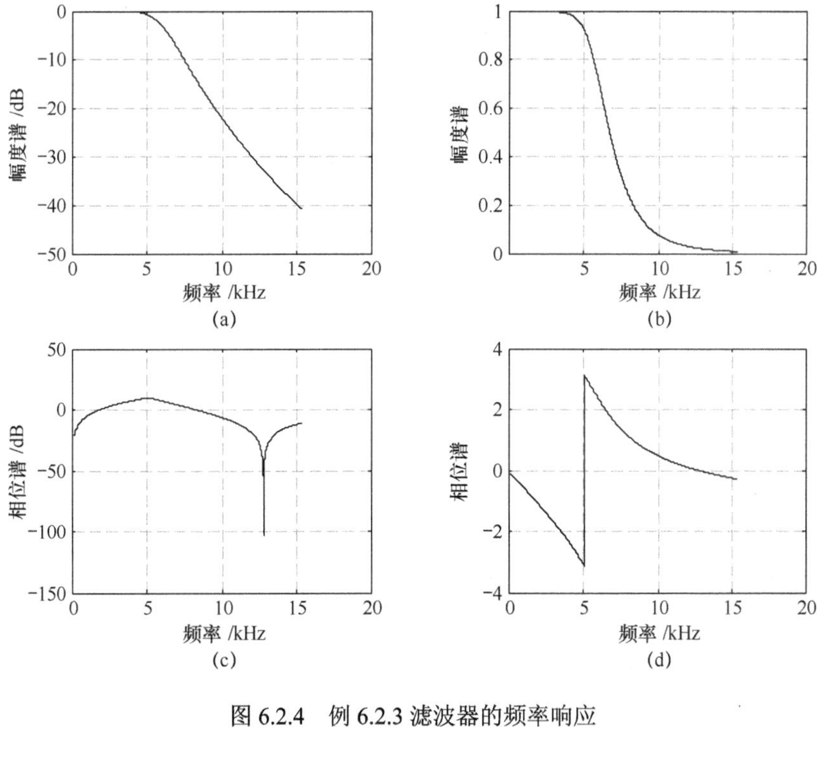

图 6.2.4　例 6.2.3 滤波器的频率响应

6.2.3 切比雪夫模拟低通滤波器的设计

巴特沃思模拟低通滤波器的频率特性无论在通带还是在阻带都随频率单调变化，因此，若设计出的滤波器在通带边缘满足指标，则在阻带内肯定会有富余量，即超过指标的要求，因而并不经济。更有效的办法应该是将指标的精度要求均匀地分布在整个通带内，或均匀地分布在整个阻带内，或同时均匀地分布在通带与阻带内，这样就可设计出阶数较低的滤波器。这种精度均匀分布的办法可通过选择具有等波纹特性的逼近函数来完成。

切比雪夫滤波器的幅频特性就是在一个频带中（通带或阻带）具有这种等波纹特性：一种是在通带中具有等幅波动的幅频特性，而在阻带内单调递减，称为切比雪夫Ⅰ型；另一种是在通带内单调递减，在阻带内具有等幅波动的幅频特性，称为切比雪夫Ⅱ型。实际中，可根据应用的要求来确定采用哪种形式的切比雪夫滤波器。

1. 切比雪夫Ⅰ型低通滤波器的逼近

切比雪夫Ⅰ型低通滤波器的幅度平方函数为：

$$|H_a(\mathrm{j}\Omega)|^2 = \frac{1}{1+\varepsilon^2 C_N^2(\Omega/\Omega_p)} \tag{6.2.25}$$

式中，$0<\varepsilon<1$，ε 是表示通带波纹大小的一个参数，ε 越大，波纹也越大；Ω_p 为通带截止频率，也是滤波器某一衰减分贝处的通带宽度；N 为正整数，表示滤波器的阶数；$C_N(x)$ 是 N 阶切比雪夫Ⅰ型多项式，定义为

$$C_N(x) = \begin{cases} \cos\left(N\arccos(x)\right), & |x|\leqslant 1 \\ \mathrm{ch}\left(N\mathrm{arcch}(x)\right), & |x|>1 \end{cases} \tag{6.2.26}$$

式中，ch 为双曲余弦函数；arcch 为反双曲余弦函数；$C_N(x)$ 是变量 x 的 N 阶实系数多项式

$$C_0(x)=1$$

$$C_1(x)=x$$

$$C_2(x)=2x^2-1$$

$$C_3(x)=4x^3-3x$$

$$C_4(x)=8x^4-8x^2+1$$

$$\cdots$$

由此可以归纳出高阶（$N\geqslant 2$）切比雪夫多项式的递推公式为

$$C_{N+1}(x)=2xC_N(x)-C_{N-1}(x) \tag{6.2.27}$$

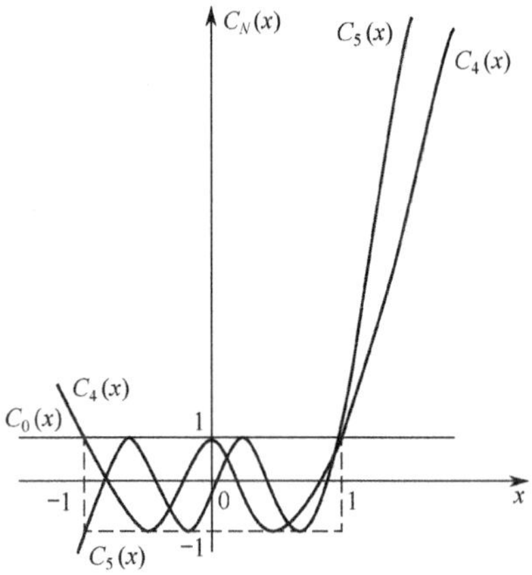

图 6.2.5　$N=0,4,5$ 时切比雪夫多项式曲线

图 6.2.5 表示 $N=0,4,5$ 时，切比雪夫多项式 $C_N(x)$ 的图形，由图可以看出切比雪夫多项式的主要性质：

（1）当 $|x|\leqslant 1$ 时，$C_N(x)$ 是余弦函数，故 $|C_N(x)|\leqslant 1$，多项式 $C_N(x)$ 在 $|x|\leqslant 1$ 内具有等波纹幅度特性；

（2）当 $|x|>1$ 时，$C_N(x)$ 是双曲余弦函数，故 $|C_N(x)|>1$，$C_N(x)$ 随 $|x|$ 的增加而单调上升；

（3）奇数阶的切比雪夫多项式是奇函数，偶数阶的切比雪夫多项式是偶函数；

（4）对所有的 N，$C_N(1)=1$。当 N 为偶数时，$C_N(0)=\pm 1$；当 N 为奇数时，$C_N(0)=0$。

由图 6.2.5 的切比雪夫多项式曲线及式（6.2.25），可以得到切比雪夫 I 型低通滤波器的主要性质：

（1）当 $\Omega=0$ 时，根据切比雪夫多项式的第四个性质，有

$$|H_a(\mathrm{j}0)|=\begin{cases}\dfrac{1}{\sqrt{1+\varepsilon^2}} & N\text{为偶数}\\ 1 & N\text{为奇数}\end{cases} \tag{6.2.28}$$

（2）当 $\Omega=\Omega_p$ 时，$|H_a(\mathrm{j}\Omega_p)|=\dfrac{1}{\sqrt{1+\varepsilon^2}}$，即无论 N 取多少，所有幅频特性曲线都通过 $\dfrac{1}{\sqrt{1+\varepsilon^2}}$ 点，所以把 Ω_p 定义为切比雪夫 I 型滤波器的通带截止频率。在这个截止频率下，幅频特性不一定下降 3dB，也可以是下降其他分贝值，如 1dB 等，这是它与巴特沃思滤波器的不同之处；

（3）在通带内，即当 $|\Omega|<\Omega_p$ 时，则 $\dfrac{|\Omega|}{\Omega_p}<1$，由切比雪夫多项式的第一个性质可得

$$\frac{1}{\sqrt{1+\varepsilon^2}}<|H_a(\mathrm{j}\Omega)|<1 \tag{6.2.29}$$

（4）在阻带内，即当 $|\Omega|>\Omega_p$ 时，随着 Ω 的增大，$|H_a(\mathrm{j}\Omega)|$ 单调下降；N 越大，下降速度越快；所以，切比雪夫 I 型低通滤波器的阻带衰减主要由阶数 N 决定；

（5）滤波器的阶数 N 影响过渡带的带宽，同时也影响通带内波动的疏密，因为 N 等于通带内幅度波动的最大值和最小值的总个数。显然 N 越大，幅度波动越密，过渡带越窄。图 6.2.6 画出了不同 N 值切比雪夫 I 型低通滤波器的幅频特性。与巴特沃思低通滤波器相比，在阶数相同的情况下，切比雪夫 I 型低通滤波器具有较窄的过渡带。

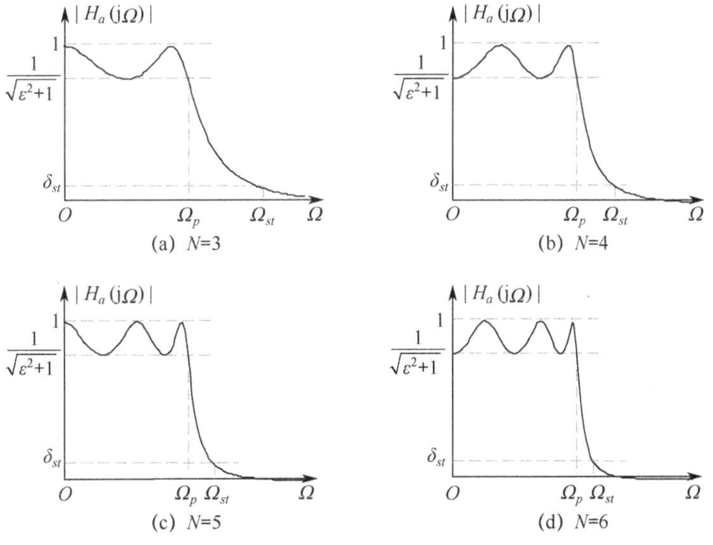

图 6.2.6　切比雪夫 I 型低通滤波器的幅频特性

由幅度平方函数式（6.2.25）看出切比雪夫滤波器有三个参数：ε、Ω_p 和 N。N 为滤波

器的阶数；Ω_p 是通带宽度，一般是预先给定的；ε 是与通带波纹有关的参数。设计切比雪夫 I 型低通滤波器首先根据指标 Ω_p、δ_p、Ω_{st} 和 δ_{st} 要求确定其参数。

切比雪夫 I 型低通滤波器的通带波纹 δ 定义为

$$\delta = 10\lg\frac{|H_a(\mathrm{j}\Omega)|^2_{\max}}{|H_a(\mathrm{j}\Omega)|^2_{\min}} = 20\lg\frac{|H_a(\mathrm{j}\Omega)|_{\max}}{|H_a(\mathrm{j}\Omega)|_{\min}}\mathrm{dB},\ |\Omega| \leqslant \Omega_p \tag{6.2.30}$$

由式（6.2.29）可知，$|H_a(\mathrm{j}\Omega)|_{\max}=1$，$|H_a(\mathrm{j}\Omega)|_{\min}=\dfrac{1}{\sqrt{1+\varepsilon^2}}$，所以

$$\delta = 10\lg(1+\varepsilon^2) \tag{6.2.31}$$

$$\varepsilon^2 = 10^{0.1\delta}-1 \tag{6.2.32}$$

通带波纹 δ 等于 $\Omega=\Omega_p$ 时允许的最大衰减 δ_p，所以

$$\varepsilon = \sqrt{10^{0.1\delta_p}-1} \tag{6.2.33}$$

由式（6.2.33）可知，只要给定通带衰减 δ_p 后，就能求得 ε，这里再次指出，通带衰减不一定是 3dB，也可以是其他值，如 1dB 等。

滤波器阶数 N 等于通带内最大值和最小值的总数。N 的数值可由阻带截止频率 Ω_{st} 及阻带最小衰减 δ_{st} 确定。在频率 Ω_{st} 处，幅度平方函数值应满足

$$\delta_{st} = -10\lg|H_a(\mathrm{j}\Omega_{st})|^2$$

将上式代入式（6.2.25），得到

$$|H_a(\mathrm{j}\Omega_{st})|^2 = \frac{1}{1+\varepsilon^2 C_N^2(\Omega_{st}/\Omega_p)} = 10^{-0.1\delta_{st}} \tag{6.2.34}$$

由于 $\Omega_{st}>\Omega_p$，则 $\dfrac{\Omega_{st}}{\Omega_p}>1$，由式（6.2.26）第二式有

$$C_N\left(\frac{\Omega_{st}}{\Omega_p}\right) = \mathrm{ch}\left[N\mathrm{arcch}\left(\frac{\Omega_{st}}{\Omega_p}\right)\right]$$

将上式代入式（6.2.34），并整理可得

$$\varepsilon^2\mathrm{ch}^2\left[N\mathrm{arcch}\left(\frac{\Omega_{st}}{\Omega_p}\right)\right] = 10^{0.1\delta_{st}}-1$$

考虑式（6.2.32），于是有

$$\mathrm{ch}^2\left[N\mathrm{arcch}\left(\frac{\Omega_{st}}{\Omega_p}\right)\right] = \frac{10^{0.1\delta_{st}}-1}{10^{0.1\delta_p}-1}$$

由此可求得

$$N = \frac{\mathrm{arcch}\left[\sqrt{\dfrac{10^{0.1\delta_{st}}-1}{10^{0.1\delta_p}-1}}\right]}{\mathrm{arcch}(\Omega_{st}/\Omega_p)} = \frac{\mathrm{arcch}\left[\dfrac{1}{\varepsilon}\sqrt{10^{0.1\delta_{st}}-1}\right]}{\mathrm{arcch}(\Omega_{st}/\Omega_p)} \tag{6.2.35}$$

取 N 大于计算结果的最小整数。式中，$\mathrm{arcch}x=\ln\left(x+\sqrt{x^2-1}\right)$。显然，若要求阻带衰减 δ_{st} 越大，所需的阶数 N 越大，相应过渡带内的幅频特性就越陡。

切比雪夫 I 型低通滤波器的 3dB 截止频率为 Ω_c，当 $\Omega=\Omega_c$ 时有

$$|H_a(\mathrm{j}\Omega_c)|^2=\frac{1}{1+\varepsilon^2C_N^2(\Omega_c/\Omega_p)}=\frac{1}{2}$$

所以

$$C_N\left(\frac{\Omega_c}{\Omega_p}\right)=\pm\frac{1}{\varepsilon}=\mathrm{ch}\left[N\,\mathrm{arcch}\left(\frac{\Omega_c}{\Omega_p}\right)\right]$$

因为在通常情况下 $\Omega_c>\Omega_p$，所以上式取正号，从而得到滤波器的 3dB 截止频率为

$$\Omega_c=\Omega_p\,\mathrm{ch}\left[\frac{1}{N}\mathrm{arcch}\left(\frac{1}{\varepsilon}\right)\right] \tag{6.2.36}$$

与巴特沃思滤波器相同，当 ε、Ω_p 和 N 确定后，就可以求得滤波器的传递函数 $H_a(s)$。

将 $\mathrm{j}\Omega=s$ 代入式（6.2.25），得到

$$H_a(s)H_a(-s)=|H_a(\mathrm{j}\Omega)|^2\big|_{\mathrm{j}\Omega=s}=\frac{1}{1+\varepsilon^2C_N^2(s/\mathrm{j}\Omega_p)} \tag{6.2.37}$$

由 $1+\varepsilon^2C_N^2(s/\mathrm{j}\Omega_p)=0$，解出 $H_a(s)H_a(-s)$ 的 $2N$ 个极点。可以求得

$$s_k=\sigma_k+\mathrm{j}\Omega_k,\ k=1,2,\cdots,2N \tag{6.2.38}$$

式中

$$\sigma_k=-\Omega_p a\sin\left[\frac{\pi}{2N}(2k-1)\right],\ k=1,2,\cdots,2N \tag{6.2.39}$$

$$\Omega_k=\Omega_p b\cos\left[\frac{\pi}{2N}(2k-1)\right],\ k=1,2,\cdots,2N \tag{6.2.40}$$

其中

$$a=\mathrm{sh}\left[\frac{1}{N}\mathrm{arcsh}\left(\frac{1}{\varepsilon}\right)\right] \tag{6.2.41}$$

$$b=\mathrm{ch}\left[\frac{1}{N}\mathrm{arcch}\left(\frac{1}{\varepsilon}\right)\right] \tag{6.2.42}$$

将式（6.2.39）和式（6.2.40）分别取平方再化简，可得 $H_a(s)H_a(-s)$ 在 s 平面的极点分布满足

$$\frac{\sigma_k^2}{\Omega_p^2a^2}+\frac{\Omega_k^2}{\Omega_p^2b^2}=1 \tag{6.2.43}$$

这是一个椭圆方程。由于双曲余弦总大于双曲正弦，所以 $H_a(s)H_a(-s)$ 的极点位于 s 平面长轴为 $\Omega_p b$（在虚轴上）、短轴为 $\Omega_p a$（在实轴上）的椭圆上。图 6.2.7 所示为 $N=3$ 时的极点位置，图 6.2.7 中还画出了确定切比雪夫 I 型低通滤波器极点在椭圆上的位置的办法。求出大圆上（半径为 $\Omega_p b$）和小圆上（半径为 $\Omega_p a$）按等间隔角 $\frac{\pi}{N}$ 等分的各点，这些点是虚轴对称的，且一定都不落在虚轴上。N 为奇数

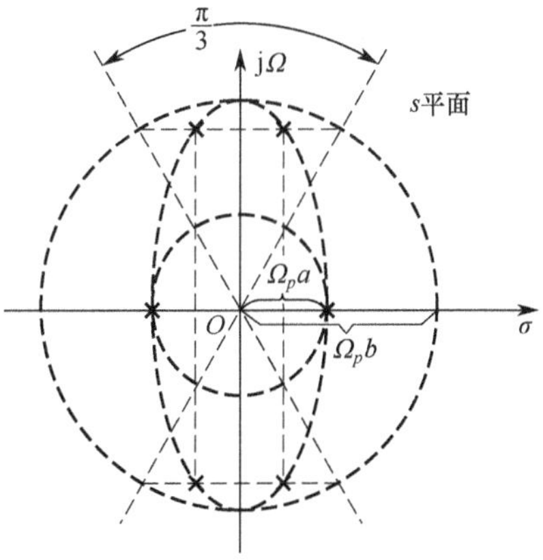

图 6.2.7　$N=3$ 时切比雪夫 I 型低通滤波器的极点位置图

时，有落在实轴上的点；N 为偶数时，没有落在实轴上的点。幅度平方函数极点（在椭圆上）的位置是这样确定的：其垂直坐标由落在大圆上的各等间隔点确定，水平坐标由落在小圆上的各等间隔点确定。

由式（6.2.41）和式（6.2.42）可以推导出计算 a 和 b 的公式为

$$a=\frac{1}{2}\left(\lambda^{\frac{1}{N}}-\lambda^{-\frac{1}{N}}\right) \tag{6.2.44}$$

$$b=\frac{1}{2}\left(\lambda^{\frac{1}{N}}+\lambda^{-\frac{1}{N}}\right) \tag{6.2.45}$$

式中

$$\lambda=\frac{1}{\varepsilon}+\sqrt{\frac{1}{\varepsilon^2}+1} \tag{6.2.46}$$

求出幅度平方函数的极点后，为保证系统稳定，取左半平面的极点构成 $H_a(s)$。

$$\sigma_k=-\Omega_p a\sin\left[\frac{\pi}{2N}(2k-1)\right],k=1,2,\cdots,N \tag{6.2.47}$$

$$\Omega_k=\Omega_p b\cos\left[\frac{\pi}{2N}(2k-1)\right],\ k=1,2,\cdots,N \tag{6.2.48}$$

得到切比雪夫 I 型低通滤波器的系统函数为

$$H_a(s)=\frac{K}{\prod\limits_{k=1}^{N}(s-s_k)} \tag{6.2.49}$$

式中，K 为待定常数，可由 $|H_a(\mathrm{j}\Omega)|$ 和 $H_s(s)$ 的低频特性对比得到。也可以将式（6.2.25）开平方后代入 $\Omega=\frac{s}{\mathrm{j}}$，并考虑式（6.2.47），由

$$|H_a(s)|=\frac{1}{\sqrt{1+\varepsilon^2 C_N^2(s/\mathrm{j}\Omega_p)}}=\frac{K}{\left|\prod\limits_{k=1}^{N}(s-s_k)\right|}$$

从式（6.2.26）可以看出，在第一个等号后的公式中，分母多项式首项 s^N 的系数不为 1，这是因为 $C_N\left(\frac{s}{\mathrm{j}\Omega_p}\right)$ 的首项 $\left(\frac{s}{\mathrm{j}\Omega_p}\right)^N$ 系数为 2^{N-1}，因而其 s^N 项的系数为 $\frac{2^{N-1}}{\Omega_p^N}$，整个分母多项式 s^N 项的系数为 $\frac{\varepsilon 2^{N-1}}{\Omega_p^N}$。而在第二个等号后的公式中，其分母多项式 s^N 项的系数为 1。为使第二个等号两端的函数相等，必须满足

$$K=\frac{\Omega_p^N}{\varepsilon 2^{N-1}}$$

将其代入式（6.2.49），得到

$$H_a(s)=\frac{\dfrac{\Omega_p^N}{\varepsilon 2^{N-1}}}{\prod\limits_{k=1}^{N}(s-s_k)} \tag{6.2.50}$$

与巴特沃思滤波器一样，为使设计统一，可将 $H_a(s)$ 对 Ω_p 做归一化处理。归一化后的系统函数为

$$H_a(s)=\frac{\dfrac{1}{\varepsilon 2^{N-1}}}{\prod\limits_{k=1}^{N}(p-p_k)} \tag{6.2.51}$$

综上所述，切比雪夫 I 型模拟低通滤波器的设计步骤为：

（1）根据模拟低通滤波器的技术指标参数 δ_p，由式（6.2.33）确定波纹系数 ε；

（2）由波纹系数 ε、截止频率 Ω_p、Ω_{st} 及阻带衰减 δ_{st}，根据式（6.2.35），确定滤波器的阶数 N；

（3）按照式（6.2.38）求出左半平面 N 个极点 $s_k(k=1,2,\cdots,N)$，并将极点 s_k 代入式（6.2.51）得到滤波器的系统函数 $H_a(s)$。

例 6.2.4　设计一个切比雪夫 I 型模拟低通滤波器。指标同例 6.2.2。通带截止频率 $f_p=5\text{kHz}$，通带最大衰减 $\delta_p=2\text{dB}$，阻带截止频率 $f_{st}=12\text{kHz}$，阻带最小衰减 $\delta_{st}=30\text{dB}$。

解　（1）求通带波纹系数 ε，由式（6.2.33），得

$$\varepsilon=\sqrt{10^{0.1\delta_p}-1}=\sqrt{10^{0.2}-1}=0.76478$$

（2）求阶数 N，由式（6.2.35），可得

$$N=\frac{\operatorname{arcch}\left(\dfrac{1}{\varepsilon}\sqrt{10^{0.1\delta_{st}}-1}\right)}{\operatorname{arcch}(\Omega_{st}/\Omega_p)}=\frac{\operatorname{arcch}\left(\dfrac{1}{0.76478}\sqrt{10^3-1}\right)}{\operatorname{arcch}(2\pi\times12000/2\pi\times5000)}=2.90034$$

取 $N=3$。

（3）求 $H_a(s)$ 的极点，由式（6.2.46），可得

$$\lambda=\frac{1}{\varepsilon}+\sqrt{\frac{1}{\varepsilon^2}+1}=2.95369$$

由式（6.2.44）和式（6.2.45），可得

$$a=\frac{1}{2}\left(\lambda^{\frac{1}{N}}-\lambda^{-\frac{1}{N}}\right)=0.36891,\quad b=\frac{1}{2}\left(\lambda^{\frac{1}{N}}+\lambda^{-\frac{1}{N}}\right)=1.06588$$

因而，极点分布椭圆的长轴（$\Omega_p b$）和短轴（$\Omega_p a$）分别为

$$\Omega_p b=2\pi\times5000\times1.06588=3.34856\times10^4$$

$$\Omega_p a=2\pi\times5000\times0.36891=1.15896\times10^4$$

利用式（6.2.47）和式（6.2.48），可求得极点（考虑极点呈共轭对称的关系）为

$$s_1=s_3^*=\sigma_1+\mathrm{j}\Omega_1=-\Omega_p a\sin\left(\frac{\pi}{2N}\right)+\mathrm{j}\Omega_p b\cos\left(\frac{\pi}{2N}\right)$$

$$=-0.57948\times10^4+\mathrm{j}2.89994\times10^4=2.9573\times10^4\mathrm{e}^{\mathrm{j}101.3^\circ}$$

$$s_2 = \sigma_2 + \mathrm{j}\Omega_2 = -\Omega_p a \sin\left(\frac{3\pi}{2N}\right) + \mathrm{j}\Omega_p b \cos\left(\frac{3\pi}{2N}\right)$$
$$= -1.15896\times10^4$$

（4）求滤波器的系统函数 $H_a(s)$

$$H_a(s) = \frac{K}{(s-s_1)(s-s_1^*)(s-s_2)}$$
$$= \frac{K}{(s^2+1.15894\times10^4 s+8.7456\times10^8)(s+1.15896\times10^4)}$$

由于 N 为奇数，系数 K 应该满足（根据图 6.2.6）$|H_a(\mathrm{j}\omega)|=1$，所以有

$$H_a(s)\big|_{s=0} = \frac{K}{8.7456\times10^8\times1.15896\times10^4} = 1$$

由此求出

$$K = 8.7456\times10^8\times1.15896\times10^4 = 1.0136\times10^{13}$$

或者利用式（6.2.50）直接求出 K，结果是一样的。最后得到滤波器的系统函数为

$$H_a(s) = \frac{1.0136\times10^{13}}{(s^2+1.15894\times10^4 s+8.7456\times10^8)(s+1.15896\times10^4)}$$
$$= \frac{1.0136\times10^{13}}{s^3+2.3179\times10^4 s^2+1.0089\times10^9 s+1.0136\times10^{13}}$$

在 MATLAB 中，可以用[N, Wc]= cheb1ord（Wp, Ws, Ap, As, 's'）求出在给定通带截止频率 Wp、阻带截止频率 Ws、通带最大衰减 Ap 和阻带最小衰减 As 条件下，所需要的最小切比雪夫 I 型模拟低通滤波器的阶数 N 和通带截止频率 Wc。

[B, A]= cheby1（N1, Ap1, Wc, 's'）函数用于计算 N 阶切比雪夫 I 型模拟滤波器系统函数分子多项式和分母多项式的系数向量 B 和 A。调用参数 N 和 Wc 分别为切比雪夫 I 型模拟滤波器的阶数和通带截止频率。

例 6.2.4 的 MATLAB 程序如下：

```
clear
Wp=2*pi*5000;Ws=2*pi*12000;          %模拟截止频率
Ap=2;As=30;                          %衰减设置[N,Wc]=cheb1ord(Wp,Ws,Ap,As,'s')
                                     %获取滤波器阶数和 3dB 截止频率
[B,A]=cheby1(N,Ap,Wc,'s')            %获取滤波器系统函数系数
[H,W]=freqs(B,A,Wc);                 %获取滤波器系统函数和对应的频率
subplot(221),plot(W/(2*pi)/1000,20*log10(abs(H)));grid
xlabel('频率(kHz)');ylabel('幅度谱(dB)');
subplot(222),plot(W/(2*pi)/1000,abs(H));grid
xlabel('频率(kHz)');ylabel('幅度谱');
subplot(223),plot(W/(2*pi)/1000,20*log10(angle(H)));grid
xlabel('频率(kHz)');ylabel('相位谱(dB)');
subplot(224),plot(W/(2*pi)/1000,angle(H));grid
xlabel('频率(kHz)');ylabel('相位谱');
```

运行结果如下：

```
N =     3
Wc =  3.1416e+004
B =  1.0e+013 *           0        0         0    1.0136
A =  1.0e+013 *    0.0000    0.0000    0.0001    1.0136
```

程序计算出的分母多项式系数 A 大部分为零，主要是因为截止频率 $\Omega_c = 3.1416\times10^4$ 数值太大，超出了数据的表示范围。所以在 MATLAB 程序中取 $\Omega_c' = 3.1416$，将上述程序的第五行改为[B, A]=cheby1(N, Ap, 3.1416, 's')，运行结果为

```
B =        0         0         0   10.1357
A =   1.0000    2.3179   10.0887   10.1357
```

因为 $\Omega_c = \Omega_c'\times10^4$，$\Omega_c^2 = \Omega_c'^2\times10^8$，$\Omega_c^3 = \Omega_c'^3\times10^{12}$，所以运行结果中分母多项式的系数 B 要乘以$10^{12}$，分母多项式系数 A 从第二项开始依次乘以$10^4$、$10^8$、$10^{12}$，最后得到系统函数和例题中计算的结果是一样的。滤波器的频响特性如图 6.2.8 所示。

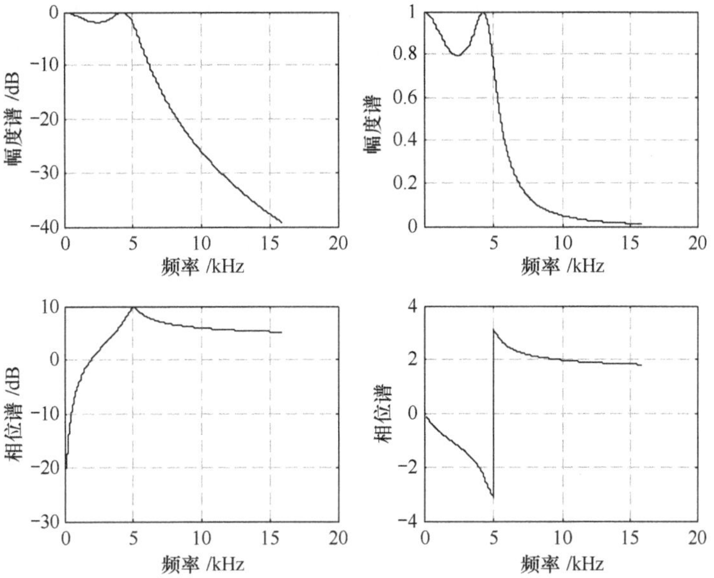

图 6.2.8　例 6.2.4 切比雪夫 I 型滤波器的频率响应

2. 切比雪夫 II 型低通滤波器的逼近

切比雪夫 II 型低通滤波器的幅度平方函数为

$$|H_a(j\Omega)|^2 = \frac{1}{1+\varepsilon^2\dfrac{C_N^2(\Omega/\Omega_p)}{C_N^2(\Omega_{st}/\Omega)}} \tag{6.2.52}$$

图 6.2.9 画出了不同 N 值的切比雪夫 II 型低通滤波器的幅频特性。

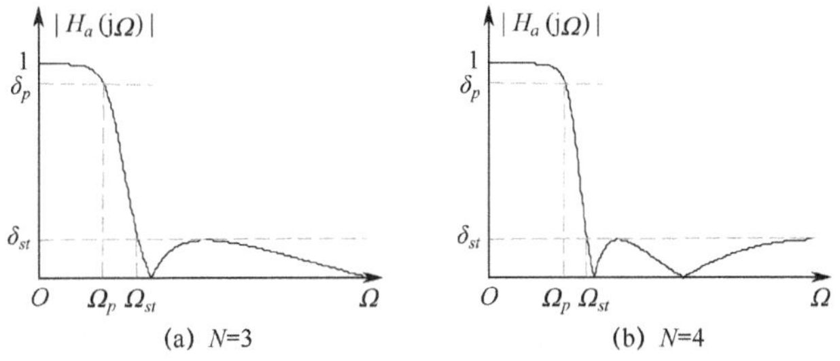

图 6.2.9　切比雪夫 II 型低通滤波器的幅频特性

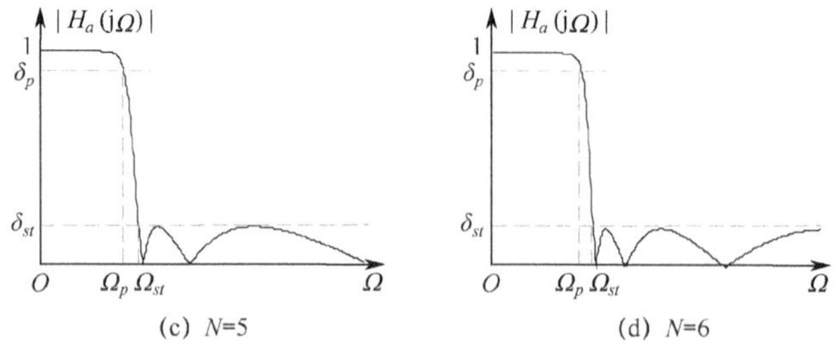

图 6.2.9 切比雪夫 II 型低通滤波器的幅频特性（续）

切比雪夫 II 型模拟低通滤波器的系统函数的阶数 N 由 ε、Ω_p、Ω_{st} 和 δ_{st} 确定，计算公式仍用式（6.2.35）。切比雪夫 II 型模拟低通滤波器通带响应是单调下降的，而阻带响应是等波纹的，这意味着滤波器在 s 平面既有极点，又有零点，一般可以将其系统函数写为

$$H_a(s)=K\frac{\prod_{i=1}^{M}(s-z_i)}{\prod_{k=1}^{N}(s-s_k)} \tag{6.2.53}$$

式中，K 为增益；z_i 为零点；s_k 为极点。切比雪夫 II 型模拟低通滤波器通带内的群延时特性比切比雪夫 I 型好，即相频特性更线性。

切比雪夫 II 型低通滤波器设计的运算过程类似切比雪夫 I 型的，都相当繁杂，所以通常通过调用 MATLAB 信号处理工具箱函数来设计。

在 MATLAB 中可以用[N, Wc]= cheb2ord (Wp, Ws, Ap, As, 's')求出在给定通带截止频率 Wp、阻带截止频率 Ws、通带最大衰减 Ap 和阻带最小衰减 As 条件下，所需要的最小切比雪夫 II 型模拟低通滤波器的阶数 N 和通带截止频率 Wc。

[B, A]= cheby2(N1, Ap1, Wc, 's')函数用于计算 N 阶切比雪夫 II 型模拟滤波器系统函数分子多项式和分母多项式的系数向量 B 和 A。调用参数 N 和 Wc 分别为切比雪夫 II 型模拟滤波器的阶数和通带截止频率。

例 6.2.5 设计切比雪夫 II 型模拟低通滤波器，要求与例 6.2.3 相同。

解 MATLAB 程序如下：

```
Wp=2*pi*5000;Ws=2*pi*12000;            %模拟截止频率
Ap=2;As=30;                            %衰减设置
[N,Wc]=cheb2ord(Wp,Ws,Ap,As,'s')       %获取滤波器阶数和 3dB 截止频率
[B,A]=cheby2(N,As,Wc,'s');             %获取滤波器系统函数系数
[H,W]=freqs(B,A,Wc);                   %获取滤波器系统函数和对应的频率
                                       %画图
```

部分程序省略。

程序运行结果如下：

```
N =   3
Wc =  7.2027e+004
```

滤波器的频率响应曲线如图 6.2.10 所示。

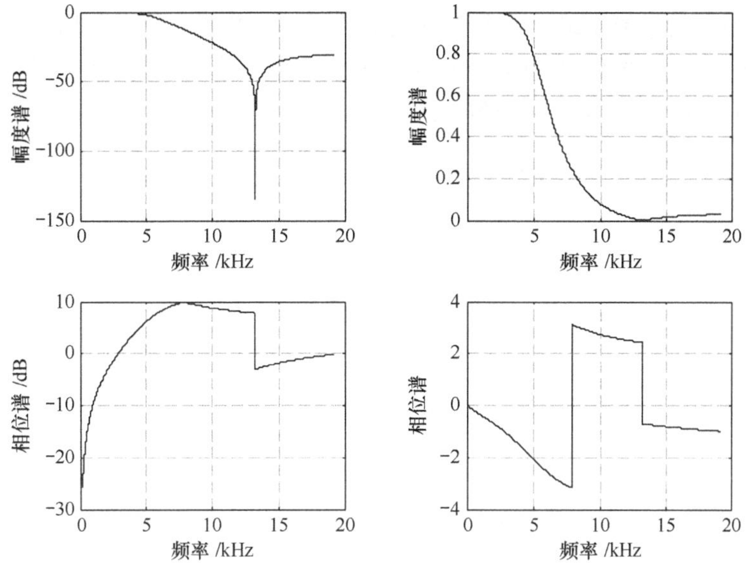

图 6.2.10　例 6.2.5 切比雪夫Ⅱ型低通滤波器的幅频特性（一）

从图 6.2.10 中可以看出，设计出来的滤波器在通带刚好满足技术指标，阻带特性优于技术指标，过渡带比指标要求的窄。如果将程序的第四行改为[B, A]=cheby1(N, Ap, Ws, 's')，第五行改为[H, W]=freqs(B, A, Ws)频响特性如图 6.2.11 所示，阻带刚好满足指标，通带特性优于指标要求。

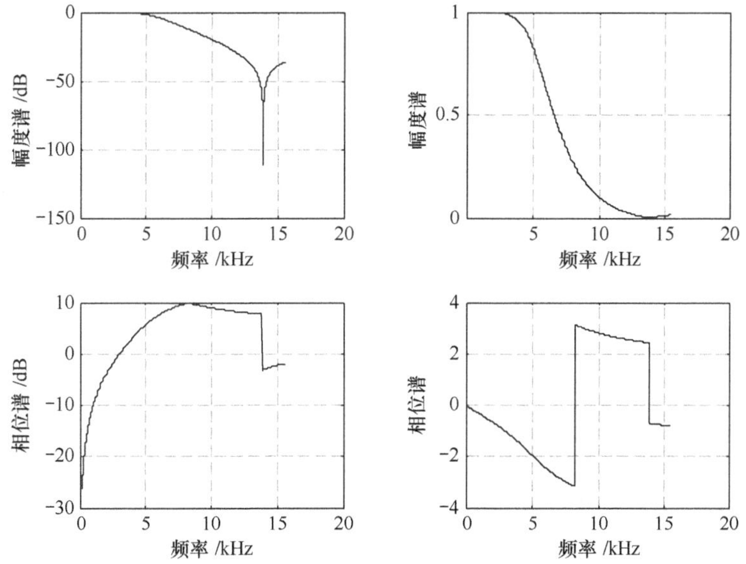

图 6.2.11　例 6.2.5 切比雪夫Ⅱ型低通滤波器的幅频特性（二）

6.2.4　椭圆模拟低通滤波器的设计

椭圆滤波器在通带和阻带内都具有等波纹的幅度响应特性，因此，对于给定的指标，它的阶数 N 与其他类型滤波器的阶数 N 相比最小。或者说，在阶数 N 相同的不同类型滤波器中，椭圆滤波器的过渡带最陡。椭圆滤波器的名称与其极点位置与场论中的椭圆函数有关，故取此名；另外，考尔（Cauer）在 1931 年首次论证了这种滤波器理论，因此椭圆滤波器又称考尔滤波器。这种滤波器的幅度平方函数为

$$|H_a(\mathrm{j}\Omega)|^2=\frac{1}{1+\varepsilon^2C_N^2(\Omega/\Omega_p)} \tag{6.2.54}$$

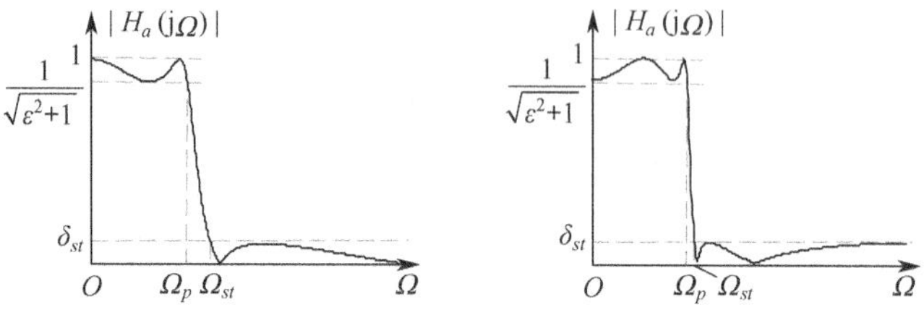

(a) N=3 (b) N=4

图 6.2.12 椭圆低通滤波器的幅度特性

式中，N 是滤波器阶数；ε 是与通带最大衰减 δ_p 有关的波动参量；C_N 是雅可比椭圆函数。

式（6.2.54）从形式上看，与切比雪夫 I 型滤波器相似，其典型响应特性函数如图 6.2.12 所示，其设计方法与前面介绍的几种滤波器相似，不同之处在于用到更复杂的椭圆函数。计算阶数 N 的公式为

$$N=\frac{K(k)K\left(\sqrt{1-k_1^2}\right)}{K(k_1)K\left(\sqrt{1-k^2}\right)} \tag{6.2.55}$$

式中，$k=\dfrac{\Omega_p}{\Omega_{st}}$，$k_1=\varepsilon/\sqrt{A^2-1}$，$K(x)=\int_0^{\pi/2}\dfrac{\mathrm{d}\theta}{\sqrt{1-x^2\sin^2\theta}}$ 是椭圆积分。可见椭圆滤波器的阶数 N 是由通带截止频率 Ω_p、阻带截止频率 Ω_{st}、通带最大衰减 δ_p 和阻带最小衰减 δ_{st} 共同确定的。

椭圆模拟滤波器理论是复杂的纯数学问题，其详细推导过程已经超出了本书的范围。只要给定滤波器指标参数，通过调用 MATLAB 信号处理工具箱函数，就很容易得到椭圆滤波器的系统函数。

在 MATLAB 中可以用[N, Wc]=ellipord (Wp, Ws, Ap, As, 's')求出在给定通带截止频率 Wp、阻带截止频率 Ws、通带最大衰减 Ap 和阻带最小衰减 As 条件下，所需要的最小椭圆模拟低通滤波器的阶数 N 和通带截止频率 Wc。

[B, A]=ellip(N1, Ap1, Wc, 's')函数用于计算 N 阶椭圆模拟滤波器系统函数分子多项式和分母多项式的系数向量 B 和 A。调用参数 N 和 Wc 分别为椭圆模拟滤波器的阶数和通带截止频率。

例 6.2.6 设计椭圆模拟低通滤波器，要求与例 6.2.3 相同。

解 MATLAB 程序如下：

```
Wp=2*pi*5000;Ws=2*pi*12000;                    %模拟截止频率
Ap=2;As=30;                                    %衰减设置
[N,Wc]=ellipord(Wp,Ws,Ap,As,'s') ;             %获取滤波器阶数和 3dB 截止频率
[B,A]=ellip(N,Ap,As,Wc,'s');                   %获取滤波器系统函数系数
[H,W]=freqs(B,A,Wc);                           %获取滤波器系统函数和对应的频率
                                               %省去画图部分
```

程序运行结果如下：

```
N =      3
Wc =  3.1416e+004
```

滤波器的频响特性如图 6.2.13 所示。虽然本例中椭圆滤波器的阶数也是 3，但从图 6.2.13 中可以看出，3 阶椭圆模拟低通滤波器的过渡带宽度近似为 3700Hz，比指标要求的过渡带宽 7000Hz 窄 3300Hz。而例 6.2.3 和例 6.2.4 中 3 阶切比雪夫模拟低通滤波器的过渡带宽近似为 6500Hz。

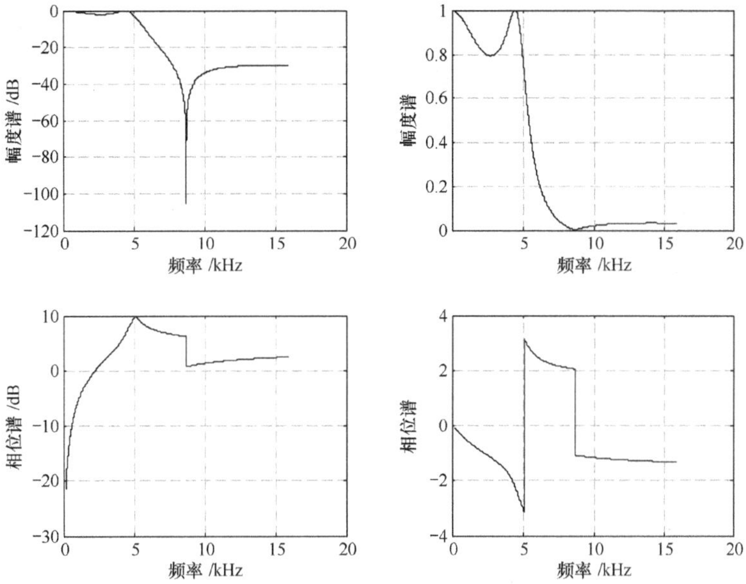

图 6.2.13　例 6.2.6 椭圆模拟低通滤波器的频响特性

6.2.5　贝塞尔模拟低通滤波器的设计

前面介绍的三种滤波器设计方法，重点研究的是如何使滤波器的幅频特性满足指标要求，均未考虑滤波器的相频特性。在现代信号处理系统中，除要求幅频响应满足指标要求外，还希望所设计的模拟低通滤波器具有线性相位特性。贝塞尔滤波器具有在通带内逼近线性相位特性。

N 阶贝塞尔模拟低通滤波器的系统函数为

$$H_a(s)=\frac{d_0}{B_N(s)}=\frac{d_0}{b_0+b_1s+\cdots+b_{N-1}s^{N-1}+s^N} \tag{6.2.56}$$

式中，$H_a(s)$ 为全极点系统，系统的频率响应函数在 $\Omega=0$ 处有逼近最好的线性相位特性，即在直流附近有最平坦的群延时特性。系统函数的分母多项式 $B_N(s)$ 称为贝塞尔多项式，通过直流标准群延时为 1 的迭代关系可以得到贝塞尔多项式

$$B_N(s)=(2N-1)B_{N-1}(s)+s^2B_{N-2}(s) \tag{6.2.57}$$

其中，$B_1(s)=1+s$，$B_2(s)=3+3s+s^2$。

也可以用贝塞尔系统公式

$$b_k=\frac{(2N-k)!}{2^{N-k}k!(N-k)!},\ k=0,1,\cdots,N-1 \tag{6.2.58}$$

求得多项式 $B_N(s)$ 的系数。

在 MATLAB 中设计贝塞尔滤波器主要涉及函数 besselap 和 bessel。函数 besselap 计算系统函数阶数 N 和通带 3dB 截止频率，函数 bessal 返回系统函数分子和分母多项式系数向量 B 和 A。这些函数的调用格式与前面几种滤波器设计函数的格式相似，在此不再赘述。

6.2.6 归一化原型滤波器的设计数据

由变换法设计数字滤波器，先要设计符合指标要求的模拟滤波器，而要设计模拟滤波器，一般都有现成的数据表格可查。但是，模拟滤波器有各种类型（低通、高通、带通、带阻、全通等），而且仅就一种类型而言，截止频率又各不相同，但是设计表格不能有那么多，因而一般只给出归一化原型滤波器的设计数据。归一化原型滤波器是指截止频率 Ω_c 已经归一化为 $\Omega_c^{'}=1$ 的低通滤波器，用 $H_a(p)$ 表示。对于截止频率为某个 Ω_c 的低通滤波器，则用 $\dfrac{s}{\Omega_c}$ 代替归一化原型滤波器系统函数中的 p，即

$$H_a(s)=H_a(p)\Big|_{p=\frac{s}{\Omega_c}} \tag{6.2.59}$$

对于其他高通、带通、带阻滤波器，则可用后面讨论（6.4 节）的频带变换法，由归一化原型滤波器经频带变换得出。

归一化的巴特沃思低通滤波器、切比雪夫低通滤波器的极点分布及相应多项式的系数都已算出，并已列成表格。归一化原型（低通）系统函数的一般形式为

$$H_a(p)=\frac{d_0}{a_0+a_1p+a_2p^2+\cdots+a_Np^N} \tag{6.2.60}$$

式中，分母多项式的系数见表 6.2.1 和表 6.2.2，表中分别列出了巴特沃思系数和四个通带波纹值（0.5dB,1dB,2dB,3dB）的切比雪夫系数，滤波器的阶次由 N=1 到 N=10，d_0 由低频或高频特性确定，如果希望直流（$\Omega=0$）增益为 1，则 $d_0=a_0$。

表 6.2.1 巴特沃思归一化低通滤波器的分母多项式 $p^N+a_{N-1}p^{N-1}+\cdots+a_2p^2+p+1(a_N=a_0=1)$ 的系数

N	a_1	a_2	a_3	a_4	a_5	a_6	a_7	a_8	a_9
1	1								
2	1.4142436								
3	2.0000000	2.0000000							
4	2.6131259	3.4142136	2.6131259						
5	3.2360680	5.2360680	5.2360680	3.2360680					
6	3.86370333	7.4641016	9.1416202	7.4641016	3.86370333				
7	4.4939592	10.0978347	14.5917939	14.5917939	10.0978347	4.4939592			
8	5.1258309	13.1370712	21.8461510	25.6883559	21.8461510	13.1370712	5.1258309		
9	5.7587705	16.5817187	31.1634375	41.9863857	41.9863857	31.1634375	16.5817187	5.7587705	
10	6.3924532	20.4317291	42.8020611	64.8823963	74.2334292	64.8823963	42.8020611	20.4317291	6.3924532

表 6.2.2　切比雪夫滤波器分母多项式 $p^N + a_{N-1}p^{N-1} + \cdots + a_2p^2 + p + a_0 (a_N = 1)$ 的系数

N	a_0	a_1	a_2	a_3	a_4	a_5	a_6	a_7	a_8	a_9
（a）1/2dB 波纹（ε=0.3493114, ε^2=0.1220184）										
1	2.8627752									
2	1.5162026	1.4256245								
3	0.7156938	1.5348954	1.2529130							
4	0.3790506	1.0254553	1.7168662	1.1973856						
5	0.1789234	0.7525181	1.3095747	1.9373675	1.1724909					
6	0.0947626	0.4323669	1.1718613	1.5897635	2.1718446	1.1591761				
7	0.0447309	0.2820722	0.7556511	1.6479029	1.8694079	2.4126510	1.1512176			
8	0.0236907	0.1525444	0.5735604	1.1485894	2.1840154	2.1492173	2.6567498	1.1460801		
9	0.0111827	0.0941198	0.3408193	0.9836199	1.6113880	2.7814990	2.4293297	2.9027337	1.1425705	
10	0.0059227	0.0492855	0.2372688	0.6269689	1.5274307	2.1442372	3.4409268	2.7097415	3.1498757	1.1400664
（b）1dB 波纹（ε=0.5088471, ε^2=0.2589254）										
1	1.9652267									
2	1.1025103	1.0977343								
3	0.4913067	1.2384092	0.9883412							
4	0.2756276	0.7426194	1.4539248	0.9528114						
5	0.1228267	0.5805342	0.9743961	1.6888160	0.9368201					
6	0.0689069	0.3070808	0.9393461	1.2021409	1.9308256	0.9282510				
7	0.0307066	0.2136712	0.5486192	1.3575440	1.4287930	2.1760778	0.9231228			
8	0.0172267	0.1073447	0.4478257	0.8468243	1.8369024	1.6551557	2.4230264	0.9198113		
9	0.0076767	0.0706048	0.2441864	0.7863109	1.2016071	2.3781188	1.8814798	2.6709468	0.9175476	
10	0.0043067	0.0344971	0.1824512	0.4553892	1.2444914	1.6129856	2.9815094	2.1078524	2.9194657	0.9159320
（c）2dB 波纹（ε=0.7647831, ε^2=0.5848932）										
1	1.3075603									
2	0.6367681	0.8038164								
3	0.3268901	1.0221903	0.7378216							
4	0.2057651	0.5167981	1.2564819	0.7162150						
5	0.0817225	0.4593491	0.6934770	1.4995433	0.7064606					
6	0.0514413	0.2102706	0.7714618	0.8670149	1.7458587	0.7012257				
7	0.0204228	0.1660920	0.3825056	1.1444390	1.0392203	1.9935272	0.6978929			
8	0.0128603	0.0729373	0.3587043	0.5982214	1.5795807	1.2117121	2.2422529	0.6960646		
9	0.0051076	0.0543756	0.1684473	0.6444677	0.8568648	2.0767479	1.3837464	2.4912897	0.6946793	
10	0.0032151	0.0233347	0.1440057	0.3177560	1.0389104	1.15825287	2.6362507	1.5557424	2.7406032	0.6936904
（d）3dB 波纹（ε=0.9976283, ε^2=0.9952623）										
1	1.0023773									
2	0.7079478	0.6448996								
3	0.2505943	0.9283480	0.5972404							
4	0.1769869	0.4047679	1.1691176	0.5815799						
5	0.0626391	0.4079421	0.5488626	1.4149847	0.5744296					
6	0.0442467	0.1634299	0.6990977	0.6906098	1.6628481	0.5706979				
7	0.0156621	0.1461530	0.3000167	1.0518448	0.8314411	1.9115507	0.5684201			
8	0.0110617	0.0564813	0.3207646	0.4718990	1.4666990	0.9719473	2.1607148	0.5669476		
9	0.0039154	0.0475900	0.1313851	0.5834984	0.6789075	1.9438443	1.1122863	2.4101346	0.5659234	
10	0.0027654	0.0180313	0.1277560	0.2492043	0.9499208	0.9210659	2.4834205	1.2526467	2.6597378	0.5652218

6.2.7　常用模拟滤波器的比较

前面讨论了五种类型的模拟低通滤波器设计方法，其中巴特沃思滤波器、切比雪夫滤波器和椭圆滤波器三种主要考虑逼近幅度响应，贝塞尔滤波器主要考虑逼近线性相位特性。为了正确地选择滤波器类型以满足给定的幅频响应指标，必须比较四种幅度逼近滤波器的特性。下面简要讨论在实际中如何正确选择滤波器类型。

通过调用 MATLAB 滤波器设计的函数，很容易验证，当阶数相同时，对相同的通带最大衰减 δ_p 和阻带最小衰减 δ_{st}，巴特沃思滤波器具有单调下降的幅频特性，过渡带最宽。两种类型的切比雪夫滤波器过渡带相等，比巴特沃思滤波器的过渡带窄，但比椭圆滤波器的过渡带宽。切比雪夫 I 型滤波器在通带具有等波纹幅频特性，过渡带和阻带是单调下降的幅频特性。切比雪夫 II 型滤波器的通带幅频特性几乎与巴特沃思滤波器相同，阻带是等波纹的幅频特性。椭圆滤波器的通带和阻带都是等波纹幅频特性，过渡带最窄。这四种滤波器幅频特性的比较如图 6.2.14 所示。

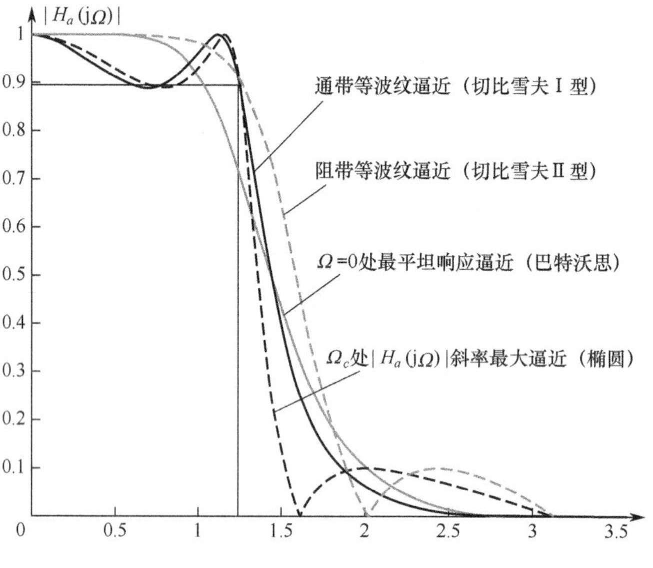

图 6.2.14　四种滤波器幅频特性的比较

巴特沃思滤波器和切比雪夫滤波器在大约 3/4 的通带上非常接近线性相位特性，而椭圆滤波器仅在大约 1/2 通带上接近线性相位特性。贝塞尔滤波器在整个通带逼近线性相位特性，而其幅频特性的过渡带比其他三种滤波器宽得多。

另一方面，在满足相同滤波器幅频特性指标的条件下，巴特沃思滤波器的阶数最高，椭圆滤波器的阶数最低，而且两者的阶数差别较大。所以，仅就满足滤波器幅频特性指标而言，椭圆滤波器的性价比最高，且应用较广泛。

下面将这五种滤波器的频率特性列于表 6.2.3 中，方便查阅。

综上所述，五种滤波器各具特点。工程应用中选择哪种滤波器取决于对滤波器阶数和相位特性的具体要求。如果在满足滤波器幅频指标条件下希望阶数最低时，选择椭圆滤波器比较好。

表 6.2.3　五种低通滤波器的幅频特性比较

<table>
<tr><td colspan="2">滤波器类型</td><td>巴特沃思滤波器</td><td>切比雪夫 I 型滤波器</td><td>切比雪夫 II 型滤波器</td><td>椭圆滤波器</td><td>贝塞尔滤波器</td></tr>
<tr><td rowspan="4">幅频响应特性</td><td>通带</td><td>单调下降</td><td>等波纹波性</td><td>单调下降</td><td>等波纹波性</td><td>—</td></tr>
<tr><td>阻带</td><td>单调下降</td><td>单调下降</td><td>等波纹波性</td><td>等波纹波性</td><td>—</td></tr>
<tr><td>过渡带</td><td>其次</td><td colspan="2">次低</td><td>最低</td><td>最宽</td></tr>
<tr><td>相同幅频响应指标要求，所要求阶数</td><td>最高</td><td colspan="2">中间</td><td>最低</td><td>—</td></tr>
<tr><td colspan="2">通带上的线性相位逼近情况</td><td colspan="3">大约在 3/4 的通带上</td><td>大约在 1/2 的通带上</td><td>整个通带上</td></tr>
</table>

6.3　基于模拟滤波器的 IIR 数字滤波器设计

利用模拟滤波器成熟的理论和设计方法来设计 IIR 数字低通滤波器是经常用的方法。设计过程是：首先，将给定数字滤波器的性能指标转换成模拟滤波器的性能指标，如果设计的不是低通滤波器，还需要将性能指标转换成模拟低通滤波器的性能指标；其次，设计满足性能指标的模拟低通滤波器，得到模拟低通滤波器的传输函数 $H_a(s)$；最后，按一定的转换关系将 $H_a(s)$ 转换成数字滤波器的系统函数 $H(z)$。这种转换关系的实质就是把 s 平面映射到 z 平面。为了保证转换后的 $H(z)$ 稳定且满足技术要求，必须满足以下两点：

（1）因果稳定的模拟滤波器转换成数字滤波器，仍是因果稳定的。模拟滤波器因果稳定要求其传输函数 $H_a(s)$ 的极点全部位于 s 平面的左半平面；数字滤波器因果稳定则要求 $H(z)$ 的极点全部在单位圆内。因此，转换关系应是 s 平面的左半平面映射到 z 平面的单位圆内部。

（2）数字滤波器的频率响应模仿模拟滤波器的频率响应，也就是 s 平面的虚轴必须映射到 z 平面的单位圆上。

将 $H_a(s)$ 从 s 平面转换到 z 平面的 $H(z)$ 的方法有多种，但工程上最常用的是抽样响应不变法和双线性变换法。下面分别介绍这两种方法的转换原理和实现过程。

6.3.1　抽样响应不变法

1. 转换原理

抽样响应不变法的基本原理是使数字滤波器的单位抽样响应 $h(n)$ 模仿模拟滤波器的抽样响应 $h_a(t)$，即对 $h_a(t)$ 进行等间隔抽样，使 $h(n)$ 正好等于 $h_a(t)$ 的抽样值，满足

$$h(n)=h_a(nT)\,,\quad H(z)=ZT[h(n)] \tag{6.3.1}$$

式中，T 是抽样周期。这样就可以将模拟滤波器系统函数 $H_a(s)$ 转换成数字滤波器的系统函数 $H(z)$。下面根据上述设计思想，推导出直接从 $H_a(s)$ 转换成 $H(z)$ 的公式。

模拟滤波器的系统函数通常可以表示为

$$H_a(s)\frac{\sum_{i=0}^{M}b_i s^i}{\sum_{k=0}^{N}a_k s^k}=K\frac{\prod_{i=1}^{M}(s-z_i)}{\prod_{k=1}^{N}(s-s_i)} \tag{6.3.2}$$

由式（6.3.2）看出，由一个较为复杂的模拟系统函数 $H_a(s)$ 求拉普拉斯反变换得到模拟的冲激响应函数 $h_a(t)$，然后抽样得到 $h(n)$，再求 z 变换得到数字滤波器的系统函数 $H(z)$ 是一个很复杂的变换过程。但是它对部分分式表达的模拟系统函数却很方便。实际的系统都是稳定的，所以分母的阶数 N 大于分子的阶数 M，设模拟滤波器 $H_a(s)$ 只有一阶极点，则 $H_a(s)$ 可用部分分式表示为

$$H_a(s)=\sum_{k=1}^{N}\frac{A_k}{s-s_k} \tag{6.3.3}$$

对式（6.3.3）两边进行拉普拉斯反变换，得到模拟滤波器的单位抽样响应为

$$h_a(t)=L^{-1}[H_a(s)]=\sum_{k=1}^{N}A_k\mathrm{e}^{s_k t}u(t) \tag{6.3.4}$$

式中，$u(t)$ 是单位阶跃函数。对 $h_a(t)$ 进行等间隔抽样，抽样间隔为 T，得到数字滤波器的单位抽样响应为

$$h(n)=h_a(nT)=\sum_{k=1}^{N}A_k\mathrm{e}^{s_k nT}u(n)=\sum_{k=1}^{N}A_k(\mathrm{e}^{s_k T})^n u(n) \tag{6.3.5}$$

对式（6.3.5）进行 Z 变换得到数字滤波器的系统函数 $H(z)$ 为

$$\begin{aligned}H(z)&=\sum_{n=-\infty}^{\infty}h(n)z^{-n}=\sum_{n=0}^{\infty}\sum_{k=1}^{N}A_k\mathrm{e}^{s_k nT}z^{-n}\\&=\sum_{k=1}^{N}A_k\sum_{n=0}^{\infty}(\mathrm{e}^{s_k T}z^{-1})^n=\sum_{k=1}^{N}\frac{A_k}{1-\mathrm{e}^{s_k T}z^{-1}}\end{aligned} \tag{6.3.6}$$

式中，幂级数收敛的条件是 $\left|\mathrm{e}^{s_k T}z^{-1}\right|<1$，即 $|z|>\left|\mathrm{e}^{s_k T}\right|$。将式（6.3.6）和式（6.3.3）相比可见，由 $H_a(s)$ 至 $H(z)$ 的变换关系为

$$\frac{A_k}{s-s_k}\Leftrightarrow\frac{A_k}{1-\mathrm{e}^{s_k T}z^{-1}}=\frac{A_k z}{z-\mathrm{e}^{s_k T}} \tag{6.3.7}$$

式（6.3.7）说明：

（1）$H_a(s)$ 与 $H(z)$ 的各部分分式的系数是相同的，均为 A_k；

（2）极点是以 $z=\mathrm{e}^{s_k T}$ 的关系进行映射的，$H_a(s)$ 的 $s=s_k$ 极点变成了 $H(z)$的 $z=\mathrm{e}^{s_k T}$ 极点；

（3）$H_a(s)$ 与 $H(z)$间的零点没有一一对应关系，一般来说，它是由极点和各系数 A_k 决定的一个函数关系。

根据以上分析，直接将 $H_a(s)$ 写成多个单极点部分分式之和的形式，然后将各部分分式用式（6.3.7）的关系进行代替，即可得所需数字滤波器的系统函数 $H(z)$。

2. 模拟滤波器与数字滤波器频率响应之间的关系

（1）二者关系。因为 $h(n)=h_a(nT)$，根据时域抽样理论，可得模拟滤波器系统函数与数字滤波器系统函数的关系

$$H(z)\Big|_{z=\mathrm{e}^{sT}}=\frac{1}{T}\sum_{k=-\infty}^{\infty}H_a\left(s-\mathrm{j}\frac{2\pi}{T}k\right) \tag{6.3.8}$$

考虑滤波器是稳定的，令 $s=\mathrm{j}\Omega$，则有

$$H(e^{j\Omega T})=\frac{1}{T}\sum_{k=-\infty}^{\infty}H_a(j\Omega-j\frac{2\pi}{T}k) \tag{6.3.9}$$

代入 $\omega=\Omega T$ 得到

$$H(e^{j\omega})=\frac{1}{T}\sum_{k=-\infty}^{\infty}H_a\left(j\frac{\omega-2\pi k}{T}\right) \tag{6.3.10}$$

式（6.3.9）和式（6.3.10）说明，数字滤波器的频率响应 $H(e^{j\omega})$ 是模拟滤波器频率响应 $H_a(j\Omega)$ 的周期延拓，延拓周期为 $\Omega_s=\frac{2\pi}{T}$。

（2）频率响应特点分析。如果模拟滤波器的频率响应是带限于折叠频率之内的，即它的最高频率小于 $\frac{\Omega_s}{2}=\frac{\pi}{T}$，即

$$H_a(j\Omega)=0,\ |\Omega|\geqslant\frac{\pi}{T} \tag{6.3.11}$$

那么这样模拟滤波器的频率响应经周期延拓后不会产生混叠，数字滤波器的频率响应在折叠频率内重现模拟滤波器的频率响应，即

$$H(e^{j\omega})=\frac{1}{T}H_a\left(j\frac{\omega}{T}\right),\ |\omega|<\pi \tag{6.3.12}$$

这样，当 T 满足抽样定理时，数字滤波器频率响应就完全模仿了模拟滤波器的频率响应，这是抽样响应不变法的最大优点。但是，实际的模拟滤波器都不是带限的，所以采用抽样响应不变法得到的数字滤波器都会有不同程度的混叠失真，如图 6.3.1 所示。由图 6.3.1 可以看出，混叠失真会使数字滤波器在 $\omega=\pi$ 附近的频率响应偏离模拟滤波器的频响特性，混叠严重时可使数字滤波器不满足阻带衰减指标。

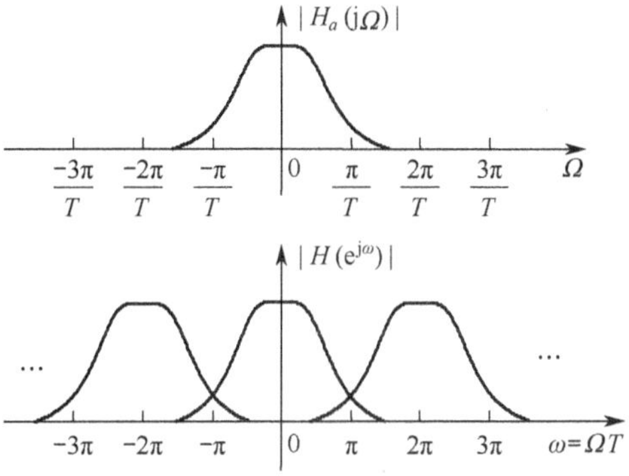

图 6.3.1　抽样响应不变法中的频率混叠现象

为了减小混叠失真，通常采用以下措施：

（1）选用具有锐截止特性的模拟滤波器；

（2）提高抽样频率。

但是，在设计中，如果频率响应已经产生混叠，当滤波器的指标用数字域频率 ω 给定时，不能通过增加抽样频率（减小抽样间隔）的办法解决混叠问题。如设计一截止频率为 ω_c 的低通滤波器，则要求响应模拟滤波器的截止频率 $\Omega_c=\frac{\omega_c}{T}$，$T$ 减小时，只有让 Ω_c 同倍数增加，才能保证给定的 ω_c 不变。T 减小使带域 $\left[-\frac{\pi}{T},\frac{\pi}{T}\right]$ 加宽了，但 Ω_c 同倍数加宽，所以如果 $H_a(j\Omega)$ 在 $\left[-\frac{\pi}{T},\frac{\pi}{T}\right]$ 带域外有非零的 $H(e^{j\omega})$ 值，即 $\Omega_c>\frac{\pi}{T}$，则无论如何减小 T，由于 Ω_c 与 T 成同样倍数变化，所以总有 $\Omega_c>\pi/T$，不能解决混叠问题。

从式（6.3.12）看出，数字滤波器频率响应幅度还与抽样间隔 T 成反比，如果抽样频率很高，即 T 很小，数字滤波器可能具有很高的增益，容易造成数字滤波器溢出。为了使数

字滤波器增益不随抽样频率变化，可以做以下简单的修正，令

$$h(n)=Th_a(nT) \tag{6.3.13}$$

则有

$$H(z)=\sum_{k=1}^{N}\frac{TA_k}{1-e^{s_kT}z^{-1}} \tag{6.3.14}$$

$$H(e^{j\omega})=\sum_{k=-\infty}^{\infty}H_a\left(j\frac{\omega-2\pi k}{T}\right)\approx H_a\left(j\frac{\omega}{T}\right) \tag{6.3.15}$$

从而使数字滤波器的频率响应增益与模拟滤波器频响增益相同，符合实际应用要求。

例6.3.1 设模拟滤波器的系统函数为 $H_a(s)=\dfrac{2}{s^2+4s+3}$，利用抽样响应不变法将 $H_a(s)$ 转换成IIR数字滤波器的系统函数 $H(z)$。

解 由于 $H_a(s)=\dfrac{1}{s+1}-\dfrac{1}{s+3}$，系统函数有两个极点 $s_1=-1,\ s_2=-3$。利用式（6.3.14）可得数字滤波器的系统函数为

$$H(z)=\frac{T}{1-z^{-1}e^{-T}}-\frac{T}{1-z^{-1}e^{-3T}}=\frac{Tz^{-1}(e^{-T}-e^{-3T})}{1-z^{-1}(e^{-T}+e^{-3T})+z^{-2}e^{-4T}}$$

设 $T=1$，则有

$$H(z)=\frac{0.3181z^{-1}}{1-0.4177z^{-1}+0.01831z^{-2}}$$

MATLAB 提供了用抽样响应不变法将模拟滤波器变换成数字滤波器的函数[Bz, Az]= impinvar(B, A, fs)，其中B和A分别是模拟滤波器系统函数的分子和分母多项式的系数向量，fs是抽样频率，返回参数Bz和Az分别是数字滤波器系统函数的分子和分母多项式系数向量。例6.3.1的程序如下：

```
B=[2];A=[1 4 3];                  %模拟滤波器系统函数的分子和分母多项式系数
T=1;fs=1/T;                       %抽样频率
[Bz,Az]=impinvar(B,A,fs)          %抽样响应不变法设计数字滤波器
```

运行结果为

```
Bz =        0    0.3181
Az =   1.0000   -0.4177   0.0183
```

与工程实际相关的另一个问题是式（6.3.14）中的系数 A_k 和极点 s_k 一般为复数，当 $h_a(t)$ 或 $h(n)$ 是实函数时，A_k 和 s_k 除实数外均以共轭对形式出现，这时只须将式（6.3.14）中任意一对互为共轭的两项合并，得到

$$\frac{TA_k}{1-z^{-1}e^{-s_kT}}+\frac{TA_k^*}{1-z^{-1}e^{-s_k^*T}}=\frac{b_{k0}+b_{k1}z^{-1}}{1+a_{k1}z^{-1}+a_{k2}z^{-2}} \tag{6.3.16}$$

式中 $s_k=\sigma_k+j\Omega_k$。所以

$$b_{k0}=2T\,\mathrm{Re}[A_k],\ b_{k1}=2Te^{\sigma_kT}\,\mathrm{Re}\left[A_ke^{j\Omega_kT}\right] \tag{6.3.17}$$

$$a_{k1}=-2e^{\sigma_kT}\cos\Omega_kT,\ a_{k2}=e^{2\sigma_kT} \tag{6.3.18}$$

这样，得到的式（6.3.16）只有实系数。

例 6.3.2 用抽样响应不变法将系统函数为

$$H_a(s)=\frac{4.52}{s^2+3s+4.52}$$

的模拟滤波器转换成数字滤波器 $H(z)$，并分别采用抽样间隔 $T=0.2\text{s}$、0.1s 和 0.05s，观察频谱混叠现象。

解　$H_a(s)$ 的极点为 $s_2=-1.5-\text{j}1.5067$，$s_1=-1.5+\text{j}1.5067$，将 $H_a(s)$ 写成部分分式

$$H_a(s)=\frac{\text{j}1.5}{s+1.5+\text{j}1.5067}-\frac{\text{j}1.5}{s+1.5-\text{j}1.5067}$$

如果抽样间隔为 T，根据式（6.3.16），得

$$\begin{aligned}H(z)&=\frac{\text{j}1.5T}{1-\text{e}^{-(1.5+\text{j}1.5067)T}z^{-1}}-\frac{\text{j}1.5T}{1-\text{e}^{-(1.5-\text{j}1.5067)T}z^{-1}}\\&=\frac{2T\text{e}^{-1.5T}\times1.5\sin(1.5067T)z^{-1}}{1-2\text{e}^{-1.5T}\cos(1.5067T)z^{-1}+\text{e}^{-3T}z^{-2}}\end{aligned}$$

分别取抽样间隔 $T=0.2\text{s}$、0.1s 和 $0.05s$，得到

$$H_1(z)=\frac{0.1319z^{-1}}{1-1.4149z^{-1}+0.5488z^{-2}}$$

$$H_2(z)=\frac{0.0388z^{-1}}{1-1.7019z^{-1}+0.7408z^{-2}}$$

$$H_3(z)=\frac{0.0105z^{-1}}{1-1.8502z^{-1}+0.8607z^{-2}}$$

MATLAB 程序如下：

```
B=[4.52];A=[1 3 4.52];                %模拟滤波器系统函数分子和分母多项式系数
W=0:0.1:40;
H0=4.52./(4.52-W.*W+j*3*W);           %模拟滤波器的频率响应
H=abs(H0);H=20*log10(H/max(H));
T1=0.2;fs1=1/T1;                      %分别选取三种抽样频率
T2=0.1;fs2=1/T2;
T3=0.05;fs3=1/T3;
[Bz1,Az1]=impinvar(B,A,fs1)           %抽样响应不变法得到数字滤波器系统函数的
[Bz2,Az2]=impinvar(B,A,fs2)           %分子分母多项式系数
[Bz3,Az3]=impinvar(B,A,fs3)
w=0:0.1:pi;
[H1,w1]=freqz(Bz1,Az1,w);H1=20*log10(abs(H1)/max(abs(H1)));
[H2,w2]=freqz(Bz2,Az2,w);H2=20*log10(abs(H2)/max(abs(H2)));
[H3,w3]=freqz(Bz3,Az3,w);H3=20*log10(abs(H3)/max(abs(H3)));
                                      %以下是画图部分
subplot(1,2,1)
plot(W/10,H);
xlabel('频率/Hz');ylabel('幅度/dB');title('模拟滤波器的幅频特性');
subplot(1,2,2)
plot(w1/pi,H1,'b-',w2/pi,H2,'r-.',w3/pi,H3,'g--');
legend('T=0.2s','T=0.1','T=0.05',3);hold on;
xlabel('\omega/\pi');
ylabel('|H(e^j^\omega)|/dB');title('数字滤波器的幅频特性');
```

程序运行结果如下：

```
Bz1 =          0    0.1319
Az1 =    1.0000   -1.4149    0.5488
Bz2 =          0    0.0388
```

```
Az2 =    1.0000   -1.7019    0.7408
Bz3 =         0    0.0105
Az3 =    1.0000   -1.8502    0.8607
```

与计算出来的结果一致。

模拟滤波器的幅频响应和程序运行得到的数字滤波器的幅频响应如图 6.3.2 所示。从图 6.3.2 中可以看出，当$T = 0.05\text{s}$时，它们的幅频响应很接近，只是在折叠频率$\omega = \pi$处有轻微的混叠现象；而当$T = 0.2\text{s}$和 0.1s 时，频谱混叠现象比较严重，$T = 0.2\text{s}$时数字滤波器的阻带衰减达不到指标要求。这种频谱混叠现象与模拟信号抽样时的频谱混叠现象在概念上是一样的。

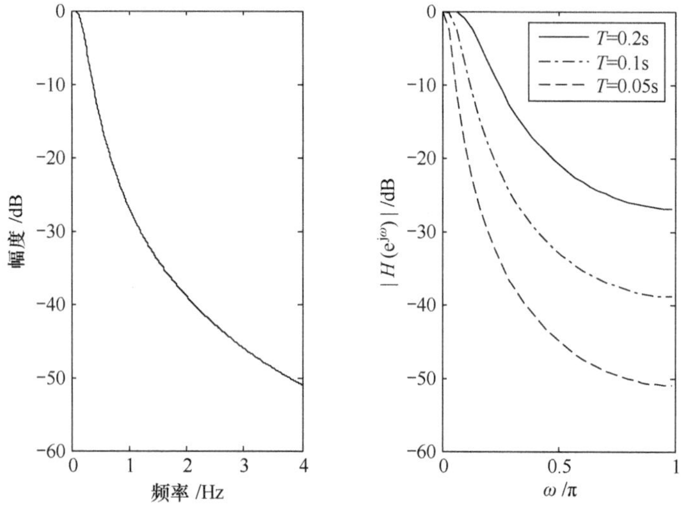

(a) 模拟滤波器的幅频特性　　(b) 数字滤波器的幅频特性

图 6.3.2　例 6.3.2 的幅频响应曲线

3. *z* 平面与 *s* 平面的映射关系

由式（6.3.7）可知，如果s_k是模拟滤波器系统函数$H_a(s)$的极点，则$z_k = \mathrm{e}^{s_k T}$就是由抽样响应不变法得到的数字滤波器系统函数$H(z)$的极点，即s平面的极点s_k和z平面的极点$z_k = \mathrm{e}^{s_k T}$相互映射。将这种映射关系推广，就可以得到抽样响应不变法模拟s平面和数字z平面的映射关系，即

$$z = \mathrm{e}^{sT} \tag{6.3.19}$$

设$s = \sigma + \mathrm{j}\Omega$，$z = r\mathrm{e}^{\mathrm{j}\omega}$，将其代入式（6.3.19），得$r\mathrm{e}^{\mathrm{j}\omega} = \mathrm{e}^{\sigma T}\mathrm{e}^{\mathrm{j}\Omega T}$，故有

$$r = \mathrm{e}^{\sigma T} \tag{6.3.20}$$

$$\omega = \Omega T \tag{6.3.21}$$

式（6.3.20）表明了z平面的模r与s平面的实部σ之间的关系。显然

$$\sigma = 0 \text{ 时，} r = 1$$

$$\sigma < 0 \text{ 时，} r < 1$$

$$\sigma > 0 \text{ 时，} r > 1$$

即，s平面的虚轴（$\sigma = 0$）映射到z平面的单位圆上（$r = 1$）；s平面的左半平面（$\sigma < 0$）映射到z平面的单位圆内（$r < 1$）；s平面的右半平面（$\sigma > 0$）映射z平面的单位圆外（$r > 1$）。

这说明，如果模拟滤波器是因果稳定的，则由抽样响应不变法得到的数字滤波器仍是因果稳定的。

式(6.3.21)既表示了数字角频率和模拟角频率之间的关系，也表示了 z 平面的辐角 ω 与 s 平面虚部 Ω 之间的关系。同时注意到式（6.3.19）表示的映射关系是一个周期函数，满足

$$z = e^{sT} = e^{\sigma T} e^{j\left(\Omega+\frac{2\pi}{T}M\right)T} \tag{6.3.22}$$

式中，M 为任意整数。式（6.3.22）表明，s 平面上的 Ω 由 $-\frac{\pi}{T}$ 到 $\frac{\pi}{T}$ 这一带状区域映射到 z 平面上从 $-\pi$ 到 π 的区域，即整个 z 平面。而且，s 平面上每个宽度为 $\frac{2\pi}{T}$ 的带状区域都重复映射到整个 z 平面，所以产生了无数映射的重叠。这种多对一的非单值映射关系，正是由抽样响应不变法得到的数字滤波器产生频谱混叠现象的原因。

上述关于模拟滤波器的频率与用抽样响应不变法得到的数字滤波器频率之间的映射关系如图 6.3.3 所示，当模拟频率 Ω 由 $-\frac{\pi}{T}$ 变化到 $\frac{\pi}{T}$ 时，数字频率 ω 则从 $-\pi$ 变化到 π，且满足式（6.3.21），即 Ω 与 ω 满足线性关系。这样，具有线性相位特性的模拟滤波器，经抽样响应不变法变换为数字滤波器后，该数字滤波器一定也具有线性相位特性。

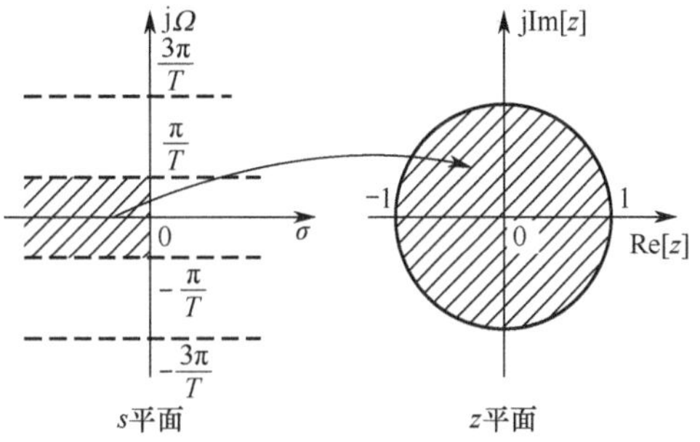

图 6.3.3　s 平面和 z 平面的映射关系

4. 设计方法

由前面的分析可以归纳出抽样响应不变法设计 IIR 数字滤波器的步骤：

（1）确定抽样间隔 T。为了避免频谱混叠现象，要求所涉及的模拟滤波器带限介于 $\pm\frac{\pi}{T}$ 之间，但由于实际的滤波器都有一定宽度的过渡带，可选择 T 满足 $\Omega_{st} < \frac{\pi}{T}$；

（2）依据抽样间隔 T，利用模拟频率和数字频率的关系 $\Omega = \frac{\omega}{T}$，将给定数字滤波器的频率指标 ω_p 和 ω_{st} 转换成模拟滤波器的频率指标，即

$$\Omega_p = \frac{\omega_p}{T},\quad \Omega_{st} = \frac{\omega_{st}}{T}$$

（3）根据指标 $\delta_p, \Omega_p, \delta_{st}, \Omega_{st}$ 设计模拟滤波器 $H_a(s)$；

（4）用抽样响应不变法将模拟滤波器 $H_a(s)$ 变换成数字滤波器 $H(z)$。

例 6.3.3　采用抽样响应不变法设计巴特沃思数字低通滤波器。设计指标为：通带截止频率 $\omega_p = 0.2\pi$，通带最大衰减 $\delta_p = 1\text{dB}$；阻带截止频率 $\omega_{st} = 0.3\pi$，阻带最小衰减 $\delta_{st} = 15\text{dB}$；抽样频率为 1Hz。

解　由于在 6.2 节中已经介绍了模拟低通滤波器设计的计算过程，这里只给出 MATLAB 的设计程序。

```
wp=0.2*pi;ws=0.3*pi;                          %截止频率
Ap=1;As=15;                                   %衰减设置
T=1;fs=1/T;                                   %抽样频率和抽样间隔
Wp=wp*fs;Ws=ws*fs;
[N,Wc]=buttord(Wp,Ws,Ap,As,'s')               %计算阶数和截止频率
[z,p,k]=buttap(N);                            %设计归一化巴特沃思原型滤波器
B=k*real(poly(z));                            %原型滤波器分子多项式系数
A=real(poly(p));                              %原型滤波器分母多项式系数
[Bs,As]=lp2lp(B,A,Wc)                         %去归一化得到模拟低通滤波器
[Bz,Az]=impinvar(Bs,As)                       %数字低通滤波器的系数
[Hz,w]=freqz(Bz,Az);                          %数字低通滤波器的频率响应
dbHz=20*log10(abs(Hz)/max(abs(Hz)));          %化为分贝值
subplot(1,3,1);plot(w/pi,abs(Hz));grid on;
set(gca,'xtick',[0 0.2 0.3 1]);set(gca,'xticklabel',[0 0.2 0.3 1]);
set(gca,'ytick',[0 0.1778 0.8913 1]);
set(gca,'yticklabel',[0 0.1778 0.8913 1]);
xlabel('\omega/\pi');ylabel('|H(e^j^\omega)|');
subplot(1,3,2);plot(w/pi,angle(Hz));grid on;
set(gca,'xtick',[0 0.2 0.3 1]);set(gca,'xticklabel',[0 0.2 0.3 1]);
xlabel('\omega/\pi');ylabel('相位');
subplot(1,3,3);plot(w/pi,dbHz);grid on;
set(gca,'xtick',[0 0.2 0.3 1]);set(gca,'xticklabel',[0 0.2 0.3 1]);
set(gca,'ytick',[-80 -15 -1 0]);set(gca,'yticklabel',[-80 -15 -1 0]);
xlabel('\omega/\pi');ylabel('幅度(dB)')
```

运行结果为：

```
Bs =    0.1266
As =    1.0000    2.7380    3.7484    3.2533    1.8824    0.6905    0.1266
Bz =    0.0000    0.0007    0.0105    0.0167    0.0042    0.0001
Az =    1.0000   -3.3443    5.0183   -4.2190    2.0725   -0.5600    0.0647
```

所以设计出的模拟滤波器系统函数为

$$H_a(s)=\frac{0.1266}{s^6+2.738s^5+3.7484s^4+3.2533s^3+1.8824s^2+0.6905s+0.1266}$$

设计出的数字滤波器系统函数为

$$H(z)=\frac{0.0007z^{-1}+0.0105z^{-2}+0.0167z^{-3}+0.0042z^{-4}+0.0001z^{-5}}{1-3.3443z^{-1}+5.0183z^{-2}-4.219z^{-3}+2.0725z^{-4}-0.56z^{-5}+0.0647z^{-6}}$$

设计出的数字低通滤波器频率响应如图 6.3.4 所示。当 $\omega=0.2\pi$ 时，幅度为 -1dB；当 $\omega=0.3\pi$ 时，幅度为 -15dB，满足指标要求。

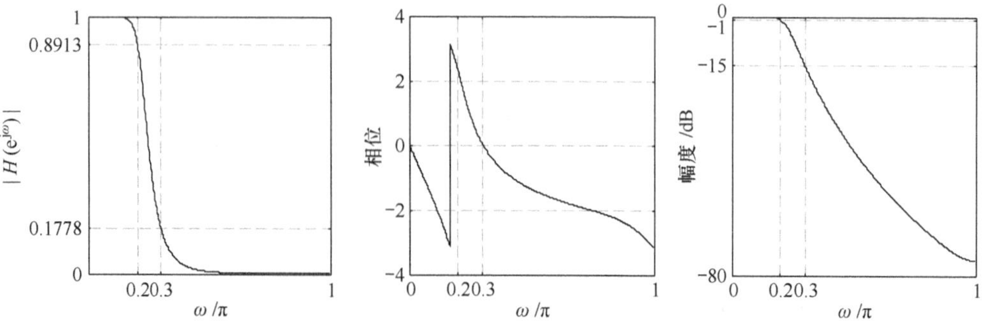

图 6.3.4　例 6.3.3 用抽样响应不变法设计的数字低通滤波器频率响应

6.3.2 双线性变换法

抽样响应不变法是使数字滤波器在时域上模仿模拟滤波器的设计方法，其主要缺点是会产生频率响应的混叠失真，使数字滤波器的频响偏移模拟滤波器的频响。这是从s平面到z平面的多值映射关系造成的。因此，我们希望找到由s平面到z平面的其他映射关系，这种映射关系应保证：

（1）s平面的整个虚轴只映射到z平面的单位圆一周；

（2）若$H_a(s)$是稳定的，由$H_a(s)$映射得到的$H(z)$也应该是稳定的；

（3）这种映射是可逆的，既能由$H_a(s)$得到$H(z)$，也能由$H(z)$得到$H_a(s)$；

（4）如果$H_a(\mathrm{j}0)=1$，那么$H(\mathrm{e}^{\mathrm{j}0})$也应该等于 1。

而双线性变换法就是一种满足上述映射关系、克服了抽样响应不变法所具有的频谱混叠现象的设计方法，这种方法可以使数字滤波器的频率响应模仿模拟滤波器的频率响应。

1. 变换原理

抽样响应不变法之所以会产生频谱混叠失真，原因就是频率的多值映射。为此，可以采用非线性频率压缩方法，将s平面整个频率轴上的频率范围压缩到$\left[-\frac{\pi}{T},\frac{\pi}{T}\right]$，然后再用$z=\mathrm{e}^{sT}$单值映射到$z$平面上，如图 6.3.5 所示。

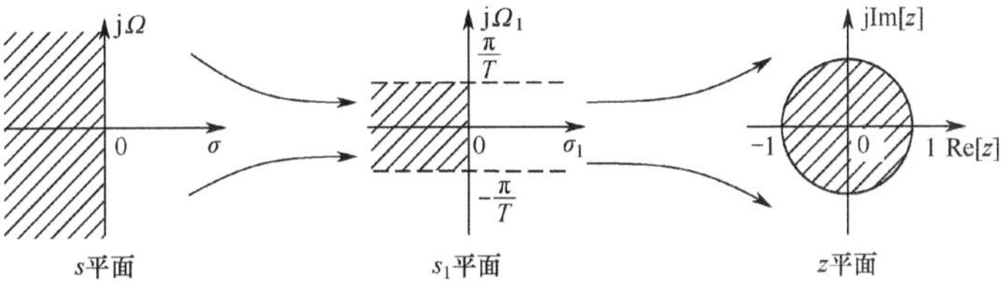

图 6.3.5　双线性变换的映射关系

上述非线性频率压缩实际涉及从无限区间$(-\infty,+\infty)$到有限区间$\left[-\frac{\pi}{T},\frac{\pi}{T}\right]$的变换，而正切变换则具备这种变换效果，可以将$s$平面整个$\mathrm{j}\Omega$轴经非线性频率压缩后，变换到$s_1$平面$s_1=\mathrm{j}\Omega_1$上的$\left[-\frac{\pi}{T},\frac{\pi}{T}\right]$区间，即

$$\Omega=\tan\left(\frac{1}{2}\Omega_1 T\right) \tag{6.3.23}$$

式中，T是抽样间隔，当Ω_1从$-\frac{\pi}{T}$经过 0 变化到$\frac{\pi}{T}$时，Ω则由$-\infty$经过 0 变化到$+\infty$，实现了从 s 平面上整个虚轴完全压缩到s_1平面上虚轴的$\left[-\frac{\pi}{T},\frac{\pi}{T}\right]$之间的转换。可将式（6.3.23）写成

$$\Omega=\frac{\sin\left(\frac{1}{2}\Omega_1 T\right)}{\cos\left(\frac{1}{2}\Omega_1 T\right)}=\frac{\frac{1}{2\mathrm{j}}\left(\mathrm{e}^{\mathrm{j}\frac{\Omega_1 T}{2}}-\mathrm{e}^{-\mathrm{j}\frac{\Omega_1 T}{2}}\right)}{\frac{1}{2}\left(\mathrm{e}^{\mathrm{j}\frac{\Omega_1 T}{2}}+\mathrm{e}^{-\mathrm{j}\frac{\Omega_1 T}{2}}\right)}$$

即

$$\mathrm{j}\Omega=\frac{\mathrm{e}^{\mathrm{j}\frac{\Omega_1 T}{2}}-\mathrm{e}^{-\mathrm{j}\frac{\Omega_1 T}{2}}}{\mathrm{e}^{\mathrm{j}\frac{\Omega_1 T}{2}}+\mathrm{e}^{-\mathrm{j}\frac{\Omega_1 T}{2}}}=\mathrm{th}\left(\frac{1}{2}\mathrm{j}\Omega_1 T\right)$$

令 $\mathrm{j}\Omega=s$， $\mathrm{j}\Omega_1=s_1$，将上式解析到整个 s 平面和 s_1 平面，则得

$$s=\mathrm{th}\left(\frac{1}{2}s_1 T\right)=\frac{1-\mathrm{e}^{-s_1 T}}{1+\mathrm{e}^{-s_1 T}} \tag{6.3.24}$$

再通过 $z=\mathrm{e}^{s_1 T}$ 将 s_1 平面映射到 z 平面上，得到 s 平面和 z 平面的单值映射关系

$$s=\frac{1-z^{-1}}{1+z^{-1}} \tag{6.3.25}$$

$$z=\frac{1+s}{1-s} \tag{6.3.26}$$

一般来说，为了使滤波器的某一频率与数字滤波器的任一频率有对应的关系，可以引入待定系数 c，使式（6.3.23）和式（6.3.24）写成

$$\Omega=c\tan\left(\frac{1}{2}\Omega_1 T\right) \tag{6.3.27}$$

$$s=c\,\mathrm{th}\left(\frac{1}{2}s_1 T\right)=c\frac{1-\mathrm{e}^{-s_1 T}}{1+\mathrm{e}^{-s_1 T}} \tag{6.3.28}$$

这样式（6.3.25）和式（6.3.26）可以写成

$$s=c\frac{1-z^{-1}}{1+z^{-1}} \tag{6.3.29}$$

$$z=\frac{c+s}{c-s} \tag{6.3.30}$$

式（6.3.29）或式（6.3.30）描述了 s 平面与 z 平面之间的单值映射关系，这种关系由两个线性函数之比得到，因此称为双线性变换。由于从 s 平面到 s_1 平面具有非线性频率压缩的功能，因此，不可能产生频率混叠现象，这是双线性变换法较抽样响应不变法的最大优点。

2. 常数 c 的确定

用不同的方法选择 c 可使模拟滤波器的频率特性与数字滤波器频率特性在不同频率处有对应的关系，也就是可以调节频率间的对应关系。选择常数 c 的方法有两种。

（1）考虑在低频处，模拟滤波器与数字滤波器有确切的对应关系，即在低频处 $\Omega\approx\Omega_1$。当 Ω 很小时，满足

$$\tan\left(\frac{1}{2}\Omega_1 T\right)\approx\frac{1}{2}\Omega_1 T$$

所以有

$$\Omega\approx\Omega_1\approx\frac{c}{2}\Omega_1 T$$

即

$$c=\frac{2}{T} \tag{6.3.31}$$

此时滤波器的低频特性得到了很好的近似，但不适合高通、带通滤波器的设计。

（2）考虑数字滤波器的某一特定频率（如截止频率 $\omega_c = \Omega_{1c}T$ ）与模拟原型滤波器的一个特定频率 Ω_c 严格对应，即

$$\Omega_c = c\tan\left(\frac{1}{2}\Omega_{1c}T\right) = c\tan\left(\frac{\omega_c}{2}\right)$$

则有

$$c = \Omega_c \cot\left(\frac{\omega_c}{2}\right) \tag{6.3.32}$$

这种方法的优点是在特定的模拟频率和特定的数字频率处，频率响应是严格相等的，因此，可以较准确地控制模拟截止频率的位置。

3. s 平面和 z 平面的映射关系

将 $s = \sigma + \mathrm{j}\Omega$ 代入式（6.3.30）中，可得

$$z = \frac{c + \sigma + \mathrm{j}\Omega}{c - \sigma - \mathrm{j}\Omega} \tag{6.3.33}$$

对式（6.3.33）两边取模，得到

$$|z| = \sqrt{\frac{(c+\sigma)^2 + \Omega^2}{(c-\sigma)^2 + \Omega^2}} \tag{6.3.34}$$

由式（6.3.34）可知，当 $\sigma < 0$ 时，$|z| < 1$；当 $\sigma = 0$ 时，$|z| = 1$；当 $\sigma > 0$ 时，$|z| > 1$。这就是说双线性变换将 s 平面的左半平面映射到 z 平面单位圆内部，将 s 平面的虚轴映射到 z 平面单位圆上，将 s 平面的右半平面映射到 z 平面单位圆外。所以，双线性变换法将因果稳定的模拟滤波器 $H_a(s)$ 转换成仍是因果稳定的数字滤波器 $H(z)$。

下面推导数字频率 ω 与模拟频率 Ω 之间的映射关系。在式（6.3.29）中，令 $s = \mathrm{j}\Omega$，$z = \mathrm{e}^{\mathrm{j}\omega}$，则有

$$\mathrm{j}\Omega = c\frac{1-\mathrm{e}^{-\mathrm{j}\omega}}{1+\mathrm{e}^{-\mathrm{j}\omega}} = c\frac{\mathrm{e}^{\mathrm{j}\frac{\omega}{2}} - \mathrm{e}^{-\mathrm{j}\frac{\omega}{2}}}{\mathrm{e}^{\mathrm{j}\frac{\omega}{2}} + \mathrm{e}^{-\mathrm{j}\frac{\omega}{2}}} = c\mathrm{j}\tan\left(\frac{\omega}{2}\right)$$

即有

$$\Omega = c\tan\left(\frac{\omega}{2}\right) \tag{6.3.35}$$

和

$$\omega = 2\arctan\left(\frac{\Omega}{c}\right) \tag{6.3.36}$$

这说明，s 平面上的模拟频率 Ω 和 z 平面上的数字频率 ω 成非线性的正切关系，如图 6.3.6 所示。可以看出，当 $\Omega = 0$ 时，$\omega = 0$；当 $\Omega = \infty$ 时，$\omega = \pi$；当 $\Omega = -\infty$ 时，$\omega = -\pi$。这就是说，s 平面的原点映射为 z 平面(1,0)点，而 s 平面的正 $\mathrm{j}\Omega$ 轴和负 $\mathrm{j}\Omega$ 轴分别映射成 z 平面单位圆 $|z| = 1$ 的上半圆和下半圆。由于 s 平面的整个正虚轴（$\Omega = 0$～∞）映射成有限宽的数字频段（$\omega = 0$～π），即频率轴是单值映射关系，所以不会有高于折叠频率的频率成分，因而双线性变换法没有频谱混叠现象。

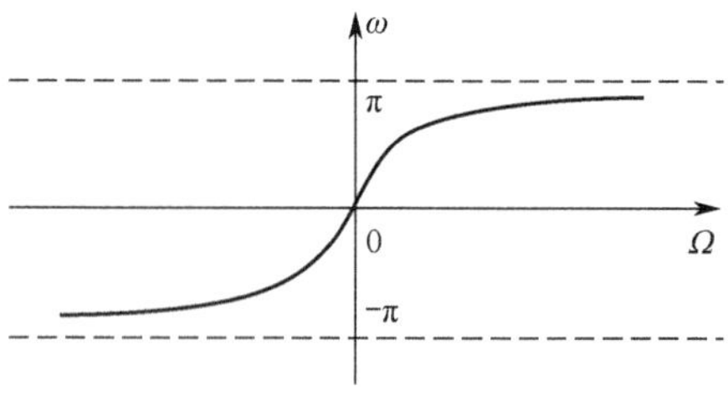

图 6.3.6 双线性变换的频率非线性关系

但是，这种频率形式映射，也会带来新的问题。由图 6.3.6 可以看出，在零频率附近，模拟频率 Ω 与数字频率 ω 的关系接近于线性。T 值越小（抽样频率越高），则呈线性关系的频率范围越大。当 Ω 进一步增大时，ω 与 Ω 之间出现了严重的非线性关系。最后当 $\Omega\to\infty$ 时，ω 终止在折叠频率 $\omega=\pi$ 处。这意味着，模拟滤波器全部频率响应特性被压缩于等效的数字频率范围 $0<\omega<\pi$ 内。可见，双线性变换法消除混叠是以频率的严重非线性为代价的。这种频率之间的非线性带来了以下问题：

（1）如果模拟滤波器是一个线性相位的滤波器，经过双线性变换后得到的是一个非线性相位的数字滤波器；

（2）这种频率的非线性关系导致数字滤波器的频率响应曲线不能模仿相应模拟滤波器的频率响应曲线波形，如图 6.3.7 所示。从图中可以明显看出，由于数字频率和模拟频率之间的非线性映射关系，典型模拟滤波器的幅频响应曲线经过双线性变换后，所得的数字滤波器的幅频响应曲线有较大失真；

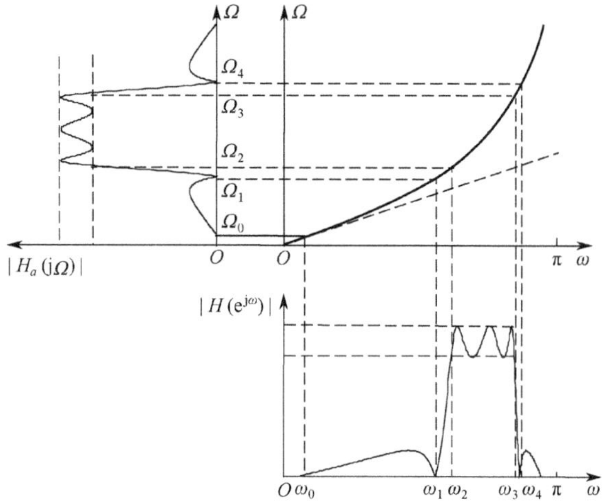

图 6.3.7 双线性变换时频率的预畸变

（3）这种非线性要求被变换的连续时间系统幅度响应必须是分段常数型的（某一段频率范围幅度响应近似某一常数），否则经双线性变换法得到的数字滤波器幅度响应相对原来的模拟频率响应会产生变形。例如，双线性变换不能将模拟微分器变换成数字微分器，但是对于诸如频率响应均是分段常数型的低通模拟滤波器、高通模拟滤波器、带通模拟滤波器、带阻模拟滤波器，可采用双线性变换，得到频率响应为分段常数的滤波器，但是在各个分段边缘的临界频率点会产生畸变。这种频率的畸变，可以通过频率的预畸变来加以校正，即将数字滤波器的边界频率指标，如 ω_p、ω_{st} 等，转换成模拟滤波器的边界频率指标时，按照

$$\Omega_i=c\tan\left(\frac{\omega_i}{2}\right) \tag{6.3.37}$$

的关系计算，式中 i 代表任意一种边界频率。

例如，在图 6.3.7 中，设所希望的数字滤波器的四个截止频率为 ω_1、ω_2、ω_3、ω_4。利用式（6.3.37）的频率变换关系，求出对应的四个模拟截止频率 Ω_1、Ω_2、Ω_3、Ω_4，而模拟滤波器就按此畸变了的截止频率组进行设计。对这个模拟滤波器进行双线性变换，便可得到具有要求截止频率 ω_1、ω_2、ω_3、ω_4 的数字滤波器。

4. 设计方法

由前面的分析可以总结出利用双线性变换法设计 IIR 数字低通滤波器的步骤：

（1）确定抽样频率 T。双线性变换法中参数 T 的选择和最终设计出的数字滤波器无关，因此可以取实际关系中的值，有时为了设计简单，常取 $T=2$。由于 T 的取值会影响计算精度，所以一般使 $\Omega_c T=1$；

（2）按照式（6.3.37）进行非线性预畸变校正，将数字滤波器的通带截止频率 ω_p 和阻带截止频率 ω_{st} 转换成模拟滤波器的通带截止频率 Ω_p 和阻带截止频率 Ω_{st}；

（3）按照模拟滤波器的技术指标 Ω_p、δ_p、Ω_{st} 和 δ_{st} 设计模拟滤波器 $H_a(s)$；

（4）将模拟滤波器 $H_a(s)$ 从 s 平面转换到 z 平面，得到数字低通滤波器的系统函数 $H(z)$。由于在双线性变换法中，s 与 z 之间有简单的代数关系，故可由模拟系统函数通过代数置换直接得到数字滤波器的系统函数，即

$$H(z)=H_a(s)\Big|_{s=c\frac{1-z^{-1}}{1+z^{-1}}}=H_a\left(c\frac{1-z^{-1}}{1+z^{-1}}\right) \tag{6.3.38}$$

可见，数字滤波器的极点数等于模拟滤波器的极点数。

数字滤波器的频率响应也可用直接置换得到

$$H(\mathrm{e}^{\mathrm{j}\omega})=H_a(\mathrm{j}\Omega)\Big|_{\Omega=c\tan\left(\frac{\omega}{2}\right)}=H_a\left(\mathrm{j}c\tan\left(\frac{\omega}{2}\right)\right) \tag{6.3.39}$$

再者，可在未进行双线性变换前把原模拟系统函数分解成并联或级联子系统函数，然后再对每个子系统函数分别加以双线性变换。就是说，所有的分解，都可以根据模拟滤波器系统函数来进行，因为模拟滤波器已有大量图表资料可以利用，且分解模拟系统函数比较容易。

例 6.3.4　分别用抽样响应不变法和双线性变换法将系统函数为 $H_a(s)=\dfrac{1000}{s+1000}$ 的模拟滤波器转换为数字滤波器。

解　系统函数的极点为 $s_1=-1000$，利用抽样响应不变法得到的数字滤波器系统函数为

$$H_1(z)=\frac{1000T}{1-\mathrm{e}^{-1000T}z^{-1}}$$

利用双线性变换法得到的数字滤波器系统函数为

$$H_2(z)=H_a(s)\Big|_{s=\frac{2}{T}\cdot\frac{1-z^{-1}}{1+z^{-1}}}=\frac{1000}{\dfrac{2}{T}\dfrac{1-z^{-1}}{1+z^{-1}}+1000}=\frac{\dfrac{1000T}{1000T+2}(1+z^{-1})}{1+\dfrac{1000T-2}{1000T+2}z^{-1}}$$

设 $T=0.001\mathrm{s}$ 和 $T=0.002\mathrm{s}$，得到系统函数分别为

$$H_{11}(z)=\frac{1}{1-0.3679z^{-1}}，\quad H_{12}(z)=\frac{2}{1-0.1353z^{-1}}$$

$$H_{21}(z)=\frac{0.3333\,(1+z^{-1})}{1-0.3333z^{-1}}，\quad H_{22}(z)=0.5(1+z^{-1})$$

MATLAB 程序如下：

```
B=[1000];A=[1 1000];
W=0:0.1:20000;
H0=1000./(1000+j*W);
H=abs(H0);H=20*log10(H/max(H));
T1=0.001;fs1=1/T1;
T2=0.002;fs2=1/T2;
[Bz1,Az1]=impinvar(B,A,fs1)
[Bz2,Az2]=impinvar(B,A,fs2)
[Bz3,Az3]=bilinear(B,A,fs1)
[Bz4,Az4]=bilinear(B,A,fs2)
w=0:0.1:pi;
[H1,w1]=freqz(Bz1,Az1,w);H1=20*log10(abs(H1)/max(abs(H1)));
[H2,w2]=freqz(Bz2,Az2,w);H2=20*log10(abs(H2)/max(abs(H2)));
[H3,w3]=freqz(Bz3,Az3,w);H3=20*log10(abs(H3)/max(abs(H3)));
[H4,w4]=freqz(Bz4,Az4,w);H4=20*log10(abs(H4)/max(abs(H4)));
subplot(1,3,1)
plot(W/10,H); grid
xlabel('频率/Hz');ylabel('幅度/dB');title('模拟滤波器的幅频响应');
subplot(1,3,2)
plot(w1/pi,H1,'b-',w2/pi,H2,'r-.');grid
legend('T=0.001s','T=0.002',2);hold on;
xlabel('\omega/\pi');ylabel('|H1(e^j^\omega)|/|H2(e^j^0)|/dB');title('抽样
响应不变法');
subplot(1,3,3); plot(w3/pi,H3,'b-',w4/pi,H4,'r-.');grid
legend('T=0.001s','T=0.002',2);hold on;
xlabel('\omega/\pi');
ylabel('|H2(e^j^\omega)|/|H2(e^j^0)|/dB');title('双线性变换法');
```

程序运行图如图 6.3.8 所示。

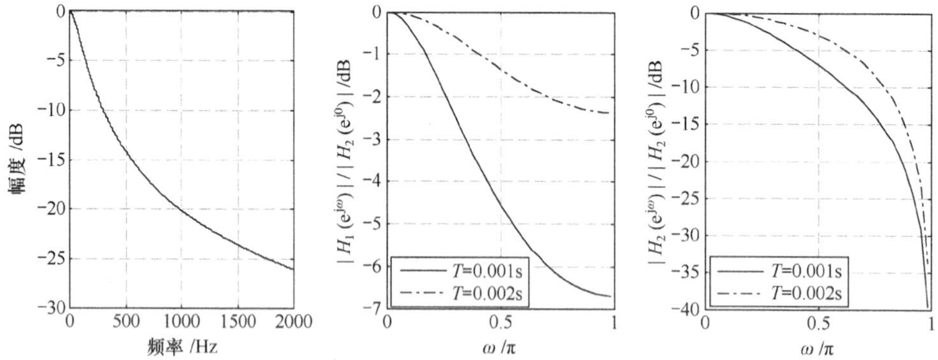

(a) 模拟滤波器的幅频特性　(b) 抽样响应不变法　(c) 双线性变换法

图 6.3.8　例 6.3.4 中设计的数字滤波器的幅频响应曲线

从图 6.3.8 中可以看出，采用抽样响应不变法设计的数字滤波器，$\omega=\pi$ 处对应的频率响应与抽样间隔 T 有关。由于频谱混叠，均和原模拟滤波器的幅频响应有较大区别，且频率越高，差别越大。

采用双线性变换法设计的数字滤波器，由于频率压缩作用，使 $\omega=\pi$ 处的幅度为零。又由于该转换法的非线性，造成曲线的形状偏离原模拟滤波器幅度特性的形状较大，T 越小，非线性的影响越少。对于抽样响应不变法，虽然在 $\omega=\pi$ 附近有频谱混叠现象，但因为频率是线性转换的，曲线形状与原模拟滤波器很相近（尤其是在 $\omega=0$ 附近）。

例 6.3.5　以巴特沃思低通滤波器为原型，采用双线性变换法设计一低通滤波器，指标要求同例 6.3.3：通带截止频率 $\omega_p=0.2\pi$，通带最大衰减 $\delta_p=1\text{dB}$；阻带截止频率 $\omega_{st}=0.3\pi$，阻带最小衰减 $\delta_{st}=15\text{dB}$；抽样频率为 1Hz。

解　MATLAB 程序如下：

```
wp=0.2*pi;ws=0.3*pi;                        %数字滤波器截止频率
Ap=1;As=15;                                 %衰减设置
T=1;fs=1/T;                                 %抽样间隔与抽样频率
Wp=(2/T)*tan(wp/2);Ws=(2/T)*tan(ws/2);      %转换为模拟滤波器截止频率
[N,Wc]=buttord(Wp,Ws,Ap,As,'s')             %计算阶数和截止频率
[z,p,k]=buttap(N);                          %归一化原型滤波器设计
B=k*real(poly(z));                          %分子多项式系数
A=real(poly(p));                            %分母多项式系数
[Bs,As]=lp2lp(B,A,Wc)                       %去归一化得到模拟低通滤波器
[Bz,Az]=bilinear(Bs,As,fs)                  %数字低通滤波器的系数
[Hz,w]=freqz(Bz,Az);                        %数字低通滤波器的频率响应
dbHz=20*log10(abs(Hz)/max(abs(Hz)));        %化为分贝值
subplot(1,3,1);plot(w/pi,abs(Hz));grid on;
set(gca,'xtick',[0 0.2 0.3 1]);set(gca,'xticklabel',[0 0.2 0.3 1]);
set(gca,'ytick',[0 0.1778 0.8913 1]);set(gca,'yticklabel',[0 0.1778 0.8913 1]);
xlabel('\omega/\pi');ylabel('|H(e^j^\omega)|');
subplot(1,3,2);plot(w/pi,angle(Hz));grid on;
set(gca,'xtick',[0 0.2 0.3 1]);set(gca,'xticklabel',[0 0.2 0.3 1]);
xlabel('\omega/\pi');ylabel('相位');
subplot(1,3,3);plot(w/pi,dbHz);grid on;
axis([0,1,-80,5]);
set(gca,'xtick',[0 0.2 0.3 1]);set(gca,'xticklabel',[0 0.2 0.3 1]);
set(gca,'ytick',[-80 -15 -1 0]);set(gca,'yticklabel',[-80 -15 -1 0]);
xlabel('\omega/\pi');ylabel('幅度(dB)')
```

程序运行结果如下：

```
Bs =   0.2024
As =   1.0000    2.9605    4.3822    4.1124    2.5728    1.0205    0.2024
Bz =   0.0007    0.0044    0.0111    0.0148    0.0111    0.0044    0.0007
Az =   1.0000   -3.1836    4.6222   -3.7795    1.8136   -0.4800    0.0544
```

所以设计出的模拟滤波器的系统函数为

$$H_a(s)=\frac{0.2024}{s^6+2.9605s^5+4.3822s^4+4.1124s^3+2.5728s^2+1.0205s+0.2024}$$

设计出的数字滤波器的系统函数为

$$H(z)=\frac{0.0007+0.0044z^{-1}+0.0111z^{-2}+0.0148z^{-3}+0.0111z^{-4}+0.0044z^{-5}+0.0007z^{-6}}{1-3.1836z^{-1}+4.6222z^{-2}-3.7795z^{-3}+1.8136z^{-4}-0.48z^{-5}+0.05444z^{-6}}$$

设计出的数字低通滤波器的频率响应如图 6.3.9 所示。可见阻带满足指标要求，通带指标有富余，没有频谱混叠。但数字滤波器与模拟滤波器的幅频响应曲线形状有很大区别，这是频率非线性畸变引起的。

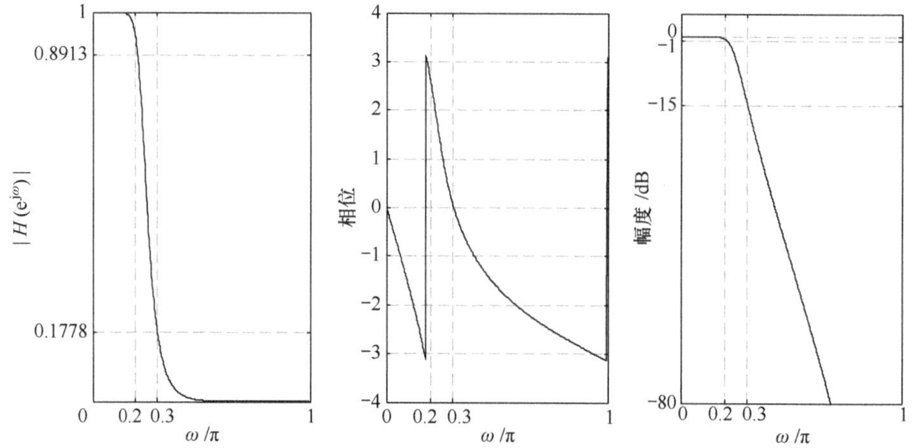

图 6.3.9　例 6.3.5 设计的数字滤波器的频率响应

5. 双线性变换的表格设计

双线性变换法要通过式（6.3.38）将 $H_a(s)$ 转换成 $H(z)$，但是当滤波器的阶数很高时，计算量很高，而且很繁杂。因此，可以预先求出双线性变换法中离散系统函数的系数与模拟系统函数的系数之间的关系并列成表格，利用表格进行设计。

设模拟系统函数的表达式为

$$H_a(s)=\frac{\sum_{k=0}^{N}A_k s^k}{\sum_{k=0}^{N}B_k s^k}=\frac{A_0+A_1 s+A_2 s^2+\cdots+A_N s^N}{B_0+B_1 s+B_2 s^2+\cdots+B_N s^N} \tag{6.3.40}$$

应用式（6.3.38），并经过整理，可得

$$H(z)=\frac{\sum_{k=0}^{N}a_k z^{-k}}{\sum_{k=0}^{N}b_k z^{-k}}=\frac{a_0+a_1 z^{-1}+a_2 z^{-2}+\cdots+a_N z^{-N}}{1+b_1 z^{-1}+b_2 z^{-2}+\cdots+b_N z^{-N}} \tag{6.3.41}$$

A_k、B_k 与 a_k、b_k 的关系列于表 6.3.1 中。

表 6.3.1　双线性变换法中 $H_a(s)$ 的系数与 $H(z)$ 的系数之间的关系（$c=2/T$）

一阶 $N=1$	
A	B_0+B_1C
a_0	$(A_0+A_1C)/A$
a_1	$(A_0-A_1C)/A$
b_1	$(B_0-A_1C)/A$
二阶 $N=2$	
A	$B_0+B_1C+B_2C^2$
a_0	$(A_0+A_1C+A_2C^2)/A$
a_1	$(2A_0-2A_2C^2)/A$
a_2	$(A_0-A_1C+A_2C^2)/A$
b_1	$(2B_0-2B_2C^2)/A$
b_2	$(B_0-B_1C+B_2C^2)/A$

（续表）

三阶 $N=3$	
A	$B_0+B_1C+B_2C^2+B_3C^3$
a_0	$(A_0+A_1C+A_2C^2+A_3C^3)/A$
a_1	$(3A_0+A_1C-A_2C^2-3A_3C^3)/A$
a_2	$(3A_0-A_1C-A_2C^2+3A_3C^3)/A$
a_3	$(A_0-A_1C+A_2C^2-A_3C^3)/A$
b_1	$(3B_0+B_1C-B_2C^2-3B_3C^3)/A$
b_2	$(3B_0-B_1C-B_2C^2+3B_3C^3)/A$
b_3	$(B_0-B_1C+B_2C^2-B_3C^3)/A$

6.4　数字高通、带通和带阻 IIR 滤波器的设计

前面讨论并举例说明了由模拟低通滤波器设计低通数字滤波器的设计方法。但由于模拟低通滤波器的设计公式和图表都是以归一化低通原型的形式给出的，若要设计高通、带通、带阻等其他类型的 IIR 数字滤波器，则可以采用频带变换法：先设计一个归一化的模拟低通原型滤波器，然后通过适当的频率变换方法，转换成所需类型的数字滤波器。频带变换有两种基本方法，如图 6.4.1 所示。

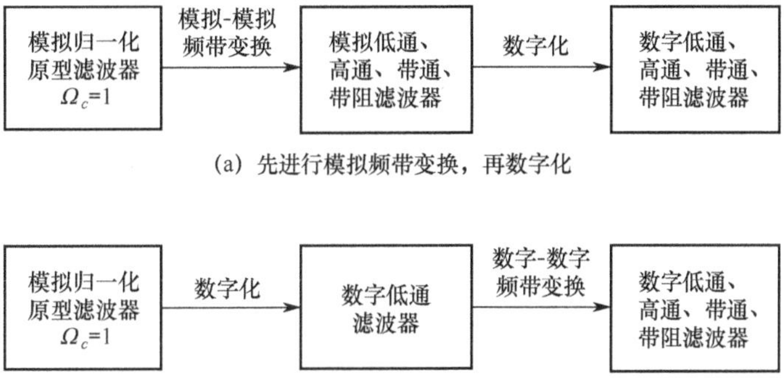

(a) 先进行模拟频带变换，再数字化

(b) 先数字化，再进行数字频带变换

图 6.4.1　设计 IIR 数字滤波器的频率变换法

1. 模拟频带法

首先设计一个模拟低通原型滤波器，接下来通过模拟滤波器的频率变换，转换成模拟高通、带通、带阻等模拟滤波器，最后再转换成相应类型的数字滤波器，这种方法的频率变换在模拟域内进行，所以称为模拟频带法，如图 6.4.1（a）所示。

2. 数字频带法

首先设计一个模拟低通原型滤波器，其次数字化得到低通数字滤波器，最后再通过两个 z 平面（数字低通与其他待设计类型中的一个）之间的变换（频率变换）转换成其他类型的数字滤波器，这种方法的频率变换在数字域内进行，所以称为数字频带法，如图 6.4.1（b）所示。

下面分别对两种方法进行介绍。

6.4.1 模拟频带法

采用模拟频带法设计数字高通、带通、带阻滤波器，都可以先将该滤波器的技术指标转换为低通滤波器的技术指标，按照转化后的指标先设计模拟低通滤波器，再通过模拟频带的变换，将其系统函数变换成所需的模拟高通、带通、带阻滤波器的系统函数，最后采用双线性变换法将模拟滤波器转换成数字滤波器。

在上述设计过程中，一个关键步骤就是如何将模拟低通滤波器转换成模拟高通、带通、带阻滤波器，即频带变换。下面对此进行详细介绍，同时结合实例分别说明设计数字高通、带通、带阻滤波器的过程。

1. 由模拟低通滤波器到模拟高通滤波器的变换

设模拟低通滤波器的传递函数为$H_L(s)$，归一化拉氏复变量用p表示，归一化角频率为λ，$H_L(p)$为归一化低通系统函数；高通滤波器传递函数为$H_H(s)$，归一化拉氏复变量用q表示，归一化角频率为η，$H_H(q)$为归一化高通系统函数。

低通滤波器的$H_L(j\lambda)$和高通滤波器$H_H(j\eta)$的幅频特性是相反的，需要把通带从低频区变换到高频区，同时把阻带从高频区变换到低频区，如图 6.4.2 所示。图中λ_p、λ_{st}分别称为低通滤波器的归一化通带截止频率和归一化阻带截止频率；η_p、η_{st}分别称为高通滤波器的归一化通带截止频率和归一化阻带截止频率。

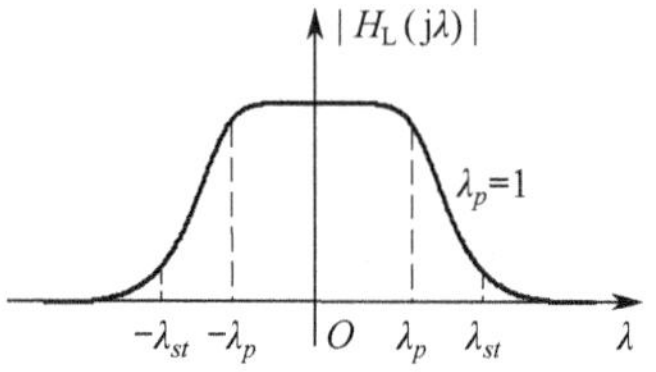

(a) 低通滤波器的幅频特性

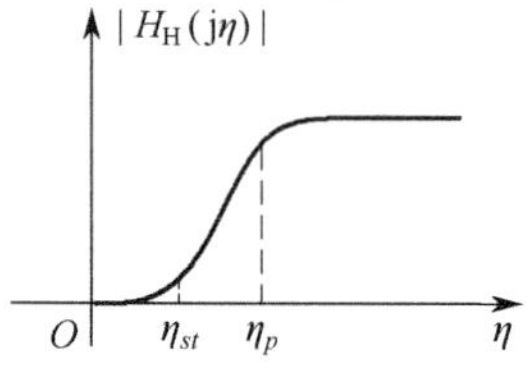

(b) 高通滤波器的幅频特性

图 6.4.2 低通和高通模拟滤波器的幅频特性

由于$|H_L(j\lambda)|$和$|H_H(j\eta)|$都是频率的偶函数，可以把$|H_L(j\lambda)|$右边的曲线和$|H_H(j\eta)|$曲线对应起来，低通的λ从 0 经过λ_p和λ_{st}到∞时，高通的η则从∞经过η_p和η_{st}到 0。因此，λ和η之间的关系为

$$\lambda=\frac{1}{\eta} \tag{6.4.1}$$

式（6.4.1）即为低通滤波器到高通滤波器的频率变换公式，如果已知低通滤波器$H_L(j\lambda)$，则可以用式（6.4.2）将其转化为高通滤波器：

$$H_H(j\eta)=H_L(j\lambda)\big|_{\lambda=\frac{1}{\eta}} \tag{6.4.2}$$

令$p=j\lambda$，$q=j\eta$，则有

$$p=-\frac{1}{j\eta}=-\frac{1}{q} \tag{6.4.3}$$

得

$$H_{\mathrm{H}}(q)=H_{\mathrm{L}}(p)\big|_{p=-\frac{1}{q}}$$

考虑幅频响应都是频率的偶函数，所以

$$H_{\mathrm{H}}(q)=H_{\mathrm{L}}(p)\big|_{p=\frac{1}{q}} \tag{6.4.4}$$

设计高通模拟滤波器时，通常需要将高通滤波器的边界频率 η_p 和 η_{st} 按式（6.4.1）转换成低通滤波器的边界频率 λ_p 和 λ_{st}，通带最大衰减 δ_p 和阻带最小衰减 δ_{st} 保持不变，然后根据上述指标设计一个归一化的模拟低通滤波器 $H_{\mathrm{L}}(p)$，通过式（6.4.4）转换成高通滤波器。最后去归一化，将 $q=\dfrac{s}{\Omega_c}$ 代入 $H_{\mathrm{H}}(q)$，得到模拟高通滤波器的系统函数为

$$H_{\mathrm{H}}(s)=H_{\mathrm{H}}(q)\big|_{q=\frac{s}{\Omega_c}}=H_{\mathrm{L}}(p)\big|_{p=\frac{\Omega_c}{s}} \tag{6.4.5}$$

再通过双线性变换法将 $H_{\mathrm{H}}(s)$ 转换成所希望 IIR 数字高通滤波器的系统函数 $H(z)$。

例 6.4.1　以巴特沃思模拟滤波器为原型，设计一个数字高通滤波器，要求通带截止频率 $\omega_p=0.8\pi$ rad，通带衰减不大于 3dB，阻带截止频率 $\omega_{st}=0.44\pi$ rad，阻带衰减不小于 15dB。抽样周期为 $T=1\,\mathrm{s}$。

解　（1）确定数字高通滤波器的技术指标。

$$\omega_p=0.8\pi\mathrm{rad},\ \omega_{st}=0.44\pi\mathrm{rad},\ \delta_p=3\mathrm{dB},\ \delta_{st}=15\mathrm{dB}$$

（2）将数字高通滤波器的技术指标转换成模拟高通滤波器的技术指标。

$$\Omega_p=\frac{2}{T}\tan\left(\frac{\omega_p}{2}\right)=6.1554\mathrm{rad}\ ,\ \Omega_{st}=\frac{2}{T}\tan\left(\frac{\omega_{st}}{2}\right)=1.655\mathrm{rad}$$

（3）将模拟高通滤波器的技术指标转换成模拟低通滤波器的技术指标。

$$\Omega_p=\frac{1}{6.155}=0.1625\mathrm{rad}\ ,\ \Omega_{st}=\frac{1}{1.655}=0.604\mathrm{rad}$$

将 Ω_p 和 Ω_{st} 对 3dB 的截止频率进行归一化，这里 $\Omega_c=\Omega_p$

$$\lambda_p=1,\ \lambda_{st}=\frac{\Omega_{st}}{\Omega_p}=3.71$$

（4）设计归一化模拟低通滤波器。

$$N=\left\lceil\frac{\lg\sqrt{(10^{0.1\delta_{st}}-1)/(10^{0.1\delta_p}-1)}}{\lg(\lambda_{st}/\lambda_p)}\right\rceil=\lceil 1.31\rceil=2$$

所以得归一化模拟低通滤波器为

$$H_{\mathrm{L}}(s)=\frac{1}{s^2+1.414s+1}$$

（5）将归一化模拟低通滤波器转换成模拟高通滤波器

$$H_{\mathrm{H}}(s)=H_{\mathrm{L}}(s)\big|_{s=\frac{\Omega_c}{s}}=\frac{\Omega_c^2 s^2}{\Omega_c^2 s^2+1.414\Omega_c s+1}=\frac{s^2}{s^2+8.705s+37.8885}$$

（6）用双线性法将模拟高通滤波器转换成所需设计的数字高通滤波器

$$H(z)=H_{\mathrm{H}}(s)\big|_{s=\frac{2}{T}\frac{1-z^{-1}}{1+z^{-1}}}=\frac{0.0675(1-z^{-1})^2}{1+1.143z^{-1}+0.4128z^{-2}}$$

MATLAB 程序如下：

```
wp=0.8*pi;ws=0.44*pi;                        %数字滤波器的截止频率
Ap=3;As=15;                                  %衰减设置
T=1;fs=1/T;
Wp=2*fs*tan(wp/2)                            %转换为模拟滤波器指标
Ws=2*fs*tan(ws/2);
[N,Wc]=buttord(Wp,Ws,Ap,As,'s')              %计算阶数和截止频率
[z,p,k]=buttap(N);                           %归一化原型滤波器设计
B=k*real(poly(z));                           %原型滤波器分子多项式系数
A=real(poly(p));                             %原型滤波器分母多项式系数
[Bs,As]=lp2hp(B,A,Wp)                        %变换为模拟高通滤波器
[Bz,Az]=bilinear(Bs,As,fs)                   %双线性变换
[Hz,w]=freqz(Bz,Az);                         %数字高通滤波器的频率响应
dbHz=20*log10(abs(Hz)/max(abs(Hz)));         %化为分贝值
subplot(1,3,1);plot(w/pi,abs(Hz));grid on;
set(gca,'xtick',[0 0.44 0.8 1]);set(gca,'xticklabel',[0 0.44 0.8 1]);
set(gca,'ytick',[0 0.1778 0.7071 1]);set(gca,'yticklabel',[0 0.1778 0.7071 1]);
xlabel('\omega/\pi');ylabel('|H(e^j^\omega)|');
subplot(1,3,2);plot(w/pi,angle(Hz)/pi*180);grid on;
set(gca,'xtick',[0 0.44 0.8 1]);set(gca,'xticklabel',[0 0.44 0.8 1]);
xlabel('\omega/\pi');ylabel('相位');
subplot(1,3,3);plot(w/pi,dbHz);grid on;
axis([0,1,-80,5]);
set(gca,'xtick',[0 0.44 0.8 1]);set(gca,'xticklabel',[0 0.44 0.8 1]);
set(gca,'ytick',[-80 -15 -3 0]);set(gca,'yticklabel',[-80 -15 -3 0]);
xlabel('\omega/\pi');ylabel('幅度(dB)')
```

程序运行结果为：

```
Bs =    1.0000   -0.0000    0.0000
As =    1.0000    8.7050   37.8885
Bz =    0.0675   -0.1349    0.0675
Az =    1.0000    1.1430    0.4128
```

可见，结果和计算的结果是一致的。数字高通滤波器的频率响应如图 6.4.3 所示。

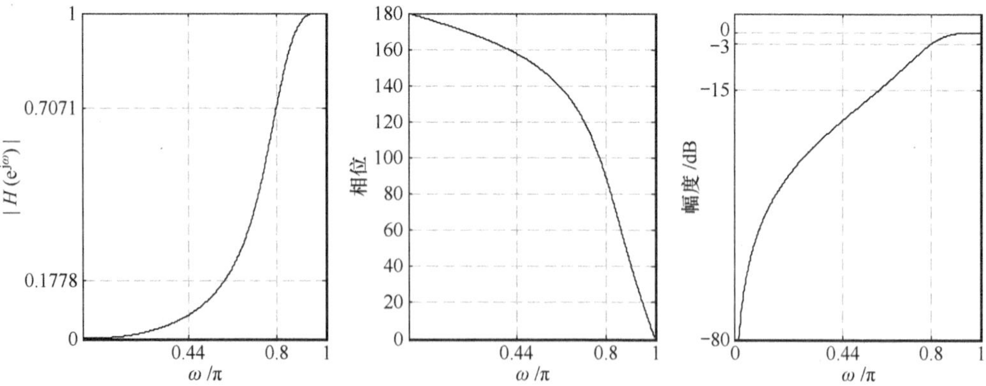

图 6.4.3 例 6.4.1 中数字高通滤波器的频率响应

2. 由模拟低通滤波器到模拟带通滤波器的变换

模拟带通滤波器有四个频率参数，分别是 Ω_{st1}、Ω_{p1}、Ω_{p2} 和 Ω_{st2}，其中 Ω_{p1} 和 Ω_{p2} 分

别称为模拟带通滤波器的通带下限频率和通带上限频率；Ω_{st1} 和 Ω_{st2} 分别称为下阻带上限频率和上阻带下限频率。带通滤波器一般用通带中心频率 Ω_0 和通带带宽 B 两个参数表征。这两个参数的定义分别为

$$\Omega_0=\sqrt{\Omega_{p1}\Omega_{p2}} \tag{6.4.6}$$

$$B=\Omega_{p2}-\Omega_{p1} \tag{6.4.7}$$

将带通滤波器的频率参数以通带带宽做归一化处理，有：

$$\eta_{p1}=\Omega_{p1}/B,\ \eta_{p2}=\Omega_{p2}/B,\ \eta_{st1}=\Omega_{st1}/B,\ \eta_{st2}=\Omega_{st2}/B,\ \eta_0=\Omega_0/B \tag{6.4.8}$$

归一化的低通滤波器与带通滤波器的幅频特性如图 6.4.4 所示，由图 6.4.4（a）和图 6.4.4（b）可以得到 λ 和 η 的一些主要对应关系，如表 6.4.1 所示。这样得到 λ 和 η 的转换关系为

$$\lambda=\frac{\eta^2-\eta_0^2}{\eta} \tag{6.4.9}$$

式（6.4.9）称为低通滤波器到带通滤波器的频率变换公式，利用该式可将带通的边界频率转换成低通的边界频率。

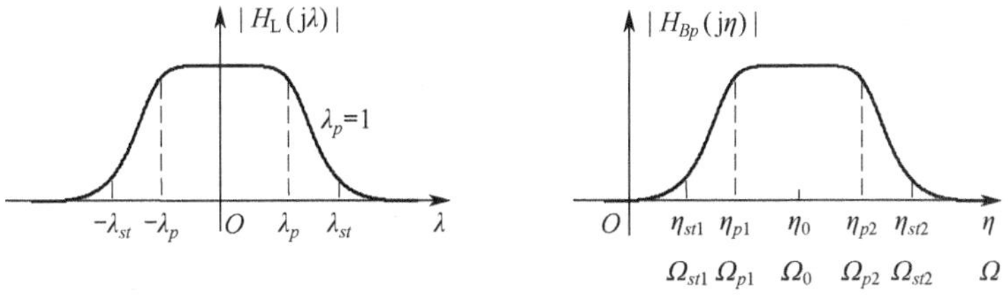

(a) 低通滤波器的幅频特性　　(b) 带通滤波器的幅频特性

图 6.4.4　低通和带通模拟滤波器的幅频特性

表 6.4.1　λ 和 η 的一些主要对应关系

λ	$-\infty$	$-\lambda_{st}$	$-\lambda_p$	0	λ_p	λ_{st}	∞
η	0	η_{st1}	η_{p1}	η_0	η_{p2}	η_{st2}	∞

类似低通滤波器到高通滤波器的转换公式，在复平面的虚轴处有 $p=j\lambda$，$q=j\eta$，将其代入式（6.4.9）可得

$$p=j\lambda=j\frac{\eta^2-\eta_0^2}{\eta}=j\frac{(q/j)^2-\eta_0^2}{(q/j)}=\frac{q^2+\eta_0^2}{q}$$

去归一化，将 $s=qB$ 代入上式，得到

$$p=\frac{\left(\dfrac{s}{B}\right)^2+\dfrac{\Omega_{p1}\Omega_{p2}}{B^2}}{s/B}=\frac{s^2+\Omega_{p1}\Omega_{p2}}{s(\Omega_{p2}-\Omega_{p1})} \tag{6.4.10}$$

由此，可得出归一化低通滤波器转换成模拟带通滤波器的转换公式为

$$H_{Bp}(s)=H_L(p)\Big|_{p=\frac{s^2+\Omega_{p1}\Omega_{p2}}{s(\Omega_{p2}-\Omega_{p1})}} \tag{6.4.11}$$

由于低通滤波器到带通滤波器的频带变换为二阶有理函数，所以变换后得到的带通滤波器的阶数是归一化低通滤波器阶数的 2 倍。

例 6.4.2 以巴特沃思模拟滤波器为原型，设计一个数字带通滤波器，要求通带范围为$[0.3\pi,0.4\pi]$，通带衰减不大于 3dB，阻带范围为$[0,0.2\pi]$和$[0.5\pi,\pi]$，阻带衰减不小于 18dB。抽样周期为$T=1$。

解 （1）确定数字带通滤波器的技术指标。

$\omega_{p1}=0.3\pi\text{rad}$，$\omega_{p2}=0.4\pi\text{rad}$，$\omega_{st1}=0.2\pi\text{rad}$，$\omega_{st2}=0.5\pi\text{rad}$，$\delta_p=3\text{dB}$，$\delta_{st}=18\text{dB}$

（2）将数字带通滤波器的技术指标转换成模拟带通滤波器的技术指标。

$$\Omega_{p1}=\frac{2}{T}\tan\left(\frac{\omega_{p1}}{2}\right)=1.019，\ \Omega_{p2}=\frac{2}{T}\tan\left(\frac{\omega_{p2}}{2}\right)=1.453$$

$$\Omega_{st1}=\frac{2}{T}\tan\left(\frac{\omega_{st1}}{2}\right)=0.650，\ \Omega_{st2}=\frac{2}{T}\tan\left(\frac{\omega_{st2}}{2}\right)=2$$

$$\Omega_0=\sqrt{\Omega_{p1}\Omega_{p2}}=1.217，\ B=\Omega_{p2}-\Omega_{p1}=0.434$$

将以上的边界频率对带宽 B 进行归一化，有 $\eta_{p1}=\frac{\Omega_{p1}}{B}=2.348$，$\eta_{p2}=\frac{\Omega_{p2}}{B}=3.348$，$\eta_{st1}=\frac{\Omega_{st1}}{B}=1.498$，$\eta_{st2}=\frac{\Omega_{st2}}{B}=4.608$，$\eta_0=\frac{\Omega_0}{B}=2.804$。

（3）将上述技术指标转换成归一化模拟低通滤波器的技术指标。

$$\lambda_p=\frac{\eta_{p2}^2-\eta_0^2}{\eta_{p2}}=1，\ -\lambda_p=\frac{\eta_{p1}^2-\eta_0^2}{\eta_{p1}}=-1$$

$$\lambda_{st}=\frac{\eta_{st2}^2-\eta_0^2}{\eta_{st2}}=2.902，\ -\lambda_{st}=\frac{\eta_{st1}^2-\eta_0^2}{\eta_{st1}}=-3.7506$$

$\lambda_p=1$可以不用计算直接给出，但λ_{st}和$-\lambda_{st}$的绝对值不同，这是由于所给技术指标不完全对称所致。取λ_{st}为其中绝对值较小的值，即$\lambda_{st}=2.902$，这样保证在$\lambda_{st}=2.902$处的衰减保证为 18dB，在$\lambda_{st}=3.7506$处的衰减更能满足要求。

（4）设计归一化模拟低通滤波器。

$$N=\left\lceil\frac{\lg\sqrt{(10^{0.1\delta_{st}}-1)/(10^{0.1a_p}-1)}}{\lg(\lambda_{st}/\lambda_p)}\right\rceil=\lceil 1.94\rceil=2$$

所以得归一化模拟低通滤波器为

$$H_{\mathrm{L}}(p)=\frac{1}{p^2+1.414p+1}$$

（5）将归一化模拟低通滤波器转换成模拟带通滤波器。

$$H_{Bp}(s)=H_{\mathrm{L}}(p)\Big|_{p=\frac{s^2+\Omega_{p1}\Omega_{p2}}{s(\Omega_{p2}-\Omega_{p1})}}=\frac{0.188s^4}{s^4+0.6138s^3+3.15s^2+0.909s+2.193}$$

（6）用双线性法将模拟带通滤波器转换成所需设计的数字带通滤波器。

$$H(z)=H_{Bp}(s)\Big|_{s=\frac{2}{T}\frac{1-z^{-1}}{1+z^{-1}}}=\frac{0.020(1-2z^{-2}+z^{-4})}{1-1.637z^{-1}+2.238z^{-2}-1.307z^{-3}+0.641z^{-4}}$$

MATLAB 程序如下：

```
wp1=0.3*pi;wp2=0.4*pi;                    %数字滤波器通带截止频率
ws1=0.2*pi;ws2=0.5*pi;                    %数字滤波器阻带截止频率
```

```
Ap=3;As=18;                                          %衰减设置
T=1;fs=1/T;
Wp1=2*fs*tan(wp1/2);Wp2=2*fs*tan(wp2/2);
Wp=[Wp1,Wp2];                                        %模拟滤波器的通带截止频率
Ws1=2*fs*tan(ws1/2);Ws2=2*fs*tan(ws2/2);
Ws=[Ws1,Ws2];                                        %模拟滤波器的阻带截止频率
Bw=Wp2-Wp1;W0=sqrt(Wp1*Wp2);                         %模拟通带带宽和中心频率
[N,Wc]=buttord(Wp,Ws,Ap,As,'s')                      %计算阶数和截止频率
[z,p,k]=buttap(N);                                   %设计归一化模拟滤波器
B=k*real(poly(z));                                   %分子多项式系数
A=real(poly(p));                                     %分母多项式系数
[Bs,As]=lp2bp(B,A,W0,Bw)                             %变换为模拟带通滤波器
[Bz,Az]=bilinear(Bs,As,fs)                           %双线性变换
[Hz,w]=freqz(Bz,Az);                                 %数字带通滤波器的频率响应
dbHz=20*log10(abs(Hz)/max(abs(Hz)));
subplot(1,3,1);plot(w/pi,abs(Hz));grid on;
set(gca,'xtick',[0 0.2 0.3 0.4 0.5 1]);
set(gca,'xticklabel',[0 0.2 0.3 0.4 0.5 1]);
set(gca,'ytick',[0 0.1259 0.7071 1]);
set(gca,'yticklabel',[0 0.1259 0.7071 1]);
xlabel('\omega/\pi');ylabel('|H(e^j^\omega)|');
subplot(1,3,2);plot(w/pi,angle(Hz)/pi*180);grid on;
set(gca,'xtick',[0 0.2 0.3 0.4 0.5 1]);
set(gca,'xticklabel',[0 0.2 0.3 0.4 0.5 1]);
xlabel('\omega/\pi');ylabel('相位');
subplot(1,3,3);plot(w/pi,dbHz);grid on;axis([0,1,-80,5]);
set(gca,'xtick',[0 0.2 0.3 0.4 0.5 1]);
set(gca,'xticklabel',[0 0.2 0.3 0.4 0.5 1]);
set(gca,'ytick',[-80 -15 -3 0]);set(gca,'yticklabel',[-80 -15 -3 0]);
xlabel('\omega/\pi');ylabel('幅度(dB)')
```

运行结果如下：

```
N  =    2
Wc =    1.0130    1.4617
Bs =    0.1884   -0.0000   -0.0000
As =    1.0000    0.6138    3.1499    0.9089    2.1927
Bz =    0.0201   -0.0000   -0.0402   -0.0000    0.0201
Az =    1.0000   -1.6368    2.2376   -1.3071    0.6414
```

频率特性曲线如图 6.4.5 所示，由图可知，设计结果满足指标要求。

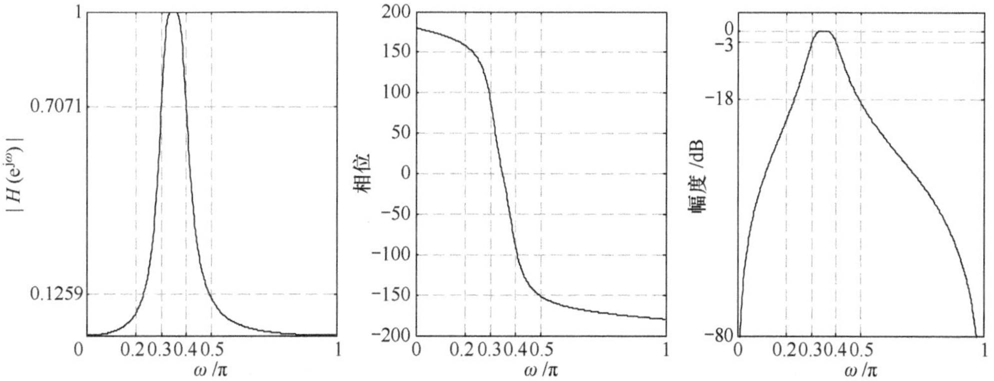

图 6.4.5 例 6.4.2 中数字带通滤波器的频率响应

3. 由模拟低通滤波器到模拟带阻滤波器的变换

模拟带阻滤波器有四个频率参数，分别是Ω_{p1}、Ω_{st1}、Ω_{st2}和Ω_{p2}，其中Ω_{p1}和Ω_{p2}分别称为带阻滤波器的下通带截止频率和上通带截止频率；Ω_{st1}和Ω_{st2}分别称为阻带下限频率和上限频率。带阻滤波器用阻带中心频率Ω_0和阻带带宽B两个参数来表征。这两个参数的定义分别为

$$\Omega_0=\sqrt{\Omega_{p1}\Omega_{p2}} \tag{6.4.12}$$

$$B=\Omega_{p2}-\Omega_{p1} \tag{6.4.13}$$

以阻带带宽作为参考频率，将带阻滤波器的边界频率归一化，得

$$\eta_{p1}=\Omega_{p1}/B,\ \eta_{p2}=\Omega_{p2}/B,\ \eta_{st1}=\Omega_{st1}/B,\ \eta_{st2}=\Omega_{st2}/B,\ \eta_0=\Omega_0/B \tag{6.4.14}$$

归一化频率的低通滤波器与带阻滤波器的幅度特性如图 6.4.6 所示。

表 6.4.2 示出了λ和η的对应关系。可见，带阻滤波器可以看作带通滤波器的倒置，所以根据式（6.4.9），可得带阻滤波器λ和η的对应关系为

$$\lambda=\frac{\eta}{\eta^2-\eta_0^2} \tag{6.4.15}$$

且$\lambda_p=\eta_{p2}-\eta_{p1}=1$。式（6.4.15）称为低通滤波器到带阻滤波器的频率变换公式，利用该式可将带阻的边界频率转换成低通的边界频率。

对照式（6.4.9）和式（6.4.10）的推导过程，容易得到$H_{\mathrm{L}}(p)$中的p和$H_{Bs}(s)$中的s之间的对应关系

$$p=\frac{sB}{s^2+\Omega_0^2}=\frac{s(\Omega_{p2}-\Omega_{p1})}{s^2+\Omega_{p1}\Omega_{p2}} \tag{6.4.16}$$

由此，可得出归一化低通滤波器转换成模拟带阻滤波器的转换公式为

$$H_{Bs}(s)=H_{\mathrm{L}}(p)\Big|_{p=\frac{sB}{s^2+\Omega_0^2}}=H_{\mathrm{L}}(p)\Big|_{p=\frac{s(\Omega_{p2}-\Omega_{p1})}{s^2+\Omega_{p1}\Omega_{p2}}} \tag{6.4.17}$$

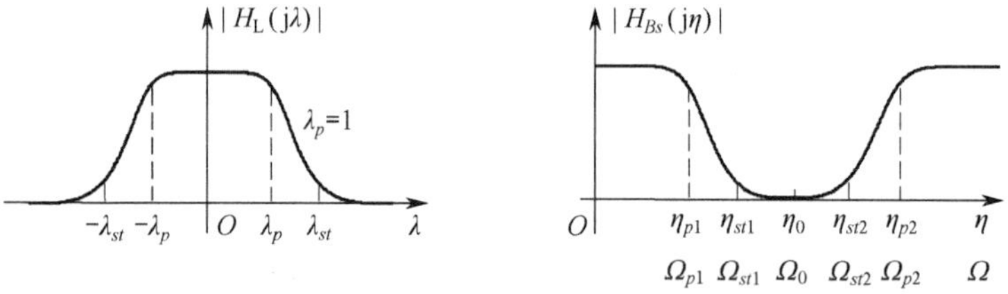

(a) 低通滤波器的幅频特性　(b) 带阻滤波器的幅频特性

图 6.4.6 低通和带阻模拟滤波器的幅频特性

表 6.4.2 λ和η的主要对应关系

λ	$-\infty$	$-\lambda_{st}$	$-\lambda_p$	0	λ_p	λ_{st}	∞
η	η_0	η_{st2}	η_{p2}	∞	η_{p1}	η_{st1}	η_0

例 6.4.3 以巴特沃思模拟滤波器为原型，设计一个数字带阻滤波器，要求通带范围为$[0,0.19\pi]$和$[0.21\pi,\pi]$，通带衰减不大于 3dB，阻带范围为$[0.198\pi,0.202\pi]$，阻带衰减不小于 13dB。抽样周期为$T=1$。

解　(1) 确定数字带通滤波器的技术指标。

$\omega_{p1}=0.19\pi\text{rad}$，$\omega_{p2}=0.21\pi\text{rad}$，$\omega_{st1}=0.198\pi\text{rad}$，$\omega_{st2}=0.202\pi\text{rad}$，$\delta_p=3\text{dB}$，$\delta_{st}=13\text{dB}$

(2) 将数字带通滤波器的技术指标转换成模拟带通滤波器的技术指标。

$$\Omega_{p1}=\frac{2}{T}\tan\left(\frac{\omega_{p1}}{2}\right)=0.615\text{rad},\quad \Omega_{p2}=\frac{2}{T}\tan\left(\frac{\omega_{p2}}{2}\right)=0.685\text{rad}$$

$$\Omega_{st1}=\frac{2}{T}\tan\left(\frac{\omega_{st1}}{2}\right)=0.643\text{rad},\quad \Omega_{st2}=\frac{2}{T}\tan\left(\frac{\omega_{st2}}{2}\right)=0.657\text{rad}$$

$$\Omega_0=\sqrt{\Omega_{p1}\Omega_{p2}}=0.649\text{rad},\quad B=\Omega_{p2}-\Omega_{p1}=0.07\text{rad}$$

将以上的边界频率对带宽 B 进行归一化，有 $\eta_{p1}=\frac{\Omega_{p1}}{B}=8.786$，$\eta_{p2}=\frac{\Omega_{p2}}{B}=9.786$，$\eta_{st1}=\frac{\Omega_{st1}}{B}=9.186$，$\eta_{st2}=\frac{\Omega_{st2}}{B}=9.386$，$\eta_0=\frac{\Omega_0}{B}=9.27$。

(3) 将上述技术指标转换成归一化模拟低通滤波器的技术指标。

$$\lambda_{st}=\frac{\eta_{st2}}{\eta_{st2}^2-\eta_0^2}=4.437,\quad -\lambda_{st}=\frac{\eta_{st1}}{\eta_{st1}^2-\eta_0^2}=-5.925$$

取 $\lambda_{st}=4.437$，且 $\lambda_p=1$。

(4) 设计归一化模拟低通滤波器。

$$N=\left\lceil\frac{\lg\sqrt{(10^{0.1\delta_{st}}-1)/(10^{0.1\delta_p}-1)}}{\lg(\lambda_{st}/\lambda_p)}\right\rceil=\lceil 0.99\rceil=1$$

所以得归一化模拟低通滤波器为

$$H_{\text{L}}(p)=\frac{1}{p+1}$$

(5) 将归一化模拟低通滤波器转换成模拟带阻滤波器。

$$H_{Bs}(s)=H_{\text{L}}(p)\Big|_{p=\frac{sB}{s^2+\Omega_0^2}}$$

(6) 用双线性法将模拟带阻滤波器转换成所需设计的数字带阻滤波器。

$$H(z)=H_{BS}(s)\Big|_{s=\frac{2}{T}\frac{1-z^{-1}}{1+z^{-1}}}=\frac{0.969(1-1.619z^{-1}+z^{-2})}{1-1.569z^{-1}+0.939z^{-2}}$$

MATLAB 程序如下：

```
wp1=0.19*pi;wp2=0.21*pi;                  %数字滤波器的通带截止频率
ws1=0.198*pi;ws2=0.202*pi;                %数字滤波器的阻带截止频率
Ap=3;As=13;                               %衰减设置
T=1;fs=1/T;
Wp1=2*fs*tan(wp1/2);Wp2=2*fs*tan(wp2/2);
Wp=[Wp1,Wp2];                             %模拟滤波器的通带截止频率
Ws1=2*fs*tan(ws1/2);Ws2=2*fs*tan(ws2/2);
Ws=[Ws1,Ws2];                             %模拟滤波器的阻带截止频率
```

```
Bw=Wp2-Wp1;W0=sqrt(Wp1*Wp2);                  %阻带带宽和中心频率
[N,Wc]=buttord(Wp,Ws,Ap,As,'s')               %计算阶数和截止频率
[z,p,k]=buttap(N);                            %设计归一化模拟滤波器
B=k*real(poly(z));                            %分子多项式系数
A=real(poly(p));                              %分母多项式系数
[Bs,As]=lp2bs(B,A,W0,Bw)                      %转换为模拟带阻滤波器
[Bz,Az]=bilinear(Bs,As,fs)                    %双线性变换
[Hz,w]=freqz(Bz,Az);                          %数字带阻滤波器的频率响应
dbHz=20*log10(abs(Hz)/max(abs(Hz)));
subplot(3,1,1);plot(w(1:256)/pi,abs(Hz(1:256)));grid on;
xlabel('\omega/\pi');ylabel('|H(e^j^\omega)|');
subplot(3,1,2);plot(w(1:256)/pi,angle(Hz(1:256))/pi*180);grid on;
xlabel('\omega/\pi');ylabel('相位');
subplot(3,1,3);plot(w(1:256)/pi,dbHz(1:256));grid on;
xlabel('\omega/\pi');ylabel('幅度(dB)')
```

程序运行结果为：

```
N =     1
Wc =    0.6201    0.6809
Bs =    1.0000         0    0.4213
As =    1.0000    0.0695    0.4213
Bz =    0.9695   -1.5695    0.9695
Az =    1.0000   -1.5695    0.9391
```

数字带阻滤波器的频率响应曲线如图 6.4.7 所示。

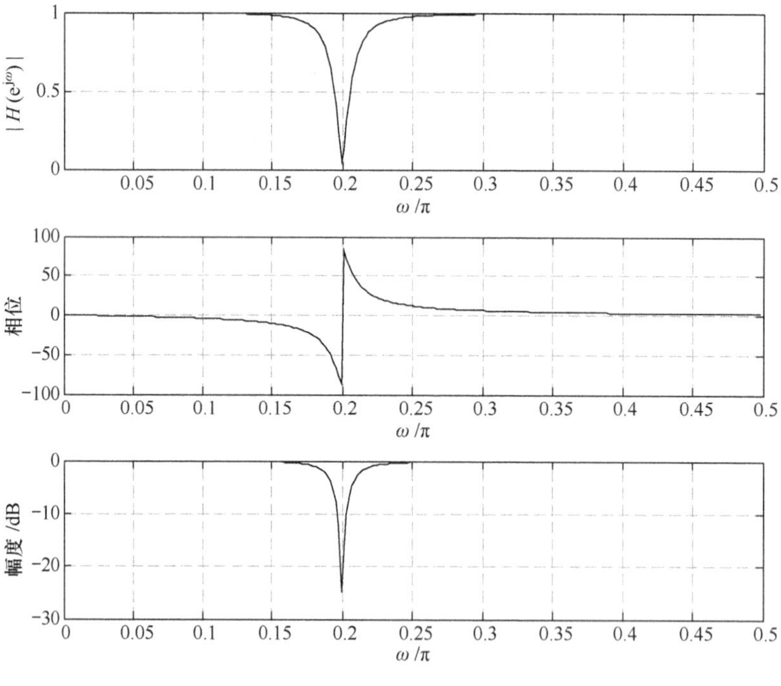

图 6.4.7　例 6.4.3 中数字带阻滤波器的频率响应

也可以将上述例子的步骤（5）、（6）合并，实现直接由模拟低通滤波器原型通过双线性变换法得到各种类型的数字滤波器，具体变换如表 6.4.3 所示。

表 6.4.3　利用双线性变换从截止频率为 Ω_c 的低通原型模拟滤波器（s）到各型数字滤波器的变换

变换类型	变换关系式	参　数
高通	$s=C\dfrac{1-z^{-1}}{1+z^{-1}}$ $\Omega=C\cot\left(\dfrac{\omega}{2}\right)$	$C=\Omega_c\tan\left(\dfrac{\omega_c}{2}\right)$ ω_c 为要求的截止频率
带通	$s=D\left(\dfrac{1-Ez^{-1}+z^{-2}}{1-z^{-2}}\right)$ $\Omega=D\dfrac{\cos\omega_0-\cos\omega}{\sin\omega}$	$D=\Omega_c\cot\left(\dfrac{\omega_2-\omega_1}{2}\right)$，$E=2\dfrac{\cos[(\omega_2+\omega_1)/2]}{\cos[(\omega_2-\omega_1)/2]}=2\cos\omega_0$ ω_2 为要求的上截止频率，ω_1 为要求的下截止频率
带阻	$s=D\left(\dfrac{1-z^{-2}}{1-Ez^{-1}+z^{-2}}\right)$ $\Omega=D\dfrac{\sin\omega}{\cos\omega-\cos\omega_0}$	$D=\Omega_c\tan\left(\dfrac{\omega_2-\omega_1}{2}\right)$，$E=2\dfrac{\cos[(\omega_2+\omega_1)/2]}{\cos[(\omega_2-\omega_1)/2]}=2\cos\omega_0$ ω_2 为要求的上截止频率，ω_1 为要求的下截止频率

6.4.2　数字频带法

设计数字高通、带通、带阻滤波器还可以采用图 6.4.1（b）所示的方法。在模拟低通滤波器设计完成之后，先把模拟低通滤波器变换为数字低通滤波器，然后在数字域进行由低通到高通、由低通到带通和由低通到带阻的频带变换，从而实现任何类型数字 IIR 滤波器的设计。模拟低通滤波器的设计及模拟频率到数字频率的变换前面已经讨论过，本节仅讨论数字域的频带变换。

设数字低通原型滤波器的转移函数为 $H_L(u)$，通过数字频率变换

$$u=G(z) \tag{6.4.18}$$

得到另一数字滤波器转移函数 $H_L[G(z)]$，此转移函数即为我们所希望的转移函数 $H(z)$，即

$$H(z)=H_L[G(z)]$$

由式（6.4.18）的关系可以看出，数字频率的变换实际上就是从 z 平面到 u 平面的映射，设 ω 和 θ 分别为 z 平面与 u 平面的数字频率变量，这一映射必须满足下列条件：

（1）从单位圆变换到单位圆，即

$$e^{j\theta}=G(e^{j\omega})=e^{j\arg[G(e^{j\omega})]} \tag{6.4.19}$$

式（6.4.19）表明，u 平面与 z 平面的角频率存在一定关系，另外由式（6.4.19）得 $|G(e^{j\omega})|=1$，即变换函数 $G(u)$ 在单位圆上的幅度必须恒等于 1，这种函数称为全通函数。

（2）如果 $H_L(u)$ 是稳定的且具有最小相位，那么要求 $H(z)$ 也是稳定的且具有最小相位。因此，若 $z=z_p$ 是 $H(z)$ 的极点（或零点），则 $G(z_p)$ 必定是 $H_L[G(z)]$ 的极点（或零点）。由稳定性 $|z_p|<1$，要求 $|G(z_p)|<1$，因此作为变换函数有下列关系：

$$\begin{cases} |z|>1 \Leftrightarrow |G(z)|>1 \\ |z|=1 \Leftrightarrow |G(z)|=1 \\ |z|<1 \Leftrightarrow |G(z)|<1 \end{cases} \tag{6.4.20}$$

（3）由于 IIR 滤波器的转移函数是有理函数，因而经过变换的 $H(z)$ 也必然是有理函数，

即 $G(z)$ 应是有理函数。

能够满足上述三个条件而作为数字频率变换函数的有理函数为

$$G(z)=\frac{z-\alpha}{1-\alpha z},\ |\alpha|<1 \tag{6.4.21}$$

不难证明

$$|G(z)|^2=\left(\frac{z-\alpha}{1-\alpha z}\right)\left(\frac{z-\alpha}{1-\alpha z}\right)^*=1+\frac{\left(1-|\alpha|^2\right)\left(|z|^2-1\right)}{|1-\alpha z|^2} \tag{6.4.22}$$

显然式（6.4.21）是满足条件（1）和（2）的。同时式（6.4.21）也表明

$$u^{-1}=\frac{1}{G(z)}=\frac{z^{-1}-\alpha}{1-\alpha z^{-1}} \tag{6.4.23}$$

这是稳定的全通函数，而且用它来替代低通原型滤波器结构中的延时环节 u^{-1}，就可以得到要求的数字滤波器由低通到低通的变换。

由于任意频率变换函数的自乘仍是频率变换函数，所以一般形式可以表示为

$$G(z)=\pm\prod_{k=1}^{N}\frac{z-\alpha_k}{1-\alpha_k z},\ |\alpha_k|<1$$

对上式展开得

$$G(z)=\pm\frac{z^N+d_1z^{N-1}+\cdots+d_N}{1+d_1z+\cdots+d_Nz^N}=\pm\frac{D(z)}{z^ND(z^{-1})} \tag{6.4.24}$$

这就是各种滤波器所需要的频率变换函数。根据辐角原理，z 平面中的单位圆按逆时针方向绕单位圆一周，相当于在 u 平面上绕了 N 周，这样才能映射出 N 个通带的滤波器。所以根据要求变换滤波器的通带个数可以确定 $G(z)$ 的阶数 N。例如，要使原型数字滤波器映射成带通滤波器或带阻滤波器，也就是在单位圆上（$0\sim2\pi$）要具有两个通带，那么单位圆必须映射其自身两次，即 $N=2$。下面就低通、高通、带通、带阻四种情况具体计算 $G(z)$ 有理式中的多项式系数 d_i。

1. 由数字低通到数字低通的变换

在这种情况下，映射其自身单位圆只有一次，因此 $N=1$，且

$$G(z)=\frac{z+d}{1+dz}=\frac{z-\alpha}{1-\alpha z} \tag{6.4.25}$$

变换条件为

$$\begin{cases}u=1\Rightarrow z=1\\ \mathrm{e}^{\mathrm{j}\theta_c}\Rightarrow \mathrm{e}^{\mathrm{j}\omega_c}\end{cases}$$

代入式（6.4.25）有

$$\mathrm{e}^{\mathrm{j}\theta_c}=\frac{\mathrm{e}^{\mathrm{j}\omega_c}-\alpha}{1-\alpha\mathrm{e}^{\mathrm{j}\omega_c}}$$

求得

$$\alpha=\frac{\sin\left(\dfrac{\theta_c-\omega_c}{2}\right)}{\sin\left(\dfrac{\theta_c+\omega_c}{2}\right)} \tag{6.4.26}$$

式中，θ_c 和 ω_c 分别为低通原型和要求的低通数字滤波器的截止频率。

2. 由数字低通到数字高通的变换

和低通一样，单位圆映射其自身只有一次，因而取 N=1。变换条件为

$$\begin{cases} u=1 \Rightarrow z=-1 \\ e^{j\theta_c} \Rightarrow e^{-j\omega_c} \end{cases} \tag{6.4.27}$$

由上文第一个条件可知，应取变换函数的形式为

$$G(z)=-\frac{z+\alpha}{1+\alpha z} \tag{6.4.28}$$

用 $z=-1$ 代入式（6.4.28），不难证明 $|u|=|G(z)|=1$。又由第二个条件，得

$$e^{j\theta_c}=-\frac{e^{-j\omega_c}+\alpha}{1+\alpha e^{-j\omega_c}}$$

求得

$$\alpha=\frac{\cos\left(\dfrac{\omega_c+\theta_c}{2}\right)}{\cos\left(\dfrac{\omega_c-\theta_c}{2}\right)} \tag{6.4.29}$$

3. 由数字低通到数字带通的变换

由于数字带通表示在 $[0,2\pi]$ 范围内形成两个通带，也就是变换函数需要映射其单位圆本身两次，因而对式（6.4.24）表示的变换函数取 N=2。同时带通变换可看成低通变换与高通变换的组合，所以取

$$G(z)=\left(\frac{z-\alpha_1}{1-\alpha_1 z}\right)\left(-\frac{z+\alpha_2}{1+\alpha_2 z}\right)=-\frac{z^2+d_1 z+d_2}{1+d_1 z+d_2 z^2} \tag{6.4.30}$$

变换条件为

$$\begin{cases} u=1 \Rightarrow z=e^{\pm j\omega_0} \\ e^{j\theta_c} \Rightarrow e^{j\omega_2} \\ e^{-j\theta_c} \Rightarrow e^{j\omega_1} \end{cases} \tag{6.4.31}$$

式中，ω_0 为带通滤波器中心频率，ω_1 和 ω_2 分别为带通滤波器上、下截止角频率。将式(6.4.30)代入式（6.4.31），得

$$\begin{cases} e^{j\theta_c}=-\dfrac{e^{j2\omega_2}+d_1 e^{j\omega_2}+d_2}{1+d_1 e^{j\omega_2}+d_2 e^{j2\omega_2}} \\ e^{-j\theta_c}=-\dfrac{e^{j2\omega_1}+d_1 e^{j\omega_1}+d_2}{1+d_1 e^{j\omega_1}+d_2 e^{j2\omega_1}} \end{cases} \tag{6.4.32}$$

整理解得

$$\begin{cases} d_1=\dfrac{-2\alpha k}{k+1} \\ d_2=\dfrac{k-1}{k+1} \end{cases} \tag{6.4.33}$$

式中，$\alpha=\dfrac{\cos\left(\dfrac{\omega_2+\omega_1}{2}\right)}{\cos\left(\dfrac{\omega_2-\omega_1}{2}\right)}$，$k=\tan\left(\dfrac{\theta_c}{2}\right)\cot\left(\dfrac{\omega_2-\omega_1}{2}\right)$。

4. 由数字低通到数字带阻滤波器的变换

设带阻的中心频率在ω_0处，在高频和低频各形成通带范围，据此变换函数需映射其单位圆本身两次，因而取N=2。又由于在$\omega=0$处形成通带，因而取变换函数形式为

$$G(z)=-\frac{z^2+d_1z+d_2}{1+d_1z+d_2z^2} \tag{6.4.34}$$

变换条件为

$$\begin{cases}u=1\Rightarrow z=\pm1\\ \mathrm{e}^{\mathrm{j}\theta_c}\Rightarrow \mathrm{e}^{\mathrm{j}\omega_1}\\ \mathrm{e}^{-\mathrm{j}\theta_c}\Rightarrow \mathrm{e}^{\mathrm{j}\omega_2}\end{cases} \tag{6.4.35}$$

式中，ω_1和ω_2分别为带阻滤波器上、下截止角频率。式（6.4.35）变换条件中的第一式决定了$G(z)$取+号的形式，由第二式、第三式可以得到

$$\begin{cases}\mathrm{e}^{\mathrm{j}\theta_c}=-\dfrac{\mathrm{e}^{\mathrm{j}2\omega_1}+d_1\mathrm{e}^{\mathrm{j}\omega_1}+d_2}{1+d_1\mathrm{e}^{\mathrm{j}\omega_1}+d_2\mathrm{e}^{\mathrm{j}2\omega_1}}\\ \mathrm{e}^{-\mathrm{j}\theta_c}=-\dfrac{\mathrm{e}^{\mathrm{j}2\omega_2}+d_1\mathrm{e}^{\mathrm{j}\omega_2}+d_2}{1+d_1\mathrm{e}^{\mathrm{j}\omega_2}+d_2\mathrm{e}^{\mathrm{j}2\omega_2}}\end{cases} \tag{6.4.36}$$

整理解得

$$\begin{cases}d_1=\dfrac{-2\alpha}{1+k}\\ d_2=\dfrac{1-k}{1+k}\end{cases} \tag{6.4.37}$$

式中，$\alpha=\dfrac{\cos\left(\dfrac{\omega_2+\omega_1}{2}\right)}{\cos\left(\dfrac{\omega_2-\omega_1}{2}\right)}$，$k=\tan\left(\dfrac{\theta_c}{2}\right)\tan\left(\dfrac{\omega_2-\omega_1}{2}\right)$。

采用数字频带法设计数字高通、带通、带阻滤波器的就是以模拟低通滤波器为原型，再通过双线性变换法将模拟滤波器转换成数字滤波器，最后通过模拟频带的变换得到数字高通、带通、带阻滤波器。具体过程如下：

（1）确定所需类型数字滤波器的技术指标；

（2）按双线性变换法的频率转换公式$\Omega=\dfrac{2}{T}\tan\left(\dfrac{\omega}{2}\right)$，将所需类型数字滤波器的技术指标转换成对应类型模拟滤波器的技术指标；

（3）将第（2）步确定出的模拟滤波器的技术指标按模拟频带的变换公式转换成模拟低通滤波器的技术指标，具体转换公式参考式（6.4.1）、式（6.4.9）或式（6.4.15）；

（4）设计归一化模拟低通滤波器；

（5）用双线性变换法将模拟低通滤波器转换成数字低通滤波器；

（6）用数字频带法将上述低通滤波器转换成所需类型的数字滤波器，变换关系如表 6.4.4 所示。

表 6.4.4　由截止频率为 θ_c 的低通滤波器（u）变换成各型数字滤波器（z）

滤波器类型	变换公式	有关设计公式
低通	$u=\dfrac{z-\alpha}{1-\alpha z}$	$\alpha=\dfrac{\sin\left(\dfrac{\theta_c-\omega_c}{2}\right)}{\sin\left(\dfrac{\theta_c+\omega_c}{2}\right)}$ ω_c 为要求的截止频率
高通	$u=-\dfrac{z+\alpha}{1+\alpha z}$	$\alpha=\dfrac{\cos\left(\dfrac{\omega_c+\theta_c}{2}\right)}{\cos\left(\dfrac{\omega_c-\theta_c}{2}\right)}$ ω_c 为要求的截止频率
带通	$u=-\dfrac{z^2+d_1z+d_2}{1+d_1z+d_2z^2}$ $d_1=\dfrac{-2\alpha k}{k+1}$，$d_2=\dfrac{k-1}{k+1}$	$\alpha=\dfrac{\cos\left(\dfrac{\omega_2+\omega_1}{2}\right)}{\cos\left(\dfrac{\omega_2-\omega_1}{2}\right)}$，$k=\tan\left(\dfrac{\theta_c}{2}\right)\cot\left(\dfrac{\omega_2-\omega_1}{2}\right)$ ω_2 为要求的上截止频率，ω_1 为要求的下截止频率
带阻	$u=-\dfrac{z^2+d_1z+d_2}{1+d_1z+d_2z^2}$ $d_1=\dfrac{-2\alpha}{1+k}$，$d_2=\dfrac{1-k}{1+k}$	$\alpha=\dfrac{\cos\left(\dfrac{\omega_2+\omega_1}{2}\right)}{\cos\left(\dfrac{\omega_2-\omega_1}{2}\right)}$，$k=\tan\left(\dfrac{\theta_c}{2}\right)\tan\left(\dfrac{\omega_2-\omega_1}{2}\right)$ ω_2 为要求的上截止频率，ω_1 为要求的下截止频率

例 6.4.4　设计一高通巴特沃思数字滤波器，具体指标为通带截止频率 $\omega_p=0.5\pi\text{rad}$，通带最大衰减 $\delta_p=3\text{dB}$，阻带截止频率 $\omega_{st}=0.2\pi\text{rad}$，阻带最小衰减 $\delta_{st}=20\text{dB}$。

解　利用函数 buttord 和 butter 直接设计数字滤波器，在程序中无须经过模拟滤波的转换。

```
wp=0.5;ws=0.2;
Ap=3;As=20;
[N,Wc]=buttord(wp,ws,Ap,As)
[Bz,Az]=butter(N,Wc, 'high')
[Hz,w]=freqz(Bz,Az);
dbHz=20*log10(abs(Hz)/max(abs(Hz)));
subplot(3,1,1);plot(w/pi,abs(Hz));grid on;
axis([0,1,0,1]);
set(gca,'xtick',[0 0.2 0.5 1]);set(gca,'xticklabel',[0 0.2 0.5 1]);
set(gca,'ytick',[0 0.1 0.7071 1]);set(gca,'yticklabel',[0 0.1 0.7071 1]);
xlabel('\omega/\pi');ylabel('|H(e^j^\omega)|');
subplot(3,1,2);plot(w/pi,angle(Hz)/pi*180);grid on;
set(gca,'xtick',[0 0.2 0.5 1]);set(gca,'xticklabel',[0 0.2 0.5 1]);
xlabel('\omega/\pi');ylabel('相位');
subplot(3,1,3);plot(w/pi,dbHz);grid on;
set(gca,'xtick',[0 0.2 0.5 1]);set(gca,'xticklabel',[0 0.2 0.5 1]);
set(gca,'ytick',[-20 -3 0]);set(gca,'yticklabel',[-20 -3 0]);
xlabel('\omega/\pi');ylabel('幅度(dB)')
```

运行结果为:

```
N =     3
Wc =    0.3883
Bz =    0.2691   -0.8074   0.8074   -0.2691
Az =    1.0000   -0.6451   0.4439   -0.0640
```

设计出的数字滤波器的系统函数为

$$H(z)=\frac{0.2691-0.8074z^{-1}+0.8074z^{-2}-0.2691z^{-3}}{1-0.6451z^{-1}+0.4439z^{-2}-0.064z^{-3}}$$

滤波器的频率响应曲线如图 6.4.8 所示。

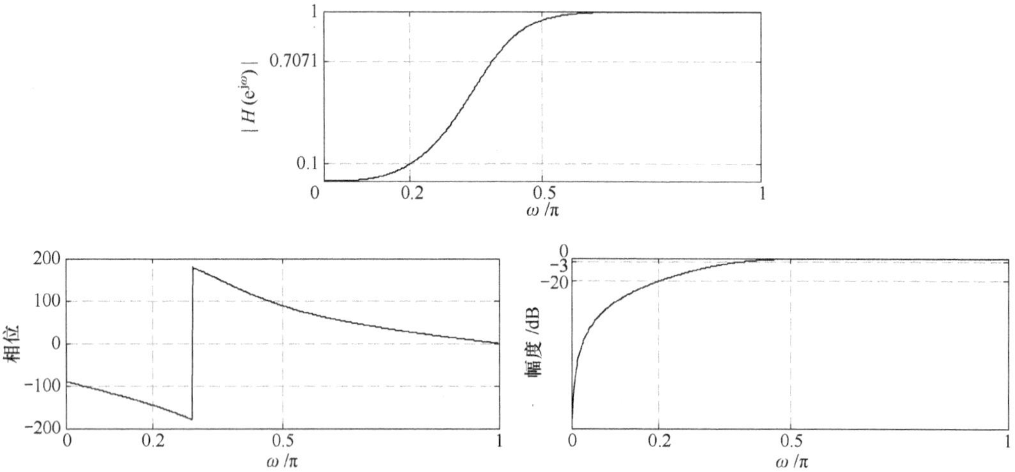

图 6.4.8 例 6.4.4 数字高通滤波器的频率响应

例 6.4.5 设计一低通切比雪夫 I 型带通数字滤波器，具体指标为通带范围 100～250Hz，阻带上限为 300Hz，阻带下限为 50Hz，通带最大衰减 $\delta_p=3\text{dB}$，阻带最小衰减 $\delta_{st}=30\text{dB}$，抽样频率为 $f_{sa}=1000\text{Hz}$。

解 该例题给出的边界频率是实际频率，在编程时，首先要将其转换为数字频率，再将其设计出的结果转换为实际频率进行标注。

MATLAB 程序如下:

```
fp=[100 250];fs=[50 300];                    %截止频率
Ap=3;As=30; fsa=1000;                        %衰减设置
wp=fp/fsa*2;ws=fs/fsa*2;                     %数字带通滤波器的截止频率
[N,Wc]=cheb1ord(wp,ws,Ap,As)                 %阶数和截止频率
[Bz,Az]=cheby1(N,Ap,Wc)                      %设计数字带通滤波器
[Hz,w]=freqz(Bz,Az);                         %数字带通滤波器的频率响应
dbHz=20*log10(abs(Hz)/max(abs(Hz)));        %化为分贝值
subplot(3,1,1);plot(w*fsa/(2*pi),abs(Hz));grid on;
set(gca,'xtick',[0 0.1 0.2 0.5 0.6 1]);
set(gca,'xticklabel',[0 0.1 0.2 0.5 0.6 1]);
set(gca,'ytick',[0 0.0316 0.7071 1]);
set(gca,'yticklabel',[0 0.0316 0.7071 1]);
xlabel('Hz');ylabel('|H(e^j^\omega)|');
subplot(3,1,2);plot(w*fsa/(2*pi),angle(Hz)/pi*180);grid on;
set(gca,'xtick',[0 0.1 0.2 0.5 0.6 1]);
```

```
set(gca,'xticklabel',[0 0.1 0.2 0.5 0.6 1]);
xlabel('Hz');ylabel('相位');
subplot(3,1,3);plot(w*fsa/(2*pi),dbHz);grid on;
xlabel('Hz');ylabel('幅度(dB)')
```

程序运行结果为：

```
N =   4
Wc = 0.2000    0.5000
Bz = 0.0051 0 -0.0203 0 0.0304 0 -0.0203 0 0.0051
Az = 1.0000  -3.3959  7.1500 -10.1475  11.0334  -8.8795  5.4581  -2.2424  0.5798
```

所以设计出的数字带通滤波器的系统函数为

$$H(z)=\frac{0.0051-0.0203z^{-2}+0.0304z^{-4}-0.0203z^{-6}+0.0051z^{-8}}{1-3.3959z^{-1}+7.15z^{-2}-10.14758z^{-3}+11.03346z^{-4}-8.8795z^{-5}+5.4581z^{-6}-2.2424z^{-7}+0.5798z^{-8}}$$

数字带通滤波器的频率响应曲线如图 6.4.9 所示。

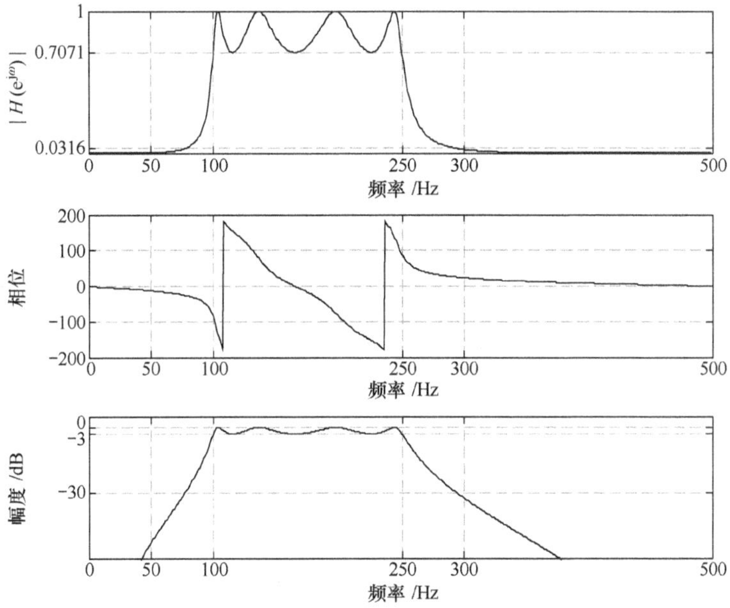

图 6.4.9　例 6.4.5 中数字带通滤波器的频率响应

例 6.4.6　设计一椭圆数字带阻滤波器，具体指标为 $f_{p1}=1.5\text{kHz}$，$f_{p2}=8.5\text{kHz}$，通带最大衰减 $\delta_p=2\text{dB}$；$f_{st1}=2.5\text{kHz}$，$f_{st2}=7.5\text{kHz}$，阻带最小衰减 $\delta_{st}=30\text{dB}$，抽样频率为 $f_{sa}=20\text{Hz}$。

解　MATLAB 程序如下：

```
fp=[1500 8500];fs=[2500 7500];        %通带和阻带截止频率
Ap=3;As=30;                           %衰减设置
fsa=20000;                            %抽样频率
wp=fp/fsa*2;ws=fs/fsa*2;              %数字域的通带和阻带截止频率
[N,Wc]=ellipord(wp,ws,Ap,As)          %计算阶数和截止频率
[Bz,Az]=ellip(N,Ap,As,Wc,'stop')      %设计数字带阻滤波器
[Hz,w]=freqz(Bz,Az);                  %数字带阻滤波器的频率响应
dbHz=20*log10(abs(Hz)/max(abs(Hz)));
subplot(3,1,1);plot(w*fsa/(2*pi*1000),abs(Hz));grid on;
```

```
    set(gca,'xtick',[0 1.5 2.5 7.5 8.5 10]);set(gca,'xticklabel',[0 1.5 2.5 7.5
8.5 10]);
    set(gca,'ytick',[0 0.0316 0.7071 1]);set(gca,'yticklabel',[0 0.0316 0.7071 1]);
    xlabel('kHz');ylabel('|H(e^j^\omega)|');
    subplot(3,1,2);plot(w*fsa/(2*pi*1000),angle(Hz)/pi*180);grid on;
    set(gca,'xtick',[0 1.5 2.5 7.5 8.5 10]);
    set(gca,'xticklabel',[0 1.5 2.5 7.5 8.5 10]);
    xlabel('kHz');ylabel('相位');
    subplot(3,1,3);plot(w*fsa/(2*pi*1000),dbHz);grid on;
    set(gca,'xtick',[0 1.5 2.5 7.5 8.5 10]);
    set(gca,'xticklabel',[0 1.5 2.5 7.5 8.5 10]);
    set(gca,'ytick',[-30 -3 0]);set(gca,'yticklabel',[-30 -3 0]);
    xlabel('kHz');ylabel('幅度(dB)'); axis([0 10 -70 5])
```

程序运行结果为：

```
N =     3
Wc =    0.1500    0.8500
Bz =    0.0641   -0.0000    0.0401    0.0000    0.0401   -0.0000    0.0641
Az =    1.0000   -0.0000   -1.8350    0.0000    1.6157   -0.0000   -0.5723
```

所以数字带阻滤波器的系统函数为

$$H(z)=\frac{0.0641+0.0401z^{-2}+0.0401z^{-4}+0.0641^{-6}}{1-1.835z^{-2}+1.6157z^{-4}-0.5732z^{-6}}$$

数字带阻滤波器的频率响应曲线如图 6.4.10 所示。

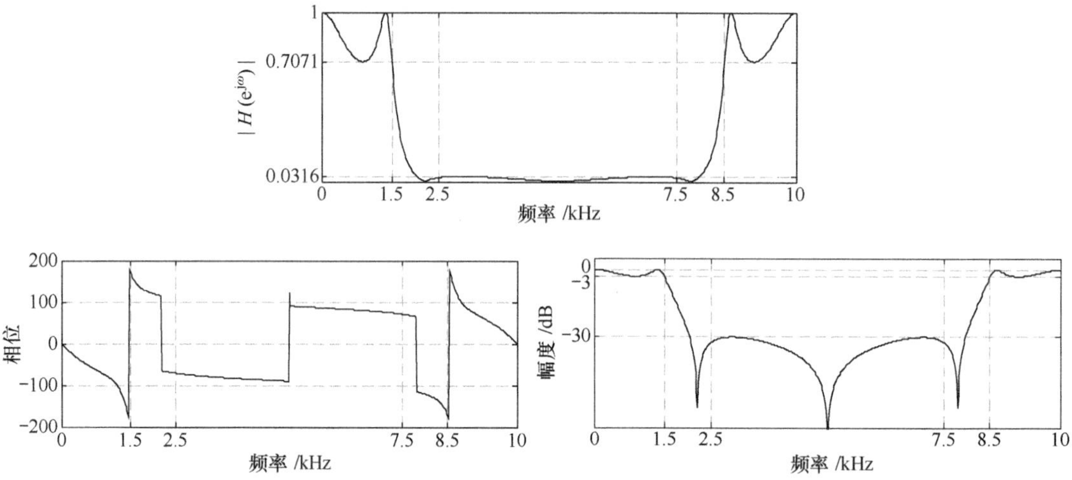

图 6.4.10　例 6.4.6 中数字带阻滤波器的频率响应

习　题

6.1　已知模拟滤波器的传输函数分别为

（1）$H_a(s)=\dfrac{s+a}{(s+a)^2+b^2}$；（2）$H_a(s)=\dfrac{b}{(s+a)^2+b^2}$。

式中，a，b 为常数，设 $H_a(s)$ 因果稳定，试采用抽样响应不变法，分别将其转换成数

字滤波器 $H(z)$。

6.2　已知模拟滤波器的传输函数为

（1）$H_a(s)=\dfrac{1}{s^2+s+1}$；（2）$H_a(s)=\dfrac{1}{2s^2+3s+1}$。

试采用抽样响应不变法和双线性变换法分别将其转换为数字滤波器，设 T=2s。

6.3　用抽样响应不变法设计一个三阶巴特沃思数字低通滤波器，抽样频率为 $f_s=5\text{kHz}$，截止频率为 $f_c=1\text{kHz}$。

6.4　用双线性变换法设计一个三阶巴特沃思数字低通滤波器。要求 3dB 截止频率为 $\omega_c=0.2\pi$。

6.5　用双线性变换法设计一个三阶巴特沃思数字高通滤波器。已知 3dB 截止频率为 100Hz，系统抽样频率为 1kHz。

6.6　用双线性变换法设计一个三阶巴特沃思数字带通滤波器，抽样频率为 500Hz，上、下边带截止频率分别为 f_2=150Hz，f_1=30Hz。

6.7　设某模拟滤波器 $H_a(s)$ 是一个低通滤波器，又知 $H(z)=H_a(s)\Big|_{s=\frac{z+1}{z-1}}$，数字滤波器 $H(z)$ 的通带中心位于下面哪种情况？并说明原因。

（1）$\omega=0$（低通）；

（2）$\omega=\pi$（高通）；

（3）除 0 或 π 以外的某一频带（带通）。

6.8　用双线性变换法设计一个三阶切比雪夫数字高通滤波器，抽样频率为 $f_s=8\text{kHz}$，截止频率为 $f_c=2\text{kHz}$（不计 4kHz 以上的频率分量）。

6.9　利用巴特沃思模拟低通滤波器，分别采用抽样响应不变法和双线性变换法设计数字低通滤波器，要求 $\omega_p=0.2\pi\text{rad}$，$\delta_p\leqslant 1\text{dB}$；$\omega_{st}=0.3\pi\text{rad}$，$\delta_{st}\geqslant 20\text{dB}$。抽样间隔 $T=1\text{s}$。

6.10　设计一个巴特沃思数字高通滤波器。要求通带截止频率为 $\omega_p=0.8\pi\text{rad}$，通带衰减不大于 3dB，阻带截止频率为 $\omega_{st}=0.5\pi\text{rad}$，阻带衰减不小于 18dB。

6.11　设计巴特沃思数字带通滤波器。要求通带频范围为 $0.25\pi\text{rad}\leqslant\omega\leqslant 0.45\pi\text{rad}$，通带最大衰减 $\delta_p=2\text{dB}$；阻带频率范围为 $0\leqslant\omega\leqslant 0.15\pi\text{rad}$ 和 $0.55\pi\text{rad}\leqslant\omega\leqslant\pi\text{rad}$，阻带最小‘衰减为 $\delta_{st}=20\text{dB}$。

6.12　需要设计一个数字切比雪夫带通滤波器，给定指标为：

（1）波纹 $\delta_1\leqslant 2\text{dB}$，200Hz≤$f$≤400Hz；

（2）衰减 $\delta_2\geqslant 20\text{dB}$，$f$≤100Hz，$f$≤400Hz；

（3）抽样频率为 2kHz。

试用抽样响应不变法和双线性变换法进行设计，写出 $H(z)$的表达式，并画出系统的幅频响应特性。

6.13　需要设计一个切比雪夫高通滤波器，给定指标为：

（1）衰减 $\delta_1\leqslant 3\text{dB}$，$f$≥5kHz；

（2）衰减 $\delta_2\geqslant 30\text{dB}$，$f$≤3kHz；

（3）抽样频率为 20kHz。

试用双线性变换法进行设计，写出 $H(z)$的表达式，并画出系统的幅频响应特性。

第 7 章　FIR 数字滤波器的设计

第 6 章介绍的 IIR 数字滤波器主要是针对幅频特性的逼近，相频特性会存在不同程度的非线性，即相位是非线性的。而无失真传输与处理的条件是，在信号的有效频谱范围内系统幅频响应为常数，相频响应为频率的线性函数（具有线性相位）。如果要采用 IIR 数字滤波器实现无失真传输，那么必须用全通网络进行复杂的相位校正。

而相对于 IIR 滤波器，有限长抽样响应（FIR）滤波器的最大优点就是可以实现线性相位滤波。此外，其还具有以下优点：

（1）FIR 滤波器的单位抽样响应是有限长的，因而滤波器一定是稳定的；

（2）总可以用一个因果系统来实现 FIR 滤波器；

（3）可以用 FFT 算法来实现，从而大大提高运算效率。

因此，FIR 滤波器在信号处理领域有着广泛的应用，尤其是在要求线性相位滤波的应用场合。当然，同样的幅频特性，IIR 滤波器所需阶数比 FIR 滤波器的要少得多。

由于 FIR 滤波器与 IIR 滤波器自身的特点不同，其设计方法也不太一样，IIR 滤波器面向极点系统的设计方法不适用于仅包含零点的 FIR 系统。目前，FIR 滤波器的设计方法一般是基于逼近理想滤波器特性的方法，主要有窗函数法、频率抽样法、等波纹逼近法。

7.1　线性相位 FIR 数字滤波器及其特点

需要特别指出的是 FIR 数字滤波器可以实现线性相位滤波，但并不是所有的 FIR 数字滤波器都具有线性相位特性，只有满足特定条件的 FIR 数字滤波器才具有线性相位。本节将介绍线性相位的定义、FIR 滤波器具有线性相位的条件及相应幅度特性和零点分布情况，以便依据不同的实际需求选择合适的 FIR 滤波器类型，并在设计时遵循相应的约束条件。

7.1.1　线性相位的定义

对于长度为 N 的单位抽样响应 $h(n)$，其频率响应为

$$H(\mathrm{e}^{\mathrm{j}\omega})=\sum_{n=0}^{N-1}h(n)\mathrm{e}^{-\mathrm{j}\omega n} \tag{7.1.1}$$

当 $h(n)$ 为实数序列时，

$$H(\mathrm{e}^{\mathrm{j}\omega})=\left|H(\mathrm{e}^{\mathrm{j}\omega})\right|\mathrm{e}^{\mathrm{j}\phi(\omega)}=\pm\left|H(\mathrm{e}^{\mathrm{j}\omega})\right|\mathrm{e}^{\mathrm{j}\theta(\omega)}=H_r(\omega)\mathrm{e}^{\mathrm{j}\theta(\omega)} \tag{7.1.2}$$

对式（7.1.2）做以下说明：

（1）$\left|H(\mathrm{e}^{\mathrm{j}\omega})\right|$，$\phi(\omega)$ 分别是系统的幅度频率响应函数和相位频率响应函数，需要注意的是：$\left|H(\mathrm{e}^{\mathrm{j}\omega})\right|$ 始终为正值，而 $\phi(\omega)$ 处于主值 $-\pi\sim\pi$ 之间，且其波形是不连续的、跳变的。

（2）与$\left|H(\mathrm{e}^{\mathrm{j}\omega})\right|$相比，幅度特性函数$H_r(\omega)$（$\omega$的实函数）的值可正可负，不要求必须为正值，即$H_r(\omega)=\pm\left|H(\mathrm{e}^{\mathrm{j}\omega})\right|$；$\theta(\omega)$为相位特性函数，当$H_r(\omega)$取正值时，$\theta(\omega)=\phi(\omega)$，当$H_r(\omega)$取负值时，与正值$\left|H(\mathrm{e}^{\mathrm{j}\omega})\right|$相比，其前面多一负号，为了使等式（7.1.2）成立，则应在$\theta(\omega)$中考虑这一负号的影响，即

$$\left|H(\mathrm{e}^{\mathrm{j}\omega})\right|\mathrm{e}^{\mathrm{j}\phi(\omega)}=-\left|H(\mathrm{e}^{\mathrm{j}\omega})\right|\mathrm{e}^{\mathrm{j}\theta(\omega)}=\left|H(\mathrm{e}^{\mathrm{j}\omega})\right|\mathrm{e}^{\pm\mathrm{j}\pi}\mathrm{e}^{\mathrm{j}\theta(\omega)}=\left|H(\mathrm{e}^{\mathrm{j}\omega})\right|\mathrm{e}^{\mathrm{j}[\theta(\omega)\pm\pi]}$$

因此，$\phi(\omega)=\theta(\omega)\pm\pi$或$\theta(\omega)=\phi(\omega)\pm\pi$。

（3）与$\phi(\omega)$相比，$\theta(\omega)$的波形是连续的直线形式，以便更直观地体现线性相位的特点。

基于上述介绍，下面给出相关概念：

线性相位　$H(\mathrm{e}^{\mathrm{j}\omega})$具有线性相位是指$\theta(\omega)$与$\omega$呈线性关系，即

$$\theta(\omega)=-\alpha\omega \tag{7.1.3}$$

或

$$\theta(\omega)=\beta-\alpha\omega \tag{7.1.4}$$

式（7.1.3）和式（7.1.4）分别称为第一类线性相位（严格线性相位）和第二类线性相位（广义线性相位），式中，α、β均为常数。

群延时　系统的群延时定义为

$$\tau=-\frac{\mathrm{d}\theta(\omega)}{\mathrm{d}\omega} \tag{7.1.5}$$

显然，以上两种类型的线性相位系统具有相同的群延时α，因此线性相位滤波器又称为恒定群延时滤波器。图 7.1.1 是线性相位 FIR 滤波的频率响应函数。由图 7.1.1 可见，$\left|H(\mathrm{e}^{\mathrm{j}\omega})\right|$始终为正值，而$H_r(\omega)$则有正有负；$\phi(\omega)$是跳变的，而$\theta(\omega)$则是连续的直线，$\theta(\omega)$可由$\phi(\omega)$从左至右的各连续段分别减去 0、π、2π、3π 得到。

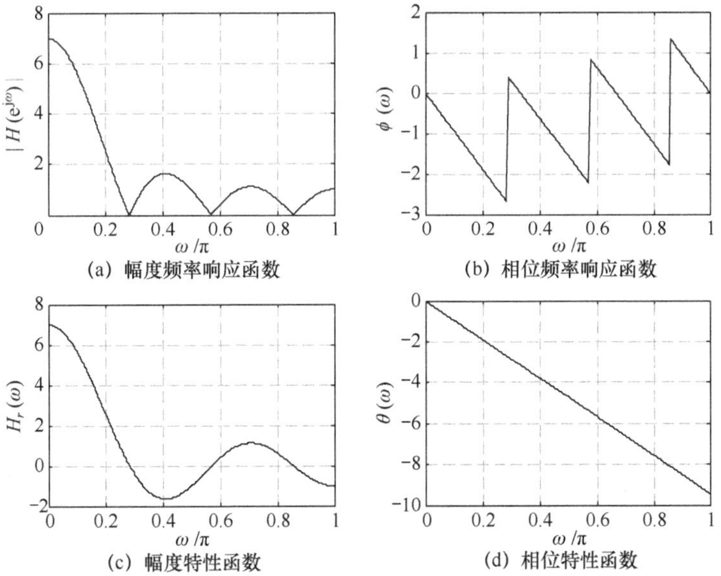

图 7.1.1　线性相位 FIR 滤波的频率响应函数

7.1.2 线性相位的条件

前面已提及，FIR 滤波器需要满足一定条件才具有线性相位，下面讨论相关内容。

1. 第一类线性相位的条件

满足第一类线性相位的充分且必要条件是：$N-1$ 阶滤波器的单位抽样响应函数 $h(n)$ 是实数序列，且关于 $n=\frac{N-1}{2}$ 偶对称，即

$$h(n)=h(N-1-n) \tag{7.1.6}$$

证明

充分性：滤波器的系统函数为

$$H(z)=\sum_{n=0}^{N-1}h(n)z^{-n} \tag{7.1.7}$$

将式（7.1.6）代入式（7.1.7）得

$$H(z)=\sum_{n=0}^{N-1}h(N-n-1)z^{-n}$$

令 $m=N-n-1$ 进行变量代换，得

$$H(z)=\sum_{m=0}^{N-1}h(m)z^{-(N-m-1)}=z^{-(N-1)}\sum_{m=0}^{N-1}h(m)z^{m}$$

结合式（7.1.7），有

$$H(z)=z^{-(N-1)}H(z^{-1}) \tag{7.1.8}$$

于是有

$$H(z)=\frac{1}{2}\left[H(z)+z^{-(N-1)}H(z^{-1})\right]=\frac{1}{2}\sum_{n=0}^{N-1}h(n)\left[z^{-n}+z^{-(N-1)}z^{n}\right]$$

由于线性相位考虑的是系统频率响应函数，因此将 $z=\mathrm{e}^{\mathrm{j}\omega}$ 代入上式，得

$$H(\mathrm{e}^{\mathrm{j}\omega})=\frac{1}{2}\sum_{n=0}^{N-1}h(n)\left[\mathrm{e}^{-\mathrm{j}\omega n}+\mathrm{e}^{-\mathrm{j}\omega(N-1)}\mathrm{e}^{\mathrm{j}\omega n}\right]$$

将上式右端提出系数 $\mathrm{e}^{-\mathrm{j}\omega\left(\frac{N-1}{2}\right)}$，则有

$$H(\mathrm{e}^{\mathrm{j}\omega})=\mathrm{e}^{-\mathrm{j}\omega\left(\frac{N-1}{2}\right)}\sum_{n=0}^{N-1}h(n)\frac{1}{2}\left[\mathrm{e}^{-\mathrm{j}\omega\left(n+\frac{N-1}{2}\right)}+\mathrm{e}^{\mathrm{j}\omega\left(n-\frac{N-1}{2}\right)}\right]$$

根据欧拉公式，可得

$$H(\mathrm{e}^{\mathrm{j}\omega})=\mathrm{e}^{-\mathrm{j}\left(\frac{N-1}{2}\right)\omega}\sum_{n=0}^{N-1}h(n)\cos\left[\left(n-\frac{N-1}{2}\right)\omega\right] \tag{7.1.9}$$

与式（7.1.2）相对照，得

$$H_r(\omega)=\sum_{n=0}^{N-1}h(n)\cos\left[\left(n-\frac{N-1}{2}\right)\omega\right] \tag{7.1.10}$$

$$\theta(\omega)=-\frac{1}{2}(N-1)\omega \tag{7.1.11}$$

式（7.1.11）与式（7.1.3）有相同的形式，则该滤波器具有第一类线性相位特性，且

$$\alpha = \frac{N-1}{2} \tag{7.1.12}$$

充分性得证。

必要性：若滤波器满足第一类线性相位特性，将 $\theta(\omega) = -\alpha\omega$ 代入式（7.1.2）中，可得

$$H(e^{j\omega}) = H_r(\omega)e^{-j\alpha\omega} = \sum_{n=0}^{N-1} h(n)e^{-j\omega n}$$

运用欧拉公式将上式展开，并由实部、虚部分别相等，得

$$H_r(\omega)\cos\alpha\omega = \sum_{n=0}^{N-1} h(n)\cos\omega n$$

$$H_r(\omega)\sin\alpha\omega = \sum_{n=0}^{N-1} h(n)\sin\omega n$$

将上述两式两端相除，得

$$\frac{\sin\alpha\omega}{\cos\alpha\omega} = \frac{\sum_{n=0}^{N-1} h(n)\sin\omega n}{\sum_{n=0}^{N-1} h(n)\cos\omega n}$$

即

$$\sin\alpha\omega\sum_{n=0}^{N-1} h(n)\cos\omega n = \cos\alpha\omega\sum_{n=0}^{N-1} h(n)\sin\omega n$$

移项并用三角函数公式化简得

$$\sum_{n=0}^{N-1} h(n)\sin[(n-\alpha)\omega] = 0$$

由于 $\sin[(n-\alpha)\omega]$ 是关于 $n=\alpha$ 奇对称的，所以要使上式恒成立，那么 $\alpha = \frac{N-1}{2}$，且 $h(n)$ 关于 $n=\alpha$ 偶对称，即 $h(n) = h(N-1-n)$。必要性得证。

第一类线性相位 FIR 数字滤波器的单位抽样响应函数和相位特性函数如图 7.1.2 所示。

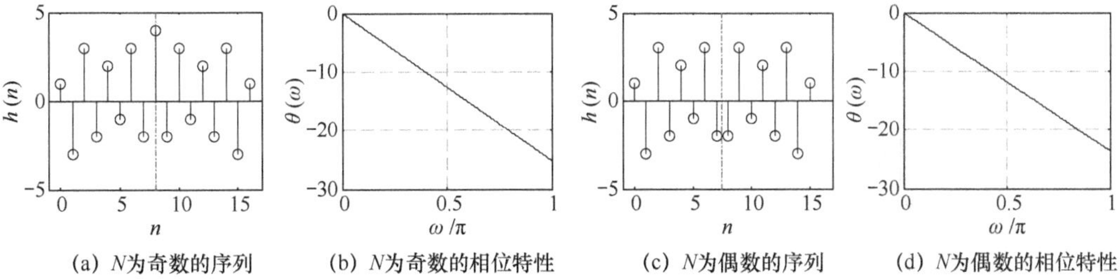

图 7.1.2　第一类线性相位 FIR 滤波器的相位特性函数

2. 第二类线性相位的条件

满足第二类线性相位的充分且必要条件是：$N-1$ 阶滤波器的单位抽样响应函数 $h(n)$ 是实数序列，且关于 $\alpha = \frac{N-1}{2}$ 奇对称，即

$$h(n) = -h(N-1-n) \tag{7.1.13}$$

该证明过程与第一类线性相位证明过程类似，此时有

$$H(z) = -z^{-(N-1)}H(z^{-1}) \tag{7.1.14}$$

$$H_r(\omega) = \sum_{n=0}^{N-1} h(n)\sin\left[\left(n - \frac{N-1}{2}\right)\omega\right] \tag{7.1.15}$$

$$\theta(\omega) = -\frac{1}{2}(N-1)\omega - \frac{\pi}{2} \tag{7.1.16}$$

$$\begin{cases} \alpha = \dfrac{N-1}{2} \\ \beta = -\dfrac{\pi}{2} \end{cases} \tag{7.1.17}$$

第二类线性相位 FIR 数字滤波器的单位抽样响应函数和相位特性函数如图 7.1.3 所示。

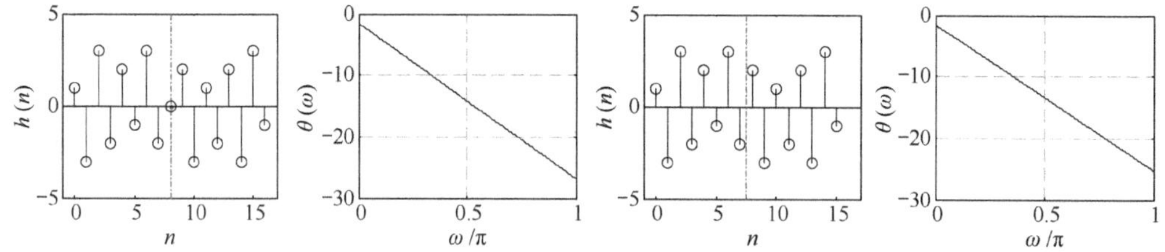

(a) N为奇数的序列　(b) N为奇数的相位特性　(c) N为偶数的序列　(d) N为偶数的相位特性

图 7.1.3　第二类线性相位 FIR 滤波器的相位特性函数

7.1.3　线性相位 FIR 滤波器的幅度特性

依据 $h(n)$ 是奇对称的还是偶对称的，以及其长度 N 取奇数还是取偶数，下面分四种情况对线性相位 FIR 滤波器幅度特性函数 $H_r(\omega)$ 的特性进行讨论。

情况 I　$h(n)$ 为偶对称，N 取奇数。

由式（7.1.10）可知，此时

$$H_r(\omega) = \sum_{n=0}^{N-1} h(n)\cos\left[\left(n - \frac{N-1}{2}\right)\omega\right]$$

式中，$h(n)$ 和 $\cos\left[\left(n - \frac{N-1}{2}\right)\omega\right]$ 都是关于 $n = \frac{N-1}{2}$ 偶对称的，所以 $H_r(\omega)$ 表达式中求和的各项 $h(n)\cos\left[\left(n - \frac{N-1}{2}\right)\omega\right]$ 也是关于 $n = \frac{N-1}{2}$ 偶对称的。因此，可以将 $n = 0$ 项与 $n = N-1$ 项、$n = 1$ 项与 $n = N-2$ 项等两两合并，共有 $\frac{N-1}{2}$ 项，由于 N 为奇数，合并后余下中间一项 $h\left(\frac{N-1}{2}\right)$，故幅度特性函数 $H_r(\omega)$ 可化简为

$$H_r(\omega) = h\left(\frac{N-1}{2}\right) + \sum_{n=0}^{\frac{N-3}{2}} 2h(n)\cos\left[\left(n - \frac{N-1}{2}\right)\omega\right]$$

令 $n = \frac{N-1}{2} - m$，得

$$H_r(\omega)=h\left(\frac{N-1}{2}\right)+\sum_{m=1}^{\frac{N-1}{2}}2h\left(\frac{N-1}{2}-m\right)\cos\omega m$$

上式可表示为

$$H_r(\omega)=\sum_{n=0}^{\frac{N-1}{2}}a(n)\cos\omega n \tag{7.1.18}$$

式中，$a(0)=h\left(\frac{N-1}{2}\right)$，$a(n)=2h\left(\frac{N-1}{2}-n\right)$，$n=1,2,\cdots,\frac{N-1}{2}$。

由于 $\cos\omega n$ 关于 $\omega=0,\pi$ 偶对称，因此式（7.1.18）所表示的幅度特性函数 $H_r(\omega)$ 也关于 $\omega=0,\pi$ 偶对称，如图 7.1.4 所示。所以这种情况适合各种滤波器（低通、高通、带通、带阻滤波器）的设计。

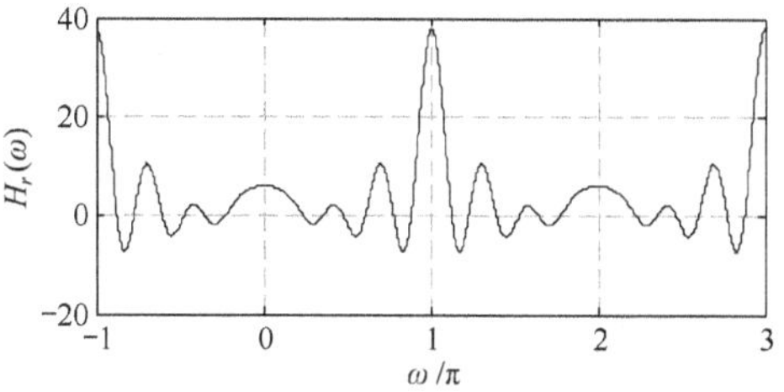

图 7.1.4 $h(n)$ 为偶对称时，N 取奇数的幅度特性函数

情况 II $h(n)$ 为偶对称，N 取偶数。

情况 II 同样属于第一种线性相位，和前一种情况推导过程类似，$H_r(\omega)$ 表达式中求和的各项 $h(n)\cos\left[\left(n-\frac{N-1}{2}\right)\omega\right]$ 也是关于 $n=\frac{N-1}{2}$ 偶对称的。但由于 N 为偶数，在对 $H_r(\omega)$ 表达式中各项进行两两合并后，不存在中间项 $h\left(\frac{N-1}{2}\right)$，所有项均可两两合并，合并结果共有 $\frac{N}{2}$ 项，即

$$H_r(\omega)=\sum_{n=0}^{\frac{N}{2}-1}2h(n)\cos\left[\left(n-\frac{N-1}{2}\right)\omega\right]$$

令 $n=\frac{N}{2}-m$ 进行变量代换，得

$$H_r(\omega)=\sum_{m=1}^{\frac{N}{2}}2h\left(\frac{N}{2}-m\right)\cos\left[\left(m-\frac{1}{2}\right)\omega\right]$$

上式可表示为

$$H_r(\omega)=\sum_{n=1}^{\frac{N}{2}}b(n)\cos\left[\left(n-\frac{1}{2}\right)\omega\right] \tag{7.1.19}$$

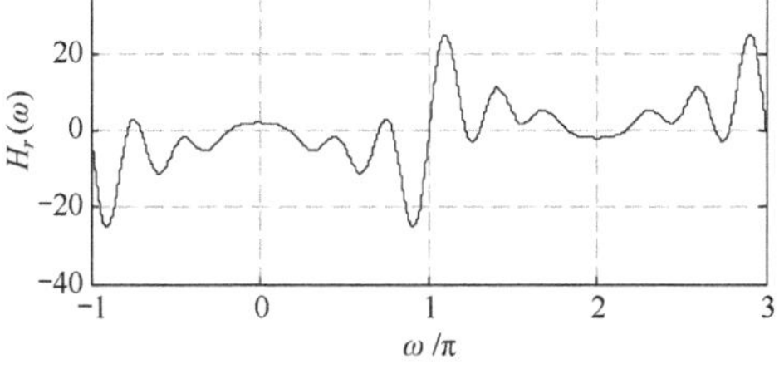

图 7.1.5 $h(n)$ 为偶对称时，N 取偶数的幅度特性函数

式中，$b(n)=2h\left(\frac{N}{2}-n\right)$，$n=1,2,3,\cdots,\frac{N}{2}$。

式（7.1.19）中 $\cos\left[\left(n-\frac{1}{2}\right)\omega\right]$ 关于 $\omega=\pi$ 奇对称，关于 $\omega=0$ 偶对称，所以 $H_r(\omega)$ 也关于 $\omega=\pi$ 奇对称，关于 $\omega=0$ 偶对称，如图 7.1.5 所示，此时有

$$H_r(\omega)\big|_{\omega=\pi}=\left|H(e^{j\omega})\right|_{\omega=\pi}=\left|H(z)\right|_{z=-1}=0 \tag{7.1.20}$$

式（7.1.20）和图 7.1.5 说明，$z=-1$ 是 $H(z)$ 的一个零点，滤波器在最高频率（$\omega=\pi$）处的增益为 0，所以这种情况不适合设计高频段通过的滤波器，如高通、带阻滤波器。

情况Ⅲ $h(n)$ 为奇对称，N 取奇数。

由式（7.1.15）可知

$$H_r(\omega)=\sum_{n=0}^{N-1}h(n)\sin\left[\left(\frac{N-1}{2}-n\right)\omega\right]$$

式中，$h(n)$ 和 $\sin\left[\left(\frac{N-1}{2}-n\right)\omega\right]$ 都是关于 $n=\frac{N-1}{2}$ 奇对称的，所以 $H_r(\omega)$ 表达式中求和的各项 $h(n)\sin\left[\left(\frac{N-1}{2}-n\right)\omega\right]$ 是关于 $n=\frac{N-1}{2}$ 偶对称的。类似情况Ⅰ的合并方法，可得幅度特性函数 $H_r(\omega)$ 为

$$H_r(\omega)=h\left(\frac{N-1}{2}\right)+\sum_{n=0}^{\frac{N-3}{2}}2h(n)\sin\left[\left(\frac{N-1}{2}-n\right)\omega\right]$$

又因为 $h(n)$ 为奇函数，所以中间项 $h\left(\frac{N-1}{2}\right)=0$，因此上式可化简为

$$H_r(\omega)=\sum_{n=0}^{\frac{N-3}{2}}2h(n)\sin\left[\left(\frac{N-1}{2}-n\right)\omega\right]$$

令 $n=\frac{N-1}{2}-m$ 进行变量代换，得

$$H_r(\omega)=\sum_{m=1}^{\frac{N-1}{2}}2h\left(\frac{N-1}{2}-m\right)\sin\omega m$$

上式同样可表示为

$$H_r(\omega)=\sum_{n=1}^{\frac{N-1}{2}}c(n)\sin\omega n \tag{7.1.21}$$

式中，$c(n)=2h\left(\frac{N-1}{2}-n\right)$，$n=1,2,3,\cdots,\frac{N-1}{2}$。

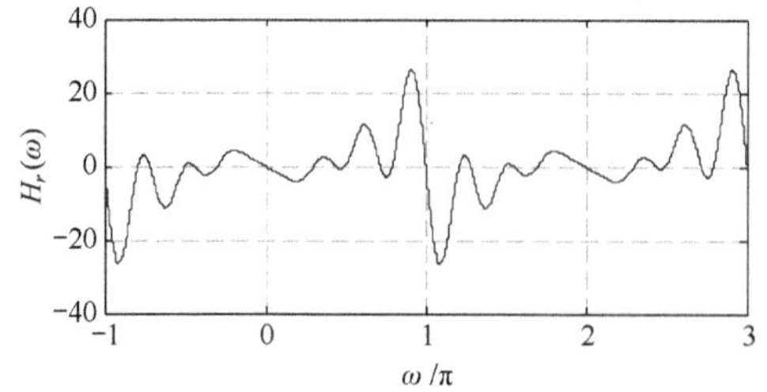

图 7.1.6 $h(n)$ 为奇对称，N 取奇数的幅度特性函数

由于 $\sin\omega n$ 关于 $\omega=0$，π 奇对称，所以 $H_r(\omega)$ 也关于 $\omega=0$，π 奇对称，如图 7.1.6 所示，此时有

$$H_r(\omega)\Big|_{\substack{\omega=0\\ \omega=\pi}}=\left|H(\mathrm{e}^{\mathrm{j}\omega})\right|_{\substack{\omega=0\\ \omega=\pi}}=\left|H(z)\right|_{z=\pm1}=0 \tag{7.1.22}$$

式（7.1.22）和图 7.1.6 说明，$z=\pm1$ 都是 $H(z)$ 的零点，滤波器在 $\omega=0,\pi$ 处的增益都为 0，所以这种情况不适合设计低通、高通和带阻滤波器。

情况Ⅳ $h(n)$ 为奇对称，N 取偶数。

与情况Ⅲ类似，$h(n)\sin\left[\left(\frac{N-1}{2}-n\right)\omega\right]$ 关于 $n=\frac{N-1}{2}$ 偶对称，由于 N 为偶数，所以有

$$H_r(\omega)=\sum_{n=0}^{\frac{N}{2}-1}2h(n)\sin\left[\left(\frac{N-1}{2}-n\right)\omega\right]$$

令 $n=\frac{N}{2}-m$ 进行变量代换，得

$$H_r(\omega)=\sum_{m=1}^{\frac{N}{2}}2h\left(\frac{N}{2}-m\right)\sin\left[\left(m-\frac{1}{2}\right)\omega\right]$$

上式同样也可表示为

$$H_r(\omega)=\sum_{n=1}^{\frac{N}{2}}d(n)\sin\left[\left(n-\frac{1}{2}\right)\omega\right] \tag{7.1.23}$$

式中，$d(n)=2h\left(\frac{N}{2}-n\right)$，$n=1,2,3,\cdots,\frac{N}{2}$。

由于 $\sin\left[\left(n-\frac{1}{2}\right)\omega\right]$ 关于 $\omega=0$ 奇对称，关于 $\omega=\pi$ 偶对称，所以 $H_r(\omega)$ 也呈现同样的对称性，如图 7.1.7 所示。类似式（7.1.22），有

$$H_r(\omega)\big|_{\omega=0}=\left|H(e^{j\omega})\right|_{\omega=0}=\left|H(z)\right|_{z=1}=0 \tag{7.1.24}$$

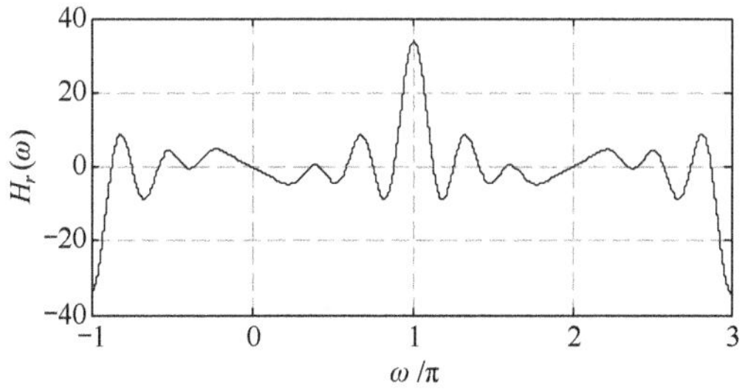

图 7.1.7　$h(n)$ 为奇对称，N 取偶数的幅度特性函数

在这种情况下，$z=1$ 是 $H(z)$ 的一个零点，滤波器在 $\omega=0$ 处的增益为 0，所以不适合设计低通和带阻滤波器。

将线性相位 FIR 滤波器的单位抽样响应 $h(n)$、相位特性函数 $\theta(\omega)$ 及幅度特性函数 $H_r(\omega)$ 归纳于表 7.1.1。

表 7.1.1　线性相位 FIR 滤波器的特性

线性类型	情况	$h(n)$	N	$\theta(\omega)$	$H_r(\omega)$ $\omega=0$	$H_r(\omega)$ $\omega=\pi$	对应图
第一类	I	偶对称	奇数	$-\frac{N-1}{2}$	偶对称	偶对称	图 7.1.2（a）、（b），图 7.1.4
	II	偶对称	偶数	$-\frac{N-1}{2}$	偶对称	奇对称	图 7.1.2（c）、（d），图 7.1.5
第二类	III	奇对称	奇数	$-\frac{N-1}{2}-\frac{\pi}{2}$	奇对称	奇对称	图 7.1.3（a）、（b），图 7.1.6
	IV	奇对称	偶数	$-\frac{N-1}{2}-\frac{\pi}{2}$	奇对称	偶对称	图 7.1.3（c）、（d），图 7.1.7

7.1.4　线性相位 FIR 滤波器的零点分布

根据式（7.1.8）和式（7.1.14）可以得出线性相位 FIR 滤波器的系统函数满足下列关系

$$H(z)=\pm z^{-(N-1)}H(z^{-1}) \tag{7.1.25}$$

如果 $z=z_i$ 是 $H(z)$ 的零点，即 $H(z)\big|_{z=z_i}=0$，同样也可以写成 $H(z^{-1})\big|_{z=z_i^{-1}}=0$，代入式（7.1.25）可以得到 $H(z)\big|_{z=z_i^{-1}}=0$，说明 $z=\dfrac{1}{z_i}$ 也是 $H(z)$ 的零点，即 $H(z)$ 的零点呈倒数对形式出现。另外，由于 $h(n)$ 是实数序列，$H(z)$ 的零点又以共轭对的形式出现，因此，线性相位 FIR 滤波器的零点呈共轭倒易出现，也就是说若 $z=z_i$ 是 $H(z)$ 的零点，则 $z=\dfrac{1}{z_i}$，z_i^*，$\dfrac{1}{z_i^*}$ 也必然是其零点。

依据零点是否在单位圆和实轴上，零点位置可能有以下四种情况：

（1）z_i 为既不在实轴上又不在单位圆上的复数零点，则滤波器 $H(z)$ 的零点必然是互为倒数的两组共轭对，如图 7.1.8（a）所示；

（2）z_i 为在单位圆上，但不在实轴上的复数零点，则 $H(z)$ 零点的共轭与其倒数相同，即 $z_i^*=\dfrac{1}{z_i}$。此时，四个零点合为两个零点，如图 7.1.8（b）所示；

（3）z_i 为在实轴上，但不在单位圆上的零点。此时，$H(z)$ 零点与其共轭零点相同，即 $z_i=z_i^*$，四个零点合为两个零点，如图 7.1.8（c）所示；

（4）z_i 为既在实轴上又在单位圆上的实数零点。此时，$H(z)$ 的四个零点合为一点。这只有 $z=-1$ 和 $z=1$ 两种可能，如图 7.1.8（d）所示。

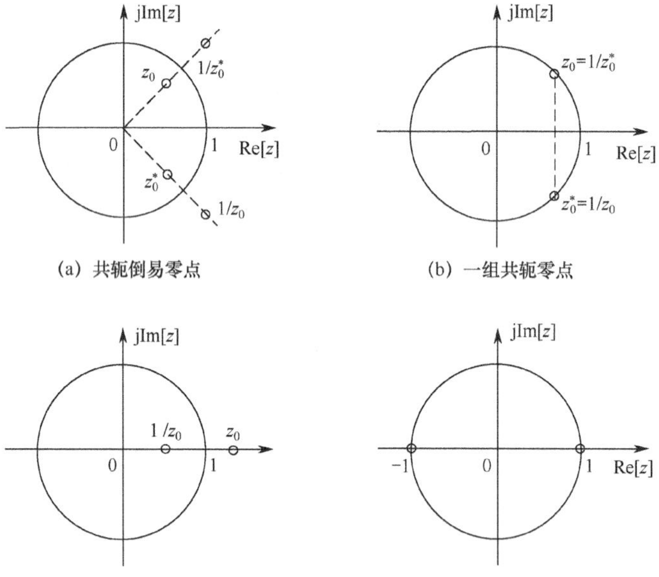

图 7.1.8　线性相位 FIR 滤波器的零点分布

图 7.1.8（d）中的零点分布情况与 7.1.3 节分析的四种情况也存在对应关系：情况Ⅱ，当 $h(n)$ 为偶对称、N 取偶数时，则 $H(z)$ 有单一零点 $z=-1$；情况Ⅲ，当 $h(n)$ 为奇对称、N 取奇数时，则 $H(z)$ 有 $z=\pm1$ 两个零点；情况Ⅳ，当 $h(n)$ 为奇对称、N 取偶数时，则 $H(z)$ 有单一零点 $z=1$。图 7.1.9 分别列出了上述三种情况，图 7.1.9（a）中 $h(n)=[0.5, 0.5]$，图 7.1.9（b）中 $h(n)=[0.5, -0.5]$，图 7.1.9（c）中 $h(n)=[0.5, 0, -0.5]$。

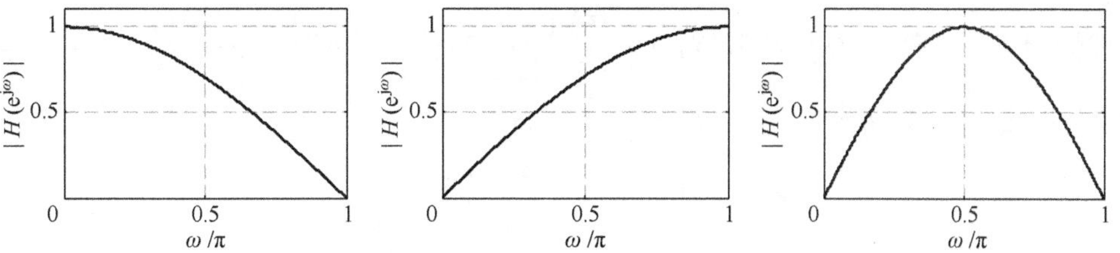

(a) 极点为-1 (b) 极点为1 (c) 极点为-1和1

图 7.1.9 极点为−1 或 1 时滤波器的幅度频率响应

在实际设计滤波器时，应充分考虑 $h(n)$ 、 $\left|H(\mathrm{e}^{\mathrm{j}\omega})\right|$ 和 $H(z)$ 的约束条件。

7.2 窗函数设计法

窗函数设计法是一种常用的 FIR 线性相位数字滤波器设计方法，其基本思想是用 FIR 数字滤波器逼近所期望的理想滤波器特性。设理想滤波器的频率响应函数为 $H_d(\mathrm{e}^{\mathrm{j}\omega})$，对应的单位抽样响应为 $h_d(n)$ 。由于 $h_d(n)$ 为理想滤波器，所以是无限长非因果序列，因此需要选择合适的窗函数 $w(n)$ 对其进行截取和加权处理，从而得到 FIR 数字滤波器的单位抽样响应函数 $h(n)$ 。在设计过程中，窗函数的类型和长度都直接影响逼近精度，$h(n)$ 也要满足 7.1 节中所讲述的线性相位对称约束条件。

7.2.1 设计方法

窗函数设计法需要先给定一个期望的理想滤波器的频率响应，下面以低通滤波器的设计过程进行介绍。

若一个理想低通滤波器的频率响应为

$$H_d(\mathrm{e}^{\mathrm{j}\omega})=\begin{cases}\mathrm{e}^{-\mathrm{j}\omega\alpha}, & |\omega|\leqslant\omega_c\\ 0, & \omega_c<|\omega|\leqslant\pi\end{cases} \tag{7.2.1}$$

其幅频特性曲线如图 7.2.1（a）所示，所对应的单位抽样响应为

$$h_d(n)=\frac{1}{2\pi}\int_{-\omega_c}^{\omega_c}H_d(\mathrm{e}^{\mathrm{j}\omega})\mathrm{e}^{\mathrm{j}\omega n}\mathrm{d}\omega=\frac{1}{2\pi}\int_{-\omega_c}^{\omega_c}\mathrm{e}^{-\mathrm{j}\omega\alpha}\mathrm{e}^{\mathrm{j}\omega n}\mathrm{d}\omega=\frac{\omega_c}{\pi}\frac{\sin[\omega_c(n-\alpha)]}{\omega_c(n-\alpha)} \tag{7.2.2}$$

如图 7.2.1（b）所示。显然，$h_d(n)$ 是一个无限长、非因果序列，且关于 $n=\alpha$ 偶对称。但由于 FIR 滤波器的单位抽样响应是有限长的，所以需要寻求一个有限长序列 $h(n)$ 来逼近 $h_d(n)$，最简便的方法就是运用矩形窗函数 $R_N(n)$ 对 $h_d(n)$ 进行截断处理（加窗处理），所用窗函数表达式如下

$$w(n)=R_N(n)=\begin{cases}1, & 0\leqslant n\leqslant N-1\\ 0, & 其他\end{cases}$$

通过窗函数 $w(n)$ 与 $h_d(n)$ 的乘积来实现截断处理，所得的有限长序列 $h(n)$ 为

$$h(n)=h_d(n)w(n)=\begin{cases}h_d(n), & 0\leqslant n\leqslant N-1\\ 0, & 其他\end{cases} \tag{7.2.3}$$

按照线性相位的条件，$h(n)$ 要满足对 $n=\dfrac{N-1}{2}$ 的偶对称，所以要求 $\alpha=\dfrac{N-1}{2}$。$w(n)$ 及 $h(n)$ 如图 7.2.1（c）、（d）所示。

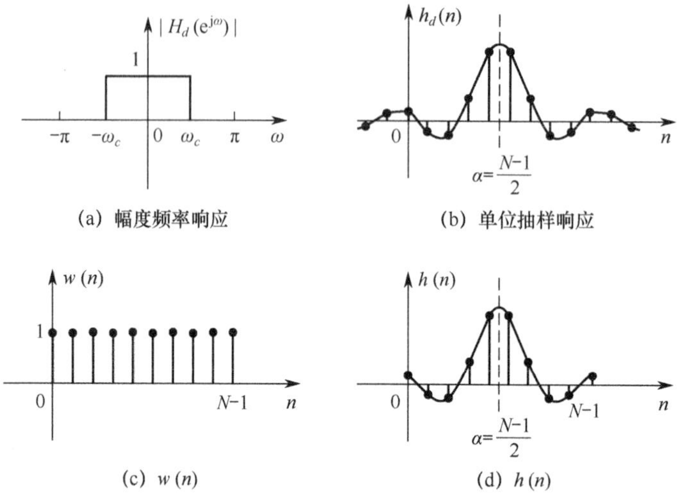

图 7.2.1 理想低通滤波器的响应及其加窗处理

将式（7.2.2）代入式（7.2.3），并利用 $\alpha=\dfrac{N-1}{2}$，可得

$$h(n)=\begin{cases}\dfrac{\omega_c}{\pi}\dfrac{\sin\left[\omega_c\left(n-\dfrac{N-1}{2}\right)\right]}{\omega_c\left(n-\dfrac{N-1}{2}\right)}, & 0\leqslant n\leqslant N-1\\ 0, & 其他\end{cases} \tag{7.2.4}$$

式（7.2.4）就是采用矩形窗设计得到的 FIR 滤波器的单位抽样响应。

由 $H_d(e^{j\omega})=\sum\limits_{n=-\infty}^{\infty}h_d(n)e^{-j\omega n}$ 看出，$h_d(n)$ 可以看作周期频率响应 $H_d(e^{j\omega})$ 的傅里叶级数的系数，所以窗函数法又称为傅里叶级数法。显然，选取傅里叶级数的项数越多，引起的误差就越小，但项数增多即 $h(n)$ 的长度增加，也使成本和体积增加，因此从性价比的角度出发，在满足技术要求的条件下，应尽量减小 $h(n)$ 的长度。

7.2.2 加窗处理对频谱性能的影响

从上述的分析可知，窗函数法是采用窗函数对理想滤波器的单位抽样响应进行截断，根据第 3 章的分析，信号的截断处理势必会造成频谱泄露，对于一个系统而言，表现为频率响应特性的拖尾。下面同样以矩形窗为例，分析加窗处理对频谱特性的影响。

在时域中 $h(n)=h_d(n)w(n)=h_d(n)R_N(n)$，依据傅里叶变换的性质（时域的乘积对应于频域的卷积），可得到加窗处理后 FIR 滤波器的频率响应函数 $H(e^{j\omega})$ 为

$$H(e^{j\omega})=\frac{1}{2\pi}[H_d(e^{j\omega})\cdot R_N(e^{j\omega})]=\frac{1}{2\pi}\int_{-\pi}^{\pi}H_d(e^{j\theta})R_N(e^{j(\omega-\theta)})d\theta \tag{7.2.5}$$

式中，$H_d(e^{j\omega})$、$R_N(e^{j\omega})$ 分别是理想滤波器的单位抽样响应 $h_d(n)$、矩形窗 $R_N(n)$ 的傅里叶变换。可见，窗函数的频率特性 $R_N(e^{j\omega})$ 确实决定了 $H(e^{j\omega})$ 对 $H_d(e^{j\omega})$ 的逼近程度。

将 $H_d(e^{j\omega})$ 写成幅度特性函数和相位特性函数的形式为

$$H_d(e^{j\omega}) = H_{dr}(\omega)e^{-j\omega\alpha} = H_{dr}(\omega)e^{-j\omega\left(\frac{N-1}{2}\right)} \tag{7.2.6}$$

其中，幅度特性函数 $H_{dr}(\omega)$ 为

$$H_{dr}(\omega) = \begin{cases} 1, & |\omega| \leqslant \omega_c \\ 0, & \omega_c < |\omega| \leqslant \pi \end{cases}$$

对于矩形窗函数 $R_N(n)$，其傅里叶变换 $R_N(e^{j\omega})$ 为

$$R_N(e^{j\omega}) = \sum_{n=-\infty}^{\infty} R_N(n)e^{-j\omega n} = \sum_{n=0}^{N-1} e^{-j\omega n} = e^{-j\omega\left(\frac{N-1}{2}\right)}\frac{\sin(\omega N/2)}{\sin(\omega/2)} = R_{Nr}(\omega)e^{-j\omega\left(\frac{N-1}{2}\right)} \tag{7.2.7}$$

其中，幅度特性函数为

$$R_{Nr}(\omega) = \frac{\sin(\omega N/2)}{\sin(\omega/2)}$$

$R_{Nr}(\omega)$ 的波形如图 7.2.2 所示，是一种逐渐衰减函数，原点右侧的第一个零点在 $\omega = \frac{2\pi}{N}$ 处，原点左侧的第一个零点在 $\omega = -\frac{2\pi}{N}$ 处，两零点之间的区间称为 $R_{Nr}(\omega)$ 的主瓣，主瓣宽度为 $\frac{4\pi}{N}$；在主瓣两侧则有无数多个幅度逐渐衰减的旁瓣，区间 $\left[\frac{2\pi}{N},\frac{4\pi}{N}\right]$ 为第一旁瓣，所有旁瓣宽度均为 $\frac{2\pi}{N}$。

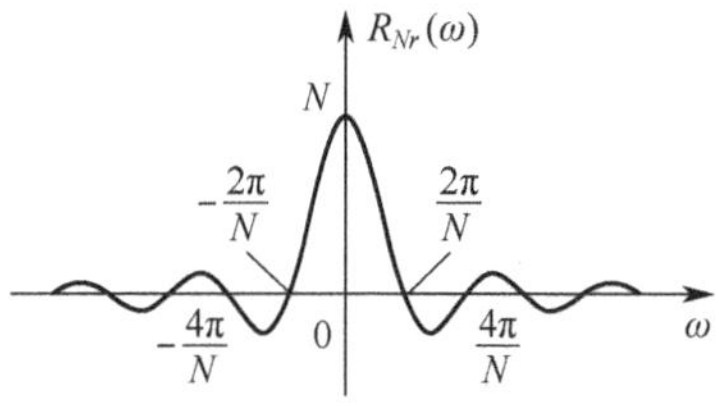

图 7.2.2　矩形窗的幅度特性函数

将式（7.2.6）、式（7.2.7）代入式（7.2.5）中，得

$$\begin{aligned} H(e^{j\omega}) &= \frac{1}{2\pi}\int_{-\pi}^{\pi} H_{dr}(\theta)e^{-j\theta\left(\frac{N-1}{2}\right)} R_{Nr}(\omega-\theta)e^{-j(\omega-\theta)\left(\frac{N-1}{2}\right)}d\theta \\ &= e^{-j\omega\left(\frac{N-1}{2}\right)}\frac{1}{2\pi}\int_{-\pi}^{\pi} H_{dr}(\theta)R_{Nr}(\omega-\theta)d\theta \\ &= H_r(\omega)e^{-j\omega\left(\frac{N-1}{2}\right)} \end{aligned} \tag{7.2.8}$$

由式（7.2.8）可见，$H(e^{j\omega})$ 同样具有线性相位，其幅度特性函数 $H_r(\omega)$ 为

$$H_r(\omega) = \frac{1}{2\pi}\int_{-\pi}^{\pi} H_{dr}(\theta)R_{Nr}(\omega-\theta)d\theta = \frac{1}{2\pi}\int_{-\omega_c}^{\omega_c} R_{Nr}(\omega-\theta)d\theta \tag{7.2.9}$$

式（7.2.9）的卷积过程可用图 7.2.3 的几个特殊频率点来说明，应特别注意幅度特性函数 $H_r(\omega)$ 的波动情况。

（1）当 $\omega = 0$ 时，$R_{Nr}(\omega-\theta)$ 波形如图 7.2.3（b）所示，此时有

$$H_r(0) = \frac{1}{2\pi}\int_{-\omega_c}^{\omega_c} R_{Nr}(-\theta)d\theta = \frac{1}{2\pi}\int_{-\omega_c}^{\omega_c} R_{Nr}(\theta)d\theta$$

在通常情况下 $\omega_c \geqslant \dfrac{2\pi}{N}$，在积分区间$[-\omega_c,\omega_c]$之外，$R_{Nr}(\omega)$的旁瓣幅度已经很小了，所以$H_r(0)$可近似看作$\theta$从$-\pi$到$\pi$的$R_{Nr}(\theta)$的全部积分面积。

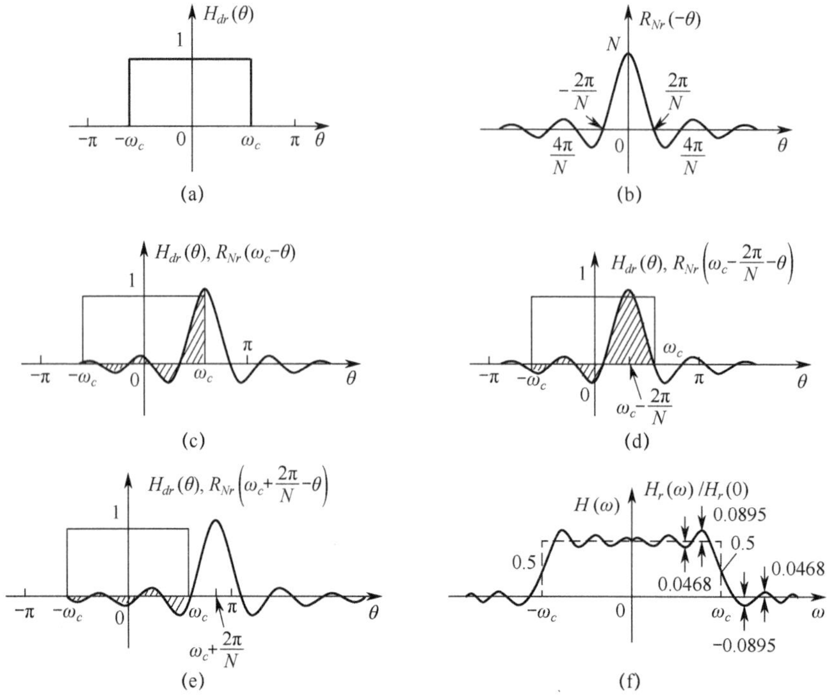

图 7.2.3 $R_{Nr}(\omega)$、$H_{dr}(\omega)$的卷积过程

（2）当$\omega=\omega_c$时，$R_{Nr}(\omega-\theta)$的波形如图 7.2.3（c）所示，$R_{Nr}(\omega-\theta)$有一半主瓣在积分区间$[-\omega_c,\omega_c]$之内，积分面积为$H_r(0)$的一半，即

$$H_r(\omega_c)=\frac{1}{2\pi}\int_{-\omega_c}^{\omega_c} R_{Nr}(\omega_c-\theta)\mathrm{d}\theta \approx 0.5H_r(0)$$

（3）当$\omega=\omega_c-\dfrac{2\pi}{N}$时，$R_{Nr}(\omega-\theta)$的波形如图 7.2.3（d）所示，$R_{Nr}(\omega-\theta)$的主瓣完全在积分区间$[-\omega_c,\omega_c]$之内，积分面积最大，为

$$H_r\left(\omega_c-\frac{2\pi}{N}\right)=\frac{1}{2\pi}\int_{-\omega_c}^{\omega_c} R_{Nr}\left(\omega_c-\frac{2\pi}{N}-\theta\right)\mathrm{d}\theta \approx 1.0895H_r(0)$$

此时，幅度特性函数$H_r(\omega)$出现正肩峰。

（4）当$\omega=\omega_c+\dfrac{2\pi}{N}$时，$R_{Nr}(\omega-\theta)$波形如图 7.2.3（e）所示，$R_{Nr}(\omega-\theta)$的主瓣完全移出积分区间$[-\omega_c,\omega_c]$，积分面积最小为

$$H_r\left(\omega_c+\frac{2\pi}{N}\right)=\frac{1}{2\pi}\int_{-\omega_c}^{\omega_c} R_{Nr}\left(\omega_c+\frac{2\pi}{N}-\theta\right)d\theta \approx -0.0895H_r(0)$$

此时，幅度特性函数$H_r(\omega)$出现负肩峰。其实，（3）和（4）的结果相加即为$H_r(0)$。

（5）当$\omega>\omega_c+\dfrac{2\pi}{N}$时，$R_{Nr}(\omega-\theta)$的左侧旁瓣扫过积分区间$[-\omega_c,\omega_c]$，因此，$H_r(\omega)$围

绕零值上下波动；当$\omega<\omega_c-\dfrac{2\pi}{N}$时，$R_{Nr}(\omega-\theta)$的左、右侧旁瓣扫过积分区间$[-\omega_c,\omega_c]$，因此，$H_r(\omega)$围绕$H_r(0)$上下波动。

卷积结果$H_r(\omega)$，即加窗处理后所得到的 FIR 滤波器的幅度特性如图 7.2.3（f）所示。从图 7.2.3（f）可以看出，$H_r(\omega)$与$H_{dr}(\omega)$存在一定的误差，具体主要表现在以下两个方面：

（1）在$\omega=\omega_c$附近使理想频率特性的不连续边沿加宽，形成一个过渡区间，其宽度等于$R_{Nr}(\omega)$的主瓣宽度$\dfrac{4\pi}{N}$。注意：这里的过渡区间是指两个肩峰之间的区间，并不是滤波器的过渡带，滤波器的过渡带比主瓣宽度$\dfrac{4\pi}{N}$要小一些；

（2）在截止频率ω_c的两侧$\omega=\omega_c\pm\dfrac{2\pi}{N}$处（过渡区间两侧），$H_r(\omega)$出现正肩峰和负肩峰。肩峰的两侧形成起伏振荡，其振荡幅度取决于旁瓣的相对幅度，而振荡的快慢，则取决于$R_{Nr}(\omega)$波动的快慢。需要注意的是，由于$R_{Nr}(\omega-\theta)$的对称性，$H_r(\omega)$在ω_c附近也是近似对称的，因而ω_c两侧的正肩峰幅度与负肩峰幅度是相同的。

若增加截取长度N，则窗函数主瓣附近的幅度响应为

$$R_{Nr}(\omega)=\frac{\sin\left(\dfrac{\omega N}{2}\right)}{\sin\dfrac{\omega}{2}}\approx\frac{\sin\left(\dfrac{\omega N}{2}\right)}{\dfrac{\omega}{2}}=N\frac{\sin x}{x}$$

式中，$x=\dfrac{\omega N}{2}$。可见N只能改变窗谱（窗的幅度特性函数）的主瓣和旁瓣宽度、主瓣和旁瓣幅度，但不能改变主瓣与旁瓣的相对比例。这个相对比例是由$\dfrac{\sin x}{x}$决定的，也就是说，是由矩形窗函数的形状决定的。图 7.2.4 给出了$N=11, 21, 51$时三种矩形窗函数的幅度特性。

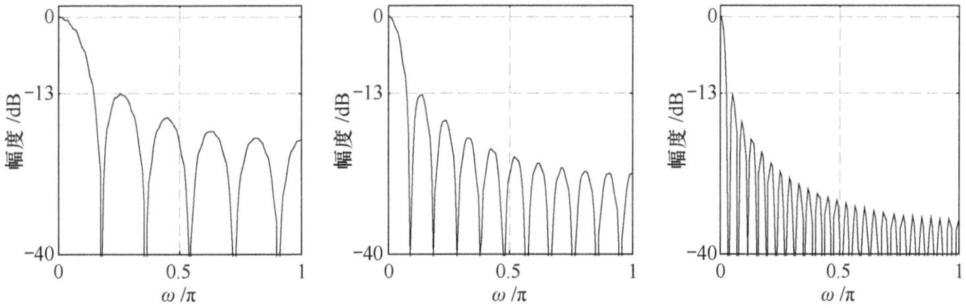

(a) N=11　(b) N=21　(c) N=51

图 7.2.4　N不同时矩形窗的幅度特性

分析图 7.2.4，主瓣宽度确实与N成反比，但N并不影响最大旁瓣与主瓣的相对值，在这三种情况下，该值总是约为−13dB。因而，当截取长度N增大时，只会使主瓣宽度$\dfrac{4\pi}{N}$减小，从而使所设计的滤波器过渡带宽减小、起伏振荡变快，而不会改变其肩峰的相对值。在矩形窗情况下，最大肩峰值总是为 8.95%，这种现象称为吉布斯（Gibbs）效应。由于吉布斯效应的存在，影响了$H_r(\omega)$通带的平坦和阻带的衰减，对滤波器的性能影响很大。经矩形窗处

理后的滤波器阻带最小衰减只有 21dB 左右，这在一定程度上限制了矩形窗在实际工程中的应用。

7.2.3 典型窗函数

由上述分析过程可以看出，$H_r(\omega)$ 与 $H_{dr}(\omega)$ 的差异主要是矩形窗 $R_N(n)$ 的截断引起的。为了获得较好的通带最大衰减和阻带最小衰减的频率特性，只能改变窗函数的形状，从式（7.2.9）的卷积形式看出，只有当窗谱逼近冲激函数时，相当于窗的宽度为无限长，$H_r(\omega)$ 才会很好地逼近 $H_{dr}(\omega)$，但实际上这是不可能实现的。

在采用窗函数进行截断时，一般希望窗函数满足两项要求：

（1）主瓣尽可能窄，以获得较陡的过渡带；

（2）最大旁瓣相对于主瓣尽可能小，即能量尽量集中在主瓣中。

这样，就可以降低肩峰、减小振荡、提高阻带衰减。但上述两项要求是矛盾的，不可能同时达到最佳，常用的窗函数是这两个因素的适当折中。

为了定量地分析比较各种窗函数的性能，我们定义以下几个窗函数参数：

（1）最大旁瓣峰值 δ_n，它是指窗函数的幅频响应函数取对数 $20\lg\left|W(\mathrm{e}^{\mathrm{j}\omega})/W(0)\right|$ 后的值，单位为分贝（dB）；

（2）主瓣宽度 ω_{main}，它是指窗函数频谱的主瓣宽度；

（3）过渡带宽 $\Delta\omega$，它是指 FIR 滤波器的过渡带宽，即通带截止频率与阻带截止频率之差；

（4）阻带最小衰减 δ_{st}，它是指用窗函数设计得到的 FIR 滤波器的阻带最小衰减，单位为分贝（dB）。

下面介绍几种典型的常用窗函数的时域、频域表达式及相关波形。

1. 矩形窗（Boxcar）

前面已介绍过矩形窗，现将其表达式重写如下：

$$w(n)=R_N(n)=\begin{cases}1, & 0\leqslant n\leqslant N-1\\ 0, & \text{其他}\end{cases}$$

其傅里叶变换为

$$W(\mathrm{e}^{\mathrm{j}\omega})=R_N(\mathrm{e}^{\mathrm{j}\omega})=\mathrm{e}^{-\mathrm{j}\omega\left(\frac{N-1}{2}\right)}\frac{\sin(\omega N/2)}{\sin(\omega/2)}=R_{Nr}(\omega)\mathrm{e}^{-\mathrm{j}\omega\left(\frac{N-1}{2}\right)}$$

对应的窗谱为

$$W_r(\omega)=R_{Nr}(\omega)=\frac{\sin(\omega N/2)}{\sin(\omega/2)}$$

图7.2.5给出了 $N=21$ 时矩形窗的时域波形、幅度频谱及理想低通滤波器（$\omega_c=\dfrac{\pi}{2}$）经矩形窗处理后所得滤波器的单位抽样响应、幅频响应。根据矩形窗的窗谱可以计算出 $\delta_n=-13\text{dB}$，$\omega_{\text{main}}=\dfrac{4\pi}{N}$，根据滤波器的特性，可以得出所设计滤波器的 $\Delta\omega=\dfrac{1.8\pi}{N}$，$\delta_{st}=21\text{dB}$。

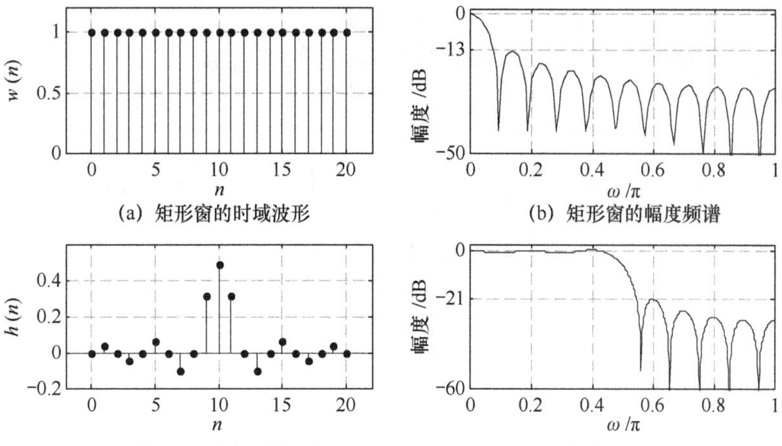

(a) 矩形窗的时域波形　(b) 矩形窗的幅度频谱

(c) 滤波器的单位抽样响应　(d) 滤波器的幅频响应

图 7.2.5　矩形窗及其加窗处理后的滤波器

2. 巴特利特窗（Bartlett）

巴特利特窗又称三角窗。由于矩形窗从 0 到 1 和从 1 到 0 的突变（时域值），造成了吉布斯效应。Bartlett 提出了一种逐渐变化的三角窗，它是两个矩形窗的卷积，时域定义式为

$$w(n)=\begin{cases}\dfrac{2n}{N-1}, & 0\leqslant n\leqslant\dfrac{N-1}{2}\\[2mm] 2-\dfrac{2n}{N-1}, & \dfrac{N-1}{2}<n\leqslant N-1\end{cases} \tag{7.2.10}$$

其傅里叶变换为

$$W(\mathrm{e}^{\mathrm{j}\omega})=\frac{2}{N-1}\left\{\frac{\sin[(N-1)\omega/4]}{\sin(\omega/2)}\right\}^2\mathrm{e}^{-\mathrm{j}\left(\frac{N-1}{2}\right)\omega} \tag{7.2.11}$$

对应的窗谱为

$$W_r(\omega)=\frac{2}{N-1}\left\{\frac{\sin[(N-1)\omega/4]}{\sin(\omega/2)}\right\}^2 \tag{7.2.12}$$

图 7.2.6 为 $N=21$ 时，三角窗及其加窗处理后的滤波器。三角窗的 $\delta_n=-25\text{dB}$，$\omega_{\text{main}}=\dfrac{8\pi}{N}$，理想低通滤波器采用三角窗处理所得滤波器的 $\Delta\omega=\dfrac{4.2\pi}{N}$，$\delta_{st}=25\text{dB}$。与矩形窗相比，其最大旁瓣峰值 δ_n 降低了很多，所得滤波器阻带的最小衰减 δ_{st} 性能也有所改善，但这都是以主瓣宽度 ω_{main}、过渡带宽 $\Delta\omega$ 加宽为代价的。

3. 汉宁窗（Hanning）

汉宁窗又称升余弦窗，其时域定义式为

$$w(n)=0.5\left[1-\cos\left(\frac{2\pi n}{N-1}\right)\right]R_N(n) \tag{7.2.13}$$

依据欧拉公式和傅里叶变换的调制性质，可得

$$\mathrm{DTFT}\left[\cos\left(\frac{2\pi n}{N-1}\right)R_N(n)\right]=R_N\left[\mathrm{e}^{\mathrm{j}\left(\omega-\frac{2\pi}{N-1}\right)}+R_N\mathrm{e}^{\mathrm{j}\left(\omega+\frac{2\pi}{N-1}\right)}\right]$$

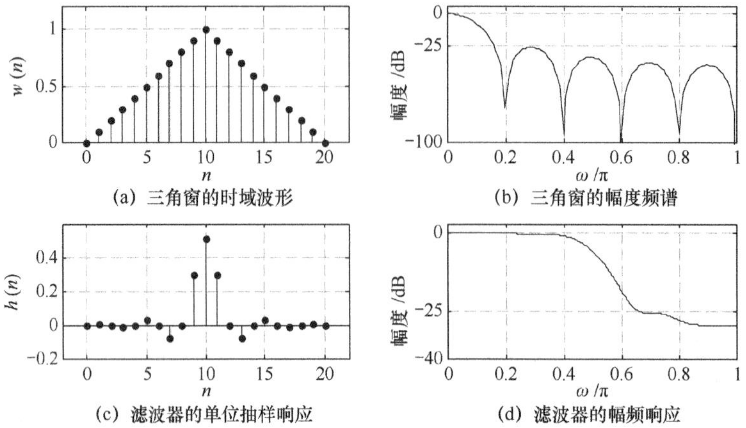

(a) 三角窗的时域波形 (b) 三角窗的幅度频谱

(c) 滤波器的单位抽样响应 (d) 滤波器的幅频响应

图 7.2.6 三角窗及其加窗处理后的滤波器

所以有

$$\begin{aligned}W(\mathrm{e}^{\mathrm{j}\omega})&=\left\{0.5R_{Nr}(\omega)+0.25\left[R_{Nr}\left(\omega-\frac{2\pi}{N-1}\right)+R_{Nr}\left(\omega+\frac{2\pi}{N-1}\right)\right]\right\}\mathrm{e}^{-\mathrm{j}\left(\frac{N-1}{2}\right)\omega}\\&=W_r(\omega)\mathrm{e}^{-\mathrm{j}\left(\frac{N-1}{2}\right)\omega}\end{aligned}\tag{7.2.14}$$

窗谱为

$$W_r(\omega)=0.5R_{Nr}(\omega)+0.25\left[R_{Nr}\left(\omega-\frac{2\pi}{N-1}\right)+R_{Nr}\left(\omega+\frac{2\pi}{N-1}\right)\right]\tag{7.2.15}$$

式（7.2.15）说明，幅度特性函数由三部分求和得到，三个分量相加时，旁瓣相互抵消，从而使能量更集中在$W_r(\omega)$的主瓣，造成旁瓣减小、主瓣加宽。此时，$\delta_n=-31\mathrm{dB}$，$\omega_{\text{main}}=\dfrac{8\pi}{N}$，$\Delta\omega=\dfrac{6.2\pi}{N}$，$\delta_{st}=44\,\mathrm{dB}$。当$N=21$时，汉宁窗及其加窗处理后的滤波器如图 7.2.7 所示。

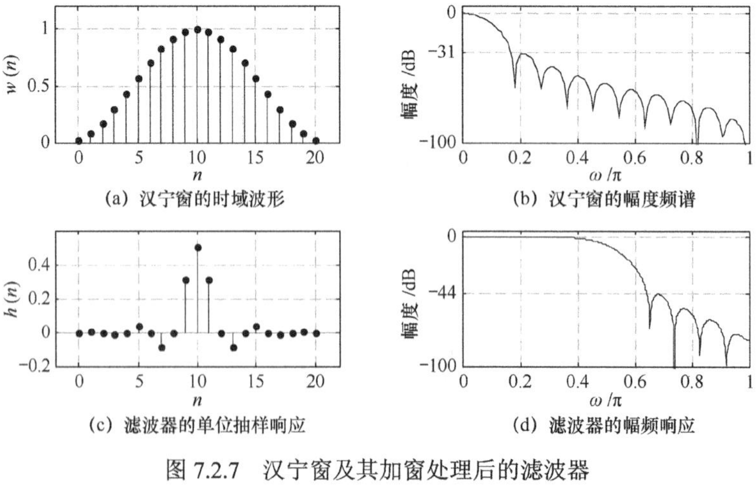

(a) 汉宁窗的时域波形 (b) 汉宁窗的幅度频谱

(c) 滤波器的单位抽样响应 (d) 滤波器的幅频响应

图 7.2.7 汉宁窗及其加窗处理后的滤波器

4. 汉明窗（Hamming）

对升余弦窗定义式中的系数 0.5 略作改变，就得到了汉明窗，又称改进的升余弦窗。这种窗函数可以得到旁瓣更小的改进效果，其时域的定义式、傅里叶变换和窗谱分别为

$$w(n)=\left[0.54-0.46\cos\left(\frac{2\pi n}{N-1}\right)\right]R_N(n) \tag{7.2.16}$$

$$\begin{aligned}W(\mathrm{e}^{\mathrm{j}\omega})&=\left\{0.54R_N(\omega)+0.23\left[R_N\left(\omega-\frac{2\pi}{N-1}\right)+R_N\left(\omega+\frac{2\pi}{N-1}\right)\right]\right\}\mathrm{e}^{-\mathrm{j}\left(\frac{N-1}{2}\right)\omega}\\&=W_r(\omega)\mathrm{e}^{-\mathrm{j}\left(\frac{N-1}{2}\right)\omega}\end{aligned} \tag{7.2.17}$$

$$W_r(\omega)=0.54R_{Nr}(\omega)+0.23\left[R_{Nr}\left(\omega-\frac{2\pi}{N-1}\right)+R_{Nr}\left(\omega+\frac{2\pi}{N-1}\right)\right] \tag{7.2.18}$$

此时，$\delta_n=-41\text{dB}$，$\omega_{\text{main}}=\dfrac{8\pi}{N}$，$\Delta\omega=\dfrac{6.6\pi}{N}$，$\delta_{st}=53\text{dB}$。图 7.2.8 是长度为 $N=21$ 的汉明窗及其加窗处理后的滤波器。

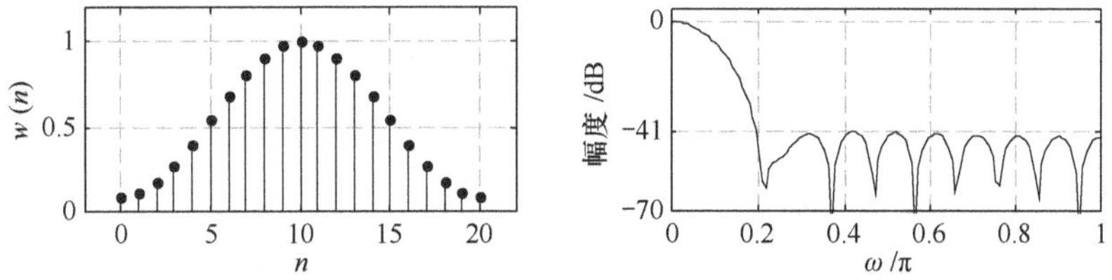

(a) 汉明窗的时域波形　(b) 汉明窗的幅度频谱

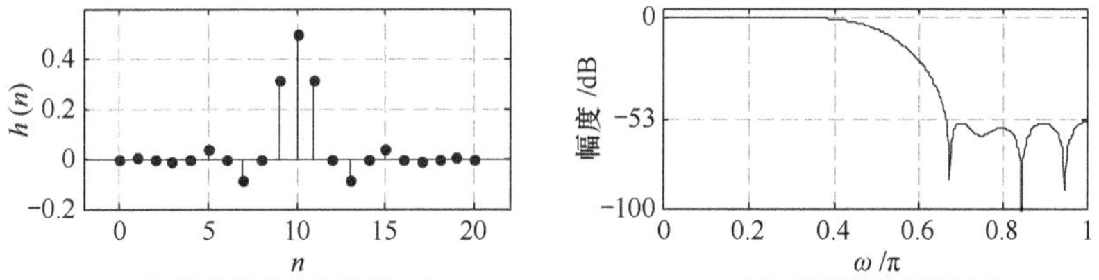

(c) 滤波器的单位抽样响应　(d) 滤波器的幅频响应

图 7.2.8　汉明窗及其加窗处理后的滤波器

可见，长度相同时，三角窗、汉宁窗和汉明窗的主瓣宽度均为 $\dfrac{8\pi}{N}$，汉明窗的旁瓣最低，主瓣内的能量可达 99.63%，所设计滤波器的阻带衰减最大，为 53dB。

5. 布莱克曼窗（Blackman）

由于布莱克曼窗是在升余弦窗的定义式中再加上一个二次谐波的余弦分量得到的，故又称二阶升余弦窗。它可达到进一步抑制旁瓣的效果，其时域定义式为

$$w(n)=\left[0.42-0.5\cos\left(\frac{2\pi n}{N-1}\right)+0.08\cos\left(\frac{4\pi n}{N-1}\right)\right]R_N(n) \tag{7.2.19}$$

傅里叶变换为

$$W(\mathrm{e}^{\mathrm{j}\omega})=\left\{0.42R_{Nr}(\omega)+0.25\left[R_{Nr}\left(\omega-\frac{2\pi}{N-1}\right)+R_{Nr}\left(\omega+\frac{2\pi}{N-1}\right)\right]+\right.$$
$$\left.0.04\left[R_{Nr}\left(\omega-\frac{4\pi}{N-1}\right)+R_{Nr}\left(\omega+\frac{4\pi}{N-1}\right)\right]\right\}\mathrm{e}^{-\mathrm{j}\left(\frac{N-1}{2}\right)\omega} \tag{7.2.20}$$
$$=W_r(\omega)\mathrm{e}^{-\mathrm{j}\left(\frac{N-1}{2}\right)\omega}$$

其窗谱为

$$W_r(\omega)=0.42R_{Nr}(\omega)+0.25\left[R_{Nr}\left(\omega-\frac{2\pi}{N-1}\right)+R_{Nr}\left(\omega+\frac{2\pi}{N-1}\right)\right]+$$
$$0.04\left[R_{Nr}\left(\omega-\frac{4\pi}{N-1}\right)+R_{Nr}\left(\omega+\frac{4\pi}{N-1}\right)\right] \tag{7.2.21}$$

此时，$\delta_n=-57\text{dB}$，$\omega_{\text{main}}=\dfrac{12\pi}{N}$，$\Delta\omega=\dfrac{11\pi}{N}$，$\delta_{st}=74\text{dB}$。图 7.2.9 是长度为 $N=21$ 的布莱克曼窗及其加窗处理后的滤波器。

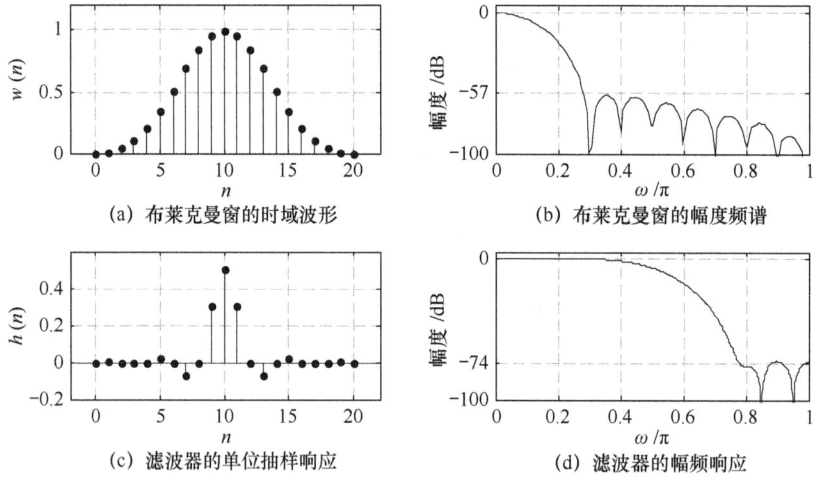

(a) 布莱克曼窗的时域波形　(b) 布莱克曼窗的幅度频谱

(c) 滤波器的单位抽样响应　(d) 滤波器的幅频响应

图 7.2.9　布莱克曼窗及其加窗处理后的滤波器

可以看出，布莱克曼窗在主瓣加宽（为矩形窗的 3 倍）的同时，最大旁瓣得到了有效抑制。表 7.2.1 列出了上述五种窗函数的特性。

表 7.2.1　五种窗函数的特性

窗　函　数	窗函数频谱性能		加窗后的 FIR 滤波器性能	
	最大旁瓣峰值 δ_n	主瓣宽度 ω_{main}	过渡带宽 $\Delta\omega$	阻带最小衰减 δ_{st}
矩形窗	−13dB	$4\pi/N$	$1.8\pi/N$	21dB
三角窗	−25dB	$8\pi/N$	$4.2\pi/N$	25dB
汉宁窗	−31dB	$8\pi/N$	$6.2\pi/N$	44dB
汉明窗	−41dB	$8\pi/N$	$6.6\pi/N$	53dB
布莱克曼窗	−57dB	$12\pi/N$	$11\pi/N$	74dB

6. 凯塞窗（Kaiser）

凯塞窗是一组由零阶贝塞尔函数构成的、参数可调的窗函数，其时域定义式为

$$w(n)=\frac{I_0\left(\beta\sqrt{1-\left(1-\frac{2n}{N-1}\right)^2}\right)}{I_0(\beta)}R_N(n) \tag{7.2.22}$$

式中，$I_0(x)$是第一类修正零阶贝塞尔函数，β是一个可调整的参数。在设计凯塞窗时，对$I_0(x)$函数可采用无穷级数来表达，即

$$I_0(x)=\sum_{k=0}^{\infty}\left[\frac{1}{k!}\left(\frac{x}{2}\right)^k\right]^2 \tag{7.2.23}$$

式（7.2.23）的无穷级数可用有限项级数近似，项数多少由要求的精度来确定，一般取 15～25 项。这样就可以很容易地用计算机求解。第一类零阶贝塞尔函数曲线如图 7.2.10 所示。

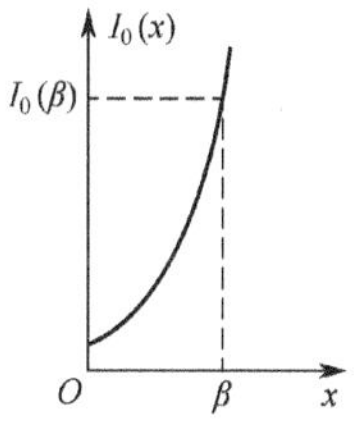

图 7.2.10　第一类零阶贝塞尔函数曲线

与前述的窗函数不同，凯塞窗函数有两个参数：长度参数N和形状参数β。改变N和β的值就可以调整窗的形状和长度，从而达到窗的主瓣宽度和旁瓣幅度之间的某种折中。图 7.2.11（a）给出了$N=21$，$\beta=0, 3, 8$时凯塞窗的时域信号；图 7.2.11（b）给出了$N=21$，$\beta=0, 3, 8$时凯塞窗的幅频特性；图 7.2.11（c）给出了$\beta=8$，$N=11, 21, 41$时的幅频特性。

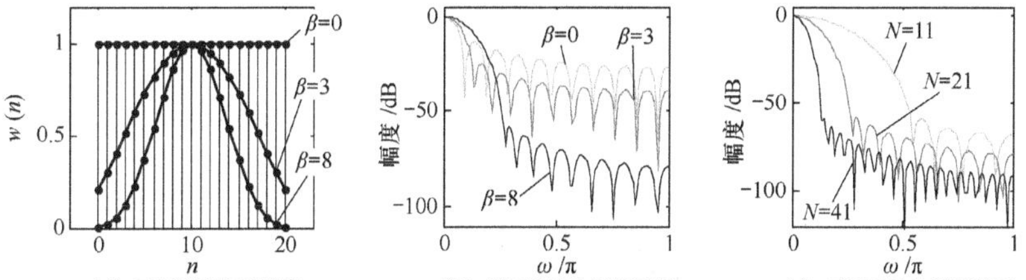

(a) 不同β时的时域窗　(b) 不同β时的幅频特性　(c) 不同N时的幅频特性

图 7.2.11　凯塞窗的特性曲线

由图 7.2.11 可以看出，通过选择不同的β、N值可以达到所需要的折中：若保持N不变时，β越大，窗的两端越尖，则其幅度频谱的旁瓣就越低，但主瓣也越宽；若保持β不变，而增大N可使主瓣越窄，且不影响旁瓣峰值。随着β值的改变，凯塞窗相当于前述典型的固定窗函数，如$\beta=0$时相当于矩形窗，$\beta=5.44$时接近于布莱克曼窗，$\beta=8.5$时接近于汉明窗。β一般在$4\leqslant\beta\leqslant9$范围内取值，不同的$\beta$值，对应的低通滤波器性能指标如表 7.2.2 所示。

表 7.2.2　不同β值对应的低通滤波器性能指标

β	过渡带宽 $\Delta\omega$	阻带最小衰减 δ_{st}	β	过渡带宽 $\Delta\omega$	阻带最小衰减 δ_{st}
2.120	$3.00\pi/N$	30dB	6.764	$8.64\pi/N$	70dB
3.384	$4.46\pi/N$	40dB	7.865	$10.0\pi/N$	80dB
4.538	$5.86\pi/N$	50dB	8.960	$11.4\pi/N$	90dB
5.658	$7.24\pi/N$	60dB	10.056	$12.8\pi/N$	100dB

由于涉及贝塞尔函数的复杂性，凯塞窗函数的设计方程不容易导出。在实际设计过程中，可以根据凯塞已经导出的经验设计公式，给定低通滤波器的通带截止频率 ω_p、阻带截止频率 ω_{st} 及阻带最小衰减 δ_{st}，依据式（7.2.24）求解参数 N 和 β：

$$N=\frac{\delta_{st}-7.95}{2.285(\omega_{st}-\omega_p)}+1 \tag{7.2.24}$$

$$\beta=\begin{cases}0.1102(\delta_{st}-8.7), & \delta_{st}>50\\ 0.5842(\delta_{st}-21)^{0.4}+0.07886(\delta_{st}-21), & 21\leqslant\delta_{st}\leqslant 50\\ 0, & \delta_{st}<21\end{cases} \tag{7.2.25}$$

7.2.4 窗函数设计法举例

采用窗函数设计法设计 FIR 滤波器主要有以下几个步骤：

（1）依据理想的频率响应函数 $H_d(\mathrm{e}^{\mathrm{j}\omega})$ 来求解单位抽样响应 $h_d(n)$ 为

$$h_d(n)=\mathrm{IDTFT}[H_d(\mathrm{e}^{\mathrm{j}\omega})]=\frac{1}{2\pi}\int_{-\pi}^{\pi}H_d(\mathrm{e}^{\mathrm{j}\omega})\mathrm{e}^{\mathrm{j}\omega n}\mathrm{d}\omega$$

（2）依据阻带最小衰减的要求，结合表 7.2.1 与表 7.2.2 选择窗函数的类型；依据过渡带宽的要求确定窗的长度 N；

（3）加窗处理，得到设计结果为

$$h(n)=h_d(n)w(n),\quad n=0,1,\cdots,N-1$$

MATLAB 中提供了利用函数 fir1 实现窗函数法设计 FIR 数字滤波器的通用应用格式，即

```
hn = fir1(N, wc, 'ftype', win)
```

其中，N 为滤波器的阶数（滤波器长度为 N+1），wc 为 6dB（截止频率在 0～1 之间选择），ftype 为滤波器类型，win 为所用窗函数类型。ftype 可以选择低通（low）、高通（high）、带通（bandpass）、带阻（stop），该参数可以省略，在默认情况下为低通，当选择带通和带阻时 wc=[wc1, wc2]，表示上、下截止频率。win 可以选择矩形窗（Boxcar）、三角窗（Bartlett）、汉宁窗（Hanning）、汉明窗（Hamming）、布莱克曼窗（Blackman）、凯塞窗（Kaiser）、切比雪夫窗（Chebwin）等，该参数也可以省略，在默认情况下为汉明窗。

fir1 还可以设计多通带滤波器，格式如 h = fir1(N, wc, 'DC-1') 或者 h = fir1(N, wc, 'DC-0')，前者表示从通带开始，后者表示从阻带开始。

例 7.2.1 利用窗函数法设计一个 FIR 低通滤波器，要求：通带截止频率 $\omega_p=0.3\pi$，阻带截止频率 $\omega_{st}=0.5\pi$，阻带最小衰减 $\delta_{st}\geqslant 50\mathrm{dB}$。

解 （1）以理想线性相位低通滤波器作为逼近滤波器，即

$$H_d(\mathrm{e}^{\mathrm{j}\omega})=\begin{cases}\mathrm{e}^{-\mathrm{j}\omega\alpha}, & |\omega|\leqslant\omega_c\\ 0, & \omega_c<|\omega|\leqslant\pi\end{cases}$$

根据式（7.2.2）得理想滤波器的单位抽样响应为

$$h_d(n)=\frac{\omega_c}{\pi}\frac{\sin[\omega_c(n-\alpha)]}{\omega_c(n-\alpha)}$$

由于

$$\omega_c=\frac{\omega_p+\omega_{st}}{2}=\frac{0.3\pi+0.5\pi}{2}=0.4\pi$$

所以
$$h_d(n)=\frac{0.4}{\pi}\frac{\sin[0.4(n-\alpha)]}{0.4(n-\alpha)}$$

（2）指标要求 $\delta_{st}\geqslant 50\text{dB}$，查表 7.2.1 可以看出汉明窗、布莱克曼窗等都满足要求。但由于汉明窗的主瓣最窄、设计简单，所以选择汉明窗，其表达式为
$$w(n)=\left[0.54-0.46\cos\left(\frac{2\pi n}{N-1}\right)\right]R_N(n)$$

此时
$$\Delta\omega=\frac{6.6\pi}{N}$$

又因为
$$\Delta\omega=\omega_{st}-\omega_p=0.2\pi$$

所以
$$N=33,\ \alpha=\frac{N-1}{2}=16$$

（3）确定所设计的滤波器 $h(n)$。

依据所选窗函数，得到单位抽样响应 $h(n)$ 为
$$h(n)=h_d(n)w(n)=\frac{\sin[0.4\pi(n-16)]}{\pi(n-16)}\left[0.54-0.46\cos\left(\frac{\pi n}{16}\right)\right]R_{33}(n)$$

下面采用 MATLAB 来实现，程序运行结果如图 7.2.12 所示。

```
wp=0.3;                                    %归一化通带截止频率，相当于除以π
ws=0.5;                                    %归一化阻带截止频率
wc=(wp+ws)/2;                              %6dB 截止频率
delta_w=ws-wp;                             %过渡带宽
N=ceil(6.6/delta_w);                       %计算 N
hn=fir1(N-1,wc,'low',hamming(N));          %用汉明窗函数设计低通滤波器
omega=linspace(0,pi,512);                  %频率抽样 512 个点
mag=freqz(hn,1,omega);                     %计算频率响应
magdb=20*log10(abs(mag));                  %计算对数幅度频率响应
subplot(121),stem([0:N-1],hn,'.');grid on;axis([0 N-1 -0.2 0.5]);
xlabel('n');ylabel('h(n)');title('单位抽样响应');
subplot(122),plot(omega/pi,magdb);grid on;axis([0 1 -100 10]);
xlabel('\omega/\pi');ylabel('dB');title('幅度频率响应');
```

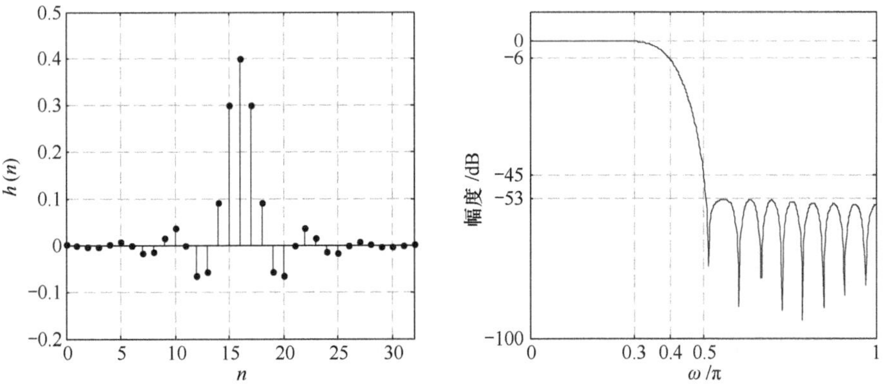

(a) 单位抽样响应　　(b) 幅度频率响应

图 7.2.12　例 7.2.1 的运行结果

从图 7.2.12 的运行结果可知，幅度频率响应在 $\omega = 0.4\pi$ 时对应−6dB，阻带波纹的衰减都在 53dB 以上，满足设计要求。

例 7.2.2　分别利用矩形窗、三角窗、汉宁窗设计一个 FIR 低通滤波器，其中 $N = 31$，$\omega_c = 0.3\pi$。

解　根据式（7.2.2）得理想滤波器的单位抽样响应为

$$h_d(n) = \frac{\omega_c}{\pi}\frac{\sin[\omega_c(n-\alpha)]}{\omega_c(n-\alpha)}$$

式中，$\omega_c = 0.3\pi$，$\alpha = \frac{N-1}{2} = 15$。

若选择矩形窗，则有

$$h_1(n) = h_d(n)w(n) = \frac{\sin[0.3\pi(n-15)]}{\pi(n-15)}R_{31}(n)$$

若选择三角窗，则有

$$h_2(n) = h_d(n)w(n) = \begin{cases} \dfrac{\sin[0.3\pi(n-15)]}{\pi(n-15)}\dfrac{n}{15}, & 0 \leqslant n \leqslant 15 \\ \dfrac{\sin[0.3\pi(n-15)]}{\pi(n-15)}\left(2-\dfrac{n}{15}\right), & 16 \leqslant n \leqslant 30 \end{cases}$$

若选择汉宁窗，则有

$$h_3(n) = h_d(n)w(n) = \frac{\sin[0.3\pi(n-15)]}{\pi(n-15)} \cdot 0.5\left[1-\cos\left(\frac{\pi n}{15}\right)\right]R_{31}(n)$$

下面采用 MATLAB 来实现，程序运行结果如图 7.2.13 所示。

```
wc=0.3;                          %归一化 6dB 截止频率，相当于除以 π
N=31;                            %FIR 滤波器长度
h1=fir1(N-1,wc,boxcar(N));       %用矩形窗函数设计低通滤波器
h2=fir1(N-1,wc,bartlett(N));     %用三角窗函数设计低通滤波器
h3=fir1(N-1,wc,hanning(N));      %用汉宁窗函数设计低通滤波器
omega=linspace(0,pi,512);        %频率抽样 512 个点
mag1=20*log10(abs(freqz(h1,1,omega))); %计算频率响应
mag2=20*log10(abs(freqz(h2,1,omega))); %计算频率响应
mag3=20*log10(abs(freqz(h3,1,omega))); %计算频率响应
subplot(131),plot(omega/pi,mag1);grid on;axis([0 1 -80 10]);
set(gca,'xtick',[0 0.3 1]);set(gca,'xticklabel',[0,0.3,1]);
set(gca,'ytick',[-80 -21 -6 0]);set(gca,'yticklabel',[-80 -21 -6 0]);
xlabel('\omega/\pi');ylabel('dB');title('矩形窗');
subplot(132),plot(omega/pi,mag2);grid on;axis([0 1 -80 10]);
set(gca,'xtick',[0 0.3 1]);set(gca,'xticklabel',[0,0.3,1]);
set(gca,'ytick',[-80 -25 -6 0]);set(gca,'yticklabel',[-80 -25 -6 0]);
xlabel('\omega/\pi');ylabel('dB');title('三角窗');
subplot(133),plot(omega/pi,mag3);grid on;axis([0 1 -80 10]);
set(gca,'xtick',[0 0.3 1]);set(gca,'xticklabel',[0,0.3,1]);
set(gca,'ytick',[-80 -44 -6 0]);set(gca,'yticklabel',[-80 -44 -6 0]);
```

```
xlabel('\omega/\pi');ylabel('dB');title('汉宁窗');
```

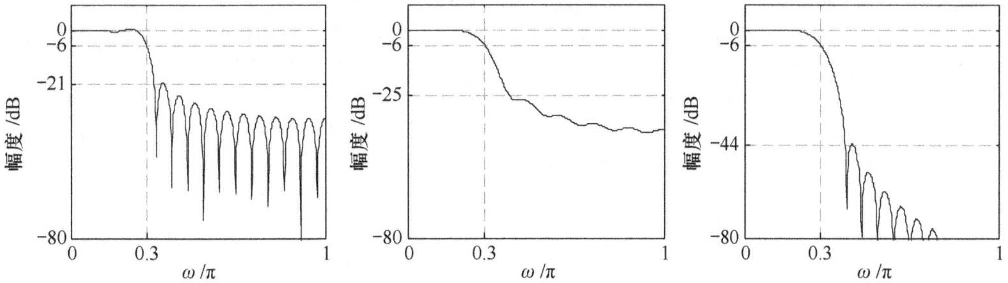

(a) 矩形窗　(b) 三角窗　(c) 汉宁窗

图 7.2.13　例 7.2.2 的运行结果

例 7.2.3　利用凯塞窗设计一个 FIR 低通滤波器，要求：通带截止频率 $\omega_p = 0.4\pi$，阻带截止频率 $\omega_{st} = 0.6\pi$，阻带最小衰减 $\delta_{st} \geqslant 60\text{dB}$。

解　（1）根据式（7.2.2）得理想滤波器的单位抽样响应为

$$h_d(n) = \frac{\omega_c}{\pi}\frac{\sin[\omega_c(n-\alpha)]}{\omega_c(n-\alpha)}$$

式中，$\omega_c = \dfrac{0.4\pi + 0.6\pi}{2} = 0.5\pi$，$\alpha = \dfrac{N-1}{2}$。

（2）确定凯塞窗的参数 β、N。依据式（7.2.24）和式（7.2.25）得

$$\beta = 0.1102(\delta_{st} - 8.7) = 5.653$$

$$N = \frac{\delta_{st} - 7.95}{2.285(\omega_{st} - \omega_p)} + 1 = 37.219$$

取 $N = 38$，则凯塞窗函数表达式为

$$w(n) = \frac{I_0\left[5.653\sqrt{1-\left(1-\dfrac{2n}{37}\right)^2}\right]}{I_0(5.653)} R_{38}(n)$$

（3）$\alpha = \dfrac{N-1}{2} = 18.5$，所以

$$h_d(n) = \frac{\sin[0.5\pi(n-18.5)]}{\pi(n-18.5)}$$

（4）确定所设计滤波器 $h(n)$。

依据所选窗函数，得到单位抽样响应为

$$h(n) = h_d(n)w(n) = \frac{\sin[0.5\pi(n-18.5)]}{\pi(n-18.5)} \cdot \frac{I_0\left[5.653\sqrt{1-\left(1-\dfrac{2n}{37}\right)^2}\right]}{I_0(5.653)} R_{38}(n)$$

下面采用 MATLAB 来实现，程序运行结果如图 7.2.14 所示。

```
as=60;                                    %阻带最小衰减
wp=0.4;ws=0.6;                            %归一化截止频率，相当于除以 π
wc=(wp+ws)/2;                             %6dB 截止频率
```

```
beta=0.1102*(as-8.7);                              %计算 β
N=ceil((as-8)/(2.285*(ws-wp)*pi)+1);               %计算 N
hn=fir1(N-1,wc,'low',kaiser(N,beta));              %用凯塞窗函数设计低通滤波器
omega=linspace(0,pi,512);                          %频率抽样 512 个点
mag=20*log10(abs(freqz(hn,1,omega)));              %计算频率响应
subplot(121),stem([0:N-1],hn,'.');grid on;axis([0 N-1 -0.2 0.6]);
xlabel('n');ylabel('h(n)');title('单位抽样响应');
subplot(122),plot(omega/pi,mag);grid on;axis([0 1 -80 5]);
set(gca,'xtick',[0 0.4 0.5 0.6 1]);set(gca,'xticklabel',[0,0.4,0.5,0.6,1]);
set(gca,'ytick',[-80 -60 -6 0]);set(gca,'yticklabel',[-80 -60 -6 0]);
xlabel('\omega/\pi');ylabel('dB');title('幅度频率响应');
```

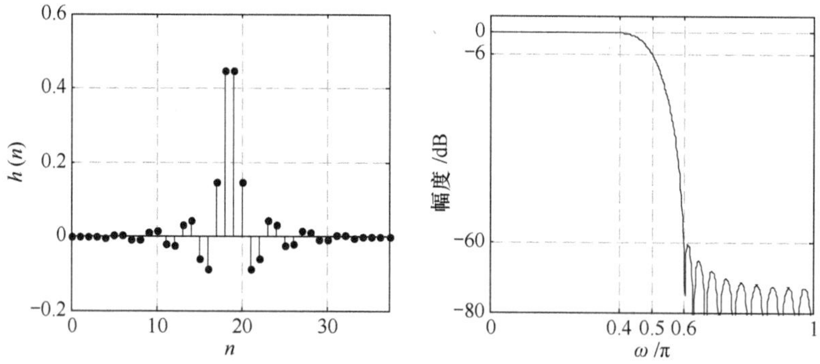

(a) 单位抽样响应　　(b) 幅度频率响应

图 7.2.14　利用凯塞窗设计的低通滤波器（例 7.2.3 的运行结果）

例 7.2.4　利用汉明窗设计一个 FIR 高通滤波器，所希望的频率响应函数为

$$H_d(\mathrm{e}^{\mathrm{j}\omega})=\begin{cases}\mathrm{e}^{-\mathrm{j}\omega\alpha}, & \omega_c\leqslant|\omega|\leqslant\pi\\ 0, & 0\leqslant|\omega|<\omega_c\end{cases}$$

设计参数为 $\alpha=20$，$\omega_c=0.5\pi$。

解　求 $H_d(\mathrm{e}^{\mathrm{j}\omega})$ 的傅里叶反变换，可得

$$h_d(n)=\frac{1}{2\pi}\int_{-\pi}^{\pi}H_d(\mathrm{e}^{\mathrm{j}\omega})\mathrm{e}^{\mathrm{j}\omega n}\mathrm{d}\omega=\frac{1}{2\pi}\left[\int_{-\pi}^{-\omega_c}\mathrm{e}^{\mathrm{j}\omega(n-\alpha)}\mathrm{d}\omega+\int_{\omega_c}^{\pi}\mathrm{e}^{\mathrm{j}\omega(n-\alpha)}\mathrm{d}\omega\right]$$

$$=\begin{cases}\dfrac{\sin[\pi(n-\alpha)]}{\pi(n-\alpha)}-\dfrac{\sin[\omega_c(n-\alpha)]}{\pi(n-\alpha)}, & n\neq\alpha\\ \dfrac{\pi-\omega_c}{\pi}, & n=\alpha\end{cases}$$

代入参数得

$$h_d(n)=\begin{cases}\dfrac{\sin[\pi(n-20)]}{\pi(n-20)}-\dfrac{\sin[0.5\pi(n-20)]}{\pi(n-20)}, & n\neq15\\ 0.5, & n=15\end{cases}$$

又因为 $N=2\alpha+1=41$，选择汉明窗函数，可得所设计高通滤波器的单位抽样响应为

$$h(n)=h_d(n)w(n)=\left\{\frac{\sin[\pi(n-20)]}{\pi(n-20)}-\frac{\sin[0.5\pi(n-20)]}{\pi(n-20)}\right\}\left[0.54-0.46\cos\left(\frac{\pi n}{20}\right)\right]R_{41}(n)$$

MATLAB 实现程序如下，运行结果如图 7.2.15 所示。

```
wc=0.5;                                   %归一化 6dB 截止频率，相当于除以 π
alpha=20;
N=2*alpha+1;                              %FIR 滤波器长度
hn=fir1(N-1,wc,'high',hamming(N));        %用汉明窗函数设计低通滤波器
omega=linspace(0,pi,512);                 %频率抽样 512 个点
mag=20*log10(abs(freqz(hn,1,omega)));     %计算幅度频率响应的频率响应
subplot(121),stem([0:N-1],hn,'.');grid on;
xlabel('n');ylabel('h(n)');title('单位抽样响应');
subplot(122),plot(omega/pi,mag);grid on;axis([0 1 -80 10]);
set(gca,'xtick',[0 0.5 1]);set(gca,'xticklabel',[0,0.5,1]);
set(gca,'ytick',[-80 -53 -6 0]);set(gca,'yticklabel',[-80 -53 -6 0]);
xlabel('\omega/\pi');ylabel('dB');title('幅度频率响应');
```

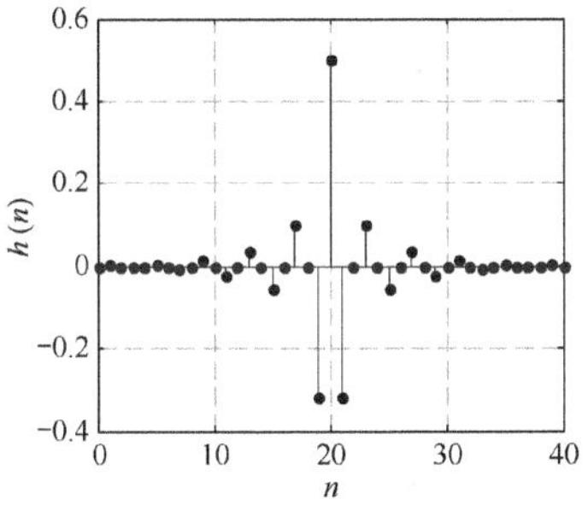

(a) 单位抽样响应

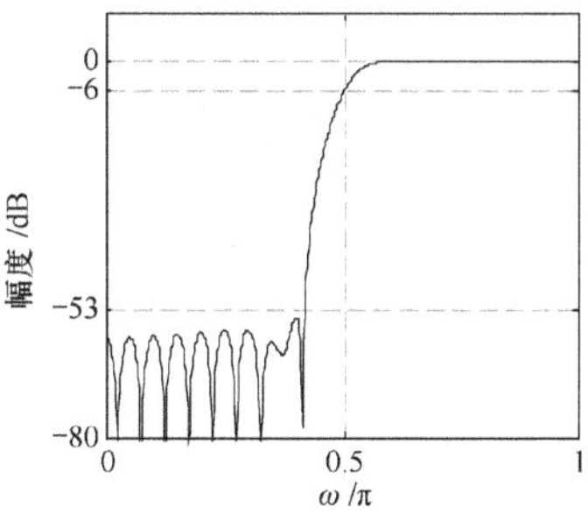

(b) 幅度频率响应

图 7.2.15　利用汉明窗设计的高通滤波器（例 7.2.4 的运行结果）

例 7.2.5　利用汉宁窗设计一个 FIR 带通滤波器，所希望的频率响应函数为

$$H_d(e^{j\omega})=\begin{cases}e^{-j\omega\alpha}, & 0.4\pi\leqslant|\omega|\leqslant 0.6\pi\\ 0, & 0\leqslant|\omega|<0.4\pi,\ 0.6\pi<|\omega|\leqslant\pi\end{cases}$$

取长度 $N=31$。

解　求 $H_d(e^{j\omega})$ 的傅里叶反变换，可得

$$\begin{aligned}h_d(n)&=\frac{1}{2\pi}\left[\int_{-\omega_2}^{-\omega_1}e^{j\omega(n-\alpha)}d\omega+\int_{\omega_1}^{\omega_2}e^{j\omega(n-\alpha)}d\omega\right]\\&=\frac{\sin[\omega_2(n-\alpha)]}{\pi(n-\alpha)}-\frac{\sin[\omega_1(n-\alpha)]}{\pi(n-\alpha)}\end{aligned}$$

代入参数 $\omega_1=0.4\pi$，$\omega_2=0.6\pi$，$\alpha=\dfrac{N-1}{2}=15$，可得

$$h_d(n)=\frac{\sin[0.6\pi(n-15)]}{\pi(n-15)}-\frac{\sin[0.4\pi(n-15)]}{\pi(n-15)}$$

选择汉宁窗函数，可得所设计高通滤波器的单位抽样响应为

$$h(n)=h_d(n)w(n)=\left\{\frac{\sin[0.6\pi(n-15)]}{\pi(n-15)}-\frac{\sin[0.4\pi(n-15)]}{\pi(n-15)}\right\}\left\{0.5\left[1-\cos\left(\frac{\pi n}{15}\right)\right]\right\}R_{31}(n)$$

MATLAB 实现程序与例 7.2.4 基本一致，只要将窗函数和通带情况更改如下：

```
hn=fir1(N-1,wc,'bandpass',hanning(N));
```

运行结果如图 7.2.16 所示。

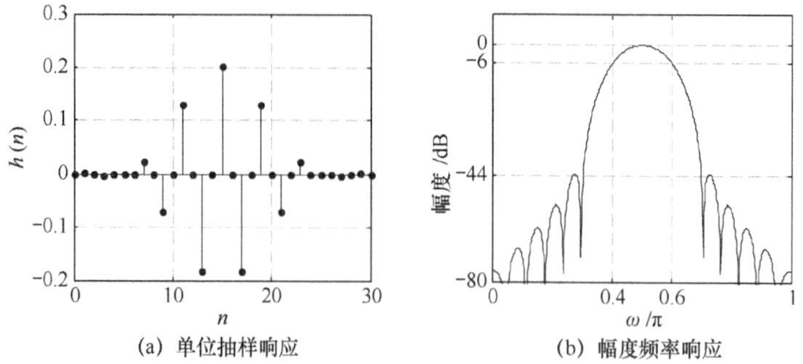

(a) 单位抽样响应 (b) 幅度频率响应

图 7.2.16 利用汉宁窗设计的带通滤波器（例 7.2.5 的运行结果）

例 7.2.6 利用布莱克曼窗设计一个 FIR 带阻滤波器，所希望的频率响应函数为

$$H_d(\mathrm{e}^{\mathrm{j}\omega})=\begin{cases}\mathrm{e}^{-\mathrm{j}\omega\alpha}, & 0\leqslant|\omega|\leqslant 0.3\pi,\ 0.7\pi\leqslant|\omega|\leqslant\pi\\ 0, & 0.3\pi<|\omega|<0.7\pi\end{cases}$$

取长度 $N=51$。

解 求 $H_d(\mathrm{e}^{\mathrm{j}\omega})$ 的傅里叶反变换，可得

$$h_d(n)=\frac{1}{2\pi}\left[\int_{-\pi}^{-\omega_2}\mathrm{e}^{\mathrm{j}\omega(n-\alpha)}\mathrm{d}\omega+\int_{-\omega_1}^{\omega_1}\mathrm{e}^{\mathrm{j}\omega(n-\alpha)}\mathrm{d}\omega+\int_{\omega_2}^{\pi}\mathrm{e}^{\mathrm{j}\omega(n-\alpha)}\mathrm{d}\omega\right]$$

$$=\frac{\sin[\pi(n-\alpha)]}{\pi(n-\alpha)}-\frac{\sin[\omega_2(n-\alpha)]}{\pi(n-\alpha)}+\frac{\sin[\omega_1(n-\alpha)]}{\pi(n-\alpha)}$$

代入参数 $\omega_1=0.3\pi$，$\omega_2=0.7\pi$，$\alpha=\dfrac{N-1}{2}=25$，可得

$$h_d(n)=\frac{\sin[\pi(n-25)]}{\pi(n-25)}-\frac{\sin[0.7\pi(n-25)]}{\pi(n-25)}+\frac{\sin[0.3\pi(n-25)]}{\pi(n-25)}$$

选择布莱克曼窗函数，可得所设计高通滤波器的单位抽样响应为

$$h(n)=h_d(n)w(n)=\left\{\frac{\sin[\pi(n-25)]}{\pi(n-25)}-\frac{\sin[0.7\pi(n-25)]}{\pi(n-25)}+\frac{\sin[0.3\pi(n-25)]}{\pi(n-25)}\right\}\times$$

$$\left[0.42-0.5\cos\left(\frac{\pi n}{25}\right)+0.08\cos\left(\frac{2\pi n}{25}\right)\right]R_{51}(n)$$

MATLAB 实现程序与例 7.2.4 基本一致，只要将窗函数和通带情况更改如下：

```
hn=fir1(N-1,wc,'stop',blackman(N));
```

运行结果如图 7.2.17 所示。

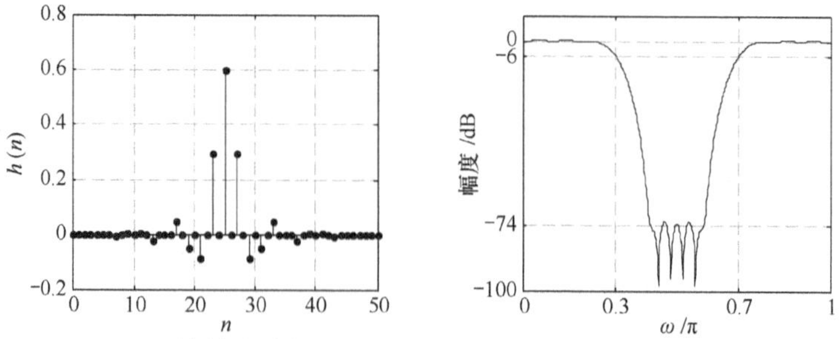

(a) 单位抽样响应 (b) 幅度频率响应

图 7.2.17 利用布莱克曼窗设计的带通滤波器（例 7.2.6 的运行结果）

例 7.2.7 用程序设计一个 50 阶多通带 FIR 滤波器，通带为[0,0.1π]、[0.3π,0.5π]和[0.7π,0.9π]，采用汉明窗实现。

MATLAB 实现程序如下，运行结果如图 7.2.18 所示。

```
wc=[0.1 0.3 0.5 0.7 0.9];                  %归一化 6dB 截止频率，相当于除以 π
N=51;                                       %FIR 滤波器长度
hn=fir1(N-1,wc,'DC-1',hamming(N));          %用汉明窗函数设计多通带滤波器
omega=linspace(0,pi,512);                   %频率抽样 512 个点
mag=20*log10(abs(freqz(hn,1,omega)));       %计算频率响应
subplot(121),stem([0:N-1],hn,'.');grid on;
xlabel('n');ylabel('h(n)');title('单位抽样响应');
subplot(122),plot(omega/pi,mag);grid on;axis([0 1 -80 5]);
set(gca,'xtick',[0 0.1 0.3 0.5 0.7 0.9 1]);set(gca,'xticklabel',[0,0.1,0.3,
0.5,0.7,0.9,1]);
set(gca,'ytick',[-80 -44 -6 0]);set(gca,'yticklabel',[-80 -44 -6 0]);
xlabel('\omega/\pi');ylabel('dB');title('幅度频率响应');
```

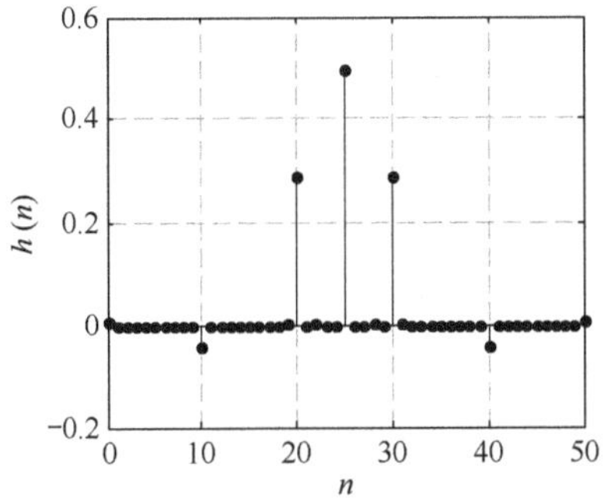

(a) 单位抽样响应

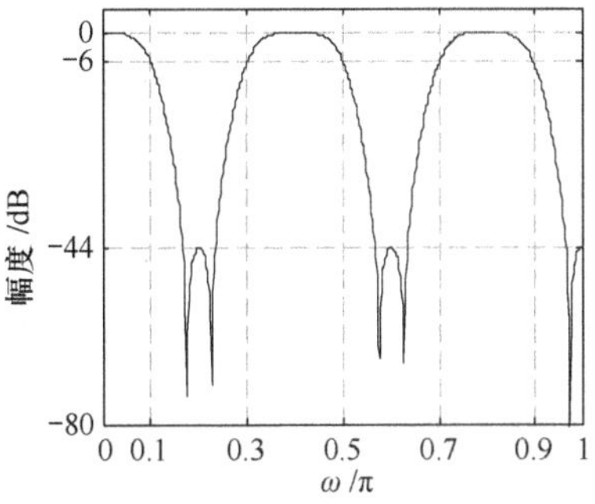

(b) 幅度频率响应

图 7.2.18 多通带滤波器的设计（例 7.2.7 的运行结果）

窗函数大多都有封闭公式可循，窗函数设计法具有简单、方便、实用的优点，也有通带和阻带的截止频率不易控制等缺点。

7.3 频率抽样设计法

窗函数法是在时域内对 $h_d(n)$ 进行加窗处理得到 $h(n)$，以 $h(n)$ 来逼近 $h_d(n)$，这样得到的频率响应 $H(e^{j\omega})$ 就逼近理想的频率响应 $H_d(e^{j\omega})$；而频率抽样设计法则是在频域内，以有限个频率响应抽样，去近似所希望的理想频率响应 $H_d(e^{j\omega})$。

设所希望得到的频率响应为 $H_d(e^{j\omega})$，则 $H(k)$ 是频域在 $\omega=0\sim2\pi$ 之间对 $H_d(e^{j\omega})$ 的 N 点进行等间隔抽样。一般有两种抽样方式，第一种频率抽样方式是以 $\omega=\frac{2\pi}{N}k$ （$0\leqslant k\leqslant N-1$）进行抽样，第一个频率抽样点在 $\omega=0$ 处；第二种抽样方式是以 $\omega=\frac{2\pi}{N}\left(k+\frac{1}{2}\right)$（$0\leqslant k\leqslant N-1$）进行抽样，第一个频率抽样点在 $\omega=\frac{2\pi}{N}$ 处。这里主要介绍第一种频率抽样方式。

7.3.1 设计方法

设 $h(n)$ 是一个 N 点 FIR 滤波器的单位抽样响应，$H(z)$ 是该滤波器的系统函数，$H(k)$ 是 $h(n)$ 的 N 点 DFT。根据第 3 章的频域抽样理论有

$$H(z)=\frac{1}{N}\sum_{k=0}^{N-1}H(k)\frac{1-z^{-N}}{1-W_N^{-k}z^{-1}} \tag{7.3.1}$$

$$H(\mathrm{e}^{\mathrm{j}\omega})=\sum_{k=0}^{N-1}H(k)\phi\left(\omega-\frac{2\pi}{N}k\right) \tag{7.3.2}$$

式（7.3.2）中 $\varphi(\omega)=\frac{1}{N}\frac{\sin(\omega N/2)}{\sin(\omega/2)}\mathrm{e}^{-\mathrm{j}\omega\left(\frac{N-1}{2}\right)}$ 为内插函数。由于 $H(k)$ 是 $H(z)$ 在单位圆上的采样，所以有

$$H(k)=H\left(\mathrm{e}^{\mathrm{j}\frac{2\pi}{N}k}\right)=\begin{cases}H(0), & k=0\\ H^*(N-k), & k=1,2,\cdots,N-1\end{cases} \tag{7.3.3}$$

将式（7.3.3）写成幅度和相位的形式

$$H(k)=H_k\mathrm{e}^{\mathrm{j}\phi_k}=H_r(\omega)\mathrm{e}^{\mathrm{j}\theta(\omega)}\Big|_{\omega=\frac{2\pi k}{N}}=H_r\left(\frac{2\pi k}{N}\right)\mathrm{e}^{\mathrm{j}\theta\left(\frac{2\pi k}{N}\right)} \tag{7.3.4}$$

式中，$H_k=H_r\left(\frac{2\pi k}{N}\right)$，可正可负；$\phi_k=\theta(\omega)\Big|_{\omega=\frac{2\pi k}{N}}$。

设计线性相位 FIR 滤波器时，$H(k)$ 的幅度和相位一定要满足表 7.1.1 中归纳的约束条件。下面针对表 7.1.1 的情况进行讨论：

（1）第一类线性相位时，满足 $\theta(\omega)=-\frac{N-1}{2}\omega$，所以有

$$\phi_k=-\omega\frac{N-1}{2}\Big|_{\omega=\frac{2\pi}{N}k}=-\frac{N-1}{N}k\pi \tag{7.3.5}$$

（2）第二类线性相位时，满足 $\theta(\omega)=-\frac{\pi}{2}-\frac{N-1}{2}\omega$，所以有

$$\phi_k=-\frac{\pi}{2}-\frac{N-1}{N}k\pi \tag{7.3.6}$$

（3）对于表 7.1.1 中的情况Ⅰ和情况Ⅳ，此时幅度函数关于 $\omega=\pi$ 偶对称，即 $H_r(\omega)=H_r(2\pi-\omega)$，所以有

$$H_k=H_r\left(\frac{2\pi}{N}k\right)=H_r\left(2\pi-\frac{2\pi}{N}k\right)=H_r\left(\frac{2\pi}{N}(N-k)\right)=H_{N-k} \tag{7.3.7}$$

式（7.3.7）中 H_N 即为 H_0。

（4）对于表 7.1.1 中的情况Ⅱ和情况Ⅲ，此时幅度函数关于 $\omega=\pi$ 奇对称，即 $H_r(\omega)=-H_r(2\pi-\omega)$，做上述的类似推导，得

$$H_k=-H_{N-k} \tag{7.3.8}$$

当 N 为偶数时 $H_{N/2}=0$。

另外，根据式（7.3.3）也可以得到以下关系

$$\begin{cases} H_k = H_{N-k} \\ \phi_k = -\phi_{N-k} \end{cases},\quad k=0,1,\cdots,\frac{N-1}{2} \tag{7.3.9}$$

根据式（7.3.9）和式（7.3.5）或式（7.3.6）就能确定出 $H(k)$、ϕ_k，最后可以利用内插公式（7.3.2）来求得所设计的实际滤波器的频率响应 $H(\mathrm{e}^{\mathrm{j}\omega})$。

例如，设计所希望的滤波器是理想低通滤波器，要求截止频率为 ω_c，抽样点数 N 为奇数，FIR 滤波器满足第一类线性相位，则 H_k、φ_k 可以由下列公式计算：

$$\begin{cases} H_k = H_{N-k} = 1,\ k=0,1,\cdots,k_c \\ H_k = H_{N-k} = 0,\ k=k_c+1,k_c+2,\cdots,\dfrac{N-1}{2} \\ \phi_k = -\phi_{N-k} = -\dfrac{N-1}{N}k\pi,\ k=0,1,\cdots,\dfrac{N-1}{2} \end{cases} \tag{7.3.10}$$

式中，k_c 为小于或等于 $\dfrac{\omega_c N}{2\pi}$ 的最大整数。

7.3.2　逼近误差

正如窗函数设计法一样，$H(\mathrm{e}^{\mathrm{j}\omega})$ 是对所希望得到的 $H_d(\mathrm{e}^{\mathrm{j}\omega})$ 的一种逼近，也就是二者的特性曲线并不完全一致，存在逼近误差。

1. 逼近误差的特点

为了分析逼近误差的特点，我们先看下面的例子。

例 7.3.1　用频率抽样设计法设计一个具有第一类线性相位的 FIR 低通滤波器，要求截止频率 $\omega_c=0.4\pi$，绘制出当频域抽样点数 N 为 15 时的设计结果波形，并分析逼近误差的特点。

解　以理想低通滤波器作为希望逼近的滤波器，则频率响应函数为

$$H_d(\mathrm{e}^{\mathrm{j}\omega}) = H_d(\omega)\mathrm{e}^{-\mathrm{j}\omega\frac{N-1}{2}} = \begin{cases} \mathrm{e}^{-\mathrm{j}7\omega},\ |\omega|\leqslant 0.4\pi \\ 0,\ 0.4\pi<|\omega|\leqslant\pi \end{cases}$$

（1）对 $H_d(\mathrm{e}^{\mathrm{j}\omega})$ 进行抽样。

先计算通带内的抽样点数 k_c+1（$\omega=0\sim\pi$）。依据所要求的截止频率，得

$$\frac{\omega_c N}{2\pi} = \frac{0.4\pi\times 15}{2\pi} = 3$$

而 k_c 为不大于 $\dfrac{\omega_c N}{2\pi}$ 的最大整数，则

$$k_c = 3$$

根据式（7.3.10）有

$$H_k=\begin{cases}1, & k=0,1,2,3,12,13,14\\ 0, & k=4,5,\cdots,11\end{cases}$$

$$\phi_k=\begin{cases}-\dfrac{14}{15}k\pi, & k=0,1,\cdots,7\\ \dfrac{14}{15}(15-k)\pi, & k=8,9,\cdots,14\end{cases}$$

H_k 的抽样结果如图 7.3.1（a）所示，由此得频率抽样 $H(k)$ 为

$$H(k)=H_k\mathrm{e}^{\mathrm{j}\phi_k}=\begin{cases}\mathrm{e}^{-\mathrm{j}\frac{14}{15}k\pi}, & k=0,1,2,3\\ 0, & k=4,5,\cdots,11\\ \mathrm{e}^{\mathrm{j}\frac{14}{15}(15-k)\pi}, & k=12,13,14\end{cases}$$

（2）求解 $h(n)$。

对 $H(k)$ 进行离散傅里叶反变换，得

$$h(n)=\mathrm{IDFT}[H(k)]=\frac{1}{15}\sum_{k=0}^{14}H(k)W_N^{kn},\quad n=0,1,\cdots,14$$

$h(n)$ 波形如图 7.3.1（b）所示。

（3）求解设计所得滤波器的频率响应 $H(\mathrm{e}^{\mathrm{j}\omega})$。

将已求得的 $H(k)$ 代入内插公式（7.3.2），得

$$H(\mathrm{e}^{\mathrm{j}\omega})=\mathrm{FT}[h(n)]=H(\omega)\mathrm{e}^{-\mathrm{j}7\omega}=\sum_{k=0}^{14}H(k)\varphi\left(\omega-\frac{2\pi}{N}k\right)$$

$$\varphi(\omega)=\frac{1}{15}\frac{\sin(15\omega/2)}{\sin(\omega/2)}\mathrm{e}^{-\mathrm{j}7\omega}$$

由此可以分析滤波器的频率特性。由于 $\phi_k=-\dfrac{N-1}{N}k\pi$，所以满足线性相位条件，$H(\mathrm{e}^{\mathrm{j}\omega})$ 必然具有线性相位。幅度特性函数 $H_r(\omega)$ 的波形如 7.3.1（c）所示，虚线为 $H_{dr}(\omega)$ 波形。所设计滤波器的对数幅频特性曲线如 7.3.1（d）所示。

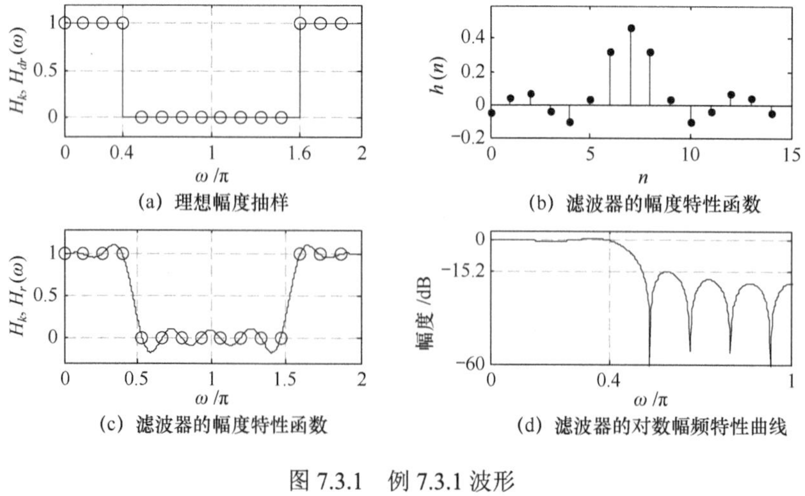

(a) 理想幅度抽样　(b) 滤波器的幅度特性函数

(c) 滤波器的幅度特性函数　(d) 滤波器的对数幅频特性曲线

图 7.3.1　例 7.3.1 波形

由图 7.3.1（c）看出，$H_r(\omega)$ 与 $H_{dr}(\omega)$ 在各频率抽样点之间存在逼近误差：$H_{dr}(\omega)$ 变换缓慢的部分，逼近误差小；而在 ω_c 附近，$H_{dr}(\omega)$ 发生突变，$H_r(\omega)$ 产生正肩峰和负肩峰，逼近误差最大。$H_r(\omega)$ 在 ω_c 附近形成宽度近似为 $\dfrac{2\pi}{N}$ 的过渡带，而在通带和阻带内出现吉布斯效应。

本例中，如果 $N=35,65$，则所设计的滤波器如图 7.3.2 所示。

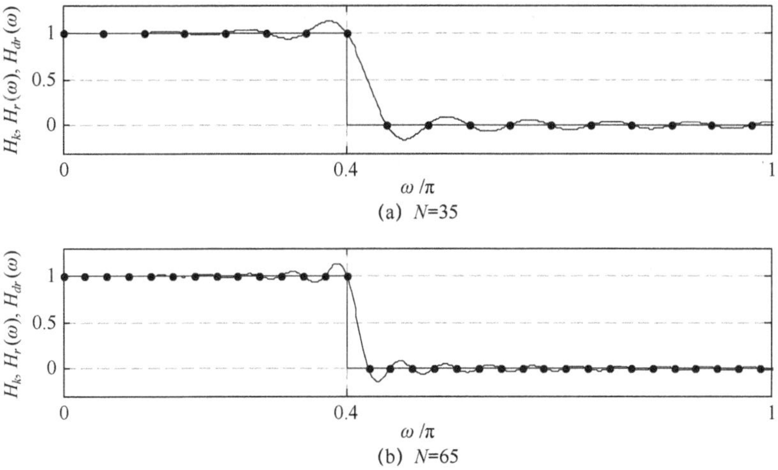

图 7.3.2　所设计滤波器的幅度特性函数（不同 N）

从图 7.3.2 可以看出，抽样点数 N 越大，$H_{dr}(\omega)$ 平坦区域的误差越小，过渡带也越窄，通带与阻带的波纹变化越快。本例中，当 $N=15$ 时，阻带最小衰减 δ_{st} 约为 15.2dB；当 $N=35$ 时，δ_{st} 约为 16.2dB；当 $N=65$ 时，δ_{st} 约为 16.6dB，可见 N 的增大对阻带的最小衰减并无明显改善。

2. 逼近误差产生的原因

从图 7.3.1 和图 7.3.2 的结果可以看出，$H(\mathrm{e}^{\mathrm{j}\omega})$ 与 $H_d(\mathrm{e}^{\mathrm{j}\omega})$ 的逼近误差主要体现在通带波纹、阻带波纹和过渡带。下面从频域和时域对其产生原因进行分析。

在时域中，$H_d(\mathrm{e}^{\mathrm{j}\omega})$ 所对应的单位抽样响应为

$$h_d(n)=\frac{1}{2\pi}\int_{-\pi}^{\pi}H_d(\mathrm{e}^{\mathrm{j}\omega})\mathrm{e}^{\mathrm{j}\omega n}\mathrm{d}\omega$$

而 $H(k)$ 所对应的 $h(n)$ 应是 $h_d(n)$ 以 N 为周期的周期延拓序列的主值序列，即

$$h(n)=\sum_{r=-\infty}^{\infty}h_d(n+rN)R_N(n)$$

若 $H_d(\mathrm{e}^{\mathrm{j}\omega})$ 是分段函数，则 $h_d(n)$ 应是无限长的。这样，$h_d(n)$ 在周期延拓时，就会产生时域混叠，从而使所设计的 $h(n)$ 与所希望的 $h_d(n)$ 之间出现偏差。同时也看出，频域抽样点数 N 越大，$h(n)$ 就越接近 $h_d(n)$。

在频域中，由内插公式（7.3.2）所确定的 $H(\mathrm{e}^{\mathrm{j}\omega})$ 只有在各抽样点 $\omega=\dfrac{2\pi}{N}k$ 处才等于本抽样点处的 $H(k)$，而在各抽样点之间则由各抽样值 $H(k)$ 和内插函数组合而成。这样，在各抽

样频率点处，二者的逼近误差为零，即 $H\left(e^{j\frac{2\pi}{N}k}\right)=H_d\left(e^{j\frac{2\pi}{N}k}\right)$；而在各抽样频率点之间存在逼近误差，误差大小取决于 $H_d(e^{j\omega})$ 曲线的形状和抽样点数 N 的大小：$H_d(e^{j\omega})$ 特性曲线变化越缓慢、抽样点数 N 越大，则二者的逼近误差越小；反之，则误差越大。

3. 减小逼近误差的措施

针对逼近误差的特点及其产生原因，可以采用增加过渡带抽样点的方法来改善滤波器的性能。与窗函数设计法一样，加大过渡带宽，即在不连续点的边缘增加值为 0 到 1 之间（不包含 0 和 1）的过渡带抽样点，可以缓和阶跃突变，使所希望的幅度特性 $H_{dr}(\omega)$ 由通带比较平滑地过渡到阻带，从而使波纹幅度大大减小，同时阻带衰减也得到改善，如图 7.3.3 所示，其本质是对 H_k 增加过渡带抽样点。需要注意的是，这时总抽样点数 N 并未改变，只是将原来为零的几个点改为非零点，如图 7.3.3 所示（总抽样点为 35）。

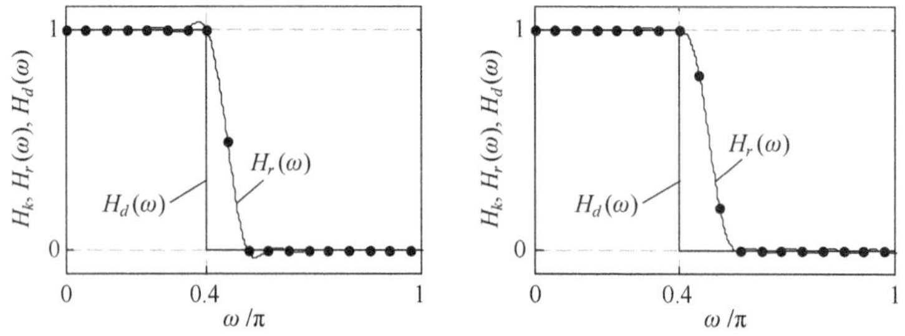

(a) 一点过渡带0.5　　(b) 两点过渡带0.2、0.8

图 7.3.3　增加过渡带抽样点

对比图 7.3.3 和图 7.3.2（a）可以看出，增加过渡带点后，通带波纹和阻带波纹得到了明显改善。图 7.3.3（a）对应的 δ_{st} 约为 29.7dB；图 7.3.3（b）对应的 δ_{st} 约为 39.1dB；而没有过渡带抽样点时，δ_{st} 约为 16.2dB。

一般来说，在最优设计时，增加一点过渡带抽样点，阻带最小衰减可达−54～−40dB；增加两点过渡带抽样点，阻带最小衰减可达−75～−60dB；增加三点过渡带抽样点，阻带最小衰减则可达−95～−80dB。

如果在要求减小波纹幅度、增加阻带衰减的同时，又要求不能增加过渡带宽，则可以增大抽样点数 N。过渡带宽 $\Delta\omega$ 与抽样点数 N、过渡抽样点数 m 之间有如下的近似关系

$$\Delta\omega=\frac{2\pi(m+1)}{N} \tag{7.3.11}$$

7.3.3　频率抽样设计法设计举例

综合前述分析，将频率抽样设计法设计 FIR 线性滤波器的步骤总结如下：

（1）依据给定的 δ_{st} 确定过渡带抽样点数 m；

（2）依据给定的过渡带宽 $\Delta\omega$，利用式（7.3.11）估算抽样点数 N；

（3）确定所希望逼近的频率响应函数 $H_d(e^{j\omega})$。一般选择 $H_d(e^{j\omega})$ 为理想频率响应，注意应确保相位 $\theta(\omega)$ 为线性相位，$H_d(\omega)$ 要满足线性相位要求；

（4）对 $H_d(e^{j\omega})$ 进行频域抽样，得到 $H(k)$。首先确定在通带内的抽样点数 k_c+1（k_c 为小于

或等于 $\frac{\omega_c N}{2\pi}$ 的最大整数，$\omega=0\sim\pi$）。然后根据 7.3.1 节中介绍的方法进行抽样，抽样间隔为 $\frac{2\pi}{N}$，并加入过渡带抽样点，对于一点过渡带抽样点，其值一般可取 0.3～0.5。

（5）求解所设计滤波器单位抽样响应 $h(n)$。对 $H(k)$ 做 N 点离散傅里叶反变换，得

$$h(n)=\text{IDFT}[H(k)]=\frac{1}{N}\sum_{k=0}^{N-1}H(k)W_N^{kn}\text{，}\quad n=0,1,\cdots,N-1$$

（6）求出频率响应函数。将 $H(k)$ 代入内插公式（7.3.2），求得 $H(\mathrm{e}^{\mathrm{j}\omega})$，据此分析滤波器的性能。

频率抽样设计法特别适合用于设计窄带选频滤波器，因为这时 $H(k)$ 只有少数几个非零值，运算量较小。但这种方法也有很大缺点：由于各 $H(k)$ 的 k 值仅能取 $\frac{2\pi}{N}$ 的整数倍，所以当 ω_c 不是 $\frac{2\pi}{N}$ 的整倍数时，不能确保 ω_c 准确取值。要想实现尽可能精确的截止频率 ω_c，抽样点数 N 必须足够大，计算量也就很大。

例 7.3.2　运用频率抽样设计法设计一个 FIR 低通数字滤波器，要求截止频率 $\omega_c=0.4\pi$，阻带最小衰减 $\delta_{st}\geqslant 40\text{dB}$，过渡带宽 $\Delta\omega\leqslant 0.1\pi$，所设计的滤波器应具有第一类线性相位。

解　（1）确定需要增加的过渡带抽样点数 m。当 $m=1$ 时，满足 $\delta_{st}\geqslant 40\text{dB}$ 的要求，所以取 $m=1$。

（2）估算频域抽样点数 N。根据式（7.3.11），得

$$N=\frac{(m+1)2\pi}{\Delta\omega}=\frac{(1+1)2\pi}{0.1\pi}=40$$

这里取 N 为奇数，取 $N=41$。

（3）构造所希望的频率响应函数。依据题意选择以下理想函数：

$$H_d(\mathrm{e}^{\mathrm{j}\omega})=H_d(\omega)\mathrm{e}^{-\mathrm{j}\omega\frac{N-1}{2}}=\begin{cases}\mathrm{e}^{-\mathrm{j}\omega\frac{N-1}{2}}, & |\omega|\leqslant 0.4\pi\\ 0, & 0.4\pi<|\omega|\leqslant\pi\end{cases}$$

注意：由于要求设计第一类线性相位滤波器，所以上式中 $H_d(\mathrm{e}^{\mathrm{j}\omega})$ 的相位为 $-\frac{N-1}{2}\omega$。

（4）频域抽样，求得 $H(k)$。

首先计算 k_c。依据所要求的截止频率，得

$$k_c=\left\lfloor\frac{\omega_c N}{2\pi}\right\rfloor=\lfloor 8.2\rfloor=8$$

式中，$\lfloor\cdot\rfloor$ 表示取整数部分，所以在通带内抽样点数为 9 个。

取一点过渡带的值为 0.38，则有

$$H_k=\begin{cases}1, & k=0,1,\cdots,8,33,34,\cdots,40\\ 0.38, & k=9,32\\ 0, & k=10,11,\cdots,31\end{cases}$$

$$\phi_k=\begin{cases}-\dfrac{40}{41}k\pi, & k=0,1\cdots,9\\ \dfrac{40}{41}(41-k)\pi, & k=32,33,\cdots,40\end{cases}$$

由此得频率抽样为

$$H(k)=H_k e^{j\phi_k}=\begin{cases}e^{-j\frac{40}{41}k\pi}, & k=0,1,\cdots,8\\ 0.38e^{-j\frac{40}{41}k\pi}, & k=9\\ 0, & k=10,11,\cdots,31\\ 0.38e^{j\frac{40}{41}(41-k)\pi}, & k=32\\ e^{j\frac{40}{41}(41-k)\pi}, & k=33,34,\cdots,40\end{cases}$$

（5）求解 $h(n)$。对 $H(k)$ 进行 41 点离散傅里叶反变，得

$$h(n)=\text{IDFT}[H(k)]=\frac{1}{41}\sum_{k=0}^{40}H(k)W_{41}^{kn},\quad n=0,1,\cdots,40$$

（6）分析所设计滤波器的频域性能。

将 $H(k)$ 表达式代入内插公式（7.3.2）化简，得

$$H(e^{j\omega})=e^{-j20\omega}\left\{\frac{\sin\left(\frac{41}{2}\omega\right)}{41\sin\left(\frac{\omega}{2}\right)}+\sum_{k=1}^{8}\left[\frac{\sin\left(\frac{41\omega}{2}-k\pi\right)}{41\sin\left(\frac{\omega}{2}-\frac{k\pi}{41}\right)}+\frac{\sin\left(\frac{41\omega}{2}+k\pi\right)}{41\sin\left(\frac{\omega}{2}+\frac{k\pi}{41}\right)}\right]+\right.$$

$$\left.0.38\left[\frac{\sin\left(\frac{41\omega}{2}-\pi\right)}{41\sin\left(\frac{\omega}{2}-\frac{9\pi}{41}\right)}+\frac{\sin\left(\frac{41\omega}{2}+\pi\right)}{61\sin\left(\frac{\omega}{2}+\frac{9\pi}{41}\right)}\right]\right\}$$

化简过程中，要注意利用 $H(k)$ 的对称性，设计过程及结果波形如图 7.3.4 所示。

MATLAB 程序实现如下：

```
wc=0.4*pi;                              %截止频率
delta_w=0.1*pi;                         %过渡带宽
m=1;                                    %过渡带抽样点数
T=0.38;                                 %过渡带抽样点的值
N=round((m+1)*2*pi/delta_w+0.5);        %FIR 滤波器的总点数
Np=fix(wc*N/(2*pi));                    %Np+1 为通带上的抽样点数
Ns=N-2*Np-2*m-1;                        %Ns 为阻带上的抽样点数
Hrk=[ones(1,Np+1),T,zeros(1,Ns),T,ones(1,Np)];
subplot(221);stem(0:N-1,Hrk,'.');;grid on;
axis([0 N-1 -0.2 1.2]);xlabel('k');ylabel('H_k');title('频域抽样点');
thetak=-pi*(N-1)*(0:N-1)/N;             %构造相位抽样向量
Hk=Hrk.*exp(j*thetak);                  %构造频域抽样向量 Hk
hn=real(ifft(Hk));                      %计算 Hk 的 IDFT，得到时域响应,由于计算过
                                        %程存在有限长效应，计算结果可能存在微小的
                                        %虚部，所以取实部
subplot(222);stem(0:N-1,hn,'.');grid on;
axis([0 N-1 -0.2 0.6]);xlabel('n');ylabel('h(n)');title('单位抽样响应');
```

```
[Hw,wk]=freqz(hn,1,1024);                 %求滤波器的频率响应
subplot(223);plot(wk/pi,abs(Hw));grid on;axis([0 1 -0.1 1.1]);
w=2*pi*(0:(N-1)/2)/N;
hold on;plot(w/pi,Hrk(1:(N+1)/2),'.');hold off;
xlabel('\omega/\pi');ylabel('|H(e^j^\omega)|,H_k');title('幅度频率响应函数');
set(gca,'xtick',[0 0.4 1]);set(gca,'xticklabel',[0,0.4,1]);
subplot(224);
plot(wk/pi,20*log10(abs(Hw)));grid on;axis([0 1 -80 5]);
xlabel('\omega/\pi');ylabel('dB');title('幅频特性');
set(gca,'xtick',[0 0.4 1]);set(gca,'xticklabel',[0,0.4,1]);
```

运行结果如图 7.3.4 所示。

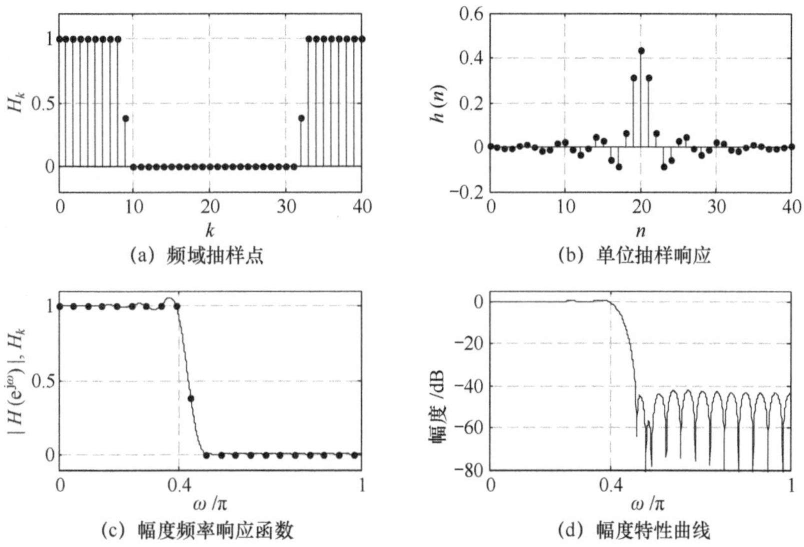

图 7.3.4　例 7.3.2 的运行结果

由上述设计过程可见，相关计算相当烦琐，所以在实际中往往借助计算机进行计算。实际计算过程中，过渡带抽样点的值可以通过累试法得到最优效果，若设计结果不满足指标要求，则可以通过增加过渡带抽样点数 m 和频域抽样点数 N 进行进一步设计。

MATLAB 中提供了利用函数 fir2 实现频率抽样设计法设计的 FIR 数字滤波器。其通用应用格式为

$$hn = \mathrm{fir2}(N, F, A)$$

其中，N 为滤波器的阶数（N 一般为奇数，滤波器长度为 N+1），F 为抽样频率向量，在 0.0～1.0 上递增，A 是对应于 F 的滤波器幅度频率响应向量。F 和 A 的向量长度为(N+1)/2。如果上述的例子采用 fir2 函数实现，那么编写程序如下：

```
wc=0.4*pi;                               %截止频率
delta_w=0.1*pi;                          %过渡带宽
m=1;                                     %过渡带抽样点数
T=0.38;                                  %过渡带抽样点的值
N=round((m+1)*2*pi/delta_w+0.5);         %FIR 滤波器的总点数
N1=round(N+1)/2;
Nc=fix(wc*N/(2*pi));                     %Nc+1 为通带上的抽样点数
F=linspace(0,1,N1)
```

```
A=[ones(1,Nc+1),T,zeros(1,N1-Nc-m-1)];
hn=fir2(2*N-1,F,A);                  %采用 fir2 函数进行滤波器设计
[H,w]=freqz(hn,1,1024);              %求滤波器的频率响应
subplot(121),plot(F,A,'.');hold on,plot(w/pi,abs(H),'r');grid on;axis([0 1
-0.1 1.1]);hold off;
xlabel('\omega/\pi');ylabel('|H(e^j^\omega)|,H_k');title('幅度频率响应函数');
set(gca,'xtick',[0 0.4 1]);set(gca,'xticklabel',[0,0.4,1]);
subplot(122),plot(w/pi,20*log10(abs(H)));grid on;axis([0 1 -100 5]);
xlabel('\omega/\pi');ylabel('dB');title('幅频特性');
set(gca,'xtick',[0 0.4 1]);set(gca,'xticklabel',[0,0.4,1]);
```

运行结果如图 7.3.5 所示。

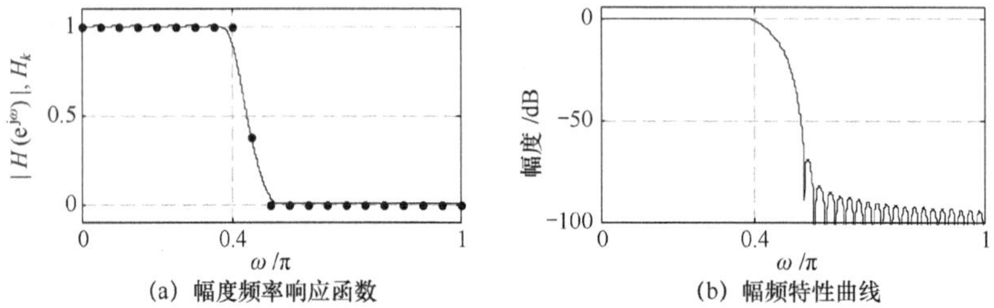

图 7.3.5 采用 fir2 函数实现例 7.3.2 的运行结果

对比图 7.3.4 和图 7.3.5 可以看出，直接计算和采用 fir2 函数运算的结果并不完全一样，采用 fir2 函数的运算结果阻带衰减大、通带和阻带波纹小，但过渡带宽、幅度频率响应函数并没有与第 9 个和第 11 个采样点重合，这说明 MATLAB 中 fir2 函数实现的并不是用严格意义上的频率采样设计法设计滤波器的。

7.4 等波纹最佳设计法

设计滤波器的过程，其实就是用一个实际频率响应函数 $H(\mathrm{e}^{\mathrm{j}\omega})$ 或对应的 $h(n)$，对所希望的频率响应函数 $H_d(\mathrm{e}^{\mathrm{j}\omega})$ 或对应的 $h_d(n)$，进行的一个逼近过程。

从数值逼近的理论角度来看，对某个函数逼近的准则或方法一般有三种：均方误差最小准则、插值逼近准则、最大误差最小化准则。窗函数设计法依据的是均方误差最小准则；频率抽样设计法依据的是插值逼近准则，它保证在各抽样点 ω_k 上 $H(\mathrm{e}^{\mathrm{j}\omega})$ 与理想特性 $H_d(\mathrm{e}^{\mathrm{j}\omega})$ 完全一致，在各抽样点之间 $H(\mathrm{e}^{\mathrm{j}\omega})$ 是插值函数的线性组合。上述两种逼近准则有一个共同的缺点：在整个要求逼近的区间 $(0,\pi)$ 内，误差分布是不均匀的，特别是在幅度特性具有跃变点的过渡区附近，误差最大。

等波纹最佳设计法则是基于最大误差最小化准则，即切比雪夫逼近理论，使得在要求逼近的整个范围内，逼近误差分布是均匀的，所以也称为最佳一致意义下的逼近。它与窗函数设计法和频率抽样设计法相比，在要求滤波特性相同的情况下，阶就可以比较低。

7.4.1 设计思想

在一般情况下，设计滤波器时，对通带和阻带的性能要求是不同的，为了统一使用最大误差最小化准则，则采用误差函数加权的办法，使得不同频段（如通带和阻带）的加权

误差最大值是相等的。若所希望的幅度频率特性为 $H_{dr}(\omega)$，实际设计得到的频率特性函数为 $H_r(\omega)$，误差的加权函数为 $V(\omega)$，则定义加权逼近误差函数为

$$E(\omega)=V(\omega)\left[H_r(\omega)-H_{dr}(\omega)\right] \tag{7.4.1}$$

若要求设计的是四种相位线性系统的情况 I，即 $h(n)$ 偶对称、N 为奇数，则依据式（7.1.18）有

$$E(\omega)=V(\omega)\left[\sum_{n=0}^{\frac{N-1}{2}}a(n)\cos(\omega n)-H_{dr}(\omega)\right] \tag{7.4.2}$$

在设计过程中，$V(\omega)$ 为已知函数。这样，运用等波纹最佳设计法设计线性相位 FIR 滤波器，就是求解 $\dfrac{N+1}{2}$ 个系数 $a(n)$，使式（7.4.1）所定义的加权逼近误差函数 $E(\omega)$ 的最大绝对值在各个要求逼近的频带内达到最小，即

$$\|E(\omega)\|=\min_{a(n)}\left[\max_{\omega\in A}|E(\omega)|\right] \tag{7.4.3}$$

式中，A 为所要求逼近的通带和阻带。

这就是等波纹最佳设计法的基本思想。切比雪夫逼近理论指出，这样的多项式 $H_r(\omega)$ 是存在且唯一的，并给出了构造这种最佳一致逼近多项式的方法，即交错点组定理。

7.4.2　交错点组定理

交错点组定理是指若 $H_r(\omega)$ 是 $k+1$ 个余弦函数的线性组合，即

$$H_r(\omega)=\sum_{n=0}^{k}a(n)\cos(\omega n)$$

A 是 $[0,\pi]$ 内不包括过渡带的一个闭区间，$H_{dr}(\omega)$ 是 A 上的一个连续函数，则 $H_r(\omega)$ 是 $H_d(\omega)$ 的唯一和最佳一致逼近的充要条件是：加权逼近误差函数 $E(\omega)$ 在 A 中至少存在 $k+2$ 个交错频率点 $\omega_0<\omega_1<\cdots<\omega_{k+1}$，使得

$$\begin{cases}E(\omega_i)=\pm\max\limits_{\omega\in A}\left[E(\omega)\right], i=0,1,\cdots,k+1\\ E(\omega_{i+1})=-E(\omega_i)\end{cases} \tag{7.4.4}$$

所有的 ω_i 组成交错点组。显然，当 $\omega=\omega_i$ 时，$E(\omega_i)$ 是极大值或极小值。

图 7.4.1 所示为 $k=\dfrac{N-1}{2}=7$（$N=15$，对应表 7.1.1 中情况 I）时，低通滤波器 $H_r(\omega)$ 对 $H_{dr}(\omega)$ 的最佳逼近。由于要求式（7.4.1）中，$H_r(\omega)$ 与 $E(\omega)$ 的极值点一致，依据交错点组定理，图 7.4.1 中的交错点组为 $\omega=0$，ω_1，ω_2，ω_p，ω_{st}，ω_3，ω_4，ω_5，ω_6，π，共 10 个频率点。下面结合图 7.4.1 对交错点组的特点进行进一步说明。

（1）交错点数最多可能是 $k+3$ 个。依据三角函数知识，可以将余弦项 $\cos(\omega n)$ 转化为 $\cos\omega$ 幂次的形式，则 $H_r(\omega)$ 的表达式转化为

$$H_r(\omega)=\sum_{n=0}^{k}a(n)\cos(\omega n)=\sum_{n=0}^{k}a_0(n)(\cos\omega)^n \tag{7.4.5}$$

式中，$a_0(n)$ 为系数。由于交错点可能出现在频带边缘点（$\omega=0$、π、ω_p、ω_{st}）和 $H_r(\omega)$ 的局部极值点处。对式（7.4.5）求导，所得多项式为 $k-1$ 阶，即 $H_r(\omega)$ 的局部极值点最多

有 $k-1$ 个，再加上 4 个频带边缘点，所以交错点数最多可能是 $k+3$ 个。

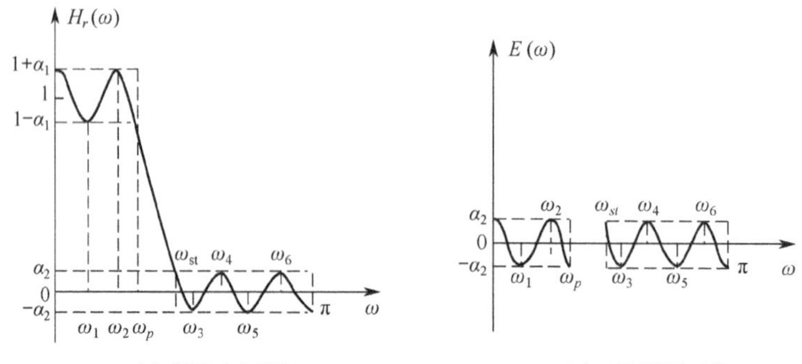

(a) 幅度响应函数 (b) 逼近误差函数

图 7.4.1 低通滤波器的最佳逼近波形

结合交错点组定理可知，在最佳逼近情况下，交错点数只可能为 $k+2$ 个或 $k+3$ 个。当交错点数为 $k+3$ 个时，称为超波纹情况。

（2）交错点必出现在 $\omega=\omega_p$ 、 ω_{st} 处。依据交错点组定理可知，相邻两个交错点处的加权逼近误差函数 $E(\omega_i)$、$E(\omega_{i+1})$ 必然是一正一负的。在图 7.4.1 中，假设 $\omega=\omega_p$ 不是交错点，则两相邻零斜率频率点 $\omega=\omega_2$ 、 ω_{st} 处，$E(\omega_2)$ 、 $E(\omega_{st})$ 都为正，则 $\omega=\omega_{st}$ 不可能是交错点，这样交错点数就变为 $k+1$ 个，不满足交错点组定理，逼近就不是最佳逼近。所以，交错点必出现在 $\omega=\omega_p$ 、 ω_{st} 处。

（3）除 $\omega=0$ 或 $\omega=\pi$ 外，滤波器在通带和阻带内必是等波纹的。若它们不是等波纹的，如图 7.4.1 中，若 $E(\omega_1)$ 没有达到负极值，则 $\omega=\omega_1$、 ω_2 不可能是交错点，论述与（2）类似，交错点数变为 $k+1$ 个，不满足交错点组定理，所以必是等波纹的，这也是将其称为等波纹逼近的原因。

7.4.3 Parks-McClellan 算法

交错点组定理确保最大最小近似问题的解存在且是唯一的，但是它并没有告诉我们如何求得这个解。下面以表 7.1.1 中情况Ⅰ所描述的滤波器为例来介绍，此时 $h(n)$ 偶对称、N 为奇数。

若希望设计的滤波器为线性相位理想低通滤波器，其幅度响应函数为

$$H_{dr}(\omega)=\begin{cases}1, & 0\leqslant\omega\leqslant\omega_p\\ 0, & \omega_{st}\leqslant\omega\leqslant\pi\end{cases}$$

式中， ω_p 、 ω_{st} 分别为通带截止频率和阻带截止频率； $H_{dr}(\omega)$ 在过渡带未加限制。现在的任务就是寻求一个 $H_r(\omega)$，使其在通带和阻带内最佳一致逼近 $H_{dr}(\omega)$ ，当然为了保证线性相位，频率响应函数 $H(\mathrm{e}^{\mathrm{j}\omega})$ 要满足表 7.1.1 中的相应条件。图 7.4.1 中， α_1 为通带内波纹峰值， α_2 为阻带内波纹峰值。因此在设计滤波器时，共有五个指标参数，即 ω_p 、 ω_{st}、 α_1 、 α_2 和单位抽样响应 $h(n)$ 的长度 N 。

对于低通滤波器，式（7.4.2）中的误差加权函数 $V(\omega)$，定义为

$$V(\omega)=\begin{cases}\alpha_2/\alpha_1, & 0\leqslant\omega\leqslant\omega_p\\ 1, & \omega_{st}\leqslant\omega\leqslant\pi\end{cases} \tag{7.4.6}$$

用这种加权方式，逼近误差的最大绝对值 α 在通带和阻带上均为 α_2 。可见，不同频带中的 $V(\omega)$ 可以不同，在允许误差比较大的地方，采用较小的 $V(\omega)$，而在允许误差比较小的地方则用较大的 $V(\omega)$。

依据交错点组定理，若知道 A 上的 $k+2$（此时 $k=\dfrac{N-1}{2}$）个交错点频率，即 ω_0，ω_1，…，ω_{k+1}，则依据式（7.4.2），得

$$V(\omega_i)\left[\sum_{n=0}^{k}a(n)\cos\omega_i n-H_{dr}(\omega_i)\right]=(-1)^i\max_{\omega\in A}|E(\omega)|=(-1)^i\delta,\quad i=0,1,\cdots,k+1 \tag{7.4.7}$$

将式（7.4.7）写成矩阵形式为

$$\begin{bmatrix} 1 & \cos(\omega_0) & \cos(2\omega_0) & \cdots & \cos(k\omega_0) & \dfrac{-1}{V(\omega_0)} \\ 1 & \cos(\omega_1) & \cos(2\omega_1) & \cdots & \cos(k\omega_1) & \dfrac{1}{V(\omega_1)} \\ \vdots & \vdots & \vdots & & \vdots & \vdots \\ 1 & \cos(\omega_k) & \cos(2\omega_k) & \cdots & \cos(k\omega_k) & \dfrac{(-1)^{k+1}}{V(\omega_k)} \\ 1 & \cos(\omega_{k+1}) & \cos(2\omega_{k+1}) & \cdots & \cos(k\omega_{k+1}) & \dfrac{(-1)^{k+2}}{V(\omega_{k+1})} \end{bmatrix}\begin{bmatrix} a(0) \\ a(1) \\ \vdots \\ a(k) \\ \alpha \end{bmatrix}=\begin{bmatrix} H_{dr}(\omega_0) \\ H_{dr}(\omega_1) \\ \vdots \\ H_{dr}(\omega_k) \\ H_{dr}(\omega_{k+1}) \end{bmatrix} \tag{7.4.8}$$

求解式(7.4.8)，就可以唯一求出 $k+2$ 个未知数 $a(0)$，$a(1)$，…，$a(r)$，α，即求得 $H_r(\omega)$ 或 $h(n)$ 和最大逼近误差。但直接求解式（7.4.8）有困难，另外交错点组 ω_0，ω_1，…，ω_{k+1} 事先也并不知道。为此，Parks 和 McClellan 利用瑞米兹（Remez）交换算法提供了一种迭代解。瑞米兹交换算法可以设计任何最优的线性相位 FIR 滤波器，是一种非常实用的算法，现将该算法的步骤归纳如下：

（1）在频率子集 A 上等间隔地取 $k+2$ 个频率点 ω_i（$i=0,1,\cdots,k+1$）作为交错点组（极值点频率）的初始猜测值，则

$$\delta=\frac{\sum_{i=0}^{k+1}a_i H_d(\omega_i)}{\sum_{i=0}^{k+1}(-1)^i a_i/V(\omega_i)} \tag{7.4.9}$$

式中

$$a_i=(-1)^i\prod_{\substack{k=0\\k\neq i}}^{r+1}\frac{1}{\cos\omega_k-\cos\omega_i} \tag{7.4.10}$$

此时的 α 是相对第一次猜测的交错点组产生的偏差，一般不是最优值。接下来依据重心形式的拉格朗日插值公式求得 $H_r(\omega)$，即

$$H_r(\omega)=\frac{\sum_{i=0}^{k}\left(\dfrac{\beta_i}{\cos\omega-\cos\omega_i}\right)c_i}{\sum_{i=0}^{k}\left(\dfrac{\beta_i}{\cos\omega-\cos\omega_i}\right)} \tag{7.4.11}$$

式中

$$\beta_i=(-1)^i\prod_{\substack{j=0\\j\neq i}}^{k}\left(\frac{1}{\cos\omega_j-\cos\omega_i}\right),i=0,1,\cdots,k \tag{7.4.12}$$

$$c_i=H_d(\omega_i)-(-1)^i\frac{\alpha}{V(\omega_i)}$$

把求得的$H_r(\omega)$代入式（7.4.1）求出加权逼近误差函数$E(\omega)$。若对这组交错点组中的所有频率都满足$|E(\omega)|<|\alpha|$，则说明α是纹波的极值，且初始猜测的ω_i（$i=0,1,\cdots,k+1$）恰好是交错点组频率，计算即可结束。但实际上第一次不会恰好如此，在某些频率点处总有$|E(\omega)|>|\alpha|$，这时就需要调整上次猜测的交错点组中的某些点，以便形成新的交错点组。

（2）对上次确定的交错点组ω_i（$i=0,1,\cdots,k+1$）中的每个点，都检查在其附近是否存在使$|E(\omega)|>|\alpha|$的频率点，如存在，则在该点附近找出局部极值点，并用找到的这一局部极值点代替原来的点。待$k+2$个点都检查完毕，便得到一组新的交错点组频率ω_i（$i=0,1,\cdots,k+1$），再次依据式（7.4.9）～式（7.4.11）重新计算α、$H_r(\omega)$和$E(\omega)$，这样就完成了一次迭代，也就完成了一次交错点组的调整。

（3）利用和（2）相同的方法，再次调整交错点组中的频率。

重复上述步骤。由于每次得到的新交错点组频率都是由上次交错点组频率所确定的$E(\omega)$的局部极值点频率，因此，在迭代过程中α是递增的，最后α收敛到自己的上限，也即$H_r(\omega)$最佳一致地逼近$H_{dr}(\omega)$的解。所以，迭代过程在重复到新的α与上次的α相同时即可结束。由最后一组交错点组ω_i（$i=0,1,\cdots,k+1$）依据式（7.4.11）求出$H_r(\omega)$，再加上线性相位条件，进行DTFT即可求出$h(n)$。

在每次迭代过程中都应把通带截止频率ω_p和阻带截止频率ω_{st}指定为交错点组中两个相邻的频率点。另外，由于指定了如式（7.4.6）所示形式的误差加权函数$V(\omega)$，因此，迭代结束后求出的α是$H_r(\omega)$阻带的峰值偏差α_2，而α_1则是通带的峰值偏差。在迭代过程中，由于交错点组频率只限于通带和阻带内，所以上述方法是在通带和阻带内的最佳一致逼近。过渡带内的$H_r(\omega)$可以由通带和阻带内的交错点组经插值确定。

综合以上的分析，我们将等波纹最佳设计法设计线性相位FIR滤波器的步骤总结如下：

（1）确定滤波器的性能要求。这主要是指确定所希望设计滤波器的幅度频率响应函数$H_{dr}(\omega)$、误差加权函数$V(\omega)$和滤波器单位抽样响应长度N。

（2）确定所希望设计滤波器的类型。这些类型包括低通、高通、带通、带阻、差分器和Hilbert变换器。

（3）运用瑞米兹交换算法，求逼近问题$E(\omega)=V(\omega)\left[H_r(\omega)-H_{dr}(\omega)\right]$的解，得到$H_r(\omega)$。

（4）计算所设计滤波器的单位抽样响应$h(n)$。

设计过程中滤波器长度N需要事先给定，对于低通滤波器，通常用以下近似公式来估算滤波器长度，即

$$N=1+\frac{-20\lg\sqrt{\alpha_1\alpha_2}-13}{2.32(\omega_{st}-\omega_p)} \tag{7.4.13}$$

以上设计过程是以设计表7.1.1中情况Ⅰ所描述的滤波器为例的，该表中其他三种情况滤波器的设计与此类似。

与窗函数设计法和频率抽样设计法相比，运用等波纹最佳设计法得到的滤波器的最大

误差均匀分布，性价比最高。在 N 相同时，这种方法使所设计滤波器的最大逼近误差最小，即通带最大衰减最小、阻带最小衰减最大；在设计指标相同时，这种方法设计出的滤波器阶数最低。

7.4.4 MATLAB 实现

在 MATLAB 工具箱中，与等波纹最佳设计法相关的主要函数是 remez、remezord 和 firpm、firpmord，下面简要介绍这四种函数。

remez 是基于瑞米兹交换算法实现等波纹最佳设计的函数，其调用格式为

hn = remez(N−1, f, a, w)

返回长度为 N 的单位抽样响应向量。其中，N 为滤波器长度，N−1 为滤波器阶数；f 为单调递增的边界频率向量（0≤f≤1，1 对应 π）；a 是与 f 对应的幅度向量，a 与 f 共同决定了所希望逼近的 $H_r(\omega)$；w 为误差加权向量，其长度为 a 的一半。

remezord 是根据设计指标估算等波纹设计时的最低阶数 M、归一化边界频率向量 fo、频带幅度 ao 及误差加权向量 w 的函数，其调用格式为

[M, fo, ao, w] = remezord(f, a, d, Fs)

其中，f 和 a 与 remez 中的含义类似；d 为各频带所允许的波纹最大幅度；Fs 为抽样频率。一般以 remezord 的返回结果作为 remez 的参数。

firpm、firpmord 是 Parks-McClellan 算法的实现函数，其用法与 remez、remezord 用法一样，结果也基本一样，读者可以在 MATLAB 中利用 help 命令查询更详细的介绍。下面通过一个例子来具体说明这些函数的使用方法。

例 7.4.1　用等波纹最佳设计法设计一个 FIR 低通滤波器。抽样频率为 $f_{sa}=10\text{kHz}$，要求通带截止频率为 $f_p=1.5\text{kHz}$，阻带截止频率为 $f_{st}=2.5\text{kHz}$，通带最大衰减为 1dB，阻带最小衰减 $\delta_{st}\geqslant 53\,\text{dB}$。为了降低运算量，所设计滤波器的阶数要尽可能低。

```
fsa=10000;                                          %采样频率
fp=1500;fst=2500;                                   %截止频率
rp=1;rs=53;                                         %通带最大衰减和阻带最小衰减
dat1=1-10^(-rp/20);                                 %通带波纹幅度
dat2=10^(-rs/20);                                   %阻带波纹幅度
%remez 函数使用
[N,fo,ao,w]=remezord([fp,fst],[1,0],[dat1,dat2],fsa);  %估算等波纹参数
hn=remez(N,fo,ao,w);                                %设计滤波器，得出单位样值响应函数
omega=linspace(0,pi,512);                           %频率抽样 512 个点
mag=freqz(hn,1,omega);                              %计算幅度频率响应的频率响应
magdb=20*log10(abs(mag));
figure(1),
subplot(121),stem([0:N],hn,'.');grid on;axis([0 N -0.1 0.4]);
xlabel('n');ylabel('h(n)');title('单位抽样响应');
subplot(122),plot(omega/pi*5000,magdb);grid on;
axis([0 5000 -100 10]);
set(gca,'xtick',[0 f 5000]);set(gca,'xticklabel',[0,f,5000]);
set(gca,'ytick',[-100 -53 -1 1]);set(gca,'yticklabel',[-100 -53 -1 1]);
xlabel('频率/Hz ');ylabel('dB');title('幅度频率响应');
%firpm 函数使用
figure(2)
[N,F,A,weight]=firpmord([fp,fst],[1,0],[dat1,dat2],fsa);   %获取滤波器参数
```

```
hn=firpm(N,F,A,weight);                              %设计的FIR滤波器
mag=freqz(hn,1,omega);
magdb=20*log10(abs(mag));
subplot(121),stem([0:N],hn,'.');grid on;axis([0 N -0.1 0.4]);
xlabel('n');ylabel('h(n)');title('单位抽样响应');
subplot(122),plot(omega/pi*5000,magdb);grid on;
axis([0 5000 -100 10]);
set(gca,'xtick',[0 f 5000]);set(gca,'xticklabel',[0,f,5000]);
set(gca,'ytick',[-100 -53 -1 1]);set(gca,'yticklabel',[-100 -53 -1 1]);
xlabel('频率/Hz ');ylabel('dB');title('幅度频率响应');
```

程序运行结果如图 7.4.2 和图 7.4.3 所示。通过分析，两种实现方式结果一样，此时滤波器的长度 N=15。但从两幅图中可以看出，此时滤波器的阻带最小衰减并不满足要求，可以通过适当增加滤波器阶数 N 来改善滤波器特性。图 7.4.4 是 N=16 和 N=17 时的运行结果，结果说明当 N=17 时可以达到最佳优化效果。

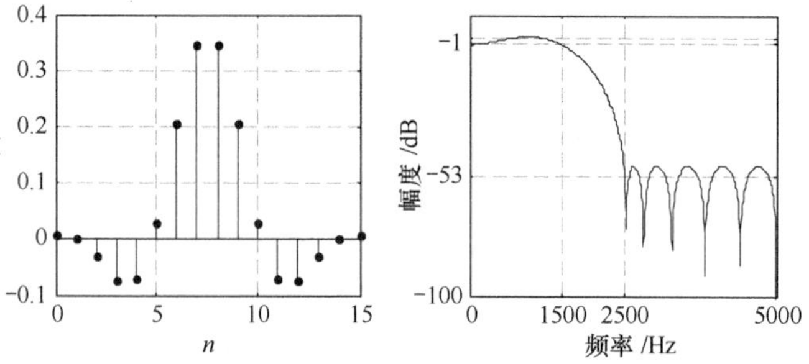

(a) 单位抽样响应 (b) 幅度频率响应

图 7.4.2 remze 函数运行结果

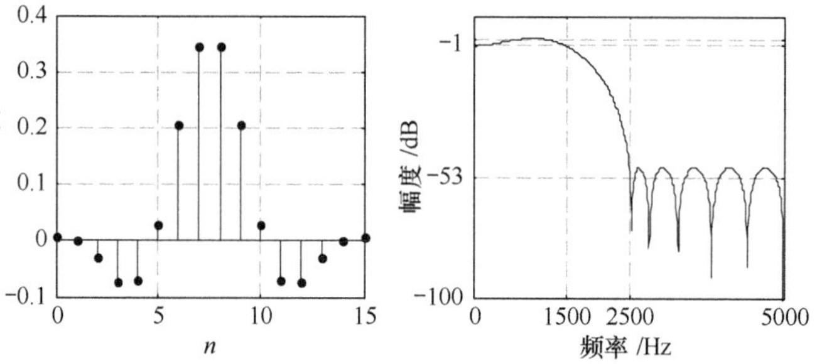

(a) 单位抽样响应 (b) 幅度频率响应

图 7.4.3 firpm 函数运行结果

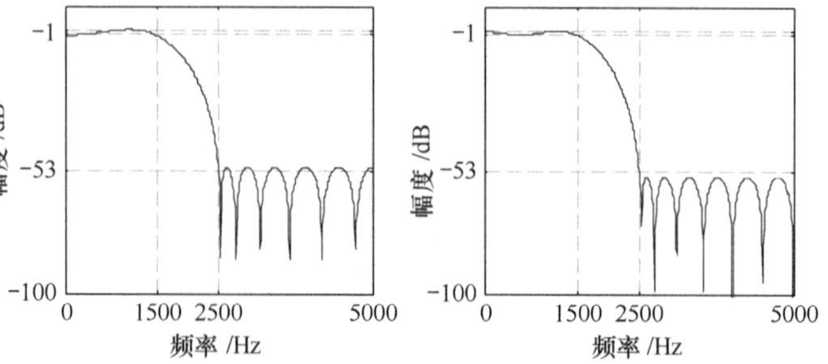

(a) N=16 (b) N=17

图 7.4.4 增加滤波器阶数的运行结果

7.5　IIR 滤波器和 FIR 滤波器的比较

至此，我们介绍了 IIR 和 FIR 两种滤波器的设计方法。为了在实际应用时，更好地选择合适的滤波器，下面对这两种滤波器做一个简单的比较。

（1）性能方面的比较。IIR 滤波器可以用较少的阶数获得很高的选择特性，因此所用存储单元少、运算次数少、较为经济而且高效。但是这个高效率的代价是相位的非线性，选择性越好，相位的非线性越严重。相比较而言，FIR 滤波器可以得到严格的线性相位。但是，若需要获得一定的选择特性，FIR 滤波器则需要较多的存储器和较多的运算，成本比较高、信号延时较大。然而，若要求相同的选择性和相同的线性相位，则 IIR 滤波器就必须加全通网络来进行相位校正，因此同样要大大增加滤波器的阶数和复杂性。所以如果对相位的要求严格一点，那么采用 FIR 滤波器在性能上和经济上都将优于 IIR 滤波器。

（2）结构方面的比较。IIR 滤波器必须采用递归型结构，极点位置必须位于单位圆内，否则系统将不稳定。此外，它在运算过程中对序列的舍入处理有时会引起微弱的寄生振荡。FIR 滤波器则主要采用非递归型结构，不论在理论上还是在实际上的有限精度运算中都不存在稳定性问题，运算误差也较小。而且由于它是有限长的，因此 FIR 滤波器可以采用 FFT 算法，在相同阶数的条件下，其运算速度要快得多。

（3）设计工具方面的比较。IIR 滤波器的设计可以借助模拟滤波器的成果，一般都有有效封闭形式的设计公式可用，计算准确。同时，又有许多数据和表格可供查询，设计计算的工作量比较小，对计算工具的要求不高。而 FIR 滤波器的设计一般没有现成的公式。窗函数设计法虽然给出了窗函数计算公式，但计算通带、阻带的衰减等仍无显式表达式。一般 FIR 滤波器的设计只有计算程序可循，需要借助计算机来完成。

（4）设计灵活性方面的比较。IIR 滤波器设计法主要是用于设计具有分段常数特性的标准滤波器，如低通、高通、带通及带阻等滤波器，往往脱离不了模拟滤波器的格局。而 FIR 滤波器则要灵活得多，尤其是频率采样设计法更容易适应各种幅度特性和相位特性的要求，能设计出理想的 Hilbert 变换器、理想差分器、线性调频等各种重要网络，因而具有更大的适应性和更广阔的使用。

由以上比较可以看到，IIR 滤波器与 FIR 滤波器各有特点，应根据实际应用的要求，从多方面来加以考虑选择。例如，在对相位要求不高的应用场合（如语言通信等），选用 IIR 滤波器较为合适；而在对线性相位要求较高的应用中（如图像信号处理、数据传输等以波形携带信息的系统），则采用 FIR 滤波器较好。当然，没有哪一类滤波器在任何应用中都是绝对最佳的，在实际设计时，还应综合考虑经济成本、计算工具等多方面的因素。

习　题

7.1　用窗函数设计法设计一个阶数 N=30 的线性相位 FIR 滤波器，并用 fir1 函数实现，以逼近以下理想频率响应幅度：

$$\left|H_d(\mathrm{e}^{\mathrm{j}\omega})\right| = \begin{cases} 1, & |\omega| \leqslant 0.2\pi \\ 0, & 0.2\pi < |\omega| \leqslant \pi \end{cases}$$

7.2 用矩形窗设计一个 FIR 线性滤波器。已知：$\omega_c = 0.5\pi$，$N = 31$。求出 $h(n)$ 并画出 $20\lg\left|H(e^{j\omega})\right|$ 曲线，并用 fir1 函数实现。

7.3 用三角窗设计一个 FIR 线性相位低通数字滤波器。已知：$\omega_c = 0.5\pi$，$\alpha = 20$。求出 $h(n)$ 并画出 $20\lg\left|H(e^{j\omega})\right|$ 曲线，并用 fir1 函数实现。

7.4 用汉明窗设计一个线性相位带通滤波器

$$H_d(e^{j\omega}) = \begin{cases} e^{-j\omega\alpha}, & \omega_0 - \omega_c \leqslant \omega \leqslant \omega_0 + \omega_c \\ 0, & 0 \leqslant \omega < \omega_0 - \omega_c,\ \omega_0 + \omega_c < \omega \leqslant \pi \end{cases}$$

求出表达式并画出 $20\lg\left|H(e^{j\omega})\right|$ 曲线（设 $\omega_c = 0.2\pi$，$\omega_0 = 0.5\pi$，$N = 51$），并用 fir1 函数实现。

7.5 请选择合适的窗函数及 N 来设计一个线性相位低通滤波器

$$H_d(e^{j\omega}) = \begin{cases} e^{-j\omega\alpha}, & 0 \leqslant \omega \leqslant \omega_c \\ 0, & \omega_c \leqslant \omega \leqslant \pi \end{cases}$$

要求其最小阻带衰减为−45dB，过渡带宽为 0.14π。

（1）求出 $h(n)$ 的表达式，并画出 $20\lg\left|H(e^{j\omega})\right|$ 曲线（设 $\omega_c = 0.5\pi$）；

（2）用 fir1 函数实现，并画出用满足所给条件的其他几种窗函数设计出的 $20\lg\left|H(e^{j\omega})\right|$ 曲线。

7.6 用布莱克曼窗设计一个线性相位的理想带通滤波器

$$H_d(e^{j\omega}) = \begin{cases} je^{-j\omega\alpha}, & -\omega_c \leqslant |\omega - \omega_0| \leqslant \omega_c \\ 0, & 0 \leqslant \omega < \omega_0 - \omega_c,\ \omega_0 + \omega_c < \omega \leqslant \pi \end{cases}$$

求出 $h(n)$ 序列，并画出 $20\lg\left|H(e^{j\omega})\right|$ 曲线，设 ω_c=0.2π，ω_0=0.4π，N=51，并用 fir1 函数实现。

7.7 设计第一类线性相位 FIR 高通数字滤波器，3dB 截止频率 $\omega_c = \left(\dfrac{3\pi}{4} \pm \dfrac{\pi}{16}\right)\text{rad}$，阻带最小衰减 $\delta_{st} = 50\text{dB}$，过渡带宽 $\Delta\omega = \dfrac{\pi}{16}$。用窗函数设计法设计，并用 fir1 函数实现。

7.8 用汉明窗设计一个带阻滤波器，要求下阻带边缘为 0.4π，上阻带边缘为 0.6π，下通带边缘为 0.3π，上通带边缘为 0.7π，通带最大衰减为 0.2dB，阻带最小衰减为 50dB，并用 fir1 函数实现。

7.9 考虑一个长度为 N=4 的线性相位 FIR 滤波器，已知在 ω=0 和 $\omega = \dfrac{\pi}{2}$ 两个频点的幅度采样 $H_r(0)$=1，$H_r\left(\dfrac{\pi}{2}\right)$=0.5，求该滤波器的单位脉冲响应 $h(n)$。

7.10 已知长度 N=15 的第一类线性相位 FIR 滤波器的前八个幅度采样值为 $H_r\left(\dfrac{2\pi}{15}k\right) = \begin{cases} 1, & k = 0,1,2,3 \\ 0, & k = 4,5,6,7 \end{cases}$，求该滤波器的单位脉冲响应 $h(n)$。

7.11 设计一个等波纹低通滤波器，通带截止频率 $\omega_p = 0.3\pi$，阻带截止频率 $\omega_{st} = 0.3\pi$，

通带最大衰减为 0.2dB，阻带最小衰减为 50dB。

7.12　设计一个带阻滤波器，可以满足以下技术指标：

$$\begin{cases} 0.95 \leqslant \left|H(\mathrm{e}^{\mathrm{j}\omega})\right| \leqslant 1.05,\ 0 \leqslant |\omega| \leqslant 0.2\pi \\ \left|H(\mathrm{e}^{\mathrm{j}\omega})\right| \leqslant 0.005,\ 0.25\pi \leqslant |\omega| \leqslant 0.75\pi \\ 0.95 \leqslant \left|H(\mathrm{e}^{\mathrm{j}\omega})\right| \leqslant 1.05,\ 0.8\pi \leqslant |\omega| \leqslant \pi \end{cases}$$

（1）用窗函数设计法设计一个满足这些滤波器技术指标的线性相位 FIR 滤波器；

（2）要满足这些技术指标，一个等波纹滤波器大约需要多少阶？

分别用 fir1 和 firpm 来实现。

7.13　设计一个理想线性相位带通滤波器

$$H_d(\mathrm{e}^{\mathrm{j}\omega}) = \begin{cases} \mathrm{e}^{-\mathrm{j}\omega\alpha},\ \omega_0 - \omega_c \leqslant \omega \leqslant \omega_0 + \omega_c \\ 0,\ 0 \leqslant \omega < \omega_0 - \omega_c,\ \ \omega_0 + \omega_c < \omega \leqslant \pi \end{cases}$$

若需要阻带衰减大于（1）50dB；（2）60dB。

试用窗函数设计法设计这两个滤波器（取 $\omega_0 = 0.5\pi$， $\omega_c = 0.1\pi$）。

7.14　设计一个带阻滤波器，满足以下技术指标：

$$\begin{cases} 0.98 \leqslant \left|H(\mathrm{e}^{\mathrm{j}\omega})\right| \leqslant 1.02,\ 0 \leqslant |\omega| \leqslant 0.2\pi \\ \left|H(\mathrm{e}^{\mathrm{j}\omega})\right| \leqslant 0.001,\ 0.22\pi \leqslant |\omega| \leqslant 0.78\pi \\ 0.98 \leqslant \left|H(\mathrm{e}^{\mathrm{j}\omega})\right| \leqslant 1.02,\ 0.8\pi \leqslant |\omega| \leqslant \pi \end{cases}$$

（1）求满足这些技术指标的等波纹滤波器所需的阶数；

（2）设计该滤波器所用的加权函数 $V(\mathrm{e}^{\mathrm{j}\omega})$ 是什么？

（3）最优滤波器的极值频率最少是多少？

第 8 章　常用的特殊滤波器

第 6、7 章分别详细介绍了 IIR 数字滤波器、FIR 数字滤波器的设计，但在实际应用中，有些实用的、有特殊用途的滤波器并非是按照前述的常规方法进行设计的。本章即对这些常用的特殊数字滤波器进行介绍。

8.1　常用的特殊 IIR 滤波器

8.1.1　全通滤波器

1. 全通滤波器的一般形式

如果滤波器的幅频特性在所有频率 ω 上均等于常数或 1，即

$$\left|H_{AP}(\mathrm{e}^{\mathrm{j}\omega})\right|=1,\ \ 0\leqslant\omega\leqslant 2\pi \tag{8.1.1}$$

则该滤波器称为全通滤波器。全通滤波器的频率响应函数可表示为

$$H_{AP}(\mathrm{e}^{\mathrm{j}\omega})=\mathrm{e}^{\mathrm{j}\varphi(\omega)} \tag{8.1.2}$$

式（8.1.2）表明信号通过全通滤波器后，其输出的幅频特性保持不变，仅相位改变，因此全通滤波器也称为纯相位滤波作用。

全通滤波器的系统函数一般形式为

$$H_{AP}(z)=\frac{\sum\limits_{k=0}^{N}a_k z^{-N+k}}{\sum\limits_{k=0}^{N}a_k z^{-k}}=\frac{z^{-N}+a_1 z^{-N+1}+a_2 z^{-N+2}+\cdots+a_N}{1+a_1 z^{-1}+a_2 z^{-2}+a_N z^{-N}},\ \ a_0=1 \tag{8.1.3}$$

或写成二阶滤波器级联形式

$$H_{AP}(z)=\prod_{i=1}^{L}\frac{z^{-2}+a_{1i}z^{-1}+a_{2i}}{a_{2i}z^{-2}+a_{1i}z^{-1}+1} \tag{8.1.4}$$

式（8.1.3）和式（8.1.4）中的系数均为实数。可以很容易地看出，全通滤波器系统函数的分子多项式和分母多项式的系数相同，但排列顺序相反。下面证明式（8.1.3）表示的滤波器具有全通幅频特性。

$$H_{AP}(z)=\frac{\sum\limits_{k=0}^{N}a_k z^{-N+k}}{\sum\limits_{k=0}^{N}a_k z^{-k}}=z^{-N}\frac{\sum\limits_{k=0}^{N}a_k z^{k}}{\sum\limits_{k=0}^{N}a_k z^{-k}}=z^{-N}\frac{D(z^{-1})}{D(z)} \tag{8.1.5}$$

式中，$D(z)=\sum\limits_{k=0}^{N}a_k z^{-k}$ 。由于系数 a_k 是实数，所以

$$D(z^{-1})\Big|_{z=\mathrm{e}^{\mathrm{j}\omega}}=D(\mathrm{e}^{-\mathrm{j}\omega})=D^{*}(\mathrm{e}^{\mathrm{j}\omega}) \tag{8.1.6}$$

$$\left|H_{AP}(\mathrm{e}^{\mathrm{j}\omega})\right|=\left|\frac{D^*(\mathrm{e}^{\mathrm{j}\omega})}{D(\mathrm{e}^{\mathrm{j}\omega})}\right|=1 \tag{8.1.7}$$

式（8.1.7）说明该系统具有全通滤波特性。

2. 全通滤波器的零、极点分布

设 z_k 为 $H_{AP}(z)$ 的零点，按照式（8.1.5），z_k^{-1} 必然是 $H_{AP}(z)$ 的极点，记为 $p_k=z_k^{-1}$，则 $p_k z_k=1$。如果再考虑 $D(z)$ 和 $D(z^{-1})$ 的系数为实数，其零、极点均以共轭对的形式出现，那么 z_k^* 也是零点，$p_k^*=(z_k^{-1})^*$ 也是极点。对于实数零、极点，则以两个一组的形式出现，且零点和极点互为倒易关系。由图 8.1.1 可知，如果将零点 z_k 和极点 p_k^* 组成一对，将零点 z_k^* 与极点 p_k 组成一对，那么全通滤波器的极点与零点便以共轭倒易的关系出现，即如果 z_k^{-1} 为全通滤波器的零点，则 z_k^* 必然是全通滤波器的极点。

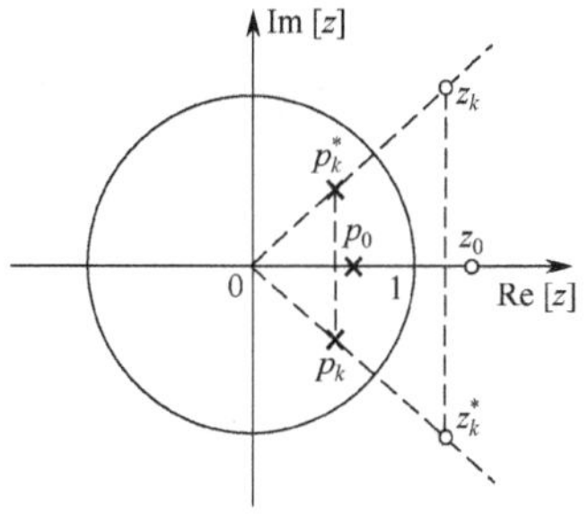

图 8.1.1　全通滤波器零、极点示意图

因此，全通滤波器系统函数也可以写成如下形式：

$$H_{AP}(z)=\prod_{k=1}^{N}\frac{z^{-1}-z_k}{1-z_k^* z^{-1}} \tag{8.1.8}$$

当 N 为奇数时，必须有一对实数零、极点。

3. 全通滤波器的应用

利用全通系统的幅频特性恒为 1 的特点和零、极点的倒易性质，可以将全通滤波器用于以下几个方面：

（1）全通滤波器是一种纯相位滤波器，可以用于相位均衡。如果要求设计一个线性相位滤波器，可以先设计一个满足幅频特性要求的 IIR 滤波器，再级联一个全通滤波器进行相位校正，使总的相位特性是线性的；

设全通滤波器为 $H_{AP}(z)$，IIR 滤波器的系统函数为 $H_{\mathrm{IIR}}(z)$，则级联后的系统为

$$H(z)=H_{AP}(z)H_{\mathrm{IIR}}(z) \tag{8.1.9}$$

幅度频率响应特性为

$$\left|H(\mathrm{e}^{\mathrm{j}\omega})\right|=\left|H_{AP}(\mathrm{e}^{\mathrm{j}\omega})\right|\left|H_{\mathrm{IIR}}(\mathrm{e}^{\mathrm{j}\omega})\right|=\left|H_{\mathrm{IIR}}(\mathrm{e}^{\mathrm{j}\omega})\right|$$

相位频率响应特性为

$$\varphi(\omega)=\varphi_{AP}(\omega)+\varphi_{\mathrm{IIR}}(\omega)$$

按群延时的关系 $\tau(\omega)=-\dfrac{\mathrm{d}\varphi(\omega)}{\mathrm{d}\omega}$，可得

$$\tau(\omega)=\tau_{AP}(\omega)+\tau_{\mathrm{IIR}}(\omega)$$

如果要满足线性相位，在通带内满足 $\tau(\omega)=\tau_0$（常数），则逼近误差的平方值为

$$e^2=[\tau(\omega)-\tau_0]^2=[\tau_{AP}(\omega)+\tau_{\mathrm{IIR}}(\omega)-\tau_0]^2 \tag{8.1.10}$$

式中，e^2 是频率、全通函数极点和系数的函数，利用均方误差最小原则，可求得均衡器的有关参数；

（2）根据全通滤波器的零、极点特性，可以将其用于调整系统的稳定性。如果设计出的滤波器是不稳定的，可以利用级联全通滤波器的办法将它变成一个稳定的滤波器。例如，原滤波器 $H_0(z)$ 有一对极点在单位圆外 $z=\frac{1}{r}\mathrm{e}^{\pm\mathrm{j}\theta}$（$0<r<1$）处，可表示为

$$H_0(z)=H_1(z)\cdot\frac{1}{z-\mathrm{e}^{\mathrm{j}\theta}/r}\cdot\frac{1}{z-\mathrm{e}^{-\mathrm{j}\theta}/r}$$

式中，$H_1(z)$ 的所有极点在单位圆内。则可将此滤波器级联一个全通系统，即

$$H_{AP}(z)=\frac{z^{-1}-r\mathrm{e}^{\mathrm{j}\theta}}{1-r\mathrm{e}^{-\mathrm{j}\theta}z^{-1}}\cdot\frac{z^{-1}-r\mathrm{e}^{-\mathrm{j}\theta}}{1-r\mathrm{e}^{\mathrm{j}\theta}z^{-1}}=r^2\cdot\frac{z-\mathrm{e}^{-\mathrm{j}\theta}/r}{z-r\mathrm{e}^{-\mathrm{j}\theta}}\cdot\frac{z-\mathrm{e}^{\mathrm{j}\theta}/r}{z-r\mathrm{e}^{\mathrm{j}\theta}} \tag{8.1.11}$$

此时级联后的系统为

$$H(z)=H_0(z)H_{AP}(z)=H_1(z)\cdot\frac{1}{z-\mathrm{e}^{\mathrm{j}\theta}/r}\cdot\frac{1}{z-\mathrm{e}^{-\mathrm{j}\theta}/r}\cdot r^2\cdot\frac{z-\mathrm{e}^{-\mathrm{j}\theta}/r}{z-r\mathrm{e}^{-\mathrm{j}\theta}}\cdot\frac{z-\mathrm{e}^{\mathrm{j}\theta}/r}{z-r\mathrm{e}^{\mathrm{j}\theta}}$$

$$=H_1(z)\cdot\frac{r}{z-r\mathrm{e}^{-\mathrm{j}\theta}}\cdot\frac{r}{z-r\mathrm{e}^{\mathrm{j}\theta}}$$

由于 $0<r<1$ 所以 $r\mathrm{e}^{\pm\mathrm{j}\theta}$ 在单位圆内，因此，系统是因果稳定的，此时系统的幅频响应为

$$|H(\mathrm{e}^{\mathrm{j}\omega})|=|H_0(\mathrm{e}^{\mathrm{j}\omega})||H_{AP}(\mathrm{e}^{\mathrm{j}\omega})|=|H_0(\mathrm{e}^{\mathrm{j}\omega})|$$

与原来一致；

（3）根据全通系统零、极点的倒易性质，可以将单位圆外的极点以单位圆为轴反射到单位圆内的镜像点上。同样可将最小相位延时系统的一个零点反射到单位圆外，从而构成另一个幅度函数相同、相位函数不同的非最小相位延时系统；将最小相位延时系统的所有零点都反射到单位圆外，从而构成幅度函数相同的最大相位延时系统。

8.1.2 最小相位滤波器

因果稳定滤波器的全部极点必须位于单位圆内，但零点可以位于任意位置。对于全部零点位于单位圆内的因果稳定滤波器，称为最小相位滤波器，系统函数用 $H_{\min}(z)$ 表示。而对于全部零点位于单位圆外的因果稳定滤波器，称为最大相位滤波器，系统函数用 $H_{\max}(z)$ 表示。零点既不全在单位圆内，也不全在单位圆外的称为混合相位滤波器。

1. 零矢量和极矢量幅角变化分析

任何一个线性移不变系统都可表示为

$$H(z)=\frac{\sum_{m=0}^{M}b_m z^{-m}}{1-\sum_{n=1}^{N}a_n z^{-n}}=A\frac{\prod_{m=1}^{M}(1-c_m z^{-1})}{\prod_{n=1}^{N}(1-d_n z^{-1})}=Az^{N-M}\frac{\prod_{m=1}^{M}(z-c_m)}{\prod_{n=1}^{N}(z-d_n)} \tag{8.1.12}$$

其频率响应可表示为

$$H(\mathrm{e}^{\mathrm{j}\omega})=A\mathrm{e}^{\mathrm{j}\omega(N-M)}\frac{\prod_{m=1}^{M}(\mathrm{e}^{\mathrm{j}\omega}-c_m)}{\prod_{n=1}^{N}(\mathrm{e}^{\mathrm{j}\omega}-d_n)}=|H(\mathrm{e}^{\mathrm{j}\omega})|\mathrm{e}^{\mathrm{j}\arg[H(\mathrm{e}^{\mathrm{j}\omega})]} \tag{8.1.13}$$

所以

$$\left|H(\mathrm{e}^{\mathrm{j}\omega})\right| = A\frac{\prod_{m=1}^{M}\left|\mathrm{e}^{\mathrm{j}\omega}-c_m\right|}{\prod_{n=1}^{N}\left|\mathrm{e}^{\mathrm{j}\omega}-d_n\right|} = A\times\frac{\text{各零矢量模的连乘积}}{\text{各极矢量模的连乘积}} \tag{8.1.14}$$

$$\begin{aligned}\arg[H(\mathrm{e}^{\mathrm{j}\omega})] &= \sum_{m=1}^{M}\arg[\mathrm{e}^{\mathrm{j}\omega}-c_m]-\sum_{n=1}^{N}\arg[\mathrm{e}^{\mathrm{j}\omega}-d_n]+(N-M)\omega \\ &= \text{各零矢量幅角之和}-\text{各极矢量幅角之和}+(N-M)\omega\end{aligned} \tag{8.1.15}$$

如果某一零点（或极点）位于单位圆内，当ω从 0 变到2π时，即在z平面单位圆上正向（逆时针）旋转一周时，零矢量（或极矢量）幅角变化为2π；如果某一零点（或极点）位于单位圆外，当ω从 0 变到2π时，即在z平面单位圆上正向（逆时针）旋转一周时，零矢量（或极矢量）幅角变化为 0。所以当ω从 0 变到2π时，只有单位圆内的零点（极点）对零矢量（或极矢量）幅角有影响，即对$\arg\left[H(\mathrm{e}^{\mathrm{j}\omega})\right]$有影响。

设M_{in}和M_{out}分别表示单位圆内与单位圆外的零点数，N_{in}和N_{out}分别表示单位圆内与单位圆外的极点数，有

$$M = M_{\text{in}} + M_{\text{out}},\quad N = N_{\text{in}} + N_{\text{out}} \tag{8.1.16}$$

当ω从 0 变到2π时，则$H(\mathrm{e}^{j\omega})$的幅角变化量为

$$\Delta\arg\left[H(\mathrm{e}^{\mathrm{j}\omega})\right]\Big|_{\Delta\omega=2\pi} = 2\pi(M_{\text{in}}-N_{\text{in}})+2\pi(N-M) = 2\pi(N_{\text{out}}-M_{\text{out}}) \tag{8.1.17}$$

2. 相位延时系统与相位超前系统

根据系统零、极点相对单位圆的分布情况，可以得到以下几种相位系统的定义：

1）最小与最大相位延时系统

对于因果稳定系统$H(z)$，系统的全部极点在单位圆内，因此有$N_{\text{out}}=0$，$N_{\text{in}}=N$，当ω从 0 变到2π时，根据式（8.1.17），则$H(\mathrm{e}^{\mathrm{j}\omega})$的幅角变化量为

$$\Delta\arg\left[H(\mathrm{e}^{\mathrm{j}\omega})\right]\Big|_{\Delta\omega=2\pi} = 2\pi(N_{\text{out}}-M_{\text{out}}) = -2\pi M_{\text{out}} \tag{8.1.18}$$

当ω从 0 开始增加时，这种系统幅角变化量为负，称为相位延时系统或相位滞后系统。

当全部零点都在单位圆内时，即$M_{\text{out}}=0$，$M_{\text{in}}=M$。这种系统称为最小相位延时系统，幅角变化量为

$$\Delta\arg\left[H(\mathrm{e}^{\mathrm{j}\omega})\right]\Big|_{\Delta\omega=2\pi} = -2\pi M_{\text{out}} = 0 \tag{8.1.19}$$

当全部零点都在单位圆外时，即$M_{\text{out}}=M$，$M_{\text{in}}=0$。这种系统称为最大相位延时系统，幅角变化量为

$$\Delta\arg\left[H(\mathrm{e}^{\mathrm{j}\omega})\right]\Big|_{\Delta\omega=2\pi} = -2\pi M_{\text{out}} = -2\pi M \tag{8.1.20}$$

2）最小与最大相位超前系统

对于逆因果稳定系统$H(z)$，系统的全部极点在单位圆外，因此有$N_{\text{out}}=N$，$N_{\text{in}}=0$，且满足$n>0$时，$h(n)=0$。根据式（8.1.17），则$H(\mathrm{e}^{\mathrm{j}\omega})$的幅角变化量为

$$\Delta\arg\left[H(\mathrm{e}^{\mathrm{j}\omega})\right]\Big|_{\Delta\omega=2\pi} = 2\pi(N_{\text{out}}-M_{\text{out}}) = 2\pi(N-M_{\text{out}}) \tag{8.1.21}$$

一般的系统都满足$N>M\geqslant M_{\text{out}}$，当$\omega$从 0 开始增加时，这种系统幅角变化量为正，称为

相位超前系统。

当全部零点都在单位圆内时，即 $M_{\text{out}}=0$，$M_{\text{in}}=M$。这种系统称为最大相位超前系统，幅角变化量为

$$\Delta\arg[H(\mathrm{e}^{\mathrm{j}\omega})]\Big|_{\Delta\omega=2\pi}=2\pi N \tag{8.1.22}$$

当全部零点都在单位圆外时，即 $M_{\text{out}}=M$，$M_{\text{in}}=0$。这种系统称为最小相位超前系统，幅角变化量为

$$\Delta\arg[H(\mathrm{e}^{\mathrm{j}\omega})]\Big|_{\Delta\omega=2\pi}=2\pi(N-M) \tag{8.1.23}$$

根据以上的分析可知，上述介绍的四种相位系统都是稳定系统，其中最小相位延时系统和最大相位延时系统是因果系统，极点都在单位圆内；而最小相位超前系统和最大相位超前系统是逆因果系统，极点都在单位圆外。最小相位延时系统和最大相位超前系统的零点在单位圆内；而最大相位延时系统和最小相位超前系统的零点在单位圆外。

3. 最小相位延时系统

最小相位延时系统的所有零、极点都在单位圆内，系统是一个因果稳定的系统，其逆系统也一定是因果稳定的系统，因此具有重要的应用地位，下面分析其重要的性质及应用。

（1）任何一个因果稳定非最小相位延时系统 $H(z)$ 都可以表示成全通系统 $H_{AP}(z)$ 和最小相位延时系统 $H_{\min}(z)$ 的级联，即

$$H(z)=H_{AP}(z)H_{\min}(z) \tag{8.1.24}$$

证明 假设因果稳定系统 $H(z)$ 仅有一对共轭零点在单位圆外，令该零点为 $z=\dfrac{1}{z_0}$ 和 $z=\dfrac{1}{z_0^*}$，$|z_0|<1$，则 $H(z)$ 可表示为

$$H(z)=H_1(z)(z^{-1}-z_0)(z^{-1}-z_0^*) \tag{8.1.25}$$

式中，$H_1(z)$ 是最小相位延时的，其余两个乘系数代表单位圆外的一对共轭零点。式（8.1.25）还可以写为

$$\begin{aligned}H(z)&=H_1(z)(z^{-1}-z_0)(z^{-1}-z_0^*)\frac{1-z_0^*z^{-1}}{1-z_0^*z^{-1}}\frac{1-z_0z^{-1}}{1-z_0z^{-1}}\\&=H_1(z)(1-z_0^*z^{-1})(1-z_0z^{-1})\frac{z^{-1}-z_0}{1-z_0^*z^{-1}}\frac{z^{-1}-z_0^*}{1-z_0z^{-1}}\end{aligned} \tag{8.1.26}$$

由于 $|z_0|<1$，所以 $H_1(z)(1-z_0^*z^{-1})(1-z_0z^{-1})$ 是最小相位的，而 $\dfrac{z^{-1}-z_0}{1-z_0^*z^{-1}}\dfrac{z^{-1}-z_0^*}{1-z_0z^{-1}}$ 表示一个全通系统，因此有

$$H(z)=H_{AP}(z)H_{\min}(z)$$

式中，$H_{\min}(z)=H_1(z)(1-z_0^*z^{-1})(1-z_0z^{-1})$，$H_{AP}(z)=\dfrac{z^{-1}-z_0}{1-z_0^*z^{-1}}\dfrac{z^{-1}-z_0^*}{1-z_0z^{-1}}$。

在这里 $H(z)$ 和 $H_{\min}(z)$ 的差别在于把单位圆外的一对零点分别反射到单位圆内的镜像位置上，构成了 $H_{\min}(z)$ 的零点，而 $H(z)$ 和 $H_{\min}(z)$ 的幅频响应相同，即

$$\left|H(e^{j\omega})\right| = \left|H_{\min}(e^{j\omega})\right|\left|H_{AP}(e^{j\omega})\right| = \left|H_{\min}(e^{j\omega})\right|$$

（2）最小相位延时系统保证其逆系统也是因果稳定系统，并且也是最小相位延时系统。给定一个因果稳定系统 $H(z)=\dfrac{B(z)}{A(z)}$，定义其逆系统为

$$H_{\text{inv}}(z)=\frac{1}{H(z)}=\frac{A(z)}{B(z)} \tag{8.1.27}$$

显然，原系统的极点变成了逆系统的零点，原系统的零点变成了逆系统的极点，即如果 $H(z)$ 的零点和极点都在单位圆内，对应 $H_{\text{inv}}(z)=\dfrac{1}{H(z)}$ 的极点和零点也都在单位圆内，因此 $H_{\text{inv}}(z)$ 也是一个最小相位延时系统。

（3）在幅频响应特性相同的所有因果稳定系统中，只有唯一一个最小相位延时系统，且最小相位延时系统的相位延迟（负的相位值）最小。

① 先证明最小相位系统的唯一性。

设有最小相位延时系统 $H_{\min}(z)$，其幅度响应函数为 $\left|H_{\min}(e^{j\omega})\right|$。根据式（8.1.13），将系统的频率响应函数写成

$$H_{\min}(e^{j\omega})=Ae^{j\omega(N-M)}\frac{\prod\limits_{m=1}^{M}(e^{j\omega}-c_m)}{\prod\limits_{n=1}^{N}(e^{j\omega}-d_n)}=Ae^{j\omega(N-M)}\frac{\prod\limits_{m=1}^{M}C_m}{\prod\limits_{n=1}^{N}D_n} \tag{8.1.28}$$

式中，$C_m=e^{j\omega}-c_m$，$D_n=e^{j\omega}-d_n$，由于零、极点都在单位圆内，所以 $|c_m|<1$，$|d_n|<1$。对于任意确定的 $\left|H_{\min}(e^{j\omega})\right|$，必然有确定的 N、M 和 c_m、d_n，因此 $H_{\min}(e^{j\omega})$ 是唯一被确定的，即 $H_{\min}(z)$ 也是唯一被确定的。

② 再证明相位延迟最小。

由于任何一个非最小相位系统 $H(z)$ 的相位函数，是一个与 $H(z)$ 的幅度特性相同的最小相位系统 $H_{\min}(z)$ 的相位函数加上一个全通系统 $H_{AP}(z)$ 的相位函数。所以，只要证明全通系统的相位函数是非正的，那么 $H_{\min}(z)$ 的相位函数一定小于 $H(z)$ 的相位函数。

高阶全通系统总可以由一阶和二阶全通系统函数相乘来表示。一阶和二阶全通系统的系统函数分别为如下形式：

$$H_{AP}(z)=\frac{z^{-1}-a}{1-az^{-1}},\quad a\text{为实数} \tag{8.1.29}$$

$$H_{AP}(z)=\frac{z^{-1}-a^*}{1-az^{-1}}\cdot\frac{z^{-1}-a}{1-a^*z^{-1}},\quad a\text{为复数} \tag{8.1.30}$$

这里只要证明式（8.1.29）和式（8.1.30）给出的全通系统的相位是非正的，即证明了全通系统具有非正相位。

对于式（8.1.29）有

$$H_{AP}(z)=z\frac{z^{-1}-a}{z-a}$$

$$H_{AP}(e^{j\omega})=H_{AP}(z)\Big|_{z=e^{j\omega}}=e^{j\omega}\frac{e^{-j\omega}-a}{e^{j\omega}-a}$$

由于上式分数部分的分子、分母是共轭的，因此，相角相反，所以

$$\arg[H_{AP}(e^{j\omega})]=\omega-2\arg(e^{j\omega}-a)$$

对于$0\leqslant\omega\leqslant\pi$，关于$\arg(e^{j\omega}-a)$作图，如图 8.1.2 所示，图中$\theta=\arg(e^{j\omega}-a)$。由图可知，$\arg(e^{j\omega}-a)>\frac{\omega}{2}$，即$\arg[H_{AP}(e^{j\omega})]<0$。

对于式（8.1.30）有

$$H_{AP}(e^{j\omega})=e^{j2\omega}\frac{e^{-j\omega}-a^*}{e^{j\omega}-a}\cdot\frac{e^{-j\omega}-a}{e^{j\omega}-a^*},\ |a|<1$$

所以，$\arg[H_{AP}(e^{j\omega})]=2[\omega-\arg(e^{j\omega}-a)-\arg(e^{j\omega}-a^*)]$。

图 8.1.3 表示出了上式各相角，图中$\theta_1=\arg(e^{j\omega}-a)$，$\theta_2=\arg(e^{j\omega}-a^*)$。由图可知，$\angle za^*z^*=\theta_1+\theta_2$ 和 $\angle zz_0z^*=\omega$ 根据三角形外角大于内角的定理有$\theta_1+\theta_2>\omega$。所以，$\arg[H_{AP}(e^{j\omega})]=2[\omega-(\theta_1+\theta_2)]<0$。

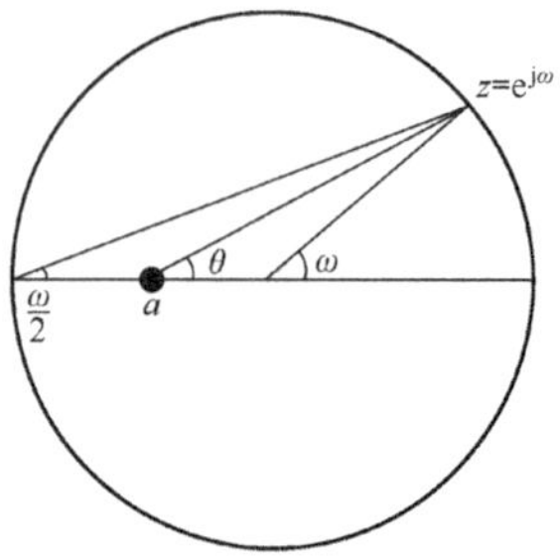

图 8.1.2 一阶系统相位示意图

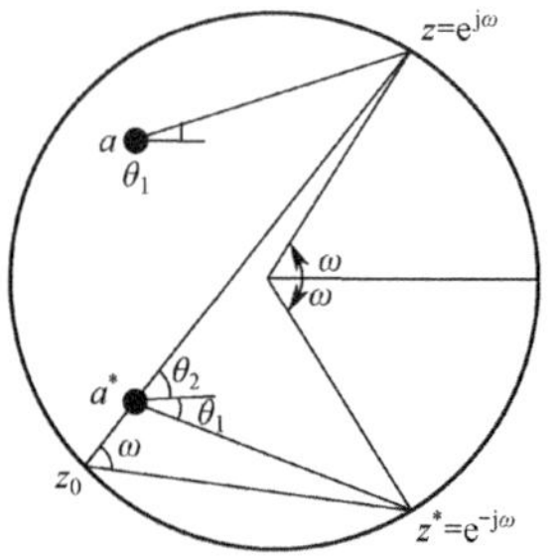

图 8.1.3 二阶系统相位示意图

由以上的证明可得出结论：全通系统的相位延迟函数是非正的，即最小相位系统的相位延迟是最小的。

（4）令$h(n)$为所有具有相同幅频响应的离散时间系统的单位样值响应，$h_{\min}(n)$是其中最小相位延时系统的单位样值响应，并定义单位样值响应的累积能量为

$$E(M)=\sum_{n=0}^{M}h^2(n),\ 0\leqslant M<\infty$$

则

$$\sum_{n=0}^{M}h_{\min}^2(n)\geqslant\sum_{n=0}^{M}h^2(n) \tag{8.1.31}$$

由帕斯瓦尔定理可知，因为幅频响应相同，所以信号的总能量也相同。该性质指出，最小相位延时系统的单位样值响应能量集中在 n 为较小值的范围内，即在所有具有相同幅频响应的离散系统中，最小相位延时系统的单位样值响应$h_{\min}(n)$具有最小延迟。因此，$h_{\min}(n)$也称为最小延迟序列。

根据式（8.1.31）也可以得出

$$|h(0)|<|h_{\min}(0)| \tag{8.1.32}$$

8.1.3 特殊零、极点二阶滤波器

系统的零、极点决定了滤波器的性质，特别是滤波器的极点决定了滤波器的振荡形式，本节介绍几种特殊零、极点二阶滤波器——数字谐振器、数字二阶陷波器和数字均衡器。

1. 数字谐振器

数字谐振器是一个具有特殊双极点的二阶带通滤波器，共轭极点为 $R\mathrm{e}^{\pm\mathrm{j}\omega_0}$（$0<R<1$），因此滤波器的幅度特性在 ω_0 附近最大，相当于在该频率处发生谐振，故称为数字谐振器。数字谐振器的零点可以放置在原点处，或在 $z=\pm 1$ 处。

1）零点在原点处的数字谐振器

零点在原点处，极点为 $R\mathrm{e}^{\pm\mathrm{j}\omega_0}$ 的数字谐振器系统函数可写成

$$H(z)=\frac{k}{(1-R\mathrm{e}^{\mathrm{j}\omega_0}z^{-1})(1-R\mathrm{e}^{-\mathrm{j}\omega_0}z^{-1})}=\frac{k}{1-2Rz^{-1}\cos\omega_0+R^2z^{-2}} \tag{8.1.33}$$

其频率响应函数为

$$H(\mathrm{e}^{\mathrm{j}\omega})=\frac{k}{\left[1-R\mathrm{e}^{\mathrm{j}(\omega_0-\omega)}\right]\left[1-R\mathrm{e}^{-\mathrm{j}(\omega_0+\omega)}\right]} \tag{8.1.34}$$

因为幅度特性在 ω_0 附近最大，考虑在 ω_0 处的增益为 1，则有

$$\left|H(\mathrm{e}^{\mathrm{j}\omega_0})\right|=\left|\frac{k}{\left[1-R\mathrm{e}^{\mathrm{j}(\omega_0-\omega_0)}\right]\left[1-R\mathrm{e}^{-\mathrm{j}(\omega_0+\omega_0)}\right]}\right|=\frac{k}{(1-R)\sqrt{1+R^2-2R\cos 2\omega_0}}=1$$

所以

$$k=(1-R)\sqrt{1+R^2-2R\cos 2\omega_0}$$

即

$$\left|H(\mathrm{e}^{\mathrm{j}\omega})\right|=(1-R)\sqrt{\frac{1+R^2-2R\cos 2\omega_0}{\left[1-2R\cos(\omega_0-\omega)+R^2\right]\left[1-2R\cos(\omega_0+\omega)+R^2\right]}} \tag{8.1.35}$$

可以推导出，当

$$\omega_r=\arccos\left(\frac{1+R^2}{2R}\cos\omega_0\right) \tag{8.1.36}$$

时 $\left|H(\mathrm{e}^{\mathrm{j}\omega})\right|$ 达到最大，即 ω_r 是谐振器中精确的谐振频率。当 $\left|H(\omega)\right|=\frac{1}{2}$ 时，可以求得两个解 ω_1 和 ω_2。由滤波器的系统 3dB 带宽可求得（具体求解过程这里不再详述）

$$\Delta\omega\big|_{3\mathrm{dB}}=\omega_2-\omega_1=2(1-R) \tag{8.1.37}$$

对式（8.1.34）进行求 z 反变换，得系统单位样值响应序列为

$$h(n)=\frac{k}{\sin\omega_0}R^n\sin\left[(n+1)\omega_0\right]u(n) \tag{8.1.38}$$

图 8.1.4 表示出了 $\omega_0=\pi/3$、$R=0.85$ 和 $R=0.98$ 时的零、极点分布和幅频特性，从图中可以看出极点越靠近单位圆，谐振峰越尖锐。

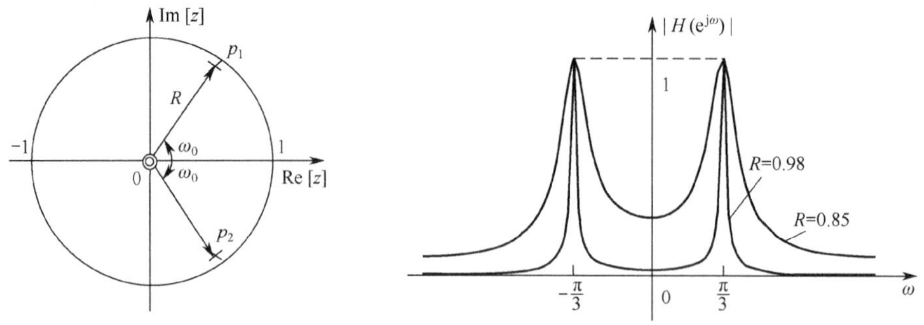

(a) 零、极点分布　　(b) 幅频特性

图 8.1.4　零点在原点处的数字谐振器

2）零点在 $z=\pm1$ 处的数字谐振器

零点在 $z=\pm1$ 处，极点为 $R\mathrm{e}^{\pm\mathrm{j}\omega_0}$ 的数字谐振器系统函数可写成

$$H(z)=\frac{k(1-z^{-1})(1+z^{-1})}{(1-R\mathrm{e}^{\mathrm{j}\omega_0}z^{-1})(1-R\mathrm{e}^{-\mathrm{j}\omega_0}z^{-1})}=\frac{k(1-z^{-2})}{1-2Rz^{-1}\cos\omega_0+R^2z^{-2}} \tag{8.1.39}$$

其频率响应函数为

$$H(\mathrm{e}^{\mathrm{j}\omega})=\frac{k(1-\mathrm{e}^{-\mathrm{j}2\omega})}{\left[1-R\mathrm{e}^{\mathrm{j}(\omega_0-\omega)}\right]\left[1-R\mathrm{e}^{-\mathrm{j}(\omega_0+\omega)}\right]} \tag{8.1.40}$$

因为幅度特性在 ω_0 处的增益为 1，所以有

$$\left|H(\mathrm{e}^{\mathrm{j}\omega_0})\right|=\left|\frac{k(1-\mathrm{e}^{-\mathrm{j}2\omega})}{\left[1-R\mathrm{e}^{\mathrm{j}(\omega_0-\omega_0)}\right]\left[1-R\mathrm{e}^{-\mathrm{j}(\omega_0+\omega_0)}\right]}\right|=\frac{k\sqrt{2(1-\cos2\omega_0)}}{(1-R)\sqrt{1+R^2-2R\cos2\omega_0}}=1$$

所以

$$k=(1-R)\sqrt{\frac{1+R^2-2R\cos2\omega_0}{2(1-\cos2\omega_0)}}$$

即

$$\left|H(\mathrm{e}^{\mathrm{j}\omega})\right|=(1-R)\sqrt{\frac{1+R^2-2R\cos2\omega_0}{\left[1-2R\cos(\omega_0-\omega)+R^2\right]\left[1-2R\cos(\omega_0+\omega)+R^2\right]}}\cdot\sqrt{\frac{1-\cos2\omega}{1-\cos2\omega_0}} \tag{8.1.41}$$

图 8.1.5 表示出了 $\omega_0=\dfrac{\pi}{3}$、$R=0.85$ 和 $R=0.98$ 时的零、极点分布和幅频特性，从图中可以看出极点越靠近单位圆，谐振峰越尖锐。

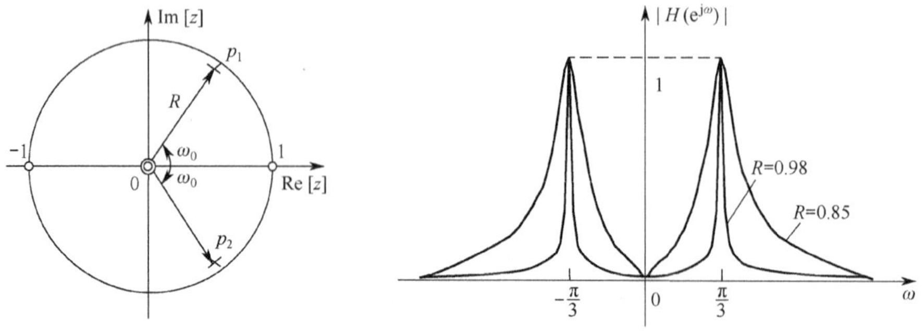

(a) 零、极点分布　　(b) 幅频特性

图 8.1.5　零点在 $z=\pm1$ 处的数字谐振器

2. 数字二阶陷波器

数字二阶陷波器的幅度特性在 $\omega=\pm\omega_0$ 处为零，在其他频率上接近于常数，是一个非常适合滤除单频干扰的滤波器。一般仪器或设备都使用 50Hz 交流电源供电，因而信号中经常带有 50Hz 的干扰，可以用数字二阶陷波器对信号进行滤波。

设零点为 $z_{1,2}=\mathrm{e}^{\pm\mathrm{j}\omega_0}$，幅频特性在 $\omega=\pm\omega_0$ 处为零。为使幅频特性在离开 $\omega=\pm\omega_0$ 后迅速上升到一个常数，将两个极点放在靠近零点处，设极点为 $p_{1,2}=R\mathrm{e}^{\pm\mathrm{j}\omega_0}$。数字二阶陷波器的一般形式可以表示为：

$$H(z)=\frac{(z-\mathrm{e}^{\mathrm{j}\omega_0})(z-\mathrm{e}^{-\mathrm{j}\omega_0})}{(z-R\mathrm{e}^{\mathrm{j}\omega_0})(z-R\mathrm{e}^{-\mathrm{j}\omega_0})} \tag{8.1.42}$$

式中，$0\leqslant R<1$。幅频响应函数为

$$\left|H(\mathrm{e}^{\mathrm{j}\omega})\right|=2\sqrt{\frac{[1-\cos(\omega-\omega_0)][1-\cos(\omega+\omega_0)]}{[1-2R\cos(\omega-\omega_0)+R^2][1-2R\cos(\omega+\omega_0)+R^2]}} \tag{8.1.43}$$

图 8.1.6 表示出了数字二阶陷波器的零、极点分布和幅频特性（$\omega_0=\dfrac{\pi}{3}$、$R=0.85$ 或 0.95）。

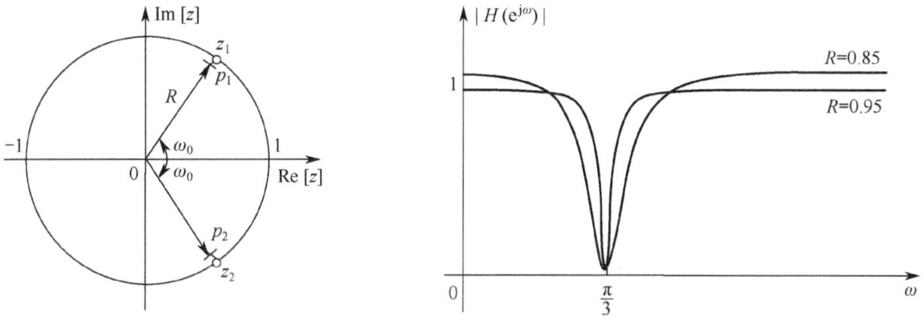

(a) 零、极点分布　　(b) 幅频特性

图 8.1.6　数字二阶陷波器的零、极点分布及幅频特性

数字二阶陷波器的 3dB 带宽 $\Delta\omega|_{3\mathrm{dB}}=2(1-R)$，$R$ 越大，极点越靠近零点（越靠近单位圆），数字二阶陷波器的带宽越窄。

3. 数字均衡器

数字均衡器的零点和极点在同一个方向上，如极点为 $p_{1,2}=R\mathrm{e}^{\pm\mathrm{j}\omega_0}$，则零点为 $z_{1,2}=r\mathrm{e}^{\pm\mathrm{j}\omega_0}$，其中 $0\leqslant r\leqslant 1$，$0<R<1$，对应的系统函数为

$$H(z)=\frac{(z-r\mathrm{e}^{\mathrm{j}\omega_0})(z-r\mathrm{e}^{-\mathrm{j}\omega_0})}{(z-R\mathrm{e}^{\mathrm{j}\omega_0})(z-R\mathrm{e}^{-\mathrm{j}\omega_0})} \tag{8.1.44}$$

幅度频率响应为

$$\left|H(\mathrm{e}^{\mathrm{j}\omega})\right|=\sqrt{\frac{[1-2r\cos(\omega-\omega_0)+r^2][1-2r\cos(\omega+\omega_0)+r^2]}{[1-2R\cos(\omega-\omega_0)+R^2][1-2R\cos(\omega+\omega_0)+R^2]}} \tag{8.1.45}$$

图 8.1.7 和图 8.1.8 分别表示出了数字均衡器的零、极点分布和幅频特性（$\omega_0=\dfrac{\pi}{3}$）。当 $R>r$ 时，极点胜过零点，特别是当极点接近单位圆时，系统的幅频特性在极点频率 $\omega=\omega_0$ 处形成尖锐的峰，当 $r=0$ 时，数字均衡器就变成了前述的数字谐振器；当 $R<r$ 时，零点胜

过极点，特别是当零点接近单位圆时，系统幅频特性在极点频率 $\omega=\omega_0$ 处形成尖锐的楔角，当 $r=1$ 时，数字均衡器就变成了前述的数字二阶陷波器。当极点和零点相邻近，即 $R\approx r$ 时，系统在远离频率 $\omega=\omega_0$ 处的变换依然是比较平缓的，因为动点 $e^{j\omega}$ 与零点和极点的距离是近似相等的，使得 $\left|H(e^{j\omega})\right|\approx 1$。

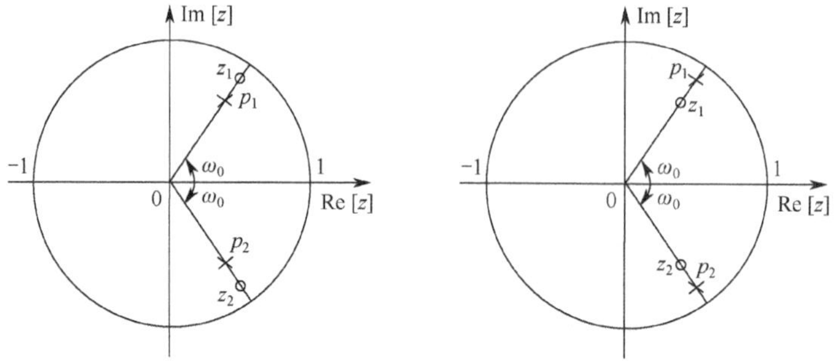

(a) $R>r$　　(b) $R<r$

图 8.1.7　数字均衡器的零、极点分布

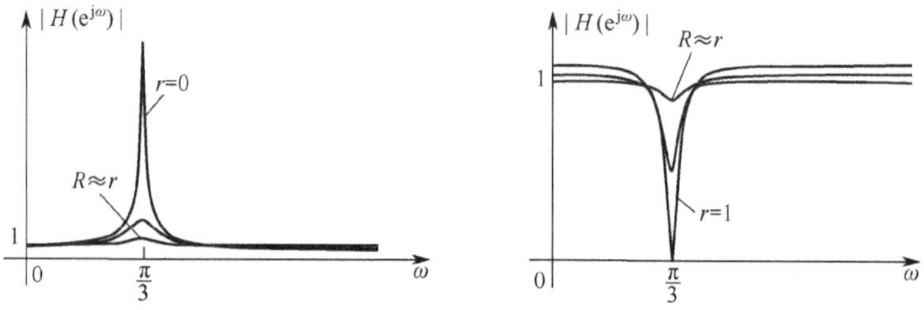

(a) $R>r$　　(b) $R<r$

图 8.1.8　数字均衡器的幅频特性

只有当 ω 接近 ω_0 时，$\left|H(e^{j\omega})\right|$ 才会发生激烈的变化，形成峰或楔角。峰或楔角相对 1 的高度取决于 r 与 R 的接近程度，波束宽度取决于 R 接近 1 的程度，即极点接近单位圆的程度。

8.2　简单整系数 FIR 滤波器

如果滤波器要得到好的性能，如好的通带、阻带衰减特性，准确的边缘频率等，那么所设计的滤波器的系数一般都不是整数。而在实际工作中，特别是对信号做实时滤波处理时，有时对滤波器的性能要求并不很高，但要求计算速度快，滤波器设计也应简单，因而希望滤波器的系数为整数。同时，如果滤波器的系数为整数，也减少了小数或分数在计算过程中的有限字长效应。关于有限字长效应将在第 9 章介绍。

实际中常常用到的简单整系数滤波器有均值滤波器、平滑滤波器等，均值滤波器和平滑滤波器起到去除噪声和增强信号，即提高滤波器的输出信噪比（SNR）的作用。零、极点相消的简单整系数滤波器可以根据通带或阻带的中心频率设置。

8.2.1　均值滤波器

在介绍均值滤波器之前先介绍一下噪声减少比（NRR）。假定滤波器的输入 $x(n)=$

$s(n)+N(n)$，$s(n)$为所需要的信号，$N(n)$为要去除的噪声。设滤波器的输出$y(n)=y_s(n)+y_N(n)$，其中$y_s(n)$是$s(n)$的输出，$y_N(n)$是$N(n)$的输出。若$s(n)$和$N(n)$的频谱没有交叠，且$H(e^{j\omega})$在噪声所在的频带内为零，那么$y_N(n)=0$，即彻底去除了噪声。当然，在一般情况下$y_N(n)$不会为零。定义$\sigma_N^2=E[N^2(n)]$，$\sigma_{y_N}^2=E[y_N^2(n)]$分别是输入、输出的噪声功率，$E[\cdot]$表示期望。则 NRR 可定义为

$$\mathrm{NRR}=\frac{\sigma_{y_N}^2}{\sigma_N^2}=\frac{1}{2\pi}\int_{-\pi}^{\pi}\left|H(e^{j\omega})\right|^2 d\omega=\sum_{n=0}^{N-1}h^2(n) \tag{8.2.1}$$

式（8.2.1）的运算结果是根据式（9.4.14）和式（9.4.16）得到的。

N点均值滤波器的单位样值响应可写成

$$h(n)=\begin{cases}\dfrac{1}{N}, & n=0,1,\cdots,N-1\\ 0, & \text{其他}\end{cases} \tag{8.2.2}$$

该系统的差分方程、系统函数和频率响应函数分别为

$$y(n)=\frac{1}{N}\sum_{k=0}^{N-1}x(n-k)=\frac{1}{N}\left[x(n)+x(n-1)+\cdots+x(n-N+1)\right] \tag{8.2.3}$$

$$H(z)=\frac{1}{N}\sum_{n=0}^{N-1}z^{-n}=\frac{1}{N}\frac{1-z^{-N}}{1-z^{-1}} \tag{8.2.4}$$

$$H(e^{j\omega})=\frac{1}{N}\frac{1-e^{-j\omega N}}{1-e^{-j\omega}}=\frac{1}{N}e^{-j\omega\frac{N-1}{2}}\frac{\sin\left(\frac{\omega N}{2}\right)}{\sin\left(\frac{\omega}{2}\right)} \tag{8.2.5}$$

图 8.2.1 表示出了N=8 时均值滤波器的零、极点分布和幅频特性，该滤波器的幅频特性是一个抽样函数，在$\frac{2\pi}{N}k$（$k=0,1,\cdots,N-1$）处，其幅度为零，主瓣的单边带宽为$\frac{2\pi}{N}$，该滤波器是一个低通滤波器，可以起到去除噪声、提高信噪比的作用。

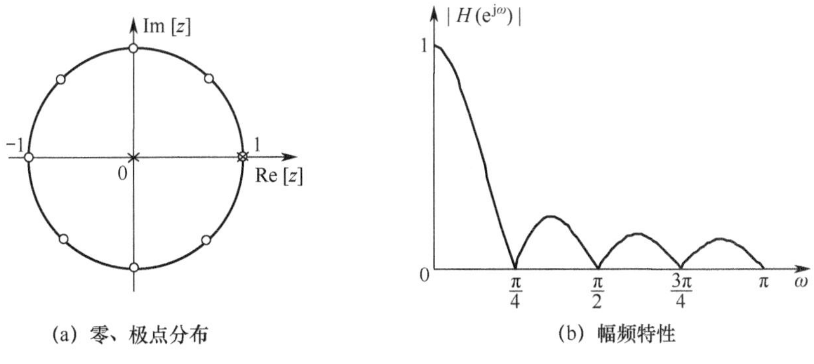

图 8.2.1　$N=8$ 时均值滤波器的零、极点分布和幅频特性

由式（8.2.1）可得均值滤波器的噪声减少比为

$$\mathrm{NRR}=\sum_{n=0}^{N-1}h^2(n)=N\left(\frac{1}{N}\right)^2=\frac{1}{N} \tag{8.2.6}$$

因此，只要有足够大的 N，就可以获得足够小的 NRR。但是，N 过大会使滤波器具有过大的延迟，而且会使其主瓣的单边带宽大大降低，这就有可能在滤波时，使有用的信号也受到损失。因此，均值滤波器中的 N 也不宜过大，要根据实际的需要取值，且一般取奇数。

MATLAB 中提供了 mean 函数实现求平均，可以多次调用该函数，实现在时域内完成均值滤波的效果。下面是实现奇数点均值滤波器的子函数。

```
function y=meanfilter(N,x)  %N 为滤波器点数（为奇数），x 为输入序列，y 为输出序列
M=length(x);                %输入序列的总长度
n=ceil((N-1)/2);            %求平均数的前后范围，如果 N 为偶数，自动按 N+1 计算
y=x;                        %序列的头部和尾部不能求均值，按原数返回
for i=n+1:M-n
    y(i)=mean(x(i-n:i+n));  %均值滤波
end
```

8.2.2 平滑滤波器

均值滤波器的截止频率受长度 N 的限制，即 N 不能过大。在实际应用中，为了使截止频率不至于过低，那么必须牺牲 NRR。平滑滤波器是一个基于多项式拟合的方法来设计最佳简单形式的低通滤波器。

设 $x(n)$ 中的一组数据 $x(i)$，$i=-M,\cdots,0,\cdots,M$，现构造一个 p 阶多项式

$$f_i = a_0 + a_1 i + a_2 i^2 + \cdots + a_p i^p = \sum_{k=0}^{p} a_k i^k,\ p \leqslant 2M \tag{8.2.7}$$

来拟合这一组数据。设此时的拟合总误差为

$$E = \sum_{i=-M}^{M} [f_i - x(i)]^2 = \sum_{i=-M}^{M} \left[\sum_{k=0}^{p} a_k i^k - x(i) \right]^2 \tag{8.2.8}$$

为使 E 最小，可令 E 对各系数的偏导为零，即

$$\frac{\partial E}{\partial a_r} = 0,\ r = 0,1,2,\cdots,p$$

得

$$\frac{\partial E}{\partial a_r} = \frac{\partial}{\partial a_r} \left\{ \sum_{i=-M}^{M} \left[\sum_{k=0}^{p} a_k i^k - x(i) \right]^2 \right\} = 2 \sum_{i=-M}^{M} \left[\sum_{k=0}^{p} a_k i^k - x(i) \right] i^r = 0$$

即

$$\sum_{k=0}^{p} \left[a_k \sum_{i=-M}^{M} i^{k+r} \right] = \sum_{i=-M}^{M} x(i) i^r \tag{8.2.9}$$

令

$$F_r = \sum_{i=-M}^{M} x(i) i^r,\ S_{k+r} = \sum_{i=-M}^{M} i^{k+r} \tag{8.2.10}$$

则

$$F_r = \sum_{k=0}^{p} a_k S_{k+r} \tag{8.2.11}$$

给定需要拟合的单边点数 M、多项式的阶数 p 及待拟合的数据 $x(-M),\cdots,x(0),\cdots,x(M)$，则可求出 F_r 和 S_{k+r}，并将它们代入式（8.2.11），即可以求出系数 $a_0,a_1,\cdots,a_p$，这样多项式 f_i 即

可确定。

在实际应用中，往往不需要把系数 $a_0,a_1,\cdots,a_p$ 全部求出，分析式（8.2.7）可知

$$\begin{cases} f_i\big|_{i=0}=a_0 \\ \left.\dfrac{\mathrm{d}f_i}{\mathrm{d}i}\right|_{i=0}=a_1 \\ \quad\vdots \\ \left.\dfrac{\mathrm{d}^p f_i}{\mathrm{d}i^p}\right|_{i=0}=p!a_p \end{cases} \tag{8.2.12}$$

这样，在中心点 $i=0$ 处，系数等于多项式 f_i 在 $i=0$ 时的值，$a_1,a_2,\cdots,a_p$ 则分别和 f_i 在 $i=0$ 处的一阶、二阶直至 p 阶导数相差一个比例系数。因此，只要利用式（8.2.10）求出系数 a_0，便可得到多项式 f_i 对中心的最佳拟合。

例 8.2.1　试分析五点最佳二阶多项式拟合的平滑滤波器。

解　通过题目分析可以知道，M=2、p=2，即五点的抛物线拟合，由式（8.2.10）可得 $S_0=5$，$S_2=10$，$S_4=34$，$S_1=S_3=0$，再由式（8.2.10），可得

$$\begin{cases} S_0a_0+S_2a_2=F_0 \\ S_2a_0+S_4a_2=F_2 \end{cases}$$

解得

$$a_0=\frac{S_4F_0-S_2F_2}{S_0S_4-S_2^2}=\frac{34F_0-10F_2}{70}=\frac{17F_0-5F_2}{35}$$

根据式（8.2.10）得

$$\begin{cases} F_0=\sum\limits_{i=-2}^{2}x(i)=x(-2)+x(-1)+x(0)+x(1)+x(2) \\ F_2=\sum\limits_{i=-2}^{2}i^2x(i)=4x(-2)+x(-1)+x(0)+x(1)+4x(2) \end{cases}$$

将上式代入，可得

$$a_0=\frac{17F_0-5F_2}{35}=\frac{-3x(-2)+12x(-1)+17x(0)+12x(1)-3x(2)}{35}$$

对 $x(n)$ 进行数据拟合，即是对 $x(n)$ 进行滤波。上式的 a_0 可以看作一个滤波系数或一个模块，即

$$h(n)=\frac{[-3,12,17,12,-3]}{35}$$

在数据 $x(n)$ 上移动这一模块，便可计算出多项式在中心点的值 f_0 (a_0)，从而实现对 $x(n)$ 各点的拟合。上式的 $h(n)$ 实际上是一个对称的 FIR 滤波器，且系数的和等于 1，其频率特性为

$$H(\mathrm{e}^{\mathrm{j}\omega})=\frac{17+24\cos\omega-6\cos(2\omega)}{35}$$

其幅度频率特性如图 8.2.2 所示。当 M=3、p=3 时可求得

$$H(\mathrm{e}^{\mathrm{j}\omega})=\frac{7+12\cos\omega+6\cos(2\omega)-4\cos(3\omega)}{21}$$

其幅度频率特性如图 8.2.3 所示。

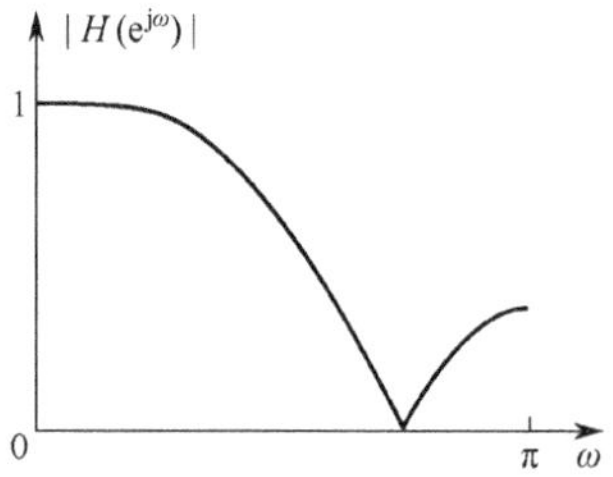

图 8.2.2 N=5 平滑滤波器的幅频特性

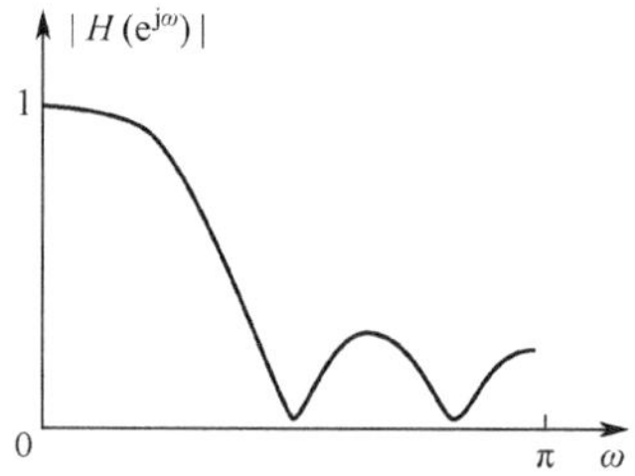

图 8.2.3 N=7 平滑滤波器的幅频特性

根据式（8.2.1）可以求出 $M=2$、$p=2$ 时该系统的噪声减少比为

$$\mathrm{NRR}=\sum_{n=0}^{N-1}h^2(n)=0.4857$$

使用平滑滤波器对信号滤波时，实际上是拟合了信号中的低频成分，而将高频成分平滑出去。如果噪声在高频端，那么拟合的结果就是去除噪声；反之，若噪声在低频端，信号在高频端，那么滤波的结果就是留下噪声。当然，用原信号减去噪声，又可得到所希望的信号。

前面介绍的滤波器 $h(n)=\dfrac{[-3,12,17,12,-3]}{35}$，可以先实现 $h(n)=[-3,12,17,12,-3]$，再除以 35 来实现，因此说平滑滤波器是一种简单的整系数滤波器。另外，均值滤波器是平滑滤波器的模块取一样时的特例。

8.2.3 基于零、极点相消的简单整系数滤波器

由第 5 章的介绍可知，在单位圆上等间隔分布 N 个零点，则构成梳状滤波器。如果在 $z=1$ 处再设置一个极点，抵消该处的零点，即可得到形如式（8.2.4）所示的均值滤波器。如果不考虑式（8.2.4）中的系数 $\dfrac{1}{N}$，则滤波器的系统函数和频率响应函数可表示为

$$H_l(z)=\frac{1-z^{-N}}{1-z^{-1}} \tag{8.2.13}$$

$$H_l(\mathrm{e}^{\mathrm{j}\omega})=\frac{1-\mathrm{e}^{-\mathrm{j}\omega N}}{1-\mathrm{e}^{-\mathrm{j}\omega}}=\mathrm{e}^{-\mathrm{j}\frac{(N-1)\omega}{2}}\frac{\sin\left(\dfrac{\omega N}{2}\right)}{\sin\left(\dfrac{\omega}{2}\right)} \tag{8.2.14}$$

图 8.2.4 表示出了当 $N=8$ 时，上述系统的零、极点分布及幅频特性，显然该滤波器是低通 FIR 滤波器，且系数为整数。

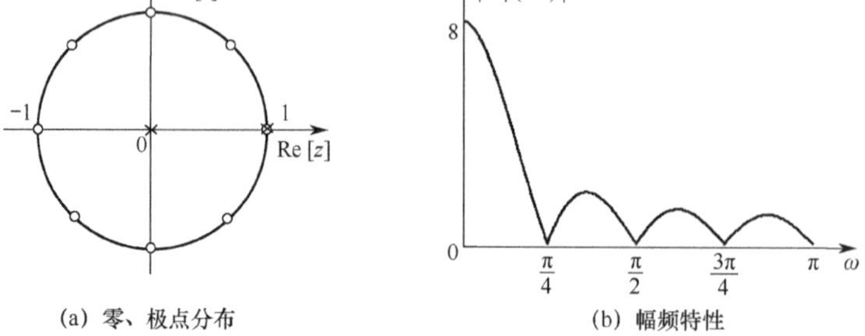

图 8.2.4 N = 8 的整系数低通滤波器

基于同样的思想，在 $z=-1$ 处设置一个极点抵消该处的零点，则构成高通滤波器，其系统函数及频率响应函数分别为

$$H_h(z)=\frac{1-z^{-N}}{1+z^{-1}} \tag{8.2.15}$$

$$H_h(\mathrm{e}^{\mathrm{j}\omega})=\frac{1-\mathrm{e}^{-\mathrm{j}\omega N}}{1+\mathrm{e}^{-\mathrm{j}\omega}}=\mathrm{e}^{-\mathrm{j}\left[\frac{(N-1)\omega}{2}-\frac{\pi}{2}\right]}\frac{\sin\left(\frac{\omega N}{2}\right)}{\cos\left(\frac{\omega}{2}\right)} \tag{8.2.16}$$

若 N 为奇数，则应将 $H_h(z)$ 的分子改为 $1+z^{-N}$。当 N=8 时，式（8.2.15）的零、极点分布及幅频特性如图 8.2.5 所示。

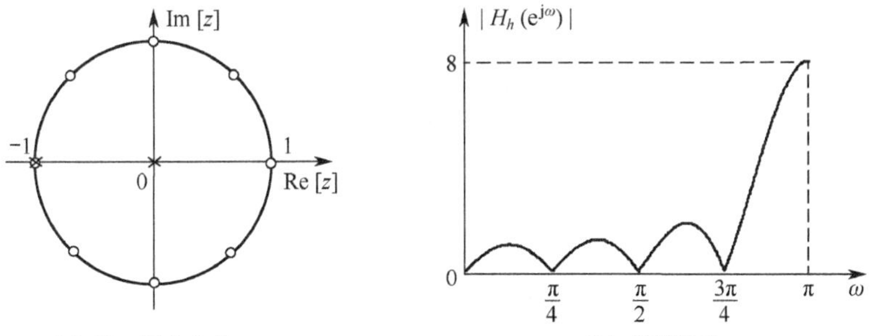

图 8.2.5　$N=8$ 的整系数高通滤波器

假设我们要求带通滤波器的中心频率为 ω_0，$0<\omega_0<\pi$，应设置一对共轭极点 $z=\mathrm{e}^{\pm\mathrm{j}\omega_0}$，则带通滤波器的系统函数和频率响应函数为

$$H_b(z)=\frac{1-z^{-N}}{(1-\mathrm{e}^{\mathrm{j}\omega_0}z^{-1})(1-\mathrm{e}^{-\mathrm{j}\omega_0}z^{-1})}=\frac{1-z^{-N}}{1-2\cos\omega_0 z^{-1}+z^{-2}} \tag{8.2.17}$$

$$H_b(\mathrm{e}^{\mathrm{j}\omega})=\mathrm{e}^{-\mathrm{j}\left[\frac{(N-2)\omega}{2}-\frac{\pi}{2}\right]}\frac{\sin\left(\frac{\omega N}{2}\right)}{\cos\omega-\cos\omega_0} \tag{8.2.18}$$

为保证式（8.2.17）的带通滤波器系数为整数，$2\cos\omega_0$ 应取 1、0、−1 这三个值，那么中心频率 ω_0 只能取 $\frac{\pi}{3}$、$\frac{\pi}{2}$ 及 $\frac{2\pi}{3}$ 这三个值。也就是说，中心频率 f_0 只能位于 $\frac{f_{sa}}{6}$、$\frac{f_{sa}}{4}$ 及 $\frac{f_{sa}}{3}$ 处（f_{sa} 为采样频率）。为了在 $\frac{\pi}{3}$ 处安排极点以抵消该处的零点，那么 N 的取值应为 6 的倍数，即取 N=6,12,……这时，在 $\frac{\pi}{3}$ 处的幅频响应为 $\frac{N}{\sqrt{3}}$。当然，如果要在 $\frac{\pi}{2}$ 处安排极点，那么 N 的取值应为 4 的倍数；如果在 $\frac{2\pi}{3}$ 处安排极点，N 的取值也应为 6 的倍数。因此，这种类型的带通滤波器中心频率的选择将受到一定的限制。

根据以上的分析，当 N=12 时，对于以上三种频率取值都能满足。图 8.2.6 表示出了这种情况下 ω_0 为 $\frac{\pi}{3}$、$\frac{\pi}{2}$ 及 $\frac{2\pi}{3}$ 时，整系数带通滤波器的幅频特性。

为了得到一个简单整系数的带阻滤波器，这里只需要用一个全通滤波器减去一个带通

滤波器。当然，带通滤波器的中心频率和欲设计的带阻滤波器的中心频率一致。例如，令 $y(n)=cx(n-m)$，则相应的 $H(\mathrm{e}^{\mathrm{j}\omega})=c\mathrm{e}^{-\mathrm{j}\omega m}$ 是一个最简单的全通滤波器，其幅度为常数 c，相位为 $-\omega m$。要从 $H(\mathrm{e}^{\mathrm{j}\omega})$ 中减去带通滤波器 $H_b(\mathrm{e}^{\mathrm{j}\omega})$ 时，二者的相位特性必须一致。为此 $H_b(z)$ 形式为

$$H_b(z)=\frac{1+z^{-N}}{(1-\mathrm{e}^{\mathrm{j}\omega_0}z^{-1})(1-\mathrm{e}^{-\mathrm{j}\omega_0}z^{-1})}=\frac{1+z^{-N}}{1-2\cos\omega_0 z^{-1}+z^{-2}} \tag{8.2.19}$$

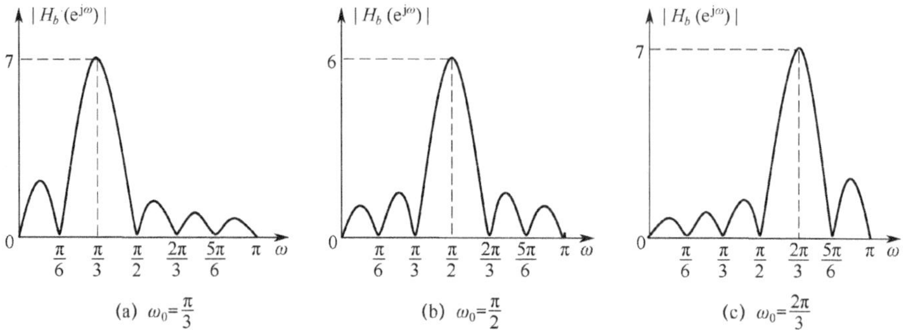

图 8.2.6 $N=12$ 时整系数带通滤波器的幅频特性

式（8.2.17）与式（8.2.19）在零点上有所差别，整体情况相差一个 $\frac{\pi}{2}$ 的相移，其频率响应函数为

$$H_b(\mathrm{e}^{\mathrm{j}\omega})=\mathrm{e}^{-\mathrm{j}\frac{(N-2)\omega}{2}}\frac{\cos\left(\frac{\omega N}{2}\right)}{\cos\omega-\cos\omega_0} \tag{8.2.20}$$

取 $H(\mathrm{e}^{\mathrm{j}\omega})$ 中的 $m=\frac{N}{2}-1$ 即可满足相位特性一致条件，于是带阻滤波器的系统函数和频率响应函数分别为

$$H_s(z)=H(z)-H_b(z)=cz^{-\left(\frac{N}{2}-1\right)}\frac{1+z^{N}}{1-2\cos\omega_0 z^{-1}+z^{-2}} \tag{8.2.21}$$

$$H_s(\mathrm{e}^{\mathrm{j}\omega})=H(\mathrm{e}^{\mathrm{j}\omega})-H_b(\mathrm{e}^{\mathrm{j}\omega})=\left[c-\frac{\cos\left(\frac{\omega N}{2}\right)}{\cos\omega-\cos\omega_0}\right]\mathrm{e}^{-\mathrm{j}\frac{(N-2)\omega}{2}} \tag{8.2.22}$$

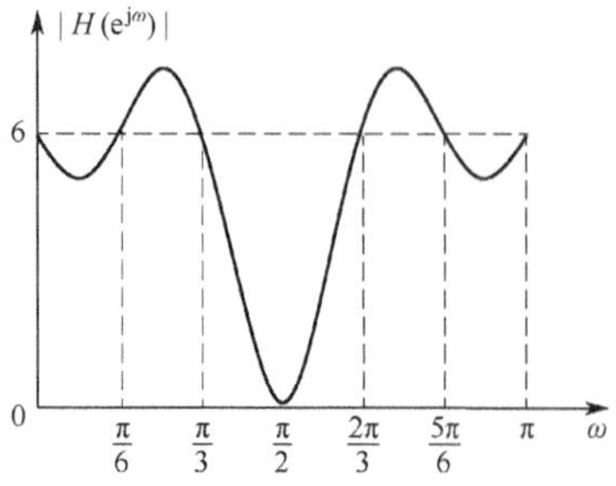

图 8.2.7 带阻滤波器的幅频特性（$N=12$，$\omega_0=\frac{\pi}{2}$）

式中，c 应取的 $\left|H_b(\mathrm{e}^{\mathrm{j}\omega})\right|$ 最大值，即 $\left|H_b(\mathrm{e}^{\mathrm{j}\omega_0})\right|$，$\omega_0$ 为带通中心频率。图 8.2.7 表示出了 $\omega_0=\frac{\pi}{2}$，N=12 时整系数带阻滤波器的幅频特性。

由上面的讨论可知，用零、极点相消法设计的低通、高通、带通滤波器的阻带性能很差，相应的带阻滤波器的通带特性也很差，这是抽样函数较大的旁瓣引起的。为了压缩这些旁瓣，取得较好的性能，可以对上述系统函数 $H_l(z)$、$H_h(z)$、$H_b(z)$ 及 $H_s(z)$ 进行 k 次方计算

来改善性能。例如，低通滤波器，可以取

$$H_l(z)=\left(\frac{1-z^{-N}}{1-z^{-1}}\right)^k \tag{8.2.23}$$

其幅度响应函数为

$$\left|H_l(\mathrm{e}^{\mathrm{j}\omega})\right|=\left|\frac{\sin\left(\frac{\omega N}{2}\right)}{\sin(\frac{\omega}{2})}\right|^k \tag{8.2.24}$$

只要 k 取得合适，就可以获得较好的通带和阻带性能。图 8.2.8 是 N=8、k=2 时低通滤波器的幅频特性，其阻带性能相对图 8.2.4 明显增强。

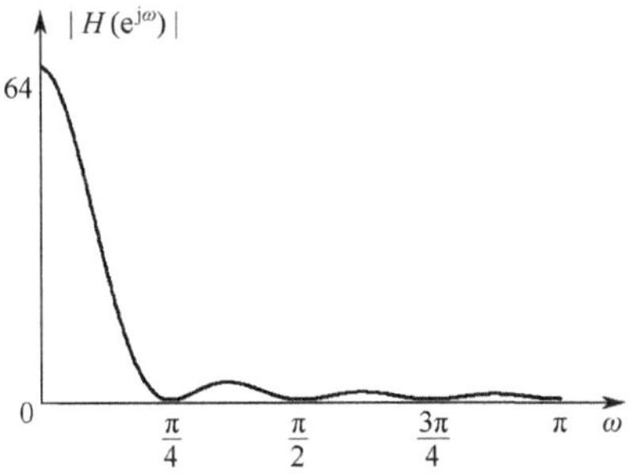

图 8.2.8　低通滤波器的幅频特性（N=12，$\omega_0=\frac{\pi}{2}$）

习　题

8.1　何谓全通滤波器？其零、极点分布有何特点？何谓最小相位系统？如何判断系统是最小相位系统？

8.2　证明 $H(z^{-1})=\pm\prod_{i=1}^{N}\frac{z^{-1}-a_i^*}{1-a_iz^{-1}}$ 满足全通特性，即 $\left|H(\mathrm{e}^{-\mathrm{j}\omega})\right|=1$。

8.3　如果系统的幅频特性为

$$\left|H(\mathrm{e}^{\mathrm{j}\omega})\right|=(1-R)\sqrt{\frac{1+R^2-2R\cos 2\omega_0}{\left[1-2R\cos(\omega_0-\omega)+R^2\right]\left[1-2R\cos(\omega_0+\omega)+R^2\right]}}$$

证明幅频特性在 $\omega_r=\arccos\left(\frac{1+R^2}{2R}\cos\omega_0\right)$ 处达到最大值。

8.4　试证明：

（1）两个最小相位序列的卷积总是最小相位序列；

（2）两个最小相位序列的和总是最小相位序列。

8.5　设计一平滑滤波器，希望 M=4、p=3，即九点三次拟合。试推导该滤波器的滤波系数（单位脉冲响应），计算并给出其频率响应特性。

8.6　给定 $\delta_p=3\text{dB}$、$\delta_{st}=3\text{dB}$、$f_p=50\text{Hz}$、$f_s=1000\text{Hz}$，试利用零、极点抵消法设计一简单整系数低通滤波器，求系统函数，并画出其幅频特性。

第 9 章　有限字长效应

到目前为止，我们在讨论数字信号处理过程中，输入信号的每个取值、算法中要用到的参数（如数字滤波器的系数、FFT 中的复指数），以及中间结果和最终结果，都是用无限精度的数来表示的。但在实际工程中，无论是专用硬件，还是在计算机上用软件来实现数字信号处理，所涉及的所有参数和计算值，都是用有限字长的二进制数来表示的。因此，在实际工程中得到的数字信号处理结果，相对理论计算所得到的结果，必然存在误差。在某些情况下，这种误差严重到会使信号处理系统的性能变坏。通常把这种由于二进制数的位数有限而造成的计算结果误差或处理的性能变化，称为有限字长效应。显然，有限字长效应，无论在数字信号处理软件实现或硬件实现中，还是在进行设计和对处理结果进行误差分析时，都是必须考虑的问题。

9.1　问题的提出

对于任何一个 N 阶系统可以表示为如下的差分方程：

$$y(n)+a_1y(n-1)+\cdots+a_Ny(n-N)=b_0x(n)+b_1x(n-1)+\cdots+b_Nx(n-N)$$

图 9.1.1（a）是该系统的直接Ⅱ型结构（无限精度实现），而实际的系统实现时都采用有限字长的二进制数来表示，即有限精度实现，如图 9.1.1（b）所示。

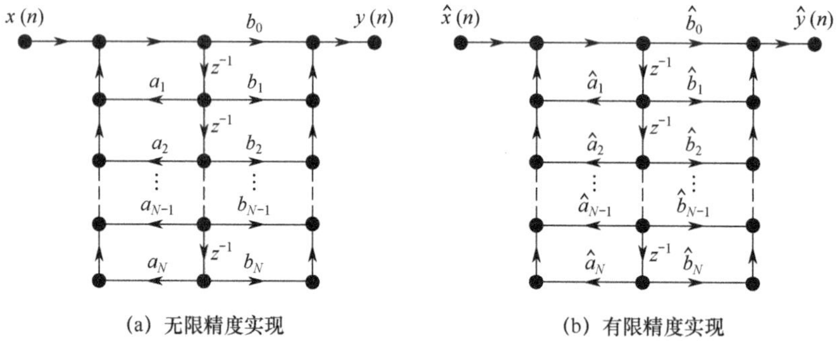

图 9.1.1　系统的直接Ⅱ型实现

此时，系统的输入、输出及系统系数都量化成有限字长。在整个过程中，有限字长效应对滤波器输出造成的误差主要表现在以下三个方面：

（1）输入信号 $x(n)$ 经有限字长量化后，会引入量化误差。在一般情况下，被处理的模拟信号 $x_a(t)$，需要经过 A/D 转换器变成二进制数的序列。A/D 转换器主要包括取样和量化两个步骤，取样序列 $x(n)$ 被量化后得到 $\hat{x}(n)$，造成实际输入与理想输入之间存在误差 $e(n)=\hat{x}(n)-x(n)$，这个误差直接引起输出结果的变化 $r(n)=\hat{y}(n)-y(n)$。可见，输入信号的量化在滤波器输出端引起了噪声，这个噪声的大小与输入信号量化时的噪声有关；

（2）滤波器的系数 $a_1,a_2,\cdots,a_N,b_0,b_1,\cdots,b_M$ 用有限位二进制数表示成 $\hat{a}_1,\hat{a}_2,\cdots,\hat{a}_N$，$\hat{b}_0$，$\hat{b}_1,\cdots,\hat{b}_N$，实际上也是一种量化处理，也必然引入量化误差。对于某些结构类型的滤波器来说，其零、极点的位置对于滤波器系数的变化特别敏感，因而滤波器系数由于量化误差引起的微小改变，有可能对滤波器的频率特性产生很大的影响。特别是在单位圆内且非常靠近单位圆的极点处，如果由于滤波器系数的量化误差，而使这些极点变到单位圆上或单位圆外时，滤波器就失去了稳定性；

（3）在计算两个字长为 L 的二进制数的乘积时，需要用截尾或舍入的处理方法将乘积结果限制为 L 位字长，这些都会引入截尾误差或舍入误差。在用定点运算实现递归结构的 IIR 滤波器时，有限字长效应有可能引起一种被称为零输入极限环振荡的现象，使滤波器工作不稳定。

上述三种误差与系统的结构形式、数的表示方法、所采用的运算方式、字的长短及位数的处理方式有关。但是，将上面三种误差因素综合起来分析是很困难的，只能分别对这三种效应单独加以分析，以计算出它们各自的影响。

9.2　二进制数的表示

二进制的算术运算分定点运算和浮点运算两类，最常用的表示方法有原码、补码和反码三种。由于字长的限制，需要将二进制数的算术运算结果进行截尾或舍入处理，从而引入截尾或舍入误差。对于二进制数的不同运算方法和表示形式，所引起的截尾和舍入误差是不同的。

9.2.1　定点运算与浮点运算

1. 定点运算

在整个运算中，二进制小数点在数码中的位置是固定不变的，这种运算称为定点运算。在定点运算中，第一位为符号位，表示数的正负；左边各位（除了第一位）表示数的整数部分；右边各位表示数的小数部分，各位安排如下：

$$x=\underset{\text{符号位}}{\pm}\ \underbrace{\times\times\cdots\times}_{\text{整数位}}.\underbrace{\times\times\cdots\times}_{\text{小数位}} \tag{9.2.1}$$

例如，六位字长的二进制数 11.1011 等于十进制数

$$-(1\times 2^0+1\times 2^{-1}+0\times 2^{-2}+1\times 2^{-3}+1\times 2^{-4})=-1.6875$$

其中，小数点固定在二进制数码的第二位和第三位之间是不变的。

原则上，定点二进制数的小数点可固定在任意位置，但为了运算方便，通常定点运算都是把数限制在[−1,1]。这时将小数点固定在第一位二进制码之前，而整数位则作为符号位，代表数的正负（0 表示正，1 表示负），数的本身只有小数部分，称为尾数，其形式如下：

$$x=\underset{\text{符号位}}{\pm}\ .\underbrace{\times\times\cdots\times}_{\text{小数位}} \tag{9.2.2}$$

例如，0.1011 表示十进制数 0.6875，而 1.1011 表示十进制数−0.6875。

式(9.2.2)所表示的定点运算在整个运算过程中，所有运算结果的绝对值都不能超过 1。为此，当需要表示绝对值大于 1 的数时，可以乘以一个比例系数，使整个运算过程中数的最大绝对值不超过 1，运算完成之后再除以同一比例系数，还原成真值输出。如运算过程中

出现绝对值超过1的情况，数就进位到整数部分的符号位，称为溢出，此时的结果出错，应修正比例系数。但是，有些时候不适合用比例系数，如IIR滤波器的分母系数决定极点的位置，不能随意增加或减小。

定点运算的加法运算不会增加字长，但若没有选择合适的比例系数，则加法运算很可能会出现溢出现象；乘法运算不会产生溢出，因为绝对值小于 1 的两个数相乘后，其绝对值仍小于 1，但相乘后字长要增加一倍。一般来说两个 b+1 位的定点数（其中 b 为字长，最高位表示符号位，其余的低 b 位表示小数部分）相乘后结果为 2b+1 位（其中 2b 为字长），因此在定点运算每次相乘后需要进行尾数处理，使结果仍为 b+1 位。对超过字长的尾数需要进行截尾或舍入处理，这会带来截尾或舍入误差。截尾就是将信号值小数部分 b 位以后的数直接略去；舍入就是将信号值小数部分第 b+1 位逢 1 进位，并将 b 位以后的数略去。

2. 浮点运算

定点二进制数的不足是动态范围小，且需要考虑加法运算中的溢出问题。二进制数的浮点表示弥补了这个不足，它有大的动态范围，溢出的可能性小。二进制数的浮点表示是将其表示成尾数和指数两个部分的乘积，即

$$x = 2^C M \tag{9.2.3}$$

式中，C 和 M 都是二进制数。C 是二进制整数，称为阶码（或阶）；M 是二进制小数，称为尾数。x 是既有整数部分也有小数部分的二进制数，它的小数点位置可由阶码 C 来调整。x 的符号由 M 的符号决定，整个运算过程中，C 的数值可以随意调整，这种二进制运算称为浮点运算。在式（9.2.3）所给出的浮点表示中，为了充分利用尾数的有效位，常将尾数限制在

$$0.5 \leqslant M < 1 \text{（十进制数）} \tag{9.2.4}$$

或

$$0.10\cdots0 \leqslant M \leqslant 0.1\cdots1 \text{（二进制数）}$$

的范围内，因此 M 的第一位（小数点后第一位）总是为 1，数可以表示成：

$$x = \underset{M\text{的符号位}}{\pm} \underbrace{\times\times\cdots\times}_{C(d+1\text{位})}.\underbrace{1\times\cdots\times}_{M(b\text{位})} \tag{9.2.5}$$

这意味着，通过调整阶码的大小，使尾数的最高有效位保持为 1（二进制），称这种表示为规格化浮点表示。若阶码有 $d+1$ 位，尾数有 $b+1$ 位，都有一位为符号位，则浮点数的动态范围为

$$2^{-2^d} 2^{-1} \leqslant |x| \leqslant 2^{2^{d-1}}(1-2^{-b}) \tag{9.2.6}$$

尾数的精度为 2^{-b}。

因此，浮点表示法尾数的字长决定浮点表示的精度，而阶码的字长决定浮点数的动态范围。在 b+d+2 值一定的情况下，阶码位数 d 越多，浮点数的动态范围越大，但精度越小。

两浮点数相乘的方法是尾数相乘、阶码相加，尾数相乘实际上就是定点小数相乘，浮点数的乘积结果应转变成规格化形式。两浮点数相加的步骤是：先将阶码较低的数的阶码调整成与高阶码相同，相应地也调整尾数；然后将尾数相加，使阶码为高阶码；最后将和化为规格化浮点表示。

例 9.2.1 两个二进制浮点数 $x_1 = 2^{001} \times 0.1101$，$x_2 = 2^{010} \times 0.1001$，求它们的浮点相加

结果。

解　将阶码较小的 x_1 的阶码变成与 x_2 的阶码一样，这只须将 x_1 的尾数小数点左移一位而阶码加 1，即得

$$x_1 = 2^{010} \times 0.01101$$

然后将两数相加，得

$$x = x_1 + x_2 = 2^{010} \times (0.01101 + 0.1001) = 2^{010} \times 0.11111$$

本例中，尾数的第一位正好为 1，已是规格化的数，否则还要规格化。如果尾数是 b+1=5 位，则所得结果还要舍入（或截尾）处理成 5 位，本例舍入处理后，结果是 $x = 2^{011} \times 0.1000$；而截尾处理后，结果是 $x = 2^{010} \times 0.1111$。

由以上的讨论可知，在浮点运算中，不论是相乘还是相加，尾数的长度都可能超过寄存器长度，都要做尾数的量化处理，这都会产生量化误差。

9.2.2　原码、补码和反码

不论是定点表示的尾数还是浮点表示的尾数都是将整数位用作符号位，小数位代表尾数值。b+1 位码的形式为

$$a_0 a_1 a_2 \cdots a_b \tag{9.2.7}$$

式中，整数位 a_0 表示符号位，小数位 $a_1 a_2 \cdots a_b$ 表示 b 位字长的尾数值，a_i（$i = 0,1,\cdots,b$）表示第 i 位二进制码，取值可取 0 或 1。

对于正数，直接用二进制数表示编码；对于负数，有原码、反码和补码三种编码方式。

1. *原码*

原码也称为符号−幅度码，它的尾数部分代表数的绝对值，符号位代表数的正负，其原码定义为

$$[x]_{原} = \begin{cases} x, & 0 \leqslant x < 1 \\ 1 + |x|, & -1 < x \leqslant 0 \end{cases} \quad （十进制） \tag{9.2.8}$$

式（9.2.7）所表示的原码代表的十进制数值为

$$x = (-1)^{a_0} \sum_{i=1}^{b} a_i 2^{-i} \tag{9.2.9}$$

原码的优点是乘除运算方便，以两数符号位的逻辑加即可决定结果的正负，而数值则是两数尾数部分的乘除结果。原码的加减运算则不方便，两数相加时先要判断两数符号是否相同，相同则做加法，不同则做减法，做减法时还要判断两数绝对值的大小，以便用大者作为被减数。

在原码表示中，零有两种表示方法：$0.00\cdots0$ 或 $1.0\cdots0$，因此 b+1 位字长只能表示 $[-(1-2^{-b}), 1-2^{-b}]$ 区间内的 $2^{b+1}-1$ 个数。

MATLAB 中提供的函数 dec2bin 将一个正十进制整数转换成用一个 b 位字符代码表示，它是一种符号（或代码）而不是一个数，所以不能用于计算。相似地，函数 bin2dec 将一个 b 位的二进制字符代码转换成一个正十进制整数。例如，dec2bin(5,3)的结果是 101，而 bin2dec('101')的结果是 5。在计算过程中如果是负数，符号位应单独考虑。

2. 补码

补码又称为 2 的补码，补码中正数与原码正数一样，补码中负数是采用 2 的补码来表示的，即把负数先加上 2，以便将正数和负数的相加转化为正数和正数的相加，从而克服原码加减运算时的困难。补码的定义如下：

$$[x]_{补}=\begin{cases}x, & 0\leqslant x<1 \\ 2-|x|, & -1<x\leqslant 0\end{cases} \quad （十进制） \tag{9.2.10}$$

式（9.2.7）所表示的补码代表的十进制数值为

$$x=-a_0+\sum_{i=1}^{b}a_i 2^{-i} \tag{9.2.11}$$

补码可把减法与加法运算统一起来，都采用补码加法。例如，做减法运算时，若减数是正数，则将其变为负数的补码与被减数的补码相加；若减数是负数，则将其变成正数的补码与被减数的补码相加。采用补码做加法运算，符号位也同样参加运算，如果符号位发生进位，则把进数的 1 去掉就行了。

例 9.2.2 用补码计算 0.1875−0.8125 的值。

解 0.1875 的补码是 0.0011，−0.8125 的补码是 10.0000−0.1101=1.0011

两个补码相加得到

$$0.0011+1.0011=1.0110$$

由于小数点左边的位是 1，所以差是一个负数，所以用原码表示

$$|x|=2-[x]_{补}=10.0000-1.0110=0.1010$$

$$x=-|x|=1.1010$$

相应的十进制数值为−0.625。

在补码表示中，零的表示是唯一的，为 $0.00\cdots0$，因此 b+1 位字长可表示$[-1,1-2^{-b}]$区间的 2^{b+1} 个数。

由于负数的补码是$2-|x|$，故求负数的补码时，实际上要做一次减法，这是我们不希望的，可以发现，只要将原码正数的每位取反码（$1\to 0, 0\to 1$），再在所得数的末位加 1，则正好得到负数的补码，这简称为对尾数的取反加 1。

3. 反码

反码又称为 1 的补码，反码的正数和原码的正数表示相同，反码的负数是将该数的正数表示形式中的所有 0 改为 1，所有的 1 改为 0，即求反，其定义为

$$[x]_{反}=\begin{cases}x, & 0\leqslant x<1 \\ \underbrace{1.1\cdots1}_{b+1位}-|x|=2-2^{-b}-|x|, & -1<x\leqslant 0\end{cases} \quad （十进制） \tag{9.2.12}$$

根据式（9.2.10）和式（9.2.12），可以得出

$$[x]_{反}=[x]_{补}-2^{-b} \tag{9.2.13}$$

由式（9.2.11）和式（9.2.13），可以得出反码的十进制数值为

$$x = -a_0(1-2^{-b}) + \sum_{i=1}^{b} a_i 2^{-i} \tag{9.2.14}$$

在反码表示中，零有两种表示方法：$0.00\cdots0$ 或 $1.1\cdots1$，因此 b+1 位字长只能表示 $[-(1-2^{-b}), 1-2^{-b}]$ 区间的 $2^{b+1}-1$ 个数。

例 9.2.3　用反码计算 0.625−0. 125 的值。

解　0.625 的反码是 0.1010，−0.125 的反码是 1.1101。

两个反码相加得到 0.1010+1.1101=10.0111，循环进位得 0.1000。

反码 0.1000 对应的十进制数为 0.5。

MATLAB 中的函数 bitcmp 可以求得采用 b 位正整数的 1 的补数，这个函数对这个数的各位求补。例如，bitcmp(11,8)的结果是 244，即 2^8-1-11。

习惯上，加法器硬件多采用补码制，而串行乘法器通常用原码表示。表 9.2.1 列出了三种码各自所表示的数值（b=3）。

表 9.2.1　三种码表示的数值（b = 3）

二进制数	原码值	补码值	反码值
0.111	0.875	0.875	0.875
0.110	0.75	0.75	0.75
0.101	0.625	0.625	0.625
0.100	0.5	0.5	0.5
0.011	0.375	0.375	0.375
0.010	0.25	0.25	0.25
0.001	0.125	0.125	0.125
0.000	0	0	0
1.000	0	−1	−0.875
1.001	−0.125	−0.875	−0.75
1.010	−0.25	−0.75	−0.625
1.011	−0.375	−0.625	0.5
1.100	−0.5	0.5	−0.375
1.101	−0.625	−0.375	−0.25
1.110	−0.75	−0.25	−0.125
1.111	−0.875	−0.125	0

9.3　量化误差

将一个无限精度的数 $x(n)$ 用有限精度 $\hat{x}(n)$ 来表示时，可通过图 9.3.1 的量化器实现 $\hat{x}(n) = Q[x(n)]$。假设信号值用 b+1 位二进制数表示，其中最高位表示符号位，低 b 位表示小数部分，能表示的最小单位称为量化阶 $q = 2^{-b}$。对于超过 b 位的部分进行尾数处理（舍入或截尾）。舍入法就是将信号值小数部分的第 b+1 位逢 1 进位，并将 b 位以后的数略去；截尾法就是将信号值小数

图 9.3.1　量化器

部分 b 位以后的数直接略去。经过截尾或舍入处理后势必产生量化误差 $e(n)=\hat{x}(n)-x(n)$，截尾和舍入带来的误差分别称为截尾误差和舍入误差。对于不同的二进制数表示方法（原码、补码或反码）和不同的运算方法（定点运算或浮点运算），截尾和舍入误差是不同的。

9.3.1 定点运算中的量化误差

1. 定点运算中的截尾误差

设无限精度的正小数截尾前用 x 表示，截尾成字长为 b+1 位后，用 x_T 表示，则产生的截尾误差为

$$e_T = x_T - x \tag{9.3.1}$$

式中，下标 T 表示截尾。正小数截尾后数值变小，故截尾误差为 $e_T \leqslant 0$。当截掉的部分都是 1 时，此时截尾误差最大，即

$$|e_T|_{\max} = \sum_{i=b+1}^{\infty} 2^{-i} = 2^{-b} = q \tag{9.3.2}$$

式中，$q=2^{-b}$ 是截尾后二进制末位的位权，即量化间隔，因此对于正小数有

$$-q \leqslant e_T \leqslant 0 \tag{9.3.3}$$

对于负小数，原码、反码和补码的截尾误差是不同的。原码截尾后使负小数的绝对值变小，所以截尾误差为 $e_T \geqslant 0$，当截掉的部分都是 1 时，此时截尾误差最大为 q，所以对于原码负小数有

$$0 \leqslant e_T \leqslant q \tag{9.3.4}$$

负小数的补码截尾后使数值变小，由式（9.2.10）可以看出，由于 $[x]_{补}$ 减小使 $|x|$ 增大，即 $-|x|$ 减小，所以对于负小数补码的截尾误差，有

$$-q \leqslant e_T \leqslant 0 \tag{9.3.5}$$

根据式（9.2.12）无限精度负小数 $-|x|$ 的反码为

$$[x]_{反} = 2 - 2^{-\infty} - |x| = 2 - |x|$$

截尾后为

$$[x_T]_{反} = 2 - 2^{-b} - |x_T|$$

式中，$-|x_T|$ 是反码截尾后所对应的负小数。由于 $[x_T]_{反} \leqslant [x]_{反}$，所以有

$$-2^{-b} \leqslant [x_T]_{补} - [x]_{补} \leqslant 0 \tag{9.3.6}$$

因此，负小数的反码截尾误差为

$$e_T = (-|x_T|) - (-|x|) = [x_T]_{反} - [x]_{反} + 2^{-b} \tag{9.3.7}$$

将式（9.3.6）代入式（9.3.7），得出反码负小数的截尾误差

$$0 \leqslant e_T \leqslant q \tag{9.3.8}$$

例 9.3.1 令 $-1<x<1$ 和 $b=3$，利用 MATLAB 验证原码、反码、补码的截尾误差。

解 在 MATLAB 中为了得到 b 位的截断，必须先将这个数 x 向上用 2^b 加权，然后对这个已加权的数应用 fix 函数，最后将这个结果向下加权 2^{-b}，整个过程可以用语句 fix(x*2^b)/2^b 实现。如果用反码或补码表示，则需要先将数用反码或补码表示，再进行截尾处理，最后再计算成数值，无限精度的数用 10 位表示。其具体实现过程如下：

```
T=2^(-10);                                    %无限精度间隔
x=-1+T:T:1-T;                                 %无限精度数
b=3;
figure(1),
x_yuan=fix(x*2^b)/2^b;                        %原码截尾
subplot(131),plot(x,x,'b-.',x,x_yuan,'r-');
legend('x','x_原',2);grid on;
xlabel('x');ylabel('x_原');title('原码');
flag=find(x<0);                               %找出小于 0 的数
y=x;
y(flag)=2-abs(x(flag));                       %补码无限精度表示
y_yuan=fix(y*2^b)/2^b;                        %补码截尾
x_bu=y_yuan;
x_bu(flag)=-(2-y_yuan(flag));                 %补码截尾后的数值表示
subplot(132),plot(x,x,'b-.',x,x_bu,'r-');
legend('x','x_补',2);grid on;
xlabel('x');ylabel('x_补');title('补码');
z=x;
z(flag)=2-T-abs(x(flag));                     %反码无限精度表示
z_yuan=fix(z*2^b)/2^b;                        %反码截尾
x_fan=z_yuan;
x_fan(flag)=-(2-2^(-b)-z_yuan(flag));         %反码截尾后的数值
subplot(133),plot(x,x,'b-.',x,x_fan,'r-');
legend('x','x_反',2);grid on;
xlabel('x');ylabel('x_反');title('反码');
```

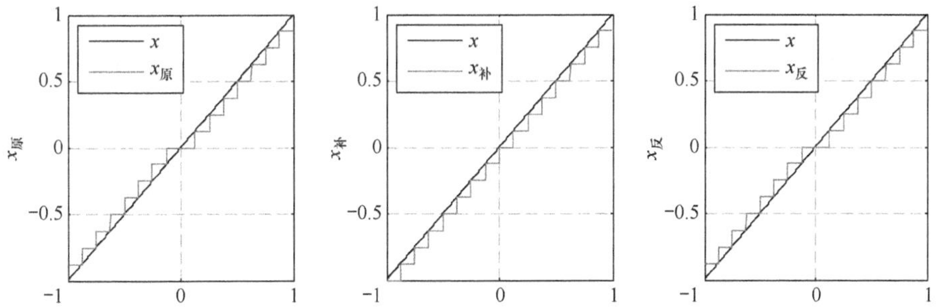

(a) 原码　　(b) 补码　　(c) 反码

图 9.3.2　例 9.3.1 的运行结果（截尾误差）

2. 定点运算中的舍入误差

舍入处理是将 $b+1$ 位后的数舍去，其误差是由舍去数的绝对值相对于 2^{-b-1} 的大小来决定的，与原数的正负无关，所以与二进制数采用什么码无关。显然，舍入误差总是处于以下范围内：

$$-\frac{q}{2} \leqslant e_R \leqslant \frac{q}{2} \tag{9.3.9}$$

式中，$q=2^{-b}$ 是量化间隔，下标 R 表示舍入。当最后 $d-b$ 位的值等于 $\frac{q}{2}=2^{-b-1}$ 时，通常采用随机舍入原则（舍入按等概率发生），所以式（9.3.9）中出现了两个等号。

在例 9.3.1 中，当采用舍入处理时，其误差分析结果如图 9.3.3 所示，MATLAB 中提供函数 round 进行舍入处理。

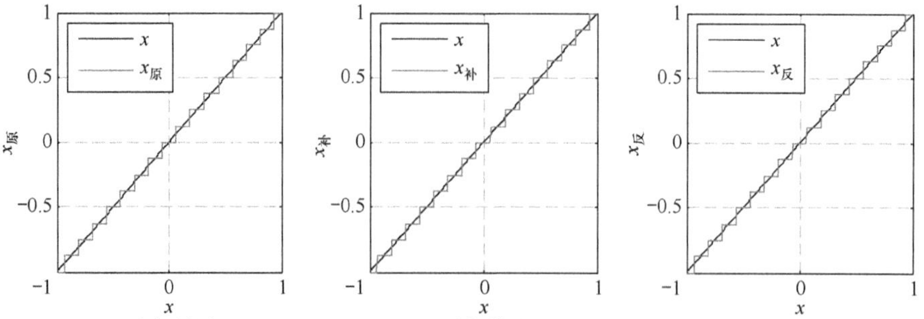

(a) 原码　(b) 补码　(c) 反码

图 9.3.3　例 9.3.1 中的舍入误差

表 9.3.1 归纳了定点运算中的截尾误差和舍入误差公式。

表 9.3.1　定点运算中的截尾误差和舍入误差公式（$q=2^{-b}$）

<table>
<tr><td colspan="2" rowspan="2">正　数</td><td>截尾误差</td><td>舍入误差</td></tr>
<tr><td>$-q<e_T\leqslant 0$</td><td rowspan="4">$-\frac{q}{2}\leqslant e_R\leqslant\frac{q}{2}$</td></tr>
<tr><td rowspan="3">负数</td><td>原码</td><td>$0\leqslant e_T<q$</td></tr>
<tr><td>补码</td><td>$-q<e_T<0$</td></tr>
<tr><td>反码</td><td>$0\leqslant e_T<q$</td></tr>
</table>

9.3.2　浮点运算中的量化误差

浮点数的截尾和舍入处理是对尾数进行的，但阶码对截尾和舍入误差的大小有影响。具体而言，尾数相同、阶码越大的浮点数，它的误差越大。因此，对于浮点数的截尾和舍入误差应当采用相对误差的概念。浮点数 $x=2^C M$ 的相对误差定义为

$$\varepsilon=\frac{Q[x]-x}{x}=\frac{M_Q-M}{M} \tag{9.3.10}$$

式中，$Q[x]$ 是尾数截尾或舍入后的浮点数；M_Q 是截尾或舍入后的尾数，截尾和舍入处理前后阶码 C 保持不变，由式（9.3.10）有

$$Q[x]=x(1+\varepsilon) \tag{9.3.11}$$

尾数的截尾或舍入误差为

$$e_Q=M_Q-M \tag{9.3.12}$$

$Q[x]-x$ 是浮点数的绝对误差，将式（9.3.12）代入式（9.3.11）可得出浮点数的绝对误差与尾数截尾或舍入误差的关系

$$Q[x]-x=2^C M_Q \tag{9.3.13}$$

当尾数用舍入方法处理时，尾数的舍入误差为 $e_Q=e_R$，e_R 是定点小数的舍入误差，其范围由式（9.3.9）确定。考虑尾数误差与浮点数绝对误差的关系式（9.3.13）及浮点数相对误差与绝对误差的关系式（9.3.10），可以得到

$$-\frac{q}{2}2^C\leqslant\varepsilon_R x\leqslant\frac{q}{2}2^C \tag{9.3.14}$$

式中，ε_R 是由于尾数进行舍入处理而造成的浮点数的相对误差。对于规格化浮点数来说，由于

$$\begin{cases} 1/2 \leqslant M < 1,\ M > 0 \\ -1 < M \leqslant -1/2,\ M < 0 \end{cases} \tag{9.3.15}$$

所以有

$$\begin{cases} \dfrac{2^C}{2} \leqslant x < 2^C,\ x > 0 \\ -2^C < x \leqslant -\dfrac{2^C}{2},\ x < 0 \end{cases} \tag{9.3.16}$$

由式（9.3.14）和式（9.3.16）可以得出浮点数舍入处理的误差

$$-q < \varepsilon_R \leqslant q \tag{9.3.17}$$

当尾数用截尾方法处理时，尾数的截尾误差 $e_Q = e_T$，与上述类似的方法可以推导出浮点数在尾数截尾处理时造成的相对误差 ε_T 的数值范围。表 9.3.2 归纳了浮点运算中的截尾误差和舍入误差公式。

表 9.3.2　浮点运算中的截尾误差和舍入误差公式（$q = 2^{-b}$）

		截尾误差	舍入误差
正　数		$-2q < \varepsilon_T \leqslant 0$	$-q < \varepsilon_R \leqslant q$
负数	原码	$-2q < \varepsilon_T \leqslant 0$	
	补码	$0 \leqslant \varepsilon_T < 2q$	
	反码	$-2q < \varepsilon_T \leqslant 0$	

9.4　系统输入信号的量化效应

根据 9.3 节的分析，系统输入经量化后的量化误差为

$$e(n) = \hat{x}(n) - x(n) = Q[x(n)] - x(n) \tag{9.4.1}$$

如果采用补码定点运算表示数，则截尾法的量化误差为 $-q < e(n) \leqslant 0$，舍入法的量化误差为 $-\dfrac{q}{2} < e(n) \leqslant \dfrac{q}{2}$，具体情况如图 9.4.1 所示。

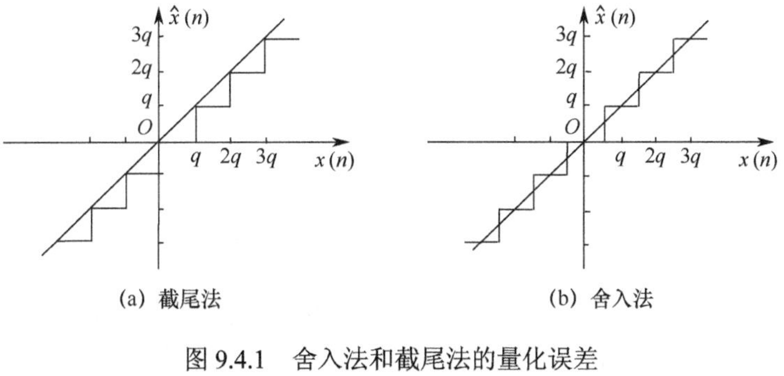

(a) 截尾法　　(b) 舍入法

图 9.4.1　舍入法和截尾法的量化误差

9.4.1 信号量化误差的统计分析

实际抽样时要精确地知道所有的量化误差 $e(n)$ 是很困难的，在一般情况下采用统计分析方法来分析量化误差的效应。统计分析方法分析量化误差时要求 $e(n)$ 满足均匀分布的平稳白噪声序列，并与抽样序列 $x(n)$ 不相关，因此，量化误差也称为量化噪声。图 9.4.2 是量化噪声表示量化过程的等效模型，此时，量化器相当于抽样序列与加性白噪声求和。图 9.4.3 是截尾法和舍入法量化误差的概率密度函数。

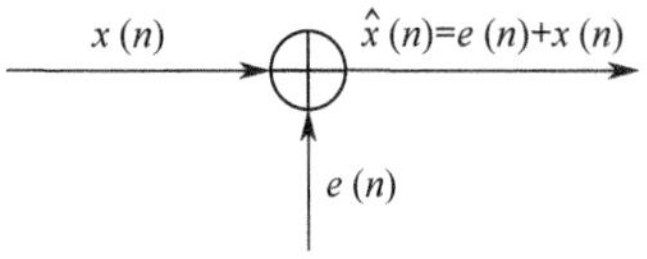

图 9.4.2 量化过程的等效模型

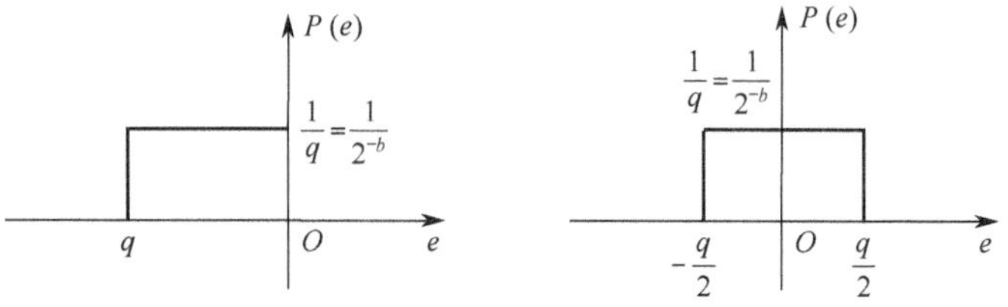

(a) 截尾法 (b) 舍入法

图 9.4.3 量化误差的概率密度函数

根据图 9.4.3（a）可知，采用截尾法时量化误差序列 $e(n)$ 的概率密度函数为

$$p[e(n)]=\begin{cases}\dfrac{1}{q}, & -q<e(n)\leqslant 0\\ 0, & \text{其他}\end{cases} \tag{9.4.2}$$

所以量化误差序列的期望和方差为

$$m_e=E[e(n)]=\int_{-q}^{q}ep(e)\mathrm{d}e=\int_{-q}^{q}\frac{1}{q}e\mathrm{d}e=\frac{q}{2}=\frac{2^{-b}}{2} \tag{9.4.3}$$

$$\sigma_e^2=E[(e(n)-m_e)^2]=\int_{-q}^{q}(e-m_e)^2p(e)\mathrm{d}e=\int_{-q}^{q}\left(e-\frac{q}{2}\right)^2\frac{1}{q}\mathrm{d}e=\frac{q^2}{12}=\frac{2^{-2b}}{12} \tag{9.4.4}$$

同理，根据图 9.4.3（b）可知，采用舍入法时，量化误差序列 $e(n)$ 的概率密度函数为

$$p[e(n)]=\begin{cases}\dfrac{1}{q}, & -\dfrac{q}{2}<e(n)\leqslant\dfrac{q}{2}\\ 0, & \text{其他}\end{cases} \tag{9.4.5}$$

所以量化误差序列的期望和方差为

$$m_e=E[e(n)]=\int_{-\frac{q}{2}}^{\frac{q}{2}}ep(e)\mathrm{d}e=\int_{-\frac{q}{2}}^{\frac{q}{2}}e\frac{1}{q}\mathrm{d}e=0 \tag{9.4.6}$$

$$\sigma_e^2=E[(e(n)-m_e)^2]=\int_{-\frac{q}{2}}^{\frac{q}{2}}(e-m_e)^2p(e)\mathrm{d}e=\int_{-\frac{q}{2}}^{\frac{q}{2}}\left(e-\frac{q}{2}\right)^2\frac{1}{q}\mathrm{d}e=\frac{q^2}{12}=\frac{2^{-2b}}{12} \tag{9.4.7}$$

从上述的分析可知，量化噪声的方差和信号的量化字长 b 有关，字长越长，则量化间距 $q=2^{-b}$ 越小，量化噪声的方差 σ_e^2 也越小。采用截尾法所带来的期望值也随着字长的增加而减小，舍入法所带来的期望值等于零，与字长无关，所以舍入法也是较常用的方法。

由于量化误差就是加性噪声，信噪比就是信号功率与噪声功率的比值，是衡量量化效应的一个重要指标。舍入法量化时的信噪比为

$$\frac{S}{N}=10\lg\frac{\sigma_x^2}{\sigma_e^2}=10\lg\frac{\sigma_x^2}{2^{-2b}/12}=10\lg(12\sigma_x^2 2^{-2b}) \\ =6.02b+10.79+10\lg\sigma_x^2 \quad (\text{dB}) \tag{9.4.8}$$

由式（9.4.8）可知，信号功率 σ_x^2 越大或量化字长 b 越长，信噪比越高；字长 b 每增加一位，信噪比增加约 6dB。在实际的信号处理中，输入信号的幅值往往会大于量化器的动态范围，因此，需要将原有模拟输入信号 $x(n)$ 压缩为 $Ax(n)$，$0<A<1$，然后对其进行量化。由于 $Ax(n)$ 的方差为 $A^2\sigma_x^2$，所以信噪比为

$$\frac{S}{N}=10\lg\frac{A^2\sigma_x^2}{\sigma_e^2}=6.02b+10.79+10\lg\sigma_x^2+20\lg A \quad (\text{dB}) \tag{9.4.9}$$

例 9.4.1　设 $x(n)$ 是一个在（−5，5）区间均匀分布的平稳随机信号，采用舍入量化，为使信噪比不低于 60dB，量化器的字长应为多少位？

解　对信号进行归一化的比例系数

$$A=\frac{1}{5}$$

信号的方差为

$$\sigma_x^2=\int_{-5}^{5}x^2p(x)\mathrm{d}x=\int_{-5}^{5}x^2\frac{1}{10}\mathrm{d}x=\frac{50}{3}$$

将 $\frac{S}{N}\geqslant 60\text{dB}$，$A=\frac{1}{5}$ 和 $\sigma_x^2=\frac{50}{3}$ 代入式（9.4.9），得

$$60\leqslant 6.02b+10.79+10\lg\frac{50}{3}+20\lg\frac{1}{5}$$

由上式求出 $b\geqslant 7.88$，所以取 $b=8$。

因此，应取量化器的字长为 8 位（不包含符号位）。

9.4.2　量化噪声通过线性系统的响应

对量化序列 $\hat{x}(n)=x(n)+e(n)$ 输入线性移不变系统 $h(n)$，由于 $x(n)$ 和 $e(n)$ 是不相关的，根据叠加原理，系统的输出为

$$\hat{y}(n)=\hat{x}(n)*h(n)=x(n)*h(n)+e(n)*h(n)=y(n)+r(n) \tag{9.4.10}$$

这里 $y(n)$ 是 $x(n)$ 的响应，即

$$y(n)=x(n)*h(n)=\sum_{m=0}^{\infty}h(m)x(n-m) \tag{9.4.11}$$

$r(n)$ 是 $e(n)$ 的响应，即

$$r(n)=e(n)*h(n)=\sum_{m=0}^{\infty}h(m)e(n-m) \tag{9.4.12}$$

采用舍入法进行量化时，输出噪声 $r(n)$ 的均值为

$$m_r=E[r(n)]=E\left[\sum_{m=0}^{\infty}h(m)e(n-m)\right]=\sum_{m=0}^{\infty}h(m)E[e(n-m)]=m_e\sum_{m=0}^{\infty}h(m)=0 \tag{9.4.13}$$

方差为

$$\begin{aligned}\sigma_r^2 &= E[r^2(n)] = E\left[\sum_{m=0}^{\infty} h(m)e(n-m)\sum_{l=0}^{\infty} h(l)e(n-l)\right] \\ &= \sum_{m=0}^{\infty}\sum_{l=0}^{\infty} h(m)h(l)E\left[e(n-m)e(n-l)\right] \\ &= \sum_{m=0}^{\infty}\sum_{l=0}^{\infty} h(m)h(l)\sigma_e^2\delta(m-l) \\ &= \sigma_e^2\sum_{m=0}^{\infty} h^2(m)\end{aligned} \tag{9.4.14}$$

根据 Z 变换的帕塞瓦尔定理，考虑 $h(n)$ 是实数序列，有

$$\sigma_r^2 = \sigma_e^2\sum_{m=0}^{\infty} h^2(m) = \frac{\sigma_e^2}{2\pi \mathrm{j}}\oint_c H(z)H(z^{-1})\frac{\mathrm{d}z}{z} \tag{9.4.15}$$

根据序列傅里叶变换的帕塞瓦尔定理，有

$$\sigma_r^2 = \sigma_e^2\sum_{m=0}^{\infty} h^2(m) = \frac{\sigma_e^2}{2\pi}\int_{-\pi}^{\pi}\left|H(\mathrm{e}^{\mathrm{j}\omega})\right|^2\mathrm{d}\omega \tag{9.4.16}$$

9.5 系统系数的量化效应

数字系统的系统函数可用下式表示

$$H(z) = \frac{\sum_{m=0}^{M} b_m z^{-m}}{1-\sum_{k=0}^{N} a_k z^{-k}} = \frac{\prod_{i=1}^{M}(1-z_i z^{-1})}{\prod_{j=1}^{N}(1-p_j z^{-1})} = \frac{B(z)}{A(z)} \tag{9.5.1}$$

式中，系数 a_k 和 b_m 必须用有限位的二进制数存储在有限长的寄存器中，经过量化后的系数用 $\hat{a}_k$ 和 $\hat{b}_m$ 表示，则有

$$\begin{cases}\hat{a}_k = a_k + \Delta a_k \\ \hat{b}_m = b_m + \Delta b_m\end{cases} \tag{9.5.2}$$

式中，Δa_k 和 Δb_m 为相应的系数量化误差。由于系统系数的变化会造成系统的变化，即系统的频率响应发生变化，零、极点也相应地受到影响，有时甚至会将单位圆内的极点偏移到单位圆外，造成系统不稳定。

9.5.1 系数量化误差对系统零、极点的影响

1. 系统零、极点位置对系数量化的灵敏度

系统系数量化后使滤波器的特性发生变化，也体现在零、极点发生变化，也就是说，一个系统网络结构对系数量化的灵敏度可以用系统零、极点的位置误差来衡量。系统所用的网络结构不同，在相同量化字长的情况下，其量化灵敏度也是不同的，因此，系数量化对系统的影响不仅与量化字长有关，还与滤波器的结构形式有关，实际中需要选择合适的结构来减小系统系数的量化效应。

极（零）点位置灵敏度是每个极（零）点位置对各系数偏差的敏感程度。下面分析极

点位置灵敏度，用相同的方法也可以分析零点位置灵敏度。

根据式（9.5.2）的系数，则系数量化后的系统函数为

$$\hat{H}(z)=\frac{\sum_{k=0}^{M}\hat{b}_m z^{-m}}{1-\sum_{k=0}^{N}\hat{a}_k z^{-k}}=\frac{\prod_{j=1}^{M}(1-\hat{z}_j z^{-1})}{\prod_{i=1}^{N}(1-\hat{p}_i z^{-1})}=\frac{\hat{B}(z)}{\hat{A}(z)} \tag{9.5.3}$$

系统 $H(z)$ 和系统 $\hat{H}(z)$ 的极点分别用 p_i 和 $\hat{p}_i$ 表示，则有

$$\hat{p}_i = p_i+\Delta p_i,\ i=1,2,\cdots,N \tag{9.5.4}$$

式中，Δp_i 为极点位置的偏差量，是各系数偏差 Δa_k 引起的，有

$$\Delta p_i=\sum_{k=1}^{N}\frac{\partial p_i}{\partial a_k}\Delta a_k,\ i=1,2,\cdots,N \tag{9.5.5}$$

式中，$\dfrac{\partial p_i}{\partial a_k}$ 表示极点 p_i 对系数 a_k 变化的灵敏度。

根据复合函数的微分法，有

$$\left.\frac{\partial A(z)}{\partial p_i}\right|_{z=p_i}\cdot\frac{\partial p_i}{\partial a_k}=\left.\frac{\partial A(z)}{\partial a_k}\right|_{z=p_i}$$

整理得

$$\frac{\partial p_i}{\partial a_k}=\left.\frac{\partial A(z)/\partial a_k}{\partial A(z)/\partial p_i}\right|_{z=p_i} \tag{9.5.6}$$

又根据（9.5.1）可得

$$\begin{cases}\dfrac{\partial A(z)}{\partial a_k}=-z^{-k}\\[2ex]\dfrac{\partial A(z)}{\partial p_i}=z^{-N}\prod\limits_{\substack{l=1\\l\neq i}}^{N}(z-p_l)\end{cases} \tag{9.5.7}$$

将式（9.5.7）代入式（9.5.6），可得极点位置灵敏度为

$$\frac{\partial p_i}{\partial a_k}=\frac{p_i^{N-k}}{\prod\limits_{\substack{l=1\\l\neq i}}^{N}(p_i-p_l)} \tag{9.5.8}$$

将式（9.5.8）代入式（9.5.5），可得各系数偏差 Δa_k 引起的极点 p_i 的偏差量 Δp_i，即

$$\Delta p_i=\sum_{k=1}^{N}\frac{p_i^{(N-k)}}{\prod\limits_{\substack{l=1\\l\neq i}}^{N}(p_i-p_l)}\Delta a_k \tag{9.5.9}$$

式（9.5.9）分母的每个系数 p_i-p_l 是一个由极点 p_l 指向 p_i 的矢量，而整个分母正是所有其他极点 $p_l(l\neq i)$ 指向该极点 p_i 的矢量积。这些矢量越长，即极点间越远时，极点位置灵敏度就越低；这些矢量越短，即极点间越密集时，极点位置灵敏度就越高。

当系统采用直接型结构时，高阶系统的极点数目多而密集，而低阶系统的极点数目少

而稀疏，因而前者对系数量化误差要敏感得多；当采用级联型和并联型结构时，每对极点是单独用一个二阶子系统实现的，其他二阶子系统的系数变化对该子系统的极点位置不产生任何影响，由于每对极点只受与之相关的两个系数的影响，而且每个子系统的极点密集度比直接高阶系统的要稀疏得多，因而极点位置受系数量化的影响比直接型结构要小得多。因此，对于高阶系统来说，应避免采用直接型结构，而应采用级联或并联结构。

2. 系数量化对二阶子系统极点位置的影响

高阶系统一般都由二阶子系统级联或并联而成，下面分析二阶子系统的极点位置受系统系数量化的影响情况。

设二阶 IIR 系统的差分方程为

$$y(n)=x(n)-a_1y(n-1)-a_2y(n-2) \tag{9.5.10}$$

其系统函数为

$$H(z)=\frac{1}{1+a_1z^{-1}+a_2z^{-2}} \tag{9.5.11}$$

设 $H(z)$ 有一对共轭复极点 $p_1=re^{j\theta}$， $p_2=re^{-j\theta}$，则有

$$1+a_1z^{-1}+a_2z^{-2}=(1-re^{j\theta}z^{-1})(1-re^{-j\theta}z^{-1})=1-2r\cos\theta\cdot z^{-1}+r^2z^{-2} \tag{9.5.12}$$

若系数量化，也就是将 a_1、a_2 量化，由于 $a_2=r^2$ 决定了单位圆的半径，$a_1=-2r\cos\theta$ 则决定了极点在实轴上的坐标。如果 a_1、a_2 用三位字长 $b=3$ 表示（不包括符号位），表 9.5.1 列出了八种不同的值，即八种不同半径 r 和 $[-0.750,0.750]$ 区间的 15 种实轴坐标 $r\cos\theta$。这样，三位字长的系数所能表达的极点位置就是在同心圆（$a_2=r^2$）及垂直线（$a_1=-2r\cos\theta$）的网络交点上，如图 9.5.1 所示。

表 9.5.1 三位字长系数所表达的共轭极点参数

$\lvert a_1\rvert$ 三位二进制码	表达的 $\lvert a_1\rvert$ 值	极点横坐标 $\lvert r\cos\theta\rvert=\left\lvert\frac{a_1}{2}\right\rvert$	$\lvert a_2\rvert$ 三位二进制码	表达的 $\lvert a_2\rvert$ 值	极点半径 $r=\sqrt{a_2}$
0.00	0.00	0.000	0.000	0.000	0.000
0.01	0.25	0.125	0.001	0.125	0.354
0.10	0.50	0.250	0.010	0.250	0.500
0.11	0.75	0.375	0.011	0.375	0.612
1.00	1.00	0.500	0.100	0.500	0.707
1.01	1.25	0.625	0.101	0.625	0.791
1.10	1.50	0.750	0.110	0.750	0.866
1.11	1.75	0.875	0.111	0.875	0.935

由图 9.5.1 可以看出，极点在 z 平面的网络点很不均匀，实轴附近分布较稀，半径大的地方分布很密，这就说明实轴附近（对于高通、低通滤波器）的极点量化误差大，而虚轴附近（对于带通滤波器）的极点量化误差小。如果所需要的理想极点不在这些网络节点上时，就只能以最靠近的节点来代替，这样就会引入极点位置误差，有时可能使共轭极点变成二阶实极点。

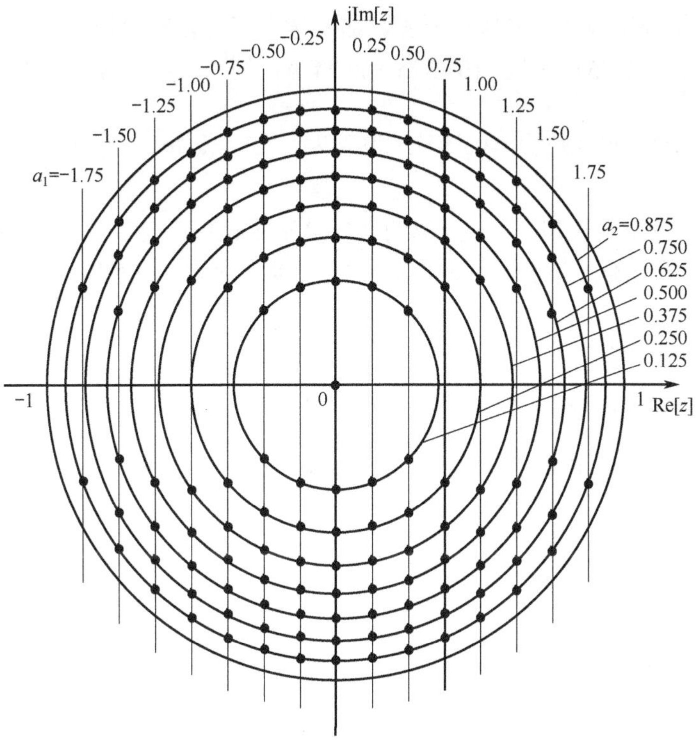

图 9.5.1　三位字长系数所表达的共轭极点位置

例 9.5.1　设式（9.5.12）中的 $r=0.9$、$\theta=\dfrac{\pi}{3}$，当系统系数的量化字长为 3 位时，求极点的误差。

解　系统系数

$$a_1=-2r\cos\theta=-0.9\text{，}\ a_2=r^2=0.81$$

采用三位字长量化时，有

$$\hat{a}_1=-0.875\text{，}\ \hat{a}_2=0.75$$

所以

$$\Delta a_1=0.025\text{，}\ \Delta a_2=-0.06$$

又根据式（9.5.8）有

$$\frac{\partial p_1}{\partial a_1}=\frac{p_1^{2-1}}{p_1-p_2}=\frac{r\mathrm{e}^{\mathrm{j}\theta}}{\mathrm{j}2r(\sin\theta)}=\frac{\mathrm{e}^{\mathrm{j}\frac{\pi}{3}}}{\mathrm{j}\sqrt{3}}$$

$$\frac{\partial p_1}{\partial a_2}=\frac{p_1^{2-2}}{p_1-p_2}=\frac{1}{\mathrm{j}2r(\sin\theta)}=\frac{1}{\mathrm{j}0.9\sqrt{3}}$$

根据式（9.5.5），可得

$$\Delta p_1=\frac{\partial p_1}{\partial a_1}\Delta a_1+\frac{\partial p_1}{\partial a_2}\Delta a_2=\frac{\mathrm{e}^{\mathrm{j}\frac{\pi}{3}}}{\mathrm{j}\sqrt{3}}(0.025)+\frac{1}{\mathrm{j}0.9\sqrt{3}}(-0.06)=0.0125+0.0313\mathrm{j}$$

$$|\Delta p_1|=0.0337$$

本例中，为了确定改变后的极点位置，需要考虑已变化的分母

$$1-0.875z^{-1}+0.75z^{-2}=\left[1-(0.4375+\mathrm{j}0.7474)z^{-1}\right]\left[1-(0.4375-\mathrm{j}0.7474)z^{-1}\right]$$

于是变化后的极点位置是 $\hat{p}_1=0.4375+\mathrm{j}0.7474$，$\Delta p_1=0.9\mathrm{e}^{\mathrm{j}\frac{\pi}{3}}-0.4375+\mathrm{j}0.7474=0.0125+0.0320\mathrm{j}$。

考虑计算过程的取舍误差，上述计算的结果和分析结果是一致的。下面采用 MATLAB 来实现。首先创建一个量化系数函数 Coeff_Q，这个函数采用舍入处理对原码格式进行量化。

```
%系统量化系数函数
function [y,M,C]=Coeff_Q(x,b)
x_abs=abs(x);
M=max(max(max(0,fix(log2(x_abs+eps)+1))));
if(M>b)
   errmas=['量化字长 b 必须不小于','num2str(M)'];error(errmsg);
end
C=b-M;
y=round(x_abs/2^M*2^b);
y=sign(x).*y*(2^(-C));

%例 9.5.1 零、极点误差分析
r=0.9;theta=pi/3;
a1=-2*r*cos(theta);a2=r^2;
p1=r*exp(j*theta);p2=pi';
b=3;a=[a1,a2];
[A,M,C]=Coeff_Q(a,b);
R=sqrt(A(2));
Theta=acos(-A(1)/(2*R));
P1=R*exp(j*Theta);p2=pi';
D_p=p1-P1
```

运行结果如下：

```
D_p =0.0125 + 0.0320i
```

例 9.5.2 以 10 阶 IIR 滤波器，10 个极点分布在半径 $r=0.9$、$\theta=\pm35^\circ$、$\pm40^\circ$、$\pm45^\circ$、$\pm50^\circ$、$\pm55^\circ$ 处，采用 16 位字长表示系数，计算并画出新的极点位置。

解 例 9.5.2 中高阶系统零、极点分析。

```
r=0.9;theta=(pi/180)*[-55:5:-35,35:5:55];
p=r*exp(j*theta);
a=poly(p);b=15;
[A,M,C]=Coeff_Q(a,b);
figure(1),subplot(131);[z0,p0,k0]=zplane(1,a);axis([-1.2,1.2,-1.2,1.2]);
title('无限精度');
subplot(132);[Z,P,K]=zplane(1,A);axis([-1.2,1.2,-1.2,1.2]);
title('直接型 16 位精度');
[SOS,G]=tf2sos(1,a);                  %直接型转并联型
[SOS1,M1,C1]=Coeff_Q(SOS,b);          %量化系数
[bb,aa]=sos2tf(SOS1,G);               %并联型转直接型
subplot(133);[Z1,P1,K1]=zplane(bb,aa);axis([-1.2,1.2,-1.2,1.2]);
title('级联型 16 位精度');
```

运行结果如图 9.5.2 所示。

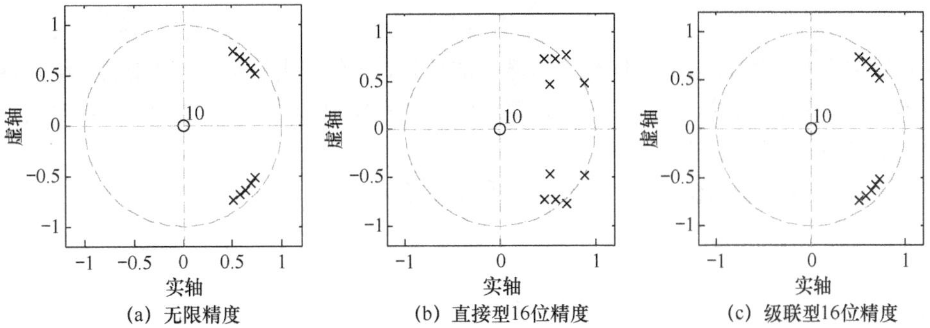

图 9.5.2　例 9.5.2 的结果分析

从图 9.5.2 看出，采用直接型结构 16 位字长量化滤波器系数时，极点位置变化很大，甚至使极点位置变化到单位圆外，造成系统不稳定；而采用并联型结构实现时，误差明显减小，系统也稳定。因此，如果考虑有限长效应，采用级联型结构比直接型结构更优越。

9.5.2　系数量化对滤波器稳定性的影响

滤波器的稳定性取决于极点的位置，如果系数量化误差使单位圆内的极点移到了单位圆上或单位圆外，滤波器的稳定性就受到了破坏。显然，单位圆内最靠近单位圆的极点最容易出现这种情况。FIR 滤波器在有限 z 平面上（$0<z<\infty$）没有极点，因而系数量化误差将主要影响零点的位置，不会对滤波器的稳定性构成威胁。但对于 IIR 滤波器来说，情况就不同了，因为 IIR 滤波器一般存在许多极点，如例 9.5.2 的直接型实现。

设有一稳定的因果 IIR 数字滤波器，它具有窄带低通频率特性。因此，该滤波器的极点都在单位圆内且聚集在 $z=1$ 附近。设第 l 个极点是 p_l，它与点 $z=1$ 的距离用 Δp_l 表示，因此有

$$p_l = 1+\Delta p_l \tag{9.5.13}$$

式中，$\Delta p_l \ll 1$。对于式（9.5.1）所表示的系统，当用直接型结构实现滤波器时，系数 a_k 和 b_m 都将直接出现在信号流图中，其中 a_n 影响极点位置。现在假设某个系数 a_r 由于量化（舍入处理）引入误差 Δa_r 后变成 $\hat{a}_r$，即

$$\hat{a}_r = a_r + \Delta a_r \tag{9.5.14}$$

于是式（9.5.1）传输的函数的分母多项式变为

$$\hat{A}(z) = 1-\sum_{k=0}^{N} a_k z^{-k} - \Delta a_r z^{-r} = A(z) - \Delta a_r z^{-r} \tag{9.5.15}$$

当系数量化误差使一个极点从单位圆内移动到单位圆上或单位圆外时，滤波器的稳定性即受到破坏。为了讨论方便，假设有一个极点移到单位圆上，即移到 $z=1$ 点，这时有

$$\hat{A}(1) = A(1) - \Delta a_r \tag{9.5.16}$$

由式（9.5.16）可求出

$$|\Delta a_r| = |A(1)| = \left|1-\sum_{k=0}^{N} a_k\right| = \prod_{i=1}^{N}\left|1-p_i z^{-1}\right| \tag{9.5.17}$$

由于前面已假设所有极点都聚集在 $z=1$ 附近，即 $\Delta p_l \ll 1$，或 $p_l \approx 1$，因而由式（9.5.17）得出

$$|\Delta a_r| \ll 1$$

这意味着只要有一个系数由于量化产生很微小的误差，就有可能使系统失去稳定。从式(9.5.17)还可以看出，反馈回路的阶次 N 越高，使滤波器失去稳定的系数量化误差的绝对值就越小，也就是说越容易使滤波器变得不稳定。

例 9.5.3 已知三阶 IIR 数字滤波器的系数函数为

$$H(z)=\frac{1}{(1-0.99z^{-1})^3}=\frac{1}{1-2.97z^{-1}+2.9403z^{-2}+0.970299z^{-3}}$$

当采用直接型结构来实现该滤波器时，为使滤波器保持稳定，在对滤波器系数进行舍入量化处理时，至少应采用几位字长？

解 由题中给出的系统函数看出，该滤波器在 $z=0.99$ 处有一个三阶极点，且在 $z=1$ 附近，假设分母多项式的某个系数 a_r 的量化误差为 Δa_r，当其绝对值达到式（9.5.17）规定的限度时，滤波器的极点将移动到 $z=1$ 处，从而使滤波器不稳定。因此有

$$|\Delta a_r|=\left|1-\sum_{k=0}^{N}a_k\right|=|1-2.97+2.9403-0.970299|=10^{-6}$$

当系数用 b 位（不含符号位）定点二进制小数表示时，舍入量化误差绝对值将不会大于 2^{-b-1}。由于 $10^{-6}>2^{-20}$，所以若 b 选为 19，则系数的舍入误差绝对值将不会超过 2^{-20} 或 10^{-6}，从而保证极点不会移到单位圆上或单位圆内，保持了滤波器工作的稳定性。

例 9.5.4 若用三个相同的一阶 IIR 数字滤波器的级联结构来实现系数函数为

$$H(z)=\frac{1}{(1-0.99z^{-1})^3}$$

的数字滤波器，为使该系统稳定，求一阶 IIR 滤波器系数的量化字长最小要求多少位？

解 一阶 IIR 滤波器的系统函数为

$$H_1(z)=\frac{1}{1-0.99z^{-1}}$$

每个一阶的极点都是相同的，即 $z=0.99$。由式（9.5.17）可得

$$|\Delta a_r|=|1-0.99|=10^{-2}>2^{-7}$$

所以为维持级联结构的稳定，只须维持三个一阶稳定，由 $|\Delta a_r|=10^{-7}$ 可以看出，只要用六位字长的二进制来表示系数 0.99 就够了。

从上面的两个例子可以看出，就滤波器系数的量化误差对滤波器稳定性的影响而言，级联结构比直接结构要轻微得多，这一结论具有普遍意义。

9.6 定点运算 FIR 滤波器的有限字长效应

FIR 数字滤波器一般用非递归结构实现，因此采用统计模型的方法来分析有限字长效应。由于 FFT 算法可以应用于 FIR 滤波器滤波中，因此，也可以用统计特性来分析 FFT 算法的有限字长效应。

9.6.1 FIR 滤波器的有限字长效应

图 9.6.1 所示的是 N 阶 FIR 数字滤波器直接型结构的统计模型。图中，$e_k(n)$ 为引入了

定点乘法运算的舍入量化噪声，假设 N 个噪声源相同且直接加在滤波器的输出节点上，此时输出总噪声及其方差与滤波器参数无关，它们分别为

$$\begin{cases} r(n) = \sum_{k=0}^{N-1} e_k(n) \\ \sigma_r^2 = N\sigma_e^2 = \frac{N}{12}q^2 = \frac{N}{12}2^{-2b} \end{cases} \tag{9.6.1}$$

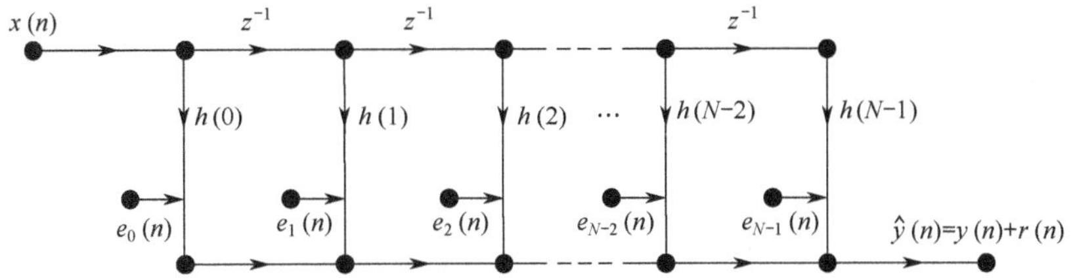

图 9.6.1　N 阶 FIR 数字滤波器直接型结构的统计模型

当输入信号 $x(n)$ 给定后，可计算出它的方差 σ_x^2，进而计算出它在滤波器输出端产生的响应 $y(n)$ 的方差 σ_y^2，最终获得滤波器输出端的信噪比。

当上述的系统采用二阶级联结构实现时，其统计模型如图 9.6.2 所示，图中当 N 为偶数时，$L=\frac{N}{2}$；当 N 为奇数时，$L=\frac{N-1}{2}$。由于每个二阶本身是直接结构，包括三次定点乘法运算，所以每个二阶中共引入三个噪声源。

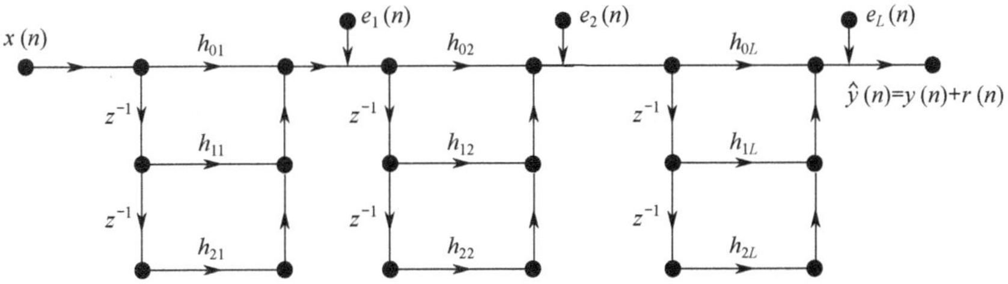

图 9.6.2　N 阶 FIR 数字滤波器二阶级联结构的统计模型

设 $e_{ij}(n)$ 表示第 i 个二阶乘法运算后进行舍入处理引入的第 j 个噪声源，$e_i(n)$ 为第 i 个二阶的噪声和，则有

$$e_i(n) = \sum_{j=0}^{2} e_{ij}(n) \tag{9.6.2}$$

上述的所有噪声源 $e_{ij}(n)$（i=1,…,L；j=0,1,2）的方差相同，都等于 $\frac{q^2}{12}=\frac{2^{-2b}}{12}$。因此，滤波器输出端噪声的方差为

$$\sigma_r^2 = \sum_{i=1}^{M} \sigma_{e_i}^2 \sum_{n=1}^{2(L-i)} h_i^2(n) = 2^{-2b-2} \sum_{i=1}^{L} \sum_{n=1}^{2(L-i)} h_i^2(n) \tag{9.6.3}$$

式中，$\sigma_{e_i}^2$ 是每个二阶的噪声源方差，有

$$\sigma_{e_i}^2 = 3\times\frac{q^2}{12} = \frac{q^2}{4} = 2^{-2b-2} \tag{9.6.4}$$

$h_i(n)$ 是第 i 个噪声源 $e_i(n)$ 的作用点至滤波器输出端的单位抽样响应，因此，$h_i(n)$ 是由最后 $L-i$ 个二阶级联而成的。由于每个二阶系统函数是 z^{-1} 的二次多项式，所以 $h_i(n)$ 所对应的系统函数是 z^{-1} 的 $2(L-i)$ 次多项式，这意味着 $h_i(n)$ 的系数有 $2(L-i)+1$ 个。

9.6.2 FFT 算法的有限字长效应

在分析 FFT 算法的有限字长效应前，先来分析 DFT 运算。

1. DFT 运算

根据 DFT 的定义式

$$X(k) = \sum_{n=0}^{N-1} x(n)W_N^{nk},\ k = 0,1,\cdots,N-1 \tag{9.6.5}$$

令 $e(n,k)$ 表示对乘积 $x(n)W_N^{nk}$ 舍入引起的量化误差，根据线性叠加的原则，将各误差源直接加到输出端，则总输出误差为

$$\Delta X(k) = \sum_{n=0}^{N-1} e(n,k) \tag{9.6.6}$$

一般 $x(n)$ 及 W_N^{nk} 皆为复数，因而 $x(n)W_N^{nk}$ 为复数，它是由四个实数乘法来完成的，而四个实乘引入四个实的舍入误差 $e_1(n,k)$、$e_2(n,k)$、$e_3(n,k)$ 和 $e_4(n,k)$。如果不考虑系数 W_N^{nk} 的量化误差，则经舍入后可表示为

$$\begin{aligned} Q_R[x(n)W_N^{nk}] = {} & \mathrm{Re}[x(n)]\cos\left(\frac{2\pi}{N}nk\right) + e_1(n,k) + \mathrm{Im}[x(n)]\sin\left(\frac{2\pi}{N}nk\right) + e_2(n,k) + \\ & \mathrm{j}\left[\mathrm{Im}[x(n)]\cos\left(\frac{2\pi}{N}nk\right) + e_3(n,k)\right] - \mathrm{j}\left[\mathrm{Re}[x(n)]\sin\left(\frac{2\pi}{N}nk\right) + e_4(n,k)\right] \end{aligned} \tag{9.6.7}$$

设 $\hat{X}(k)$ 为 $x(n)$ 舍入量化后所计算的 DFT，为了计算 $\hat{X}(k)$ 误差的方差，对舍入误差 $e_i(n,k)(i=1,2,3,4)$ 方差的统计特性进行以下假设：

（1）所有误差 $e_i(n,k)$ 是均值为零，方差为 $\frac{4^{-b}}{12}$，且在 $\left(-\frac{2^{-b}}{2},\frac{2^{-b}}{2}\right]$ 区间内均匀分布的平稳白噪声序列；

（2）各误差 $e_i(n,k)$ 彼此互不相关，且某一复乘的四个误差源与其他复乘的误差源也互不相关；

（3）所有误差 $e_i(n,k)$ 与输入 $x(n)$ 不相关，从而和输出也不相关。

一个复乘舍入后误差的均值为零，误差模的平方为

$$|e(n,k)|^2 = [e_1(n,k)+e_2(n,k)]^2 + [e_3(n,k)-e_4(n,k)]^2 \tag{9.6.8}$$

由于各 $e_i(n,k)$ 互不相关，故 $|e(n,k)|^2$ 的统计平均为

$$E\left[|e(n,k)|^2\right] = 4\times\frac{4^{-b}}{12} = \frac{4^{-b}}{3} \tag{9.6.9}$$

可得出误差的方差（均方值）为

$$E\left[\left|\Delta X(k)\right|^2\right]=E\left[\left|\sum_{n=0}^{N-1}e(n,k)\right|^2\right]=E\left[\sum_{n=0}^{N-1}\left|e(n,k)\right|^2\right]=\frac{4^{-b}N}{3} \tag{9.6.10}$$

2. FFT 算法

考虑 DIT 的基−2 FFT 算法，设序列长度为 $N=2^M$，需要计算 $M=\log_2 N$ 级，每级有 $\frac{N}{2}$ 个单独的蝶形运算，由 m 列到 m+1 列的蝶形运算可表示为

$$\begin{cases}X_{m+1}(i)=X_m(i)+W_N^r X_m(j)\\X_{m+1}(j)=X_m(i)-W_N^r X_m(j)\end{cases} \tag{9.6.11}$$

式中，i，j 表示蝶形图中的行数。用定点量化时，只有乘法才需要舍入，考虑舍入误差为加性误差，则蝶形结构的定点舍入统计模型如图 9.6.3 所示。图中，$e(m,j)$ 表示 $X_m(j)$ 与 W_N^r 相乘引起的舍入误差源，该误差源为复数。

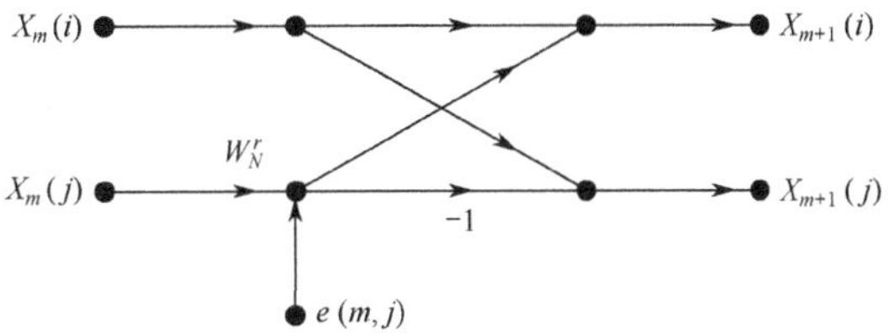

图 9.6.3　DIT 的基−2 FFT 算法蝶形结构的定点舍入统计模型

假定每个误差源具有和上述 DFT 误差源相同的统计特性，根据式（9.6.9）可得一个蝶形运算引入误差的方差为

$$E\left[\left|e(m,j)\right|^2\right]=\frac{4^{-b}}{3} \tag{9.6.12}$$

由于 $E\left[\left|e(m,j)W_N^r\right|^2\right]=\left|W_N^r\right|^2 E\left[\left|e(m,j)\right|^2\right]=E\left[\left|e(m,j)\right|^2\right]$，所以误差源 $e(m,j)$ 通过后级蝶形运算时，其方差是不变的。这样，计算 FFT 的最后输出误差，只要知道节点共连接多少个蝶形结构即可，每个蝶形结构产生误差的方差为 $\frac{4^{-b}}{3}$。计算 $X(k)$ 时，与 M 级的一个蝶形结构连接，与 M−1 级的两个蝶形结构连接，与 M−2 级的四个蝶形结构连接，依此类推。因此，连接到 $X(k)$ 末端的误差源总数为

$$1+2+4+\cdots+2^{M-1}=2^M-1=N-1 \tag{9.6.13}$$

因此，在离散傅里叶变换上叠加的输出噪声的方差（均方值）为

$$E\left[\left|\Delta X(k)\right|^2\right]=(N-1)\times\frac{4^{-b}}{3}=\frac{4^{-b}}{3}(N-1) \tag{9.6.14}$$

9.7　定点运算 IIR 滤波器的有限字长效应

实现数字滤波器所包含的基本运算有延时、乘系数和相加三种。单位延时计算由寄存器来完成；通常信号和滤波器的系数用有限长定点二进制小数表示，因此，滤波器中主要涉及定点小数的乘法和加法运算。定点小数相加后字长不会增加，因此无须进行截尾或舍入处理；定点小数相加的溢出问题可以通过乘以适当比例系数的办法来解决。定点小数相乘没有溢出问题，但字长会增加，因此必须采用截尾或舍入处理。这样，每次进行定点小数乘法运算后，都会引入截尾或舍入噪声，并最终在滤波器输出端反映出来。这种量化噪声在一定条件下会

引起滤波器非线性振荡，这一现象称为零输入极限环振荡或简称为极限环振荡。

9.7.1 量化噪声

与 9.3 节中信号量化误差的分析方法相似，把定点乘法运算后的截尾或舍入处理过程模型化为在精确乘积上叠加一个截尾或舍入量化噪声。根据叠加原理，滤波器输出端的噪声等于作用于滤波器结构中不同位置上的量化噪声在输出端发生的响应总和，由此计算出滤波器输出端的信噪比。

在定点制中，每次相乘运算之后都要做一次舍入或截尾处理，由于舍入误差小，一般多采用舍入处理。采用统计分析法，可以将舍入误差作为独立噪声叠加到信号上，因此，相乘后的舍入误差可以表示为

$$e(n)=Q_R[ax(n)]-ax(n)=Q_R[y(n)]-y(n) \tag{9.7.1}$$

式中，$Q_R[\cdot]$表示舍入处理。

在分析乘法舍入对数字滤波器的影响时，需要对实现滤波器所出现的各种噪声源进行以下假设：

（1）所有误差$e(n)$是均值为零的平稳白噪声序列；

（2）每个误差在它的量化范围内都是均匀分布的；

（3）任何两个不同乘法器形成的噪声源互不相关；

（4）误差$e(n)$与输入$x(n)$、中间计算结果及输出$y(n)$都不相关。

当信号波形越复杂，量化步距越小时，这些假定越接近实际。根据这些假定，可认为舍入噪声是在$\left(-\dfrac{2^{-b}}{2},\dfrac{2^{-b}}{2}\right]$区间内均匀分布的，因而均值为$m_e=E[e(n)]=0$，方差为$\sigma_e^2=E[e^2(n)]=\dfrac{q^2}{12}=\dfrac{4^{-b}}{12}$。

设$y(n)$是理想信号$x(n)$输出，则经过舍入处理后的实际输出为

$$\hat{y}(n)=y(n)+r(n) \tag{9.7.2}$$

式中，$r(n)$是所有噪声源$e(n)$所产生的总输出噪声，根据式（9.4.13）～式（9.4.16）可以求得单一噪声源产生的输出噪声的均值和方差

$$\begin{cases} m_r=m_e\sum\limits_{n=0}^{\infty}h_e(n) \\ \sigma_r^2=\sigma_e^2\sum\limits_{n=0}^{\infty}h_e^2(n)=\dfrac{\sigma_e^2}{2\pi\mathrm{j}}\oint_c H_e(z)H_e(z^{-1})\dfrac{\mathrm{d}z}{z}=\dfrac{\sigma_e^2}{2\pi}\int_{-\pi}^{\pi}\left|H_e(\mathrm{e}^{\mathrm{j}\omega})\right|^2\mathrm{d}\omega \end{cases} \tag{9.7.3}$$

式中，$h_e(n)$是从$e(n)$加入的节点到输出节点间的系统单位抽样响应，$H_e(z)$和$H_e(\mathrm{e}^{\mathrm{j}\omega})$分别是$h_e(n)$的$Z$变换和序列傅里叶变换。

根据线性系统的处理原则，总的输出噪声$r(n)$是所有输出噪声的线性叠加，总输出噪声的方差也等于每个输出噪声方差之和。

9.7.2 极限环振荡

设有一个一阶 IIR 数字滤波器，其差分方程为

$$y(n)=0.5y(n-1)+x(n) \tag{9.7.4}$$

现用三位字长（不包括符号位）的定点运算来实现该滤波器。因此，在每次完成乘法运算之后都要及时进行舍入处理。舍入处理是一个非线性过程，其非线性模型如图 9.7.1 所示，该模型描述如下：

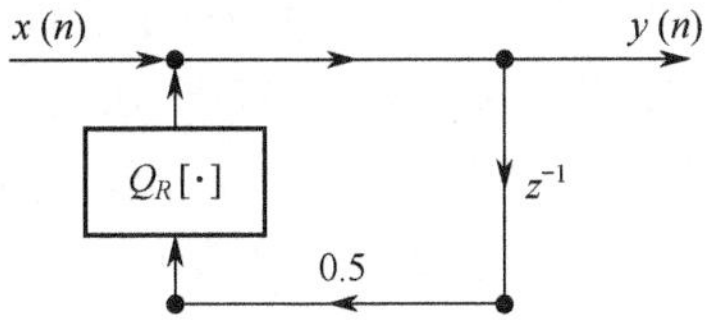

图 9.7.1　一阶 IIR 数字滤波器的非线性模型

$$y(n) = Q_R\left[0.5y(n-1)\right] + x(n) \qquad (9.7.5)$$

式中，$Q_R[\cdot]$表示舍入量化处理。

现用图 9.7.1 的模型和式（9.7.6）来计算输入，$x(n) = 0.25\delta(n)$ 时滤波器的输出 $y(n)$。表 9.7.1 列出了通过迭代关系计算上述模型的各数据，表中的所有数据都用二进制表示。

表 9.7.1　用三位字长定点计算图 9.7.1 的系统输出

n	$x(n)$	$y(n-1)$	$0.100y(n-1)$	$Q_R[0.100y(n-1)]$	$y(n)$
0	0.010	0.000	0.000000	0.000	0.010
1	0.000	0.010	0.001000	0.001	0.001
2	0.000	0.010	0.000100	0.001	0.001
3	0.000	0.010	0.000100	0.001	0.001
4	0.000	0.010	0.000100	0.001	0.001
⋮	⋮	⋮	⋮	⋮	⋮

采用 MATLAB 实现的代码如下：

```
x=[0.25 zeros(1,20)];                          %输入序列
b=3;                                           %量化字长
a=0. 5;                                        %差分方程系数
y(1)=x(1);
y1(1)=x(1);
for i=2:21;
    y(i)=a*y(i-1)+x(i);                        %无限精度
    y1(i)=round(a*y1(i-1)*2^b)/2^b+x(i);       %舍入处理
end
n=0:20;
figure(1),subplot(121),stem(n,y,'filled','Markersize',1.5);
title('无限精度');xlabel('n');ylabel('y(n)');axis([0 20 0 0.3]);
subplot(122),stem(n,y1,'filled','Markersize',1.5);
title('3 位字长舍入处理');xlabel('n');ylabel('y(n)');axis([0 20 0 0.3]);
```

运行结果如图 9.7.2 所示。

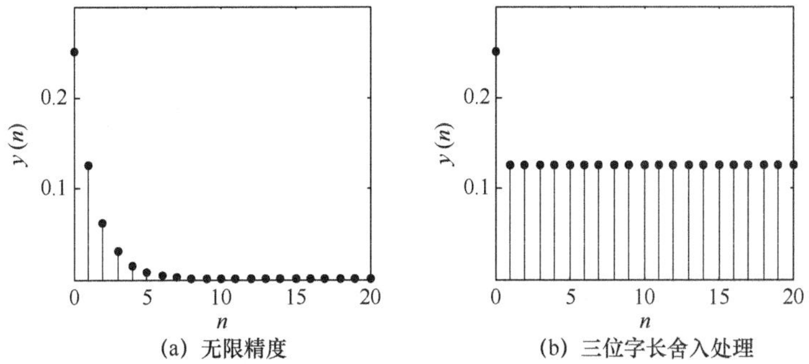

图 9.7.2　极限环振荡结果，$y(n) = Q_R\left[0.5y(n-1)\right] + 0.25\delta(n)$

在理想情况下，式（9.7.5）所定义的滤波器是一个稳定系统，因为它有唯一的单位圆内的极点 $z=0.5$。当输入信号 $x(n)=0.25\delta(n)$ 衰减到零时，滤波器输出 $y(n)$ 随之很快衰减为零。但采用三位字长舍入量化处理，当滤波器输入衰减为零以后，滤波器输出并不随之衰减为零而是保持为非零值 0.125。从表 9.7.1 可以看到，在每次计算乘积 $0.5y(n-1)$ 之后都要进行舍入处理，以把字长限制到三位，当 n=2 时，$0.5y(1)$ 本来已经下降为 0.000100 了，但是对其进行舍入处理后，该乘积又增大为 0.001 了。这就使 $y(3)$ 的值保持 0.001 不变。因此，此后的每次迭代运算都是这种情况的循环。这种零输入极限环振荡现象是有限字长定点运算中的舍入量化误差引起的。图 9.7.3 是当系数为−0.5 时的结果，同样也存在极限环振荡现象。

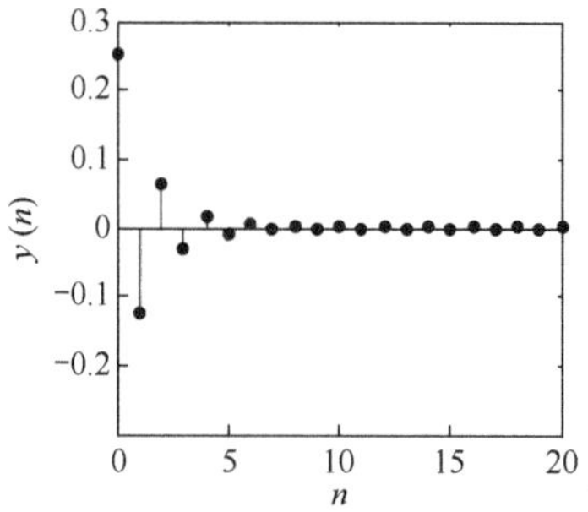

(a) 无限精度

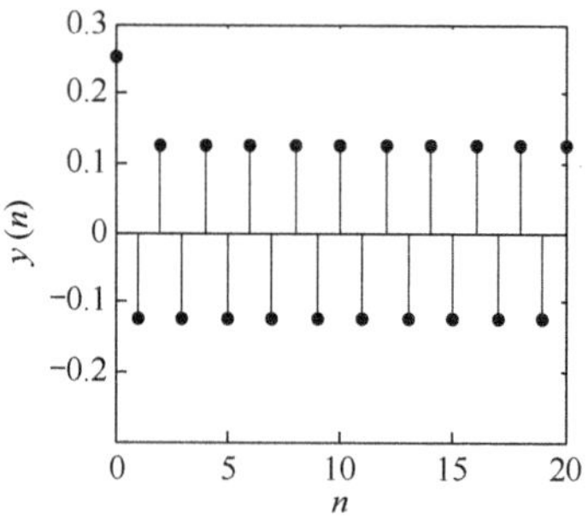

(b) 三位字长舍入处理

图 9.7.3　极限环振荡结果（$y(n)=Q_R\left[-0.5y(n-1)\right]+0.25\delta(n)$）

有限字长定点乘法运算后进行舍入处理造成极限环振荡现象，这一现象可以从另外一个角度来解释。该滤波器只有一个极点 $z=0.5$，二进制表示为 0.100，位于单位圆内，滤波器稳定。当在 n=1 以后，乘法运算后进行舍入处理的结果使式（9.7.6）成立：

$$Q_R\left[0.5y(n)\right]=y(n),\ n\geqslant 1 \tag{9.7.6}$$

将式（9.7.6）代入式（9.7.5），得到

$$y(n)=y(n-1)+x(n),\ n\geqslant 2 \tag{9.7.7}$$

式（9.7.7）意味着，滤波器的极点已由原来的 $z=0.5$ 处变为 $z=1$ 处（单位圆上），于是滤波器的稳定性从此遭到破坏，从而形成振荡。

在一般情况下，一阶 IIR 滤波器的差分方程为

$$y(n)=ay(n-1)+x(n) \tag{9.7.8}$$

现用 b 位字长（不含符号位）的定点运算来实现该系统，乘积 $ay(n-1)$ 运算结果先经过舍入处理，然后才与 $x(n)$ 相加。舍入量化误差的数值范围是

$$\left|Q_R[ay(n-1)]-ay(n-1)\right|\leqslant\frac{q}{2}=2^{-b-1} \tag{9.7.9}$$

进入极限环振荡后，有

$$\left|Q_R[ay(n-1)]\right|=\left|y(n-1)\right| \tag{9.7.10}$$

将式（9.7.10）代入式（9.7.9），可得

$$\left|y(n-1)\right|\leqslant\frac{q}{2(1-|a|)}=\frac{2^{-b-1}}{1-|a|} \tag{9.7.11}$$

式中，$|y(n-1)|$表示振荡幅度。可以看出，在字长 b 一定的条件下，$|a|$越小，振荡幅度越小；而在$|a|$一定的条件下，字长 b 越大，振荡幅度就越小。利用式（9.7.11）可以求出振幅的大小。

极限环振荡的产生是有条件的，对于一阶 IIR 滤波器来说，由式（9.7.11）可以看出，如果振幅的数值小于一个量化间隔 $q=2^{-b}$，那么 b 位定点小数表示的振幅将为零。这意味着，滤波器的输出衰减为零，即不会出现极限环振荡现象。因此，一阶 IIR 滤波器不产生极限环振荡的条件是

$$|y(n-1)| \leqslant \frac{q}{2(1-|a|)} < q \tag{9.7.12}$$

由此得出

$$|a| < \frac{1}{2} \tag{9.7.13}$$

这意味着，只要滤波器系数的绝对值不超过 0.5，一阶 IIR 滤波器无论用多短的字长来实现都不会产生极限环振荡现象。图 9.7.4 是 $a=0.375$，输入为 $x(n)=0.25\delta(n)$ 的结果。从图 9.7.4 中可以看出，已经不存在极限环振荡现象，两个图中结果的差别只是输出结果的量化误差。

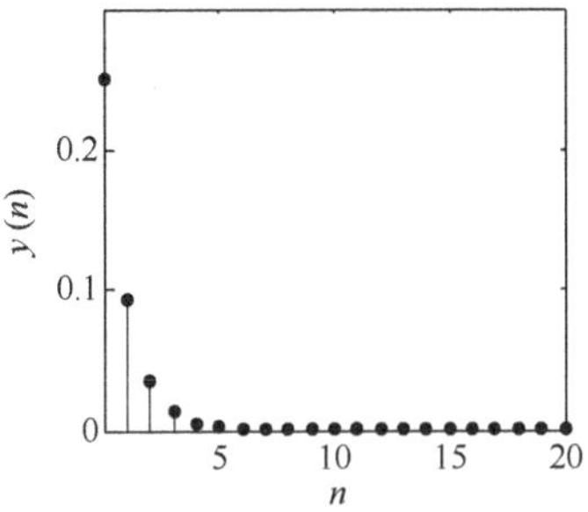

(a) 无限无度

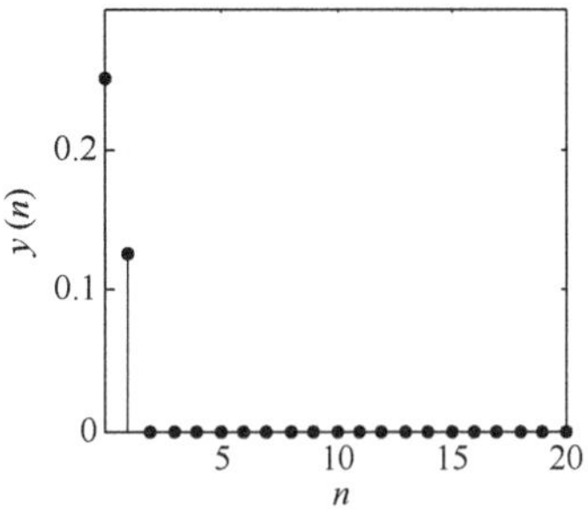

(b) 三位字长舍入处理

图 9.7.4　不存在极限环振荡的情况，$y(n)=Q_R\left[0.375y(n-1)\right]+0.25\delta(n)$

9.7.3　死带效应

死带效应是与极限环振荡密切相关的一种现象。设有一个 IIR 数字滤波器，它的系统函数为

$$H(z)=\frac{\sum_{m=0}^{M} b_m z^{-m}}{1-\sum_{k=1}^{N} a_k z^{-k}}=\frac{B(z)}{A(z)} \tag{9.7.14}$$

差分方程为

$$y(n)=\sum_{k=1}^{N} a_n y(n-k)+\sum_{m=0}^{M} b_m x(n-m) \tag{9.7.15}$$

如果系统是稳定的，则 $H(z)$ 的所有极点在单位圆内。假设所有系数和信号都能无限精确地表示，所有运算也是无限精确的，那么在输入 $x(n)=c$（常数）时，滤波器的输出 $y(n)$ 将收敛于常数 d，根据式（9.7.15）有

$$d = d\sum_{k=1}^{N} a_k + c\sum_{m=0}^{M} b_m \tag{9.7.16}$$

由此求得

$$d = \frac{c\sum_{m=0}^{M} b_m}{1-\sum_{k=1}^{N} a_k} = cH(1) \tag{9.7.17}$$

式中，$H(1) = \dfrac{\sum_{m=0}^{M} b_m}{1-\sum_{k=1}^{N} a_k}$。

实际上所有系数a_k、b_m和输入信号$x(n)=c$都是用b位（不包含符号位）定点二进制数来表示的，所有定点乘法运算后都要进行舍入处理，也可以将所有精度乘积累加，并与$c\sum_{m=0}^{M} b_m$求和之后再进行舍入处理。这里说明后一种方法实现的情况，计算过程表示为

$$y_1(n) = \sum_{k=1}^{N} a_k y_2(n-k) + c\sum_{m=0}^{M} b_m \tag{9.7.18}$$

式（9.7.18）中，a_k、b_m、$y_2(n-k)$和c都是b位二进制数（不含符号位，下同），$a_k y_2(n-k)$和$c\sum_{m=0}^{M} b_m$是全精度（$2b$位字长）数，其计算结果$y_1(n)$也是字长为$2b$位的数。对$y_1(n)$进行舍入处理，使之从$2b$位变为b位，舍入处理结果$y_2(n)$被存储起来，它是滤波器的有效输出，同时也是下次迭代运算的已知数据。

按式（9.7.18）进行工程计算时，由于有限字长效应，滤波器的输出会产生误差，但假设滤波器的稳定性仍然没有遭到破坏。就是说，随着迭代运算的进行，滤波器存储的输出值$y_2(n)$逐渐趋近于某个稳定值y_2，它与理想的稳定输出d之间存在误差e，即

$$y_2 = d + e \tag{9.7.19}$$

y_2是b位字长的量化值，即y_2一定是$q=2^{-b}$的倍数。

当存储的滤波器输出为稳定值y_2时，根据式（9.7.18）可算出双精度输出$y_1(n)$为

$$y_1(n) = d\sum_{k=1}^{N} a_k + e\sum_{k=1}^{N} a_k + c\sum_{m=0}^{M} b_m \tag{9.7.20}$$

式（9.7.20）右端第一项和第三项之和就是式（9.7.16）的右端，也是滤波器的理想输出d，因此，有

$$y_1(n) = d + e\sum_{k=1}^{N} a_k \tag{9.7.21}$$

将式（9.7.19）代入式（9.7.21）右端，可得

$$y_1(n) = y_2 - e\left(1-\sum_{k=1}^{N} a_k\right) = y_2 - eA(1) \tag{9.7.22}$$

式中，$A(1) = 1-\sum_{k=1}^{N} a_k$。如果

$$-\frac{q}{2} \leqslant eA(1) < \frac{q}{2} \tag{9.7.23}$$

那么，从式（9.7.22）可以看出，$y_1(n)$ 将舍入为 y_2，当 $A(z)$ 的全部根均在单位圆内时，$A(1)$ 为正值，故式（9.7.23）可以写为

$$-\frac{q}{2A(1)} \leqslant e < \frac{q}{2A(1)} \tag{9.7.24}$$

因而，若

$$d-\frac{q}{2A(1)} \leqslant y_2 < d+\frac{q}{2A(1)} \tag{9.7.25}$$

存储的连续 N 个输出都为 y_2 时，则存储的输出 $y_2(n)$ 将一直保持为恒定值 y_2。式（9.7.25）所表示的区间称为死带，死带的宽度与 $A(1)$ 成反比。对于窄带低通滤波器，由于它的极点聚集在 $z=1$ 附近，$A(1)$ 的值非常小，且滤波器的阶数越高，$A(1)$ 的值越小，因此高阶窄带低通滤波器的死带很宽，往往为量化间隔 q 的若干倍。所以，对于二阶以上的 IIR 数字滤波器，通常应避免采用直接型结构来实现。

9.8　浮点运算的有限字长效应

浮点运算具有以下特点：

（1）浮点数的动态范围宽，因而浮点运算一般不考虑溢出问题；

（2）进行浮点运算时，乘法和加法运算结果的尾数字长都会增加，因而必须进行截尾或舍入处理以限制字长，通常使用舍入处理；

（3）量化误差不仅要用绝对误差，而且较多的情况下要用相对误差来分析。

当用有限字长浮点运算来实现数字滤波器和 FFT 算法时，加法运算和乘法运算都会引入量化噪声，这些噪声可以用绝对误差来表示，这与定点运算的分析方法相同，即把舍入量化作用等效为在理想的精确计算结果之上叠加一个噪声源，这个噪声源就是舍入量化绝对误差序列 $e(n)$，即

$$Q[x(n)] = x(n) + e(n) \tag{9.8.1}$$

式中，$x(n)$ 是精确计算结果，$Q[x(n)]$ 是舍入量化后的结果，$e(n)$ 是舍入量化的绝对误差。浮点运算后的舍入量化作用，也可以用式（9.3.11）作为模型，即

$$Q[x(n)] = [1+\varepsilon(n)]x(n) \tag{9.8.2}$$

式中，$\varepsilon(n)$ 是舍入量化的相对误差，其值由式（9.3.10）来定义，在目前情况下表示为

$$\varepsilon(n) = \frac{Q[x(n)]-x(n)}{x(n)} = \frac{e(n)}{x(n)} \tag{9.8.3}$$

可以看到，对于浮点运算来说，它有两种统计模型，一种是以式（9.8.1）为基础的，用绝对误差与精确值表示量化后的值，常称为加性误差模型或移不变模型，因为这种模型用的是移不变系统；另一种是以式（9.8.2）为基础的，它用相对误差形成的系数 $1+\varepsilon(n)$ 与精确值相乘来表示量化后的值，常称为乘性误差模型或移变模型，因为这种模型是移变系统。无论对于数字滤波器或 FFT 算法，只要将以上两种模型的任意一种引入算法流程图，即可对数字滤波器或 FFT 的浮点实现进行误差分析。

对于一个一阶滤波器 $y(n)=ay(n-1)+x(n)$ 可以得出信噪比为

$$\text{SNR}_{\text{dB}}=4.77+6.02+10\lg(1-a^2)-10\lg(1+a^2) \tag{9.8.4}$$

如果一个二阶滤波器，其极点 $r\text{e}^{\pm\text{j}\theta}$ 接近单位圆，同样也可以得出信噪比为

$$\text{SNR}_{\text{dB}}=3(2^{2b})\frac{4(1-r)\sin 2\theta}{3+4\cos\theta} \tag{9.8.5}$$

习　题

9.1　求下列十进制数的10位原码、反码和补码表示：

（1）0.12365；（2）−0.65482；（3）0.36514852。

9.2　设数字滤波器的系统函数为

$$H(z)=\frac{0.017221333z^{-1}}{1-1.7235682z^{-1}+0.74081822z^{-2}}$$

现用八位字长的寄存器来存放其系数，试求此时该滤波器的实际 $\hat{H}(z)$ 表示式。

9.3　A/D变换器的字长为 b，在其输出端接一网络，网络的单位冲激响应为

$$h(n)=\left[a^n+(-a)^n\right]u(n)$$

试求网络输出的A/D量化噪声方差 σ_r^2。

9.4　一个二阶IIR滤波器，其差分方程为

$$y(n)=y(n-1)-ay(n-2)+x(n)$$

现采用 b=3位的定点运算，进行舍入处理。

（1）系数 a=0.75，零输入 $x(n)=0$，初始条件为 $\hat{y}(-2)=0$，$\hat{y}(-1)=0.5$，求 $0\leqslant n\leqslant 9$ 的10点输出 $\hat{y}(n)$ 的值；

（2）证明，当 $Q_R[a\hat{y}(n-2)]=\hat{y}(n-2)$ 时，发生零输入极限环振荡，并用等效极点迁移来解释这个现象。

9.5　一个一阶IIR网络，差分方程为

$$y(n)=ay(n-1)+x(n)$$

采用定点原码运算，尾数进行截尾处理。

（1）试证明，只要系统稳定，即 $|a|<1$，就不会发生零输入极限环振荡；

（2）若采用定点补码运算，尾数进行截尾处理，这时以上结论仍然成立吗？

9.6　已知系统 $y(n)=0.5y(n-1)+x(n)$，输入 $x(n)=0.25^n u(n)$。假定算术运算是无限精度的，计算当输入的输出 $y_1(n)$；假定用五位原码计算（四位小数位），并按截尾方式实现量化，计算输出 $y_2(n)$；试分析 $y_1(n)$ 和 $y_2(n)$ 的不同及原因。

9.7　两个一阶IIR网络

$$H_1(z)=\frac{1}{1-0.9z^{-1}}，\quad H_2(z)=\frac{1}{1-0.1z^{-1}}$$

用定点运算，进行舍入处理，要求输出精度 $\sigma_r^2/\sigma_y^2=-80\text{dB}$，问各需几位尾数字长？

9.8　设数字滤波器

$$H(z)=\frac{0.06}{1-0.6z^{-1}+0.25z^{-2}}=\frac{0.06}{1+a_1z^{-1}+a_2z^{-2}}$$

a_1，a_2分别造成极点在正常值的 0.2%或 0.3%内变化，试确定所需的最小字长。

9.9　有一个数字滤波器满足差分方程

$$y(n)=0.25y(n-1)+x(n)+x(n-1)$$

式中，输入信号 $x(n)$ 为

$$x(n)=\begin{cases}\frac{1}{2}(-1)^n,\ n\geqslant 0\\0,\ n<0\end{cases}$$

（1）求滤波器的理想输出 $y(n)$；

（2）若用四位字长（不含符号位）二进制原码、截尾量化处理来实现该滤波器，求滤波器的实际输出 $\hat{y}(n)$。

（3）画出滤波器的理想输出和实际输出的图形并进行比较。

9.10　已知滤波器传输函数为

$$H(z)=\frac{0.4}{(1-0.9z^{-1})(1-0.8z^{-1})}$$

采用 b 位字长（不含符号位）定点小数、舍入量化处理来实现。设输入信号 $x(n)$ 是均值为零、方差为 σ_x^2 的白噪声平稳随机信号，求直接型结构、并联型结构和级联型结构的输出信噪比。

9.11　已知数字滤波器的差分方程为

$$y(n)=0.5y(n-1)+x(n)$$

采用原码、浮点运算，浮点数尾数字长为三位（不含符号位）。设输入信号 $x(n)$ 是均值为零的白噪声序列，求滤波器的信噪比。

第 10 章　多抽样率转换

前面讨论的信号处理的各种方法都是把抽样率 f_{sa} 视为固定值，即在一个系统中只有一个抽样频率，但在实际系统中，经常会遇到抽样率的转换问题，即要求在一个数字系统能工作在多抽样率状态。

（1）多种媒体（语音、视频、数据）的传输，它们的频率不相同，抽样率自然也不同，必须实行抽样率的转换。例如，在数字电话系统中，传输信号具有语音信号，又有传真信号，甚至有视频信号，这些信号的频率成分相差甚远。

（2）两个数字系统的时钟频率不同，信号在两个系统汇总传输时，为了便于信号的处理、编码、传输和存储，则要求根据时钟频率对信号的抽样率加以转换。如在数字电视系统中，图像采集系统一般按 4∶4∶4 标准或 4∶2∶2 标准采集数字电视信号，再根据不同的电视质量要求，将其转换成其他标准的数字电视信号（如 4∶2∶2，4∶1∶1，2∶1∶1 等标准）进行处理和传输。

（3）对一个非平稳随机信号（如语音信号）进行谱分析或编码时，对不同的信号段，可根据其频率成分的不同而采用不同的抽样率，即一种处理算法在不同部分采用不同的抽样率，这样既满足抽样定理，又最大限度地减少了数据量。

（4）为了减小由于抽样率太高造成的数据冗余，有时需要降低抽样率。

一般认为，在满足抽样定理的前提下，首先将以 f_1 抽样率采集的数字信号进行 D/A 转换，再按抽样率 f_2 进行 A/D 变换来实现从 f_1 到 f_2 的抽样率变换。但这样比较麻烦，而且经过 D/A 和 A/D 变换器后会引入失真和量化误差，影响精度，本章将讨论一种在数字域的方法。

抽样率转换通常分为抽取（dacimation）和插值（interpolation）。抽取是降低抽样率以去掉多余数据的过程；而插值则是提高抽样率以增加数据的过程。本章将先讨论抽取和插值的过程，最后再讨论用 FIR 滤波器实现的过程。

10.1　按整数系数 *D* 抽取

信号抽取就是将一个高抽样率的信号 $x(n)$ 减抽样到一个低抽样率信号 $x_D(n)$。

10.1.1　抽取器

设 $x(n)$ 是连续信号 $x_a(t)$ 的抽样序列，抽样率 $f_{sa1}=\dfrac{1}{T_1}$，T_1 称为抽样间隔，即

$$x(n)=x_a(nT_1) \tag{10.1.1}$$

如果希望将抽样率降低到原来的 $\dfrac{1}{D}$，最简单的方法是对 $x(n)$ 每隔 $D-1$ 点抽取 1 点，抽取的

样点依次组成新序列 $x_D(n)$。$x_D(n)$ 的抽样间隔为 T_2，抽样率为 $f_{sa2}=\dfrac{1}{T_2}$，有

$$T_2 = DT_1 \tag{10.1.2}$$

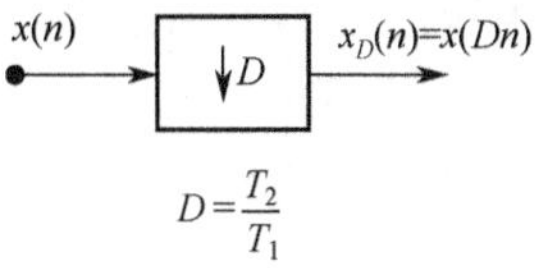

图 10.1.1　抽取器示意图

图 10.1.1 表示出了整数系数 D 抽取的过程，图中符号 $\downarrow D$ 表示抽样率降低为原来的 $\dfrac{1}{D}$，有

$$x_D(n) = x(Dn) \tag{10.1.3}$$

式（10.1.3）可以用 MATLAB 中的函数 downsample（x, D）来实现。

例 10.1.1　已知模拟信号 $x(t)=2+\sin(0.1\pi t)$，先以抽样间隔为 1 进行抽样得到 $x(n)$，再以 $D=4$ 进行抽取得到 $x_D(n)$，试用 MATLAB 编程实现。

```
T1=1;                        %抽样间隔为 1
D=4;                         %抽取系数
N=20;
t1=(0:N)*T1;                 %信号长度
x=2+sin(0.1*pi*t1);          %原始信号
xD=downsample(x,D);          %抽取后的信号
subplot(211),stem(0:N,x,'.');axis([-D N+D 0 3.1]);
set(gca,'xtick',[0:D:N]);set(gca,'xticklabel',[0:D:N]);title('x(n)');
subplot(212),stem(0:N/D,xD,'.');axis([-1 N/D+1 0 3.1]);title('x_D(n)');
```

运行结果如图 10.1.2 所示。

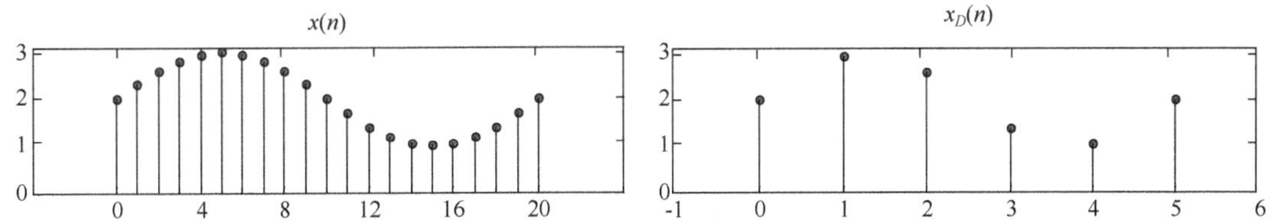

图 10.1.2　例 10.1.1 的运行结果

从图 10.1.2 可以看出，抽取后信号 $x_D(n)$ 的抽样率为抽取前信号 $x(n)$ 的 1/4。同时从图 10.1.2 还可以看出，如果将抽取器当作一个系统，那么该系统是移变系统。

10.1.2　抗混叠抽取器

在抽取过程中由于抽样率降低，可能会引起频谱的混叠现象。

如果 $x(n)$ 是连续信号 $x_a(t)$ 的抽样信号，则 $x_a(t)$ 和 $x(n)$ 的傅里叶变换 $X_a(\mathrm{j}\Omega)$ 和 $X(\mathrm{e}^{\mathrm{j}\omega_1})$ 分别是

$$X_a(\mathrm{j}\Omega) = \int_{-\infty}^{\infty} x_a(t)\mathrm{e}^{-\mathrm{j}\Omega t}\,\mathrm{d}t \tag{10.1.4}$$

$$X(\mathrm{e}^{\mathrm{j}\omega_1}) = \sum_{n=-\infty}^{\infty} x(n)\mathrm{e}^{-\mathrm{j}\omega_1 n} \tag{10.1.5}$$

式中，$\Omega = 2\pi f$，f 为模拟频率变量，ω_1 为数字抽样角频率。

$$\omega_1 = \Omega T1_1 = 2\pi\frac{f}{f_{sa1}} \tag{10.1.6}$$

由第 2 章的序列傅里叶变换，有

$$X(\mathrm{e}^{\mathrm{j}\omega_1})=\frac{1}{T_1}\sum_{k=-\infty}^{\infty}x_a\left(\mathrm{j}\frac{\omega_1}{T}-\mathrm{j}k\Omega_{s1}\right) \tag{10.1.7}$$

式中，$\Omega_{s1}=2\pi/T_1$ 为模拟抽样角频率。

为了对抽样前后的频谱进行比较，作图时均以模拟角频率 Ω 为自变量（横坐标），为此按式（10.1.6）将 $X(\mathrm{e}^{\mathrm{j}\omega_1})$ 写成 Ω 的函数，即

$$X(\mathrm{e}^{\mathrm{j}\Omega T_1})=X(\mathrm{e}^{\mathrm{j}\omega_1})\Big|_{\omega_1=\Omega T_1}=\frac{1}{T_1}\sum_{k=-\infty}^{\infty}x_a(\mathrm{j}\Omega-\mathrm{j}k\Omega_{s1}) \tag{10.1.8}$$

这里的 $x_a(t)$ 一般是非周期连续信号，$X_a(\mathrm{j}\Omega)$ 也是模拟频率 Ω 的非周期函数，如图 10.1.3（a）所示，而 $x(n)$ 的傅里叶变换为连续频率 ω_1 的周期函数。在满足抽样定理时，$X(\mathrm{e}^{\mathrm{j}\omega_1})$ 的频谱在 $\left[-\frac{\Omega_{s1}}{2},\frac{\Omega_{s1}}{2}\right]$ 上与 $X_a(\mathrm{j}\Omega)$ 的基本形状相似，只是系数差 $\frac{1}{T_1}$，且无混叠现象，如图 10.1.3（b）所示；如果 $x(n)$ 通过图 10.1.1 的抽样器后，当 D 足够大时，就会发生明显的混叠现象，如图 10.1.3（c）所示。所以不能随意对 $x(n)$ 进行抽取，只有在抽取后的信号 $x_D(n)$ 仍能满足抽样定理时才能恢复原来的信号 $x_a(t)$，否则就必须采用抗混叠滤波进行预处理。

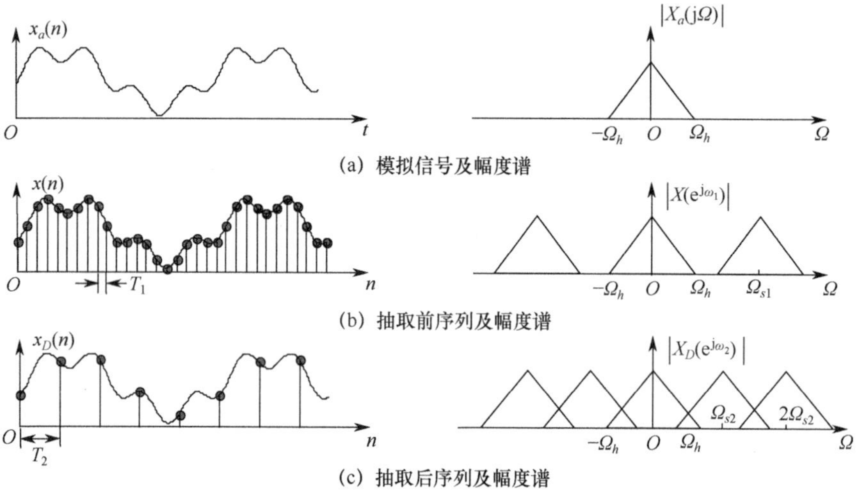

图 10.1.3 抽取序列及幅度谱

带有抗混叠滤波器的抽取系统如图 10.1.4 所示，系统由抗混叠滤波器 $h(n)$ 和抽取器 $\downarrow D$ 组成，$h(n)$ 将输出序列 $v(n)$ 的最高频率限制在 $\frac{\Omega_{s2}}{2}$ 以下。这种方法虽然把 $x(n)$ 中的高频部分滤去，但避免了混叠现象，很好地保存了信号的低频部分，这样可以从 $X_D(\mathrm{e}^{\mathrm{j}\omega_2})$ 中恢复出 $X(\mathrm{e}^{\mathrm{j}\omega_1})$ 的低频部分。具体过程如图 10.1.5 所示。

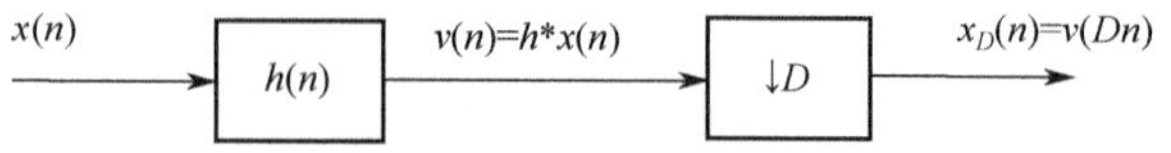

图 10.1.4 抗混叠抽取器

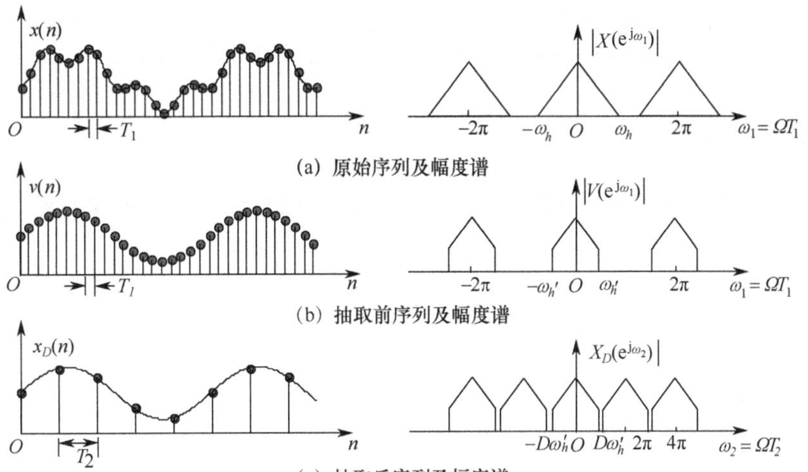

(a) 原始序列及幅度谱
(b) 抽取前序列及幅度谱
(c) 抽取后序列及幅度谱

图 10.1.5　抗混叠抽取器中各序列及幅度谱

MATLAB 中提供函数 decimate 来实现抗混叠抽样器，表示对信号 x 中的序列以原始抽样率的 $\frac{1}{D}$ 抽样率重新抽样。

y= decimate(x,D,N)，所用的抗混叠滤波器是截止频率为 $\frac{0.8\pi}{D}$ 的 N 阶切比雪夫 I 型滤波器，滤波器的阶数 N 可以默认，默认值为 8。

y= decimate(x,D,N,'FIR')，所用的抗混叠滤波器是截止频率为 $\frac{1}{D}$ 的 N 阶 FIR 滤波器，该滤波器与 fir1 函数实现的滤波器对应，滤波器的阶数 N 可以默认，默认值为 30。

下面是该函数的实现例子，运行结果如图 10.1.6 所示。

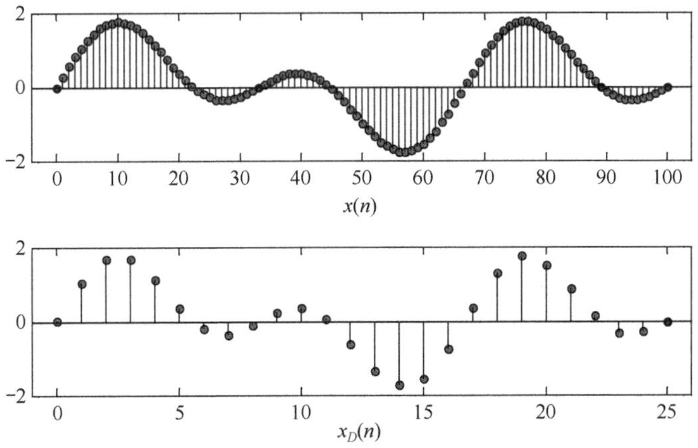

图 10.1.6　函数 decimate 的应用

```
t = 0:.0005:0.05;                          %时间向量
N=length(t);
D=4;                                       %抽取系数
x = sin(2*pi*30*t) + sin(2*pi*60*t);       %原始序列
xD= decimate(x,D);                         %抽取后信号
```

```
    subplot(211);stem((0:N-1),x,'.');axis([-D N-1+D -2 2]);title(' x(n)');
    subplot(212);stem((0:(N-1)/D),y,'.');axis([-1 (N-1)/D+1 -2 2]);title
(' x_D(n)');
```

10.1.3 频谱关系

为了进一步搞清 $x(n)$ 经 $\downarrow D$ 前后的频谱关系，对信号的抽取过程进行等效数学描述，以便进行频谱分析，找出 $X(e^{j\omega_1})$ 与 $X_D(e^{j\omega_2})$ 的关系。先设有周期序列

$$\tilde{p}(n)=\begin{cases}1, & n=0,\pm D,\pm 2D\ \cdots\\ 0, & 其他\end{cases} \tag{10.1.9}$$

其傅里叶级数为

$$\tilde{P}(k)=\sum_{n=0}^{D-1}\tilde{p}(n)e^{-j\frac{2\pi}{D}kn}=1 \tag{10.1.10}$$

所以有

$$\tilde{p}(n)=\frac{1}{D}\sum_{k=0}^{D-1}\tilde{P}(k)e^{-j\frac{2\pi}{D}kn}=\frac{1}{D}\sum_{k=0}^{D-1}e^{-j\frac{2\pi}{D}kn} \tag{10.1.11}$$

在抽取之前先令 $x(n)$ 乘以 $\tilde{p}(n)$，得

$$\tilde{x}(n)=x(n)\tilde{p}(n)=\frac{1}{D}\sum_{k=0}^{D-1}x(n)e^{-j\frac{2\pi}{D}kn} \tag{10.1.12}$$

然后再对 $\tilde{x}(n)$ 进行 $\downarrow D$，得到 $x_D(n)$。在抽取时每间隔 $D-1$ 个点抽取一个样值，所抽取的点均在 $\tilde{p}(n)=1$ 的点上，过程如图 10.1.7 所示。

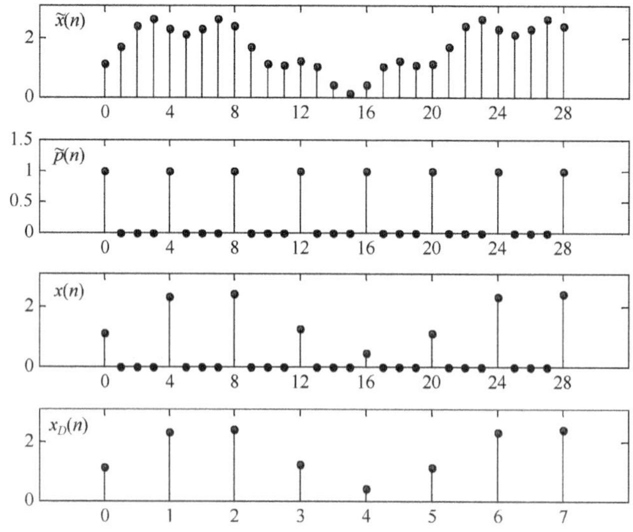

图 10.1.7 等效抽取过程（D=4）

下面推导 $X_D(e^{j\omega_2})$ 与 $X(e^{j\omega_1})$ 的关系。根据定义式

$$X_D(e^{j\omega_2})=\sum_{n=-\infty}^{\infty}x_D(n)e^{-j\omega_2 n}=\sum_{n=-\infty}^{\infty}x_D(n)e^{-j\omega_1 Dn}$$

当 n 为 D 的整数倍时，$x_D\left(\dfrac{n}{D}\right)=\tilde{x}(n)$；当 n 不为 D 的整数倍时，$p(n)=0$，即 $\tilde{x}(n)=0$，所以有

$$\begin{aligned} X_D(\mathrm{e}^{\mathrm{j}\omega_2}) &= \sum_{n=-\infty}^{\infty}\tilde{x}(Dn)\mathrm{e}^{-\mathrm{j}\omega_1 Dn}=\sum_{n=-\infty}^{\infty}\tilde{x}(n)\mathrm{e}^{-\mathrm{j}\omega_1 n} \\ &= \sum_{n=-\infty}^{\infty}\left[\frac{1}{D}\sum_{k=0}^{D-1}x(n)\mathrm{e}^{\mathrm{j}\frac{2\pi}{D}kn}\right]\mathrm{e}^{-\mathrm{j}\omega_1 n}=\frac{1}{D}\sum_{k=0}^{D-1}X\left(\mathrm{e}^{\mathrm{j}(\omega_1-\frac{2\pi}{D}k)}\right) \end{aligned} \tag{10.1.13}$$

考虑 $\omega_2=D\omega_1$，并将 ω_2 写成 ω，则有频谱关系式

$$X_D(\mathrm{e}^{\mathrm{j}\omega})=\frac{1}{D}\sum_{k=0}^{D-1}X\left(\mathrm{e}^{\mathrm{j}\frac{\omega-2\pi k}{D}}\right) \tag{10.1.14}$$

令 $z_1=\mathrm{e}^{\mathrm{j}\omega_1}$，$z_2=\mathrm{e}^{\mathrm{j}\omega_2}$，$W_D=\mathrm{e}^{-\mathrm{j}\frac{2\pi}{D}}$，则

$$X_D(z_2)=\frac{1}{D}\sum_{k=0}^{D-1}X(z_1W_D^k) \tag{10.1.15}$$

式中，$z_1=\mathrm{e}^{\mathrm{j}\omega_1}=\mathrm{e}^{\mathrm{j}\Omega T_1}=\mathrm{e}^{\mathrm{j}\frac{\Omega T_2}{D}}=z_2^{\frac{1}{D}}$。并将 z_2 写成 z，有

$$X_D(z)=\frac{1}{D}\sum_{k=0}^{D-1}X\left(z^{\frac{1}{D}}W_D^k\right) \tag{10.1.16}$$

式（10.1.13）就是 $X_D(\mathrm{e}^{\mathrm{j}\omega_2})$ 与 $X(\mathrm{e}^{\mathrm{j}\omega_1})$ 的关系，即 $X_D(\mathrm{e}^{\mathrm{j}\omega_2})$ 是 $X(\mathrm{e}^{\mathrm{j}\omega_1})$ 的 D 个平移样本之和，相邻的平移样本在频率轴 ω_1 上相差 $\dfrac{2\pi}{D}$，在模拟频率轴 Ω 上相差 $\dfrac{2\pi}{DT_1}=\dfrac{\Omega_{s1}}{D}=\Omega_{s2}$。

如果考虑信号在进入抽取器之前先通过抗混叠滤波器 $h(n)$，那么式（10.1.14）和式（10.1.16）可以改写为

$$X_D(\mathrm{e}^{\mathrm{j}\omega})=\frac{1}{D}\sum_{k=0}^{D-1}X\left(\mathrm{e}^{\mathrm{j}\frac{\omega-2\pi k}{D}}\right)H\left(\mathrm{e}^{\mathrm{j}\frac{\omega-2\pi k}{D}}\right) \tag{10.1.17}$$

$$X_D(z)=\frac{1}{D}\sum_{k=0}^{D-1}X\left(z^{\frac{1}{D}}W_D^k\right)H\left(z^{\frac{1}{D}}W_D^k\right) \tag{10.1.18}$$

10.2　按整数系数 I 内插

信号插值就是将一个低抽样率的信号 $x(n)$ 增抽样到一个高抽样率信号 $x_D(n)$。

10.2.1　插值器

整数系数内插就是在已知的相邻两个抽样点之间插入 $I-1$ 个抽样值的点，由于插入的 $I-1$ 个抽样值并非已知，所以关键问题就是求出这些值。

设 $x(n)$ 是连续信号 $x_a(t)$ 的抽样序列，抽样率 $f_{sa1}=\dfrac{1}{T_1}$，T_1 称为抽样间隔，抽样率经过 I 倍提升后得到 $x_I(n)$。$x_I(n)$ 也是 $x_a(t)$ 的抽样序列，抽样间隔为 T_2，抽样率为 $f_{sa2}=\dfrac{1}{T_2}$，即有

$$x(n)=x_a(nT_1),\ \ x_I(n)=x_a(nT_2) \tag{10.2.1}$$

同时满足关系

$$T_1=IT_2,\ \ f_{sa2}=If_{sa1} \tag{10.2.2}$$

式中，I 为大于 1 的整数，称为插值系数。

从理论上讲，可以对已知的抽样序列 $x(n)$ 进行 D/A 转换，得到原来的模拟信号 $x_a(t)$，然后再对 $x_a(t)$ 进行较高抽样率的抽样得到 $x_I(n)$，上述过程如图 10.2.1 所示，但该方法也会带来失真和量化误差。因此，还是采用数字域直接处理的方法。

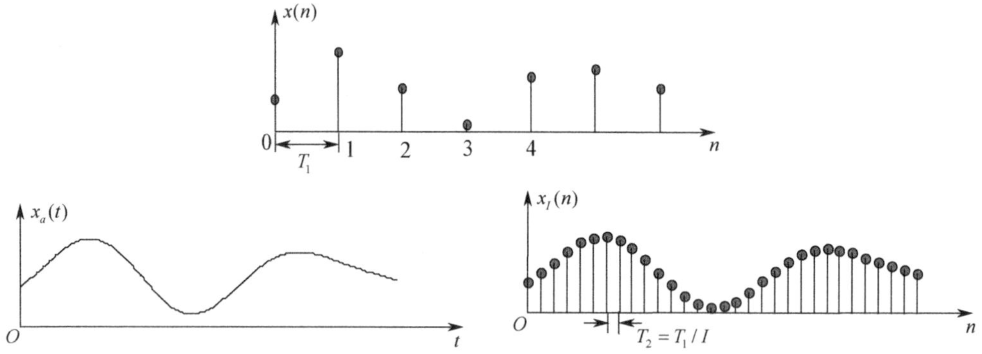

图 10.2.1　理想插值示意图

下面把每两个相邻抽样值间插入 I−1 个抽样值的过程分为两步实现。第一步是把两个相邻抽样值之间插入 I−1 个零值，第二步用一个低通滤波器进行平滑插值，使整个样值点上经插值后出现相应的抽样值。整数系数 I 插值器框图如图 10.2.2 所示，图中↑I 表示在 $x(n)$ 相邻两个抽样值之间插入 I−1 个零值点，称为零值插值器。图 10.2.3 表示出了整个插值的过程。

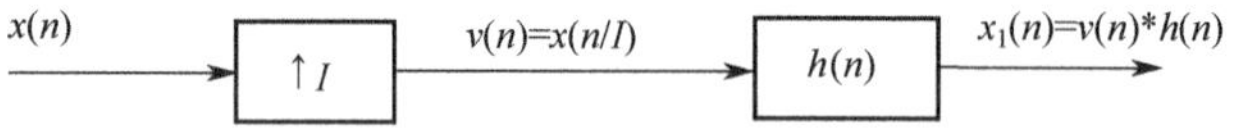

图 10.2.2　整数系数 I 插值器框图

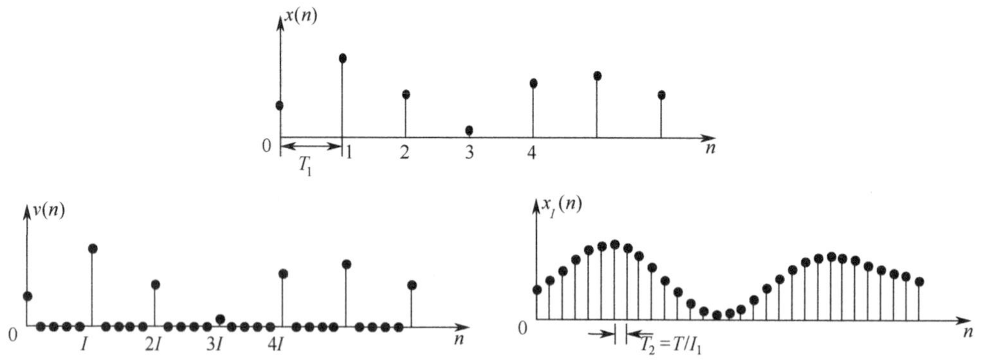

图 10.2.3　插值器中各序列

MATLAB 中提供的函数 upsample(x,I,phase)可实现零值插值器（图 10.2.2 的第一步），表示在信号 x 每两个值之间插入 I−1 个零值点，phase 表示偏移量，默认值为 0。下面是该函数的实现例子，运行结果如图 10.2.4 所示。

```
t = 0:.002:0.04;                         %时间向量
N=length(t);
I=4;                                     %插值系数
x = sin(2*pi*30*t) + sin(2*pi*60*t);     %原始序列
xI= upsample(x,I);                       %插值后信号
subplot(211);stem((0:N-1),x,'.');axis([-1 N -2 2]);title('原始序列 x(n)');
subplot(212);stem((0:N*I-1),xI,'.');axis([-I N*I -2 2]);title('插值后序列
x_I(n)');
```

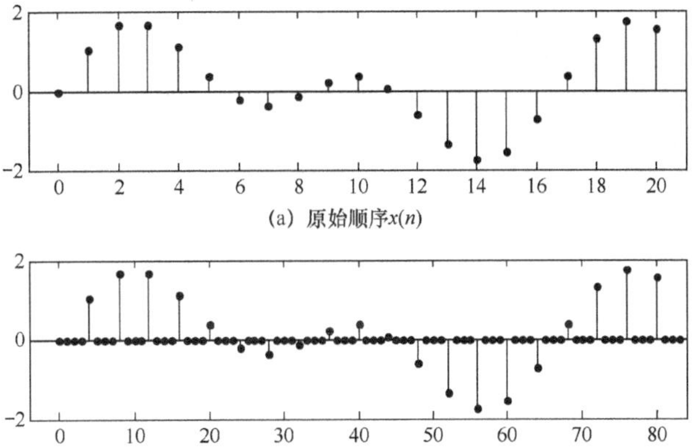

(a) 原始顺序$x(n)$

(b) 插值后序列$x_I(n)$

图 10.2.4　函数 upsample 的应用

MATLAB 中还提供了函数 interp(x,I)实现非零值插值器（图 10.2.2 的完整系统），滤波器采用对称的理想低通滤波器实现，它能使原样本通过不受改变，并且在样本之间进行内插，使得内插值和它们的理想值之间的均方误差最小。该函数还有第三个可选参数 L，它标定滤波器的长度为 2*L*I+1，默认值为 4；第四个可选参数 cutoff 标定输入以 π 为单位的截止频率，默认值为 0.5。图 10.2.4 中序列如果采用 interp 实现，程序中只须将 upsample 改为 interp，结果如图 10.2.5 所示。

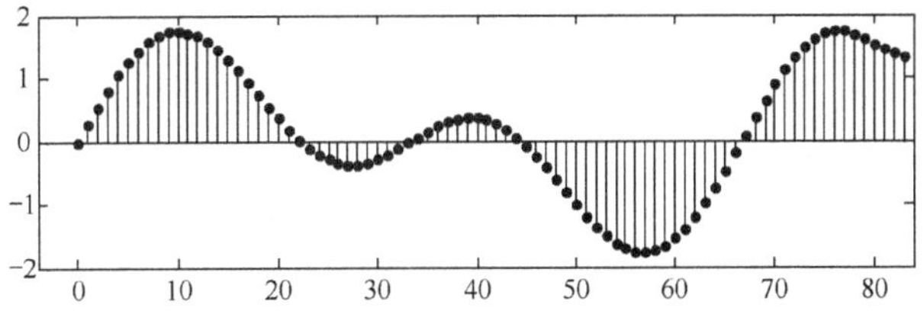

图 10.2.5　函数 interp 的运行结果

从上面的插值过程可以看出，如果将插值器看成一个系统，那么该系统也是移变系统。当然，插值的过程也可以根据原理自己编程实现，见例 10.2.1。

例 10.2.1　对已知序列信号进行 I=4 零插值，再通过低通平滑滤波得出平滑后序列。

实现程序如下：

```
T=0.05;                  %原采样间隔
Tp=0.5;                  %信号长度
I=4;                     %插值点数
t=0:T:Tp;
N=length(t);             %原信号点数
f=-0.5/T:1/Tp:0.5/T;
```

```
    x=sin(10*pi*t);                    %原信号
    X=T*abs(fftshift(fft(x)));         %信号频谱
    Tp1=(N-1)*T;                       %插值后信号长度
    t1=0:T/I:Tp1;
    y=zeros(1,I*N-I+1);
    y(1:I:I*N-I+1)=x;                  %实现零插值
    Y=T*abs(fftshift(fft(y)));         %零插值后信号频谱
    f1=-0.5*I/T:1/Tp1:0.5*I/T;
    h=fir1(16,0.2)*I;                  %低通平滑滤波器
    H=abs(fftshift(fft(h)));           %滤波器幅频特性
    fh=-0.5*I/T:(N-1)*I/16/Tp1:0.5*I/T;
    yy=conv(h,y);yy=yy(8:length(y)+7); %卷积实现滤波
    YY=T/I*abs(fftshift(fft(yy)));
    subplot(321),stem(t,x,'filled','Markersize',1.5);title('原有信号');axis([0
Tp -inf inf]);
    subplot(322),stem(f,X,'filled','Markersize',1.5);title('原有信号频谱');
    subplot(323),stem(t1,y,'filled','Markersize',1.5);title('抽取后信号');
axis([0 Tp -inf inf]);
    subplot(324),stem(f1,Y,'filled','Markersize',1.5);title('抽取后信号频谱及滤
波器');
    hold on;plot(fh,H/10);
    subplot(325),stem(t1,yy,'filled','Markersize',1.5);title('平滑后信号频谱');
    axis([0 Tp -inf inf]);
    subplot(326),stem(f1,YY,'filled','Markersize',1.5);title('平滑后信号频谱');
```

程序运行结果如图 10.2.6 所示，图中时间序列横坐标单位为 s，频谱序列横坐标单位为 Hz。

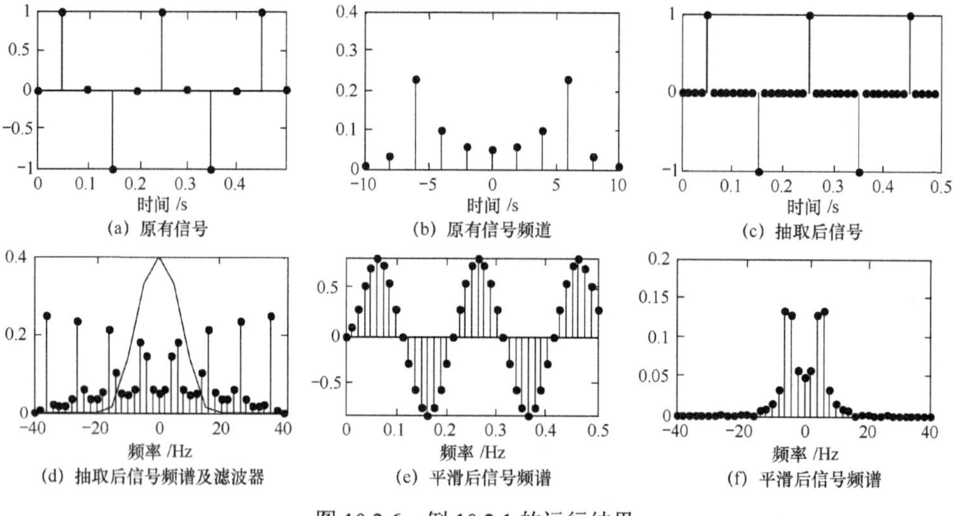

(a) 原有信号　(b) 原有信号频道　(c) 抽取后信号

(d) 抽取后信号频谱及滤波器　(e) 平滑后信号频谱　(f) 平滑后信号频谱

图 10.2.6　例 10.2.1 的运行结果

10.2.2　插值器的频域分析

设序列 $x(n)$、$v(n)$ 和 $x_I(n)$ 的频谱分别为 $X(\mathrm{e}^{\mathrm{j}\omega_1})$、$V(\mathrm{e}^{\mathrm{j}\omega_2})$ 和 $X_I(\mathrm{e}^{\mathrm{j}\omega_2})$。零值插值器的输出

$$v(n)=\begin{cases} x\left(\dfrac{n}{I}\right), & n=0,\pm I,\pm 2I\ \cdots \\ 0, & 其他 \end{cases} \tag{10.2.3}$$

考虑 n 不是 I 的整数倍时，$v(n)=0$，所以 $v(n)$ 的频谱为

$$
\begin{aligned}
V(\mathrm{e}^{\mathrm{j}\omega_2}) &= \sum_{n=-\infty}^{\infty} v(n)\mathrm{e}^{-\mathrm{j}\omega_2 n} = \sum_{n=-\infty}^{\infty} v(n)\mathrm{e}^{-\mathrm{j}\Omega T_2 n} \\
&= \sum_{n\text{为}I\text{的整数倍}} x\left(\frac{n}{I}\right)\mathrm{e}^{-\mathrm{j}\frac{\Omega T_1 n}{I}} = \sum_{n=-\infty}^{\infty} x(n)\mathrm{e}^{-\mathrm{j}\Omega T_1 n} = X(\mathrm{e}^{\mathrm{j}\Omega T_1}) = X(\mathrm{e}^{\mathrm{j}\omega_1})
\end{aligned}
\tag{10.2.4}
$$

考虑 $\omega_1=\omega_2 D$，并将 ω_2 写成 ω，则有频谱关系式

$$V(\mathrm{e}^{\mathrm{j}\omega}) = X(\mathrm{e}^{\mathrm{j}\omega I}) \tag{10.2.5}$$

将 $z=\mathrm{e}^{\mathrm{j}\omega}$ 代入式（10.2.5），可得

$$V(z) = X(z^I) \tag{10.2.6}$$

考虑平滑系统的输入输出关系，有

$$X_I(\mathrm{e}^{\mathrm{j}\omega}) = V(\mathrm{e}^{\mathrm{j}\omega})H(\mathrm{e}^{\mathrm{j}\omega})$$

将式（10.2.5）代入，可得

$$X_I(\mathrm{e}^{\mathrm{j}\omega}) = X(\mathrm{e}^{\mathrm{j}\omega I})H(\mathrm{e}^{\mathrm{j}\omega}) \tag{10.2.7}$$

同理，将 $z=\mathrm{e}^{\mathrm{j}\omega}$ 代入式（10.2.7），可得

$$X_I(z) = X(z^I)H(z) \tag{10.2.8}$$

图 10.2.7 画出了插值过程各序列的频谱和平滑滤波器的幅频特性。从图 10.2.7（b）的 $V(\mathrm{e}^{\mathrm{j}\omega_2})$ 看出，它不仅包含基带频谱，即 $|\omega_2|\leqslant\dfrac{\pi}{I}$ 之内的有用频谱，而且在 $|\omega_2|\leqslant\pi$ 范围内还有基带信号的映像，它们的中心频率在 $\pm\dfrac{2\pi}{I},\pm\dfrac{4\pi}{I}\cdots$ 处。为此，要用一个数字低通滤波器来消除这些不需要的映像部分；从时域上看，则是平滑作用，对两个相邻的样值点之间的 $I-1$ 个零值点进行插值，得到插值后的输出值。图 10.2.7（c）是平滑低通滤波器的幅频特性，可表示为

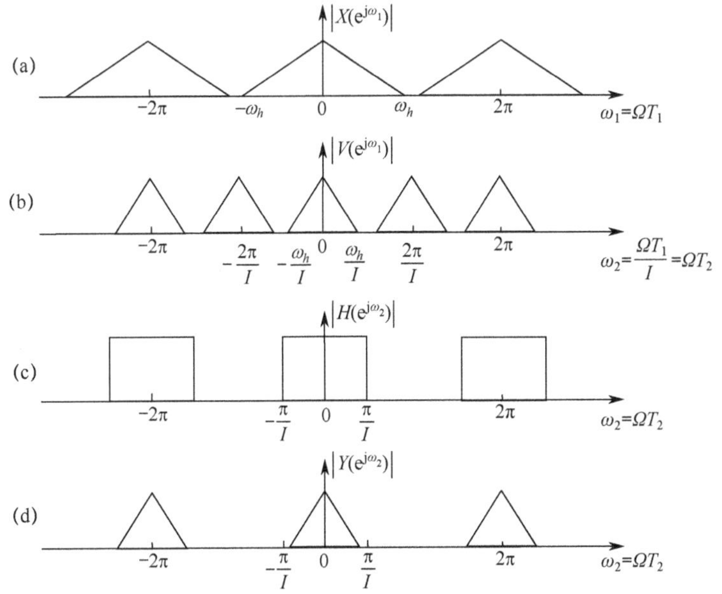

图 10.2.7　插值过程的频谱分析（I=2）

$$H(\mathrm{e}^{\mathrm{j}\omega_2})=\begin{cases}I, & |\omega_2|\leqslant\dfrac{\Omega T_2}{2}=\dfrac{\pi}{I}\\0, & 其他\end{cases} \tag{10.2.9}$$

10.2.3 插值器的时域关系

由图 10.2.2，有

$$x_I(n)=\sum_{m=-\infty}^{\infty}v(m)h(n-m)$$

将式（10.2.3）代入上式，令 $m=kI$ 有

$$x_I(n)=\sum_{m=-\infty}^{\infty}v(m)h(n-m)=\sum_{k=-\infty}^{\infty}x(k)h(n-kI) \tag{10.2.10}$$

如果 $h(n)$ 的长度为 N，即在 $[0,N-1]$ 区间内有值，其他都为零，那么式（10.2.10）中 $n-kI$ 必须满足 $0\leqslant n-kI\leqslant N-1$，即 $\dfrac{n-N-1}{I}\leqslant k\leqslant\dfrac{n}{I}$，所以有

$$x_I(n)=\sum_{k=\lceil(n-N+1)/I\rceil}^{\lfloor n/I\rfloor}x(k)h(n-kI) \tag{10.2.11}$$

式中，$\lfloor\cdot\rfloor$ 表示取下限整数，$\lceil\cdot\rceil$ 表示取上限整数。MATLAB 中提供了函数 floor 和 ceil 分别实现取下限整数和上限整数。

10.3 按有理数系数 *I/D* 的抽样率转换

前两节讨论了抽样率降低到 $\dfrac{1}{D}$ 的抽取，以及抽样率提高到 I 倍的插值，其中 D 和 I 都是整数。将 $\dfrac{1}{D}$ 的抽取和 I 倍的插值结合起来则可以得到有理数 $\dfrac{I}{D}$ 倍的抽样率转换，总的思路有两种，即先抽取再插值，或者先插值再抽取。一般采用后者，这是因为，先抽取会使 $x(n)$ 的数据点数减少，会产生数据丢失，并且抽取使得在抽取以后的频域 ω_2 上频谱会展宽 D 倍，在有些情况下，还会产生频率响应的混叠失真。例如，如果 $x(n)$ 的抽样频率为 $f_{sa1}=3f_h$，现在将 $x(n)$ 的抽样频率转换为 $\dfrac{7}{6}f_{sa1}$，即 $f_{sa3}=\dfrac{7}{2}f_h$。从理论上分析，抽样率增加了，肯定不会造成混叠失真现象。如果先进行 $D=6$ 抽取，再进行 $I=7$ 插值，这时在抽取过程中抽样率变成 $f_{sa2}=\dfrac{1}{2}f_h$，显然信号要发生混叠现象。因此，需要采用抗混叠滤波器，此时损失了一部分高频成分的信号；但如果先进行 $I=7$ 插值，再进行 $D=6$ 抽取，此时由于插值后抽样频率变为 $f_{sa2}=21f_h$，再抽取抽样频率变为 $f_{sa3}=\dfrac{7}{2}f_h$，整个过程中不发生混叠现象，因此，也不用抗混叠滤波器，信号的各频率成分会得到很好的保留。所以对于各种情况进行合理的选择应该是先进行 I 倍插值，再进行 $\dfrac{1}{D}$ 的抽取，结构上就是两者的级联。将图 10.1.4 和图 10.2.2 的系统级联到一起，就得到了有理数系数 $\dfrac{I}{D}$ 抽样率转换系统，如图 10.3.1（a）所

示。图中 $h_I(n)$ 是插值系统中的滤除镜像频谱滤波器，起到平滑和插值的作用，将零值样点变成插值样点；$h_D(n)$ 是抽取系统中的抗混叠滤波器，起到防止混叠失真的作用。$h_I(n)$ 和 $h_D(n)$ 工作在同一抽样频率上，而且都是低通滤波器，因此可以将他们合并为一个数字低通滤波器 $h_{ID}(n)=h_I(n)*h_D(n)$。合并后的系统如图 10.3.1（b）所示。

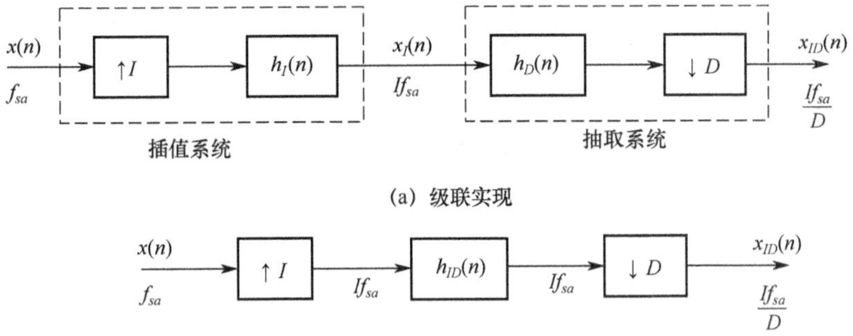

(a) 级联实现

(b) 等效滤波器实现

图 10.3.1　有理数系数 $\frac{I}{D}$ 抽样率转换系统

由于滤波器同时用作插值和抽取的运算，因此，它逼近的理想低通特性应为

$$H_{IDd}(\mathrm{e}^{\mathrm{j}\omega_2})=\begin{cases} I, & |\omega_2|\leqslant\min\left(\dfrac{\pi}{I},\dfrac{\pi}{D}\right) \\ 0, & \text{其他} \end{cases} \tag{10.3.1}$$

式中，$\omega_2=\Omega T_2=\frac{\Omega T_1}{I}=\frac{\Omega}{IF_1}=\frac{\omega_1}{I}$。式（10.3.1）的系统说明了，此理想低通滤波器的截止频率应是插值和抽取两个系统理想低通滤波器截止频率中的较小者，而此滤波器的幅度应和插值滤波器的幅度一样，都为 I。

根据图 10.3.1，利用式（10.2.10）和式（10.1.3），可知

$$x_I(n)=\sum_{k=-\infty}^{\infty}x(k)h(n-kI) \tag{10.3.2}$$

$$x_{ID}(n)=x_I(nD) \tag{10.3.3}$$

整理式（10.3.2）和式（10.3.3），得

$$x_{ID}(n)=\sum_{k=-\infty}^{\infty}x(k)h(nD-kI) \tag{10.3.4}$$

将式（10.3.2）两边进行傅里叶变换，可以得到类似式（10.2.7）的频谱关系

$$X_I(\mathrm{e}^{\mathrm{j}\omega_2})=X(\mathrm{e}^{\mathrm{j}\omega_2 I})H(\mathrm{e}^{\mathrm{j}\omega_2}) \tag{10.3.5}$$

同样，将式（10.3.3）两边进行傅里叶变换，也可以得到类似式（10.1.14）的频谱关系

$$X_{ID}(\mathrm{e}^{\mathrm{j}\omega_3})=\frac{1}{D}\sum_{k=0}^{D-1}X_I\left(\mathrm{e}^{\mathrm{j}\frac{\omega_3-2\pi k}{D}}\right) \tag{10.3.6}$$

将式（10.3.5）代入式（10.3.6），可以得出输入输出的频谱关系为

$$X_{ID}(\mathrm{e}^{\mathrm{j}\omega_3})=\frac{1}{D}\sum_{k=0}^{D-1}X\left(\mathrm{e}^{\mathrm{j}\frac{I(\omega_3-2\pi k)}{D}}\right)H_{ID}\left(\mathrm{e}^{\mathrm{j}\frac{\omega_3-2\pi k}{D}}\right) \tag{10.3.7}$$

式中，$\omega_3=\varOmega T_3=D\varOmega T_2=\dfrac{D\varOmega T_1}{I}=\dfrac{D\varOmega}{IF_1}=\dfrac{D}{I}\omega_1$

当实际滤波器 $h_{ID}(n)$ 的频率响应逼近式（10.3.1）理想频率响应 $H_{IDd}(\mathrm{e}^{\mathrm{j}\omega_2})$ 时，可得到

$$X_{ID}(\mathrm{e}^{\mathrm{j}\omega_3})\approx\begin{cases}\dfrac{1}{D}X(\mathrm{e}^{\mathrm{j}I\omega_3/D}), & |\omega_3|\leqslant\min\left(\dfrac{D}{I}\pi,\pi\right)\\ 0, & 其他\end{cases}\tag{10.3.8}$$

MATLAB 中提供了函数[y,h]=resample(x,I,D)实现图 10.3.1 抽样率转换系统，该函数将序列 x 以原抽样率的 I/D 倍抽样率重新抽样，所得重抽样序列 y 长度为 length(y)=ceil(I/D*length(x))。函数内部的等效滤波器采用凯塞窗设计的 FIR 滤波器，实现抗混叠滤波和滤波器的延时补偿。

该函数还有第四个可选参数 L 用于设定标定滤波器的长度，此时滤波器的长度为 2*L*max(1,D/I)，默认值为 10；第五个可选参数 beta 标定凯塞窗的 β 值，默认值为 5。

例 10.3.1 对一组已知的序列进行有理数系数重新抽样 I=8，D=5，分别采用函数 resample 和 interp、decimate 组合实现。

实现程序如下：

```
t = 0:.002:0.08;                          % 时间向量
N=length(t);
D=3;I=8; r=I/D;                           %多抽样率转换系数
x = sin(2*pi*30*t) + sin(2*pi*60*t);      %原始序列
xID0= resample(x,I,D);                    %直接有理数系数多抽样率变换
xI=interp(x,I);xID=decimate(xI,D);        %先插值再抽取
xD=decimate(x,D);xDI=interp(xD,I);        %先抽取再插值
subplot(411);stem((0:N-1),x,'.');axis([-1 N -2 2]);title('原始序列');
subplot(412);stem((0:ceil(N*r)-1),xID0,'.');axis([-3        112        -2
2]);title('resample 运行结果');
subplot(413);stem((0:ceil(N*r)-1),xID,'.');axis([-3 112 -2 2]);title('先插
值再抽取');
subplot(414);stem((0:ceil(N/D)*I-1),xDI,'.');axis([-3 112 -2 2]);title('
先抽取再插值');
```

运行结果如图 10.3.2 所示。

从上面的过程可以看出，resample 直接运行结果与先插值后抽取基本一样，点数都是 110 个，由于各函数选择滤波器的不同，造成最后几个点差别明显；先抽取再插值结果与前面两种结果存在明显差别，点数为 112 个。因此在实际应用中要根据实际需要选择函数。

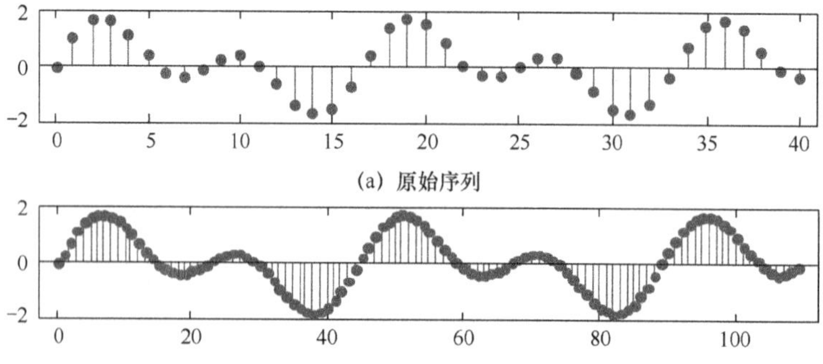

(a) 原始序列

(b) resample运行结果

图 10.3.2 例 10.3.1 的运行结果

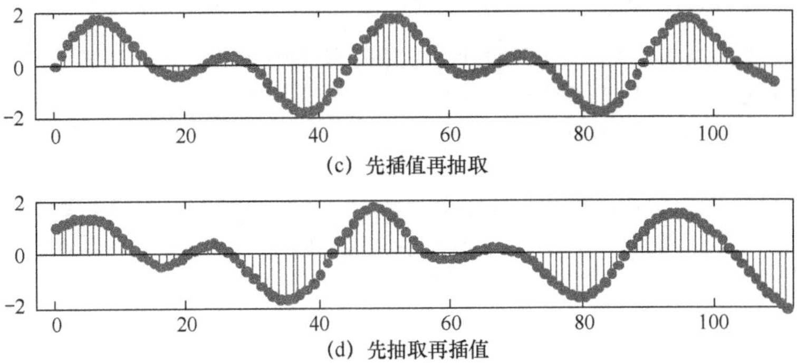

图 10.3.2　例 10.3.1 的运行结果（续）

10.4　多抽样率转换 FIR 滤波器的 MATLAB 实现

在多抽样率转换器的实际实现中必须要用一个实际有限阶的滤波器取代图 10.1.4、图 10.2.2 和图 10.3.1 中的低通滤波器。可以将这些滤波器设计成具有线性相位、给定通带波纹和阻带衰减等要求的特性。下面通过具体例子介绍 MATLAB 的应用。

10.4.1　相关的 MATLAB 函数

1．intfilt

该函数实现一个用于整数系数插值运算的线性相位 FIR 滤波器。

应用形式：hn = intfilt(I,L,alpha)。

当用在对一个序列每隔 I 个样本之间放置 I−1 个相继零值时，该函数利用最接近的 2×L 个非零样本完成带限内插；alpha 表示 x 的带宽（0≤alpha≤1），为 1 时表示满信号带宽；所设计低通滤波器的数字截止频率为 π/I。滤波器单位抽样响应函数 h 的长度为 2×I×L−1。设计成的滤波器与 interp 函数中所用滤波器一样。

2．upfirdn

该函数实现整数系数插值、抽取或多抽样率转换运算。

用于整数系数插值 I 运算的应用形式：y = upfirdn(x,h,I)。

用于整数系数 D 抽取运算的应用形式：y = upfirdn(x,h,1,D)。

用于多抽样率 I/D 转换运算的应用形式：y = upfirdn(x,h, I, D)。

该函数需要结合一个 FIR 滤波器进行应用，FIR 滤波器需要用户自己定义，可以采用 fir1 或 firpm 函数来实现。注意，resample 函数中用到的 FIR 滤波器是用 firls 定义的，两种方式实现的结果可能会略有差别。

10.4.2　FIR 整数插值举例

例 10.4.1　利用带限方法设计一个线性相位 FIR 内插滤波器。

程序实现如下，结果如图 10.4.1 所示，图中的四个子图是改变滤波器参数所得的结果。

```
I=4;                    %插值系数
L=5;                    %滤波器长度为 2*I*L-1
```

```
alpha=1;
h=intfilt(I,L,alpha);     %所设计滤波器的单位样值响应函数
[mag,omega]=freqz(h,1,512);
mag=abs(mag)/max(abs(mag));
magdb=20*log10(mag);
subplot(221),plot(omega/pi,magdb);grid on;axis([0 1 -60 10]);
set(gca,'xtick',[0 0.25 1]);set(gca,'xticklabel',[0,0.25,1]);
xlabel('\omega/\pi ');ylabel('dB');title('I=4,L=5,alpha=1');
```

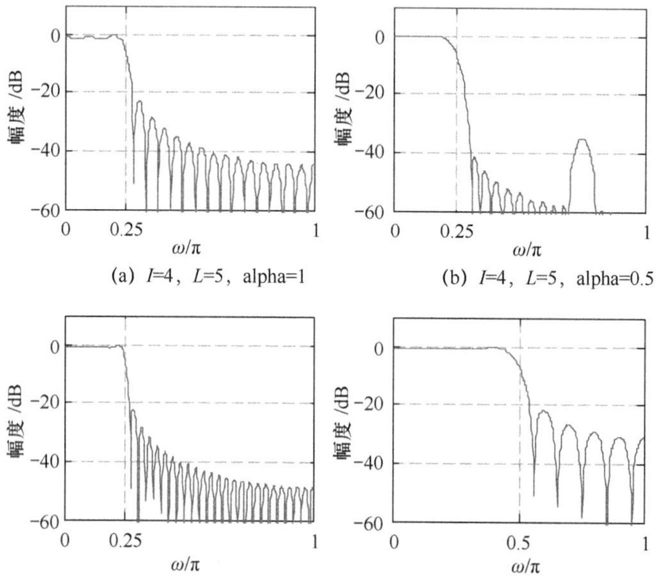

(a) I=4，L=5，alpha=1　(b) I=4，L=5，alpha=0.5

(c) I=4，L=8，alpha=1　(d) I=2，L=5，alpha=1

图 10.4.1　例 10.4.1 的运行结果（函数 intfilt 的应用）

例 10.4.2　采用函数 intfilt 实现对已知抽样序列的插值。

按照图 10.2.2 的过程，先采用 upsample 进行零插值，再用 FIR 滤波器（intfilt 函数）实现非零插值。实现程序如下：

```
I=4;                                          %抽样系数
L=2;
alpha=1;
t = 0:.002:0.04;                              %时间向量
N=length(t);
x = sin(2*pi*30*t) + sin(2*pi*60*t);          %原始序列
hn = intfilt(4,2,alpha);                      %产生滤波器
xr = upsample(x,I);                           %零插值
y = filter(hn,1,xr);                          %FIR 滤波器实现非零插值
plot((0:N*I-1),y,I*L-1+(0:4:N*I-1),x,'ro');  %由于滤波器的加入，需要延时 I*L-1 单元
legend('y','x');xlabel('插值后的点顺序');
```

运行结果如图 10.4.2 所示。

例 10.4.3　已知序列 $x(n)=\sin(0.5\pi n)$，采用 FIR 滤波器实现抽样率增加 I=5 倍。FIR 滤波器的通带波纹为 0.1dB，阻带衰减大于 30dB，滤波器采用 firpm 函数实现。

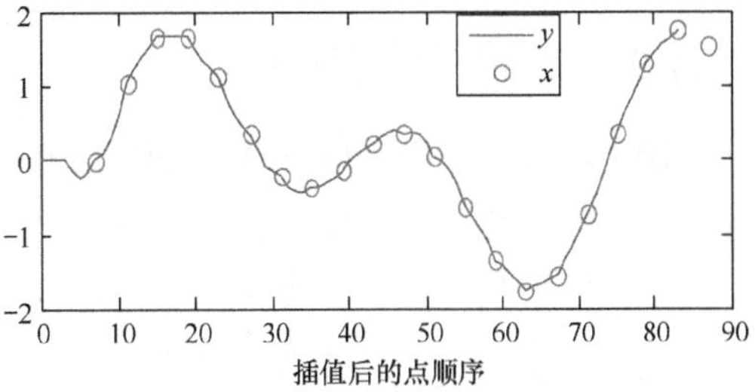

图 10.4.2　例 10.4.2 的运行结果

本例中，要求滤波器的通带截止频率 $\omega_p = \pi / I = 0.2\pi$；为了获取一合理的滤波器长度，选取过渡带宽为 0.12π，所以阻带截止频率为 0.32π；滤波器的增益为 I=5。实现程序如下：

```
I=5;                              %插值系数
deltap=0.1;deltas=30;             %通带、阻带衰减
wp=0.2;ws=0.32;                   %通带、阻带截止频率
alphap=1-10^(-deltap/20);alphas=10^(-deltas/20);
[N,F,A,weight]=firpmord([wp,ws],[1,0],[alphap,alphas],2);  %获取滤波器参数
N=ceil(N/2)*2;
hn=firpm(N,F,I*A,weight);  %设计的 FIR 滤波器
omega=linspace(0,pi,512);
H=abs(freqz(hn,1,omega));
Hdb=20*log10(H/I);
subplot(221),plot(omega/pi,H);grid on;
set(gca,'xtick',[0 wp ws 1]);set(gca,'xticklabel',[0,wp,ws,1]);
set(gca,'ytick',[0 I]);set(gca,'yticklabel',[0 I]);
xlabel('\omega/\pi ');ylabel('H_r(\omega)');title('滤波器幅度函数');
subplot(222),plot(omega/pi,Hdb);grid on;axis([0 1 -60 5]);
set(gca,'xtick',[0 wp ws 1]);set(gca,'xticklabel',[0,wp,ws,1]);
set(gca,'ytick',[-60,-30,0]);set(gca,'yticklabel',[-60,-30,0]);
xlabel('\omega/\pi ');ylabel('dB');title('滤波器幅度频率响应');
n=1:30;
x=sin(0.5*pi*n);                  %原始序列
y=upfirdn(x,hn,I);                %插值后序列
n1=1:I:30*I;n2=1:30*I;
subplot(212),plot(n1,x,'ro',n2,y(n2+N/2),'.');axis([0 150 -1.2 1.2]);
legend('x','y');xlabel('插值后的点序列');title('插值结果');
```

图 10.4.3 是上述程序的运行结果，运行时滤波器的阶数 N=28。

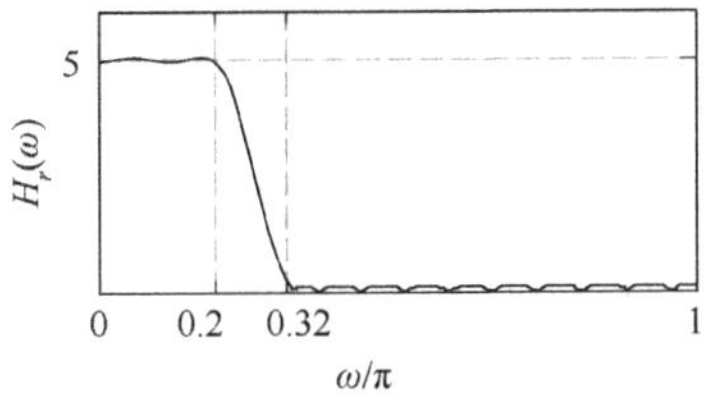

(a) 滤波器幅度函数插值结果

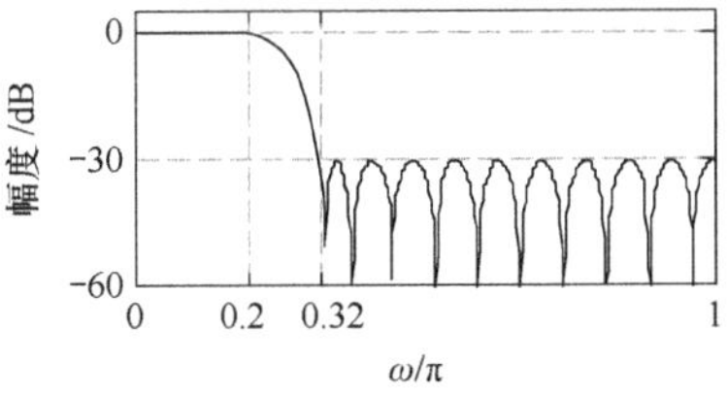

(b) 滤波器幅度频率响应插值结果

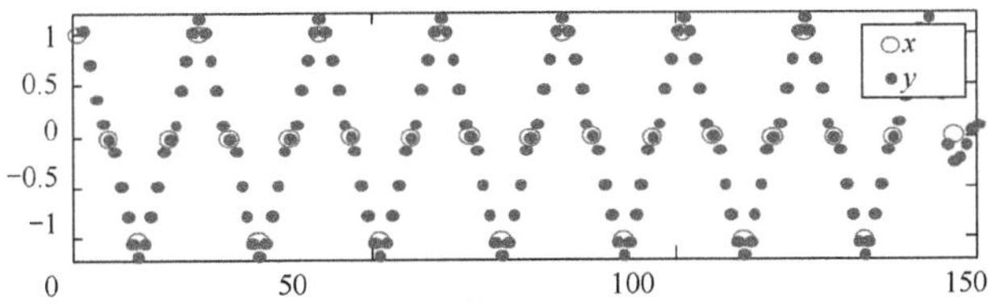

(c) 插值后的点序列

图 10.4.3　例 10.4.3 的运行结果

10.4.3 FIR 整数抽取举例

例 10.4.4 已知序列 $x(n)=\sin(0.1\pi n)$，采用 FIR 滤波器实现抽样率按系数 D=2 减抽样。FIR 滤波器的通带波纹为 0.1dB，阻带衰减大于 30dB，滤波器采用 firpm 函数实现。

本例中，要求滤波器的通带截止频率 $\omega_p=\pi/D=0.5\pi$；为了获取一合理的滤波器长度，选取过渡带宽为 0.1π，所以阻带截止频率为 0.6π。实现程序如下：

```
D=2;                            %抽样系数
deltap=0.1;deltas=30;           %通带、阻带衰减
wp=1/D;ws=wp+0.1;               %通带、阻带截止频率
alphap=1-10^(-deltap/20);alphas=10^(-deltas/20);
[N,F,A,weight]=firpmord([wp,ws],[1,0],[alphap,alphas],2);  %获取滤波器参数
N=ceil(N/2)*2;
hn=firpm(N,F,A,weight);          %设计的 FIR 滤波器
omega=linspace(0,pi,512);
H=abs(freqz(hn,1,omega));
Hdb=20*log10(H/max(H));
subplot(211),plot(omega/pi,Hdb);grid on;axis([0 1 -60 5]);
set(gca,'xtick',[0 wp 1]);set(gca,'xticklabel',[0,wp,1]);
set(gca,'ytick',[-60,-30,0]);set(gca,'yticklabel',[-60,-30,0]);
xlabel('\omega/\pi ');ylabel('dB');title('滤波器幅度频率响应');
n=1:50;
x=sin(0.1*pi*n);                %原始序列
y=upfirdn(x,hn,1,D);            %抽取后序列
n2=1:D:50;
subplot(212);
plot(n,x,'.',n2,y(round(n2/2+N/4)),'ro');axis([0 50 -1.2 1.2]);
```

legend('x','y');xlabel('抽取前的点顺序');title('抽取结果');图 10.4.4 是上述程序的运行结果，运行时滤波器的阶数 N=32。

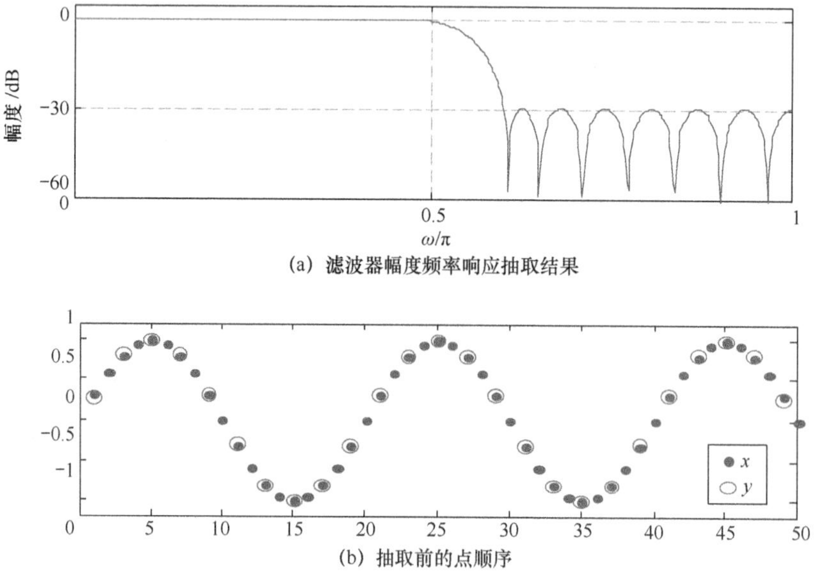

(a) 滤波器幅度频率响应抽取结果

(b) 抽取前的点顺序

图 10.4.4 例 10.4.4 的运行结果

10.4.4 FIR 有理数系数的抽样率转换

对于信号 $x(n)$ 定义 ω_{xp} 为应该保留的频率，为总的信号带宽，ω_{xs2} 为重抽样后要求无混叠误差总的信号带宽。那么有

$$\begin{cases} 0<\omega_{xp}\leqslant\omega_{xs2}\leqslant\dfrac{I\pi}{D} \\ \omega_{xs1}\leqslant\pi \end{cases} \tag{10.4.1}$$

对于插值部分，低通滤波器必须通过直至 ω_{xp}/I 的频率，而对于 $2\pi/I-\omega_{xs1}/I$ 开始的频率进行衰减；对于抽取部分，要求通过直至 ω_{xp}/I 的频率，衰减掉 $2\pi/D-\omega_{xs2}/I$ 以上的频率。所以

$$\begin{cases} \omega_p=\dfrac{\omega_{xp}}{I} \\ \omega_{st}=\min\left(\dfrac{2\pi}{I}-\dfrac{\omega_{xs1}}{I},\dfrac{2\pi}{D}-\dfrac{\omega_{xs2}}{I}\right) \end{cases} \tag{10.4.2}$$

例 10.4.5　信号 $x(n)$ 的总带宽为 0.8π，对它按系数 4/3 重采样得到 $y(m)$。想要保留的频带到 0.7π，而要求 0.6π 内无混叠。FIR 滤波器的通带波纹为 0.1dB，阻带衰减大于 30dB，滤波器采用 firpm 函数实现。

根据式（10.4.2），实现程序如下：

```
D=3;                        %抽样系数
I=4;                        %插值系数
deltap=0.1;deltas=40;       %通带、阻带衰减
wxp=0.7;wxs1=0.8;wxs2=0.6;
wp=0.7/I;ws=min((2/I-wxs1/I),(2/D-wxs2/I));          %通带、阻带截止频率
alphap=1-10^(-deltap/20);alphas=10^(-deltas/20);
[N,F,A,weight]=firpmord([wp,ws],[1,0],[alphap,alphas],2);  %获取滤波器参数
N=ceil(N/2)*2;
hn=firpm(N,F,I*A,weight);  %设计的 FIR 滤波器
omega=linspace(0,pi,512);
H=abs(freqz(hn,1,omega));
Hdb=20*log10(H/max(H));
subplot(211),plot(omega/pi,Hdb);grid on;axis([0 1 -60 5]);
set(gca,'xtick',[0 wp 1]);set(gca,'xticklabel',[0,wp,1]);
xlabel('\omega/\pi ');ylabel('dB');title('滤波器幅度频率响应');
n=1:50;
n2=1:50*I/D;
x=sin(0.1*pi*n);            %原始序列
y=upfirdn(x,hn,I,D);        %多抽样率转换后的序列
subplot(212);
plot(n*I,x,'ro',n2*D,y(n2+5),'.');axis([0 200 -1.2 1.2]);
legend('x','y');xlabel('插值前序列序号*I  插值后序列序号*D ');title('序列');
```

图 10.4.5 是上述程序的运行结果，运行时滤波器的阶数 N=30。

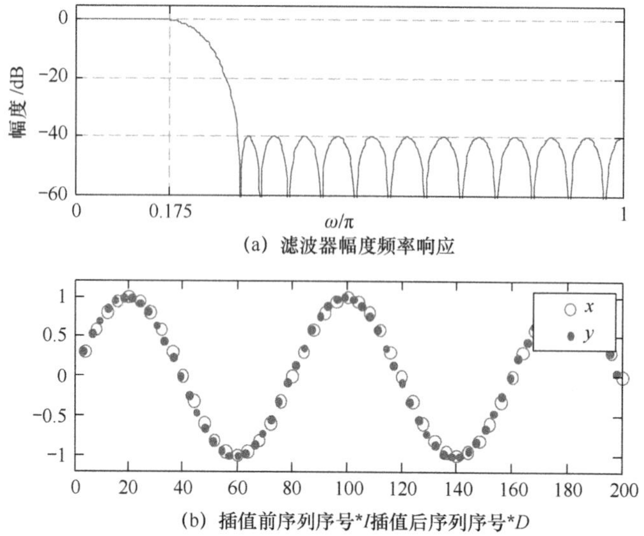

(a) 滤波器幅度频率响应

(b) 插值前序列序号*I/插值后序列序号*D

图 10.4.5　例 10.4.5 的运行结果

10.5　多抽样率转换的 FIR 滤波器结构

在多抽样率转换系统中，总是设法把乘法运算安排在低抽样率一侧，以使运算中乘法次数最少。但是在前面的两种抽样率转换方案中，滤波器的卷积运算都在抽样率较高的一侧。因此，必须对多抽样率系统的网络结构进行研究，以便实现乘法次数最少的高效结构。

用 FIR 结构实现多抽样率系统具有很大的优越性。这是由于 FIR 结构绝对稳定且容易实现线性相位，特别容易实现高效结构。所以在多抽样率系统的实现中绝大多数采用 FIR 结构。

抽取（插值）系统是线性移变系统，它满足线性特性但不满足移不变特性。在下面介绍的高效系统中将会用到：由于是线性系统，抽取器和乘法器级联时可以交换作用顺序；由于是移变系统，抽取器和延时器级联时不能交换作用顺序。

10.5.1　整数系数抽取的 FIR 实现

根据图 10.1.4 的整数系数 D 抽取器框图。设 $h(n)$ 长度为 N，抗混叠低通滤波器用 FIR 结构时，抽取器的时域输入、输出关系为

$$v(n)=\sum_{m=0}^{N-1}h(m)x(n-m) \tag{10.5.1}$$

$$x_D(n)=v(nD) \tag{10.5.2}$$

该抽取器的实现网络结构可以用 FIR 直接型结构表示，如图 10.5.1 所示。经滤波器运算得出 $v(n)$，再将 $v(n)$ 经过抽样器 $\downarrow D$ 输出 $x_D(n)$，在这个过程中 $v(n)$ 的每 D 个样值中只有一个有用，而其他的 $D-1$ 个样值都被舍弃了，这样对于计算被舍弃的 $D-1$ 个 $v(n)$ 样值是一个很大的浪费，所以这种结构是一种低效实现结构。计算时刻 n_0 的 $x_D(n_0)$，需要计算出

$v(Dn_0), v(Dn_0-1), \cdots, v(Dn_0-D+1)$ 等 D 个数，而每个 $v(n)$ 样本的计算需要进行 N−1 次加法和 N 次乘法，所以一个样本值 $x_D(n)$ 需要进行 $D(N-1)$次加法和 DN 次乘法。

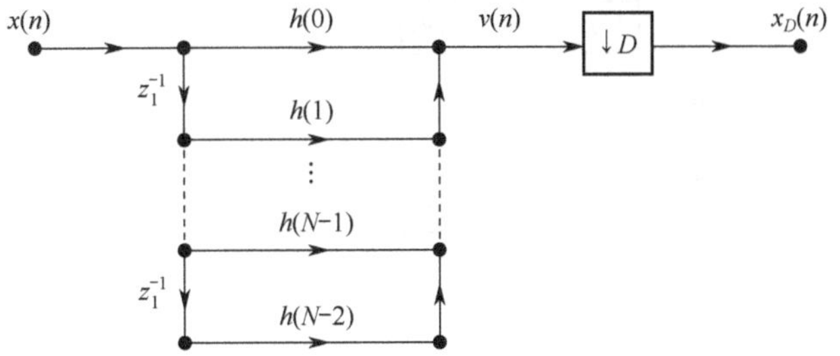

图 10.5.1　整数系数 D 抽取系统的 FIR 直接实现

为了提高计算效率，对图 10.5.1 的结构进行等效变换，根据抽取器与乘法器级联时可以交换顺序的原则，得出图 10.5.2 的等效结构。

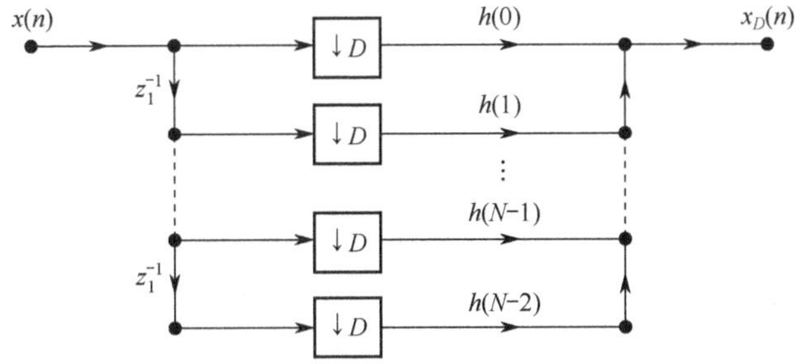

图 10.5.2　整数系数 D 抽取系统的 FIR 等效结构

由图 10.5.2 中的结构可以发现，原始序列经延时后先经过抽取再与系统系数相乘，这样在实现原有系统功能的基础上，又减少了运算量。具体实现方式如下：对于某一 n_0 时刻 $x_D(n_0)$ 的计算，就是将满足 $n_1 = Dn_0$ 的序列样本值 $x(Dn_0), x(Dn_0-1), \cdots, x(Dn_0-N+1)$ 等 N 个数分别与系统序列 $h(0), h(1), \cdots, h(N-1)$ 进行相乘再相加，就得出了 $x_D(n)$，而对于不满足 $n_1 = Dn_0$ 情况的 $x(n_1), x(n_1-1), \cdots, x(n_1-N+1)$ 无须再进行计算，这样总的计算量为 N−1 次加法和 N 次乘法，是图 10.5.1 结构的 $1/D$。

这里需要说明的是，图 10.5.2 中的结构虽然先进行抽取再进行滤波器系数的乘运算，但这不是把抗混叠滤波器放到抽取之后，而是与原来的滤波作用等效。对于类似图 10.5.2 的结构，在判断滤波器和抽取作用的先后顺序时，可以通过滤波器的延时单元与抽取器的先后顺序来判断，而与加乘运算的顺序无关，如果滤波器的延时单元在抽取器之前，说明先滤波再抽取；反之，则是先抽取再滤波。如果将图 10.5.2 结构的抽取器提前到延迟单元前面，这样就是变成先抽取再滤波，就失去了抗混叠滤波器的作用，系统没有起到等效的作用，因此是绝对不允许的。

由于常常希望 FIR 网络结构满足线性相位，所以设计滤波器时可以采用 FIR 的线性相位结构，这样又可以使乘法计算量减少大约一半。根据线性相位的时域特性：

$$h(n) = h(N-1-n) \tag{10.5.3}$$

可以画出如图 10.5.3 和图 10.5.4 所示的抽取系统 FIR 线性相位结构。

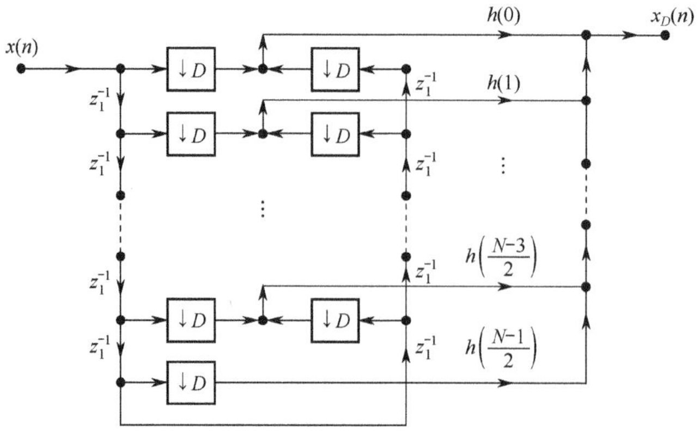

图 10.5.3 整数系数 D 抽取系统的 FIR 线性相位结构（N 为奇数）

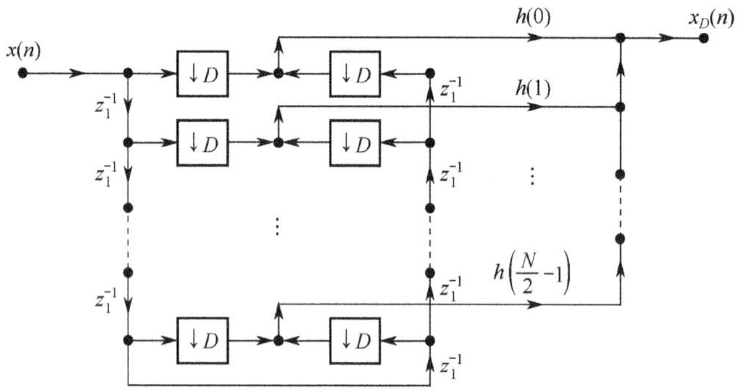

图 10.5.4 整数系数 D 抽取系统的 FIR 线性相位结构（N 为偶数）

10.5.2 整数系数插值的 FIR 实现

根据图 10.2.2 的整数系数 I 插值器框图，滤除镜像频谱滤波器 $h(n)$ 采用 FIR 结构时，该插值器的实现网络结构可以用 FIR 直接型结构表示，如图 10.5.5 所示。

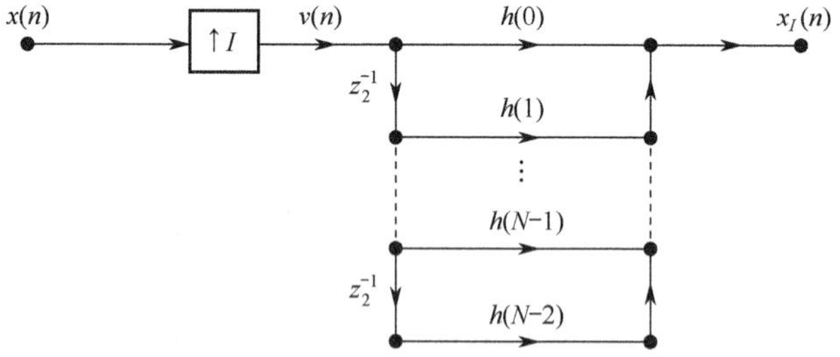

图 10.5.5 整数系数 I 插值系统的 FIR 直接实现

图 10.5.5 中的乘法是在高抽样率一侧进行的，而不是高效结构，所以应将乘法运算移到低抽样率的一侧以减少计算量。先将图 10.5.5 结构中的 FIR 滤波网络部分进行转置，得到图 10.5.6 的插值系统结构

依照整数系数抽取系统 FIR 直接实现的等效变换概念，得到图 10.5.7 所示的插值系统直接实现的等效结构。由于延时单元在插值器之后，所以等效变换后的高效结构仍然是先插值后滤波的。

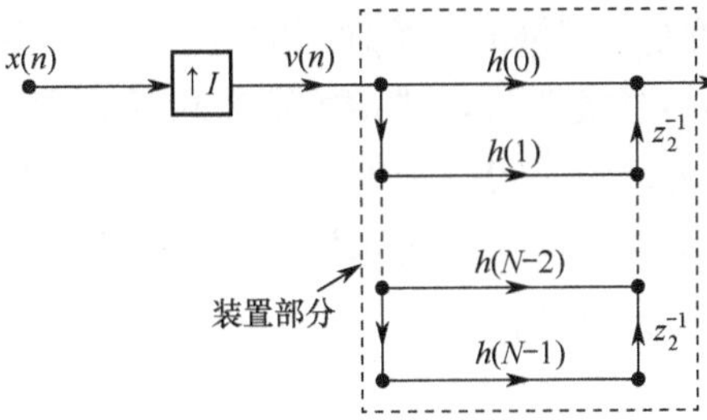

图 10.5.6　滤波系统转置后的插值系统 FIR 直接实现结构

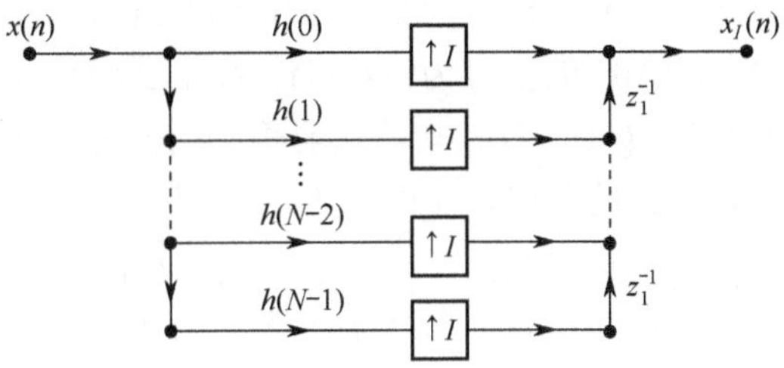

图 10.5.7　整数系数 I 插值系统的 FIR 等效结构

同样，当系统满足式（10.5.3）的 FIR 线性相位条件时，乘法计算量可减少大约一半。此时的系统结构如图 10.5.8 和图 10.5.9 所示。

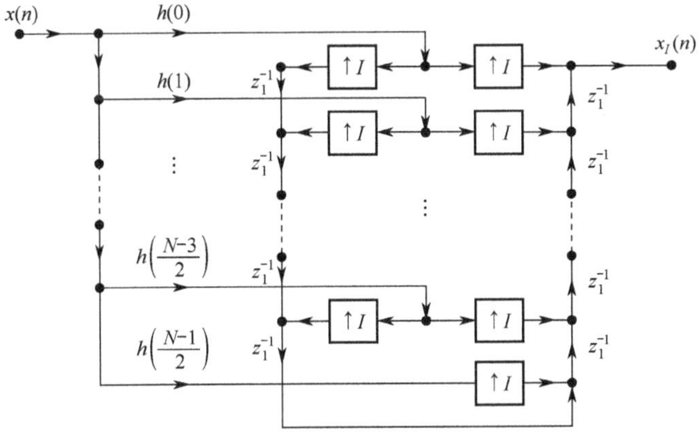

图 10.5.8　整数系数 I 插值系统的 FIR 线性相位结构（N 为奇数）

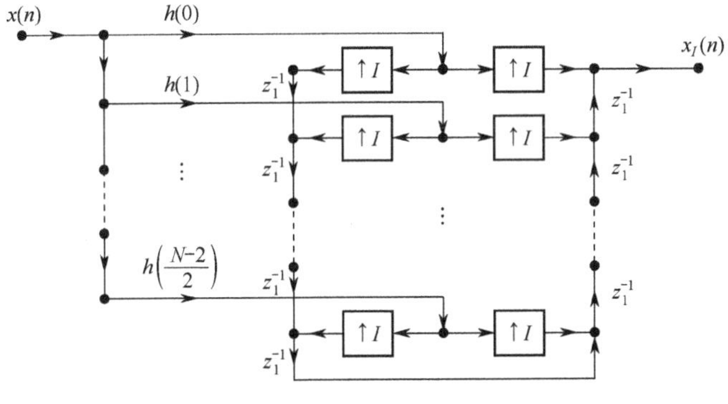

图 10.5.9　整数系数 I 插值系统的 FIR 线性相位结构（N 为偶数）

10.5.3　多相 FIR 结构

将式（10.5.1）和式（10.5.2）结合可得出

$$x_D(n) = \sum_{m=0}^{N-1} h(m)x(nD-m) \tag{10.5.4}$$

$h(n)$ 是一个线性移不变 FIR 滤波器，而从 $x(n)$ 到 $y(n)$ 的整个抽取系统则是线性移变系统。由图 10.5.2 的高效抽取系统及式（10.5.4）可知，与系数 $h(0)$ 相乘的是抽取后的 $x(nD)$，其输入端相应的信号为 $x(n)$, $x(n+D)$, $x(n+2D)\cdots$ 与系数 $h(1)$ 相乘的是抽取后的 $x(nD-1)$，其输入端相应的信号为 $x(n-1)$, $x(n+D-1)$, $x(n+2D-1)\cdots$ 依此类推，与系数 $h(D)$ 相乘的是抽取后的 $x(nD-D)$，其输入端相应的信号为 $x(n-D)$, $x(n)$, $x(n+D)\cdots$ 正好是送到系数 $h(0)$ 的输入序列的延时，延时量为 D。推广可知，对于所有 $h(m+D)$ 与 $h(m)$ 的输入端序列的延时量都为 D，因此，可以将抽取结构分成 D 组，即可导出多相结构。

一般 $h(n)$ 的点数 N 都是取 D 的整数倍，即 $N=DQ$。在式（10.5.4）中，令 $m=Di+j$，其中 $j=0,1,\cdots,D-1$， $i=0,1,\cdots,Q-1$，可得

$$x_D(n)=\sum_{j=0}^{D-1}\sum_{i=0}^{Q-1}h(Di+j)x\left[(n-i)D-j\right] \tag{10.5.5}$$

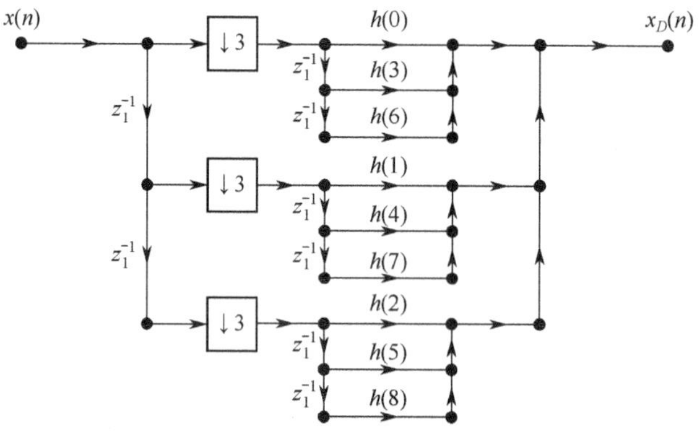

图 10.5.10 抽取系统的多相 FIR 结构（N=9，D=3）

现在以 N=9，D=3 为例说明抽取系统的高效多相 FIR 结构。利用式(10.5.5)，可以把抽取结构分成三组，每组都是三个系数的 FIR 子系统，分别是[$h(0)$, $h(3)$, $h(6)$]、[$h(1)$, $h(4)$, $h(7)$]、[$h(2)$, $h(5)$, $h(8)$]。于是可以将图 10.5.2 转换为图 10.5.10 所示的抽取多相 FIR 结构。

由图 10.5.10 及式(10.5.5)可以看出，当采用 D 取 1 的抽样器时，多相结构共有 D 个抽取器，也就是有 D 组子滤波器，每组有 Q 个滤波器系数。这里可以将 D 个子滤波器表示为

$$g_j(i)=h(Di+j),\ j=0,1,\cdots,D-1;\ i=0,1,\cdots,Q-1 \tag{10.5.6}$$

将式（10.5.6）代入式（10.5.5），可得

$$x_D(n)=\sum_{j=0}^{D-1}\sum_{i=0}^{Q-1}g_j(i)x\left[(n-i)D-j\right] \tag{10.5.7}$$

这里的 $g_j(i)$ 称为多相滤波器。

同理，如果考虑 $h(n)$ 长度 N 是 I 的整数倍，即 $N=IQ$，可以将式（10.2.11）重新写成

$$x_I(n)=\sum_{k=\lceil (n+1)/I\rceil-Q}^{\lfloor n/I\rfloor}x(k)h(n-kI) \tag{10.5.8}$$

引入变量代换

$$k=\left\lfloor\frac{n}{I}\right\rfloor-m \tag{10.5.9}$$

由于 $\left\lceil\frac{n+1}{I}\right\rceil-Q\leqslant k\leqslant\left\lfloor\frac{n}{I}\right\rfloor$，所以有

$$0\leqslant m\leqslant Q+\left\lceil\frac{n+1}{I}\right\rceil-\left\lfloor\frac{n}{I}\right\rfloor\leqslant Q-1 \tag{10.5.10}$$

所以式（10.5.8）可以写成

$$x_I(n)=\sum_{m=0}^{Q-1}x\left(\left\lfloor\frac{n}{I}\right\rfloor-m\right)h\left[n-\left(\left\lfloor\frac{n}{I}\right\rfloor-m\right)I\right]=\sum_{m=0}^{Q-1}x\left(\left\lfloor\frac{n}{I}\right\rfloor-m\right)h\left[mI+\left(n-\left\lfloor\frac{n}{I}\right\rfloor I\right)\right] \quad (10.5.11)$$

令 $((n))_I=n-\left\lfloor\frac{n}{I}\right\rfloor I$，表示对 I 取模运算，则

$$x_I(n)=\sum_{m=0}^{Q-1}h\left(mI+((n))_I\right)x\left(\left\lfloor\frac{n}{I}\right\rfloor-m\right) \quad (10.5.12)$$

再令

$$g_n(m)=h\left(mI+((n))_I\right) \quad (10.5.13)$$

可得

$$x_I(n)=\sum_{m=0}^{Q-1}g_n(m)x\left(\left\lfloor\frac{n}{I}\right\rfloor-m\right) \quad (10.5.14)$$

根据式（10.5.11）可知，$g_n(m)$ 是对 n 呈周期性的，有

$$g_{n+iI}(m)=g_n(m) \quad (10.5.15)$$

又由于 $g_n(m)$ 的下标与 $x_I(n)$ 的变量都是 n，因而计算所有 i 的输出 $x_I(n+iI)$ 使用同一个 $g_n(m)$。在 $g_n(m)$ 的一个周期内，即对于特定的 i 时，$x\left(\left\lfloor\frac{n}{I}\right\rfloor-m\right)$ 是一样的。

现在以 N=9，D=3 为例说明插值系统的高效多相 FIR 结构。利用式（10.5.13），可以把抽取结构分成三组，每组都是三个系数的 FIR 子系统，分别是[$g_0(0)=h(0)$，$g_0(1)=h(3)$，$g_0(2)=h(6)$]、[$g_1(0)=h(1)$，$g_1(1)=h(4)$，$g_1(2)=h(7)$]、[$g_2(0)=h(2)$，$g_2(1)=h(5)$，$g_2(2)=h(8)$]。根据式（10.5.14）可知，

$$x_I(iI)=g_0(0)x(i)+g_0(1)x(i-1)+g_0(2)x(i-2)=h(0)x(i)+h(3)x(i-1)+h(6)x(i-2)$$
$$x_I(iI+1)=g_1(0)x(i)+g_1(1)x(i-1)+g_1(2)x(i-2)=h(1)x(i)+h(4)x(i-1)+h(7)x(i-2)$$
$$x_I(iI+2)=g_2(0)x(i)+g_2(1)x(i-1)+g_2(2)x(i-2)=h(2)x(i)+h(5)x(i-1)+h(8)x(i-2)$$

因此，可以得出如图 10.5.11 的插值系统的多相 FIR 结构。

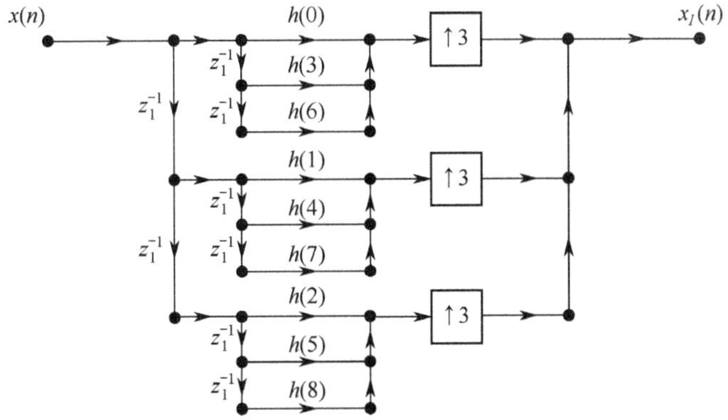

图 10.5.11　插值系统的多相 FIR 结构（N=9，D=3）

习　题

10.1　证明插值系统和抽取系统是一个线性系统，但不是移不变系统。

10.2　已知 $x(n)$ 的傅里叶变换为 $X(e^{j\omega})$，用 $X(e^{j\omega})$ 表示下列信号的傅里叶变换：

（1）$y(n)=x(2n)$；（2）$y(n)=\begin{cases} x\left(\dfrac{n}{2}\right), & n\text{为偶数} \\ 0, & n\text{为奇数} \end{cases}$。

10.3　用两个离散时间系统 T_1 和 T_2 来实现理想低通滤波器（截止频率为 $\dfrac{\pi}{4}$）。系统 T_1 如题 10.3 图（a）所示，其中 $H(e^{j\omega})=\begin{cases} 1, & |\omega|\leqslant\dfrac{\pi}{8} \\ 0, & \text{其他} \end{cases}$；系统 T_2 如题 10.3 图（b）所示，图中，$H_1(e^{j\omega})=\begin{cases} 1, & |\omega|\leqslant\dfrac{\pi}{2} \\ 0, & \text{其他} \end{cases}$，$T_A$ 表示一个零值插入系统，它在每个输入样本之后插入一个零值点；T_B 表示一个抽取系统，它在每两个输入中取出一个。问：

（1）T_1 相当于所要求的理想低通滤波器吗？

（2）T_2 相当于所要求的理想低通滤波器吗？

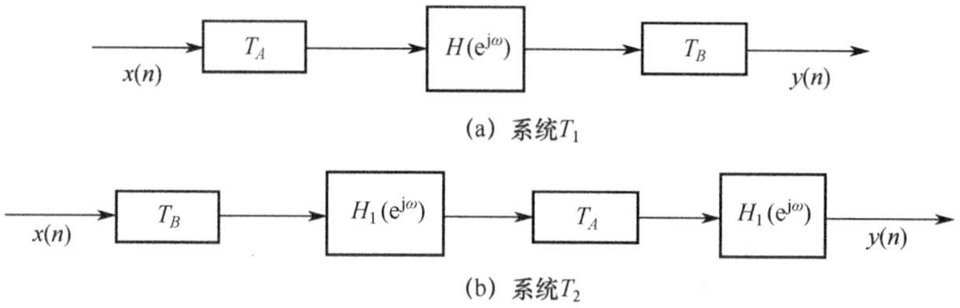

题 10.3 图

10.4　对 $x(n)$ 进行冲激串抽样，得到

$$y(n)=\sum_{m=-\infty}^{\infty}x(n)\delta(n-mN)$$

若 $X(e^{j\omega})=0$，$\dfrac{3\pi}{7}\leqslant\omega\leqslant\pi$，试确定当抽样 $x(n)$ 时，保证不发生混叠的最大抽样间隔 N。

10.5　已知用有理数 I/D 作为抽样率转换的两个系统，如题 10.5 图所示。

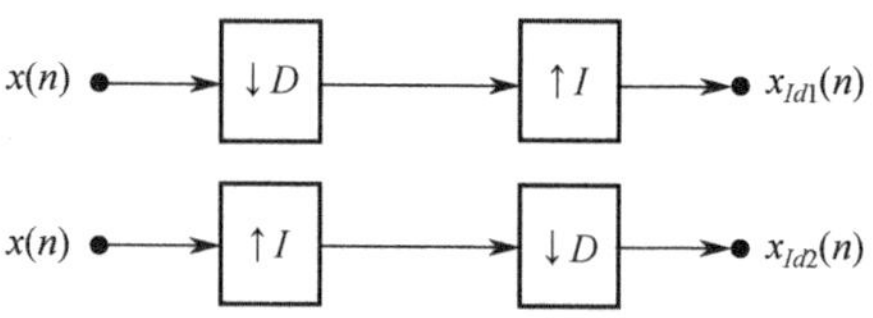

题 10.5 图

（1）写出 $X_{Id1}(z)$，$X_{Id2}(z)$，$X_{Id1}(e^{j\omega})$，$X_{Id2}(e^{j\omega})$ 的表达式；

（2）若 $I=D$，试分析这两个系统是否有 $x_{Id1}(n)=x_{Id2}(n)$，请说明理由；

（3）若 $I\neq D$，请说明在什么条件下 $x_{Id1}(n)=x_{Id2}(n)$，并说明理由。

10.6　题 10.6 图是由抽样器、抽取器和数字滤波器（FA 或 FB）组成的两种信号处理系统。

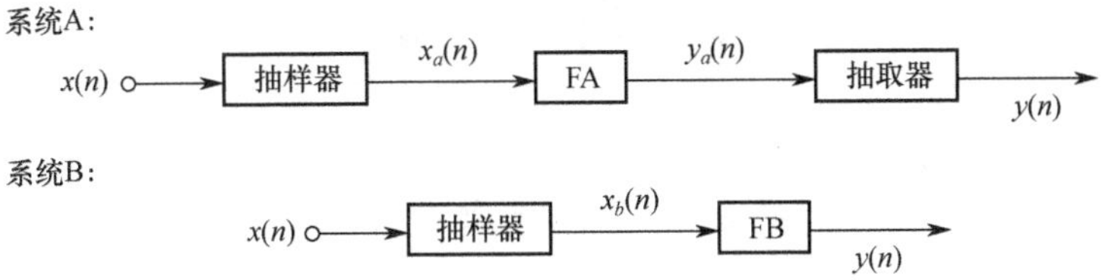

题 10.6 图

（1）抽样器完成下列运算：保留 $x(n)$ 的偶数点。

试求 $x(n)$ 经抽样器输出 $g_1(n)$ 的傅里叶变换。

（2）抽取器对 $x(n)$ 进行序列偶数点的重排。

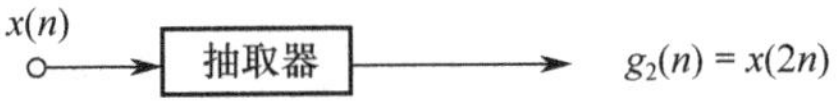

试求 $x(n)$ 经抽取器输出 $g_2(n)$ 的傅里叶变换。

（3）已知系统 A 中数字滤波器 FA 的冲激响应为

$$h_a(n)=a^n u(n) \qquad 0<a<1$$

若使系统 A 与系统 B 等级，求系统 B 中数字滤波器 FB 的频率响应 $H_B(\mathrm{e}^{\mathrm{j}\omega})$ 及其相应的冲激响应 $h_b(n)$。

10.7　分别用 downsample 函数和 decimate 函数研究以下序列 D=3 时的抽取运算，原始序列长度为 100。

（1）$x(n)=\sin(0.15\pi n)$；（2）$x(n)=2\cos(0.1\pi n)+\sin(0.2\pi n)$。

10.8　分别用 upsample 函数和 interp 函数研究以下序列 I=5 时的抽取运算，原始序列长度为 100。

（1）$x(n)=\sin(0.15\pi n)$；（2）$x(n)=2\cos(0.1\pi n)+\sin(0.2\pi n)$。

10.9　已知 $x(n)=4\sin(0.1\pi n)+2\cos(0.2\pi n)+\sin(0.4\pi n)$，用 resample 函数实现重抽样，试求 4/5 倍、5/4 倍、3/2 倍、2/3 倍的重抽样结果，并分析哪个重抽样系数保留了原有序列的形状。

10.10　设计一个单级抽取器将抽样率从 60kHz 降到 3kHz，抗混叠 FIR 滤波器采用等波纹最佳设计法，要求通带截止频率为 1.25kHz，通带波纹为 2%，阻带波纹为 1%。

参 考 文 献

[1] 高西全，丁玉美，阔永红．数字信号处理——原理、实现及应用[M]. 2 版．北京：电子工业出版社，2010.

[2] 桂志国，楼国红，陈友兴，等．数字信号处理[M]．北京：科学出版社，2009.

[3] 刘益成，孙祥娥．数字信号处理[M]. 2 版．北京：电子工业出版社，2009.

[4] 王明泉．信号与系统[M]．北京：科学出版社，2008.

[5] 李正周．MATLAB 数字信号处理及应用[M]．北京：清华大学出版社，2008.

[6] Vinay K I，John G P. 数字信号处理（MATLAB 版）[M]. 2 版．刘树棠，译．西安：西安交通大学出版社，2008.

[7] 张长森，等．数字信号处理[M]．北京：中国电力出版社，2007.

[8] 王世一．数字信号处理[M]. 修订版．北京：北京理工大学出版社，2006.

[9] Gerard B Maurice C. Digital Signal and Image Processing using MATLAB. USA: ISTE，2006.

[10] 程佩青．数字信号处理教程[M]. 3 版．北京：清华大学出版社，2006.

[11] 付丽琴，桂志国，王黎明．数字信号处理原理及实现[M]．北京：国防工业出版社，2004.

[12] 张立材，吴冬梅．数字信号处理[M]．北京：北京邮电大学出版社，2004.

[13] 胡广书．数字信号处理——理论、算法与实现[M]. 2 版．北京：清华大学出版社，2003.

[14] Monson H H. 数字信号处理[M]．张建华，卓力，张延华，译．北京：科学出版社，2002.

[15] 全子一，周利清，门爱东．数字信号处理基础[M]．北京：北京邮电大学出版社，2002.

[16] 刘令普．数字信号处理[M]．哈尔滨：哈尔滨工业大学出版社，2002.

[17] 丁玉美，高西全．数字信号处理[M]. 2 版．西安：西安电子科技大学出版社，2001.

[18] Alan V O，Ronald W S，John R B．离散时间信号处理[M]. 2 版．刘树棠，黄建国，译．西安：西安交通大学出版社，2001.

[19] 谢红梅，赵健．数字信号处理——常见题型解析及模拟题[M]．西安：西北工业大学出版社，2001.

[20] 姚天任，江太辉．数字信号处理[M]. 2 版．武汉：华中科技大学出版社，2000.

[21] 楼顺天，李博菡．基于 MATLAB 的系统分析与设计——信号处理[M]．西安：西安电子科技大学出版社，1998.